工会常用

法律法规、相关规定
及典型案例指引

收录最新《工会法》《中国工会章程》
《工会劳动法律监督办法》

中国法制出版社
CHINA LEGAL PUBLISHING HOUSE

编写说明

中国工会是中国共产党领导的职工自愿结合的工人阶级群众组织，是党联系职工群众的桥梁和纽带，是国家政权的重要社会支柱，是会员和职工利益的代表。中国工会以宪法为根本活动准则，按照《中华人民共和国工会法》和工会章程独立自主地开展工作，依法行使权利和履行义务。

中国工会第十八次全国代表大会2023年10月12日审议通过了《关于〈中国工会章程（修正案）〉的决议》。为进一步发挥工会章程的规范和指导作用，帮助各级工会组织更好地开展工会工作，特推出本书，内容涵盖工会的工作和组织制度、职工民主管理、劳动保护、社会保障、就业促进与职业教育、劳动争议多元化解、资金和资产监督工作涉及的各项法律法规及相关规定，并精选全国工会劳动法律监督十大优秀案例及2022年互联网+工会维权服务优秀案例，便于工会工作者查阅、学习并进一步开展工作。

希望本书能很好地发挥作用，帮助工会工作者及各级工会组织轻松、快速学习应知应会的工会法律知识，进而更好地履行相关职责，开创新时代新征程工运事业和工会工作新局面。

目录

第一部分 综合类 1

中华人民共和国宪法 / 3
　（2018 年 3 月 11 日）
中华人民共和国工会法 / 20
　（2021 年 12 月 24 日）
最高人民法院关于在民事审判工作中适用《中华人民共和国工会法》若干问题的解释 / 27
　（2020 年 12 月 29 日）
中国工会章程 / 28
　（2023 年 10 月 12 日）
中国工运事业和工会工作"十四五"发展规划 / 38
　（2021 年 7 月 16 日）

第二部分 工作和组织制度 61

企业工会工作条例 / 63
　（2006 年 12 月 11 日）
事业单位工会工作条例 / 70
　（2018 年 9 月 4 日）
机关工会工作暂行条例 / 76
　（2015 年 6 月 26 日）
基层工会法人登记管理办法 / 80
　（2020 年 12 月 8 日）
工会会员会籍管理办法 / 84
　（2016 年 12 月 12 日）
企业工会主席合法权益保护暂行办法 / 86
　（2007 年 8 月 20 日）
中华全国总工会关于加强和规范区域性、行业性工会联合会建设的意见 / 88
　（2020 年 1 月 15 日）
全国总工会关于加强产业工会工作的实施办法 / 91
　（2018 年 4 月 17 日）
中华全国总工会关于深入推进产业工会工作创新发展的意见 / 93
　（2016 年）
中华全国总工会关于企业集团建立工会组织的办法 / 98
　（2018 年 9 月 3 日）
中华全国总工会、民政部关于加强社会组织工会建设的意见（试行）/ 100
　（2021 年）
中华全国总工会关于加强县级工会建设的意见 / 104
　（2020 年 12 月 23 日）

1

中华全国总工会关于加强乡镇（街道）工会建设的若干意见 / 107
（2019 年 12 月 27 日）

中华全国总工会关于增强基层工会活力发挥基层工会作用的实施意见 / 109
（2016 年）

中华全国总工会关于新形势下加强基层工会建设的意见 / 114
（2014 年 7 月 29 日）

关于推进新就业形态劳动者入会工作的若干意见（试行）/ 120
（2021 年）

典型案例　码上入会 / 122

中华全国总工会关于组织劳务派遣工加入工会的规定 / 122
（2009 年）

第三部分　职工民主管理 ……… 125

基层工会会员代表大会条例 / 127
（2019 年 1 月 15 日）

工会基层组织选举工作条例 / 131
（2016 年 10 月 9 日）

企业工会主席产生办法（试行）/ 135
（2008 年 7 月 25 日）

学校教职工代表大会规定 / 137
（2011 年 12 月 8 日）

第四部分　劳动保护 ……… 143

中华人民共和国劳动法 / 145
（2018 年 12 月 29 日）

中华人民共和国劳动合同法 / 154
（2012 年 12 月 28 日）

中华人民共和国劳动合同法实施条例 / 165
（2008 年 9 月 18 日）

关于贯彻执行《中华人民共和国劳动法》若干问题的意见 / 170
（1995 年 8 月 4 日）

劳动保障监察条例 / 181
（2004 年 11 月 1 日）

人力资源社会保障部关于实施《劳动保障监察条例》若干规定 / 186
（2022 年 1 月 7 日）

工会劳动法律监督办法 / 192
（2021 年 3 月 31 日）

典型案例　某互联网公司及入驻公司平台企业用工"法治体检"案 / 195

重大劳动保障违法行为社会公布办法 / 196
（2016 年 9 月 1 日）

工会劳动保护工作责任制（试行）/ 197
（2005 年 6 月 22 日）

集体合同规定 / 199
（2004 年 1 月 20 日）

劳动和社会保障部、中华全国总工会、中国企业联合会、中国企业家协会关于贯彻实施《集体合同规定》的通知 / 204
（2004 年 8 月 30 日）

违反《劳动法》有关劳动合同规定的赔偿办法 / 207
（1995 年 5 月 10 日）

工资集体协商试行办法 / 208
（2000 年 11 月 8 日）

典型案例　区域性工资集体协商促进劳动关系的和谐稳定 / 211

劳动和社会保障部、国家经济贸易委员会、中华全国总工会、中国企业联合会/中国企业家协会关于进一步推行平等协商和集体合同制度的通知 / 212
（2001 年 11 月 14 日）

劳动部、全国总工会、国家经贸委、中国企业家协会关于逐步实行集体协商和集体合同制度的通知 / 213
（1996 年 5 月 17 日）

职工带薪年休假条例 / 215
（2007 年 12 月 14 日）

机关事业单位工作人员带薪年休假实施办法 / 216
（2008 年 2 月 15 日）

国务院关于职工工作时间的规定 / 218
（1995 年 3 月 25 日）

典型案例　某公司安检员工超时工作案 / 218

国家机关、事业单位贯彻《国务院关于职工工作时间的规定》的实施办法 / 219
（1995 年 3 月 26 日）

全国年节及纪念日放假办法 / 220
（2013 年 12 月 11 日）

最低工资规定 / 220
（2004 年 1 月 20 日）

工资支付暂行规定 / 222
（1994 年 12 月 6 日）

对《工资支付暂行规定》有关问题的补充规定 / 224
（1995 年 5 月 12 日）

典型案例　某市开展工资支付专项监督为职工追回工资、保险待遇案 / 226

中华人民共和国职业病防治法 / 226
（2018 年 12 月 29 日）

职业病诊断与鉴定管理办法 / 240
（2021 年 1 月 4 日）

中华人民共和国妇女权益保障法 / 248
（2022 年 10 月 30 日）

中华人民共和国母婴保健法 / 257
（2017 年 11 月 4 日）

女职工劳动保护特别规定 / 260
（2012 年 4 月 28 日）

中华全国总工会关于加强新时代工会女职工工作的意见 / 263
（2022 年）

典型案例　卫生费如何发放？工会来帮忙 / 266

中华人民共和国未成年人保护法 / 267
（2020 年 10 月 17 日）

未成年工特殊保护规定 / 282
（1994 年 12 月 9 日）

禁止使用童工规定 / 285
（2002 年 10 月 1 日）

中华人民共和国残疾人保障法 / 287
（2018 年 10 月 26 日）

残疾人就业条例 / 294
（2007 年 2 月 25 日）

典型案例　某市总工会维护残疾职工合法劳动权益专项监督案 / 297

人力资源社会保障部、国家发展改革委、
交通运输部、应急部、市场监管总局、
国家医保局、最高人民法院、全国总工
会关于维护新就业形态劳动者劳动保障
权益的指导意见 / 298
（2021 年 7 月 16 日）

中华全国总工会关于切实维护新就业形态
劳动者劳动保障权益的意见 / 300
（2021 年）

典型案例　某省总工会为新就业形态直播
企业开展劳动用工"法治体检"案 / 303

劳务派遣暂行规定 / 304
（2014 年 1 月 24 日）

第五部分　社会保障 ……………………………………………………… 309

中华人民共和国社会保险法 / 311
（2018 年 12 月 29 日）

典型案例　某企业返聘人员权益
保障案 / 321

失业保险条例 / 321
（1999 年 1 月 22 日）

工伤保险条例 / 325
（2010 年 12 月 20 日）

工伤认定办法 / 334
（2010 年 12 月 31 日）

典型案例　某市工会劳动法律监督维护
职工工伤权益案 / 336

因工死亡职工供养亲属范围规定 / 337
（2003 年 9 月 23 日）

企业职工生育保险试行办法 / 338
（1994 年 12 月 14 日）

住房公积金管理条例 / 339
（2019 年 3 月 24 日）

企业年金办法 / 344
（2017 年 12 月 18 日）

职工互助保障组织监督管理办法 / 348
（2020 年 2 月 26 日）

中华全国总工会关于加强职工互助保障活
动规范和管理的意见 / 352
（2018 年 9 月 12 日）

中华全国总工会关于进一步做好困难职工
解困脱困工作的实施意见 / 356
（2016 年 5 月 20 日）

中华全国总工会关于进一步推进工会帮扶
工作常态化长效化的指导意见 / 359
（2011 年 9 月 26 日）

第六部分　就业促进与职业教育 ……………………………………………… 363

中华人民共和国就业促进法 / 365
（2015 年 4 月 24 日）

中华人民共和国职业教育法 / 371
（2022 年 4 月 20 日）

就业服务与就业管理规定 / 381
（2022 年 1 月 7 日）

国务院关于印发"十四五"就业促进规划
的通知 / 390
（2021 年 8 月 23 日）

国务院关于加强职业培训促进就业的
　　意见 / 408
　　（2010 年 10 月 20 日）
教育部、国家经贸委、劳动和社会保障部
　　关于进一步发挥行业、企业在职业教育
　　和培训中作用的意见 / 413
　　（2002 年 12 月 2 日）
典型案例　某市职工专项技能大赛 / 416
全国模范职工之家、全国模范职工小家、全
　　国优秀工会工作者评选表彰管理办法 / 417
　　（2020 年 8 月 10 日）

中华全国总工会、民政部、人力资源社会
　　保障部关于加强工会社会工作专业人才
　　队伍建设的指导意见 / 423
　　（2016 年 12 月 5 日）
典型案例　某市推动企业平稳实施改革
　　调整案 / 428
关于全面推行中国特色企业新型学徒制
　　加强技能人才培养的指导意见 / 428
　　（2021 年 6 月 8 日）

第七部分　劳动争议多元化解 ……… 433

中华人民共和国劳动争议调解仲裁法 / 435
　　（2007 年 12 月 29 日）
劳动人事争议仲裁组织规则 / 440
　　（2017 年 5 月 8 日）
劳动人事争议仲裁办案规则 / 444
　　（2017 年 5 月 8 日）
中华人民共和国法律援助法 / 453
　　（2021 年 8 月 20 日）
企业劳动争议协商调解规定 / 460
　　（2011 年 11 月 30 日）
典型案例　某公司职工聚集表达诉求案 / 464
人力资源社会保障部、中华全国总工会、
　　中国企业联合会/中国企业家协会、中
　　华全国工商业联合会关于推进新时代和
　　谐劳动关系创建活动的意见 / 465
　　（2023 年 1 月 3 日）

人力资源社会保障部、中央政法委、最高
　　人民法院、工业和信息化部、司法部、
　　财政部、中华全国总工会、中华全国工
　　商业联合会、中国企业联合会/中国企
　　业家协会关于进一步加强劳动人事争议
　　协商调解工作的意见 / 470
　　（2022 年 10 月 13 日）
办理法律援助案件程序规定 / 475
　　（2023 年 7 月 11 日）
人力资源社会保障部、司法部、财政部关
　　于进一步加强劳动人事争议调解仲裁法
　　律援助工作的意见 / 480
　　（2020 年 6 月 22 日）
典型案例　黄某等 25 人追索劳动
　　报酬案 / 482
工会法律援助办法 / 482
　　（2008 年 8 月 11 日）
典型案例　打造指尖上的法律服务平台
　　助推工会维权服务高质量发展 / 485

第八部分　经费和资产监督 487

工会预算管理办法／489
　　（2019年12月31日）
工会会计制度／495
　　（2021年4月14日）
基层工会经费收支管理办法／504
　　（2017年12月15日）
中华全国总工会办公厅关于进一步规范
　　全民健身等相关工会经费使用管理的
　　通知／509
　　（2022年6月29日）

工会送温暖资金使用管理办法（试行）／511
　　（2018年12月21日）
中华人民共和国企业国有资产法／513
　　（2008年10月28日）
企业国有资产监督管理暂行条例／522
　　（2019年3月2日）
地方国有资产监管工作指导监督办法／527
　　（2011年3月31日）
中华全国总工会关于工会企事业单位资产
　　监督管理的暂行规定／530
　　（2007年9月28日）

·第一部分·
综 合 类

中华人民共和国宪法

（1982年12月4日第五届全国人民代表大会第五次会议通过　1982年12月4日全国人民代表大会公告公布施行　根据1988年4月12日第七届全国人民代表大会第一次会议通过的《中华人民共和国宪法修正案》、1993年3月29日第八届全国人民代表大会第一次会议通过的《中华人民共和国宪法修正案》、1999年3月15日第九届全国人民代表大会第二次会议通过的《中华人民共和国宪法修正案》、2004年3月14日第十届全国人民代表大会第二次会议通过的《中华人民共和国宪法修正案》和2018年3月11日第十三届全国人民代表大会第一次会议通过的《中华人民共和国宪法修正案》修正）

目　录

序　言
第一章　总　纲
第二章　公民的基本权利和义务
第三章　国家机构
　第一节　全国人民代表大会
　第二节　中华人民共和国主席
　第三节　国务院
　第四节　中央军事委员会
　第五节　地方各级人民代表大会和地方各级人民政府
　第六节　民族自治地方的自治机关
　第七节　监察委员会
　第八节　人民法院和人民检察院
第四章　国旗、国歌、国徽、首都

序　言

中国是世界上历史最悠久的国家之一。中国各族人民共同创造了光辉灿烂的文化，具有光荣的革命传统。

一八四〇年以后，封建的中国逐渐变成半殖民地、半封建的国家。中国人民为国家独立、民族解放和民主自由进行了前仆后继的英勇奋斗。

二十世纪，中国发生了翻天覆地的伟大历史变革。

一九一一年孙中山先生领导的辛亥革命，废除了封建帝制，创立了中华民国。但是，中国人民反对帝国主义和封建主义的历史任务还没有完成。

一九四九年，以毛泽东主席为领袖的中国共产党领导中国各族人民，在经历了长期的艰难曲折的武装斗争和其他形式的斗争以后，终于推翻了帝国主义、封建主义和官僚资本主义的统治，取得了新民主主义革命的伟大胜利，建立了中华人民共和国。从此，中国人民掌握了国家的权力，成为国家的主人。

中华人民共和国成立以后，我国社会逐步实现了由新民主主义到社会主义的过渡。生产资料私有制的社会主义改造已经完成，人剥削人的制度已经消灭，社会主义制度已经确立。工人阶级领导的、以工农联盟为基础的人民民主专政，实质上即无产阶级专政，得到巩固和发展。中国人民和中国人民解放军战胜了帝国主义、霸权主义的侵略、破坏和武装挑衅，维护了国家的独立和安全，增强了国防。经济建设取得了重大的成就，独立的、比较完整的社会主义工业体系已经基本形成，农业生产显著提高。教育、科学、文化等事业有了很大的发展，社会主义思想教育取得了明显的成效。广大人民的生活有了较大的改善。

中国新民主主义革命的胜利和社会主义事业的成就，是中国共产党领导中国各族人民，在马克思列宁主义、毛泽东思想的指引下，坚持真理，修正错误，战胜许多艰难险阻而取得的。我国将长期处于社会主义初级阶段。国家的根本任务是，沿着中国特色社会主义道路，集中力量进行社会主义现代化建设。中国各族人民将继续在中国共产党领导下，在马克思列宁主义、毛泽东思想、邓小平理论、"三个代表"重要思想、科学发展观、习近平新时代中国特色社会主义思想指引下，坚持人民民主专政，坚持社会主义道路，坚持改革开放，不断完善社会主义的各项制度，发展社会主义市场经济，发展社会主义民主，健全社会主义法治，贯彻新发展理念，自力更生，艰苦奋斗，逐步实现工业、农业、国防和科学技术的现代化，推动物质文明、政治文明、精神文明、社会文明、生态文明协调发展，把我国建设成为富强民主文明和谐美丽的社会主义现代化强国，实现中华民族伟大复兴。

在我国，剥削阶级作为阶级已经消灭，但是阶级斗争还将在一定范围内长期存在。中国人民对敌视和破坏我国社会主义制度的国内外的敌对势力和敌对分子，必须进行斗争。

台湾是中华人民共和国的神圣领土的一部分。完成统一祖国的大业是包括台湾同胞在内的全中国人民的神圣职责。

社会主义的建设事业必须依靠工人、农民和知识分子，团结一切可以团结的力量。在长期的革命、建设、改革过程中，已经结成由中国共产党领导的，有各民主党派和各人民团体参加的，包括全体社会主义劳动者、社会主义事业的建设者、拥护社会主义的爱国者、拥护祖国统一和致力于中华民族伟大复兴的爱国者的广泛的爱国统一战线，这个统一战线将继续巩固和发展。中国人民政治协商会议是有广泛代表性的统一战线组织，过去发挥了重要的历史作用，今后在国家政治生活、社会生活和对外友好活动中，在进行社会主义现代化建设、维护国家的统一和团结的斗争中，将进一步发挥它的重要作用。中国共产党领导的多党合作和政治协商制度将长期存在和发展。

中华人民共和国是全国各族人民共同缔造的统一的多民族国家。平等团结互助和谐的社会主义民族关系已经确立，并将继续加强。在维护民族团结的斗争中，要反对大民族主义，主要是大汉族主义，也要反对地方民族主义。国家尽一切努力，促进全国各民族的共同繁荣。

中国革命、建设、改革的成就是同世界人民的支持分不开的。中国的前途是同世界的前途紧密地联系在一起的。中国坚持独立自主的对外政策，坚持互相尊重主权和领土完整、互不侵犯、互不干涉内政、平等互利、和平共处的五项原则，坚持和平发展道路，坚持互利共赢开放战略，发展同各国的外交关系和经济、文化交流，推动构建人类命运共同体；坚持反对帝国主义、霸权主义、殖民主义，加强同世界各国人民的团结，支持被压迫民族和发展中国家争取和维护民族独立、发展民族经济的正义斗争，为维护世界和平和促进人类进步事业而努力。

本宪法以法律的形式确认了中国各族人民奋斗的成果，规定了国家的根本制度和根本任务，是国家的根本法，具有最高的法律效力。全国各族人民、一切国家机关和武装力量、各政党和各社会团体、各企业事业组织，都必须以宪法为根本的活动准则，并且负有维护宪法尊严、保证宪法实施的职责。

第一章 总　　纲

第一条　中华人民共和国是工人阶级领导的、以工农联盟为基础的人民民主专政的社会主义国家。

社会主义制度是中华人民共和国的根本制度。中国共产党领导是中国特色社会主义最本质的特征。禁止任何组织或者个人破坏社会主义制度。

第二条　中华人民共和国的一切权力属于人民。

人民行使国家权力的机关是全国人民代表大会和地方各级人民代表大会。

人民依照法律规定，通过各种途径和形式，管理国家事务，管理经济和文化事业，管理社会事务。

第三条　中华人民共和国的国家机构实行民主集中制的原则。

全国人民代表大会和地方各级人民代表大会都由民主选举产生，对人民负责，受人民监督。

国家行政机关、监察机关、审判机关、检察机关都由人民代表大会产生，对它负责，受它监督。

中央和地方的国家机构职权的划分，遵循在中央的统一领导下，充分发挥地方的主动性、积极性的原则。

第四条　中华人民共和国各民族一律平等。国家保障各少数民族的合法的权利和利益，维护和发展各民族的平等团结互助和谐关系。禁止对任何民族的歧视和压迫，禁止破坏民族团结和制造民族分裂的行为。

国家根据各少数民族的特点和需要，帮助各少数民族地区加速经济和文化的发展。

各少数民族聚居的地方实行区域自治，设立自治机关，行使自治权。各民族自治地方都是中华人民共和国不可分离的部分。

各民族都有使用和发展自己的语言文字的自由，都有保持或者改革自己的风俗习惯的自由。

第五条　中华人民共和国实行依法治国，建设社会主义法治国家。

国家维护社会主义法制的统一和尊严。

一切法律、行政法规和地方性法规都不得同宪法相抵触。

一切国家机关和武装力量、各政党和各社会团体、各企业事业组织都必须遵守宪法和法律。一切违反宪法和法律的行为，必须予以追究。

任何组织或者个人都不得有超越宪法和法律的特权。

第六条　中华人民共和国的社会主义经济制度的基础是生产资料的社会主义公有制，即全民所有制和劳动群众集体所有制。社会主义公有制消灭人剥削人的制度，实行各尽所能、按劳分配的原则。

国家在社会主义初级阶段，坚持公有制为主体、多种所有制经济共同发展的基本经济制度，坚持按劳分配为主体、多种分配方式并存的分配制度。

第七条 国有经济，即社会主义全民所有制经济，是国民经济中的主导力量。国家保障国有经济的巩固和发展。

第八条 农村集体经济组织实行家庭承包经营为基础、统分结合的双层经营体制。农村中的生产、供销、信用、消费等各种形式的合作经济，是社会主义劳动群众集体所有制经济。参加农村集体经济组织的劳动者，有权在法律规定的范围内经营自留地、自留山、家庭副业和饲养自留畜。

城镇中的手工业、工业、建筑业、运输业、商业、服务业等行业的各种形式的合作经济，都是社会主义劳动群众集体所有制经济。

国家保护城乡集体经济组织的合法的权利和利益，鼓励、指导和帮助集体经济的发展。

第九条 矿藏、水流、森林、山岭、草原、荒地、滩涂等自然资源，都属于国家所有，即全民所有；由法律规定属于集体所有的森林和山岭、草原、荒地、滩涂除外。

国家保障自然资源的合理利用，保护珍贵的动物和植物。禁止任何组织或者个人用任何手段侵占或者破坏自然资源。

第十条 城市的土地属于国家所有。

农村和城市郊区的土地，除由法律规定属于国家所有的以外，属于集体所有；宅基地和自留地、自留山，也属于集体所有。

国家为了公共利益的需要，可以依照法律规定对土地实行征收或者征用并给予补偿。

任何组织或者个人不得侵占、买卖或者以其他形式非法转让土地。土地的使用权可以依照法律的规定转让。

一切使用土地的组织和个人必须合理地利用土地。

第十一条 在法律规定范围内的个体经济、私营经济等非公有制经济，是社会主义市场经济的重要组成部分。

国家保护个体经济、私营经济等非公有制经济的合法的权利和利益。国家鼓励、支持和引导非公有制经济的发展，并对非公有制经济依法实行监督和管理。

第十二条 社会主义的公共财产神圣不可侵犯。

国家保护社会主义的公共财产。禁止任何组织或者个人用任何手段侵占或者破坏国家的和集体的财产。

第十三条 公民的合法的私有财产不受侵犯。

国家依照法律规定保护公民的私有财产权和继承权。

国家为了公共利益的需要，可以依照法律规定对公民的私有财产实行征收或者征用并给予补偿。

第十四条 国家通过提高劳动者的积极性和技术水平，推广先进的科学技术，完善经济管理体制和企业经营管理制度，实行各种形式的社会主义责任制，改进劳动组织，以不断提高劳动生产率和经济效益，发展社会生产力。

国家厉行节约，反对浪费。

国家合理安排积累和消费，兼顾国家、集体和个人的利益，在发展生产的基础上，逐步改善人民的物质生活和文化生活。

国家建立健全同经济发展水平相适应的社会保障制度。

第十五条 国家实行社会主义市场经济。

国家加强经济立法，完善宏观调控。

国家依法禁止任何组织或者个人扰乱社会经济秩序。

第十六条 国有企业在法律规定的范围内有权自主经营。

国有企业依照法律规定，通过职工代表大会和其他形式，实行民主管理。

第十七条 集体经济组织在遵守有关法律的前提下，有独立进行经济活动的自主权。

集体经济组织实行民主管理，依照法律规定选举和罢免管理人员，决定经营管理的重大问题。

第十八条 中华人民共和国允许外国的企业和其他经济组织或者个人依照中华人民共和国法律的规定在中国投资，同中国的企业或者其他经济组织进行各种形式的经济合作。

在中国境内的外国企业和其他外国经济组织以及中外合资经营的企业，都必须遵守中华人民共和国的法律。它们的合法的权利和利益受中华人民共和国法律的保护。

第十九条 国家发展社会主义的教育事业，提高全国人民的科学文化水平。

国家举办各种学校，普及初等义务教育，发展中等教育、职业教育和高等教育，并且发展学前教育。

国家发展各种教育设施，扫除文盲，对工人、农民、国家工作人员和其他劳动者进行政治、文化、科学、技术、业务的教育，鼓励自学成才。

国家鼓励集体经济组织、国家企业事业组织和其他社会力量依照法律规定举办各种教育事业。

国家推广全国通用的普通话。

第二十条 国家发展自然科学和社会科学事业，普及科学和技术知识，奖励科学研究成果和技术发明创造。

第二十一条 国家发展医疗卫生事业，发展现代医药和我国传统医药，鼓励和支持农村集体经济组织、国家企业事业组织和街道组织举办各种医疗卫生设施，开展群众性的卫生活动，保护人民健康。

国家发展体育事业，开展群众性的体育活动，增强人民体质。

第二十二条 国家发展为人民服务、为社会主义服务的文学艺术事业、新闻广播电视事业、出版发行事业、图书馆博物馆文化馆和其他文化事业，开展群众性的文化活动。

国家保护名胜古迹、珍贵文物和其他重要历史文化遗产。

第二十三条 国家培养为社会主义服务的各种专业人才，扩大知识分子的队伍，创造条件，充分发挥他们在社会主义现代化建设中的作用。

第二十四条 国家通过普及理想教育、道德教育、文化教育、纪律和法制教育，通过在城乡不同范围的群众中制定和执行各种守则、公约，加强社会主义精神文明的建设。

国家倡导社会主义核心价值观，提倡爱祖国、爱人民、爱劳动、爱科学、爱社会主义的公德，在人民中进行爱国主义、集体主义和国际主义、共产主义的教育，进行辩证唯物主义和历史唯物主义的教育，反对资本主义的、封建主义的和其他的腐朽思想。

第二十五条　国家推行计划生育，使人口的增长同经济和社会发展计划相适应。

第二十六条　国家保护和改善生活环境和生态环境，防治污染和其他公害。

国家组织和鼓励植树造林，保护林木。

第二十七条　一切国家机关实行精简的原则，实行工作责任制，实行工作人员的培训和考核制度，不断提高工作质量和工作效率，反对官僚主义。

一切国家机关和国家工作人员必须依靠人民的支持，经常保持同人民的密切联系，倾听人民的意见和建议，接受人民的监督，努力为人民服务。

国家工作人员就职时应当依照法律规定公开进行宪法宣誓。

第二十八条　国家维护社会秩序，镇压叛国和其他危害国家安全的犯罪活动，制裁危害社会治安、破坏社会主义经济和其他犯罪的活动，惩办和改造犯罪分子。

第二十九条　中华人民共和国的武装力量属于人民。它的任务是巩固国防，抵抗侵略，保卫祖国，保卫人民的和平劳动，参加国家建设事业，努力为人民服务。

国家加强武装力量的革命化、现代化、正规化的建设，增强国防力量。

第三十条　中华人民共和国的行政区域划分如下：

（一）全国分为省、自治区、直辖市；

（二）省、自治区分为自治州、县、自治县、市；

（三）县、自治县分为乡、民族乡、镇。

直辖市和较大的市分为区、县。自治州分为县、自治县、市。

自治区、自治州、自治县都是民族自治地方。

第三十一条　国家在必要时得设立特别行政区。在特别行政区内实行的制度按照具体情况由全国人民代表大会以法律规定。

第三十二条　中华人民共和国保护在中国境内的外国人的合法权利和利益，在中国境内的外国人必须遵守中华人民共和国的法律。

中华人民共和国对于因为政治原因要求避难的外国人，可以给予受庇护的权利。

第二章　公民的基本权利和义务

第三十三条　凡具有中华人民共和国国籍的人都是中华人民共和国公民。

中华人民共和国公民在法律面前一律平等。

国家尊重和保障人权。

任何公民享有宪法和法律规定的权利，同时必须履行宪法和法律规定的义务。

第三十四条　中华人民共和国年满十

八周岁的公民，不分民族、种族、性别、职业、家庭出身、宗教信仰、教育程度、财产状况、居住期限，都有选举权和被选举权；但是依照法律被剥夺政治权利的人除外。

第三十五条　中华人民共和国公民有言论、出版、集会、结社、游行、示威的自由。

第三十六条　中华人民共和国公民有宗教信仰自由。

任何国家机关、社会团体和个人不得强制公民信仰宗教或者不信仰宗教，不得歧视信仰宗教的公民和不信仰宗教的公民。

国家保护正常的宗教活动。任何人不得利用宗教进行破坏社会秩序、损害公民身体健康、妨碍国家教育制度的活动。

宗教团体和宗教事务不受外国势力的支配。

第三十七条　中华人民共和国公民的人身自由不受侵犯。

任何公民，非经人民检察院批准或者决定或者人民法院决定，并由公安机关执行，不受逮捕。

禁止非法拘禁和以其他方法非法剥夺或者限制公民的人身自由，禁止非法搜查公民的身体。

第三十八条　中华人民共和国公民的人格尊严不受侵犯。禁止用任何方法对公民进行侮辱、诽谤和诬告陷害。

第三十九条　中华人民共和国公民的住宅不受侵犯。禁止非法搜查或者非法侵入公民的住宅。

第四十条　中华人民共和国公民的通信自由和通信秘密受法律的保护。除因国家安全或者追查刑事犯罪的需要，由公安机关或者检察机关依照法律规定的程序对通信进行检查外，任何组织或者个人不得以任何理由侵犯公民的通信自由和通信秘密。

第四十一条　中华人民共和国公民对于任何国家机关和国家工作人员，有提出批评和建议的权利；对于任何国家机关和国家工作人员的违法失职行为，有向有关国家机关提出申诉、控告或者检举的权利，但是不得捏造或者歪曲事实进行诬告陷害。

对于公民的申诉、控告或者检举，有关国家机关必须查清事实，负责处理。任何人不得压制和打击报复。

由于国家机关和国家工作人员侵犯公民权利而受到损失的人，有依照法律规定取得赔偿的权利。

第四十二条　中华人民共和国公民有劳动的权利和义务。

国家通过各种途径，创造劳动就业条件，加强劳动保护，改善劳动条件，并在发展生产的基础上，提高劳动报酬和福利待遇。

劳动是一切有劳动能力的公民的光荣职责。国有企业和城乡集体经济组织的劳动者都应当以国家主人翁的态度对待自己的劳动。国家提倡社会主义劳动竞赛，奖励劳动模范和先进工作者。国家提倡公民从事义务劳动。

国家对就业前的公民进行必要的劳动就业训练。

第四十三条　中华人民共和国劳动者有休息的权利。

国家发展劳动者休息和休养的设施，

规定职工的工作时间和休假制度。

第四十四条　国家依照法律规定实行企业事业组织的职工和国家机关工作人员的退休制度。退休人员的生活受到国家和社会的保障。

第四十五条　中华人民共和国公民在年老、疾病或者丧失劳动能力的情况下，有从国家和社会获得物质帮助的权利。国家发展为公民享受这些权利所需要的社会保险、社会救济和医疗卫生事业。

国家和社会保障残废军人的生活，抚恤烈士家属，优待军人家属。

国家和社会帮助安排盲、聋、哑和其他有残疾的公民的劳动、生活和教育。

第四十六条　中华人民共和国公民有受教育的权利和义务。

国家培养青年、少年、儿童在品德、智力、体质等方面全面发展。

第四十七条　中华人民共和国公民有进行科学研究、文学艺术创作和其他文化活动的自由。国家对于从事教育、科学、技术、文学、艺术和其他文化事业的公民的有益于人民的创造性工作，给以鼓励和帮助。

第四十八条　中华人民共和国妇女在政治的、经济的、文化的、社会的和家庭的生活等各方面享有同男子平等的权利。

国家保护妇女的权利和利益，实行男女同工同酬，培养和选拔妇女干部。

第四十九条　婚姻、家庭、母亲和儿童受国家的保护。

夫妻双方有实行计划生育的义务。

父母有抚养教育未成年子女的义务，成年子女有赡养扶助父母的义务。

禁止破坏婚姻自由，禁止虐待老人、妇女和儿童。

第五十条　中华人民共和国保护华侨的正当的权利和利益，保护归侨和侨眷的合法的权利和利益。

第五十一条　中华人民共和国公民在行使自由和权利的时候，不得损害国家的、社会的、集体的利益和其他公民的合法的自由和权利。

第五十二条　中华人民共和国公民有维护国家统一和全国各民族团结的义务。

第五十三条　中华人民共和国公民必须遵守宪法和法律，保守国家秘密，爱护公共财产，遵守劳动纪律，遵守公共秩序，尊重社会公德。

第五十四条　中华人民共和国公民有维护祖国的安全、荣誉和利益的义务，不得有危害祖国的安全、荣誉和利益的行为。

第五十五条　保卫祖国、抵抗侵略是中华人民共和国每一个公民的神圣职责。

依照法律服兵役和参加民兵组织是中华人民共和国公民的光荣义务。

第五十六条　中华人民共和国公民有依照法律纳税的义务。

第三章　国家机构

第一节　全国人民代表大会

第五十七条　中华人民共和国全国人民代表大会是最高国家权力机关。它的常设机关是全国人民代表大会常务委员会。

第五十八条　全国人民代表大会和全国人民代表大会常务委员会行使国家立

法权。

第五十九条 全国人民代表大会由省、自治区、直辖市、特别行政区和军队选出的代表组成。各少数民族都应当有适当名额的代表。

全国人民代表大会代表的选举由全国人民代表大会常务委员会主持。

全国人民代表大会代表名额和代表产生办法由法律规定。

第六十条 全国人民代表大会每届任期五年。

全国人民代表大会任期届满的两个月以前，全国人民代表大会常务委员会必须完成下届全国人民代表大会代表的选举。如果遇到不能进行选举的非常情况，由全国人民代表大会常务委员会以全体组成人员的三分之二以上的多数通过，可以推迟选举，延长本届全国人民代表大会的任期。在非常情况结束后一年内，必须完成下届全国人民代表大会代表的选举。

第六十一条 全国人民代表大会会议每年举行一次，由全国人民代表大会常务委员会召集。如果全国人民代表大会常务委员会认为必要，或者有五分之一以上的全国人民代表大会代表提议，可以临时召集全国人民代表大会会议。

全国人民代表大会举行会议的时候，选举主席团主持会议。

第六十二条 全国人民代表大会行使下列职权：

（一）修改宪法；

（二）监督宪法的实施；

（三）制定和修改刑事、民事、国家机构的和其他的基本法律；

（四）选举中华人民共和国主席、副主席；

（五）根据中华人民共和国主席的提名，决定国务院总理的人选；根据国务院总理的提名，决定国务院副总理、国务委员、各部部长、各委员会主任、审计长、秘书长的人选；

（六）选举中央军事委员会主席；根据中央军事委员会主席的提名，决定中央军事委员会其他组成人员的人选；

（七）选举国家监察委员会主任；

（八）选举最高人民法院院长；

（九）选举最高人民检察院检察长；

（十）审查和批准国民经济和社会发展计划和计划执行情况的报告；

（十一）审查和批准国家的预算和预算执行情况的报告；

（十二）改变或者撤销全国人民代表大会常务委员会不适当的决定；

（十三）批准省、自治区和直辖市的建置；

（十四）决定特别行政区的设立及其制度；

（十五）决定战争和和平的问题；

（十六）应当由最高国家权力机关行使的其他职权。

第六十三条 全国人民代表大会有权罢免下列人员：

（一）中华人民共和国主席、副主席；

（二）国务院总理、副总理、国务委员、各部部长、各委员会主任、审计长、秘书长；

（三）中央军事委员会主席和中央军事委员会其他组成人员；

（四）国家监察委员会主任；

（五）最高人民法院院长；

（六）最高人民检察院检察长。

第六十四条　宪法的修改，由全国人民代表大会常务委员会或者五分之一以上的全国人民代表大会代表提议，并由全国人民代表大会以全体代表的三分之二以上的多数通过。

法律和其他议案由全国人民代表大会以全体代表的过半数通过。

第六十五条　全国人民代表大会常务委员会由下列人员组成：

委员长，

副委员长若干人，

秘书长，

委员若干人。

全国人民代表大会常务委员会组成人员中，应当有适当名额的少数民族代表。

全国人民代表大会选举并有权罢免全国人民代表大会常务委员会的组成人员。

全国人民代表大会常务委员会的组成人员不得担任国家行政机关、监察机关、审判机关和检察机关的职务。

第六十六条　全国人民代表大会常务委员会每届任期同全国人民代表大会每届任期相同，它行使职权到下届全国人民代表大会选出新的常务委员会为止。

委员长、副委员长连续任职不得超过两届。

第六十七条　全国人民代表大会常务委员会行使下列职权：

（一）解释宪法，监督宪法的实施；

（二）制定和修改除应当由全国人民代表大会制定的法律以外的其他法律；

（三）在全国人民代表大会闭会期间，对全国人民代表大会制定的法律进行部分补充和修改，但是不得同该法律的基本原则相抵触；

（四）解释法律；

（五）在全国人民代表大会闭会期间，审查和批准国民经济和社会发展计划、国家预算在执行过程中所必须作的部分调整方案；

（六）监督国务院、中央军事委员会、国家监察委员会、最高人民法院和最高人民检察院的工作；

（七）撤销国务院制定的同宪法、法律相抵触的行政法规、决定和命令；

（八）撤销省、自治区、直辖市国家权力机关制定的同宪法、法律和行政法规相抵触的地方性法规和决议；

（九）在全国人民代表大会闭会期间，根据国务院总理的提名，决定部长、委员会主任、审计长、秘书长的人选；

（十）在全国人民代表大会闭会期间，根据中央军事委员会主席的提名，决定中央军事委员会其他组成人员的人选；

（十一）根据国家监察委员会主任的提请，任免国家监察委员会副主任、委员；

（十二）根据最高人民法院院长的提请，任免最高人民法院副院长、审判员、审判委员会委员和军事法院院长；

（十三）根据最高人民检察院检察长的提请，任免最高人民检察院副检察长、检察员、检察委员会委员和军事检察院检察长，并且批准省、自治区、直辖市的人民检察院检察长的任免；

（十四）决定驻外全权代表的任免；

（十五）决定同外国缔结的条约和重要协定的批准和废除；

（十六）规定军人和外交人员的衔级

制度和其他专门衔级制度；

（十七）规定和决定授予国家的勋章和荣誉称号；

（十八）决定特赦；

（十九）在全国人民代表大会闭会期间，如果遇到国家遭受武装侵犯或者必须履行国际间共同防止侵略的条约的情况，决定战争状态的宣布；

（二十）决定全国总动员或者局部动员；

（二十一）决定全国或者个别省、自治区、直辖市进入紧急状态；

（二十二）全国人民代表大会授予的其他职权。

第六十八条　全国人民代表大会常务委员会委员长主持全国人民代表大会常务委员会的工作，召集全国人民代表大会常务委员会会议。副委员长、秘书长协助委员长工作。

委员长、副委员长、秘书长组成委员长会议，处理全国人民代表大会常务委员会的重要日常工作。

第六十九条　全国人民代表大会常务委员会对全国人民代表大会负责并报告工作。

第七十条　全国人民代表大会设立民族委员会、宪法和法律委员会、财政经济委员会、教育科学文化卫生委员会、外事委员会、华侨委员会和其他需要设立的专门委员会。在全国人民代表大会闭会期间，各专门委员会受全国人民代表大会常务委员会的领导。

各专门委员会在全国人民代表大会和全国人民代表大会常务委员会领导下，研究、审议和拟订有关议案。

第七十一条　全国人民代表大会和全国人民代表大会常务委员会认为必要的时候，可以组织关于特定问题的调查委员会，并且根据调查委员会的报告，作出相应的决议。

调查委员会进行调查的时候，一切有关的国家机关、社会团体和公民都有义务向它提供必要的材料。

第七十二条　全国人民代表大会代表和全国人民代表大会常务委员会组成人员，有权依照法律规定的程序分别提出属于全国人民代表大会和全国人民代表大会常务委员会职权范围内的议案。

第七十三条　全国人民代表大会代表在全国人民代表大会开会期间，全国人民代表大会常务委员会组成人员在常务委员会开会期间，有权依照法律规定的程序提出对国务院或者国务院各部、各委员会的质询案。受质询的机关必须负责答复。

第七十四条　全国人民代表大会代表，非经全国人民代表大会会议主席团许可，在全国人民代表大会闭会期间非经全国人民代表大会常务委员会许可，不受逮捕或者刑事审判。

第七十五条　全国人民代表大会代表在全国人民代表大会各种会议上的发言和表决，不受法律追究。

第七十六条　全国人民代表大会代表必须模范地遵守宪法和法律，保守国家秘密，并且在自己参加的生产、工作和社会活动中，协助宪法和法律的实施。

全国人民代表大会代表应当同原选举单位和人民保持密切的联系，听取和反映人民的意见和要求，努力为人民服务。

第七十七条　全国人民代表大会代表

受原选举单位的监督。原选举单位有权依照法律规定的程序罢免本单位选出的代表。

第七十八条 全国人民代表大会和全国人民代表大会常务委员会的组织和工作程序由法律规定。

第二节　中华人民共和国主席

第七十九条 中华人民共和国主席、副主席由全国人民代表大会选举。

有选举权和被选举权的年满四十五周岁的中华人民共和国公民可以被选为中华人民共和国主席、副主席。

中华人民共和国主席、副主席每届任期同全国人民代表大会每届任期相同。

第八十条 中华人民共和国主席根据全国人民代表大会的决定和全国人民代表大会常务委员会的决定，公布法律，任免国务院总理、副总理、国务委员、各部部长、各委员会主任、审计长、秘书长，授予国家的勋章和荣誉称号，发布特赦令，宣布进入紧急状态，宣布战争状态，发布动员令。

第八十一条 中华人民共和国主席代表中华人民共和国，进行国事活动，接受外国使节；根据全国人民代表大会常务委员会的决定，派遣和召回驻外全权代表，批准和废除同外国缔结的条约和重要协定。

第八十二条 中华人民共和国副主席协助主席工作。

中华人民共和国副主席受主席的委托，可以代行主席的部分职权。

第八十三条 中华人民共和国主席、副主席行使职权到下届全国人民代表大会选出的主席、副主席就职为止。

第八十四条 中华人民共和国主席缺位的时候，由副主席继任主席的职位。

中华人民共和国副主席缺位的时候，由全国人民代表大会补选。

中华人民共和国主席、副主席都缺位的时候，由全国人民代表大会补选；在补选以前，由全国人民代表大会常务委员会委员长暂时代理主席职位。

第三节　国　务　院

第八十五条 中华人民共和国国务院，即中央人民政府，是最高国家权力机关的执行机关，是最高国家行政机关。

第八十六条 国务院由下列人员组成：

总理，

副总理若干人，

国务委员若干人，

各部部长，

各委员会主任，

审计长，

秘书长。

国务院实行总理负责制。各部、各委员会实行部长、主任负责制。

国务院的组织由法律规定。

第八十七条 国务院每届任期同全国人民代表大会每届任期相同。

总理、副总理、国务委员连续任职不得超过两届。

第八十八条 总理领导国务院的工作。副总理、国务委员协助总理工作。

总理、副总理、国务委员、秘书长组成国务院常务会议。

总理召集和主持国务院常务会议和国

务院全体会议。

第八十九条 国务院行使下列职权：

（一）根据宪法和法律，规定行政措施，制定行政法规，发布决定和命令；

（二）向全国人民代表大会或者全国人民代表大会常务委员会提出议案；

（三）规定各部和各委员会的任务和职责，统一领导各部和各委员会的工作，并且领导不属于各部和各委员会的全国性的行政工作；

（四）统一领导全国地方各级国家行政机关的工作，规定中央和省、自治区、直辖市的国家行政机关的职权的具体划分；

（五）编制和执行国民经济和社会发展计划和国家预算；

（六）领导和管理经济工作和城乡建设、生态文明建设；

（七）领导和管理教育、科学、文化、卫生、体育和计划生育工作；

（八）领导和管理民政、公安、司法行政等工作；

（九）管理对外事务，同外国缔结条约和协定；

（十）领导和管理国防建设事业；

（十一）领导和管理民族事务，保障少数民族的平等权利和民族自治地方的自治权利；

（十二）保护华侨的正当的权利和利益，保护归侨和侨眷的合法的权利和利益；

（十三）改变或者撤销各部、各委员会发布的不适当的命令、指示和规章；

（十四）改变或者撤销地方各级国家行政机关的不适当的决定和命令；

（十五）批准省、自治区、直辖市的区域划分，批准自治州、县、自治县、市的建置和区域划分；

（十六）依照法律规定决定省、自治区、直辖市的范围内部分地区进入紧急状态；

（十七）审定行政机构的编制，依照法律规定任免、培训、考核和奖惩行政人员；

（十八）全国人民代表大会和全国人民代表大会常务委员会授予的其他职权。

第九十条 国务院各部部长、各委员会主任负责本部门的工作；召集和主持部务会议或者委员会会议、委务会议，讨论决定本部门工作的重大问题。

各部、各委员会根据法律和国务院的行政法规、决定、命令，在本部门的权限内，发布命令、指示和规章。

第九十一条 国务院设立审计机关，对国务院各部门和地方各级政府的财政收支，对国家的财政金融机构和企业事业组织的财政收支，进行审计监督。

审计机关在国务院总理领导下，依照法律规定独立行使审计监督权，不受其他行政机关、社会团体和个人的干涉。

第九十二条 国务院对全国人民代表大会负责并报告工作；在全国人民代表大会闭会期间，对全国人民代表大会常务委员会负责并报告工作。

第四节 中央军事委员会

第九十三条 中华人民共和国中央军事委员会领导全国武装力量。

中央军事委员会由下列人员组成：
主席，

副主席若干人，

委员若干人。

中央军事委员会实行主席负责制。

中央军事委员会每届任期同全国人民代表大会每届任期相同。

第九十四条 中央军事委员会主席对全国人民代表大会和全国人民代表大会常务委员会负责。

第五节　地方各级人民代表大会和地方各级人民政府

第九十五条 省、直辖市、县、市、市辖区、乡、民族乡、镇设立人民代表大会和人民政府。

地方各级人民代表大会和地方各级人民政府的组织由法律规定。

自治区、自治州、自治县设立自治机关。自治机关的组织和工作根据宪法第三章第五节、第六节规定的基本原则由法律规定。

第九十六条 地方各级人民代表大会是地方国家权力机关。

县级以上的地方各级人民代表大会设立常务委员会。

第九十七条 省、直辖市、设区的市的人民代表大会代表由下一级的人民代表大会选举；县、不设区的市、市辖区、乡、民族乡、镇的人民代表大会代表由选民直接选举。

地方各级人民代表大会代表名额和代表产生办法由法律规定。

第九十八条 地方各级人民代表大会每届任期五年。

第九十九条 地方各级人民代表大会在本行政区域内，保证宪法、法律、行政法规的遵守和执行；依照法律规定的权限，通过和发布决议，审查和决定地方的经济建设、文化建设和公共事业建设的计划。

县级以上的地方各级人民代表大会审查和批准本行政区域内的国民经济和社会发展计划、预算以及它们的执行情况的报告；有权改变或者撤销本级人民代表大会常务委员会不适当的决定。

民族乡的人民代表大会可以依照法律规定的权限采取适合民族特点的具体措施。

第一百条 省、直辖市的人民代表大会和它们的常务委员会，在不同宪法、法律、行政法规相抵触的前提下，可以制定地方性法规，报全国人民代表大会常务委员会备案。

设区的市的人民代表大会和它们的常务委员会，在不同宪法、法律、行政法规和本省、自治区的地方性法规相抵触的前提下，可以依照法律规定制定地方性法规，报本省、自治区人民代表大会常务委员会批准后施行。

第一百零一条 地方各级人民代表大会分别选举并且有权罢免本级人民政府的省长和副省长、市长和副市长、县长和副县长、区长和副区长、乡长和副乡长、镇长和副镇长。

县级以上的地方各级人民代表大会选举并且有权罢免本级监察委员会主任、本级人民法院院长和本级人民检察院检察长。选出或者罢免人民检察院检察长，须报上级人民检察院检察长提请该级人民代表大会常务委员会批准。

第一百零二条 省、直辖市、设区的市的人民代表大会代表受原选举单位的监督；县、不设区的市、市辖区、乡、民族乡、镇的人民代表大会代表受选民的监督。

地方各级人民代表大会代表的选举单位和选民有权依照法律规定的程序罢免由他们选出的代表。

第一百零三条 县级以上的地方各级人民代表大会常务委员会由主任、副主任若干人和委员若干人组成，对本级人民代表大会负责并报告工作。

县级以上的地方各级人民代表大会选举并有权罢免本级人民代表大会常务委员会的组成人员。

县级以上的地方各级人民代表大会常务委员会的组成人员不得担任国家行政机关、监察机关、审判机关和检察机关的职务。

第一百零四条 县级以上的地方各级人民代表大会常务委员会讨论、决定本行政区域内各方面工作的重大事项；监督本级人民政府、监察委员会、人民法院和人民检察院的工作；撤销本级人民政府的不适当的决定和命令；撤销下一级人民代表大会的不适当的决议；依照法律规定的权限决定国家机关工作人员的任免；在本级人民代表大会闭会期间，罢免和补选上一级人民代表大会的个别代表。

第一百零五条 地方各级人民政府是地方各级国家权力机关的执行机关，是地方各级国家行政机关。

地方各级人民政府实行省长、市长、县长、区长、乡长、镇长负责制。

第一百零六条 地方各级人民政府每届任期同本级人民代表大会每届任期相同。

第一百零七条 县级以上地方各级人民政府依照法律规定的权限，管理本行政区域内的经济、教育、科学、文化、卫生、体育事业、城乡建设事业和财政、民政、公安、民族事务、司法行政、计划生育等行政工作，发布决定和命令，任免、培训、考核和奖惩行政工作人员。

乡、民族乡、镇的人民政府执行本级人民代表大会的决议和上级国家行政机关的决定和命令，管理本行政区域内的行政工作。

省、直辖市的人民政府决定乡、民族乡、镇的建置和区域划分。

第一百零八条 县级以上的地方各级人民政府领导所属各工作部门和下级人民政府的工作，有权改变或者撤销所属各工作部门和下级人民政府的不适当的决定。

第一百零九条 县级以上的地方各级人民政府设立审计机关。地方各级审计机关依照法律规定独立行使审计监督权，对本级人民政府和上一级审计机关负责。

第一百一十条 地方各级人民政府对本级人民代表大会负责并报告工作。县级以上的地方各级人民政府在本级人民代表大会闭会期间，对本级人民代表大会常务委员会负责并报告工作。

地方各级人民政府对上一级国家行政机关负责并报告工作。全国地方各级人民政府都是国务院统一领导下的国家行政机关，都服从国务院。

第一百一十一条 城市和农村按居民居住地区设立的居民委员会或者村民委员会是基层群众性自治组织。居民委员会、村民委员会的主任、副主任和委员由居民选举。居民委员会、村民委员会同基层政权的相互关系由法律规定。

居民委员会、村民委员会设人民调解、治安保卫、公共卫生等委员会，办理本居住地区的公共事务和公益事业，调解民间纠纷，协助维护社会治安，并且向人民政府反映群众的意见、要求和提出建议。

第六节 民族自治地方的自治机关

第一百一十二条　民族自治地方的自治机关是自治区、自治州、自治县的人民代表大会和人民政府。

第一百一十三条　自治区、自治州、自治县的人民代表大会中，除实行区域自治的民族的代表外，其他居住在本行政区域内的民族也应当有适当名额的代表。

自治区、自治州、自治县的人民代表大会常务委员会中应当有实行区域自治的民族的公民担任主任或者副主任。

第一百一十四条　自治区主席、自治州州长、自治县县长由实行区域自治的民族的公民担任。

第一百一十五条　自治区、自治州、自治县的自治机关行使宪法第三章第五节规定的地方国家机关的职权，同时依照宪法、民族区域自治法和其他法律规定的权限行使自治权，根据本地方实际情况贯彻执行国家的法律、政策。

第一百一十六条　民族自治地方的人民代表大会有权依照当地民族的政治、经济和文化的特点，制定自治条例和单行条例。自治区的自治条例和单行条例，报全国人民代表大会常务委员会批准后生效。自治州、自治县的自治条例和单行条例，报省或者自治区的人民代表大会常务委员会批准后生效，并报全国人民代表大会常务委员会备案。

第一百一十七条　民族自治地方的自治机关有管理地方财政的自治权。凡是依照国家财政体制属于民族自治地方的财政收入，都应当由民族自治地方的自治机关自主地安排使用。

第一百一十八条　民族自治地方的自治机关在国家计划的指导下，自主地安排和管理地方性的经济建设事业。

国家在民族自治地方开发资源、建设企业的时候，应当照顾民族自治地方的利益。

第一百一十九条　民族自治地方的自治机关自主地管理本地方的教育、科学、文化、卫生、体育事业，保护和整理民族的文化遗产，发展和繁荣民族文化。

第一百二十条　民族自治地方的自治机关依照国家的军事制度和当地的实际需要，经国务院批准，可以组织本地方维护社会治安的公安部队。

第一百二十一条　民族自治地方的自治机关在执行职务的时候，依照本民族自治地方自治条例的规定，使用当地通用的一种或者几种语言文字。

第一百二十二条　国家从财政、物资、技术等方面帮助各少数民族加速发展经济建设和文化建设事业。

国家帮助民族自治地方从当地民族中大量培养各级干部、各种专业人才和技术工人。

第七节　监察委员会

第一百二十三条　中华人民共和国各级监察委员会是国家的监察机关。

第一百二十四条　中华人民共和国设立国家监察委员会和地方各级监察委员会。

监察委员会由下列人员组成：

主任，

副主任若干人，

委员若干人。

监察委员会主任每届任期同本级人民代表大会每届任期相同。国家监察委员会主任连续任职不得超过两届。

监察委员会的组织和职权由法律规定。

第一百二十五条　中华人民共和国国家监察委员会是最高监察机关。

国家监察委员会领导地方各级监察委员会的工作，上级监察委员会领导下级监察委员会的工作。

第一百二十六条　国家监察委员会对全国人民代表大会和全国人民代表大会常务委员会负责。地方各级监察委员会对产生它的国家权力机关和上一级监察委员会负责。

第一百二十七条　监察委员会依照法律规定独立行使监察权，不受行政机关、社会团体和个人的干涉。

监察机关办理职务违法和职务犯罪案件，应当与审判机关、检察机关、执法部门互相配合，互相制约。

第八节　人民法院和人民检察院

第一百二十八条　中华人民共和国人民法院是国家的审判机关。

第一百二十九条　中华人民共和国设立最高人民法院、地方各级人民法院和军事法院等专门人民法院。

最高人民法院院长每届任期同全国人民代表大会每届任期相同，连续任职不得超过两届。

人民法院的组织由法律规定。

第一百三十条　人民法院审理案件，除法律规定的特别情况外，一律公开进行。被告人有权获得辩护。

第一百三十一条　人民法院依照法律规定独立行使审判权，不受行政机关、社会团体和个人的干涉。

第一百三十二条　最高人民法院是最高审判机关。

最高人民法院监督地方各级人民法院和专门人民法院的审判工作，上级人民法院监督下级人民法院的审判工作。

第一百三十三条　最高人民法院对全国人民代表大会和全国人民代表大会常务委员会负责。地方各级人民法院对产生它的国家权力机关负责。

第一百三十四条　中华人民共和国人民检察院是国家的法律监督机关。

第一百三十五条　中华人民共和国设立最高人民检察院、地方各级人民检察院和军事检察院等专门人民检察院。

最高人民检察院检察长每届任期同全国人民代表大会每届任期相同，连续任职不得超过两届。

人民检察院的组织由法律规定。

第一百三十六条　人民检察院依照法律规定独立行使检察权，不受行政机关、社会团体和个人的干涉。

第一百三十七条　最高人民检察院是

最高检察机关。

最高人民检察院领导地方各级人民检察院和专门人民检察院的工作，上级人民检察院领导下级人民检察院的工作。

第一百三十八条 最高人民检察院对全国人民代表大会和全国人民代表大会常务委员会负责。地方各级人民检察院对产生它的国家权力机关和上级人民检察院负责。

第一百三十九条 各民族公民都有用本民族语言文字进行诉讼的权利。人民法院和人民检察院对于不通晓当地通用的语言文字的诉讼参与人，应当为他们翻译。

在少数民族聚居或者多民族共同居住的地区，应当用当地通用的语言进行审理；起诉书、判决书、布告和其他文书应当根据实际需要使用当地通用的一种或者几种文字。

第一百四十条 人民法院、人民检察院和公安机关办理刑事案件，应当分工负责，互相配合，互相制约，以保证准确有效地执行法律。

第四章　国旗、国歌、国徽、首都

第一百四十一条 中华人民共和国国旗是五星红旗。

中华人民共和国国歌是《义勇军进行曲》。

第一百四十二条 中华人民共和国国徽，中间是五星照耀下的天安门，周围是谷穗和齿轮。

第一百四十三条 中华人民共和国首都是北京。

中华人民共和国工会法

（1992年4月3日第七届全国人民代表大会第五次会议通过　根据2001年10月27日第九届全国人民代表大会常务委员会第二十四次会议《关于修改〈中华人民共和国工会法〉的决定》第一次修正　根据2009年8月27日第十一届全国人民代表大会常务委员会第十次会议《关于修改部分法律的决定》第二次修正　根据2021年12月24日第十三届全国人民代表大会常务委员会第三十二次会议《关于修改〈中华人民共和国工会法〉的决定》第三次修正）

目　录

第一章　总　　则
第二章　工会组织
第三章　工会的权利和义务
第四章　基层工会组织
第五章　工会的经费和财产
第六章　法律责任
第七章　附　　则

第一章　总　　则

第一条 为保障工会在国家政治、经济和社会生活中的地位，确定工会的权利与义务，发挥工会在社会主义现代化建设事业中的作用，根据宪法，制定本法。

第二条 工会是中国共产党领导的职工自愿结合的工人阶级群众组织，是中国共产党联系职工群众的桥梁和纽带。

中华全国总工会及其各工会组织代表职工的利益，依法维护职工的合法权益。

第三条 在中国境内的企业、事业单位、机关、社会组织（以下统称用人单位）中以工资收入为主要生活来源的劳动者，不分民族、种族、性别、职业、宗教信仰、教育程度，都有依法参加和组织工会的权利。任何组织和个人不得阻挠和限制。

工会适应企业组织形式、职工队伍结构、劳动关系、就业形态等方面的发展变化，依法维护劳动者参加和组织工会的权利。

第四条 工会必须遵守和维护宪法，以宪法为根本的活动准则，以经济建设为中心，坚持社会主义道路，坚持人民民主专政，坚持中国共产党的领导，坚持马克思列宁主义、毛泽东思想、邓小平理论、"三个代表"重要思想、科学发展观、习近平新时代中国特色社会主义思想，坚持改革开放，保持和增强政治性、先进性、群众性，依照工会章程独立自主地开展工作。

工会会员全国代表大会制定或者修改《中国工会章程》，章程不得与宪法和法律相抵触。

国家保护工会的合法权益不受侵犯。

第五条 工会组织和教育职工依照宪法和法律的规定行使民主权利，发挥国家主人翁的作用，通过各种途径和形式，参与管理国家事务、管理经济和文化事业、管理社会事务；协助人民政府开展工作，维护工人阶级领导的、以工农联盟为基础的人民民主专政的社会主义国家政权。

第六条 维护职工合法权益、竭诚服务职工群众是工会的基本职责。工会在维护全国人民总体利益的同时，代表和维护职工的合法权益。

工会通过平等协商和集体合同制度等，推动健全劳动关系协调机制，维护职工劳动权益，构建和谐劳动关系。

工会依照法律规定通过职工代表大会或者其他形式，组织职工参与本单位的民主选举、民主协商、民主决策、民主管理和民主监督。

工会建立联系广泛、服务职工的工会工作体系，密切联系职工，听取和反映职工的意见和要求，关心职工的生活，帮助职工解决困难，全心全意为职工服务。

第七条 工会动员和组织职工积极参加经济建设，努力完成生产任务和工作任务。教育职工不断提高思想道德、技术业务和科学文化素质，建设有理想、有道德、有文化、有纪律的职工队伍。

第八条 工会推动产业工人队伍建设改革，提高产业工人队伍整体素质，发挥产业工人骨干作用，维护产业工人合法权益，保障产业工人主人翁地位，造就一支有理想守信念、懂技术会创新、敢担当讲奉献的宏大产业工人队伍。

第九条 中华全国总工会根据独立、平等、互相尊重、互不干涉内部事务的原则，加强同各国工会组织的友好合作关系。

第二章 工 会 组 织

第十条 工会各级组织按照民主集中制原则建立。

各级工会委员会由会员大会或者会员代表大会民主选举产生。企业主要负责人的近亲属不得作为本企业基层工会委员会成员的人选。

各级工会委员会向同级会员大会或者会员代表大会负责并报告工作，接受其监督。

工会会员大会或者会员代表大会有权撤换或者罢免其所选举的代表或者工会委员会组成人员。

上级工会组织领导下级工会组织。

第十一条　用人单位有会员二十五人以上的，应当建立基层工会委员会；不足二十五人的，可以单独建立基层工会委员会，也可以由两个以上单位的会员联合建立基层工会委员会，也可以选举组织员一人，组织会员开展活动。女职工人数较多的，可以建立工会女职工委员会，在同级工会领导下开展工作；女职工人数较少的，可以在工会委员会中设女职工委员。

企业职工较多的乡镇、城市街道，可以建立基层工会的联合会。

县级以上地方建立地方各级总工会。

同一行业或者性质相近的几个行业，可以根据需要建立全国的或者地方的产业工会。

全国建立统一的中华全国总工会。

第十二条　基层工会、地方各级总工会、全国或者地方产业工会组织的建立，必须报上一级工会批准。

上级工会可以派员帮助和指导企业职工组建工会，任何单位和个人不得阻挠。

第十三条　任何组织和个人不得随意撤销、合并工会组织。

基层工会所在的用人单位终止或者被撤销，该工会组织相应撤销，并报告上一级工会。

依前款规定被撤销的工会，其会员的会籍可以继续保留，具体管理办法由中华全国总工会制定。

第十四条　职工二百人以上的企业、事业单位、社会组织的工会，可以设专职工会主席。工会专职工作人员的人数由工会与企业、事业单位、社会组织协商确定。

第十五条　中华全国总工会、地方总工会、产业工会具有社会团体法人资格。

基层工会组织具备民法典规定的法人条件的，依法取得社会团体法人资格。

第十六条　基层工会委员会每届任期三年或者五年。各级地方总工会委员会和产业工会委员会每届任期五年。

第十七条　基层工会委员会定期召开会员大会或者会员代表大会，讨论决定工会工作的重大问题。经基层工会委员会或者三分之一以上的工会会员提议，可以临时召开会员大会或者会员代表大会。

第十八条　工会主席、副主席任期未满时，不得随意调动其工作。因工作需要调动时，应当征得本级工会委员会和上一级工会的同意。

罢免工会主席、副主席必须召开会员大会或者会员代表大会讨论，非经会员大会全体会员或者会员代表大会全体代表过半数通过，不得罢免。

第十九条　基层工会专职主席、副主席或者委员自任职之日起，其劳动合同期限自动延长，延长期限相当于其任职期间；非专职主席、副主席或者委员自任职之日起，其尚未履行的劳动合同期限短于任期的，劳动合同期限自动延长至任期期满。但是，任职期间个人严重过失或者达到法定退休年龄的除外。

第三章　工会的权利和义务

第二十条　企业、事业单位、社会组织违反职工代表大会制度和其他民主管理制度，工会有权要求纠正，保障职工依法行使民主管理的权利。

法律、法规规定应当提交职工大会或者职工代表大会审议、通过、决定的事项，企业、事业单位、社会组织应当依法办理。

第二十一条　工会帮助、指导职工与企业、实行企业化管理的事业单位、社会组织签订劳动合同。

工会代表职工与企业、实行企业化管理的事业单位、社会组织进行平等协商，依法签订集体合同。集体合同草案应当提交职工代表大会或者全体职工讨论通过。

工会签订集体合同，上级工会应当给予支持和帮助。

企业、事业单位、社会组织违反集体合同，侵犯职工劳动权益的，工会可以依法要求企业、事业单位、社会组织予以改正并承担责任；因履行集体合同发生争议，经协商解决不成的，工会可以向劳动争议仲裁机构提请仲裁，仲裁机构不予受理或者对仲裁裁决不服的，可以向人民法院提起诉讼。

第二十二条　企业、事业单位、社会组织处分职工，工会认为不适当的，有权提出意见。

用人单位单方面解除职工劳动合同时，应当事先将理由通知工会，工会认为用人单位违反法律、法规和有关合同，要求重新研究处理时，用人单位应当研究工会的意见，并将处理结果书面通知工会。

职工认为用人单位侵犯其劳动权益而申请劳动争议仲裁或者向人民法院提起诉讼的，工会应当给予支持和帮助。

第二十三条　企业、事业单位、社会组织违反劳动法律法规规定，有下列侵犯职工劳动权益情形，工会应当代表职工与企业、事业单位、社会组织交涉，要求企业、事业单位、社会组织采取措施予以改正；企业、事业单位、社会组织应当予以研究处理，并向工会作出答复；企业、事业单位、社会组织拒不改正的，工会可以提请当地人民政府依法作出处理：

（一）克扣、拖欠职工工资的；

（二）不提供劳动安全卫生条件的；

（三）随意延长劳动时间的；

（四）侵犯女职工和未成年工特殊权益的；

（五）其他严重侵犯职工劳动权益的。

第二十四条　工会依照国家规定对新建、扩建企业和技术改造工程中的劳动条件和安全卫生设施与主体工程同时设计、同时施工、同时投产使用进行监督。对工会提出的意见，企业或者主管部门应当认真处理，并将处理结果书面通知工会。

第二十五条　工会发现企业违章指挥、强令工人冒险作业，或者生产过程中发现明显重大事故隐患和职业危害，有权提出解决的建议，企业应当及时研究答复；发现危及职工生命安全的情况时，工会有权向企业建议组织职工撤离危险现场，企业必须及时作出处理决定。

第二十六条 工会有权对企业、事业单位、社会组织侵犯职工合法权益的问题进行调查，有关单位应当予以协助。

第二十七条 职工因工伤亡事故和其他严重危害职工健康问题的调查处理，必须有工会参加。工会应当向有关部门提出处理意见，并有权要求追究直接负责的主管人员和有关责任人员的责任。对工会提出的意见，应当及时研究，给予答复。

第二十八条 企业、事业单位、社会组织发生停工、怠工事件，工会应当代表职工同企业、事业单位、社会组织或者有关方面协商，反映职工的意见和要求并提出解决意见。对于职工的合理要求，企业、事业单位、社会组织应当予以解决。工会协助企业、事业单位、社会组织做好工作，尽快恢复生产、工作秩序。

第二十九条 工会参加企业的劳动争议调解工作。

地方劳动争议仲裁组织应当有同级工会代表参加。

第三十条 县级以上各级总工会依法为所属工会和职工提供法律援助等法律服务。

第三十一条 工会协助用人单位办好职工集体福利事业，做好工资、劳动安全卫生和社会保险工作。

第三十二条 工会会同用人单位加强对职工的思想政治引领，教育职工以国家主人翁态度对待劳动，爱护国家和单位的财产；组织职工开展群众性的合理化建议、技术革新、劳动和技能竞赛活动，进行业余文化技术学习和职工培训，参加职业教育和文化体育活动，推进职业安全健康教育和劳动保护工作。

第三十三条 根据政府委托，工会与有关部门共同做好劳动模范和先进生产（工作）者的评选、表彰、培养和管理工作。

第三十四条 国家机关在组织起草或者修改直接涉及职工切身利益的法律、法规、规章时，应当听取工会意见。

县级以上各级人民政府制定国民经济和社会发展计划，对涉及职工利益的重大问题，应当听取同级工会的意见。

县级以上各级人民政府及其有关部门研究制定劳动就业、工资、劳动安全卫生、社会保险等涉及职工切身利益的政策、措施时，应当吸收同级工会参加研究，听取工会意见。

第三十五条 县级以上地方各级人民政府可以召开会议或者采取适当方式，向同级工会通报政府的重要的工作部署和与工会工作有关的行政措施，研究解决工会反映的职工群众的意见和要求。

各级人民政府劳动行政部门应当会同同级工会和企业方面代表，建立劳动关系三方协商机制，共同研究解决劳动关系方面的重大问题。

第四章 基层工会组织

第三十六条 国有企业职工代表大会是企业实行民主管理的基本形式，是职工行使民主管理权力的机构，依照法律规定行使职权。

国有企业的工会委员会是职工代表大会的工作机构，负责职工代表大会的日常工作，检查、督促职工代表大会决议的执行。

第三十七条　集体企业的工会委员会，应当支持和组织职工参加民主管理和民主监督，维护职工选举和罢免管理人员、决定经营管理的重大问题的权力。

第三十八条　本法第三十六条、第三十七条规定以外的其他企业、事业单位的工会委员会，依照法律规定组织职工采取与企业、事业单位相适应的形式，参与企业、事业单位民主管理。

第三十九条　企业、事业单位、社会组织研究经营管理和发展的重大问题应当听取工会的意见；召开会议讨论有关工资、福利、劳动安全卫生、工作时间、休息休假、女职工保护和社会保险等涉及职工切身利益的问题，必须有工会代表参加。

企业、事业单位、社会组织应当支持工会依法开展工作，工会应当支持企业、事业单位、社会组织依法行使经营管理权。

第四十条　公司的董事会、监事会中职工代表的产生，依照公司法有关规定执行。

第四十一条　基层工会委员会召开会议或者组织职工活动，应当在生产或者工作时间以外进行，需要占用生产或者工作时间的，应当事先征得企业、事业单位、社会组织的同意。

基层工会的非专职委员占用生产或者工作时间参加会议或者从事工会工作，每月不超过三个工作日，其工资照发，其他待遇不受影响。

第四十二条　用人单位工会委员会的专职工作人员的工资、奖励、补贴，由所在单位支付。社会保险和其他福利待遇等，享受本单位职工同等待遇。

第五章　工会的经费和财产

第四十三条　工会经费的来源：

（一）工会会员缴纳的会费；

（二）建立工会组织的用人单位按每月全部职工工资总额的百分之二向工会拨缴的经费；

（三）工会所属的企业、事业单位上缴的收入；

（四）人民政府的补助；

（五）其他收入。

前款第二项规定的企业、事业单位、社会组织拨缴的经费在税前列支。

工会经费主要用于为职工服务和工会活动。经费使用的具体办法由中华全国总工会制定。

第四十四条　企业、事业单位、社会组织无正当理由拖延或者拒不拨缴工会经费，基层工会或者上级工会可以向当地人民法院申请支付令；拒不执行支付令的，工会可以依法申请人民法院强制执行。

第四十五条　工会应当根据经费独立原则，建立预算、决算和经费审查监督制度。

各级工会建立经费审查委员会。

各级工会经费收支情况应当由同级工会经费审查委员会审查，并且定期向会员大会或者会员代表大会报告，接受监督。工会会员大会或者会员代表大会有权对经费使用情况提出意见。

工会经费的使用应当依法接受国家的监督。

第四十六条　各级人民政府和用人单位应当为工会办公和开展活动，提供必要的设施和活动场所等物质条件。

第四十七条 工会的财产、经费和国家拨给工会使用的不动产，任何组织和个人不得侵占、挪用和任意调拨。

第四十八条 工会所属的为职工服务的企业、事业单位，其隶属关系不得随意改变。

第四十九条 县级以上各级工会的离休、退休人员的待遇，与国家机关工作人员同等对待。

第六章 法律责任

第五十条 工会对违反本法规定侵犯其合法权益的，有权提请人民政府或者有关部门予以处理，或者向人民法院提起诉讼。

第五十一条 违反本法第三条、第十二条规定，阻挠职工依法参加和组织工会或者阻挠上级工会帮助、指导职工筹建工会的，由劳动行政部门责令其改正；拒不改正的，由劳动行政部门提请县级以上人民政府处理；以暴力、威胁等手段阻挠造成严重后果，构成犯罪的，依法追究刑事责任。

第五十二条 违反本法规定，对依法履行职责的工会工作人员无正当理由调动工作岗位，进行打击报复的，由劳动行政部门责令改正、恢复原工作；造成损失的，给予赔偿。

对依法履行职责的工会工作人员进行侮辱、诽谤或者进行人身伤害，构成犯罪的，依法追究刑事责任；尚未构成犯罪的，由公安机关依照治安管理处罚法的规定处罚。

第五十三条 违反本法规定，有下列情形之一的，由劳动行政部门责令恢复其工作，并补发被解除劳动合同期间应得的报酬，或者责令给予本人年收入二倍的赔偿：

（一）职工因参加工会活动而被解除劳动合同的；

（二）工会工作人员因履行本法规定的职责而被解除劳动合同的。

第五十四条 违反本法规定，有下列情形之一的，由县级以上人民政府责令改正，依法处理：

（一）妨碍工会组织职工通过职工代表大会和其他形式依法行使民主权利的；

（二）非法撤销、合并工会组织的；

（三）妨碍工会参加职工因工伤亡事故以及其他侵犯职工合法权益问题的调查处理的；

（四）无正当理由拒绝进行平等协商的。

第五十五条 违反本法第四十七条规定，侵占工会经费和财产拒不返还的，工会可以向人民法院提起诉讼，要求返还，并赔偿损失。

第五十六条 工会工作人员违反本法规定，损害职工或者工会权益的，由同级工会或者上级工会责令改正，或者予以处分；情节严重的，依照《中国工会章程》予以罢免；造成损失的，应当承担赔偿责任；构成犯罪的，依法追究刑事责任。

第七章 附 则

第五十七条 中华全国总工会会同有关国家机关制定机关工会实施本法的具体

办法。

第五十八条 本法自公布之日起施行。1950年6月29日中央人民政府颁布的《中华人民共和国工会法》同时废止。

最高人民法院关于在民事审判工作中适用《中华人民共和国工会法》若干问题的解释

（2003年1月9日最高人民法院审判委员会第1263次会议通过 根据2020年12月23日最高人民法院审判委员会第1823次会议通过的《最高人民法院关于修改〈最高人民法院关于在民事审判工作中适用《中华人民共和国工会法》若干问题的解释〉等二十七件民事类司法解释的决定》修正 2020年12月29日最高人民法院公告公布 自2021年1月1日起施行 法释〔2020〕17号）

为正确审理涉及工会经费和财产、工会工作人员权利的民事案件，维护工会和职工的合法权益，根据《中华人民共和国民法典》《中华人民共和国工会法》和《中华人民共和国民事诉讼法》等法律的规定，现就有关法律的适用问题解释如下：

第一条 人民法院审理涉及工会组织的有关案件时，应当认定依照工会法建立的工会组织的社团法人资格。具有法人资格的工会组织依法独立享有民事权利，承担民事义务。建立工会的企业、事业单位、机关与所建工会以及工会投资兴办的企业，根据法律和司法解释的规定，应当分别承担各自的民事责任。

第二条 根据工会法第十八条规定，人民法院审理劳动争议案件，涉及确定基层工会专职主席、副主席或者委员延长的劳动合同期限的，应当自上述人员工会职务任职期限届满之日起计算，延长的期限等于其工会职务任职的期间。

工会法第十八条规定的"个人严重过失"，是指具有《中华人民共和国劳动法》第二十五条第（二）项、第（三）项或者第（四）项规定的情形。

第三条 基层工会或者上级工会依照工会法第四十三条规定向人民法院申请支付令的，由被申请人所在地的基层人民法院管辖。

第四条 人民法院根据工会法第四十三条的规定受理工会提出的拨缴工会经费的支付令申请后，应当先行征询被申请人的意见。被申请人仅对应拨缴经费数额有异议的，人民法院应当就无异议部分的工会经费数额发出支付令。

人民法院在审理涉及工会经费的案件中，需要按照工会法第四十二条第一款第（二）项规定的"全部职工""工资总额"确定拨缴数额的，"全部职工""工资总额"的计算，应当按照国家有关部门规定的标准执行。

第五条 根据工会法第四十三条和民事诉讼法的有关规定，上级工会向人民法院申请支付令或者提起诉讼，要求企业、事业单位拨缴工会经费的，人民法院应当受理。基层工会要求参加诉讼的，人民法院可以准许其作为共同申请人或者共同原告参加诉讼。

第六条 根据工会法第五十二条规定，人民法院审理涉及职工和工会工作人员因参加工会活动或者履行工会法规定的职责而被解除劳动合同的劳动争议案件，可以根据当事人的请求裁判用人单位恢复其工作，并补发被解除劳动合同期间应得的报酬；或者根据当事人的请求裁判用人单位给予本人年收入二倍的赔偿，并根据劳动合同法第四十六条、第四十七条规定给予解除劳动合同时的经济补偿。

第七条 对于企业、事业单位无正当理由拖延或者拒不拨缴工会经费的，工会组织向人民法院请求保护其权利的诉讼时效期间，适用民法典第一百八十八条的规定。

第八条 工会组织就工会经费的拨缴向人民法院申请支付令的，应当按照《诉讼费用交纳办法》第十四条的规定交纳申请费；督促程序终结后，工会组织另行起诉的，按照《诉讼费用交纳办法》第十三条规定的财产案件受理费标准交纳诉讼费用。

中国工会章程

（中国工会第十八次全国代表大会部分修改，二〇二三年十月十二日通过）

总　　则

中国工会是中国共产党领导的职工自愿结合的工人阶级群众组织，是党联系职工群众的桥梁和纽带，是国家政权的重要社会支柱，是会员和职工利益的代表。

中国工会以宪法为根本活动准则，按照《中华人民共和国工会法》和本章程独立自主地开展工作，依法行使权利和履行义务。

工人阶级是我国的领导阶级，是先进生产力和生产关系的代表，是中国共产党最坚实最可靠的阶级基础，是改革开放和社会主义现代化建设的主力军，是维护社会安定的强大而集中的社会力量。中国工会高举中国特色社会主义伟大旗帜，坚持马克思列宁主义、毛泽东思想、邓小平理论、"三个代表"重要思想、科学发展观，全面贯彻习近平新时代中国特色社会主义思想，贯彻执行党的以经济建设为中心，坚持四项基本原则，坚持改革开放的基本路线，保持和增强政治性、先进性、群众性，坚定不移地走中国特色社会主义工会发展道路，推动党的全心全意依靠工人阶级的根本指导方针的贯彻落实，全面履行工会的社会职能，在维护全国人民总体利益的同时，更好地表达和维护职工的具体利益，团结和动员全国职工自力更生、艰苦创业，坚持和发展中国特色社会主义，为全面建成社会主义现代化强国、实现第二个百年奋斗目标，以中国式现代化全面推进中华民族伟大复兴而奋斗。

中国工会坚持自觉接受中国共产党的领导，承担团结引导职工群众听党话、跟党走的政治责任，巩固和扩大党执政的阶级基础和群众基础。

中国工会的基本职责是维护职工合法权益、竭诚服务职工群众。

中国工会按照中国特色社会主义事业"五位一体"总体布局和"四个全面"战略布局，贯彻创新、协调、绿色、开放、共享的新发展理念，把握为实现中华民族伟大复兴的中国梦而奋斗的工人运动时代主题，弘扬劳模精神、劳动精神、工匠精神，动员和组织职工积极参加建设和改革，努力促进经济、政治、文化、社会和生态文明建设；发展全过程人民民主，代表和组织职工参与管理国家事务、管理经济和文化事业、管理社会事务，参与企业、事业单位、机关、社会组织的民主管理；教育职工践行社会主义核心价值观，不断提高思想道德素质、科学文化素质和技术技能素质，建设有理想、有道德、有文化、有纪律的职工队伍，不断发展工人阶级先进性。

中国工会以忠诚党的事业、竭诚服务职工为己任，坚持组织起来、切实维权的工作方针，坚持以职工为本、主动依法科学维权的维权观，促进完善社会主义劳动法律，维护职工的经济、政治、文化和社会权利，参与协调劳动关系和社会利益关系，推动构建和谐劳动关系，促进经济高质量发展和社会的长期稳定，维护工人阶级和工会组织的团结统一，为构建社会主义和谐社会作贡献。

中国工会维护工人阶级领导的、以工农联盟为基础的人民民主专政的社会主义国家政权，协助人民政府开展工作，依法发挥民主参与和社会监督作用。

中国工会推动产业工人队伍建设改革，强化产业工人思想政治引领，提高产业工人队伍整体素质，发挥产业工人骨干作用，维护产业工人合法权益，保障产业工人主人翁地位，造就一支有理想守信念、懂技术会创新、敢担当讲奉献的宏大产业工人队伍。

中国工会在企业、事业单位、社会组织中，按照促进企事业和社会组织发展、维护职工权益的原则，支持行政依法行使管理权力，组织职工参与本单位民主选举、民主协商、民主决策、民主管理和民主监督，与行政方面建立协商制度，保障职工的合法权益，调动职工的积极性，促进企业、事业单位、社会组织的发展。

中国工会实行产业和地方相结合的组织领导原则，坚持民主集中制。

中国工会坚持以改革创新精神加强自身建设，健全联系广泛、服务职工的工作体系，增强团结教育、维护权益、服务职工的功能，坚持群众化、民主化，保持同会员群众的密切联系，依靠会员群众开展工会工作。各级工会领导机关坚持把工作重点放到基层，着力扩大覆盖面、增强代表性，着力强化服务意识、提高维权能力，着力加强队伍建设、提升保障水平，坚持服务职工群众的工作生命线，全心全意为基层、为职工服务，构建智慧工会，增强基层工会的吸引力凝聚力战斗力，把工会组织建设得更加充满活力、更加坚强有力，成为深受职工群众信赖的学习型、服务型、创新型"职工之家"。

工会兴办的企业、事业单位，坚持公益性、服务性，坚持为改革开放和发展社会生产力服务，为职工群众服务，为推进工运事业服务。

中国工会努力巩固和发展工农联盟，坚持最广泛的爱国统一战线，加强包括香港特别行政区同胞、澳门特别行政区同胞、台湾同胞和海外侨胞在内的全国各族人民的大团结，促进祖国的统一、繁荣和富强。

中国工会在国际事务中坚持独立自主、互相尊重、求同存异、加强合作、增进友谊的方针，在独立、平等、互相尊重、互不干涉内部事务的原则基础上，广泛建立和发展同国际和各国工会组织的友好关系，积极参与"一带一路"建设，增进我国工人阶级同各国工人阶级的友谊，同全世界工人和工会一起，在推动构建人类命运共同体中发挥作用，为世界的和平、发展、合作、工人权益和社会进步而共同努力。

中国工会深入学习贯彻习近平总书记关于党的建设的重要思想，落实新时代党的建设总要求，贯彻全面从严治党战略方针，以党的政治建设为统领，加强党的建设，深刻领悟"两个确立"的决定性意义，增强"四个意识"、坚定"四个自信"、做到"两个维护"，在思想上政治上行动上同以习近平同志为核心的党中央保持高度一致。

第一章　会　员

第一条　凡在中国境内的企业、事业单位、机关、社会组织中，以工资收入为主要生活来源或者与用人单位建立劳动关系的劳动者，不分民族、种族、性别、职业、宗教信仰、教育程度，承认工会章程，都可以加入工会为会员。

工会适应企业组织形式、职工队伍结构、劳动关系、就业形态等方面的发展变化，依法维护劳动者参加和组织工会的权利。

第二条　职工加入工会，由本人自愿申请，经基层工会委员会批准并发给会员证。

第三条　会员享有以下权利：

（一）选举权、被选举权和表决权。

（二）对工会工作进行监督，提出意见和建议，要求撤换或者罢免不称职的工会工作人员。

（三）对国家和社会生活问题及本单位工作提出批评与建议，要求工会组织向有关方面如实反映。

（四）在合法权益受到侵犯时，要求工会给予保护。

（五）工会提供的文化、教育、体育、旅游、疗休养、互助保障、生活救助、法律服务、就业服务等优惠待遇；工会给予的各种奖励。

（六）在工会会议和工会媒体上，参加关于工会工作和职工关心问题的讨论。

第四条　会员履行下列义务：

（一）认真学习贯彻习近平新时代中国特色社会主义思想，学习政治、经济、文化、法律、科技和工会基本知识等。

（二）积极参加民主管理，努力完成生产和工作任务，立足本职岗位建功立业。

（三）遵守宪法和法律，践行社会主义核心价值观，弘扬中华民族传统美德，恪守社会公德、职业道德、家庭美德、个人品德，遵守劳动纪律。

（四）正确处理国家、集体、个人三者利益关系，向危害国家、社会利益的行为作斗争。

（五）维护中国工人阶级和工会组织的团结统一，发扬阶级友爱，搞好互助互济。

（六）遵守工会章程，执行工会决议，参加工会活动，按月交纳会费。

第五条　会员组织关系随劳动（工

作）关系变动，凭会员证明接转。

　　第六条　会员有退会自由。会员退会由本人向工会小组提出，由基层工会委员会宣布其退会并收回会员证。

　　会员没有正当理由连续六个月不交纳会费、不参加工会组织生活，经教育拒不改正，应当视为自动退会。

　　第七条　对不执行工会决议、违反工会章程的会员，给予批评教育。对严重违法犯罪并受到刑事处罚的会员，开除会籍。开除会员会籍，须经工会小组讨论，提出意见，由基层工会委员会决定，报上一级工会备案。

　　第八条　会员离休、退休和失业，可保留会籍。保留会籍期间免交会费。

　　工会组织要关心离休、退休和失业会员的生活，积极向有关方面反映他们的愿望和要求。

第二章　组织制度

　　第九条　中国工会实行民主集中制，主要内容是：

　　（一）个人服从组织，少数服从多数，下级组织服从上级组织。

　　（二）工会的各级领导机关，除它们派出的代表机关外，都由民主选举产生。

　　（三）工会的最高领导机关，是工会的全国代表大会和它所产生的中华全国总工会执行委员会。工会的地方各级领导机关，是工会的地方各级代表大会和它所产生的总工会委员会。

　　（四）工会各级委员会，向同级会员大会或者会员代表大会负责并报告工作，接受会员监督。会员大会和会员代表大会有权撤换或者罢免其所选举的代表和工会委员会组成人员。

　　（五）工会各级委员会，实行集体领导和分工负责相结合的制度。凡属重大问题由委员会民主讨论，作出决定，委员会成员根据集体的决定和分工，履行自己的职责。

　　（六）工会各级领导机关，加强对下级组织的领导和服务，经常向下级组织通报情况，听取下级组织和会员的意见，研究和解决他们提出的问题。下级组织应及时向上级组织请示报告工作。

　　第十条　工会各级代表大会的代表和委员会的产生，要充分体现选举人的意志。候选人名单，要反复酝酿，充分讨论。选举采用无记名投票方式，可以直接采用候选人数多于应选人数的差额选举办法进行正式选举，也可以先采用差额选举办法进行预选，产生候选人名单，然后进行正式选举。任何组织和个人，不得以任何方式强迫选举人选举或不选举某个人。

　　第十一条　中国工会实行产业和地方相结合的组织领导原则。同一企业、事业单位、机关、社会组织中的会员，组织在一个基层工会组织中；同一行业或者性质相近的几个行业，根据需要建立全国的或者地方的产业工会组织。除少数行政管理体制实行垂直管理的产业，其产业工会实行产业工会和地方工会双重领导，以产业工会领导为主外，其他产业工会均实行以地方工会领导为主，同时接受上级产业工会领导的体制。各产业工会的领导体制，由中华全国总工会确定。

　　省、自治区、直辖市，设区的市和自治州，县（旗）、自治县、不设区的市建立地方总工会。地方总工会是当地地方工会组织和产业工会地方组织的领导机关。全国建立统一的中华全国总工会。中华全国总工会是各级地方总工会和各产业工会全国组织的领导机关。

中华全国总工会执行委员会委员和产业工会全国委员会委员实行替补制，各级地方总工会委员会委员和地方产业工会委员会委员，也可以实行替补制。

第十二条　县和县以上各级地方总工会委员会，根据工作需要可以派出代表机关。

县和县以上各级工会委员会，在两次代表大会之间，认为有必要时，可以召集代表会议，讨论和决定需要及时解决的重大问题。代表会议代表的名额和产生办法，由召集代表会议的总工会决定。

全国产业工会、各级地方产业工会、乡镇工会、城市街道工会和区域性、行业性工会联合会的委员会，可以按照联合制、代表制原则，由下一级工会组织民主选举的主要负责人和适当比例的有关方面代表组成。

上级工会可以派员帮助和指导用人单位的职工组建工会。

第十三条　各级工会代表大会选举产生同级经费审查委员会。中华全国总工会经费审查委员会设常务委员会，省、自治区、直辖市总工会经费审查委员会和独立管理经费的全国产业工会经费审查委员会，应当设常务委员会。经费审查委员会负责审查同级工会组织及其直属企业、事业单位的经费收支和资产管理情况，监督财经法纪的贯彻执行和工会经费的使用，并接受上级工会经费审查委员会的指导和监督。工会经费审查委员会向同级会员大会或会员代表大会负责并报告工作；在大会闭会期间，向同级工会委员会负责并报告工作。

上级经费审查委员会应当对下一级工会及其直属企业、事业单位的经费收支和资产管理情况进行审查。

中华全国总工会经费审查委员会委员实行替补制，各级地方总工会经费审查委员会委员和独立管理经费的产业工会经费审查委员会委员，也可以实行替补制。

第十四条　各级工会建立女职工委员会，表达和维护女职工的合法权益。女职工委员会由同级工会委员会提名，在充分协商的基础上组成或者选举产生，女职工委员会与工会委员会同时建立，在同级工会委员会领导下开展工作。企业工会女职工委员会是县或者县以上妇联的团体会员，通过县以上地方工会接受妇联的业务指导。

第十五条　县和县以上各级工会组织应当建立法律服务机构，为保护职工和工会组织的合法权益提供服务。

各级工会组织应当组织和代表职工开展劳动法律监督。

第十六条　成立或者撤销工会组织，必须经会员大会或者会员代表大会通过，并报上一级工会批准。基层工会组织所在的企业终止，或者所在的事业单位、机关、社会组织被撤销，该工会组织相应撤销，并报上级工会备案。其他组织和个人不得随意撤销工会组织，也不得把工会组织的机构撤销、合并或者归属其他工作部门。

第三章　全国组织

第十七条　中国工会全国代表大会，每五年举行一次，由中华全国总工会执行委员会召集。在特殊情况下，由中华全国总工会执行委员会主席团提议，经执行委员会全体会议通过，可以提前或者延期举行。代表名额和代表选举办法由中华全国总工会决定。

第十八条　中国工会全国代表大会的职权是：

（一）审议和批准中华全国总工会执行委员会的工作报告。

（二）审议和批准中华全国总工会执行委员会的经费收支情况报告和经费审查委员会的工作报告。

（三）修改中国工会章程。

（四）选举中华全国总工会执行委员会和经费审查委员会。

第十九条　中华全国总工会执行委员会，在全国代表大会闭会期间，负责贯彻执行全国代表大会的决议，领导全国工会工作。

执行委员会全体会议选举主席一人、副主席若干人、主席团委员若干人，组成主席团。

执行委员会全体会议由主席团召集，每年至少举行一次。

第二十条　中华全国总工会执行委员会全体会议闭会期间，由主席团行使执行委员会的职权。主席团全体会议，由主席召集。

主席团闭会期间，由主席、副主席组成的主席会议行使主席团职权。主席会议由中华全国总工会主席召集并主持。

主席团下设书记处，由主席团在主席团成员中推选第一书记一人，书记若干人组成。书记处在主席团领导下，主持中华全国总工会的日常工作。

第二十一条　产业工会全国组织的设置，由中华全国总工会根据需要确定。

产业工会全国委员会的建立，经中华全国总工会批准，可以按照联合制、代表制原则组成，也可以由产业工会全国代表大会选举产生。全国委员会每届任期五年。任期届满，应当如期召开会议，进行换届选举。在特殊情况下，经中华全国总工会批准，可以提前或者延期举行。

产业工会全国代表大会和按照联合制、代表制原则组成的产业工会全国委员会全体会议的职权是：审议和批准产业工会全国委员会的工作报告；选举产业工会全国委员会或者产业工会全国委员会常务委员会。独立管理经费的产业工会，选举经费审查委员会，并向产业工会全国代表大会或者委员会全体会议报告工作。产业工会全国委员会常务委员会由主席一人、副主席若干人、常务委员若干人组成。

第四章　地方组织

第二十二条　省、自治区、直辖市，设区的市和自治州，县（旗）、自治县、不设区的市的工会代表大会，由同级总工会委员会召集，每五年举行一次。在特殊情况下，由同级总工会委员会提议，经上一级工会批准，可以提前或者延期举行。工会的地方各级代表大会的职权是：

（一）审议和批准同级总工会委员会

的工作报告。

（二）审议和批准同级总工会委员会的经费收支情况报告和经费审查委员会的工作报告。

（三）选举同级总工会委员会和经费审查委员会。

各级地方总工会委员会，在代表大会闭会期间，执行上级工会的决定和同级工会代表大会的决议，领导本地区的工会工作，定期向上级总工会委员会报告工作。

根据工作需要，省、自治区总工会可在地区设派出代表机关。直辖市和设区的市总工会在区一级建立总工会。

县和城市的区可在乡镇和街道建立乡镇工会和街道工会组织，具备条件的，建立总工会。

第二十三条 各级地方总工会委员会选举主席一人、副主席若干人、常务委员若干人，组成常务委员会。工会委员会、常务委员会和主席、副主席以及经费审查委员会的选举结果，报上一级总工会批准。

各级地方总工会委员会全体会议，每年至少举行一次，由常务委员会召集。各级地方总工会常务委员会，在委员会全体会议闭会期间，行使委员会的职权。

第二十四条 各级地方产业工会组织的设置，由同级地方总工会根据本地区的实际情况确定。

第五章 基层组织

第二十五条 企业、事业单位、机关、社会组织等基层单位，应当依法建立工会组织。社区和行政村可以建立工会组织。从实际出发，建立区域性、行业性工会联合会，推进新经济组织、新社会组织工会组织建设。

有会员二十五人以上的，应当成立基层工会委员会；不足二十五人的，可以单独建立基层工会委员会，也可以由两个以上单位的会员联合建立基层工会委员会，也可以选举组织员或者工会主席一人，主持基层工会工作。基层工会委员会有女会员十人以上的建立女职工委员会，不足十人的设女职工委员。

职工二百人以上企业、事业单位、社会组织的工会设专职工会主席。工会专职工作人员的人数由工会与企业、事业单位、社会组织协商确定。

基层工会组织具备民法典规定的法人条件的，依法取得社会团体法人资格，工会主席为法定代表人。

第二十六条 基层工会会员大会或者会员代表大会，每年至少召开一次。经基层工会委员会或者三分之一以上的工会会员提议，可以临时召开会员大会或者会员代表大会。工会会员在一百人以下的基层工会应当召开会员大会。

工会会员大会或者会员代表大会的职权是：

（一）审议和批准基层工会委员会的工作报告。

（二）审议和批准基层工会委员会的经费收支情况报告和经费审查委员会的工作报告。

（三）选举基层工会委员会和经费审查委员会。

（四）撤换或者罢免其所选举的代表或者工会委员会组成人员。

（五）讨论决定工会工作的重大问题。

基层工会委员会和经费审查委员会每届任期三年或者五年，具体任期由会员大会或者会员代表大会决定。任期届满，应当如期召开会议，进行换届选举。在特殊情况下，经上一级工会批准，可以提前或者延期举行。

会员代表大会的代表实行常任制，任期与本单位工会委员会相同。

第二十七条　基层工会委员会的委员，应当在会员或者会员代表充分酝酿协商的基础上选举产生；主席、副主席，可以由会员大会或者会员代表大会直接选举产生，也可以由基层工会委员会选举产生。大型企业、事业单位的工会委员会，根据工作需要，经上级工会委员会批准，可以设立常务委员会。基层工会委员会、常务委员会和主席、副主席以及经费审查委员会的选举结果，报上一级工会批准。

第二十八条　基层工会委员会的基本任务是：

（一）执行会员大会或者会员代表大会的决议和上级工会的决定，主持基层工会的日常工作。

（二）代表和组织职工依照法律规定，通过职工代表大会、厂务公开和其他形式，参与本单位民主选举、民主协商、民主决策、民主管理和民主监督，保障职工知情权、参与权、表达权和监督权，在公司制企业落实职工董事、职工监事制度。企业、事业单位工会委员会是职工代表大会工作机构，负责职工代表大会的日常工作，检查、督促职工代表大会决议的执行。

（三）参与协调劳动关系和调解劳动争议，与企业、事业单位、社会组织行政方面建立协商制度，协商解决涉及职工切身利益问题。帮助和指导职工与企业、事业单位、社会组织行政方面签订和履行劳动合同，代表职工与企业、事业单位、社会组织行政方面签订集体合同或者其他专项协议，并监督执行。

（四）组织职工开展劳动和技能竞赛、合理化建议、技能培训、技术革新和技术协作等活动，培育工匠、高技能人才，总结推广先进经验。做好劳动模范和先进生产（工作）者的评选、表彰、培养和管理服务工作。

（五）加强对职工的政治引领和思想教育，开展法治宣传教育，重视人文关怀和心理疏导，鼓励支持职工学习文化科学技术和管理知识，开展健康的文化体育活动。推进企业文化职工文化建设，办好工会文化、教育、体育事业。

（六）监督有关法律、法规的贯彻执行。协助和督促行政方面做好工资、安全生产、职业病防治和社会保险等方面的工作，推动落实职工福利待遇。办好职工集体福利事业，改善职工生活，对困难职工开展帮扶。依法参与生产安全事故和职业病危害事故的调查处理。

（七）维护女职工的特殊权益，同歧视、虐待、摧残、迫害女职工的现象作斗争。

（八）搞好工会组织建设，健全民主制度和民主生活。建立和发展工会积极分子队伍。做好会员的发展、接收、教育和会籍管理工作。加强职工之家建设。

（九）收好、管好、用好工会经费，管理好工会资产和工会的企业、事业。

第二十九条　教育、科研、文化、卫

生、体育等事业单位和机关工会，从脑力劳动者比较集中的特点出发开展工作，积极了解和关心职工的思想、工作和生活，推动党的知识分子政策的贯彻落实。组织职工搞好本单位的民主选举、民主协商、民主决策、民主管理和民主监督，为发挥职工的聪明才智创造良好的条件。

第三十条　基层工会委员会根据工作需要，可以在分厂、车间（科室）建立分厂、车间（科室）工会委员会。分厂、车间（科室）工会委员会由分厂、车间（科室）会员大会或者会员代表大会选举产生，任期和基层工会委员会相同。

基层工会委员会和分厂、车间（科室）工会委员会，可以根据需要设若干专门委员会或者专门小组。

按照生产（行政）班组建立工会小组，民主选举工会小组长，积极开展工会小组活动。

第六章　工会干部

第三十一条　各级工会组织按照革命化、年轻化、知识化、专业化的要求，落实新时代好干部标准，努力建设一支坚持党的基本路线，熟悉本职业务，热爱工会工作，受到职工信赖的干部队伍。

第三十二条　工会干部要努力做到：

（一）认真学习马克思列宁主义、毛泽东思想、邓小平理论、"三个代表"重要思想、科学发展观、习近平新时代中国特色社会主义思想，学习党的基本知识和党的历史，学习政治、经济、历史、文化、法律、科技和工会业务等知识，提高政治能力、思维能力、实践能力，增强推动高质量发展本领、服务群众本领、防范化解风险本领。

（二）执行党的基本路线和各项方针政策，遵守国家法律、法规，在改革开放和社会主义现代化建设中勇于开拓创新。

（三）信念坚定，忠于职守，勤奋工作，敢于担当，廉洁奉公，顾全大局，维护团结。

（四）坚持实事求是，认真调查研究，如实反映职工的意见、愿望和要求。

（五）坚持原则，不谋私利，热心为职工说话办事，依法维护职工的合法权益。

（六）作风民主，联系群众，增强群众意识和群众感情，自觉接受职工群众的批评和监督。

第三十三条　各级工会组织根据有关规定管理工会干部，重视发现培养和选拔优秀年轻干部、女干部、少数民族干部，成为培养干部的重要基地。

基层工会主席、副主席任期未满不得随意调动其工作。因工作需要调动时，应事先征得本级工会委员会和上一级工会同意。

县和县以上工会可以为基层工会选派、聘用社会化工会工作者等工作人员。

第三十四条　各级工会组织建立与健全干部培训制度。办好工会干部院校和各种培训班。

第三十五条　各级工会组织关心工会干部的思想、学习和生活，督促落实相应的待遇，支持他们的工作，坚决同打击报复工会干部的行为作斗争。

县和县以上工会设立工会干部权益保障金，保障工会干部依法履行职责。

第七章　工会经费和资产

第三十六条　工会经费的来源：

（一）会员交纳的会费。

（二）企业、事业单位、机关、社会组织按全部职工工资总额的百分之二向工会拨缴的经费或者建会筹备金。

（三）工会所属的企业、事业单位上缴的收入。

（四）人民政府和企业、事业单位、机关、社会组织的补助。

（五）其他收入。

第三十七条　工会经费主要用于为职工服务和开展工会活动。各级工会组织应坚持正确使用方向，加强预算管理，优化支出结构，开展监督检查。

第三十八条　县和县以上各级工会应当与税务、财政等有关部门合作，依照规定做好工会经费收缴和应当由财政负担的工会经费拨缴工作。

未成立工会的企业、事业单位、机关、社会组织，按工资总额的百分之二向上级工会拨缴工会建会筹备金。

具备社会团体法人资格的工会应当依法设立独立经费账户。

第三十九条　工会资产是社会团体资产，中华全国总工会对各级工会的资产拥有终极所有权。各级工会依法依规加强对工会资产的监督、管理，保护工会资产不受损害，促进工会资产保值增值。根据经费独立原则，建立预算、决算、资产监管和经费审查监督制度。实行"统一领导、分级管理"的财务体制、"统一所有、分级监管、单位使用"的资产监管体制和"统一领导、分级管理、分级负责、下审一级"的经费审查监督体制。工会经费、资产的管理和使用办法以及工会经费审查监督制度，由中华全国总工会制定。

第四十条　各级工会委员会按照规定编制和审批预算、决算，定期向会员大会或者会员代表大会和上一级工会委员会报告经费收支和资产管理情况，接受上级和同级工会经费审查委员会审查监督。

第四十一条　工会经费、资产和国家及企业、事业单位等拨给工会的不动产和拨付资金形成的资产受法律保护，任何单位和个人不得侵占、挪用和任意调拨；不经批准，不得改变工会所属企业、事业单位的隶属关系和产权关系。

工会组织合并，其经费资产归合并后的工会所有；工会组织撤销或者解散，其经费资产由上级工会处置。

第八章　会　　徽

第四十二条　中国工会会徽，选用汉字"中"、"工"两字，经艺术造型呈圆形重叠组成，并在两字外加一圆线，象征中国工会和中国工人阶级的团结统一。会徽的制作标准，由中华全国总工会规定。

第四十三条　中国工会会徽，可在工会办公地点、活动场所、会议会场悬挂，可作为纪念品、办公用品上的工会标志，也可以作为徽章佩戴。

第九章　附　　则

第四十四条　本章程解释权属于中华全国总工会。

中国工运事业和工会工作"十四五"发展规划

(2021年7月16日)

目　　录

一、开创中国工运事业和工会工作新局面

1. 党的十八大以来中国工运事业和工会工作蓬勃发展。
2. "十四五"时期中国工运事业和工会工作面临新形势新任务新要求。
——进入新发展阶段工会面临新形势。
——贯彻新发展理念工会面临新任务。
——构建新发展格局工会面临新要求。

二、"十四五"时期中国工运事业和工会工作的总体要求

3. 指导思想。
4. 基本原则。
——坚持党的领导。
——坚持正确方向。
——坚持服务大局。
——坚持职工为本。
——坚持改革创新。
——坚持法治保障。
5. 主要目标。
——工会理论武装得到新加强。
——职工思想引领取得新进展。
——职工建功立业展现新作为。
——维护职工权益取得新实效。
——服务职工水平实现新提升。
——工会组织建设呈现新活力。

三、加强职工思想政治引领，团结引导职工坚定不移听党话、跟党走

6. 以习近平新时代中国特色社会主义思想武装职工。
7. 以理想信念教育职工。
8. 以社会主义核心价值观引领职工。
9. 以先进职工文化感染职工。

四、深化产业工人队伍建设改革，在推动高质量发展中充分发挥工人阶级主力军作用

10. 促进产业工人队伍建设改革走深走实。
11. 推动构建产业工人全面发展制度体系。
12. 广泛深入持久开展劳动和技能竞赛。
13. 大力弘扬劳模精神、劳动精神、工匠精神。

五、高举维护职工合法权益旗帜，增强职工群众获得感幸福感安全感

14. 维护职工劳动经济权益。
15. 维护职工民主政治权利。
16. 维护新就业形态劳动者合法权益。
17. 做好农民工维权服务工作。
18. 提升女职工维权服务水平。

六、建立健全高标准职工服务体系，不断提升职工生活品质

19. 加强服务阵地建设。
20. 健全困难职工家庭常态化帮扶机制。
21. 实施提升职工生活品质行动。
22. 打造服务职工系列品牌。

七、构建和谐劳动关系，推动共建共治共享社会治理

23. 加大劳动法律法规源头参与力度。

24. 推动完善构建和谐劳动关系制度机制。

25. 推进工会工作法治化建设。

26. 健全落实"五个坚决"要求的长效机制。

八、加快智慧工会建设，打造工会工作升级版

27. 构建基于大数据技术的工会治理能力提升体系。

28. 构建基于互联网技术的工会服务应用创新体系。

29. 构建基于云计算技术的工会网信基础支撑体系。

30. 巩固发展工会网上舆论阵地。

九、深化工会和职工对外交流交往合作，为推动构建人类命运共同体作贡献

31. 拓展工会和职工国际交流交往合作的深度和广度。

32. 加强与港澳台工会组织和劳动界交流合作。

十、深化工会改革创新，推动新时代工会工作高质量发展

33. 系统谋划推进工会改革。

34. 健全工会工作制度机制。

35. 激发基层工会活力。

36. 改进完善工会组织体系。

37. 充分发挥产业工会作用。

38. 深化财务管理改革。

39. 加强工会经费审查审计监督。

40. 提高工会资产管理效能。

十一、坚持以党的政治建设为统领，提高工会工作能力和水平

41. 全面加强工会系统党的建设。

42. 深化工会干部队伍建设。

43. 不断拓宽工会理论研究新路子。

十二、加强规划落实的组织保障

44. 加强组织领导。

45. 加强支撑保障。

46. 加强总结推广。

"十四五"时期是我国全面建成小康社会、实现第一个百年奋斗目标之后，乘势而上开启全面建设社会主义现代化国家新征程、向第二个百年奋斗目标进军的第一个五年，是中国工运事业和工会工作围绕中心、服务大局，立足新发展阶段、贯彻新发展理念、推动构建新发展格局，履行职责使命，实现高质量发展的五年。党的十九届五中全会审议通过的《中共中央关于制定国民经济和社会发展第十四个五年规划和二〇三五年远景目标的建议》和十三届全国人民代表大会第四次会议审查批准的《中华人民共和国国民经济和社会发展第十四个五年规划和2035年远景目标纲要》擘画了我国未来5年和15年发展的宏伟蓝图。实现这一奋斗目标，工人阶级使命光荣，工会组织责任重大。为充分发挥工会组织作用，团结动员亿万职工为全面建设社会主义现代化国家、实现中华民族伟大复兴的中国梦贡献智慧和力量，特制定本规划。

一、开创中国工运事业和工会工作新局面

1. 党的十八大以来中国工运事业和工会工作蓬勃发展。在以习近平同志为核心的党中央坚强领导下，我国工人阶级以高度的主人翁使命感和历史责任感，积极投身进行伟大斗争、建设伟大工程、推进伟大事业、实现伟大梦想的火热实践，推动党和国家事业取得决定性成就、发生历史性变革。各级工会坚持以习近平新时代中国特色社会主义思想为指导，学习贯彻习近平总书记关于工人阶级和工会工作的重要论述，以保持和增强工会组织和工会工作政治性、先进性、群众性为主线，忠诚履职、积极作为，各项工作取得了显著成效。思想政治引领明显加强，职工团结奋斗的思想基础更加巩固；劳模精神、劳动精神、工匠精神有力弘扬，工人阶级主力军作用充分发挥；维权服务力度不断加大，职工群众获得感、幸福感、安全感不断提升；产业工人队伍建设改革扎实推进，产业工人地位作用更加彰显；工会改革创新持续深化，工会组织吸引力凝聚力战斗力切实增强；工会系统党的建设全面加强，风清气正的政治生态进一步形成。这些成绩的取得，是在党的领导下各级工会组织与广大职工努力奋斗的结果，为"十四五"时期工运事业和工会工作发展奠定了坚实基础。

2."十四五"时期中国工运事业和工会工作面临新形势新任务新要求。

——进入新发展阶段工会面临新形势。新发展阶段是我们党带领人民迎来从站起来、富起来到强起来历史性跨越的新阶段，是我国社会主义发展进程中的一个重要阶段。我国发展的内部条件和外部环境发生深刻复杂变化。当今世界正经历百年未有之大变局，新一轮科技革命和产业变革深入发展，新冠肺炎疫情影响广泛深远，经济全球化遭遇逆流。我国已转向高质量发展阶段，既具有制度优势显著、治理效能提升、经济长期向好等优势和条件，同时又面临发展不平衡不充分问题仍然突出、重点领域关键环节改革任务仍然艰巨、创新能力不适应高质量发展要求等问题。面对复杂多变的国际国内形势，工会面临的机遇和挑战都前所未有。如何把握"两个大局"，心怀"国之大者"，在纷繁复杂的国际局势中保持清醒、坚守定力，在艰巨繁重的改革发展稳定任务中实现好维护好发展好广大职工合法权益，团结动员广大职工为促进高质量发展贡献智慧和力量，为全面建设社会主义现代化国家开好局起好步建功立业，成为摆在各级工会面前的重大课题。

——贯彻新发展理念工会面临新任务。党的十九届五中全会强调要坚定不移贯彻新发展理念，将新发展理念贯穿"十四五"规划和2035年远景目标的全过程和全领域。各级工会组织必须适应职工队伍规模结构、就业方式、分配方式、利益诉求、思想观念的深刻变化，适应新技术新业态新模式背景下劳动关系的深刻调整，提高贯彻新发展理念的思想自觉和行动自觉。贯彻创新发展理念，要求工会必须尊重基层和职工群众的首创精神，把蕴藏在职工群众中的创造活力激发出来；推进工会自身改革，切实解决工会组织体制机制不够完善、工作载体手段不够丰富、服务群众工作本领有待增强等问题。贯彻协调发展理念，要求工会必须树立全国工会"一盘棋"理念，既全面推进、又突出重点，加强分类指导，解决好发展不平衡的问题，增进工作的系统性、整体性、协同性。贯彻绿色发展理念，要求工会把绿色发展理念融入职工的生产生活实践，引导广大职工践行绿色生产生活方式。贯彻开放发展理念，要求工会坚持开门办会，让职工群众充分参与到工会工作中来，积极运用社会资源和力量推动工会工作；加大中国工会和职工对外交流交往力度，有力服务国家总体外交。贯彻共享发展理念，要求工会必须贯彻以人民为中心的发展思想，切实履行维护职工合法权益、竭诚服务职工群众的基本职责，让改革发展成果更多更公平惠及职工群众，在推动实现共同富裕中展现工会作为。

——构建新发展格局工会面临新要求。新发展格局是以习近平同志为核心的党中央积极应对国际国内形势变化、与时俱进提升我国经济发展水平、塑造国际经济合作和竞争新优势而作出的战略抉择。构建以国内大循环为主体、国内国际双循环相互促进的新发展格局，需要工会深刻认识国际国内复杂形势变化，特别是中美经贸摩擦、供给侧结构性改革等对职工队伍和工会工作带来的影响，立足国内办好自己的事情，找准结合点、切入点、着力点，发挥政治优势、组织优势、制度优势、群众优势、资源优势，将职工的思想凝聚到促进高质量发展上来，将职工的力量汇聚到建功立业上来；围绕扩大内需这个战略基点，积极加强就业创业服务，推动构建收入分配新格局、完善社会保障体系，在发展基础上努力提高职工收入水平，提高消费意愿和能力，在满足职工美好生活需要的同时，为扩大内需、促进双循环特别是国内经济大循环奠定厚实基础；围绕创新驱动这个关键所在，以深化产业工人队伍建设改革为抓手增强发展的内生动力，瞄准提升产业基础高级化、产业链现代化水平等目标，持续提升产业工人队伍素质、激发创新创造活力，在关键核心技术攻关、解决"卡脖子"等问题上发挥作用，推动实现高水平科技自立自强，使产业工人成为支撑中国制造、中国创造的重要力量。

二、"十四五"时期中国工运事业和工会工作的总体要求

3. 指导思想。以习近平新时代中国特色社会主义思想为指导，全面贯彻党的十九大和十九届二中、三中、四中、五中全会精神，学习贯彻习近平总书记关于工人阶级和工会工作的重要论述，增强"四个意识"、坚定"四个自信"、做到"两个维护"，围绕把握新发展阶段、贯彻新发展理念、构建新发展格局、推动高质量发展，坚持稳中求进工作总基调，牢牢把握为实现中华民族伟大复兴中国梦而奋斗的工运时代主题，坚定不移走中国特色社会主义工会发展道路，以保持和增强工会组织和工会工作政治性、先进性、群众性为主线，以产业工人队伍建设改革和工会改革为动力，以推动工会工作高质量发展为着力点，使职工的理想信念更加坚定，权益保障更加充分，劳动关系更加和谐，党执政的阶级基础和群众基础更加牢固，广大职工在全面建设社会主义现代化国家开好局、起好步中主力军作用更加彰显。

4. 基本原则。

——坚持党的领导。将自觉接受党的领导作为工会根本政治原则，把党的政治建设摆在首位，全面贯彻党的基本理论、基本路线、基本方略，不折不扣将党中央决策部署贯彻到工会各项工作中去，将党的意志主张落实到广大职工中去，充分发挥党联系职工群众的桥梁纽带作用，团结引导广大职工坚定不移听党话、矢志不渝跟党走，始终做党执政的坚实依靠力量。

——坚持正确方向。持之以恒以党的创新理论武装头脑、指导实践、推动工作，不断提高政治判断力、政治领悟力、政治执行力，始终在政治立场、政治方向、政治原则、政治道路上同以习近平同志为核心的党中央保持高度一致。

——坚持服务大局。围绕党和国家工作大局，谋划和推进工会工作，坚持在大局下思考、大局下行动，组织动员广大职工充分发挥工人阶级主力军作用，以满腔热情投身全面建设社会主义现代化国家的伟大实践。

——坚持职工为本。牢固树立以职工为中心的工作导向，把联系和服务职工作为工会工作的生命线，扎实履行维护职工合法权益、竭诚服务职工群众的基本职责，不断提升职工群众的获得感、幸福感、安全感，推动实现共同富裕。

——坚持改革创新。系统谋划和扎实推进工会改革，坚持系统观念，增强统筹意识，发挥改革的突破性和引导性作用，着力破除制约工会高质量发展、影响职工高品质生活的体制机制障碍，固根基、扬优势、补短板、强弱项，不断推动工会理论创新、体制创新、工作创新，把改革创新贯穿于工会工作全过程和各方面。

——坚持法治保障。按照全面推进依法治国总目标要求，自觉把工会工作置于法治国家、法治政府、法治社会建设全局中谋划和推进，坚持依法建会、依法管会、依法履职、依法维权，不断提升工会法治化建设水平，推动国家治理体系和治理能力现代化。

5. 主要目标。今后5年，工运事业和工会工作发展要坚持目标导向和问题导向相结合，坚持守正和创新相统一，努力实现以下主要目标：

——工会理论武装得到新加强。习近平新时代中国特色社会主义思想更加深入人心，学习贯彻习近平总书记关于工人阶级和工会工作的重要论述取得重要理论成果和实践成效，运用马克思主义立场、观点、方法解决实际问题的能力切实加强。

——职工思想引领取得新进展。面向职工群众的理论宣讲形成制度性安排，党的创新理论不断走近职工身边、走进职工心里；理想信念教育常态化开展、制度化推进，"中国梦·劳动美"主题宣传教育活动更加丰富，广大职工在理想信念、价值理念、道德观念上紧紧团结在一起，对中国特色社会主义的道路自信、理论自信、制度自信、文化自信不断增强。

——职工建功立业展现新作为。广大职工主人翁意识进一步增强，劳模精神、劳动精神、工匠精神大力弘扬，劳动和技能竞赛广泛深入持久开展，群众性创新活动成果显著；产业工人队伍建设改革取得突破性进展，在推动高质量发展中的工人阶级主力军作用充分彰显。

——维护职工权益取得新实效。劳动法律法规体系不断完善，职工合法权益维护机制不断健全，新就业形态劳动者建会入会和权益维护形成制度保障，劳动关系协调机制有效运行，工会参与劳动争议预防调处化解的水平不断提升，维护劳动领域安全稳定体系和能力建设有效推进，在助推建设更高水平的平安中国中作用积极发挥。

——服务职工水平实现新提升。联系服务职工长效机制建立健全，工会服务阵地建设明显加强，服务职工"最后一公里"问题有效解决，困难职工家庭常态化帮扶机制有效运行，工会服务职工品牌项目叫响做实。

——工会组织建设呈现新活力。工会改革创新持续深化，联系广泛、服务职工的工会工作体系日益健全，智慧工会建设取得实质性进展，基层工会组织设置、运行机制进一步健全，基层基础薄弱问题得到有效解决，工会组织覆盖面不断扩大，凝聚力进一步增强。

三、加强职工思想政治引领，团结引导职工坚定不移听党话、跟党走

6. 以习近平新时代中国特色社会主义思想武装职工。建立健全职工思想政治工作的领导体制和工作机制，完善党的创新理论和工会理论下基层长效机制，落实基层联系点、送教到基层等制度，建立健全企业班组常态化学习制度，组织专家、学者、先进人物等广泛开展有特色、接地气、入人心的宣传宣讲活动，推动习近平新时代中国特色社会主义思想进企业、进车间、进学校、进教材、进头脑，打牢广大职工团结奋斗的思想基础。

7. 以理想信念教育职工。深化中国特色社会主义和中国梦宣传教育，加强爱国主义、集体主义、社会主义教育，弘扬党和人民在各个历史时期奋斗中形成的伟大精神，深入开展"永远跟党走"、"党旗在基层一线高高飘扬"等系列主题宣传教育活动，在广大职工中唱响共产党好、社会主义好、改革开放好、伟大祖国好、各族人民好的时代主旋律。广泛开展党史学习教育，高质量完成学习教育各项任务，引领广大职工学史明理、学史增信、学史崇德、学史力行。深入开展党史、新中国史、改革开放史、社会主义发展史宣传教育，引导广大职工群众深刻认识中国共产党为什么能、马克思主义为什么行、中国特色社会主义为什么好，增强听党话、跟党走的思想自觉和行动自觉。围绕2025年全总成立100周年，组织召开系列庆祝活动；推动建立中国工运史馆，探索筹建国家劳模风采展示馆或博物馆，加强对红色工运的重要人物、重要遗址（旧址）、重大事件、重点纪念场馆等的梳理发掘、修建修缮、展示展陈等综合性保护、修复、开发工作；组织开展百年中国工运史宣传教育，向全社会广泛宣传工人阶级和工人运动的光荣历史、奋斗历程、辉煌成就；组织开展百年中国工运史系列研究。推动理想信念教育常态化制度化，通过劳模宣讲、演讲比赛、知识竞赛、读书诵读等方式，运用"学习强国"、职工书屋等学习平台，引导广大职工紧跟共产党、奋进新时代。

8. 以社会主义核心价值观引领职工。坚持把社会主义核心价值观融入职工生产生活，内化为职工的情感认同和行为习惯。深入开展以劳动创造幸福为主题的宣传教育，推动建立健全新时代劳动教育理论和实践体系。深化以职业道德为重点的社会公德、职业道德、家庭美德、个人品德等"四德"建设，组织开展全国职工职业道德建设评选表彰。积极参与群众性精神文明创建活动，推进家庭、家教、家风建设，广泛开展学雷锋志愿活动，展示新时代职工文明形象。

9. 以先进职工文化感染职工。推动建立健全党委领导、行政支持、工会运作、职工参与的职工文化共建共享机制。丰富职工文化产品供给。打造"中国梦·劳动美"系列职工文化品牌，每年举办"中国梦·劳动美"——庆祝"五一"国际劳动节特别节目，广泛组织开展职工运动会、职工文艺展演、职工艺术节等全国性、区域性、行业性职工文体活动。加强职工文化阵地建设。探索建立以全总文工团为主体的职工艺术阵地联盟，整合工人文化宫、职工艺术院团资源，推动在街道社区、产业园区、商圈楼宇等职工聚集区建设职工文化场馆，构建立体化、多元化职工文化服务网络。建好、管好、用好职工书屋，力争到2025年底全国工会职工书屋示范点达到1.6万家，带动各级工会自建职工书屋达到15万家，实现各类便利型阅读点、劳模工匠书架广泛覆盖；电子职工书屋覆盖职工逾5000万人，基本形成覆盖大多数职工的工会阅读推广服务体系。创新文化服务方式。搭建"互联网+职工文化"平台，推动职工文化网络化传播，为职工提供"菜单式"、"订单式"文化服务；持续开展"阅读经典好书　争当时代工匠"、"玫瑰书香"等主题阅读活动。加强职工文化人才队伍建设。打造一支专业化、社团化、志愿化相结合的职工文化人才队伍，培育一批德艺双馨、具有一定社会影响力的职工文化建设领军人才，创作一批思想性强、艺术性高、社会影响大、群众口碑好的精品力作。

四、深化产业工人队伍建设改革，在推动高质量发展中充分发挥工人阶级主力军作用

10. 促进产业工人队伍建设改革走深走实。按照政治上保证、制度上落实、素质上提高、权益上维护的总体思路，围绕造就一支有理想守信念、懂技术会创新、敢担当讲奉献的宏大的产业工人队伍，聚焦产业工人思想引领、建功立业、素质提升、地位提高、队伍壮大等重点任务，总结推进产业工人队伍建设改革以来取得的经验，查找存在的问题与不足，推动产业工人队伍建设改革向纵深发展、向基层延伸。坚持党委统一领导，政府有关部门各司其职，工会、行业协会、企业代表组织充分发挥作用，统筹社会组织的协同力量，完善合力推进产业工人队伍建设改革的工作格局。充分发挥产业工人队伍建设改革协调小组作用，强化贯彻落实协调机制，履行工会宏观指导、政策协调、组织推进、督促检查的职责，每年制定产业工人队伍建设改革要点，压实部门责任，强化分类指导，增强改革的系统性、整体性、协同性。健全产业工人队伍建设改革情况监督检查和信息反馈制度，推动各地将产业工人队伍建设改革纳入各级党委和政府目标考核体系，建立党委和政府联合督查督办工作机制。建立产业工人队伍建设改革效能评估机制，开展改革情况绩效评估，探索实行第三方评估，确保改革举措落地见效。探索建立企业主体作用发挥机制，保护企业人才培养积极性。鼓励各地、各相关责任单位因地制宜大胆探索试点，形成一批具有部门、地方、产业和企业特色的改革成果。

11. 推动构建产业工人全面发展制度体系。强化系统集成，在系统梳理整合现有政策制度基础上，突出补齐制度缺项和政策短板，推动形成系统完备、科学规范、运行高效的制度体系，着力提升改革的政策效能。健全保障产业工人主人翁地位制度体系，完善产业工人参政议政制度，提高产业工人在各级党组织、人大、政协、群团组织代表大会代表和委员会委员中的比例；探索实行产业工人在群团组织挂职和兼职制度。健全产业工人技能形成制度体系，重点推动完善现代职业教育制度、职工技能培训制度、高技能人才培养机制、"互联网+"培训机制等，畅通技术工人成长成才通道；实施高技能领军人才和优秀产业技术紧缺人才境外培训计划；构建"互联网+职工素质建设工程"模式，完善中国职工经济技术信息化服务平台，做大做精做强全国产业工人学习社区，加强"技能强国——全国产业工人技能学习平台"建设，推进技能实训基地建设，拓展工会职业培训空间。健全产业工人发展制度体系，推动完善职业技能评价制度、体现技能价值激励导向的工资分配制度、个人学习账号和学分累计制度等，促进学历、非学历教育与职业培训衔接互认，搭建产业工人成长平台。健全产业工人队伍建设支撑保障制度体系，推动完善财政和社会多元投入机制，发挥工会职工创新补助资金作用，加大对产业工人创新创效扶持力度。

12. 广泛深入持久开展劳动和技能竞赛。制定并落实"十四五"劳动和技能竞赛规划，推动建立健全职工劳动和技能竞赛体系。围绕国家重大战略、重大工程、重大项目、重点产业，广泛深入持久开展"建功'十四五'、奋进新征程"主题劳动和技能竞赛。聚焦推动西部大开发形成新格局、推动东北振兴取得新突破、推动中部地区高质量发展战略，以及推进京津冀协同发展、长江经济带发展、粤港澳大湾区建设、长三角一体化发展、成渝地区双城经济圈、黄河流域生态保护等开展区域性劳动和技能竞赛，搭建交流合作平台，助力区域协调发展；按照国家碳达峰、碳中和部署，聚焦推动绿色发展，组织职工节能减排竞赛，推进重点行业和重要领域绿色化改造。以技术创新为导向，创新竞赛方式和载体，发挥网络平台作用，增强活动的便利性和群众性；加强非公企业劳动和技能竞赛工作，探索新产业新业态开展竞赛的新形式。积极推动将新职业新工种纳入职业分类大典，加强对全国职工职业技能竞赛的规划和指导，联合人力资源社会保障部等部门定期举办全国职工职业技能大赛，与有关部门共同主办国家级一类、二类等职业技能竞赛，指导带动各地层层开展技能比赛，打造职工技能竞赛品牌。组织职工积极参加技术革新、技术协作、发明创造、合理化建议、网上练兵和"小发明、小创造、小革新、小设计、小建议"等群众性创新活动。

13. 大力弘扬劳模精神、劳动精神、工匠精神。学习贯彻习近平总书记在全国劳动模范和先进工作者表彰大会上重要讲话精神，加大对劳动模范和先进工作者的宣传力度，讲好劳模故事、讲好劳动故事、讲好工匠故事，营造劳动光荣的社会风尚和精益求精的敬业风气。进一步做好劳模培养选树和管理服务工作，完善全国工会劳模工作管理平台，推动完善劳模政策，提升劳模地位，落实劳模待遇，形成尊重劳动、尊重知识、尊重人才、尊重创造良好氛围。做好劳模和五一劳动奖、工人先锋号等评选表彰工作,持续开展"最美职工"、"大国工匠"等主题宣传,"十四五"期间重点选树宣传100名左右的劳模工匠先进典型,加快培育、选树一批在全国有影响力、在行业有号召力的领军型劳模,打造新时代劳动者的标杆旗帜。加大劳模教育培养力度,鼓励各级工会开展劳模教育培训,叫响做实由劳模学员、劳模辅导员、劳模学院、劳模宣讲团等构成的"劳模+"品牌。用好全国劳模专项补助资金,深入开展劳模定期走访慰问、及时帮扶救助、开展健康体检和疗休养等工作。深化劳模和工匠人才创新工作室创建工作,加强分级分类管理,形成以全国示范性创新工作室为引领、以省市级创新工作室为主体、基层创新工作室蓬勃发展的工作体系,确保到2025年底全国示范性劳模和工匠人才创新工作室达到500家左右,各级各类创新工作室达到15万家。规范和推广"港口工匠创新联盟"等做法,探索创建跨区域、跨行业、跨企业的创新工作室联盟,指导开展创新工作室联盟试点。深化新时代工匠学院建设。统筹各地工匠人才选树、命名、宣传,推动设立国家级大国工匠评选表彰奖项。开展创新工作室领衔人培训、交流等活动,积极组织推荐创新工作室的成果和专利参加各类奖项评选和展示交流。加强劳模和工匠人才创新工作室信息化管理,进一步完善创新工作室网络工作平台。举办大国工匠创新交流大会、职工创新创业博览会。探索全国职工技能成果转化工作,指导各地做好先行先试工作。深入开展"大国工匠进校园"、"劳模进校园"、"奋斗的我·最美的国"新时代先进人物进校园活动。

"十四五"时期工会"素质提升"指标

具体指标	发展目标
1. 劳模选树管理	"十四五"期间,重点选树宣传100名左右的劳模工匠先进典型。
2. 职工技能培训	"十四五"期间,每年帮助30万名职工特别是农民工提升学历水平;年均培训家政服务人员20万人次。
3. 创新工作室建设	到2025年底,全国示范性劳模和工匠人才创新工作室达到500家左右,各级各类创新工作室达到15万家。
4. 职工书屋和电子职工书屋	到2025年底,全国工会职工书屋示范点达到1.6万家,带动各级工会自建职工书屋达到15万家,电子职工书屋覆盖职工逾5000万人。

五、高举维护职工合法权益旗帜,增强职工群众获得感幸福感安全感

14. 维护职工劳动经济权益。高度关注深化供给侧结构性改革,实现碳达峰、碳中和目标中的产业结构转型、绿色转型等对就业结构、就业方式等带来的影响,加大对职工就业、收入分配、社会保障、劳动安全卫生等权益的维护力度。积极推动落实就业优先政策,参与就业创业政策制定,深化工会就业创业服务,广泛开展工会就业创业系列服务活动月以及"京津冀蒙跨区域招聘"、"阳光就业暖心行动"等活动，加强"工E就业"、"工会就业服务号"等全国工会就业服务网上平台建设，推动工会网上就业服务体系化建设。积极开展就业技能培训，深入推进以训稳岗；鼓励引导各地工会开展家政服务人员培训，年均培训达到20万人次，每年至少推树30名"最美家政人"。推动劳务派遣用工依法规范，促进共享用工规范有序。推动各地合理调整最低工资标准。指导企业依法开展工资集体协商，促进企业健全反映劳动力市场供求关系和企业经济效益的工资决定和合理增长机制；总结指导企业技能要素参与分配的经验做法，推动提高技术工人待遇政策的落实。推动完善职工社会保险制度和分层分类社会救助体系，健全覆盖全民、统筹城乡、公平统一、可持续的多层次社会保障体系。做好工会劳动保护工作，加强对职工安全生产和职业健康知识的教育培训，提高职工事故防范、应急处置和自我保护能力；在重点行业领域探索开展职工安全技能竞赛，深化"安康杯"竞赛等群众性安全生产和职业健康活动。发挥工会劳动保护监督检查作用，督促企业落实安全生产和职业病防治主体责任。积极参加国家安全生产工作巡查、督查、考核和生产安全事故调查处理工作，维护好伤亡职工的合法权益。在重点行业中推行劳动安全卫生专项集体合同制度。

15. 维护职工民主政治权利。推动企业民主管理立法和有关政策的制定完善，创新民主管理实践形式，深化民主管理载体建设。推动健全省级厂务公开协调领导机构。进一步健全以职工代表大会为基本形式的企事业单位民主管理制度体系，加强职工代表大会、厂务公开以及职工董事职工监事的制度衔接，促进职代会与集体协商、工会劳动法律监督、法律援助等有机结合，融入企业内部自主调处、群体性劳动关系矛盾快速处置机制。聚焦国企改革三年行动计划落实，推进企业集团职代会制度建设，推动将职工代表大会等企业民主管理纳入公司章程，融入企业治理结构和管理体系，探索中国特色现代企业制度下的民主管理实现途径。深化创新区域（行业）职工代表大会制度，强化分类指导，积极扩大民主管理工作对中小微企业的有效覆盖。制定企业民主管理程序指引或操作指南。坚持每年开展企业民主管理师资培训。深入开展"聚合力、促发展"职工代表优秀提案征集推荐活动、全国厂务公开民主管理评选表彰活动。

16. 维护新就业形态劳动者合法权益。配合人社部门研究制定维护新就业形态劳动者劳动保障权益政策。积极推动新就业形态劳动者参加社会保险制度，推动研究出台新就业形态劳动者职业伤害保障办法等相关政策措施。推动灵活用工集中的行业制定劳动定额指导标准。加强平台网约劳动者收入保障，推动平台企业、关联企业与劳动者就劳动报酬、支付周期、休息休假和职业安全保障等事项开展协商。推动平台网约劳动者民主参与，督促平台运营企业建立争议处理、投诉机制。指导推动快递、外卖、网约出行、网约货运、家政、保洁等灵活就业人员较多的行业建立、完善劳动者权益保障机制，加强对平台网约劳动者的法律援助和生活服务。积极参与国家企业社会责任制度建设,推动落实企业社会责任。加强对各类社会组织和新阶层新群体的主动关注、积极联系、有效覆盖。

17. 做好农民工维权服务工作。建立健全工会系统欠薪报告制度和欠薪案件反馈督办机制,推动解决拖欠农民工工资问题,深入实施农民工学历与能力提升行动计划,深化农民工"求学圆梦行动",设立专项扶持资金,每年帮助30万名职工特别是农民工提升学历水平。深入开展"尊法守法·携手筑梦"服务农民工公益法律服务行动,健全农民工法律援助服务网络,开辟农民工劳动争议案件"绿色通道"。创新农民工组织形式和入会方式,逐步建立城乡一体的农民工流动会员管理制度,提高农民工入会的积极性和主动性。推进农民工平等享受城镇基本公共服务。

18. 提升女职工维权服务水平。积极参与性别平等和女职工权益保障法律法规政策制定修订,推动用人单位建立健全工作场所性别平等制度机制,推行女职工权益保护专项集体合同,促进家庭友好型工作场所建设,帮助职工平衡工作与家庭。强化监督维权,协调推动侵害女职工权益案件调查处理;组织开展女职工维权行动月活动,深化普法宣传到基层活动。实施"女职工关爱行动",管好用好"关爱女职工专项基金",做好女职工"两癌"检查、女职工休息哺乳室建设、工会爱心托管服务、"会聚良缘"工会婚恋服务等工作。加强对适婚职工的婚恋观、家庭观教育引导,重视和做好应对人口老龄化国家战略、实施三孩生育政策中女职工就业、生育保险、休息休假等权益维护工作。

六、建立健全高标准职工服务体系,不断提升职工生活品质

19. 加强服务阵地建设。推进"会、站、家"一体化建设,加强枢纽型社会组织平台功能建设。培育壮大基层工会服务阵地,拓展服务项目,整合社会资源,推动开放共享,实现区域内职工活动与服务基本覆盖。按照"突出公益、聚焦主业、自主经营、依法监管"的工作要求,更好发挥工人疗休养院、工人文化宫、职工互助保障组织等服务职工的作用。加强工人文化宫规范化建设管理,"十四五"期间,全国建设100家标准化工人文化宫,推动经济较发达、职工人数多的县(县级市)实现工人文化宫建设全覆盖;整合工会资源,把县级工人文化宫打造成工会组织综合服务阵地。推进工人疗休养院改革发展,提升综合服务水平,"十四五"期间,各省级总工会至少有一家具有区位和资源优势、具有特色疗养服务和较强接待能力的工人疗休养院,全国工会每年组织劳模、职工疗休养达到500万人次,其中技术工人疗休养达到100万人次。充分发挥职工互助保障组织作用,加强和规范职工互助保障活动管理,推动实现全国职工互助保障活动省级统筹或管理,到2025年底参加职工互助保障活动的会员达到8000万人次左右,会员受益面和保障程度同步提高。加强职工院校和职业培训机构建设。推动职工旅行社、工会宾馆等积极承担劳模、职工疗休养等公益服务业务。

20. 健全困难职工家庭常态化帮扶机

制。积极参与社会救助制度顶层设计，促进困难职工帮扶与社会救助体系相衔接。巩固拓展解困脱困工作成果，健全困难职工家庭生活状况监测预警机制和常态化帮扶机制。积极争取各级财政、社会资源、工会经费等多渠道投入帮扶资金，对深度困难、相对困难、意外致困等不同困难类型的困难职工家庭精准帮扶、分类施策，形成层次清晰、各有侧重、有机衔接的梯度帮扶工作格局，每年保障5万户以上深度困难职工家庭生活，解决15万户以上相对困难职工家庭、意外致困家庭生活暂时困难，引入公益慈善、爱心企业、志愿服务、专业机构等各类社会资源，推进困难职工帮扶与政府救助、公益慈善力量有机结合。推进"以工代赈"式救助帮扶，强化物质帮扶与扶志、扶智相结合，有效激发困难职工家庭解困脱困的内生动力。

21. 实施提升职工生活品质行动。以精准服务为导向，以满足职工美好生活需要为目标，制定实施工会提升职工生活品质行动方案，推行工会服务职工工作项目清单制度；建立工会帮扶工作智能化平台，健全工会服务职工满意度评价机制。开展帮扶中心赋能增效和幸福企业建设试点工作，提升职工服务中心（困难职工帮扶中心）综合服务职工功能，深入推进职工生活幸福型企业建设工作，精准对接社会资源与职工需求，培育一批服务项目，引导企业改善职工生产生活条件。2021年完成20家试点职工服务中心（困难职工帮扶中心）的综合服务能力建设、50家职工生活幸福型企业的标准化建设，孵化100家服务职工类社会资源；到2025年底实现县级以上工会职工服务中心（困难职工帮扶中心）综合服务职工能力全面提升，1万家企业完成职工生活幸福型企业标准化建设。

22. 打造服务职工系列品牌。健全完善常态化送温暖机制，继续叫响做实送温暖、金秋助学、阳光就业、职工医疗互助、工会法律援助、关爱农民工子女等工会工作传统品牌。"十四五"期间，各级工会每年筹集送温暖资金30亿元以上，走访慰问各类职工500万人以上。规范工会户外劳动者服务站点建设，引导更多社会资源参与，分批次推树1万个最美工会户外劳动者服务站点，设立专项奖补资金。做实叫响职工之家品牌，规范开展全国模范职工之家评选表彰，到2025年底建立起完善的模范职工之家动态复查监管机制。发挥模范职工之家示范引领作用，探索开展模范职工之家"结对共建"活动，普遍提升职工之家建设质量。加快推进工会志愿服务体系建设，建设管理服务平台，打造职工志愿服务品牌。按照"机制不变、力度不减、突出重点、建立品牌"的总体思路，聚焦思想引领、建功立业、劳动关系协调、就业帮扶、工会自身建设等重点任务，深入开展第三轮全国工会对口援疆援藏工作；帮助定点帮扶县巩固拓展脱贫攻坚成果，实现同乡村振兴有效衔接。

"十四五"时期工会"精准服务"指标

具体指标	发展目标
1. 解困脱困长效机制	"十四五"期间，每年保障5万户以上深度困难职工家庭生活，解决15万户以上相对困难职工家庭、意外致困家庭生活暂时困难。
2. 职工服务中心和职工生活幸福型企业建设	2021年完成20家试点职工服务中心（困难职工帮扶中心）的综合服务能力建设、50家职工生活幸福型企业的标准化建设，孵化100家服务职工类社会资源；到2025年底，实现县级以上工会职工服务中心（困难职工帮扶中心）综合服务职工能力全面提升，1万家企业完成职工生活幸福型企业标准化建设。
3. 工会传统帮扶品牌	"十四五"期间，各级工会每年筹集送温暖资金30亿元以上，走访慰问各类职工500万人以上。
4. 职工文化阵地建设	"十四五"期间，全国建设100家标准化工人文化宫，推动经济较发达、职工人数多的县（县级市）实现工人文化宫建设全覆盖。
5. 工人疗休养	"十四五"期间，各省级总工会至少有一家具有区位和资源优势、具有特色疗养服务和较强接待能力的工人疗休养院，全国工会每年组织劳模、职工疗休养达到500万人次，其中技术工人疗休养达到100万人次。
6. 职工互助保障	到2025年底，参加职工互助保障的会员达到8000万人次左右。
7. 最美工会户外劳动者服务站点	"十四五"期间，分批次推树1万个最美工会户外劳动者服务站点。

七、构建和谐劳动关系，推动共建共治共享社会治理

23. 加大劳动法律法规源头参与力度。积极推动和参与全国人大与社会组织协商立法的制度机制建设，推动涉及职工切身利益的法律法规政策制定和修改。推动和参与《工会法》修订完善，推动制定《基本劳动标准法》、《集体合同法》、《企业民主管理法》等相关劳动法律法规，进一步完善工会协调劳动关系法律制度体系。

24. 推动完善构建和谐劳动关系制度机制。进一步推动贯彻落实《中共中央国务院关于构建和谐劳动关系的意见》，完善工会劳动关系发展态势监测和分析研判机制，打造来源可靠、覆盖广泛、运行顺畅、反应迅速的工会劳动关系监测系统，建设具有工会特色的劳动关系数据库。促进健全劳动关系协调机制，探索推进工会劳动关系调处标准化建设，构建劳动争议受理、调查、协调、调解、签约、结案、回访、归档等一体化业务标准体系；进一步健全协调劳动关系三方组织体系，重点推动工业园区、乡镇（街道）和行业系统建立三方机制，努力构建多层次、全方位、网格化劳动关系协商协调格局。大力推进行业性、区域性集体协商。以正常经营、已建工会的百人以上企业为重点，巩固集体协商建制率，确保重点企业单独签订集体合同率动态保持在80%以上；推动企业建立健全多形式多层级的沟通协商机制，应急、应事、一事一议开展灵活协商。开展集体协商质效评估工作，力争到2025年底覆盖60%以上的重点企业。举办城市工会集体协商竞赛活动。加强专职集体协商指导员队伍建设，力争到2025年底，基本实现专职集体协商指导员队伍对县级以上工会组织的全覆盖；加强对从事集体协商工作的工会干部、专职集体协商指导员和职工方协商代表的培训力度，全总每年重点培训100人次，各省、市级总工会每年培训不少于100人次，各县级总工会每年培训不少于30人次。健全完善劳动争议多元化解机制，推进企业和行业性、区域性劳动争议调解组织建设，完善诉调对接工作机制和调解协议履行机制，加强工会参与劳动争议调解工作与人民调解、仲裁调解、司法调解的联动协作和平台对接，不断提升劳动争议调裁审对接工作信息化、智能化水平。完善工会劳动法律法规监督机制，落实《工会劳动法律监督办法》，突出预防和协商的监督理念，重点围绕用人单位恶意欠薪、违法超时加班、违法裁员、未缴纳或未足额缴纳社会保险费等问题，规范和加强工会劳动法律监督工作。推行工会劳动法律监督"一函两书"、劳动用工法律体检、劳动用工监督评估等做法，推动各地工会建立健全与劳动保障监察机构的联动协作机制，全面提升监督实效。开展工会劳动保障法律监督员、劳动人事争议调解员和兼职仲裁员、劳动关系协调员（师）等专项培训。深化和谐劳动关系创建活动，扩大创建活动在非公有制企业和中小企业的覆盖面，推动区域性创建活动由工业园区向企业比较集中的乡镇（街道）、村（社区）拓展。配合行业主管部门构建和谐劳动关系企业指标体系，掌握在企业社会责任认证中的主动权、话语权。推进基层协调劳动关系工作服务站建设，建成一批可复制、可借鉴、可推广的和谐劳动关系示范点。

25. 推进工会工作法治化建设。加强工会法治宣传教育，不断增强职工群众法治观念、法治意识。实施工会系统"八五"普法规划，建设全国工会普法资源库，打造工会法治宣传教育活动品牌，培育工会法治宣传教育基地，壮大普法志愿者队伍。做强做实工会法律服务，加快法律服务站点建设，推进服务触角进一步向基层延伸。切实加强与司法行政部门沟通协作，进一步加大职工法律援助工作力度。评选表彰"全国维护职工权益杰出律师"，吸引和组织更多的社会律师等法律专业人才参与工会法律服务工作。进一步落实工会干部特别是领导干部学法用法制度，不断增强运用法治思维、法治方式开展工会工作的能力和水平。

26. 健全落实"五个坚决"要求的长效机制。认真贯彻落实总体国家安全观，围绕统筹发展和安全，坚持底线思维、增强忧患意识，坚持维权维稳相统一，发扬斗争精神、增强斗争本领，做到守土有责、守土负责、守土尽责，切实维护劳动领域政治安全，促进职工队伍团结统一与社会和谐稳定。参与推进市域社会治理现代化试点和工会系统平安中国建设，建立健全工会系统平安中国建设工作的能力体系。落实"五个坚决"要求，推进工会维护劳动领域安全稳定体系和能力建设，建立健全工会维护劳动领域政治安全长效机制，做好职工队伍稳定风险隐患专项排查化解工作，防患于未然，把风险隐患化解在基层一线、消除在萌芽状态。落实意识形态工作责任制，加强对意识形态风险隐患梳理排查、突发事件引导处置，牢牢掌握劳动领域意识形态斗争主导权。深化工会对劳动领域社会组织政治引领、示范带动、联系服务工作，形成党委全面领导、政府重视支持、工会联系引导、各方密切协作、社会组织专业服务、职工群众广泛参与的工作格局，推动建立创新示范基地，在条件成熟的地方培育孵化党委领导、工会主管的劳动领域社会组织或劳动领域社会组织联合会。健全完善工会信访治理体系，建好全国工会信访工作信息平台，完善信访矛盾多元化解机制，健全完善律师等第三方参与工会信访工作的组织形式和制度化渠道。

"十四五"时期工会"依法维权"指标

具体指标	发展目标
1. 集体合同签订率	到2025年底，确保重点企业（即正常经营、已建工会的百人以上企业）集体合同签订率动态保持在80%以上。
2. 集体协商质效评估	到2025年底，集体协商质效评估工作覆盖60%以上的重点企业。
3. 集体协商指导员队伍建设	到2025年底，基本实现专职集体协商指导员队伍对县级以上工会组织全覆盖；加强对从事集体协商工作的工会干部、专职集体协商指导员和职工方协商代表的培训力度，全总每年重点培训100人次，各省、市级总工会每年培训不少于100人次，各县级总工会每年培训不少于30人次。

八、加快智慧工会建设，打造工会工作升级版

27. 构建基于大数据技术的工会治理能力提升体系。建立和完善工会数据资源管理体系，建设工会智能数字"云脑"平台、大数据分析研判和决策支撑系统、上下联动的应用市场。应用区块链技术，建立多节点的可信"工会身份链"，打造基于会员实名制数据的数字身份账户系统。整合共享各级工会数据和应用资源，强化基础数据采集校验能力和平台间对接联动，促进工会信息资源开放与应用，实现基础信息资源和业务信息资源的集约化采集、网络化汇聚、精准化管理。通过工会智能数字"云脑"体系，将数据能力和应用能力向各级工会赋能，为加强工会精准服务、业务协同、宏观决策提供技术和数据支撑。

28. 构建基于互联网技术的工会服务应用创新体系。建设全国工会服务平台，打造以媒体宣传、就业服务、技能提升、法律维权、职工帮扶、文化服务为重点的网上服务应用。创新网上普惠服务模式，推行网上普惠服务精准化，提升工会服务平台用户活跃度、满意度。创新工会多元化服务，推进与政务服务、社会服务、企业服务有机结合，实现工会网上服务资源优化配置和共享。构建工会网上服务评价体系。建设工会业务管理和网上协同办公平台，整合全总本级重点业务应用，推动工会工作流程再造、业务功能延伸和领域拓展，实现跨层级、跨地域、跨产业、跨工作部门的网上工作协同。

29. 构建基于云计算技术的工会网信基础支撑体系。完善工会信息基础设施建设，建设全总"工会云"、网络安全态势感知平台、运维平台及灾备系统。编制实施工会系统数据资源标准规范和开放利用标准，做好与国家基础数据库和重大信息化工程之间的标准衔接。加快工会电子政务网络建设，实现与同级政务网络平台安全接入。加强工会网络安全保障体系建设，严格落实网络安全等级保护、商用密码应用等网络安全法律法规和政策标准要求，落实安全可靠产品及国产密码应用，强化重要数据和个人信息保护，在建设和运维运营中同步加强网络安全保护，提升应对处置网络安全突发事件和重大风险防控能力。

30. 巩固发展工会网上舆论阵地。做强工会主流媒体，推进工会媒体深度融合，打造以工人日报、中工网、《中国工运》、《中国工人》为龙头的工会媒体集群，做大做强工会传媒旗舰，建强各级工会融媒体中心，构建网上网下一体、以新技术为支撑、"工"字特色内容建设为根本、新型运行管理模式为保障的报网端微刊全媒体传播体系。多措并举提升工会新闻发布水平，增强工会新闻发布触达率和实效性。做强叫响网评专栏，建设一支政治素质过硬、敏锐性高、责任心强、业务本领好的工会网评队伍。健全网络舆情应急处置制度，提高网络舆情信息监测的针对性、时效性，增强应急处置能力。推进职工网络素养提升主题活动，深入开展"网聚职工正能量　争做中国好网民"主题活动。参与举办国家网络安全宣传周。强化各级工会网站内容建设、功能建设、制度建设，完善网站信息发布和内容更新保障机制，做优工会知识服务平台，推动工会网站数据共享交换。

九、深化工会和职工对外交流交往合作，为推动构建人类命运共同体作贡献

31. 拓展工会和职工国际交流交往合作的深度和广度。坚持独立自主、互相尊重、求同存异、加强合作、增进友谊的工会外事工作方针，发挥民间外交优势，服务国家总体外交。广泛开展与周边国家、广大发展中国家工会组织和职工的友好交流。积极参与二十国集团劳动会议、金砖国家工会论坛、亚欧劳工论坛等多边机制，推动建设更加公正合理的全球治理体系。积极开展对欧工作，继续举办中德工会论坛，探索开展中欧工会绿色经济、数字经济对话交流活动，助力中欧绿色和数字领域伙伴关系发展。加强与重点国家工会的对话交流和高层交往，开展与美国等西方国家工会的对话交流。积极服务"一带一路"建设，搭建中资企业与有关国家工会组织的交流沟通平台，开展与"一带一路"沿线国家工会组织和职工的交流交往活动，加强职工技能国际交流。继续推进"一带一路"沿线国家工会干部来华进修汉语项目和"一带一路"职工人文交流项目。积极参加国际劳工组织理事会选举，参与国际劳工大会、理事会及有关会议和工作机制，深化与国际劳工组织有关的南南合作项目，加强对国际劳工公约、重要投资和贸易协定中的劳工条款等问题的研究，在劳工领域维护我主权、安全和发展利益。继续开展力所能及的对外援助。创新外事工作方式方法，实行线上交流与面对面交流相结合，提升工会和职工对外交流交往效率。加强工会外宣工作，面向国际劳工界广泛宣传习近平新时代中国特色社会主义思想，宣传中国式民主，讲好中国故事、讲好中国自由民主人权故事、讲好中国工人阶级故事、讲好中国工会故事。

32. 加强与港澳台工会组织和劳动界交流合作。加强同港澳台工会、劳工团体组织的沟通联系，支持港澳爱国工会力量，支持坚持一个中国原则和"九二共识"的台湾工会团体力量，做好港澳工会青年研讨营、港澳工会"五一"代表团、海峡职工论坛、台湾工会青年研讨营等品牌交流活动。联合协作开展职工职业技能竞赛，组织开展文化、体育交流活动，指导各地工会开展与港澳台工会交流合作项目。推动在内地工作港澳职工和台湾同胞享受同等工会服务，探索在内地（大陆）工作的港澳台职工纳入劳模等称号评选范围，引导港澳台职工融入祖国发展，投身粤港澳大湾区建设。着力开展爱国主义教育、国情国策宣讲，提高港澳职工爱国精神和国家意识。加强粤港澳三地工会协调合作，围绕粤港澳大湾区建立职工服务体系，支持港澳工会依法开展内地服务工作，构建粤港澳大湾区工会工作新格局。

十、深化工会改革创新，推动新时代工会工作高质量发展

33. 系统谋划推进工会改革。把增强政治性、先进性、群众性贯穿工会改革全过程，提出深化工会改革的总体思路、重点任务、具体举措、方法路径，明确改革的任务书、时间表、路线图、责任链，对改革任务、责任、进展、薄弱环节等进行盘点、跟踪问效。坚持问题导向、目标导向，对着问题去、盯着问题改，提出更多具有创新性引领性改革举措。支持基层工会组织开展差别化改革创新，切实增强团结教育、维护权益、服务职工功能。

34. 健全工会工作制度机制。系统总结党的十八大以来特别是中央党的群团工作会议以来工会改革的成绩和经验，做好工会改革总结评估，探索新时代工会工作的发展特点和规律，坚持和完善自觉接受党的领导制度，不断巩固党执政的阶级基础和群众基础；坚持和完善发挥工人阶级主力军作用制度，推动健全保障职工主人翁地位的各项制度安排；坚持和完善强化职工思想政治引领制度，加强和改进职工思想政治工作制度、职工文化建设制度；坚持和完善推进产业工人队伍建设改革制度，造就一支宏大的高素质的产业工人大军；坚持和完善维权服务制度，完善维护职工合法权益的制度，构建服务职工工作体系；坚持和完善劳动关系协调机制，推动完善社会治理体系；坚持和完善深化工会改革创新制度，密切联系职工群众；坚持和完善加强工会系统党的建设制度，努力提高工会系统党的建设的质量。做实全总深化工会改革领导小组工作机制，建立年度全国工会改革会议制度，搭建全国工会改革经验做法交流平台，对创新做法进行年度评比激励。健全完善改革评估长效机制，开展年度改革总结和评估工作，加强对制度执行的组织领导和监督检查，推动工会各项工作制度化、科学化、规范化。

35. 激发基层工会活力。树立落实到基层、落实靠基层理念，坚持把改革向基层延伸，把力量和资源充实到基层一线，使基层工会组织建起来、转起来、活起来。树立依靠会员办会理念，完善基层工会会务公开制度机制，保障会员的知情权、参与权、表达权、监督权。坚持不懈推进基层工会会员代表大会制度和民主选举制度落实落地，落实会员代表常任制，选优配强基层工会领导班子。到2025年底普遍实现基层工会按期换届选举，建设一支政治素质好、业务能力强、知职工、懂职工、爱职工的基层工会干部队伍。加强工会小组建设，选好工会小组长，不断壮大工会积极分子队伍。探索建立工会领导机关干部联系基层工会的工作机制，加强对下级工会的指导服务，积极协调解决基层工会面临的实际困难和问题。建立健全激励和保障机制，提升基层工会干部履职能力，让他们在政治上有地位、经济上有获得、履职上有保障、职业上有发展，不断增强工作积极性和职业荣誉感。推动实行非公有制企业兼职工会干部履职补贴制度。健全完善会员代表大会评议职工之家制度，深入开展会员评家工作，到2025年底实现基层工会普遍开展会员评家，以评家促进建家。加强对社会化工会工作者、专职集体协商指导员等的统筹管理，在薪酬福利、绩效奖惩、教育培训、职业发展等方面提供规范化指导，加强社会工作岗位开发设置。进一步加强工会社会工作专业人才队伍建设，不断提升服务职工群众的能力水平，壮大基层工会力量，力争到"十四五"末，全国社会化工会工作者总数稳定在4.5万人左右。

36. 改进完善工会组织体系。创新组织形式，理顺组织体制，构建纵横交织、覆盖广泛的工会组织体系。坚持以党建带工建为引领，完善党委领导、政府支持、工会主导、社会力量参与的建会入会工作格局，着力扩大工会组织覆盖面，实现组建工会和发展会员工作持续稳步发展。力争到"十四五"末，全国新组建基层工会组织60万个以上，新发展会员4000万人以上。在巩固传统领域建会入会基础上，重点加强"三新"领域工会组织建设，不断拓展建会入会新的增长点。以25人以上非公有制企业为重点，因地制宜、因行业制宜开展建会集中行动，推进规模较大的非公有制企业和社会组织依法规范建立工会组织。切实加强区域性、行业性工会联合会建设，健全乡镇（街道）—村（社区）—企业"小三级"工会组织体系，不断扩大对小微企业的有效覆盖。持续深化"八大群体"入会工作，聚焦货车司机、网约车司机、快递员、外卖配送员等重点群体，开展新就业形态劳动者入会集中行动，推动重点行业头部企业建立和完善工会组织。制定出台新就业形态劳动者入会相关意见，创新方式、优化程序，推行网上申请入会、集中入会仪式等做法，着力破解建会入会难题，最大限度地把农民工、灵活就业、新就业形态劳动者组织到工会中来。修订组建工会和发展会员考核奖励办法，完善考核通报等制度机制。联合国务院国资委制定加强和改进中央企业工会组织建设的指导意见，依法纠正国有企业在改革改制中随意撤并工会组织和工作机构、弱化工会组织地位作用问题。依法依规逐步调整和理顺产业工会与地方工会，与中央企业、企业集团及所属企业工会关系，与机关所属企事业单位工会的关系，进一步畅通体系、扩面提质。

37. 充分发挥产业工会作用。定期召开产业工会工作会议，及时研究解决产业工会工作中的重大问题。进一步明确全国产业工会、省级产业工会、城市产业工会、县级产业（行业）工会职责定位和工作重点。发挥产业工会全委会联合制、代表制组织制度优势，调整和优化产业工会委员单位组成，适当扩大非公有制企业、社会组织委员名额比例，增强代表性。到2025年底，各产业工会全国委员会委员和常务委员会成员中劳模和一线职工代表比例达到10%以上。完善与有关政府部门、行业协会的联席会议制度，产业协调劳动关系三方机制，探索创新产业工会行业联委会工作模式，发挥产业工会系统中的人大代表和政协工会界委员作用，支持产业工会参与产业、行业政策以及涉及产业职工切身利益的法规政策制定，及时发布具有行业指导意义的参考标准，开展国家重点工程和重大项目劳动竞赛、职工技能竞赛、培育大国工匠、职业技术培训、中心城市及县（区）范围内的行业集体协商等

具有产（行）业特色的工作，更好发挥产业工会作用。建立健全产业工会工作评价体系和激励机制，加大对产业工会机构建设、经费投入、资源保障、活动开展等方面的支持力度，为产业工会发挥更大作用提供有利条件。

38. 深化财务管理改革。健全完善管理体制、经费收缴、预（决）算管理、财务监督与绩效管理等财务管理制度体系，建立财务管理公告制度。开发建设全总与省级工会贯通的工会经费收缴管理信息系统，及时准确掌握各级工会经费收缴情况。逐步扩大在京中央企业工会与全总建立财务关系的覆盖面，到2025年底基本实现全覆盖。积极推进工会经费收入电子票据改革试点。启动工会经费收缴改革，到2025年底基本形成权责清晰、财力协调、区域均衡的工会经费分配关系。深化工会全面预算管理，加强预算定额标准体系建设，逐步厘清全总本级和省级工会的事权和支出责任，稳步推进预算分配改革，建立完善转移支付制度，积极探索基层工会组织经费直达机制，出台促进基层工会留成经费足额到位的指导意见，推动解决县级以下特别是基层工会经费不足的突出问题。全面实施预算绩效管理，到2025年底基本实现县级以上工会预算绩效管理全覆盖。建立普惠职工的经费保障机制，将更多的工会经费用于直接服务职工群众。加强经济活动内部控制，强化财务监督检查，定期开展重大经济政策落实情况和重大项目预算执行情况专项监督。稳步推进工会财务信息公开。

39. 加强工会经费审查审计监督。按照工会一切经济活动都要纳入经审监督范

围的总体要求,到 2025 年底形成以国家审计为指导、以工会经审组织为主体、以社会审计为补充、以职工会员监督为基础的工会常态化经审监督体系,不断拓展工会审查审计监督的广度和深度。逐步完善工会经审制度体系和工作机制,到 2025 年底形成覆盖主要审计类型的实务指南体系。加强审计项目和审计组织方式"两统筹",实现工会经费审查监督、政策跟踪审计、预算执行审计、财务收支审计、经济责任审计、专项审计调查等统筹融合。深化预决算审查工作,审查监督重点向支出预算和政策执行拓展,建立经审会向同级工会党组织提交审计工作报告制度,完善以审计为基础的预决算审查机制。转变审计理念思路,把助力政策落实摆在突出位置,对政策落实情况进行全过程、全链条监督,推动工会重大决策部署落地见效。完善审计结果运用,做好审计整改"后半篇文章",发挥工会经审组织的"审、帮、促"作用。加快推进工会经审工作信息化建设,构建全国工会经审工作平台,积极推广计算机审计、大数据审计等先进审计技术方法,开展"总体分析、发现疑点、分散核实、系统研究"的数字化审计,提高运用信息化技术查核问题、评价判断和分析问题能力。培养造就高素质专业化工会经审干部队伍,到 2025 年底,将全国工会专兼职经审干部轮训一遍。

40. 提高工会资产管理效能。积极推动职工文化教育事业、职工疗休养事业、职工互助保障事业纳入国家公共文化、卫生、保障服务体系,强化工会资产服务职工、服务基层功能。加强工会资产制度建设,积极探索工会资产制度的实现形式,到 2025 年底形成较为完善的工会资产制度体系。实施工会企事业经营业绩考核工作专项行动,到 2025 年底实现各级工会对本级工会企事业单位经营业绩考核全覆盖。深化工会资产体制机制改革创新,落实"统一所有、分级监管、单位使用"的工会资产监督管理体制,加强工会资产基础管理。建立健全工会资产统计制度、报告制度,加大工会资产产权登记工作力度,到 2025 年底工会资产不动产产权登记率逐步提高。加强工会资产管理信息化建设。积极稳妥推进工会事业单位改革工作,依法依规做好工人文化宫、工人疗休养院等工会资产阵地保护工作。

"十四五"时期工会"组织建设"指标

具体指标	发展目标
1. 新发展工会会员数	到"十四五"末,全国新发展会员 4000 万人以上。
2. 新组建基层工会组织数	到"十四五"末,全国新组建基层工会组织 60 万个以上。
3. 社会化工会工作者数	到"十四五"末,全国社会化工会工作者总数稳定在 4.5 万人左右。
4. 产业工会组织建设	到 2025 年底,各产业工会全国委员会委员和常务委员会成员中劳模和一线职工代表比例达到 10% 以上。

十一、坚持以党的政治建设为统领，提高工会工作能力和水平

41. 全面加强工会系统党的建设。把学习贯彻习近平新时代中国特色社会主义思想作为重大政治任务，切实用以武装头脑、指导实践、推动工作。坚持以党的政治建设为统领，牢固树立政治机关意识，推进模范机关建设，严格执行重大事项请示报告制度，确保习近平总书记重要指示批示精神和党中央重大决策部署在工会系统有效落实落地。健全完善理论武装长效机制，综合运用党组理论学习中心组学习、工会干部教育培训、党校和工会院校学习、网络学习培训等平台和载体，探索构建理论学习培训制度体系和成果评价体系。扎实开展党史学习教育、理想信念教育和中国工运史教育，巩固深化"不忘初心、牢记使命"主题教育成果。加强工会系统基层党组织建设，做好发展党员和党员教育管理工作。坚持党建带工建，积极探索"互联网+党建"工作模式，构建党建和工会业务工作深度融合的长效机制，全面强化基层党组织的政治功能和组织力。坚持全面从严治党，推动各级工会领导干部认真落实全面从严治党的主体责任、管党治党的政治责任。突出抓好政治监督，健全内部巡视制度机制，用好"四种形态"，持之以恒正风肃纪反腐。锲而不舍落实中央八项规定及其实施细则精神，全面检视、靶向纠治"四风"，坚决防止反弹回潮。落实为基层减负各项规定，建立健全联系服务职工长效机制。

42. 深化工会干部队伍建设。坚持把好干部标准贯穿各级工会干部选育管用全过程，建设忠诚干净担当的高素质专业化工会干部队伍。坚持党管干部原则，突出政治标准，严把政治关、能力关、廉洁关，建立健全崇尚实干、带动担当、加油鼓劲的正向激励体系。优化工会领导机关领导班子配备，增强整体功能。发现培养选拔优秀年轻干部，加强对处级以下年轻干部的教育管理监督，拓宽来源渠道，加大年轻干部轮岗交流力度，做好挂职援派工作。完善优秀年轻干部人选库。加大工会干部管理监督力度，健全干部考核评价机制，推进工会干部监督制度化规范化建设，逐步形成适应工会机关实际的干部监督制度体系。按照有关规定做好工会干部双重管理工作。深化工会干部教育培训，2024年召开全国工会干部教育培训工作会议，研究制定全国工会干部教育培训五年规划，编写学习贯彻习近平总书记关于工人阶级和工会工作的重要论述教材、中国工运史教材，建强用好全国工会干部教育培训网。

43. 不断拓宽工会理论研究新路子。坚持把开展工会理论研究和调查研究作为重大任务，列入各级工会领导机关重要议事日程，构建上下结合、内外协作、整体推进的全方位研究格局。突出把深入学习和研究阐释习近平总书记关于工人阶级和工会工作的重要论述作为首要任务，每年举办学习习近平总书记关于工人阶级和工会工作的重要论述理论研讨会。加快构建中国特色工会学理论体系和工会干部培训教学体系，推进工会与劳动关系领域学科建设。加强工会研究阵地和智库建设，加强工会研究队伍建设，推出一批有深度、有价值、有分量的研究成果。县级以上工会领导机关要加强中长期工会理论研究与

建设规划，每年制定年度研究计划，对本级工会理论研究和调查研究工作进行统筹安排。加大理论研究成果交流推广力度，推进应用转化，推动形成工作性意见、转化为政策制度、上升为法律法规。

十二、加强规划落实的组织保障

44. 加强组织领导。各级工会要把落实规划摆上重要工作位置、列入重要工作日程，坚持主要领导亲自抓、负总责，加强统筹协调，落实责任分工，及时研究解决规划实施中的重大问题。要把推进规划落实情况纳入对工会领导班子和领导干部的考核体系，抓好过程管理和目标考核，层层传导压力，逐级压实责任。各级工会要按照规划统一部署，结合当地实际制定实施方案，逐条逐项细化举措，明确落实规划的时间表、路线图和任务书，坚决避免"有部署、无落实"现象。坚持系统观念，注重传承创新，认真对照规划目标任务，对接已经出台的专项工作规划、结合已经部署的各项改革任务统筹抓好规划落实。

45. 加强支撑保障。各级工会要围绕规划确定的目标任务，建立健全规划落实的支撑保障机制，合理调配工作力量，建立多元化投入保障体系，加强预算保障，把更多资源力量用到重要领域、重点任务和关键环节。各地工会要积极主动作为，加强调研检查，推动规划落实纳入当地经济和社会发展总体规划落实的"大盘子"，努力实现一体部署、一体推进、一体检查。要依托工会系统研究平台阵地，发挥系统内外专家智库作用，围绕规划落实中的重大问题开展调查研究，为落实规划提供理论支撑和专业支持。

46. 加强总结推广。要建立规划落实情况的督促检查和工作通报制度，适时对目标任务完成情况开展调研检查，对工作进展情况、典型做法经验等进行通报，鼓励先进、鞭策后进。根据形势变化和工作要求，定期评估工作进展成效，做到一年一评估，以钉钉子精神一抓到底、抓出成效，增强规划落实的系统性和实效性。加强对规划的阐释解读，将规划作为工会干部教育培训的重要内容，引导广大工会干部全面准确理解规划、自觉推动落实规划。发挥工会系统媒体阵地作用，积极回应与规划有关的社会关切，结合调研督导、送教到基层等，以职工群众喜闻乐见、易于接受的形式，做好规划内容的宣传宣讲，凝聚广泛共识，争取各方支持，营造良好氛围。

· 第二部分 ·
工作和组织制度

第二部

工作與生活的平衡

企业工会工作条例

(2006年12月11日中华全国总工会第十四届执行委员会第四次全体会议通过)

第一章 总 则

第一条 为加强和改进企业工会工作,发挥企业工会团结组织职工、维护职工权益、促进企业发展的重要作用,根据《工会法》、《劳动法》和《中国工会章程》,制定本条例。

第二条 企业工会是中华全国总工会的基层组织,是工会的重要组织基础和工作基础,是企业工会会员和职工合法权益的代表者和维护者。

第三条 企业工会以邓小平理论和"三个代表"重要思想为指导,贯彻科学发展观,坚持全心全意依靠工人阶级根本指导方针,走中国特色社会主义工会发展道路,落实"组织起来、切实维权"的工作方针,团结和动员职工为实现全面建设小康社会宏伟目标作贡献。

第四条 企业工会贯彻促进企业发展、维护职工权益的工作原则,协调企业劳动关系,推动建设和谐企业。

第五条 企业工会在本企业党组织和上级工会的领导下,依照法律和工会章程独立自主地开展工作,密切联系职工群众,关心职工群众生产生活,热忱为职工群众服务,努力建设成为组织健全、维权到位、工作活跃、作用明显、职工信赖的职工之家。

第二章 企业工会组织

第六条 企业工会依法组织职工加入工会,维护职工参加工会的权利。

第七条 会员二十五人以上的企业建立工会委员会;不足二十五人的可以单独建立工会委员会,也可以由两个以上企业的会员按地域或行业联合建立基层工会委员会。同时按有关规定建立工会经费审查委员会、工会女职工委员会。

企业工会具备法人条件的,依法取得社会团体法人资格,工会主席是法定代表人。

企业工会受法律保护,任何组织和个人不得随意撤销或将工会工作机构合并、归属到其他部门。

企业改制须同时建立健全工会组织。

第八条 会员大会或会员代表大会是企业工会的权力机关,每年召开一至两次会议。经企业工会委员会或三分之一以上会员提议可临时召开会议。

会员代表大会的代表由会员民主选举产生,会员代表实行常任制,任期与企业本届工会委员会相同,可连选连任。

会员在一百人以下的企业工会应召开会员大会。

第九条 会员大会或会员代表大会的职权:

(一)审议和批准工会委员会的工作报告。

(二)审议和批准工会委员会的经费收支情况报告和经费审查委员会的工作报告。

(三)选举工会委员会和经费审查委

员会。

（四）听取工会主席、副主席的述职报告，并进行民主评议。

（五）撤换或者罢免其所选举的代表或者工会委员会组成人员。

（六）讨论决定工会工作其他重大问题。

第十条　会员大会或会员代表大会与职工代表大会或职工大会须分别行使职权，不得相互替代。

第十一条　企业工会委员会由会员大会或会员代表大会差额选举产生，选举结果报上一级工会批准，每届任期三年或者五年。

大型企业工会经上级工会批准，可设立常务委员会，负责工会委员会的日常工作，其下属单位可建立工会委员会。

第十二条　企业工会委员会是会员大会或会员代表大会的常设机构，对会员大会或会员代表大会负责，接受会员监督。在会员大会或会员代表大会闭会期间，负责日常工作。

第十三条　企业工会委员会根据工作需要，设立相关工作机构或专门工作委员会、工作小组。

工会专职工作人员一般按不低于企业职工人数的千分之三配备，具体人数由上级工会、企业工会与企业行政协商确定。

根据工作需要和经费许可，工会可从社会聘用工会工作人员，建立专兼职相结合的干部队伍。

第十四条　企业工会委员会实行民主集中制，重要问题须经集体讨论作出决定。

第十五条　企业工会委员（常委）会一般每季度召开一次会议，讨论或决定以下问题：

（一）贯彻执行会员大会或会员代表大会决议和党组织、上级工会有关决定、工作部署的措施。

（二）提交会员大会或会员代表大会的工作报告和向党组织、上级工会的重要请示、报告。

（三）工会工作计划和总结。

（四）向企业提出涉及企业发展和职工权益重大问题的建议。

（五）工会经费预算执行情况及重大财务支出。

（六）由工会委员会讨论和决定的其他问题。

第十六条　企业生产车间、班组建立工会分会、工会小组，会员民主选举工会主席、工会小组长，组织开展工会活动。

第十七条　建立工会积极分子队伍，发挥工会积极分子作用。

第三章　基本任务和活动方式

第十八条　企业工会的基本任务：

（一）执行会员大会或会员代表大会的决议和上级工会的决定。

（二）组织职工依法通过职工代表大会或职工大会和其他形式，参加企业民主管理和民主监督，检查督促职工代表大会或职工大会决议的执行。

（三）帮助和指导职工与企业签订劳动合同。就劳动报酬、工作时间、劳动定额、休息休假、劳动安全卫生、保险福利等与企业平等协商、签订集体合同，并监督集体合同的履行。调解劳动争议。

（四）组织职工开展劳动竞赛、合理

化建议、技术革新、技术攻关、技术协作、发明创造、岗位练兵、技术比赛等群众性经济技术创新活动。

（五）组织培养、评选、表彰劳动模范，负责做好劳动模范的日常管理工作。

（六）对职工进行思想政治教育，组织职工学习文化、科学和业务知识，提高职工素质。办好职工文化、教育、体育事业，开展健康的文化体育活动。

（七）协助和督促企业做好劳动报酬、劳动安全卫生和保险福利等方面的工作，监督有关法律法规的贯彻执行。参与劳动安全卫生事故的调查处理。协助企业办好职工集体福利事业，做好困难职工帮扶救助工作，为职工办实事、做好事、解难事。

（八）维护女职工的特殊利益。

（九）加强组织建设，健全民主生活，做好会员会籍管理工作。

（十）收好、管好、用好工会经费，管理好工会资产和工会企（事）业。

第十九条　坚持群众化、民主化，实行会务公开。凡涉及会员群众利益的重要事项，须经会员大会或会员代表大会讨论决定；工作计划、重大活动、经费收支等情况接受会员监督。

第二十条　按照会员和职工群众的意愿，依靠会员和职工群众，开展形式多样的工会活动。

第二十一条　工会召开会议或者组织职工活动，需要占用生产时间的，应当事先征得企业的同意。

工会非专职委员占用生产或工作时间参加会议或者从事工会工作，在法律规定的时间内工资照发，其他待遇不受影响。

第二十二条　开展建设职工之家活动，建立会员评议建家工作制度，增强工会凝聚力，提高工会工作水平。

推动企业关爱职工，引导职工热爱企业，创建劳动关系和谐企业。

第四章　工会主席

第二十三条　职工二百人以上的企业工会依法配备专职工会主席。由同级党组织负责人担任工会主席的，应配备专职工会副主席。

第二十四条　国有、集体及其控股企业工会主席候选人，应由同级党组织和上级工会在充分听取会员意见的基础上协商提名。工会主席按企业党政同级副职级条件配备，是共产党员的应进入同级党组织领导班子。专职工会副主席按不低于企业中层正职配备。

私营企业、外商投资企业、港澳台商投资企业工会主席候选人，由会员民主推荐，报上一级工会同意提名；也可以由上级工会推荐产生。工会主席享受企业行政副职待遇。

企业行政负责人、合伙人及其近亲属不得作为本企业工会委员会成员的人选。

第二十五条　工会主席、副主席可以由会员大会或会员代表大会直接选举产生，也可以由企业工会委员会选举产生。工会主席出现空缺，须按民主程序及时进行补选。

第二十六条　工会主席应当具备下列条件：

（一）政治立场坚定，热爱工会工作。

（二）具有与履行职责相应的文化程度、法律法规和生产经营管理知识。

（三）作风民主，密切联系群众，热心为会员和职工服务。

（四）有较强的协调劳动关系和组织活动能力。

第二十七条　企业工会主席的职权：

（一）负责召集工会委员会会议，主持工会日常工作。

（二）参加企业涉及职工切身利益和有关生产经营重大问题的会议，反映职工的意愿和要求，提出工会的意见。

（三）以职工方首席代表的身份，代表和组织职工与企业进行平等协商、签订集体合同。

（四）代表和组织职工参与企业民主管理。

（五）代表和组织职工依法监督企业执行劳动安全卫生等法律法规，要求纠正侵犯职工和工会合法权益的行为。

（六）担任劳动争议调解委员会主任，主持企业劳动争议调解委员会的工作。

（七）向上级工会报告重要信息。

（八）负责管理工会资产和经费。

第二十八条　按照法律规定，企业工会主席、副主席任期未满时，不得随意调动其工作。因工作需要调动时，应征得本级工会委员会和上一级工会的同意。

罢免工会主席、副主席必须召开会员大会或会员代表大会讨论，非经会员大会全体会员或者会员代表大会全体代表无记名投票过半数通过，不得罢免。

工会专职主席、副主席或者委员自任职之日起，其劳动合同期限自动延长，延长期限相当于其任职期间；非专职主席、副主席或者委员自任职之日起，其尚未履行的劳动合同期限短于任期的，劳动合同期限自动延长至任期期满。任职期间个人严重过失或者达到法定退休年龄的除外。

第二十九条　新任企业工会主席、副主席，应在一年内参加上级工会举办的上岗资格或业务培训。

第五章　工作机制和制度

第三十条　帮助和指导职工签订劳动合同。代表职工与企业协商确定劳动合同文本的主要内容和条件，为职工签订劳动合同提供法律、技术等方面的咨询和服务。监督企业与所有职工签订劳动合同。

工会对企业违反法律法规和有关合同规定解除职工劳动合同的，应提出意见并要求企业将处理结果书面通知工会。工会应对企业经济性裁员事先提出同意或否决的意见。

监督企业和引导职工严格履行劳动合同，依法督促企业纠正违反劳动合同的行为。

第三十一条　依法与企业进行平等协商，签订集体合同和劳动报酬、劳动安全卫生、女职工特殊权益保护等专项集体合同。

工会应将劳动报酬、工作时间、劳动定额、保险福利、劳动安全卫生等问题作为协商重点内容。

工会依照民主程序选派职工协商代表，可依法委托本企业以外的专业人士作为职工协商代表，但不得超过本方协商代表总数的三分之一。

小型企业集中的地方，可由上一级工会直接代表职工与相应的企业组织或企业进行平等协商，签订区域性、行业性集体合同或专项集体合同。

劳务派遣工集中的企业，工会可与企业、劳务公司共同协商签订集体合同。

第三十二条　工会发出集体协商书面要约二十日内，企业不予回应的，工会可要求上级工会协调；企业无正当理由拒绝集体协商的，工会可提请县级以上人民政府责令改正，依法处理；企业违反集体合同规定的，工会可依法要求企业承担责任。

第三十三条　企业工会是职工代表大会或职工大会的工作机构，负责职工代表大会或职工大会的日常工作。

职工代表大会的代表经职工民主选举产生。职工代表大会中的一线职工代表一般不少于职工代表总数的百分之五十。女职工、少数民族职工代表应占相应比例。

第三十四条　国有企业、国有控股企业职工代表大会或职工大会的职权：

（一）听取审议企业生产经营、安全生产、重组改制等重大决策以及实行厂务公开、履行集体合同情况报告，提出意见和建议。

（二）审议通过集体合同草案、企业改制职工安置方案。审查同意或否决涉及职工切身利益的重要事项和企业规章制度。

（三）审议决定职工生活福利方面的重大事项。

（四）民主评议监督企业中层以上管理人员，提出奖惩任免建议。

（五）依法行使选举权。

（六）法律法规规定的其他权利。

集体（股份合作制）企业职工代表大会或职工大会的职权：

（一）制定、修改企业章程。

（二）选举、罢免企业经营管理人员。

（三）审议决定经营管理以及企业合并、分立、变更、破产等重大事项。

（四）监督企业贯彻执行国家有关劳动安全卫生等法律法规、实行厂务公开、执行职代会决议等情况。

（五）审议决定有关职工福利的重大事项。

私营企业、外商投资企业和港澳台商投资企业职工代表大会或职工大会的职权：

（一）听取企业发展规划和年度计划、生产经营等方面的报告，提出意见和建议。

（二）审议通过涉及职工切身利益重大问题的方案和企业重要规章制度、集体合同草案等。

（三）监督企业贯彻执行国家有关劳动安全卫生等法律法规、实行厂务公开、履行集体合同和执行职代会决议、缴纳职工社会保险、处分和辞退职工的情况。

（四）法律法规、政策和企业规章制度规定及企业授权和集体协商议定的其他权利。

第三十五条　职工代表大会或职工大会应有全体职工代表或全体职工三分之二以上参加方可召开。职工代表大会或职工大会进行选举和作出重要决议、决定，须采用无记名投票方式进行表决，经全体职工代表或全体职工过半数通过。

小型企业工会可联合建立区域或行业职工代表大会，解决本区域或行业涉及职工利益的共性问题。

公司制企业不得以股东（代表）大会取代职工（代表）大会。

第三十六条　督促企业建立和规范厂务公开制度。

第三十七条　凡设立董事会、监事会

的公司制企业，工会应依法督促企业建立职工董事、职工监事制度。

职工董事、职工监事人选由企业工会提名，通过职工代表大会或职工大会民主选举产生，对职工代表大会或职工大会负责。企业工会主席、副主席一般应分别作为职工董事、职工监事的候选人。

第三十八条 建立劳动法律监督委员会，职工人数较少的企业应设立工会劳动法律监督员，对企业执行有关劳动报酬、劳动安全卫生、工作时间、休息休假、女职工和未成年工保护、保险福利等劳动法律法规情况进行群众监督。

第三十九条 建立劳动保护监督检查委员会，生产班组中设立工会小组劳动保护检查员。建立完善工会监督检查、重大事故隐患和职业危害建档跟踪、群众举报等制度，建立工会劳动保护工作责任制。依法参加职工因工伤亡事故和其他严重危害职工健康问题的调查处理。协助与督促企业落实法律赋予工会与职工安全生产方面的知情权、参与权、监督权和紧急避险权。开展群众性安全生产活动。

依照国家法律法规对企业新建、扩建和技术改造工程中的劳动条件和安全卫生设施与主体工程同时设计、同时施工、同时使用进行监督。

发现企业违章指挥、强令工人冒险作业，或者生产过程中发现明显重大事故隐患和职业危害，工会应提出解决的建议；发现危及职工生命安全的情况，工会有权组织职工撤离危险现场。

第四十条 依法建立企业劳动争议调解委员会，劳动争议调解委员会由职工代表、企业代表和工会代表组成，办事机构设在企业工会。职工代表和工会代表的人数不得少于调解委员会成员总数的三分之二。

建立劳动争议预警机制，发挥劳动争议调解组织的预防功能，设立建立企业劳动争议信息员制度，做好劳动争议预测、预报、预防工作。

企业发生停工、怠工事件，工会应当积极同企业或者有关方面协商，反映职工的意见和要求并提出解决意见，协助企业做好工作，尽快恢复生产、工作秩序。

第四十一条 开展困难职工生活扶助、医疗救助、子女就学和职工互助互济等工作。有条件的企业工会建立困难职工帮扶资金。

第六章 女职工工作

第四十二条 企业工会有女会员十名以上的，应建立工会女职工委员会，不足十名的应设女职工委员。

女职工委员会在企业工会委员会领导和上一级工会女职工委员会指导下开展工作。

女职工委员会主任由企业工会女主席或副主席担任。企业工会没有女主席或副主席的，由符合相应条件的工会女职工委员担任，享受同级工会副主席待遇。

女职工委员会委员任期与同级工会委员会委员相同。

第四十三条 女职工委员会依法维护女职工的合法权益，重点是女职工经期、孕期、产期、哺乳期保护，禁忌劳动、卫生保健、生育保险等特殊利益。

第四十四条 女职工委员会定期研究

涉及女职工特殊权益问题，向企业工会委员会和上级女职工委员会报告工作，重要问题应提交企业职工代表大会或职工大会审议。

第四十五条　企业工会应为女职工委员会开展工作与活动提供必要的经费。

第七章　工会经费和资产

第四十六条　督促企业依法按每月全部职工工资总额的百分之二向工会拨缴经费、提供工会办公和开展活动的必要设施和场所等物质条件。

第四十七条　工会依法设立独立银行账户，自主管理和使用工会经费、会费。工会经费、会费主要用于为职工服务和工会活动。

第四十八条　督促企业按国家有关规定支付工会会同企业开展的职工教育培训、劳动保护、劳动竞赛、技术创新、职工疗休养、困难职工补助、企业文化建设等工作所需费用。

第四十九条　工会经费审查委员会代表会员群众对工会经费收支和财产管理进行审查监督。

建立经费预算、决算和经费审查监督制度，经费收支情况接受同级工会经费审查委员会审查，接受上级工会审计，并定期向会员大会或会员代表大会报告。

第五十条　企业工会经费、财产和企业拨给工会使用的不动产受法律保护，任何单位和个人不得侵占、挪用和任意调拨。

企业工会组织合并，其经费财产归合并后的工会所有；工会组织撤销或解散，其经费财产由上级工会处置。

第八章　工会与企业党组织、行政和上级工会

第五十一条　企业工会接受同级党组织和上级工会双重领导，以同级党组织领导为主。未建立党组织的企业，其工会由上一级工会领导。

第五十二条　企业工会与企业行政具有平等的法律地位，相互尊重、相互支持、平等合作，共谋企业发展。

企业工会与企业可以通过联席会、民主议事会、民主协商会、劳资恳谈会等形式，建立协商沟通制度。

第五十三条　企业工会支持企业依法行使经营管理权，动员和组织职工完成生产经营任务。

督促企业按照有关规定，按职工工资总额的百分之一点五至百分之二点五、百分之一分别提取职工教育培训费用和劳动竞赛奖励经费，并严格管理和使用。

第五十四条　企业行政应依法支持工会履行职责，为工会开展工作创造必要条件。

第五十五条　上级工会负有对企业工会指导和服务的职责，为企业工会开展工作提供法律、政策、信息、培训和会员优惠等方面的服务，帮助企业工会协调解决工作中的困难和问题。

企业工会在履行职责遇到困难时，可请上级工会代行企业工会维权职责。

第五十六条　县以上地方工会设立保护工会干部专项经费，为维护企业工会干部合法权益提供保障。经费来源从本级工会经费中列支，也可以通过其它渠道多方

筹集。

建立上级工会保护企业工会干部责任制。对因履行职责受到打击报复或不公正待遇以及有特殊困难的企业工会干部，上级工会应提供保护和帮助。

上级工会与企业工会、企业行政协商，可对企业工会兼职干部给予适当补贴。

第五十七条 上级工会应建立对企业工会干部的考核、激励机制，对依法履行职责作出突出贡献的工会干部给予表彰奖励。

工会主席、副主席不履行职责，上级工会应责令其改正；情节严重的可以提出罢免的建议，按照有关规定予以罢免。

第九章 附 则

第五十八条 本条例适用于中华人民共和国境内所有企业和实行企业化管理的事业单位工会。

第五十九条 本条例由中华全国总工会解释。

第六十条 本条例自公布之日起施行。

事业单位工会工作条例

（2018年9月4日 总工发〔2018〕26号）

第一章 总 则

第一条 为深入推进新时代事业单位工会工作改革创新，充分发挥事业单位工会作用，促进事业单位改革发展，根据《中华人民共和国工会法》《中国工会章程》，制定本条例。

第二条 本条例所指事业单位工会是指国家为了社会公益目的，由国家机关举办或者其他社会组织利用国有资产举办的，从事教育、科技、文化、卫生、体育等活动的社会服务组织中依法建立的工会组织。

第三条 事业单位工会以马克思列宁主义、毛泽东思想、邓小平理论、"三个代表"重要思想、科学发展观、习近平新时代中国特色社会主义思想为指导，坚持正确政治方向，坚持围绕中心、服务大局，牢牢把握为实现中华民族伟大复兴的中国梦而奋斗的工人运动时代主题，坚定不移走中国特色社会主义工会发展道路，推进事业单位工会制度化、规范化建设，加强维权服务，积极创新实践，强化责任担当，团结动员事业单位职工群众为全面建成小康社会、夺取新时代中国特色社会主义伟大胜利、实现中华民族伟大复兴的中国梦作出积极贡献。

第四条 事业单位工会接受同级党组织和上级工会双重领导，以同级党组织领导为主。对不在事业单位所在地的直属单位工会，实行属地管理原则。

第五条 事业单位工会工作应遵循把握以下原则：坚持党的领导，贯彻落实党的全心全意依靠工人阶级的根本指导方针，始终保持正确的政治方向；坚持以职工为本，保持和增强政治性、先进性、群众性，发挥联系职工桥梁纽带作用；坚持依法依规，做到依法建会、依法管会、依法履职、依法维权；坚持改革创新，适应形势任务要求，积极探索实践，不断加强自身建设，把工会组织建设得更加充满活力、更加坚强有力，努力增强吸引力凝聚力战斗力。

第二章　组织建设

第六条　事业单位应当依法建立工会组织，组织职工加入工会。

会员二十五人以上的事业单位建立工会委员会；不足二十五人的可以单独建立工会委员会，也可以由两个以上事业单位的会员联合建立工会基层委员会，也可以选举组织员或者工会主席一人，主持工会工作。同时按有关规定建立工会经费审查委员会、工会女职工委员会。

第七条　会员人数较多的事业单位工会组织，可以根据需要设立专门工作委员会，承担工会委员会的有关工作。

事业单位内设机构，可以建立工会分会或工会小组。

第八条　事业单位工会具备法人条件的，依法取得社团法人资格，工会主席为法定代表人。

第九条　事业单位工会受法律保护，不得随意撤销、合并或归属其他部门。

事业单位被撤销，其工会组织相应撤销，并报告上一级工会，已取得社团法人资格的，办理社团法人注销手续。

事业单位改革改制，应同时建立健全工会组织和相应机构。

第十条　会员大会或会员代表大会每年至少召开一次会议。经事业单位工会委员会或三分之一以上会员提议，可临时召开会议。

第十一条　会员代表大会的代表实行常任制，任期与本单位工会委员会相同。

第十二条　会员在一百人以下的事业单位工会应召开会员大会。

第十三条　会员大会或会员代表大会的职权：

（一）审议和批准工会委员会的工作报告；

（二）审议和批准工会委员会的经费收支情况报告和经费审查委员会的工作报告；

（三）选举工会委员会和经费审查委员会；

（四）撤换或罢免其所选举的代表或工会委员会组成人员；

（五）讨论决定工会工作其他重大问题；

（六）公开工会内部事务；

（七）民主评议和监督工会工作及工会负责人。

第十四条　会员代表大会或会员大会与职工代表大会（或职工大会，下同）须分别行使职权，不得相互替代。

第十五条　大型事业单位工会委员会，根据工作需要，经上级工会批准，可设立常务委员会，负责工会委员会的日常工作，其下属单位可建立工会委员会。

事业单位工会委员会委员和常务委员会委员应差额选举产生，可以直接采用候选人数多于应选人数的差额选举办法进行正式选举，也可以先采用差额选举办法进行预选产生候选人名单，然后进行正式选举。委员会委员和常务委员会委员的差额率分别不低于5%和10%。选举结果报上一级工会批准。

第十六条　事业单位工会委员会是会

员大会或会员代表大会的常设机构,对会员大会或会员代表大会负责,接受会员监督。在会员大会或会员代表大会闭会期间,负责日常工作。

第十七条 事业单位工会委员会和经费审查委员会每届任期三年至五年,具体任期由会员大会或者会员代表大会决定。任期届满,应当如期召开会员大会或者会员代表大会,进行换届选举。特殊情况下,经上一级工会批准,可以提前或者延期举行,延期时间一般不超过半年。

第十八条 工会委员会实行民主集中制,重要人事事项、大额财务支出、资产处置、评先评优等重大问题、重要事项须经集体讨论作出决定。

第十九条 工会委员会(常委会)一般每季度召开一次会议,讨论或决定下列事项:

(一)贯彻党组织、上级工会有关决定和工作部署,执行会员大会或会员代表大会决议;

(二)向党组织、上级工会提交的重要请示、报告,向会员大会或会员代表大会提交的工作报告;

(三)工会工作计划和总结;

(四)向行政提出涉及单位发展、有关维护服务职工重大问题的建议;

(五)工会经费预算执行情况及重大财务支出;

(六)由工会委员会讨论和决定的其他事项。

第三章 职责任务

第二十条 事业单位工会的职责任务:

(一)坚持用习近平新时代中国特色社会主义思想武装头脑,认真学习贯彻党的基本理论、基本路线、基本方略,教育引导职工树立共产主义远大理想和中国特色社会主义共同理想,团结引导职工群众听党话、跟党走。

(二)培育和践行社会主义核心价值观,加强和改进职工思想政治工作,开展理想信念教育,实施道德建设工程,培养职工的社会公德、职业道德、家庭美德、个人品德,深化群众性精神文明创建活动,提高职工的思想觉悟、道德水准、文明素养。

(三)弘扬劳模精神、劳动精神、工匠精神,营造劳动光荣的社会风尚和精益求精的敬业风气,深入开展劳动和技能竞赛,开展群众性技术创新、技能培训等活动,提升职工技能技术素质,建设知识型、技能型、创新型职工队伍。

(四)加强职工文化建设,注重人文关怀和心理疏导,开展主题文化体育活动,丰富职工精神文化生活。

(五)加强以职工代表大会为基本形式的民主管理工作,深入推进事业单位内部事务公开,落实职工的知情权、参与权、表达权、监督权。

(六)做好职工维权工作,开展集体协商,构建和谐劳动人事关系,协调处理劳动人事争议,推动解决劳动就业、技能培训、工资报酬、安全健康、社会保障以及职业发展、民主权益、精神文化需求等问题。

(七)做好服务职工工作,倾听职工意见,反映职工诉求,协助党政办好职工集体福利事业,开展困难职工帮扶,组织职工参加疗养、休养及健康体检，为职工办实事、做好事、解难事。

（八）加强工会组织建设，建立健全工会内部运行和开展工作的各项制度，做好会员的发展、接转、教育和会籍管理工作，加强对专（兼）职工会干部和工会积极分子的培养，深入开展"职工之家"和"职工小家"创建活动。

（九）收好、管好、用好工会经费，管理使用好工会资产，加强工会经费和工会资产审查审计监督工作。

第四章　工 作 制 度

第二十一条　职工代表大会是事业单位实行民主管理的基本形式，是职工行使民主管理权力的机构。

事业单位职工代表大会每三年至五年为一届，每年至少召开一次。召开职工代表大会正式会议，必须有全体职工代表三分之二以上出席。

事业单位工会是职工代表大会工作机构，负责职工代表大会的日常工作。

事业单位工会承担以下与职工代表大会相关的工作职责：

（一）做好职工代表大会的筹备工作和会务工作，组织选举职工代表大会代表，征集和整理提案，提出会议议题、方案和主席团建议人选；

（二）职工代表大会闭会期间，组织传达贯彻会议精神，督促检查会议决议的落实；

（三）组织职工代表的培训，接受和处理职工代表的建议和申诉；

（四）就本单位民主管理工作向单位党组织汇报；

（五）完成职工代表大会委托的其他任务。

事业单位应当为本单位工会承担职工代表大会工作机构的职责提供必要的工作条件和经费保障。

第二十二条　事业单位的党政工联席会议，研究和解决事关职工切身利益的重要问题，由本单位工会召集。

第二十三条　建立和规范事务公开制度，协助党政做好事务公开工作，明确公开内容，拓展公开形式，并做好民主监督。

第二十四条　畅通职工表达合理诉求渠道，通过协商、协调、沟通的办法，化解劳动人事矛盾，构建和谐劳动人事关系。

第二十五条　建立健全劳动人事关系调解机制，协商解决涉及职工切身利益的问题。建立和完善科学有效的利益协调机制、诉求表达机制、权益保障机制。建立劳动人事关系争议预警机制，做好劳动人事关系争议预测、预报、预防工作。事业单位工会应当积极同有关方面协商，表达职工诉求，提出解决的意见建议。

第五章　自 身 建 设

第二十六条　事业单位依法依规设置工会工作机构，明确主要职责、机构规格、领导职数和编制数额。

第二十七条　事业单位工会主席应以专职为主，兼职为辅。职工两百人以上的事业单位，设专职工会主席。工会专职工作人员的具体人数由事业单位工会与单位行政协商确定。根据工作需要和经费许可，事业单位工会可从社会聘用工会工作人员，建立专兼职相结合的干部队伍。

事业单位工会主席、副主席和委员实行任期制，可以连选连任。

工会主席、副主席因工作需要调动时，应当征得本级工会委员会和上一级工会的同意。

工会主席、副主席空缺时，应当及时补选，空缺期限一般不超过半年。

第二十八条 突出政治标准，选优配强事业单位工会领导班子和干部队伍，牢固树立政治意识、大局意识、核心意识、看齐意识，坚定道路自信、理论自信、制度自信、文化自信，坚决维护党中央权威和集中统一领导。按照既要政治过硬、又要本领高强的要求，建设忠诚干净担当的高素质事业单位工会干部队伍，注重培养专业能力、专业精神，提高做好群众工作本领。

第六章 工会经费和资产

第二十九条 具备社团法人资格的事业单位工会应当独立设立经费账户。工会经费支出实行工会法定代表人签批制度。

事业单位工会经费主要用于为职工服务和工会活动。

第三十条 工会会员按规定标准和程序缴纳会费。

建立工会组织的事业单位，按每月全部职工工资总额的百分之二向事业单位工会拨缴工会经费；由财政统一划拨经费的，工会经费列入同级财政预算，按财政统一划拨方式执行。

事业单位工会因工作需要，可以依据《中华人民共和国工会法》等有关规定，向单位行政申请经费补助。

上级工会有权对下级工会所在事业单位拨缴工会经费情况进行监督检查。对无正当理由拖延或者拒不拨缴工会经费的单位，依据《中华人民共和国工会法》等有关规定处理。

事业单位工会应当按照有关规定收缴、上解工会经费，依法独立管理和使用工会经费。任何组织和个人不得截留、挪用、侵占工会经费。

第三十一条 事业单位工会应当根据经费独立原则建立预算、决算和经费审查审计制度，坚持遵纪守法、经费独立、预算管理、服务职工、勤俭节约、民主管理的原则。事业单位工会应当建立健全财务制度，完善经费使用流程和程序，各项收支实行工会委员会集体领导下的主席负责制，重大收支必须集体研究决定。

事业单位工会应根据国家和全国总工会的有关政策规定以及上级工会的要求，依法、科学、完整、合理地编制工会经费年度预（决）算，按程序报上一级工会批准，严禁无预算、超预算使用工会经费。

第三十二条 各级人民政府和事业单位应当依法为事业单位工会办公和开展活动提供必要的设施和活动场所等物质条件。

工会经费、资产和国家拨给工会的不动产及拨付资金形成的资产，任何单位和个人不得侵占、挪用和任意调拨。

第七章 工会经费审查审计

第三十三条 会员大会或者会员代表大会在选举事业单位工会委员会的同时，选举产生经费审查委员会，会员人数较少的，可以选举经费审查委员一人。

经费审查委员会主任、副主任由经费审查委员会全体会议选举产生。经费审查委员会主任按同级工会副职级配备。

经费审查委员会或者经费审查委员的选举结果，与事业单位工会委员会的选举结果同时报上一级工会批准。

第三十四条 事业单位工会经费审查委员会的任期与事业单位工会委员会相同，向同级会员大会或者会员代表大会负责并报告工作；在会员大会或者会员代表大会闭会期间，向同级工会委员会负责并报告工作；事业单位工会经费审查委员会应当接受上级工会经费审查委员会的业务指导和督促检查。

第三十五条 事业单位工会经费审查委员会审查审计同级工会组织的经费收支、资产管理等全部经济活动，定期向会员大会或者会员代表大会报告，并采取一定方式公开，接受会员监督。

经费审查委员会对审查审计工作中的重大事项，有权向同级工会委员会和上一级经费审查委员会报告。

工会主席任期届满或者任期内离任的，应当按照规定对其进行经济责任审计。

第八章 女职工工作

第三十六条 事业单位工会有女会员十人以上的建立工会女职工委员会，不足十人的设女职工委员。

女职工委员会与工会委员会同时建立，在同级工会委员会领导下开展工作，接受上级工会女职工委员会指导，任期与同级工会委员会相同。女职工委员会委员由同级工会委员会提名，在充分协商的基础上组成或者选举产生。

女职工委员会主任由事业单位工会女主席或者女副主席担任，也可以经民主协商，按照同级工会副主席相应条件选配女职工委员会主任。

第三十七条 女职工委员会的基本任务是：依法维护女职工的合法权益和特殊利益；组织实施女职工提升素质建功立业工程，全面提高女职工的思想道德、科学文化和业务技能素质；开展家庭文明建设工作；关注女职工身心健康，做好关爱帮困工作；加强工会女职工工作的理论政策研究；关心女职工成长进步，积极发现、培养、推荐女性人才。

第三十八条 女职工委员会定期研究涉及女职工的有关问题，向同级工会委员会和上级工会女职工委员会报告工作，重要问题应提交职工代表大会审议。

事业单位工会应为女职工委员会开展工作与活动提供必要的场地和经费。

第九章 附 则

第三十九条 民办非企业单位（社会服务机构）工会参照本条例执行。

第四十条 参照公务员法管理的事业单位工会和承担行政职能的事业单位工会，依照《机关工会工作暂行条例》执行。

从事生产经营活动的事业单位工会，依照《企业工会工作条例》执行。

第四十一条 各省、自治区、直辖市总工会可依据本条例，制定具体实施办法。

第四十二条　本条例由中华全国总工会负责解释。

第四十三条　本条例自公布之日起施行。

机关工会工作暂行条例

（2015年6月26日　总工发〔2015〕27号）

第一章　总　　则

第一条　为加强机关工会工作制度化、规范化建设，充分发挥机关工会作用，根据《中华人民共和国工会法》和《中国工会章程》，制定本条例。

第二条　机关工会是指党的机关、人大机关、行政机关、政协机关、审判机关、检察机关，各民主党派和工商联的机关，以及使用国家行政编制的人民团体和群众团体机关等依法建立的工会组织。

第三条　机关工会必须坚持党的领导，在同级机关党组织领导下，依照法律和《中国工会章程》独立自主地开展工作，依法行使权利和履行义务。

第四条　机关工会以马克思列宁主义、毛泽东思想、邓小平理论、"三个代表"重要思想、科学发展观为指导，深入贯彻习近平总书记系列重要讲话精神，坚持正确政治方向，在思想上、政治上、行动上同党中央保持一致，坚定不移走中国特色社会主义工会发展道路，认真履行工会各项社会职能，团结动员机关职工为完成机关各项任务作贡献，在全面建成小康社会、实现中华民族伟大复兴的中国梦的历史进程中充分发挥作用。

第五条　机关工会坚持以改革创新精神加强自身建设，坚持群众化、民主化、制度化，改进工作作风，保持同职工的密切联系，依靠职工开展工作，把机关工会组织建设成职工群众信赖的"职工之家"，把工会干部锤炼成听党话、跟党走、职工群众信赖的"娘家人"。

第二章　组织建设

第六条　机关单位应当依法建立工会组织。有会员二十五人以上的，应当建立机关工会委员会；不足二十五人的，可以单独建立机关工会委员会，也可以由两个以上单位的会员联合建立机关工会委员会，也可以选举工会主席一人，主持工会工作。

机关内设部门及机构，可以建立机关工会分会或者工会小组。

会员人数较多的工会组织，可以根据需要设立相应的专门工作委员会，承担工会委员会的有关工作。

第七条　机关工会组织按照民主集中制原则建立。工会委员会由会员大会或者会员代表大会民主选举产生，选举结果报上一级工会批准。

机关工会接受同级机关党组织和上级工会双重领导，以同级机关党组织领导为主。

第八条　机关工会委员会每届任期三至五年，具体任期由会员大会或者会员代表大会决定。

机关工会委员会应当按期换届。因故提前或者延期换届的，应当报上一级工会批准。任期届满未换届的，上级工会有权督促其限期进行换届。

第九条 机关工会委员会具备条件的，应当依法申请取得工会法人资格，工会主席或者主持工作的副主席为法定代表人。

第十条 各省、自治区、直辖市，设区的市（地）和自治州（盟），县（区、旗）、自治县、不设区的市所属机关，经同级地方工会或者其派出机关批准，成立机关工会委员会或者联合机关工会委员会。

各省、自治区、直辖市，设区的市（地）和自治州（盟），县（区、旗）、自治县、不设区的市，经同级地方工会批准，可以成立地方机关工会联合会，也可以设立地方机关工会工作委员会，领导本级各机关工会委员会或者联合机关工会委员会。

地方机关工会联合会或者地方机关工会工作委员会以同级地方直属机关党的工作委员会领导为主，同时接受地方工会的领导。

第十一条 中央直属机关工会联合会、中央国家机关工会联合会的建立，由中华全国总工会批准。中央直属机关工会联合会、中央国家机关工会联合会以中央直属机关工作委员会、中央国家机关工作委员会领导为主，同时接受中华全国总工会的领导。

中央和国家机关各部委、各人民团体机关，经中央直属机关工会联合会或者中央国家机关工会联合会批准，成立机关工会委员会。

第三章 工作职责

第十二条 机关工会的职责是：

（一）加强对职工进行中国特色社会主义理论体系教育，深入开展党的基本理论、基本路线、基本纲领、基本经验、基本要求教育，培育和践行社会主义核心价值观，不断提高机关职工政治理论、思想道德、科学文化和业务素质水平。

（二）动员组织职工围绕机关中心工作，开展创先争优活动，做好先进工作者的评选、表彰、培养、管理和服务工作。

（三）加强和改进职工思想政治工作，注重人文关怀和心理疏导，开展群众性精神文明创建、文化体育活动，丰富职工精神文化生活，推动机关文化建设。

（四）配合党政机关贯彻落实《中华人民共和国公务员法》等法律法规，维护机关职工合法权益，协助党政机关解决涉及职工切身利益的问题。做好困难职工帮扶工作，组织职工参加疗养、休养及健康体检，努力为职工办实事、做好事、解难事，促进和谐机关建设。

（五）加强调查研究，反映机关职工意见和建议，参与机关内部事务民主管理、民主监督，促进机关内部事务公开，保障职工的知情权、参与权、表达权、监督权，推进机关廉政建设。

（六）加强工会组织建设，健全工会民主制度，做好会员的发展、接收、教育和会籍管理工作，加强对专（兼）职工会干部和工会积极分子的培养，深入开展建设职工之家活动。

（七）依法收好、管好、用好工会经费，管理好工会资产。

第四章 组 织 制 度

第十三条 机关工会每年至少召开一次会员大会或者会员代表大会。经机关工会委员会或者三分之一以上会员提议，可以临时召开会议。会员在一百人以下的应当召开会员大会。

会员大会和会员代表大会的主要任务是：传达党组织、上级工会的重要指示精神；审议和批准工会委员会工作报告；审议和批准工会委员会的经费收支情况报告和经费审查委员会的工作报告；选举工会委员会、经费审查委员会；讨论决定工会工作的重大问题；公开工会内部事务；民主评议监督工会工作和工会领导人。

会员代表大会代表实行常任制，任期与工会委员会相同。

第十四条 机关工会委员会主持会员大会或者会员代表大会的日常工作，向会员大会或者会员代表大会负责并报告工作，接受会员监督。

第十五条 机关工会委员会的主要任务是：负责贯彻党组织和上级工会工作部署、会员大会或者会员代表大会决议；向党组织和上级工会请示报告有关召开会员大会或者会员代表大会的重要事宜；研究制定工会工作计划和重大活动方案，提出工作报告；编制和执行工会经费预算，编报工会经费决算，审批重大支出项目；讨论和决定其他重要事项。

第十六条 机关工会委员会向同级机关党组织请示汇报以下事项：贯彻上级党组织对工会工作重要指示和上级工会重要工作部署的意见；召开会员大会或者会员代表大会的方案、工会工作报告、工作安排、重要活动及主要领导成员的推荐人选；涉及职工切身利益的重大问题及思想工作和生活情况；推荐表彰先进等事项。

第五章 干 部 队 伍

第十七条 机关工会应当根据职工人数相应配备专（兼）职工会干部。职工人数较多的，可以配备专职工会主席。

第十八条 机关工会设专职主席的，一般按同级机关党组织副职领导干部配备；设专职副主席的，一般按相应职级的干部配备。机关工会主席是党员的，应当具备提名作为同级机关党组织常委、委员候选人的条件。

第十九条 机关工会主席、副主席和委员实行任期制，可以连选连任。

工会主席、副主席因工作需要调动时，应当征得本级工会委员会和上一级工会的同意。

工会主席、副主席缺额时，应当及时补选，空缺时间不超过半年。

第六章 工会经费和资产

第二十条 工会会员按规定标准按月缴纳会费。

建立工会组织的机关，按每月全部职工工资总额的百分之二向机关工会拨缴工会经费；由财政统一划拨经费的，工会经费列入同级财政预算，按财政统一划拨方式执行。

机关工会可以按照《中华人民共和国工会法》有关规定，向机关单位申请经费补助，以弥补工会经费不足。

上级工会有权对下级工会所在机关拨缴工会经费情况进行监督检查。对无正当理由拖延或者拒不拨缴工会经费的单位，依据《中华人民共和国工会法》相关规定处理。

第二十一条　具备社团法人资格的机关工会可以设立独立经费账户。费用支出实行工会主席签批制度。

工会经费主要用于为职工服务和工会活动。

机关工会应当按照有关规定收缴、上解工会经费，依法独立管理和使用工会经费。任何组织和个人不得截留、挪用、侵占工会经费。

第二十二条　机关工会应当根据经费独立原则建立预算、决算和经费审查制度，坚持量入为出、厉行节约、收支平衡的原则。

工会经费的收支情况应当由同级工会经费审查委员会审查，并定期向会员大会或者会员代表大会报告，采取一定方式公开，接受会员监督。工会经费的审查工作按照有关法律、规定和工会经费审查制度进行。

工会主席任期届满或者任期内离任的，应当按照规定进行经济责任审计。

第二十三条　各级人民政府和机关单位应当依法为工会办公和开展活动提供必要的设施和活动场所等物质条件。

工会经费、资产和国家拨给工会的不动产及拨付资金形成的资产，任何单位和个人不得侵占、挪用和任意调拨；未经批准，工会所属的为职工服务的企业、事业单位，其隶属关系和产权关系不得改变。

第七章　工会经费审查审计

第二十四条　会员大会或者会员代表大会在选举机关工会委员会的同时，选举产生经费审查委员会，会员人数较少的，可以选举经费审查委员一人。

经费审查委员会主任、副主任由经费审查委员会全体会议选举产生。经费审查委员会主任按同级工会副职级配备。

经费审查委员会或者经费审查委员的选举结果，与机关工会委员会的选举结果同时报上一级工会批准。

第二十五条　机关工会经费审查委员会的任期与机关工会委员会相同，向同级会员大会或者会员代表大会负责并报告工作；在会员大会或者会员代表大会闭会期间，向同级工会委员会负责并报告工作。

第二十六条　机关工会经费审查委员会审查审计同级工会组织的经费收支、资产管理等全部经济活动。

经费审查委员会对审查审计工作中的重大事项，有权向同级工会委员会和上一级经费审查委员会报告。

机关工会经费审查委员会应当接受上级工会经费审查委员会的业务指导和督促检查。

第八章　女职工工作

第二十七条　机关工会有女会员十人

以上的建立女职工委员会，不足十人的设女职工委员。

女职工委员会由同级机关工会委员会提名，在充分协商的基础上组成或者选举产生，女职工委员会与工会委员会同时建立，在同级工会委员会领导下开展工作，接受上级工会女职工委员会指导，任期与同级工会委员会相同。

女职工委员会主任由机关工会女主席或者女副主席担任，也可以经民主协商，按照同级工会副主席相应条件配备女职工委员会主任。

第二十八条　机关工会女职工委员会的任务是：依法维护女职工的合法权益和特殊利益；组织开展女职工岗位建功活动；开展教育培训，全面提高女职工的思想道德、科学文化、业务技能和健康素质；关心女职工成长进步，积极发现、培养、推荐女性人才。

第二十九条　机关工会女职工委员会定期研究涉及女职工的有关问题，向机关工会委员会和上级工会女职工委员会报告工作。

机关工会应当支持女职工委员会根据女职工的特点开展工作，并提供必要的活动场地和经费。

第三十条　机关工会女职工委员会通过县以上地方工会接受妇联的业务指导。

第九章　附　　则

第三十一条　参照《中华人民共和国公务员法》管理的事业单位，适用本条例。

机关直属企业和实行企业化管理的事业单位工会，依照《企业工会工作条例》执行。

第三十二条　各省、自治区、直辖市总工会，中央直属机关工会联合会、中央国家机关工会联合会可以依据本条例，制定具体实施办法。

第三十三条　本条例由中华全国总工会负责解释。

第三十四条　本条例自公布之日起施行。

基层工会法人登记管理办法

（2020年12月8日　总工办发〔2020〕20号）

第一章　总　　则

第一条　为规范基层工会法人登记管理工作，依法确立基层工会民事主体地位，根据《中华人民共和国民法典》、《中华人民共和国工会法》及《中国工会章程》等有关规定，制定本办法。

第二条　我国境内的企业、事业单位、机关和其他社会组织等基层单位单独或联合建立的工会组织，区域性、行业性工会联合会，开发区（工业园区）工会，乡镇（街道）工会，村（社区）工会等工会组织（以下简称基层工会）申请取得、变更、注销法人资格，适用本办法。

第三条　基层工会按照本办法规定经审查登记，领取赋有统一社会信用代码的《工会法人资格证书》，取得法人资格，依法独立享有民事权利，承担民事义务。

第四条　各级工会应当依照规定的权

限、范围、条件和程序，遵循依法依规、公开公正、便捷高效、科学管理的原则，做好基层工会法人登记管理工作。

第五条 省、自治区、直辖市总工会，设区的市和自治州总工会，县（旗）、自治县、不设区的市总工会（以下简称县以上各级地方总工会）应当为工会法人登记管理工作提供必要保障，所需费用从本级工会经费列支。具备条件的，可以专人负责工会法人登记管理工作。

开展工会法人登记管理工作，不得向基层工会收取费用。

第二章 登记管理机关

第六条 中华全国总工会和县以上各级地方总工会为基层工会法人登记管理机关。

登记管理机关相关部门之间应加强沟通，信息共享，协调配合做好工会法人登记管理工作。

第七条 基层工会法人登记按照属地原则，根据工会组织关系、经费收缴关系，实行分级管理：

（一）基层工会组织关系隶属于地方工会的，或与地方工会建立经费收缴关系的，由基层工会组织关系隶属地或经费关系隶属地相应的省级、市级或县级地方总工会负责登记管理；

（二）基层工会组织关系隶属于铁路、金融、民航等产业工会的，由其所在地省级总工会登记管理或授权市级总工会登记管理；

（三）中央和国家机关工会联合会所属各基层工会、在京的中央企业（集团）工会由中华全国总工会授权北京市总工会登记管理；京外中央企业（集团）工会由其所在地省级总工会登记管理或授权市级总工会登记管理。

登记管理机关之间因登记管理权限划分发生争议，由争议双方协商解决；协商解决不了的，由双方共同的上级工会研究确定。

第八条 登记管理机关应当制备工会法人登记专用章，专门用于基层工会法人登记工作，其规格和式样由中华全国总工会制定。

第九条 登记管理机关应当建立法人登记档案管理制度。

中华全国总工会建立统一的全国工会法人登记管理系统，登记管理机关实行网络化登记管理。

第三章 申请登记

第十条 基层工会申请法人资格登记，应当具备以下条件：

（一）依照《中华人民共和国工会法》和《中国工会章程》的规定成立；

（二）有自己的名称、组织机构和住所；

（三）工会经费来源有保障。

基层工会取得法人资格，不以所在单位是否具备法人资格为前提条件。

第十一条 凡具备本办法规定条件的基层工会，应当于成立之日起六十日内，向登记管理机关申请工会法人资格登记。

第十二条 基层工会申请工会法人资格登记，应当向登记管理机关提交下列材料：

（一）工会法人资格登记申请表；

（二）上级工会的正式批复文件；

（三）其他需要提交的证明、文件。

第十三条　登记管理机关自受理登记申请之日起十五日内完成对有关申请文件的审查。审查合格的，颁发《工会法人资格证书》，赋予统一社会信用代码；申请文件不齐备的，应及时通知基层工会补充相关文件，申请时间从文件齐备时起算；审查不合格，决定不予登记的，应当书面说明不予登记的理由。

第十四条　《工会法人资格证书》应标注工会法人统一社会信用代码和证书编码。

工会法人统一社会信用代码按照统一社会信用代码编码规则编定。其中第一位为登记管理部门代码，以数字"8"标识；第二位为组织机构类别代码，以数字"1"或"9"标识，为基层工会赋码时选用"1"，为其他类别工会赋码时选用"9"。

第十五条　基层工会登记工会法人名称，应当为上一级工会批准的工会组织的全称。一般由所在单位成立时登记的名称（区域性、行业性工会联合会应冠以区域、行业名称），缀以"工会委员会"、"联合工会委员会"、"工会联合会"等组成。

基层工会的名称具有唯一性，其他基层工会申请取得法人资格时不得重复使用。

第十六条　基层工会具备法人条件的，依法取得法人资格，工会主席为法定代表人。

第十七条　因合并、分立而新设立的基层工会，应当重新申请工会法人资格登记。

第四章　变更登记

第十八条　取得工会法人资格的基层工会变更名称、住所、法定代表人等事项的，应当自变更之日起三十日内，向登记管理机关申请变更登记，并提交工会法人变更登记申请表和相关文件。

登记管理机关自受理变更登记申请之日起十五日内，换发《工会法人资格证书》，收回原证书。

第十九条　基层工会法人跨原登记管理机关辖区变更组织关系、经费收缴关系或住所的，由原登记管理机关办理登记管理权限变更手续，并按本办法确立的原则，将该基层工会法人登记管理关系转移到变更后的登记管理机关。

第二十条　取得工会法人资格的基层工会，合并、分立后存续，但原登记事项发生变化的，应当申请变更登记。

第二十一条　未经变更登记，任何组织和个人不得擅自改变工会法人资格登记事项。

第五章　注销登记

第二十二条　取得工会法人资格的基层工会经会员大会或会员代表大会通过并报上一级工会批准撤销的，或因所在单位终止、撤销等原因相应撤销的，应当自撤销之日起三十日内，向登记管理机关申请注销登记，并提交工会法人注销登记申请表、上级工会同意撤销的文件或向上级工会备案撤销的文件，以及该基层工会经费、资产清理及债权债务完结的证明等材料。

登记管理机关自受理注销登记申请之日起十五日内完成审查登记，收回《工会法人资格证书》。

第二十三条　取得工会法人资格的基层工会，因合并、分立而解散的，应当申请注销登记。

第六章　信息公告和证书管理

第二十四条　基层工会取得、变更、注销工会法人资格的，登记管理机关应当依法及时在报刊或网络上发布有关信息。

第二十五条　《工会法人资格证书》是基层工会法人资格的唯一合法凭证。未取得《工会法人资格证书》的基层工会，不得以工会法人名义开展活动。

《工会法人资格证书》及相关登记申请表样式由中华全国总工会统一制发。

第二十六条　《工会法人资格证书》的有效期为三年至五年，具体时间与工会的届期相同。

第二十七条　基层工会依法取得《工会法人资格证书》的，应当在证书有效期满前三十日内，向登记管理机关提交《工会法人资格证书》换领申请表和工会法人存续证明材料，经登记管理机关审查合格后换发新证，有效期重新计算。

第二十八条　《工会法人资格证书》不得涂改、抵押、转让和出借。《工会法人资格证书》遗失的，基层工会应当于一个月内在报刊或网络上发布公告，并向登记管理机关提交《工会法人资格证书》补领申请表、遗失公告和说明，申请补发新证。

第七章　监督管理

第二十九条　登记管理机关应当加强对基层工会法人资格登记工作的监督管理，基层工会应当接受并配合登记管理机关的监督管理。

上级工会应当加强对下级工会开展基层工会法人登记管理工作的指导和监督检查。

第三十条　不具备条件的基层工会组织或机构在申请登记时弄虚作假、骗取登记的，由登记管理机关予以撤销登记，收回《工会法人资格证书》和统一社会信用代码。

第三十一条　登记管理机关审查不严，或者滥用职权，造成严重后果的，依法依纪追究有关责任。

第八章　附　　则

第三十二条　地方总工会等机构编制由机构编制部门负责管理的工会组织，由机构编制部门制发统一社会信用代码证书。

第三十三条　各级产业工会委员会申领《工会法人资格证书》，参照本办法执行。

第三十四条　县以上各级地方总工会派出的工会工作委员会、工会办事处等工会派出代表机关，工会会员不足二十五人仅选举组织员或者工会主席一人主持工作的基层工会，可以参照本办法规定申请取得统一社会信用代码证书。

第三十五条　各省、自治区、直辖市

总工会可以根据本办法的规定，制定基层工会法人登记管理的具体实施细则，并报中华全国总工会备案。

第三十六条　本办法由中华全国总工会负责解释。

第三十七条　本办法自2021年1月1日起施行。2008年6月13日中华全国总工会印发的《基层工会法人资格登记办法》同时废止。

附件：

1. 工会法人资格登记申请表（略）
2. 工会法人变更登记申请表（略）
3. 工会法人注销登记申请表（略）
4. 《工会法人资格证书》补（换）领申请表（略）
5. 工会统一社会信用代码申请表（略）
6. 工会法人资格证书样式（略）
7. 工会统一社会信用代码证书样式（略）

工会会员会籍管理办法

（2016年12月12日）

第一章　总　　则

第一条　为规范工会会员会籍管理工作，增强会员意识，保障会员权利，根据《中华人民共和国工会法》和《中国工会章程》等有关规定，制定本办法。

第二条　工会会员会籍是指工会会员资格，是职工履行入会手续后工会组织确认其为工会会员的依据。

第三条　工会会员会籍管理，随劳动（工作）关系流动而变动，会员劳动（工作）关系在哪里，会籍就在哪里，实行一次入会、动态接转。

第二章　会籍取得与管理

第四条　凡在中国境内的企业、事业单位、机关和其他社会组织中，以工资收入为主要生活来源或者与用人单位建立劳动关系的体力劳动者和脑力劳动者，不分民族、种族、性别、职业、宗教信仰、教育程度，承认《中国工会章程》，都可以加入工会为会员。

第五条　职工加入工会，由其本人通过口头或书面形式及通过互联网等渠道提出申请，填写《中华全国总工会入会申请书》和《工会会员登记表》，经基层工会审核批准，即为中华全国总工会会员，发给《中华全国总工会会员证》（以下简称"会员证"），享有会员权利，履行会员义务。工会会员卡（以下简称"会员卡"）也可以作为会员身份凭证。

第六条　尚未建立工会的用人单位职工，按照属地和行业就近原则，可以向上级工会提出入会申请，在上级工会的帮助指导下加入工会。用人单位建立工会后，应及时办理会员会籍接转手续。

第七条　非全日制等形式灵活就业的职工，可以申请加入所在单位工会，也可以申请加入所在地的乡镇（街道）、开发区（工业园区）、村（社区）工会和区域（行业）工会联合会等。会员会籍由上述工会管理。

第八条　农民工输出地工会开展入会

宣传，启发农民工入会意识；输入地工会按照属地管理原则，广泛吸收农民工加入工会。农民工会员变更用人单位时，应及时办理会员会籍接转手续，不需重复入会。

第九条 劳务派遣工可以在劳务派遣单位加入工会，也可以在用工单位加入工会。劳务派遣单位没有建立工会的，劳务派遣工在用工单位加入工会。

在劳务派遣工会员接受派遣期间，劳务派遣单位工会可以与用工单位工会签订委托管理协议，明确双方对会员组织活动、权益维护等方面的责任与义务。

加入劳务派遣单位工会（含委托用工单位管理）的会员，其会籍由劳务派遣单位工会管理。加入用工单位工会的会员会籍由用工单位工会管理。

第十条 基层工会可以通过举行入会仪式、集体发放会员证或会员卡等形式，增强会员意识。

第十一条 基层工会应建立会员档案，实行会员实名制，动态管理会员信息，保障会员信息安全。

第十二条 会员劳动（工作）关系发生变化后，由调出单位工会填写会员证"工会组织关系接转"栏目中有关内容。会员的《工会会员登记表》随个人档案一并移交。会员以会员证或会员卡等证明其工会会员身份，新的用人单位工会应予以接转登记。

第十三条 已经与用人单位解除劳动（工作）关系并实现再就业的会员，其会员会籍应转入新的用人单位工会。如新的用人单位尚未建立工会，其会员会籍原则上应暂时保留在会员居住地工会组织，待所在单位建立工会后，再办理会员会籍接转手续。

第十四条 临时借调到外单位工作的会员，其会籍一般不作变动。如借调时间六个月以上，借调单位已建立工会的，可以将会员关系转到借调单位工会管理。借调期满后，会员关系转回所在单位。会员离开工作岗位进行脱产学习的，如与单位仍有劳动（工作）关系，其会员会籍不作变动。

第十五条 联合基层工会的会员会籍接转工作，由联合基层工会负责。区域（行业）工会联合会的会员会籍接转工作，由会员所在基层工会负责。

第十六条 各级工会分级负责本单位本地区的会员统计工作。农民工会员由输入地工会统计。劳务派遣工会员由劳务派遣单位工会统计，加入用工单位工会的由用工单位工会统计。保留会籍的人员不列入会员统计范围。

第三章 会籍保留与取消

第十七条 会员退休（含提前退休）后，在原单位工会办理保留会籍手续。退休后再返聘参加工作的会员，保留会籍不作变动。

第十八条 内部退养的会员，其会籍暂不作变动，待其按国家有关规定正式办理退休手续后，办理保留会籍手续。

第十九条 会员失业的，由原用人单位办理保留会籍手续。原用人单位关闭或破产的，可将其会籍转至其居住地的乡镇（街道）或村（社区）工会。重新就业后，由其本人及时与新用人单位接转会员会籍。

第二十条　已经加入工会的职工，在其服兵役期间保留会籍。服兵役期满，复员或转业到用人单位并建立劳动关系的，应及时办理会员会籍接转手续。

第二十一条　会员在保留会籍期间免交会费，不再享有选举权、被选举权和表决权。

第二十二条　会员有退会自由。对于要求退会的会员，工会组织应做好思想工作。对经过做思想工作仍要求退会的，由会员所在的基层工会讨论后，宣布其退会并收回其会员证或会员卡。会员没有正当理由连续六个月不交纳会费、不参加工会组织生活，经教育拒不改正，应视为自动退会。

第二十三条　对严重违法犯罪并受到刑事处分的会员，开除会籍。开除会员会籍，须经会员所在工会小组讨论提出意见，由工会基层委员会决定，并报上一级工会备案，同时收回其会员证或会员卡。

第四章　附　　则

第二十四条　本办法由中华全国总工会负责解释。

第二十五条　本办法自印发之日起施行。2000年9月11日印发的《中华全国总工会关于加强工会会员会籍管理有关问题的暂行规定》（总工发〔2000〕18号）同时废止。

企业工会主席合法权益保护暂行办法

（2007年8月20日　总工发〔2007〕32号）

第一章　总　　则

第一条　为坚持主动依法科学维权，保护企业工会主席合法权益，保障其依法履行职责，发挥企业工会促进企业发展、维护职工权益的作用，依据《工会法》、《劳动法》、《劳动合同法》等法律法规，制定本办法。

第二条　中华人民共和国境内各类企业工会专职、兼职主席、副主席（以下简称工会主席）的合法权益保护，适用本办法。

企业化管理的事业单位、民办非企业单位工会主席，区域性行业性工会联合会、联合基层工会主席的合法权益保护，参照本办法执行。

第三条　各级工会要依据国家法律法规和政策，严格按照中国工会章程的规定和组织程序，运用法律、经济等手段，保护企业工会主席的合法权益。

第二章　保护内容与措施

第四条　企业工会主席因依法履行职责，被企业降职降级、停职停薪降薪、扣发工资以及其他福利待遇的，或因被诬陷受到错误处理、调动工作岗位的，或遭受打击报复不能恢复原工作、享受原职级待遇的，或未安排合适工作岗位的，上级工会要会同该企业党组织督促企业撤销处理决定，恢复该工会主席原岗位工作，并补足其所受经济损失。

在企业拒不纠正的情况下，上级工会要向企业的上级党组织报告，通过组织渠道促使问题的解决；或会同企业、行业主管部门、或提请劳动行政部门责令该企业改正。

第五条　企业工会主席因依法履行职责，被企业无正当理由解除或终止劳动合同的，上级工会要督促企业依法继续履行其劳动合同，恢复原岗位工作，补发被解除劳动合同期间应得的报酬，或给予本人年收入二倍的赔偿，并给予解除或终止劳动合同时的经济补偿金。

在企业拒不改正的情况下，上级工会要提请劳动行政部门责令该企业改正，直至支持权益受到侵害的工会主席向人民法院提起诉讼。对于发生劳动争议，工会主席本人申请仲裁或者提起诉讼的，应当为其提供法律援助，支付全部仲裁、诉讼费用。

第六条　企业工会主席因依法履行职责，被故意伤害导致人身伤残、死亡的，上级工会要支持该工会主席或者其亲属、代理人依法追究伤害人的刑事责任和民事责任。

对于被故意伤害导致人身伤残的工会主席，上级工会要视其伤残程度给予一次性补助；对于被故意伤害导致死亡的工会主席，要协助其直系亲属做好善后处理事宜，并给予一次性慰问金。

第七条　企业工会主席因依法履行职责，遭受企业解除或终止劳动合同，本人不愿意继续在该企业工作、导致失业的，上级工会要为其提供就业帮助；需要就业培训的，要为其免费提供职业技能培训。在该工会主席失业期间，上级工会要按照本人原岗位工资收入给予补助，享受期限最多不超过六个月。

第八条　企业非专职工会主席因参加工会会议、学习培训、从事工会工作，被企业扣发或减少工资和其它经济收入的，上级工会要督促企业依法予以足额补发。

第三章　保护机制与责任

第九条　各级工会领导机关要建立保护企业工会主席责任制，逐级承担保护企业工会主席合法权益的职责。企业工会的上一级工会要切实负起责任，保护所属企业工会主席的合法权益。

第十条　县（区）级以上工会领导机关要设立工会干部权益保障金，省级工会50万元、地（市）级工会30万元、县（区）级工会10万元，年末结余滚存下一年度使用。当年使用不足时可以动用滚存结余，仍不足时可追加。本级工会经费有困难时，可向上级工会提出补助申请。

要切实加强工会干部权益保障金的管理，专款专用。各级工会经费审查委员会要加强审查和监督工作。

第十一条　县（区）级以上工会领导机关要建立由组织部门牵头、相关部门参加的工作协调机构，受理下级工会或企业工会主席的维权申请、核实、报批和资料存档等相关事宜。

当工会主席合法权益受到侵害后，工会主席本人或者其所在企业工会组织向上一级工会提出书面保护申请及相关证明材料；上一级工会要及时做好调查核实工作，采取相应保护措施。需要支付保障金的，要按照隶属关系向县（区）级地方工会提出申请。县（区）级以上地方工会应依据实际情况，及时向合法权益受到侵害的工会主席支付权益保障金。

第四章 附 则

第十二条 全国铁路、金融、民航工会适用本办法。

第十三条 本办法由中华全国总工会解释。

第十四条 本办法自公布之日起施行。

中华全国总工会关于加强和规范区域性、行业性工会联合会建设的意见

（2020年1月15日）

为进一步加强和规范区域性、行业性工会联合会建设，充分发挥区域性、行业性工会联合会作用，深入推进新时代工会工作创新发展，根据《工会法》及《中国工会章程》等有关规定，结合工会基层组织建设实际，提出如下意见。

一、加强和规范区域性、行业性工会联合会建设的重要意义和总体要求

（一）区域性、行业性工会联合会是基层工会的一种组织形式，是由若干个单位在各自成立基层工会组织（基层工会委员会、联合基层工会委员会或基层工会联合会）的基础上，在一定的区域或行业范围内，按照联合制、代表制原则建立的区域性、行业性的基层工会的联合体。

（二）区域性、行业性工会联合会是近年来各级工会在扩大组织覆盖、扩大工作覆盖探索实践中形成的一种有效形式。实践证明，加强区域性、行业性工会联合会建设，对于基层工会组织围绕中心服务大局、促进区域、行业经济持续健康发展，参与基层社会治理、积极发挥作用，加强维权服务、构建和谐劳动关系，树立以职工为中心的工作导向、夯实工会基层基础，确保职工队伍和工会组织团结统一具有重要意义。

（三）加强和规范区域性、行业性工会联合会建设，要深入学习贯彻习近平总书记关于工人阶级和工会工作的重要论述特别是关于加强工会基层组织建设的重要指示精神，聚焦保持和增强政治性、先进性、群众性，坚持正确政治方向，在党组织领导、政府支持下，通过党建带工建等机制方法有序有力推进；坚持依法依规，做到依法建会、依法管会、依法履职、依法维权，健全完善制度，严格落实制度；坚持产业和地方相结合的工会组织领导原则，着眼组织健全、职责明确、关系顺畅的目标，推动形成自下而上、工作贯通、覆盖不同所有制企业和相关社会组织的组织体系；坚持从实际出发，积极稳妥推进，立足区域、行业所辖基层单位的分布、数量以及职工人数等实际，按照规模适度、便于管理、科学合理的原则进行组

建，并确定覆盖范围。

二、区域性、行业性工会联合会的建立

（四）区域性、行业性工会联合会一般建立在县（市、区、旗）及以下范围内。城市工会可根据本地区域、行业发展情况，从实际出发，探索在市级建立行业性工会联合会。

（五）建立区域性、行业性工会联合会，必须坚持在同级党组织和上一级工会的领导下进行。上级工会及时有效跟踪指导服务，严把组建前置环节，严格规范组建程序，积极稳妥推进组建工作。在广泛征求各方面意见特别是覆盖单位意见，进行充分酝酿协商的基础上，经同级党组织同意并报上一级工会批准后成立工会筹备组。筹备组依法依规做好筹备工作。未建立党组织的，在上一级工会领导下进行。

（六）区域性、行业性工会联合会委员会按照联合制、代表制的原则建立。坚持广泛性和代表性，委员由本区域或行业内所覆盖基层工会的主席和适当比例的有关方面代表等组成，所覆盖基层工会数量较多的，区域性、行业性工会联合会委员会委员可以由所覆盖基层工会主席民主推选代表担任；根据工作需要，可吸收政府有关部门代表参加。

（七）区域性、行业性工会联合会委员会的产生适用《工会基层组织选举工作条例》《基层工会会员代表大会条例》等规定。担任区域性、行业性工会联合会主席、副主席职务，必须履行民主程序。区域性、行业性工会联合会主席、副主席可以由全体委员选举产生，也可以由区域性、行业性工会联合会所覆盖基层工会联合组成会员（代表）大会选举产生。区域、行业内的基层单位行政主要负责人不得作为区域性、行业性工会联合会委员会委员人选，行业协会（商会）会长、副会长等不得担任区域性、行业性工会联合会主席、副主席。上级工会派出的工会干部、社会化工会工作者或者区域、行业龙头骨干企业工会主席、社区工作者等可以作为区域性、行业性工会联合会主席、副主席人选。区域性、行业性工会联合会主席、副主席可以专职，也可以兼职，其任期与区域性、行业性工会联合会委员会相同。

（八）区域性、行业性工会联合会委员会委员实行替补、增补制。区域性、行业性工会联合会委员会委员，当其不再担任原工会组织的主要负责人时，其委员职务由其原单位工会新当选的主要负责人经履行民主程序后予以替补。新覆盖基层工会的主要负责人，经履行民主程序，可以增补为区域性、行业性工会联合会委员会委员。

（九）区域性、行业性工会联合会可结合区域、行业实际，制定工会联合会组织办法等。区域性、行业性工会联合会委员会每届任期三年至五年，任期届满应按时换届。特殊情况需提前或延期换届的，应报上一级工会批准。

（十）建立区域性、行业性工会联合会，原则上所覆盖基层工会的组织领导关系、经费拨缴关系和会员会籍关系保持不变。确需调整的，须经县级以上地方工会批准。

（十一）区域性、行业性工会联合会所覆盖区域、行业内的基层单位，应当分别单独建立基层工会组织（基层工会委员会、联合基层工会委员会或基层工会联合会）。

（十二）区域性、行业性工会联合会的名称应根据区域、行业、单位等情况确定，一般为"××（行政区划名称）+××（区域或行业名称）+工会联合会"，不能以职业名称或基层工会名称等作为区域性、行业性工会联合会的名称。

（十三）具备条件的区域性、行业性工会联合会，要在上级工会的指导下，及时登记取得社团法人资格，开设独立工会经费账户。

（十四）独立管理经费的区域性、行业性工会联合会，应同时成立工会经费审查委员会。区域性、行业性工会联合会所覆盖基层工会女职工较多的，建立女职工委员会，在工会联合会委员会领导下开展工作。

（十五）建立区域性、行业性工会联合会的，应采取有效措施，逐步实现对区域、行业内的基层工会以及不具备单独建会条件的小微企业和零散就业人员全覆盖。实际履行联合会职能但不规范的，应在上级工会指导下，按照联合制、代表制原则，逐步规范为工会联合会。

三、区域性、行业性工会联合会的主要职责任务

（十六）加强对职工的思想政治引领，承担团结引导职工群众听党话、跟党走的政治责任，推动习近平新时代中国特色社会主义思想进社区、进企业、进车间，深化理想信念教育，教育职工践行社会主义核心价值观，恪守社会公德、职业道德、家庭美德、个人品德，遵守劳动纪律。

（十七）在同级党组织和上级工会的领导下，推动和指导区域、行业内基层单位的工会组建、发展会员等工作，夯实工会基层基础。承担本区域、行业职工代表大会工作机构的职责。

（十八）大力弘扬劳模精神、劳动精神、工匠精神，组织开展具有区域特点、行业特色的劳动和技能竞赛、经济技术创新等活动，建设知识型、技能型、创新型的高素质职工队伍。

（十九）代表和组织职工依照法律规定，通过职工代表大会或其他形式参与本区域、行业民主管理和民主监督。调查研究和反映本区域、行业中涉及职工切身利益的重大问题。

（二十）参与制订本区域、本行业涉及劳动和职工权益的政策、标准等。积极推进区域、行业集体协商，推动建立区域、行业集体合同制度。

（二十一）参与协调劳动关系和调解劳动争议，协商解决涉及职工切身利益问题，为所覆盖区域、行业的基层工会和职工提供法律服务和法律援助。

（二十二）突出行业特色、区域特点、职工需求，强化服务意识、健全服务体系、建立服务机制，精准化、精细化开展服务工作。

四、区域性、行业性工会联合会的工作保障

（二十三）加强区域性、行业性工会联合会工作经费保障，建立区域性、行业性工会联合会建设专项经费，并列入本级工会年度预算，保障工会联合会正常运转。各地工会结合实际，可建立项目补贴办法，实行一事一补。区域性、行业性工会联合会可以争取行政支持，也可在所覆盖基层工会自愿的基础上，由基层工会按照一定比例承担部分工作经费。上级工会要加强对区域性、行业性工会联合会经费使用的指导监督。区域性、行业性工会联合会的经费要做到专款专用。

（二十四）加强区域性、行业性工会联合会办公场地、活动场所、服务阵地建设，根据《基层工会经费收支管理办法》等有关规定，争取多方面、多渠道为区域性、行业性工会联合会办公和开展活动提供必要的设施和活动场所等。

（二十五）各地工会可结合实际，建立区域性、行业性工会联合会工会干部日常性工作补贴制度，对非国家工作人员担任的工会主席、副主席及其他工会干部，可给予适当的工作补贴。

五、加强对区域性、行业性工会联合会建设的领导

（二十六）充分认识加强和规范区域性、行业性工会联合会建设的紧迫性和必要性，把加强对区域性、行业性工会联合会建设摆上重要位置，加强统筹协调、形成工作合力，解决好区域性、行业性工会联合会规范和建设中遇到的矛盾和困难，为区域性、行业性工会联合会作用发挥创造有利条件、提供有力保障，努力把工会联合会建设成深受职工群众信赖的学习型、服务型、创新型职工之家，工会干部努力成为职工群众信赖的娘家人、贴心人。

（二十七）积极探索符合区域性、行业性工会联合会特点的工会干部管理使用方式，拓宽来源渠道，采取专职、兼职、挂职相结合的方式，配备区域性、行业性工会联合会干部。加强教育培训，切实提高工会干部适应岗位需要的能力素质。

（二十八）加强分类指导，注重对已建立的区域性、行业性工会联合会加强规范；立足区域、行业实际，适应职工需求，指导区域性、行业性工会联合会突出工作重点，发挥优势作用。加强调查研究，及时总结推广好典型、好经验，发挥示范引领作用。加强监督检查，严格考核考评，坚持问题导向，督促整改解决，不断提升区域性、行业性工会联合会整体建设水平。

全国总工会关于加强产业工会工作的实施办法

（2018年4月17日　厅字〔2018〕10号）

为深入学习贯彻习近平新时代中国特色社会主义思想和党的十九大精神，贯彻落实《新时期产业工人队伍建设改革方案》，深入推进产业工会工作创新发展，充分发挥产业工会在加强产业工人队伍建设改革、促进产业经济高质量发展的积极作用，根据《中华全国总工会关于深入推进产业工会工作创新发展的意见》，制定加强产业工会工作的实施办法。

一、建立全国产业工会工作专题会议制度

1. 建立全国产业工会工作会议制度。全总每5年召开一次全国产业工会工作会议，遇有特殊情况，可适时召开。会议的主要任务是贯彻落实中央有关会议精神，总结推广加强产业工会建设、发挥产业工会作用等方面的经验，研究推进产业工会工作创新发展的思路和举措，更好地发挥产业工会作用。

2. 建立全总机关产业工会工作会议制度。根据产业工会面临的形势任务，全总每年适时召开全总机关产业工会工作会议，听取各全国产业工会工作汇报，研究产业工会工作面临的重大理论和实践问题，明确重点工作任务和要求，把产业工会工作纳入工会工作总体格局一起部署、一起推进。

二、加大对全国产业工会经费保障力度

3. 继续将产业工会年度重点工作所需经费纳入全总本级经费收支预算，继续在驻会全国产业工会的日常办公经费、差旅费等方面加大保障力度。

4. 进一步加大对产业工会工作经费的支持力度，经全总书记处批准的临时性重大活动所需经费，由全总本级调整预算安排，保障重点工作、重点活动的开展。

三、积极为全国产业工会工作创造条件

5. 全总在开展全国五一劳动奖和全国工人先锋号等各类评选表彰活动时，在条件允许的情况下，适当增加全国产业工会推荐名额。加强同政府有关部门的沟通协调，推动全国产业工会会同有关国家部委共同做好相关评选表彰工作。

6. 对在参加国家重大战略、重大工程等纳入全国引领性劳动和技能竞赛中取得优异成绩、表现突出的先进集体和先进个人，纳入全总总体表彰范围，经报全总书记处研究审批，进行适量表彰。

四、加强全国产业工会与省级地方工会的协调配合

7. 由全总办公厅下发文件，要求各省（区、市）总工会明确与全总各相关全国产业工会对口联系的产业工会或工作部门，以及具体工作职责、内容、方法、途径等，形成制度性安排，以更好加强全国产业工会的对下领导和工作指导，推动产业工会工作创新发展。

8. 各全国产业工会要积极主动加强与省级地方工会以及相应省级地方产业工会或部门的联系，建立有效的联系渠道，推动健全完善产业工会组织体系，确保工作上下贯通、指导及时有力。

五、加强对省（区、市）产业工会工作的督查

9. 建立专项督查制度。每2年对省（区、市）产业工会工作进行一次督查，遇有重大任务、重要工作，根据工作需要，可随机进行督查。督查由全总办公厅、组织部、财务部等部门，会同各全国产业工会共同进行。

10. 督查主要围绕组织领导、组织体系建设、人员配备、责任落实、经费保障、完成工作任务、发挥作用等情况进行。当前和今后一个时期，重点督查推进《新时期产业工人队伍建设改革方案》和《中华全国总工会关于深入推进产业工会工作创新发展的意见》的贯彻落实情况。

六、切实加强全国产业工会党的建设

11. 在全总党组领导下，修订完善各驻会全国产业工会分党组工作规则，更好发挥分党组领导核心作用，为推进产业工会工作创新发展提供坚强政治保证。全国产业工会要更加自觉做到坚持党的领导，落实全面从严治党要求，切实提高党的建设水平，坚定不移走中国特色社会主义工会发展道路，始终坚持产业和地方相结合的我国工会组织领导原则，确保产业工会工作正确的政治方向。

12. 着眼建设高素质专业化产业工会干部队伍，加强产业工会领导班子建设，优化干部结构，加大培训力度，注重产业工会干部的培养、锻炼、交流和使用。推进产业工会委员会机关和委员、常委单位互派挂职干部，切实提高产业工会干部的综合素质和专业化水平。

中华全国总工会关于深入推进产业工会工作创新发展的意见

（2016年 总工发〔2016〕31号）

为认真贯彻落实中央党的群团工作会议精神，深入推进产业工会工作创新发展，充分发挥产业工会作用，根据《中华人民共和国工会法》《中国工会章程》，提出如下意见。

一、深入推进产业工会工作创新发展的指导思想、主要原则和目标任务

产业工会是由同一行业或性质相近的几个行业职工组成的工会组织，是我国工会的重要组成部分。深入推进产业工会工作创新发展，是深入学习贯彻习近平总书记关于工人阶级和工会工作的重要论述、切实履行引导产业职工听党话、跟党走的政治责任的必然要求；是围绕中心服务大局、促进产业经济持续健康发展的应有之义；是维护产业职工合法权益、构建产业和谐劳动关系的现实要求；是适应全面深化改革要求、深入推进工会改革的客观需要。

深入推进产业工会工作创新发展的指导思想是：全面贯彻党的十八大和十八届三中、四中、五中、六中全会精神，深入学习贯彻习近平总书记系列重要讲话精神特别是关于工人阶级和工会工作的重要论述，着眼统筹推进"五位一体"总体布局、协调推进"四个全面"战略布局，贯彻落实中央党的群团工作会议、全国国有企业党的建设工作会议精神，牢牢把握我国工人运动的时代主题，坚定不移走中国特色社会主义工会发展道路，立足产业工会工作实际，健全组织、完善体制，明确职责、突出重点，深入扎实推进工会改革创新，充分发挥产业工会重要作用，团结引导广大产业职工为实现"两个一百年"奋斗目标、实现中华民族伟大复兴的中国梦作出新贡献。

深入推进产业工会工作创新发展要坚持以下主要原则：一是坚持党的领导，牢牢把握正确政治方向，围绕中心、服务大局，遵循产业和地方相结合的工会组织领导原则，充分发挥产业工会在服务党和国家工作大局中的积极作用。二是坚持依法依章，严格按照《中华人民共和国工会法》和《中国工会章程》，设置调整产业工会组织，处理协调产业工会组织领导关系，依法依章履行职责。三是坚持立足实际，做到产业工会组织设置与产业结构调整、产业职工队伍变化和行政管理体制改革相适应，突出产业特色和产业工会特点，创造性开展工作。四是坚持问题导向，勇于探索实践，破解发展难题，研究新情况、解决新问题，切实增强产业工会的吸引力凝聚力战斗力。

通过深入推进产业工会工作创新发展，各级产业工会做到坚持突出重点、聚焦主业、彰显特点、发挥优势、破解难点、推进创新，实现职责定位清晰明确，组织关系协调顺畅，组织体系健全，制度机制完善，工作方式方法不断改进，组织和工作覆盖面逐步扩大，自身活力进一步激发，服务产业发展、服务产业职工的能力和实效显著提高，产业工会工作和产业工会组织政治性先进性群众性明显增强，切实承担起带领广大产业职工听党话、跟党走的政治责任。

二、产业工会的职责定位和工作重点

明确产业工会的职责定位。产业工会是我国工会全面履行各项社会职能、突出维护职能的重要组织力量，是工会在党和国家工作大局中充分发挥作用的重要组织平台，是产业职工合法权益的代表者和维护者、产业劳动关系的协调者、产业经济持续健康发展的促进者，在维护产业职工合法权益、协调产业劳动关系、加强产业职工队伍建设、促进产业改革发展中具有重要地位和不可替代的作用。

突出产业工会的工作重点。调查研究和反映本产业改革发展重大问题和职工特殊利益问题，参与涉及本产业职工切身利益的法律法规和政策的制定，维护本产业职工合法权益；推动建立科学合理的产业（行业）劳动标准，开展行业工资集体协商，推动建立企业职工工资决定机制、正常增长机制和支付保障机制，构建和谐劳动关系；推动建立健全以职工代表大会为基本形式的企事业单位民主管理制度，推进厂务公开、业务公开，落实职工群众知情权、参与权、表达权、监督权，坚持和完善职工董事制度、职工监事制度；围绕产业经济发展，组织开展具有产业特点的示范性、引领性劳动和技能竞赛、安全生产等建功立业活动，积极推荐和评选本产业的先进典型和劳动模范；以社会主义核心价值观为引领，深入实施产业职工素质建设工程，建设知识型、技术型、创新型产业职工队伍，培养产业"大国工匠"，提高产业职工队伍素质；总结经验，推广典型，指导产业所属基层工会工作。

全国产业工会、省级产业工会、城市产业工会、县级产业（行业）工会应立足实际、突出重点，有所侧重开展工作，体现层次性、差异性和灵活性。

三、健全产业工会组织体系

科学合理设置产业工会。产业工会组织应本着有利于加强党对工会工作的领导，有利于推动产业改革发展，有利于维护产业职工合法权益、服务产业职工，着眼有效扩大工作覆盖面，从实际出发，根据不同区域的经济特征、产业结构调整变化、产业经济和职工集聚程度，灵活合理地设置产业工会，健全产业工会组织体系。对本地区经济结构中的主导产业、形成集群化发展的产业、职工队伍比较集中的产业建立健全产业工会；在节能环保、生物技术、信息技术、智能制造、高端装备、新能源等具备一定规模的新兴产业和现代服务业中，加大产业工会组建力度；对一时建立不起来的，建立有效的工作联系渠道，形成自上而下、工作贯通、覆盖不同所有制企事业单位和相关社会组织的产业工会组织体系。条件成熟的产业工会工作委员会应逐步过渡为产业工会委员会。在工会改革中，要科学设置、调整规范产业工会，不得随意撤销产业工会组织。

产业工会全国组织的设置，由全国总工会根据需要确定。铁路、民航、金融实行垂直领导的产业工会地方组织的设置，由相关全国产业工会提出意见，报全国总工会批准。地方产业工会组织的设置，由同级地方总工会根据本地区实际情况确定。

省级产业工会根据省（区、市）产业经济发展和产业职工队伍变化实际，可以建立驻会产业工会，也可以依托行政主管部门或骨干企业集团等设立产业工会。结合省级工会改革，逐步规范理顺省级产业工会组织。

城市产业工会应根据城市产业结构变化，及时调整产业工会设置，重点在产业特征明显、职工集聚度高的产业建立产业工会组织，扩大产业工会覆盖面。在市级总工会的领导下，可以在行业协会组织健全、发育成熟的行业，已经形成以骨干企业为龙头的上下游产业链、企业联系紧密的行业，政府行政约束力强、管理规范的行业开展建立市级行业工会联合会试点工作，已经建立的要注重加强规范性建设。

在县以下产业经济发展较好、产业职工较多的地方，按照地域相近、行业相同、管理服务便捷的原则，采取联合制、代表制方式，积极推进建立县（区）、乡镇（街道）或工业园区等行业工会联合会，接长产业工会手臂、延伸工作触角，覆盖不同所有制企事业单位和相关社会组织。覆盖的企事业单位工会组织领导关系、经费收缴渠道保持不变。地方工会要加强对行业工会联合会的领导，给予人力、物力、财力等支持保障。

四、完善产业工会工作制度

完善产业联席（联系）会议制度。产业工会应与对口产业管理部门、行业协会建立联席（联系）会议制度，参与制定涉及本产业改革发展的法规政策；对涉及职工切身利益的全局性、政策性重大问题，提出产业工会的意见和主张，维护产业职工合法权益；与政府有关部门、行业协会等联合开展具有本产业特色的重点工作和活动。

完善协调劳动关系机制。推动建立健全产业协调劳动关系三方机制，对于涉及产业、行业职工权益实现的普遍性问题、产业劳动关系存在的突出矛盾，通过协商协调沟通的办法推动解决问题；加强行业集体协商特别是行业工资集体协商制度建设，开展对行业劳动定额、行业劳动标准、行业人工成本、行业工资指导价位等方面问题的研究，推动相关部门及时发布具有行业指导意义的参考标准；推动建立劳动关系预警、重大突发性事件报告、劳动关系矛盾调处机制，维护产业职工合法权益，促进产业劳动关系和谐稳定。

完善工作议事制度。研究制定本产业工会主席办公会决策议事规则、常务委员会议事规则、委员会全体会议议事规则；明确产业工会兼（挂）职副主席和干部的职责任务、选派程序、日常管理、考核评价等办法。

完善联系基层和产业职工制度。进一步转变思想观念，强化宗旨意识、群众意识和服务意识，建立健全密切联系产业职工的长效机制,完善产业工会直接联系产业职工和基层联系点制度。坚持深入基层,倾听职工群众呼声,反映职工群众诉求,切实帮助本产业职工解决困难和问题,让产业职工真正感受到产业工会是"职工之家",产业工会干部是最可信赖的"娘家人"。

完善工作汇报制度。建立向同级工会和上级产业工会报告工作制度,做到日常工作定期汇报,重点工作和重要信息及时汇报,保证工作动态及时上传。

五、创新产业工会工作方法和活动方式

各级产业工会应根据形势任务变化,坚持在继承中发展创新,不断改进服务职工、指导基层的工作方法和活动方式。

改进服务方式。把竭诚服务产业职工作为工作生命线,构建服务产业职工体系,面向广大产业职工开展普惠性服务,加强对产业困难职工的帮扶,创新服务手段,提高服务产业职工的精准化水平;探索运用社会化方式为基层提供项目化、专业化、订单式的服务,增强服务基层的针对性和实效性。

加强工作指导。突出产业特色,把产业工会业务工作骨干、专兼职工会干部等组织起来,在组建行业工会联合会、开展行业工资集体协商、协调行业和企业劳动关系、开展行业劳动和技能竞赛等方面,提供工作指导、政策咨询、人员培训。

构建网上工作平台。结合产业特点,制定和实施产业工会"互联网+"行动计划,依托产业信息网络技术,创建产业工会内部、产业工会与基层工会等网络共享互动平台,打造网上网下相互促进、有机融合的工作新格局。

善于借势借力。广泛吸引产业职工群众和基层力量、相关社会组织、志愿者广泛参与产业工会工作,激发自身活力,不断壮大产业工会工作的组织基础和社会基础。

六、进一步理顺产业工会组织领导关系

理顺产业工会与地方工会的关系。各产业工会的领导体制,由全国总工会确定。铁路、民航、金融行政管理体制实行垂直管理的产业,其产业工会实行产业工会和地方工会双重领导,以产业工会领导为主。其他产业工会均实行以地方工会领导为主,同时接受上级产业工会领导的体制,与上一级相关产业工会不易对应的,由性质相近的产业工会或由同级地方总工会明确一个职能部门负责联系和协调工作。属于工会统一要求和地区性问题,主要由地方工会负责,产业工会支持配合;属于产业特色的工作和特殊性问题,产业工会有条件、有优势做的,主要由产业工会来做,地方工会给予支持,避免职责交叉、工作重复。实行垂直领导的产业工会要加强与地方工会的联系与沟通,所属基层工会应当主动向所在地方工会报告工作,接受工作指导。产业工会在开展特色工作时,同级工会职能部门要提供具体指导、支持和服务。

理顺产业工会与中央企业、企业集团及其所属企业工会的关系。在京的中央企业工会,按照行业分类,原则上由相应的全国产业工会领导。京外的中央企业工会和地方企业集团所属基层工会,按照属地管理原则,一般接受所在地地方工会领

导。其所在地建立相应产业工会的，工作接受所在地产业工会指导，不改变企业工会组织关系和经费管理体制。

理顺产业工会与机关所属企事业单位工会的关系。党委、政府等机关所属企事业单位的工会，按照属地管理原则，一般由地方工会或相关产业工会领导。机关工会原则上不代行产业工会职责。

七、切实加强对产业工会工作的领导

高度重视产业工会工作。各级地方工会要切实承担起加强产业工会工作的责任，加大对产业工会的领导力度，把推进产业工会发展列入重要议事日程，纳入工会总体工作一起部署、一起推进、一起考核。建立定期听取产业工会工作汇报制度，每年至少听取一次产业工会工作汇报或召开一次产业工会工作专题会议，研究部署产业工会工作。积极探索研究产业工会工作遇到的新情况新问题，及时解决产业工会工作中面临的突出矛盾和困难，总结推广加强产业工会建设、发挥产业工会作用等方面的经验做法。注重培育具有时代特色和产业特征的先进典型，发挥示范引领作用。

切实加强产业工会党的建设。各级产业工会党组织要深入贯彻落实党的十八届六中全会精神，落实全国国有企业党的建设工作会议精神，切实履行主体责任，坚持全面从严治党，把严肃党内政治生活、净化党内政治生态作为全面从严治党的根本性基础工作，严格党的组织生活，严明党的纪律，认真落实党内监督责任，强化监督执纪问责。深入推进党风廉洁建设和反腐败工作，持之以恒落实中央八项规定精神，坚决反对"四风"，锲而不舍抓好作风建设，把党要管党、从严治党落到实处，充分发挥党组织领导核心作用和党员先锋模范作用。

推进产业工会领导班子和干部队伍建设。按照"信念坚定、为民服务、勤政务实、敢于担当、清正廉洁"的好干部标准，选优配强产业工会领导班子，加强产业工会干部队伍建设，注重培养和使用产业工会干部，加大轮岗交流力度，推进各级产业工会委员会机关和委员、常委单位干部交流，互派挂职干部。加强对产业工会干部培训，提升其综合素质和工作能力，使之真正成为熟悉产业经济发展、产业职工队伍、产业劳动关系的行家里手。

调整改善产业工会委员会委员、常委会委员结构。提高劳模和一线职工比例，增设兼职副主席，注重把新兴产业、有代表性的非公有制企业的工会负责人吸纳进来，提高产业工会领导机构组成人员的广泛性和代表性。建立完善代表委员参与决策、发挥作用的机制。

加大对产业工会工作的支持保障力度。赋予产业工会更多的资源手段，评选表彰全国和地方五一劳动奖，名额分配要充分考虑产业工会；开展干部培训、职工疗休养、困难职工帮扶等工作，适当向产业工会倾斜；按照经费保障与事责匹配的原则，加大项目化定向补助，使产业工会的重点工作有充足的经费保障。

加强对涉及产业工会理论性、实践性问题的专题研究。坚持勇于实践、勤于研究，准确把握新形势下产业工会工作发展规律，提出具有针对性、前瞻性、突破性的思路和办法，注重从制度机制上破解工作中遇到的重点和难点问题，推动产业工会工作理论创新和实践创新。充分发挥我国产业工会的政治优势、组织优势和工作优势，研究借鉴国外产业工会的有益经验，探索形成具有中国特色的产业工会工作新格局。

各级地方工会和产业工会要结合各自实际研究提出贯彻落实本意见的具体措施。

中华全国总工会关于企业集团建立工会组织的办法

（2018年9月3日　总工办发〔2018〕23号）

第一章　总　则

第一条　为进一步规范企业集团工会组织建立，充分发挥企业集团工会作用，根据《中华人民共和国工会法》《中国工会章程》《企业民主管理规定》《企业工会工作条例》等有关规定，制定本办法。

第二条　本办法所称企业集团，是指以资本为主要联结纽带的母子公司为主体，以集团章程为共同行为规范的母公司、子公司、参股公司及其他成员企业或机构共同组成的具有一定规模的企业法人联合体。

凡符合前款规范要求、行政管理机构健全并依法设立登记的企业集团，经上级工会批准，可在企业集团范围内建立集团工会组织。

第三条　建立集团工会组织，在同级党组织和上级工会的领导下进行。企业集团未建立党组织的，在上级工会领导下进行。

第四条　企业集团建立工会组织，必须坚持党的领导，贯彻落实党的全心全意依靠工人阶级的根本指导方针，始终把握正确政治方向；坚持民主集中制，注重广泛性、代表性；坚持职工为本，充分反映职工群众的意愿和要求；坚持依法规范，符合法律和工会章程规定。

第五条　企业集团根据法人治理结构、经营模式、企业规模、职工队伍状况等实际，适应贯彻新发展理念、建设现代化经济体系、加快完善社会主义市场经济体制的需要，统筹考虑振兴实体经济、深化国有企业改革、发展混合所有制经济、民营企业发展等形势任务，立足实际建立健全工会组织。

第二章　集团工会的建立

第六条　集团工会是工会的基层组织。组建集团工会，依照《工会基层组织选举工作条例》产生。集团工会的组织形式，根据集团实际确定。

第七条　在京中央企业集团组建集团工会，按规定报相关全国产业工会，由相关全国产业工会按程序报中华全国总工会批准。京外中央企业集团和其他企业集团组建工会，按规定报企业集团所在地同级地方工会批准。

第八条　集团工会选举主席1人、副主席若干人、常务委员若干人，组成常务委员会。成员单位和职工人数较少的，可不设常务委员会。

集团工会每届任期三年至五年。任期届满，应按期进行换届选举。

第九条　集团工会在选举产生集团工

会委员会的同时，选举产生同级工会经费审查委员会。集团工会成立后，按照有关规定及时建立集团工会女职工委员会，并选配女职工委员会主任。

第十条 集团工会的名称，为"企业集团工商登记名称+工会（联合会）委员会"。集团所属子公司的工会组织名称，为"子公司工商登记名称+工会委员会"。对于工会名称不规范的，应结合工会换届工作进行规范。

第十一条 集团工会依法依规设置工会工作机构，并按照有关规定配备专职工作人员，专职工作人员人数，根据有关规定确定，或由集团工会与集团协商确定。根据工作需要，可配备兼职工作人员，坚持以专职为主，兼职为辅，专兼职相结合。

集团工会根据工作需要，设立相关工作机构或专门工作委员会、工作小组。

第十二条 在企业集团改组改制中，要科学设置、合理规范工会组织，不得随意把工会组织机构撤销、合并或者归属其他工作部门。

第十三条 集团工会具备法人条件的，依法取得社会团体法人资格，工会主席为法定代表人。

第十四条 各级工会要加强对企业集团建立工会组织工作的领导，确保集团工会组织建立符合法律和工会章程、组织机构健全、职工群众拥护、作用发挥明显。

第三章 集团工会的组织领导关系

第十五条 集团工会的领导关系，根据产业和地方相结合的组织领导原则确定。

集团工会以同级党组织领导为主，同时接受所在地方工会的领导和上级有关产业工会的指导。

在京的中央企业集团工会，以同级党组织领导为主。同时在中华全国总工会领导下，按照行业分类原则，由相关全国产业工会实施具体指导。

第十六条 集团工会对集团母公司所在地的子（分）公司工会实行直接领导。不在母公司所在地的子（分）公司工会，在同级党组织领导下，以所在地工会领导为主，其工会组织关系、经费关系等明确在所在地工会，在所在地工会的领导下建立健全工会组织并按期换届，参加所在地工会组织开展的工作；同时接受集团工会的领导，参加集团工会统一组织开展的具有集团特点的工作和活动等。铁路、民航、金融等行政管理体制实行垂直管理的产业所属企业集团子（分）公司除外。

第十七条 以地方政府部门改组的资产经营公司为母公司组建的企业集团，可按照本办法建立集团工会委员会。原工会组织承担地方产业工会领导职能的，改建为集团工会后，如所在地方工会认为需要，可继续依托集团工会组建产业工会，也可建立新的产业工会。

第十八条 集团工会是集团职工代表大会的工作机构，负责集团职工代表大会的日常工作。

第四章 集团工会的经费

第十九条 集团工会经费，通过经费留成、上级工会补助、集团行政补助支持等方式解决。

99

第二十条 集团工会经费收缴，实行属地管理原则。铁路、民航、金融等行政管理体制实行垂直管理的产业所属企业集团子（分）公司除外。

企业集团所在地的子（分）公司工会，其工会经费按规定的比例上缴给集团工会，由集团工会按比例上缴上级工会。集团工会与所在地子（分）公司工会经费分成比例由集团工会确定。

企业集团所在地以外的子（分）公司，工会经费上缴所在地工会。集团工会可与其子（分）公司所在地工会协商，从子（分）公司上缴所在地工会经费中明确一定比例上缴集团工会。

第五章 附 则

第二十一条 本办法由中华全国总工会负责解释。

第二十二条 本办法自印发之日起施行。1997年3月17日全国总工会办公厅印发的《全国总工会关于企业集团建立工会组织的试行办法》（总工办发〔1997〕19号）同时废止。

中华全国总工会、民政部关于加强社会组织工会建设的意见（试行）

（2021年 总工发〔2021〕16号）

各省、自治区、直辖市总工会、民政厅（局），新疆生产建设兵团民政局，各全国产业工会，中央和国家机关工会联合会，全总各部门、各直属单位：

为深入学习贯彻党的十九大和十九届二中、三中、四中、五中全会及中央党的群团工作会议精神，切实落实中共中央办公厅、国务院办公厅印发的《关于改革社会组织管理制度促进社会组织健康有序发展的意见》，推动社会组织依法建立工会，促进工会和社会组织在构建基层社会治理新格局中发挥重要作用，现就加强社会组织工会建设提出如下意见。

一、加强社会组织工会建设的重要意义和总体要求

（一）重要意义。随着改革开放不断深入，以社会团体、基金会和社会服务机构为主体的社会组织快速发展，已成为社会主义现代化建设的重要力量、党的工作和群众工作的重要阵地。党的十九届五中全会提出，发挥群团组织和社会组织在社会治理中的作用，畅通和规范市场主体、新社会阶层、社会工作者和志愿者等参与社会治理的途径。中央党的群团工作会议强调，联系和引导相关社会组织，是群团组织发挥桥梁和纽带作用的一项重要任务。推动社会组织建立工会是坚持党建带群建，落实中央党的群团工作会议精神的内在要求。加强社会组织工会建设，对于维护社会组织职工合法权益，构建和谐劳动关系；对于团结带领社会组织职工听党话、跟党走，巩固和扩大党执政的阶级基础和群众基础；对于加强工会对劳动领域社会组织的政治引领、示范带动、联系服务，团结引导劳动领域社会组织人士，促进社会组织健康有序发展，推动社会组织在国家治理体系和治理能力现代化进程中更好发挥作用等，都具有重要意义。各级工会、民政部门要充分认识加强社会组织工会建设的重要性和紧迫性，将其作为一项重要的基础性工作，发挥各自职责优势，加强联动配合，推动党中央的要求落地落实。

（二）总体要求。坚持以习近平新时代中国特色社会主义思想为指导，深入学习贯彻习近平总书记关于工人阶级和工会工作的重要论述，积极探索符合社会组织实际的工会建设方式方法，着力破解社会组织中工会组织覆盖不够全面、作用发挥不够充分等问题，不断扩大工会对社会组织的有效覆盖，激发社会组织工会活力，加大工会联系引导社会组织工作力度，在促进社会组织有序参与社会治理、提供社会服务、承担社会责任等方面充分发挥工会的重要作用。

二、社会组织工会的主要职责

（一）密切联系职工，强化政治引领。组织引导职工学习贯彻习近平新时代中国特色社会主义思想，学习习近平总书记关于工人阶级和工会工作的重要论述，不断增强"四个意识"、坚定"四个自信"、做到"两个维护"，宣传贯彻执行党的路线方针政策，坚定不移听党话、跟党走，始终同以习近平同志为核心的党中央保持高度一致。及时向同级党组织和上级工会请示报告工会重大事项。在已建工会、尚未建立党组织的社会组织，工会要积极配合上级党组织在工会会员中培养发展党员，并发挥好党员模范带头作用，为在社会组织中建立党组织创造条件。

（二）团结凝聚职工，汇集发展力量。加强对职工的思想政治引领，引导职工积极践行社会主义核心价值观，激发职工主人翁意识和工作热情。大力弘扬劳模精神、劳动精神、工匠精神，围绕社会组织中心任务开展劳动和技能竞赛，加强技能培训，提升素质，推动建立健全专业人才培养、评价、使用、激励机制。支持社会组织有序参与社会治理、提供社会服务、承担社会责任。

（三）建立健全机制，维护职工权益。通过以职工代表大会为基本形式的民主管理制度或其他形式，组织职工有序参与社会组织的民主决策、民主管理和民主监督。涉及职工切身利益的重要事项，要及时向职工公开。指导帮助职工与社会组织依法订立和履行劳动合同，规范劳动用工管理。对社会组织贯彻执行有关劳动法律法规和政策实施监督。建立健全集体协商和集体合同制度，探索建立行业性、区域性协商机制，协商解决涉及职工切身利益的重大问题，维护职工合法权益，构建和谐劳动关系。

（四）创新方式方法，竭诚服务职工。坚持以职工需求为导向，利用现代信息技术，组织开展丰富多彩的文化活动，营造积极向上的文化氛围。通过购买服务、项目合作等方式，为职工提供专业化个性化服务。注重对职工的人文关怀和心理疏导，做好送温暖、金秋助学等困难职工帮扶工作，努力提升职工群众的获得感、幸福感、安全感。

三、扩大工会对社会组织的有效覆盖

（一）推动社会组织依法建立工会。以在省级以上人民政府民政部门登记的社会组织和在各地民政部门登记的民办医院、学校、幼儿园等为重点，开展摸底排查，力争用三年左右的时间，推动符合条件的社会组织建立工会工作取得明显突破。

（二）合理确定建会方式。坚持从社会组织特点出发，采取灵活多样的组织形式，扩大工会组织有效覆盖。

1. 按用人单位建立工会组织。本单位有工会会员二十五人以上的社会组织，应单独建立基层工会委员会；不足二十五人的，可以单独建立基层工会委员会，也可以由两个以上单位的工会会员联合建立基层工会委员会，也可以选举组织员或工会主席一人主持基层工会工作。

2. 按区域、行业建立工会组织。在社会组织相对集中的街区、园区、楼宇等区域，可以建立区域性工会联合会。行业特征明显、管理体系健全的行业，或依托相关管理部门成立社会组织综合（行业）党委的，可以组建行业性工会联合会。区域性、行业性工会联合会一般在县（市、区、旗）级以下范围内建立。符合条件的，可以在市级探索建立行业性工会联合会。

乡镇（街道）、村（社区）工会应加强本区域社会组织工会建设的领导，广泛吸收职工入会，推动社会组织依法建立工会，切实发挥区域"兜底"作用。

（三）广泛吸收职工入会。加强宣传动员和服务吸引，最大限度地把社会组织职工吸收到工会中来。尚未建立工会的社会组织，职工可以向工作或居住地的乡镇（街道）、开发区（工业园区）、村（社区）工会和区域性、行业性工会联合会等提出入会申请，工作或居住地工会应吸收其入会，做好会籍管理工作；条件具备后，上级工会应及时指导社会组织组建工会。社会组织兼职人员等，应加入所在单位工会；所在单位尚未建立工会的职工，可以向单位所在地或本人居住地工会提出入会申请，也可以申请加入所兼职社会组织的工会，待所在单位成立工会后及时接转会员组织关系。

四、规范社会组织工会建设

（一）理顺工会组织领导关系。社会组织工会受同级党组织和上一级工会双重领导，以同级党组织领导为主。未建立党组织的，由上一级工会领导。按照属地管理原则，社会组织住所地与登记地不一致的，原则上在住所地成立工会，受住所地工会领导。在京全国性社会组织工会，以同级党组织领导为主，同时受业务主管单位工会领导；没有业务主管单位但由党建工作机构统一领导和管理党建工作的，同时受党建工作机构工会领导。京外全国性社会组织和省级以下社会组织工会，以同级党组织领导为主，同时受住所地地方工会或相关产业工会领导。各地已建社会组织党建工作机构的，有条件的地方可依托社会组织党建工作机构成立社会组织工会联合会，指导本地区社会组织工会工作。

（二）依法选举工会主席、副主席。按照《工会基层组织选举工作条例》、《基层工会会员代表大会条例》等规定，规范选举工会委员会、经费审查委员会及女职工委员会。社会组织负责人、法定代表人及他们的近亲属不得作为工会主席、副主席和委员候选人。

区域性、行业性工会联合会主席、副主席、委员的人选及产生，应按照《中华全国总工会关于加强和规范区域性、行业性工会联合会建设的意见》的规定执行。

上级工会可以向社会组织工会和区域性、行业性工会联合会推荐工会主席、副主席候选人,为其配备社会化工会工作者。

(三)努力建设职工之家。社会组织工会要按照"六有"标准(即:有依法选举的工会主席、有独立健全的组织机构、有服务职工的活动载体、有健全完善的制度机制、有自主管理的工会经费、有工会会员满意的工作绩效),加强工会组织和工会工作规范化建设,努力做到建起来、转起来、活起来。加强工会会员会籍管理,推进社会组织工会和会员实名制管理工作。开展建设职工之家活动,落实会员评家、会务公开、会员代表常任制等制度,依靠会员群众将社会组织工会建成职工信赖的职工之家。依据《基层工会经费收支管理办法》的有关规定,规范社会组织工会财务预算管理,严格工会经费使用。

五、加强对社会组织工会建设的领导

(一)加强组织领导。各级工会和民政部门要高度重视社会组织工会建设,作为当前和今后一个时期的重要任务抓紧抓好。积极争取地方党委组织部门的支持,加强对社会组织工会建设的领导指导,推动社会组织工会在党组织领导下发挥作用,以党建带工建机制引领工作。健全完善社会组织工会建设工作机制,形成党委统一领导、工会具体负责、民政部门支持、有关部门各司其职、齐抓共管的工作格局。

(二)强化协调联动。各级工会要加强与民政部门、社会组织党建工作机构和业务主管单位的沟通与协调,定期研商工作,共享数据信息,合力推动社会组织依法建立工会、规范运行。各级民政部门要积极支持配合,及时提供数据信息,做好政策宣传引导,通过将工会建设情况纳入社会组织评估指标等适当形式,支持和推动社会组织工会建设。在推动建立社会组织工作协调机制时,应吸纳同级工会参与。

(三)落实保障措施。各级工会要督促社会组织及时足额拨缴工会经费、支持工会依法行使权利并开展工作。支持社会组织工会通过单独建、联合建、共享资源等方式,解决职工活动场地等问题。加大对社会组织工会建设的经费支持力度。有条件的地方,上级工会可以向社会组织兼职工会干部发放补贴,可以设立专项经费保障规模较小社会组织工会和区域性、行业性工会联合会正常运转。各级工会组织购买社会组织服务时,在同等条件下,优先购买已建工会组织或实现工会工作覆盖的社会组织的服务。

(四)注重精准施策。根据社会组织规模、工会工作基础等实际情况,坚持建管并举,不断增强工会工作的针对性和实效性。对应建未建工会的社会组织,要明确目标时限,采取有效措施推动尽快建立工会组织。对已经建立工会的社会组织,要加强工会规范化建设,促进工会作用发挥。要加强工会干部的教育培训,提高做好工作能力水平。要加大宣传力度,培育推广社会组织工会工作先进典型,营造社会组织工会工作良好氛围。

中华全国总工会关于加强县级工会建设的意见

(2020年12月23日　总工办发〔2020〕24号)

为进一步加强县级工会建设，更好发挥县级工会作用，推进新时代县级工会工作创新发展，根据《中华人民共和国工会法》和《中国工会章程》等有关规定，提出如下意见。

一、提高政治站位，把握总体要求

（一）重要意义。县级工会在我国工会组织体系中处于承上启下的重要地位，发挥着基础性和关键性作用。随着新型工业化、信息化、城镇化、农业现代化深入推进，县域经济全面发展，产业转型升级加快，职工队伍结构深刻变化，用工形式和劳动关系日趋复杂。立足新发展阶段，贯彻新发展理念，服务构建新发展格局，围绕推动高质量发展，县级工会工作任务更加繁重，职能作用更加凸显。新形势下，县级工会工作只能加强，不能削弱；只能改进提高，不能停滞不前。要进一步提高思想认识，强化责任担当，坚持目标导向、问题导向、结果导向相统一，不断提高县级工会组织力、战斗力、影响力。

（二）指导思想。坚持以习近平新时代中国特色社会主义思想为指导，全面贯彻党的十九大和十九届二中、三中、四中、五中全会精神，深入学习贯彻习近平总书记关于工人阶级和工会工作的重要论述，贯彻落实党中央对做好新时代工会工作的新要求，保持和增强工会工作和工会组织的政治性、先进性、群众性，坚定不移走中国特色社会主义工会发展道路，突出重点难点，采取有力措施，推动县级工会组织体系更加健全，制度机制更加完善，工作方式方法不断改进，制度化、规范化、科学化水平显著提高，职能作用充分发挥，吸引力凝聚力战斗力明显增强。

（三）原则要求。

——坚持党的全面领导。增强"四个意识"、坚定"四个自信"、做到"两个维护"，始终保持工会工作正确政治方向，强化职工思想政治引领，切实承担起团结引导职工群众听党话、跟党走的政治责任。

——坚持围绕中心、服务大局。大力弘扬劳模精神、劳动精神、工匠精神，提升劳动和技能竞赛水平，深入推进产业工人队伍建设改革，团结动员广大职工充分发挥主力军作用。

——坚持以职工为中心的工作导向。发挥工会在社会治理中的作用，围绕改善职工生活品质，健全联系广泛、服务职工的工作体系，切实履行维护职工合法权益、竭诚服务职工群众的基本职责。

——坚持改革和发展融合联动。强化团结教育、维护权益、服务职工功能，树立落实到基层、落实靠基层理念，不断夯实基层基础，突出县域特色和工会特点，推进改革创新。

二、加强组织建设，健全工作体系

（四）强化机构设置和人员配备。适应形势任务变化和工作需要，积极争取党委重视支持，从实际出发加强机构设置，配齐配强工会干部。整合优化县级工会机关及有关直属单位职能，构建职责明确、运转高效的工作格局。整合统筹使用专职工作人员，通过增加兼职挂职干部、发展工会积极分子、招聘社会化工会工作者、争取社会公益岗位等途径，充实壮大县级工会和基层工会力量。

（五）健全组织体系。适应县域产业布局发展实际，调整完善县级产业（行业）工会设置，明确职责任务。加强乡镇（街道）、开发区（工业园区）工会建设，具备条件的，建立乡镇（街道）总工会，建立健全乡镇（街道）、村（社区）、企业工会组织网络。适应县域小微企业分散灵活，职工人数少、流动性大的特点，按照地域相近、行业相同的原则，推进区域性、行业性工会联合会建设。县级工会加强对基层工会的政治引领和组织领导，推进"会站家"一体化建设，充分发挥基层工会组织的作用。

（六）推进工会组建和会员发展。加大新经济组织、新社会组织建会力度，集中力量推进职工人数多、社会影响大的非公有制企业、社会组织依法普遍建立工会。加强实践探索，大力推动灵活就业、平台就业等新就业形态从业人员加入工会。推进会员实名制管理工作，最大限度把包括农民工在内的广大职工群众吸收到工会组织中来。

（七）加强阵地和网络建设。推动工人文化宫、职工学校、职工书屋、工会职工服务中心（困难职工帮扶中心）等工会阵地建设纳入当地经济和社会发展规划，已有职工文化体育教育活动阵地纳入公共文化体育设施范围，突出公益性、服务性，明确产权、规范管理，实现高质量发展。加快推进智慧工会建设，建设网上工作平台，借助县级融媒体，运用微博、微信、移动客户端等载体，打造网上网下相互促进、有机融合的工作新格局。

三、完善制度机制，突出工作重点

（八）定期向同级党委汇报工会工作制度。贯彻落实《中共中央关于加强和改进党的群团工作的意见》，推动同级党委建立健全研究决定工会重大事项制度。建立完善县级工会向同级党委汇报工会工作制度，争取同级党委加强对工会工作的领导。积极推动把工会工作纳入党建工作总体规划和考核体系，同部署、同落实、同检查，形成党建带工建、工建服务党建格局。积极向党委推荐优秀工会干部，促进工会与党政部门之间的干部交流。

（九）政府和工会联席会议制度。联席会议每年至少召开一次，主要内容包括：通报当地国民经济和社会发展计划、政府工作中涉及职工利益的行政措施；研究组织动员广大职工群众建功立业和解决涉及职工群众切身利益的突出问题；对构建和谐劳动关系作出总体部署和规划；研究解决工会工作中需要政府支持帮助的问题。

（十）劳动关系协调机制。积极推动建立和完善由政府、工会、企业共同参与的协商协调机制，共同研究解决劳动关系领域和涉及职工权益的重大问题，立足共建共治共享社会治理新格局，推动构建中国特色和谐劳动关系。加大劳动关系矛盾风险隐患排查化解力度，维护职工队伍团结统一，坚决维护劳动领域政治安全。

（十一）联系服务基层职工群众制度。健全完善基层调研、工作联系点等制度，引导和督促县级工会机关干部防止和克服形式主义、官僚主义，做到眼睛向下、面向基层，深入一线开展工作，真正与基层单位结对子，与基层干部交朋友，密切与职工群众联系，帮助职工群众和基层工会解决实际困难和问题，让职工群众真正感受到工会是职工之家，工会干部是最可信赖的娘家人、贴心人。

（十二）会议制度和工作制度。建立完善县级工会全委会、常委会、经审会、女职工委员会、主席办公会等会议制度，坚持常委会向全委会报告工作制度。坚持民主集中制，健全议事规则和决策程序，强化法治思维和法治观念，依法依章程开展工作。依据有关规定要求按期进行换届，同时指导督促基层工会做好按期换届工作。

四、强化党建引领，加强组织领导

（十三）加强党的建设。落实新时代党的建设总要求，以党的政治建设为统领，全面提升县级工会党的建设质量，不忘初心、牢记使命，带动县级工会自身建设全面提高。健全完善县级工会党组工作规则，落实管党治党主体责任。严守党的政治纪律和政治规矩，增强党内政治生活的政治性、时代性、原则性、战斗性。落实全面从严治党要求，深入推进县级工会党风廉政建设和反腐败工作，贯彻落实中央八项规定及其实施细则精神，持之以恒正风肃纪。

（十四）加强干部队伍建设。贯彻落实新时代党的组织路线，坚持党管干部原则，上级工会按照干部双重管理的有关规定要求，做好县级工会干部协管工作；主动与党委组织部门进行沟通协调，加强县级工会领导班子建设，大力发现培养选拔优秀年轻干部。提高县级工会委员会、常委会中劳模和一线职工比例，做好在领导班子中增设兼职挂职副主席并发挥作用工作，增强县级工会领导机构的广泛性和代表性。以忠诚党的事业、竭诚服务职工为己任，加强思想淬炼、政治历练、实践锻炼、专业训练，建设忠诚干净担当的高素质专业化县级工会干部队伍。加大工会干部教育培训力度，不断提高县级工会干部适应新时代新要求抓改革、促发展、保稳定水平和专业化能力，特别是提高政治能力、调查研究能力、科学决策能力、改革攻坚能力、应急处突能力、群众工作能力、抓落实能力，为推动工会工作创新发展提供组织保证。

（十五）加强指导支持。地市级以上工会要将加强县级工会建设列入重要议事日程，积极协调解决县级工会工作中的问题，鼓励和支持县级工会创造性开展工作。每年听取县级工会工作情况汇报，深入研究加强县级工会建设的举措，从政治建设、重点任务、工作保障等方面，加大指导力度。做到人、财、物等下沉，赋予县级工会更多资源和手段。根据县域经济发展情况及基层工会数、职工会员数和经费拨缴情况，对经费紧张的县级工会采取转移支付的方式给予经费支持。县级工会要依法足额收缴工会经费，通过工会经费留成、上级工会转移支付、争取财政支持等渠道，收好、管好、用好工会经费。加强对县级工会经费资产的审查审计监督，防范廉政风险。确保工会资产安全、完整和保值增值，不得擅自改变工会所属企业、事业单位的隶属关系和产权关系，为县级工会开展工作创造良好条件。

中华全国总工会关于加强乡镇（街道）工会建设的若干意见

（2019年12月27日）

为深入贯彻党中央的决策部署，贯彻党的十九大和十九届二中、三中、四中全会精神，落实中国工会十七大要求，推动工会改革创新举措在基层落地见效，夯实工会基层基础，现就加强乡镇（街道）工会建设提出如下意见。

一、明确指导思想。 坚持以习近平新时代中国特色社会主义思想为指导，深入学习贯彻习近平总书记关于工人阶级和工会工作的重要论述，紧紧围绕保持和增强工会组织政治性、先进性、群众性这条主线，以促进区域经济高质量发展、加强和创新基层社会治理为中心任务，以维护职工合法权益、竭诚服务职工群众为基本职责，完善工会组织体系、扩大工会组织覆盖、优化运行机制、激发基层活力，充分发挥乡镇（街道）工会组织的重要作用。

二、主要工作职责。 乡镇（街道）工会在同级党（工）委和上级工会领导下，依据《中华人民共和国工会法》和《中国工会章程》独立自主地开展工作。主要是：积极推动企事业单位依法建立工会组织，广泛吸收职工入会；加强职工思想政治引领；深化劳动和技能竞赛；维护职工合法权益，指导开展集体协商、签订集体合同，健全以职工代表大会为基本形式的企事业单位民主管理制度，健全协调劳动关系机制；推动落实职工福利待遇，开展困难职工帮扶，建设职工信赖的"职工之家"。

三、规范组织形式。 乡镇（街道）工会组织应依据《中华人民共和国工会法》和《中国工会章程》建立，不得随意撤销、合并，具备法人条件的，依法取得社会团体法人资格。

乡镇（街道）工会组织形式有工会委员会、工会联合会和总工会。乡镇（街道）工会委员会由会员（代表）大会选举产生。乡镇（街道）工会联合会委员会可以由会员（代表）大会选举产生，也可以按照联合制、代表制原则，由下一级工会组织民主选举的主要负责人和适当比例的有关方面代表组成。乡镇（街道）辖区内有企业100家以上、职工5000人以上，能够配备专职工会主席（副主席）和专职工作人员的，可以建立乡镇（街道）总工会，其委员会换届和选举工作参照《关于地方工会召开代表大会及组成工会委员会、经费审查委员会的若干规定》执行。建立乡镇（街道）工会组织，应同时建立经费审查委员会和女职工委员会。

乡镇（街道）工会领导辖区内有隶属关系的各类基层工会组织（含区域性、行业性工会联合会）。

根据工作需要，县（市、区）总工会可以在不具备建立工会组织条件的乡镇（街道）设派出代表机关，即乡镇（街道）工会工作委员会。

四、健全制度机制。 推动乡镇（街道）工会建设纳入党建带工建机制，推动建立乡镇（街道）党（工）委定期听取工会工作汇报、乡镇（街道）工会主席列席党（工）委有关会议制度，落实重大事项向乡镇（街道）党（工）委和上级工会请示报告制度。健全乡镇（街道）工会（会员）代表大会、委员（常委）会议、工作例会等制度；落实基层工会会员代表大会代表常任制，充分发挥会员代表、委员的作用。探索建立乡镇（街道）工会工作权责清单，健全工作评价制度。

五、强化干部配备。县级以上地方工会应与党委组织部门、编制部门协商，推动把乡镇（街道）工会干部纳入编制内统筹解决，纳入各级党委组织人事工作总体安排进行培养、使用，推动落实工会党员负责人作为同级党（工）委委员候选人提名人选制度。在推荐乡镇（街道）工会主席、副主席人选时，上级工会应积极争取工会主席按党政同级副职配备，专职副主席按中层正职配备。优化乡镇（街道）工会干部队伍结构，保持任期内相对稳定。建立乡镇（街道）总工会的，应设立专职主席（或副主席）和专职工作人员。积极推动乡镇（街道）党（工）委副书记兼任总工会主席。通过"专兼挂"等方式配强乡镇（街道）工会领导班子成员，充分发挥兼职、挂职副主席作用。

六、建设社会化工会工作者队伍。落实《中华全国总工会 民政部 人力资源社会保障部关于加强工会社会工作专业人才队伍建设的指导意见》，巩固发展社会化工会工作者队伍，将其作为乡镇（街道）工会专职人员的重要来源。地方工会要通过争取公益性岗位、直接聘用、购买服务等方式，积极发展社会化工会工作者队伍，建立健全选聘、管理、使用等制度。职工2000人以下的乡镇（街道）工会，可配备1名社会化工会工作者；职工2000人以上的，每3000人可配备1名社会化工会工作者。社会化工会工作者可以作为区域性、行业性工会联合会主席（副主席）候选人。各级工会要加大培育工会积极分子和志愿者队伍力度，引导社会力量参与工会工作。

七、提高培训质量。各级工会应高度重视乡镇（街道）工会干部培训工作。省级工会要制定培训规划，市、县级工会根据规划认真组织实施。新任乡镇（街道）工会主席、专职副主席在上岗一年内应参加上级工会组织的脱产培训，并达到合格；其他干部可通过脱产培训、以会代训、交流研讨、网上学习等多种途径，提高理论政策水平和业务工作能力，以适应岗位需求。社会化工会工作者应进行岗前培训。

八、保障工作经费。各级工会要保障乡镇（街道）工会的工作经费，通过经费留成、上级工会补助、财政支持等方式，保障乡镇（街道）工会正常运行。全国总工会每年从对下补助经费中，安排专项资金用于乡镇（街道）工会的工作经费，专款专用。地方工会综合考虑乡镇（街道）辖区内企业、职工数量和工作实际情况，确定一定比例的经费留成，或在本级经费预算中通过转移支付、项目化管理和定额补助等方式给予一定数量的专项经费。开展各种群众性、普惠性服务项目和活动，要积极争取地方政府和社会的支持。

县以上各级工会要在年度本级经费预算中安排专项资金，解决乡镇（街道）社会化工会工作者的经费，并逐步提高其待遇。有条件的地方，上级工会可以向乡镇（街道）工会的非公职人员发放兼职补贴。

九、严格财务监管。 乡镇（街道）工会全部收支都要纳入预算管理，按照上级工会的要求编制年度收支预算和决算，严格按照工会财务管理规定所确定的范围使用工会经费，确保工会经费用于服务工会工作和用在职工身上，让工会经费真正惠及职工群众和工会会员。具有社会团体法人资格的乡镇（街道）工会，应按规定开设独立的银行账户，实行财务独立核算；不具备开设独立银行账户或不具备独立核算条件的乡镇（街道）工会，其经费由所在县（市、区）总工会代管。有条件的乡镇（街道）工会可以建立会计核算中心，对所辖小型企业工会实行集中核算，分户管理。乡镇（街道）工会应严格执行工会财务管理的相关规定，强化内部会计监督，实行工会委员会集体领导下的主席负责制，重大收支集体研究决定。强化工会经费的审查监督。

十、建好服务阵地。 各级工会要推动乡镇政府、街道办事处帮助解决乡镇（街道）工会办公和会员职工开展活动所必要的场所和设施等。按照"会、站、家"一体化的要求，统筹建好、用好、管好职工服务和活动阵地。乡镇（街道）工会可单独建设服务阵地，也可与党政机构、其他群团组织、辖区内机关、事业单位、企业等共建共享阵地，实现资源有效配置。积极推进"互联网+"工会普惠性服务，建设线上线下融合的区域服务职工平台。引导社会组织为职工提供专业化服务，延伸工作手臂，提升服务质量。

十一、加强组织领导。 各级工会要提高政治站位，引导乡镇（街道）工会积极参与加强和创新基层社会治理。将乡镇（街道）工会建设作为夯实基层基础的重点，列入重要议事日程，加大资金和力量投入，及时研究解决乡镇（街道）工会建设中的重要问题。加强分类指导，引导乡镇（街道）工会按照"六好"标准因地制宜开展工作，不断提升工作水平。鼓励和支持乡镇（街道）工会探索创新，及时总结推广典型经验。加强舆论宣传，为乡镇（街道）工会工作营造良好氛围。

中华全国总工会关于增强基层工会活力　发挥基层工会作用的实施意见

（2016年　总工发〔2016〕28号）

为深入贯彻中央党的群团工作会议精神，贯彻落实习近平总书记关于工人阶级和工会工作的重要论述特别是关于加强基层工会建设"三个着力"的重要指示精神，切实保持和增强工会工作和工会组织的政治性、先进性、群众性，把工会改革向基层延伸，把改革成效转化为服务职工群众的能力水平，增强职工群众对工会改革的获得感，现提出如下意见。

一、创新基层工会组织形式和入会方式，有效扩大工会组织覆盖面

坚持党建带工建，把工建纳入党建工作总体部署。主动适应经济社会发展、企业组织形式和职工就业方式的新变化，持之以恒推进工会组建和会员发展工作，创新组织形式，拓展建会领域，形成完善的组织体系，最大限度地把职工群众组织到工会中来，巩固党执政的阶级基础和群众基础。各类法人单位工会组建率和职工入会率动态保持在80%以上。

1. 大力推进非公有制经济组织、社会组织组建工会。在巩固已有组织基础的同时，通过工会组织形式的创新，加快新领域新阶层工会组织建设，促进工会组织不断向非公有制经济组织和社会组织延伸，进一步扩大工会组织覆盖面。对于符合单独建会条件的非公有制经济组织、社会组织，大力推进其单独建立工会。集中力量突破非公有制企业建会难点，集中力量推进职工人数多、社会影响大的社会组织建立工会。针对非公有制经济组织、社会组织大量聚集于商务楼宇、产业园区、商圈市场的实际，探索建立联合基层工会，通过联合建立的楼宇工会、园区工会、商圈工会、市场工会等形式实现对中小微企业和各类社会组织的有效覆盖。

2. 切实加强乡镇（街道）、开发区（工业园区）、自由贸易区工会建设。依法推进乡镇（街道）、开发区（工业园区）工会组织建设，承担地方工会和基层工会双重职责，充分发挥其承上启下、指导基层和促进区域劳动关系稳定的作用。继续夯实乡镇（街道）——村（社区）——企业"小三级"工会组织架构，延伸工作触角，扩大组织覆盖，带动乡镇（街道）工会工作的有效运转。创新自由贸易区工会组织形式，注重发挥功能区工会和行业工会的作用，建立符合自贸区特点的工会组织网络，形成可复制可推广的工会组建模式。

3. 规范建立区域（行业）基层工会联合会。根据产业体系、职工队伍的发展变化，按照地域相近、行业相同的原则，推进区域（行业）基层工会联合会建设，实现对中小微企业的全覆盖。按照联合制、代表制原则，规范联合会组织架构，使所辖多数基层工会主席进入联合会委员会，增强联合会的代表性。加强对乡镇（街道）行业工会联合会工作的指导，发挥其延伸工会工作领域、覆盖各类职工群体的作用。广泛开展"五个一"活动，即每年召开一次会员代表大会、一次职工代表大会，开展一次工资集体协商、一次劳动竞赛、一项职工喜闻乐见的文体活动。

4. 着力做好农民工入会工作。大力开展"农民工入会集中行动"，继续把开发区（工业园区）、建筑项目、物流（快递）业、家庭服务业、农民专业合作组织等领域作为重点，把解决劳务公司建会难作为重要突破口，根据各地实际，积极拓展农民工入会领域。通过微信、微博等各种适应农民工特点的方式，大力宣传中国工会的性质和特点、工会的维权服务工作、工会会员的权利义务、入会程序等，增强农民工对工会的认知认同。创新农民工入会方式，通过网上申请入会、在农民工集聚地设立流动服务窗口等多种形式，方便、快捷地组织农民工入会。加强农民工输出地和输入地工会之间的协调配合，最大限度地把农民工吸收到工会组织中来，使他们成为工人阶级坚定可靠的新生力量。

5. 改革创新会员发展和会籍管理工作。积极探索职工入会新途径，打通职工入会"最后一公里"，把科技工作者、青年职工、农民工、劳务派遣工、灵活就业人员等最大限度地组织到工会中来。按照属地区域就近或行业就近原则，发挥区域（行业）基层工会联合会、乡镇（街道）、村（社区）工会的作用，吸收所辖区域（行业）内未建会单位职工加入工会，会员达到一定人数再建立单位工会。开辟职工网上申请入会渠道，建立线上申请、线下办理的工作流程，为职工入会提供便捷服务。加强会员会籍管理，建立会员实名制数据库，实行动态管理，逐步实现会员会籍管理制度化、规范化、信息化。按照劳动（工作）关系在哪里、会员会籍就在哪里的原则，健全会员档案，规范会员关系接转，实行"一次入会、动态接转"，逐步建立城乡一体的会员管理和流转服务工作机制。

二、创新基层工会活动方式和工作方法，增强工会组织的吸引力凝聚力战斗力

适应互联网迅猛发展和职工生活方式的深刻变化，坚持以职工需求为导向，以职工群众为中心，让职工群众当主角，开展形式多样、富有工会特色的活动，提高职工群众的参与度和获得感，把每一个基层工会都建设成为直接联系服务职工群众的基地，把工会组织建设成为职工群众信赖的职工之家。

1. 合力打造工会网上工作平台。主动适应信息化和新媒体广泛应用的新趋势，积极整合工会系统网络资源，搭建网上工作平台，开展网上工会工作，让职工群众在网上找到工会组织、参加工会活动、表达利益诉求，形成网上网下深度融合、互联互动的工会工作格局。实施工会"互联网+"行动计划，开通工会微博、微信公众号，开发移动客户端，打造"一系统多终端"的工会服务职工网络运行载体，让互联网成为了解职工、贴近职工、联系职工、服务职工的新途径，打开工会联系服务职工群众的新窗口。

2. 大力实施"互联网+"工会普惠性服务。推动互联网时代工会工作转型升级，创新服务职工的理念和方式，以会员实名制为基础，打造"互联网+"工会普惠性服务互动平台，向工会会员发放服务卡，围绕职工医疗、职工就业、职业培训、法律援助、困难帮扶、职工文化等设立服务项目，使服务卡成为广大职工看得见、用得着、信得过的"连心卡"。着力扩大工作覆盖面和服务受众范围，实现工会服务职工从特惠到普惠的转变，实现服务对象全覆盖、服务时间全天候。按照"会、站、家"一体化思路，加强困难职工帮扶中心（职工服务中心）和站点建设，形成网上网下相互促进、有机融合的工会服务工作新格局，把党和政府的关怀和工会组织的温暖送到职工群众的心坎上。

3. 切实改进服务职工的方式方法。坚持统一性服务和差异化服务相结合，充实服务内容，改进服务方式，满足不同职工群体的多样化需求。按照职工的"生物钟"运转工作，开启"错峰服务"模式，在直接服务职工的工会工作站（点）实行错时上下班制度，把工会组织的服务延伸到8小时之外。制定工会服务职工工作项目清单，明确服务内容和服务标准，为职工群众提供精准服务。探索通过服务外包、项目外包方式，引入社会力量，为职工提供专业化、高水平的服务。建立工会服务职工满意度评价机制，通过对服务对象定期走访、发放征求意见表、进行无记名投票等多种方式，听取意见建议，回应职工诉求，提高服务水平。

4. 充分发挥工会枢纽型组织的作用。加强对劳动关系领域社会组织的政治引领、示范带动和联系服务，发挥桥梁纽带作用。培育孵化工会直接领导的职工服务类社会组织和志愿者队伍，接长工作手臂，拓展服务链条。探索与共青团、妇联等群团基层组织合作建立社会组织，增强群众工作合力。通过项目招标、购买服务等市场化方式，引导社会组织为职工提供专业化的服务。通过组建社会组织工会联合会等方式，探索建立联系引导劳动关系领域社会组织的工作机制。

5. 做实叫响工会工作品牌。大力弘扬劳模精神、劳动精神、工匠精神，团结动员广大职工为实现"两个一百年"奋斗目标、实现中华民族伟大复兴的中国梦建功立业。把为困难职工送温暖、五一劳动奖、大国工匠、工人先锋号、职工书屋等一批有影响的全国性工作品牌深深植根于基层，支持和鼓励各级工会努力创造职工欢迎、富有成效的新品牌，吸引职工群众参与活动设计和工作部署，提高职工群众的参与率和受益度。建立健全职代会、厂务公开、职工董事、职工监事等民主管理制度。广泛开展"争创模范职工之家、争做职工信赖娘家人"活动，不断提高基层工会组织职工、引导职工、服务职工、维护职工合法权益的能力，切实承担起引导职工群众听党话、跟党走的政治责任。

三、打造绝对忠诚党的事业、竭诚服务职工群众的工会干部队伍，提升基层工会干部履职能力

按照习近平总书记提出的"好干部"标准，坚持德才兼备、以德为先，全面加强工会干部队伍建设。把绝对忠诚党的事业、竭诚服务职工群众作为工会干部的价值追求，打开眼界、打开思路、打开胸襟，强化服务意识，提高维权能力，使广大工会干部真正成为党的全心全意为人民服务宗旨的忠实践行者、党的群众路线的坚定执行者、党的群众工作的行家里手。

1. 选优配强基层工会主席。选优配强基层工会带头人，是有效发挥基层工会作用的基础和关键。加强对基层工会选举工作的组织领导，始终坚持党的领导，坚持民主集中制，遵循依法规范、公开公正的原则，严格把握候选人产生环节，规范基层工会民主选举程序，真正把政治素质好，知职工、懂职工、爱职工的人选到工会主席岗位上来。强化激励机制，关心爱护基层工会主席，让他们在政治上有地位、经济上有补贴、履职上有保障、职业上有发展，不断增强工作积极性和职业荣誉感。

2. 优化基层工会干部队伍结构。建设一支专职、兼职、挂职相结合的基层工会干部队伍，不断壮大基层工会工作力量。按照《中国工会章程》的有关规定，配备专职工会主席和工会专职工作人员。推动和指导基层工会通过新增兼职、挂职副主席和工会干部的方式，优化基层工会干部队伍结构。切实发挥兼职、挂职工会干部作用，健全议事规则，明确职责任务，使兼职、挂职工会干部组织上有身份、工作上有任务、肩膀上有责任。注重在基层一线劳模（先进工作者）和优秀职工中选配工会干部，提高一线职工所占比例，完善基层工会委员会的人员构成。加强工会积极分子和志愿者队伍建设，使其成为基层工会开展工作的积极力量。

3. 建设工会社会工作专业人才队伍。按照社会化运作、契约化管理、专业化培训、职业化发展的思路，整合、优化、提升、发展现有的社会化工会工作者队伍，推动纳入国家社会工作专业人才队伍范围。积极争取政府有关部门的支持，明确工会社会工作专业人才的岗位设置，建立工会社会工作专业人才薪酬保障机制、评价激励制度和人才培养体系，促进工会社会工作专业人才队伍向专业化职业化方向发展，更好地满足职工群众多样化的社会服务需求。

4. 强化工会干部培训工作。改进培训的方式方法，综合运用讲授式、研讨式、案例式、模拟式、体验式等教学方法，实现教学相长、学学相长。用好大数据、"互联网+"等技术手段，把实体培训和网络培训有机结合起来，为广大工会干部特别是基层工会干部提供优质的培训。增强培训工作的针对性、实效性，聚焦工会干部教育培训的主业主课，教育引导工会干部增强政治意识、大局意识、核心意识、看齐意识，切实做到忠诚、干净、担当，提升工会干部的能力素质。

四、加强组织领导，不断提高基层工会工作保障水平

加强基层工会建设是基础性、保障性、战略性工程，是工会改革的重要任务。各级工会要进一步加强对基层工会工作的组织领导，深化基层工会建设"落实年"活动，加强统筹协调，落实工作责任，坚持重心下移，把更多的资源向基层倾斜，把更多的精力投入基层一线，为增强基层工会活力、发挥基层工会作用提供坚实保障。

1. 加强组织领导。各级工会要高度重视、加强领导，在加强基层工会建设中，积极赋予改革内容，指导和鼓励基层工会从自身实际出发推进改革。各级地方工会主要领导为基层工会建设第一责任人，形成主要领导亲自抓、分管领导具体抓、职能部门共同抓、一级抓一级、层层抓落实的工作格局。大力推进"六有"工会建设（有依法选举的工会主席、有独立健全的组织机构、有服务职工的活动载体、有健全完善的制度机制、有自主管理的工会经费、有会员满意的工作绩效工会），不断提高基层工会工作规范化水平，切实发挥基层工会作用。建立职工群众评议工会干部、评价工会工作和下级工会评价上级工会制度，加强工作考核和督促检查，提高工会工作的执行力。

2. 注重分类指导。坚持从实际出发，实施精准化、差异化指导和服务，切实帮助解决基层工会工作中的困难和问题。根据不同地区、不同行业的基层工会在企业规模、组织形式、职工队伍、工作基础等方面的差异，因地制宜、因企制宜、分类施策，有针对性地提出目标任务和具体举措。运用法治思维和法治方式，依法建会、依法管会、依法履职、依法维权，不断提升工会工作法治化水平。尊重基层首创精神，善于发现和总结基层和职工群众创造的鲜活经验并不断完善，发挥示范带动作用。

3. 强化经费保障。坚持工会经费使用进一步向基层倾斜，优化经费支出结构。

将全国工会经费全年收入的95%留在地方和基层工会，基层工会的经费分成比例不低于60%，明确乡镇（街道）、开发区（工业园区）工会的经费分成比例。全总本级工会经费全年收入的70%用于对下级工会的补助，每年从对下补助经费中，安排专项资金（不低于补助总额的10%）用于乡镇（街道）工会、开发区（工业园区）工会的工作经费。省及省以下各级工会要加大对乡镇（街道）、开发区（工业园区）工会和基层工会经费投入力度，把更多经费直接用在职工群众身上，为基层工会开展工作、服务职工提供经费保障。

4. 改进工作作风。各级工会要把加强基层工会建设与改进工会干部工作作风结合起来，与开展"两学一做"学习教育结合起来，加强作风建设，提高工作水平，把工会组织建设得更加充满活力、更加坚强有力。坚持把党的群众路线作为工会工作的生命线和根本工作路线，牢记宗旨，不忘初心，认真践行"三严三实"要求，自觉抵制和纠正"四风"，防止和克服"四化"等脱离群众问题，带着对职工群众的深厚感情履职尽责。建立健全联系服务职工群众的长效机制，把工作重心放在最广大普通职工身上，通过蹲点调研、定期走访、结对帮扶等多种形式，经常同职工群众面对面、手拉手、心贴心的零距离接触，掌握第一手材料，解决职工群众急需解决的问题，以热情、热忱的服务打动人心、温暖人心、影响人心、赢得人心，把广大职工群众始终团结凝聚在党的周围。

中华全国总工会关于新形势下加强基层工会建设的意见

（2014年7月29日　总工发〔2014〕22号）

为深入贯彻党的十八大、十八届三中全会和习近平总书记系列重要讲话特别是关于工人阶级和工会工作的重要指示精神，进一步夯实工会基层基础，增强基层工会组织吸引力凝聚力，现就新形势下加强基层工会建设提出如下意见。

一、新形势下加强基层工会建设的重要意义、指导思想和目标要求

1. 工会是党联系职工群众的桥梁和纽带，基层工会直接联系和服务职工群众，是工会全部工作的基础，是落实工会各项工作的组织者、推动者和实践者。新形势下加强基层工会建设，是巩固党执政的阶级基础和群众基础的必然要求，是动员广大职工积极投身改革、实现中国梦的迫切需要，是服务职工、维护职工合法权益、构建和谐劳动关系的重要保障，是加强工会自身建设、增强工会组织活力、推进国家治理体系和治理能力现代化的客观需要。近年来，各级工会主动适应企业组织形式、职工队伍结构和劳动关系的变化，始终把抓基层、打基础、增活力作为重点工作，在维护职工合法权益、构建和谐劳动关系、推动经济社会发展中发挥了重要作用。但从总体上看，基层工会工作与形势任务的要求、党中央的重托和职工群众的期盼仍有较大差距，主要表

现在：工会组建工作与企业快速发展、组织形式多样化的特点不相适应；工会会员发展和管理与职工队伍迅速壮大、内部结构的深刻变化不相适应；工会组织体制、运行机制与基层工会工作创新发展的迫切需要不相适应；工会活动的内容方式与职工群众多样化的需求不相适应；工会干部队伍建设与基层工会所承担的工作职责不相适应；为基层工会提供的指导服务保障与基层工会面临的繁重任务不相适应。各级工会要进一步统一思想、提高认识，切实增强责任感和使命感，按照"巩固、发展、提高"的要求，以职工满意不满意、工会作用发挥充分不充分为标尺，全面加强基层工会建设，努力开创基层工会工作新局面。

2. 新形势下加强基层工会建设，要高举中国特色社会主义伟大旗帜，坚持以邓小平理论、"三个代表"重要思想、科学发展观为指导，贯彻落实习近平总书记系列重要讲话精神，坚持走中国特色社会主义工会发展道路，牢牢把握为实现中华民族伟大复兴的中国梦而奋斗这个我国工人运动的时代主题，坚持依法建会、依法管会、依法履职、依法维权，以组织建设为基础，以作用发挥为关键，以健全机制为保障，以职工满意为标准，突出服务职工、突出问题导向、突出改革创新，着力加强基层服务型工会建设，扩大覆盖面、增强凝聚力，努力把基层工会建设成为职工群众信赖的"职工之家"，把广大基层工会干部锤炼成为听党话、跟党走、职工群众信赖的"娘家人"。

3. 新形势下加强基层工会建设，要坚持从工会组织的性质和特点出发，努力建设"六有"工会：一是有依法选举的工会主席，建设心系职工、善于维权、开拓进取的骨干队伍；二是有独立健全的组织机构，完善工会委员会、经费审查委员会、女职工委员会等组织；三是有服务职工的活动载体，满足职工的多样化需求；四是有健全完善的制度机制，实现工会工作的群众化、民主化、制度化、法制化；五是有自主管理的工会经费，真正用于服务职工和工会活动；六是有会员满意的工作绩效，切实让职工群众感受到工会是"职工之家"。通过3-5年努力，使基层工会覆盖面明显扩大，服务职工能力明显提高，工会组织吸引力凝聚力明显增强，力争实现全国80%以上的基层工会基本达到"六有"目标。

二、加强基层工会组织建设

4. 加强企业和机关事业单位工会建设。企业和机关事业单位工会是基层工会的主体。要适应工业化、信息化、城镇化和农业现代化，依法推进各类企业和机关事业单位普遍建立工会组织，巩固建会成果，提高建会质量。国有及国有控股企业、机关、事业单位工会组建实现全覆盖，职工人数较多、规模以上企业工会组建实现全覆盖。积极推进非公有制企业、社会组织以及服务业单位建会工作，25人以上单位应单独组建工会，25人以下单位一般通过联合基层工会实现组织覆盖。切实纠正企业和机关事业单位改革改制中撤销工会或将工会合并到党群工作部门的现象。

5. 加强乡镇（街道）、开发区（工业园区）工会建设。乡镇（街道）、开发区（工业园区）工会承担地方工会和基层工会双重职责。积极推进乡镇（街道）、开发区（工业园区）组建工会，已经建立工会工作委员会的，要逐步向工会联合会、总工会等组织形式转变。企业100家左右、职工5000人左右的乡镇（街道）、省级以上开发区（工业园区）可以设立总工会，作为一级地方工会组织，履行地方工会领导职责。乡镇（街道）、开发区（工业园区）工会组织机构单独设置，工会主席按党政同级副职配备，副主席享受中层正职待遇。乡镇（街道）设立总工会的，要积极推动乡镇（街道）党（工）委副书记兼任总工会主席，配备1名专职副主席，并配备专职工会干事，同时选配好兼职副主席和委员。

6. 加强区域（行业）基层工会联合会建设。按照地域相近、行业相同的原则，在县以下建立区域性或行业性基层工会联合会。联合会委员会由专职工作人员和所属基层工会主席组成，也可吸收党委政府相关部门人员参加。联合会原则上至少配备1名专职工作人员，会员人数较多的应适当增加配备人数。加强村（社区）工会建设，努力实现对不具备单独建会条件的小微企业和零散就业人员全覆盖。规范联合基层工会组织架构，所辖单位原则上不超过50家。

7. 加强基层工会干部队伍建设。基层工会干部队伍是基层工会赖以发挥作用的关键。要在同级党组织和上级工会的领导下，充分发扬民主，依法依规推进基层工会民主选举。按照积极稳妥、确保质量的要求，扎实推进基层工会主席（副主席）由会员大会或者会员代表大会直接选举产生。根据各地实际和工作需要，上级工会可以向基层工会推荐、选派工会主席候选人。积极争取公益性岗位，运用市场化、社会化方式聘用社会化工会工作者，建立完善社会化工会工作者选聘、使用、履职、考核、退出等机制。加强基层工会干部培训工作，切实增强政治意识、大局意识和服务意识，不断提高履职能力。基层工会主席上岗一年内应参加培训。

8. 加强会员发展和会籍管理工作。加大会员发展力度，最大限度地把广大职工组织到工会中来。切实做好农民工会员发展工作，积极探索运用多种形式，把农民工吸引到工会中来、吸引到工会活动中来。加强对职工特别是农民工服务类社会组织的团结、联系和吸纳，通过服务和活动吸引凝聚职工，充分发挥工会枢纽型社会组织的作用。推进会员管理工作制度化、规范化、信息化，健全会员档案，做好会员登记和会员证发放工作，积极推进会员实名制管理，通过举行职工入会仪式等多种途径增强会员意识。会员组织关系随劳动关系流动，完善"源头入会、凭证接转、属地管理"机制，畅通会员组织关系接转渠道。

三、明确基层工会建设的主要任务

9. 教育引导职工。培育和践行社会主义核心价值观，提高职工的道德素养，激发职工奋发向上、崇德向善的正能量。大力弘扬劳动精神、劳模精神和工人阶级伟大品格，深入开展"中国梦·劳动美"主题教育活动，倡导辛勤劳动、诚实劳动、科学劳动。加强职工思想政治工作，注重对职工的人文关怀、心理疏导和情绪引导，突出做好农民工、青年职工和知识分子等职工群体的思想工作。加强职工文化建设，广泛开展职工文化体育活动，丰富职工精神文化生活。加强普法宣传教育，提高职工法律意识。

10. 推动改革发展。引导职工群众拥护支持改革、参与推动改革，夯实全面深化改革的群众基础。深入开展多种形式的劳动竞赛活动，深化合理化建议、技术攻关、技术革新、发明创造等群众性技术创新活动。加强班组建设，广泛开展"工人先锋号"创建活动。深入实施职工素质建设工程，加大职工职业技能培训力度，建立健全技术工人培养、评价、使用、激励机制，培养造就知识型、技术型、创新型的高素质职工队伍。

11. 履行维权职责。认真履行维护职工合法权益的基本职责，坚持以职工为本，主动依法科学维权。紧紧围绕职工最关心最直接最现实的利益问题、最困难最操心最忧虑的实际问题，以一线职工、农民工、困难职工等为重点群体，以劳动就业、技能培训、收入分配、社会保障、安全卫生等为重点领域，切实维护好广大职工的各项合法权益。坚持维权与维稳相统一，引导职工依法理性表达利益诉求，维护职工队伍和社会和谐稳定。

12. 协调劳动关系。建立健全科学有效的利益协调机制、诉求表达机制、矛盾调处机制、权益保障机制，推动形成规范有序、公正合理、互利共赢、和谐稳定的社会主义新型劳动关系。引导企业开展创建和谐劳动关系活动，依法推动企业普遍开展工资集体协商，促进基础扎实、条件成熟的行业建立集体协商制度。建立健全以职代会为基本形式的企事业单位民主管理制度、厂务公开制度和职工董事职工监事制度。加强劳动争议特别是集体劳动争议调处工作。深入开展"安康杯"竞赛活动，改善劳动安全卫生条件，保障职工群众生命安全和健康权益。

13. 服务职工群众。坚持全心全意为职工服务的宗旨，以服务增强工会组织的吸引力和凝聚力，以服务增强职工群众对工会组织的归属感和认同感。深化"面对面、心贴心、实打实服务职工在基层"活动长效机制，积极为职工办实事、做好事、解难事。加快构建服务职工工作体系，按照"会、站、家"一体化的思路，把组建工会、创办职工帮扶服务中心、建设"职工之家"统一起来，着力打造基层服务型工会。大力推行会员普惠制，加大投入、创新方式、完善机制，使全体会员都能享受到工会组织提供的实实在在的服务。探索向职工服务类社会组织购买服务，推进项目制、订单式、社会化服务方式。

四、加强基层工会建设的方法措施

14. 坚持分类指导。坚持从实际出发，在认真履行基本职责的基础上，针对不同性质、不同工作基础、不同组织形式的基层工会，提出不同的工作要求。国有企业工会要围绕生产经营搞好服务，保障职工参与管理和监督的民主权利，组织职工为企业改革发展献力献策。非公有制企业工会要围绕构建互利双赢的劳动关系，代表和维护职工合法权益，促进企业科学发展、和谐稳定。机关工会要围绕机关中心工作，开展群众性精神文明创建活动，不断丰富职工精神文化生活。事业单位工会要围绕深化分类改革、促进事业发展，做好职工思想政治工作，不断提升公益服务水平。区域（行业）基层工会联合会要有效指导所属单位工会开展工作，推动区域（行业）性维权和服务机制建设。

15. 完善工作格局。健全完善党委领导、政府支持、工会运作、职工参与、社会协同的工作格局。深化党建带动工建、工建服务党建、党工共建机制，推动基层工会建设纳入党建工作规划和考核体系。健全完善各级地方工会、产业工会与政府联席（系）会议制度、劳动关系三方协商机制，逐步向乡镇（街道）、开发区（工业园区）延伸。积极参与和促进人大立法，配合各级人大、政协开展执法检查、专题视察。推动建立企业经营者履行社会责任激励引导机制，争取相关部门在推荐协商企业界党代表、人大代表、政协委员、工商联会员及评选劳动模范、五一劳动奖章、各类先进企业时将企业经营者支持工会工作、履行社会责任作为必要条件，并征求同级工会意见。加强与国资委、工商联、企业协会等单位协作，选树典型，调动企业经营者积极性，为开展工会工作创造良好的外部环境。

16. 强化激励机制。关心爱护基层工会干部，按照有关规定全面落实保障待遇，让他们在政治上有关心、经济上有保障、职业上有发展，增强基层工会干部的积极性及职业荣誉感。积极推动基层工会主席享受同级党政副职待遇。大力表彰基层工会建设中涌现出的先进集体和先进个人，事迹特别突出的分别授予五一劳动奖状、五一劳动奖章。有条件的地方可以由上级工会向基层兼职工会干部发放补贴。健全完善工会主席合法权益保护机制，用好用活工会干部权益保障金。基层工会主席劳动合同变更、解除或终止前应向上级工会报告和备案。

17. 畅通联系渠道。健全完善基层工会向同级党组织和上级工会报告工作制度。建立健全劳动关系预警、预判、预报和紧急处置机制，发生集体劳动争议时，基层工会主席应第一时间深入职工了解情况并向上级工会报告。在基层工会难以履行维权职责时，上级工会要加强指导帮助或"上代下"维权。积极推进工会联系点制度建设，探索建立各级工会代表大会代表联系职工群众制度。建立健全基层工会与行政沟通协商制度。

18. 深化建家活动。职工之家建设是加强基层工会建设的本质要求和综合载体。要以职工之家建设为引领，以会员是否满意为基本标准，建立健全基层工会建设综合考核评价体系。围绕实践"两个信赖"，深入开展"深化建家达标创优"活动，探索建立各层级模范职工之家创建、申报、考核、表彰、复查等制度，提升职工之家品牌影响力。坚持依靠会员办工会，深化"工会组织亮牌子、工会主席亮身份"活动，推进会员评家、会务公开以及会员代表常任制等工作，落实会员的知情权、参与权、选举权和监督权。探索推进联合职工之家、网上职工之家建设。基层单位及其党政负责人拟推荐申报工会系统评选表彰的各层级五一劳动奖状、五一劳动奖章等荣誉称号的，其工会组织应荣获相应层级的模范职工之家称号。

19. 加大经费保障。积极推动税务部门全额代征工会经费，保证基层工会经费足额到位。上级工会按照权随责走、费随事转原则，通过转移支付、项目化管理等方式，把工会经费向基层工会倾斜。在基层工会自愿基础上，探索实行财务集中管理、分户核算的"上代下"会计核算模式。各地工会要扩大工会经费来源渠道，积极承接政府转移职能和项目，争取政府财政补助、活动经费或专项经费，强化基层工会经费保障。全总在对下补助中安排专项资金用于乡镇（街道）工会（不低于补助总额的10%），并专款专用。省及省以下各级工会都要加大对乡镇（街道）、开发区（工业园区）工会和基层工会资金投入力度，把更多的资金用在职工身上。

五、加强基层工会建设的组织领导

20. 加强统筹谋划。各级工会要站在全局和战略的高度，把加强基层工会建设列入重要议事日程，制定工作规划和具体实施办法，加强统筹协调。省级和地市级工会主要抓好基层工会建设的总体规划、资源统筹、宏观指导和督促检查，为推进基层工会建设提供理论、法律、政策和信息等方面服务。县级工会要制定具体实施意见，加强具体指导，集中时间、组织专人推动落实，帮助基层工会解决遇到的困难和问题。乡镇（街道）、开发区（工业园区）工会要加强自身建设，抓好村（社区）、企业工会建设，发挥承上启下的重要作用。产业（行业）工会要立足产业（行业）特点，认真研究产业发展趋势、产业政策、行业劳动安全卫生和行业劳动标准，加强县以下行业工会联合会建设，搭建基层工会建设的载体平台，组织开展富有产业（行业）特色的工会活动。

21. 落实领导责任。逐级建立加强基层工会建设工作领导小组，明确各级工会主要领导为第一责任人，形成主要领导亲自抓、分管领导具体抓、职能部门共同抓、一级抓一级、层层抓落实的工作格局。推动建立上级工会对下级工会开展基层工会建设考核评价制度，每年至少召开一次考核评议会。建立健全基层工会建设目标管理、定期研究、工作通报等制度，加强督查指导，及时研究解决问题。

22. 强化宣传引导。精心培育打造基层工会建设的先进典型，充分发挥示范辐射和带动作用。加强舆论宣传，运用现场会、观摩会、学习交流会和各种宣传阵地，及时宣传推广基层工会建设的成功经验和做法，形成推进基层工会建设的良好氛围。充分利用网站、微博、微信、QQ群等现代传媒手段，不断增强宣传实效，扩大工会工作影响力。

23. 改进工作作风。认真践行党的群众路线，落实"三严三实"要求，加强党风廉政建设，健全完善改进作风、联系基层、服务职工的长效机制。坚持群众化、民主化，破除机关化、行政化，坚持工作重心下沉、资源配置下沉和组织力量下沉，为基层工会开展工作创造良好条件。各级工会干部特别是领导干部要走出高楼大院，摆脱文山会海，更多到基层工会和职工群众中去，帮助他们排忧解难。要顺应时代要求，适应社会变化，善于创造科学有效的工作方法，让职工群众真正感到工会是"职工之家"，工会干部是最可信赖的"娘家人"。

关于推进新就业形态劳动者入会工作的若干意见（试行）

（2021年 总工办发〔2021〕16号）

近年来，随着新产业新业态新模式蓬勃兴起，企业组织形式和劳动者就业方式发生深刻变化，依托互联网平台就业的货车司机、网约车司机、快递员、外卖配送员等新就业形态劳动者大幅增加，工会组建工作面临新情况新问题。为深入学习贯彻习近平总书记重要指示精神，落实全总党组、书记处工作部署，最大限度把新就业形态劳动者组织到工会中来，团结凝聚在党的周围，现就推进新就业形态劳动者入会工作提出如下意见。

一、夯实新就业形态劳动者入会组织基础

（一）推动用人单位依法建立工会组织。聚焦重点行业、重点领域，推动互联网平台企业特别是头部企业及所属子公司、分公司，以及货运挂靠企业、快递加盟企业、外卖配送代理商、劳务派遣公司等关联企业普遍建立工会组织，完善组织架构，广泛吸收新就业形态劳动者入会。

（二）加强新就业形态行业工会联合会建设。根据地方和行业实际，按一个或多个行业成立以覆盖新就业形态劳动者为主的行业工会联合会，作为吸收新就业形态劳动者入会和管理服务的重要载体。有条件的配备社会化工会工作者、保障工作经费。

（三）完善"小三级"工会组织体系。建强乡镇（街道）、村（社区）工会组织，承担新就业形态劳动者入会"兜底"功能。对应党建片区、社会治理网格、园区、商圈、楼宇等，建立相应的区域工会，推行工会网格化模式，夯实组织基础，扩大有效覆盖。

二、明确新就业形态劳动者入会路径

（四）与用人单位建立劳动关系或符合确定劳动关系情形的新就业形态劳动者，应加入用人单位工会。用人单位没有成立工会的，可加入用人单位所在地的乡镇（街道）、开发区（工业园区）、村（社区）工会或区域性行业性工会联合会、联合工会等。待用人单位建立工会后，及时办理会员组织关系接转手续。

（五）不完全符合确立劳动关系情形及个人依托平台自主开展经营活动等的新就业形态劳动者，可以加入工作或居住地的乡镇（街道）、开发区（工业园区）、村（社区）工会或区域性行业性工会联合会、联合工会等。鼓励平台企业、挂靠企业工会等吸纳新就业形态劳动者入会。

（六）以劳务派遣形式就业的新就业形态劳动者加入工会，依照《中华全国总工会关于组织劳务派遣工加入工会的规定》（总工发〔2009〕21号）执行。用人单位、用工单位均没有成立工会的，可加入用人或用工单位所在地的乡镇（街道）、开发区（工业园区）、村（社区）工会或区域性行业性工会联合会、联合工会等。

三、创新新就业形态劳动者入会及管理方式

（七）适应新就业形态劳动者用工关系复杂、就业灵活、流动性大等特点，优化入会流程，方便组织劳动者入会。探索推行集体登记入会、流动窗口入会、职工沟通会现场入会等方式，举行集中入会仪式等做法，增强会员意识，扩大工会影响。

（八）针对新就业形态劳动者多依托互联网平台就业的实际，结合智慧工会建设，加快推进网上入会试点步伐，逐步健全支持网上便捷入会的数据系统和服务平台。有条件的地方，可以试行网上入会全流程操作。探索依托平台企业开展宣传引导、网上入会和维权服务。

（九）坚持新就业形态劳动者会员劳动（工作）关系在哪里，会籍就在哪里，实行一次入会、动态接转，加强流动会员管理，畅通组织关系接转渠道。探索基层工会联合会直接发展会员方式。及时将新就业形态劳动者会员纳入基层工会组织和工会会员数据库实名动态管理，逐步打通网上接转会员组织关系通道。

四、深化维权服务吸引新就业形态劳动者入会

（十）坚持服务先行，打造线上线下有机融合的服务新就业形态劳动者工作体系。争取社会力量支持参与，探索面向货车司机等重点群体的关爱基金和意外伤害险等服务项目，开展以满足新就业形态劳动者需求为导向的服务活动。规范和做好工会户外劳动者服务站点相关工作，推动"司机之家"建设和"会、站、家"一体化建设，有效凝聚新就业形态劳动者。

（十一）探索平台企业实行民主管理的方式方法，注重发挥产业、行业工会作用，引导平台企业和劳动者在劳动报酬、奖惩办法、工作时间、劳动定额等方面进行协商，为劳动者搭建理性有序表达合理利益诉求的渠道，保障劳动者对涉及切身利益重要事项的知情权、参与权、表达权，加强对平台企业执行劳动法律法规的有效监督。

五、强化新就业形态劳动者入会工作经费保障

（十二）各级工会要持续加大投入，逐步建立健全新就业形态劳动者入会工作经费保障机制。推行新就业形态劳动者入会项目制。争取财政资金和社会力量投入，探索多元化投入机制，多渠道解决新就业形态劳动者入会工作经费保障不足等现实问题。

（十三）针对新就业形态劳动者收入不稳定、难以确定交纳会费基数的实际，加强对会费交纳问题的探索研究，增强会员意识，提高新就业形态劳动者入会动力。

六、加强组织领导

（十四）各级工会要将推进新就业形态劳动者入会作为当前和今后一个时期的重点任务，建立健全工作推进机制，加强统筹协调，调动资源力量，深入开展入会集中行动，加快推进步伐。坚持党建带工建，推动建立完善党委领导、政府支持、工会主抓、职工参与、社会协同的工作格局，推动将新就业形态劳动者入会纳入党建工作考核体系。争取行业主管部门、行业协会等支持，联合制定文件、开展调研、组织活动、建设阵地、共享信息。

（十五）加强分类指导，创新载体手段，增强新就业形态劳动者入会工作的针对性和实效性。充分利用工会主流媒体以及微博、微信、微视频等新媒体，广泛开展新就业形态劳动者入会服务集中宣传活动。结合开展党史学习教育、"我为群众办实事"、下基层蹲点活动等，进一步转变作风，扎实推动工作。全总将把新就业形态劳动者入会作为组建工会和发展会员考核的重要内容，加强督促检查，适时通报工作进展，对先进集体予以表扬。

| 典型案例

码上入会[1]

2021年10月上旬，某市总工会在新就业形态劳动者较多的快递员、外卖送餐员、网约车司机等行业进行走访调研，征求网上入会的意见和建议。10月中旬，市总工会在微信公众号底栏"微服务"中设置了"我要入会"模块，点击"我要入会"后，出现"中华全国总工会入会申请书"全文，职工在"云签"本人姓名后进入"下一步"，填写相关内容，主要有：姓名、所属区域、身份证号码、移动电话、户籍类型、工作单位、职业类型（内有19个选项可供勾选），填写完毕后点击提交即可。

微信公众号后台管理员将市本级和8个县（市、区）职工想入会的电子资料转交市总工会基层工作部，交由市本级和各地工会会员信息采集系统的管理员分别导入本地的会员数据库内归集、汇总，为市、县（市、区）总工会领导班子决策提供服务。

新就业形态劳动者在企业时间少，长年在外服务于社会，将线下填表申请入会改为扫码入会，优化入会流程，简化入会手续，提高入会效率。码上入会不仅让他们体会到加入工会更加方便快捷，也体现了"互联网+"工会的应用成效。

中华全国总工会关于组织劳务派遣工加入工会的规定

（2009年 总工发〔2009〕21号）

一个时期以来，由于一些派遣单位与用工单位职责不清，相互推诿，相当数量的劳务派遣工还没有组织到工会中来。为最大限度地把包括劳务派遣工在内的广大职工组织到工会中来，切实维护其合法权益，根据《工会法》《中国工会章程》的相关规定，现对组织劳务派遣工加入工会作出以下规定：

1. 劳务派遣单位和用工单位都应当依法建立工会组织，吸收劳务派遣工加入工会，任何组织和个人不得阻挠和限制。劳务派遣工应首先选择参加劳务派遣单位工会，劳务派遣单位工会委员会中应有相应比例的劳务派遣工会员作为委员会成员。劳务派遣单位没有建立工会组织的，劳务派遣工直接参加用工单位工会。

2. 在劳务派遣工会员接受派遣期间，劳务派遣单位工会可以委托用工单位工会代管。劳务派遣单位工会与用工单位工会签订委托管理协议，明确双方对会员组织活动、权益维护等的责任与义务。

3. 劳务派遣工的工会经费应由用工单

---

[1] 参见2022年互联网+工会维权服务优秀案例，载中工网，https://www.workercn.cn/c/2023-04-25/7815925.shtml，最后访问时间2023年11月16日。

位按劳务派遣工工资总额的百分之二提取并拨付劳务派遣单位工会，属于应上缴上级工会的经费，由劳务派遣单位工会按规定比例上缴。用工单位工会接受委托管理劳务派遣工会员的，工会经费留用部分由用工单位工会使用或由劳务派遣单位工会和用工单位工会协商确定。

4. 劳务派遣工会员人数由会籍所在单位统计。加入劳务派遣单位工会的，包括委托用工单位管理的劳务派遣工会员，由劳务派遣单位工会统计，直接加入用工单位工会的由用工单位工会统计。

5. 劳务派遣单位工会牵头、由使用其劳务派遣工的跨区域的用工单位工会建立的基层工会联合会，不符合建立区域性、行业性基层工会联合会的规定，应予纠正。

6. 上级工会应加强督促检查，切实指导和帮助劳务派遣单位和用工单位工会做好劳务派遣工加入工会和维护权益工作。

第三部分
职工民主管理

基层工会会员代表大会条例

（2019年1月15日　总工发〔2019〕6号）

第一章　总　　则

第一条　为完善基层工会会员代表大会制度，推进基层工会民主化、规范化、法治化建设，增强基层工会政治性、先进性、群众性，激发基层工会活力，发挥基层工会作用，根据《中华人民共和国工会法》《中国工会章程》等有关规定，制定本条例。

第二条　本条例适用于企业、事业单位、机关、社会团体和其他社会组织单独或联合建立的基层工会组织。

乡镇（街道）、开发区（工业园区）、村（社区）建立的工会委员会，县级以下建立的区域（行业）工会联合会，如召开会员代表大会的，依照本条例执行。

第三条　会员不足100人的基层工会组织，应召开会员大会；会员100人以上的基层工会组织，应召开会员大会或会员代表大会。

第四条　会员代表大会是基层工会的最高领导机构，讨论决定基层工会重大事项，选举基层工会领导机构，并对其进行监督。

第五条　会员代表大会实行届期制，每届任期三年或五年，具体任期由会员代表大会决定。会员代表大会任期届满，应按期换届。遇有特殊情况，经上一级工会批准，可以提前或延期换届，延期时间一般不超过半年。

会员代表大会每年至少召开一次，经基层工会委员会、三分之一以上的会员或三分之一以上的会员代表提议，可以临时召开会员代表大会。

第六条　会员代表大会应坚持党的领导，坚持民主集中制，坚持依法规范，坚持公开公正，切实保障会员的知情权、参与权、选举权、监督权。

第七条　基层工会召开会员代表大会应向同级党组织和上一级工会报告。换届选举、补选、罢免基层工会委员会组成人员的，应向同级党组织和上一级工会书面报告。

上一级工会对下一级工会召开会员代表大会进行指导和监督。

第二章　会员代表大会的组成和职权

第八条　会员代表的组成应以一线职工为主，体现广泛性和代表性。中层正职以上管理人员和领导人员一般不得超过会员代表总数的20%。女职工、青年职工、劳动模范（先进工作者）等会员代表应占一定比例。

第九条　会员代表名额，按会员人数确定：

会员100至200人的，设代表30至40人；

会员201至1000人的，设代表40至60人；

会员1001至5000人的，设代表60至90人；

会员5001至10000人的，设代表90

至130人；

会员10001至50000人的，设代表130至180人；

会员50001人以上的，设代表180至240人。

第十条 会员代表的选举和会议筹备工作由基层工会委员会负责，新成立基层工会的由工会筹备组负责。

第十一条 会员代表大会根据需要，可以设立专门工作委员会（小组），负责办理会员代表大会交办的具体事项。

第十二条 会员代表大会的职权是：

（一）审议和批准基层工会委员会的工作报告；

（二）审议和批准基层工会委员会经费收支预算决算情况报告、经费审查委员会工作报告；

（三）开展会员评家，评议基层工会开展工作、建设职工之家情况，评议基层工会主席、副主席履行职责情况；

（四）选举和补选基层工会委员会和经费审查委员会组成人员；

（五）选举和补选出席上一级工会代表大会的代表；

（六）罢免其所选举的代表、基层工会委员会组成人员；

（七）讨论决定基层工会其他重大事项。

第三章 会员代表

第十三条 会员代表应由会员民主选举产生，不得指定会员代表。劳务派遣工会员民主权利的行使，如用人单位工会与用工单位工会有约定的，依照约定执行；如没有约定或约定不明确的，在劳务派遣工会员会籍所在工会行使。

第十四条 会员代表应具备以下条件：

（一）工会会员，遵守工会章程，按期缴纳会费；

（二）拥护党的领导，有较强的政治觉悟；

（三）在生产、工作中起骨干作用，有议事能力；

（四）热爱工会工作，密切联系职工群众，热心为职工群众说话办事；

（五）在职工群众中有一定的威信，受到职工群众信赖。

第十五条 会员代表的选举，一般以下一级工会或工会小组为选举单位进行，两个以上会员人数较少的下一级工会或工会小组可作为一个选举单位。

会员代表由选举单位会员大会选举产生。规模较大、管理层级较多的单位，会员代表可由下一级会员代表大会选举产生。

第十六条 选举单位按照基层工会确定的代表候选人名额和条件，组织会员讨论提出会员代表候选人，召开有三分之二以上会员或会员代表参加的大会，采取无记名投票方式差额选举产生会员代表，差额率不低于15%。

第十七条 会员代表候选人，获得选举单位全体会员过半数赞成票时，方能当选；由下一级会员代表大会选举时，其代表候选人获得应到会代表人数过半数赞成票时，方能当选。

第十八条 会员代表选出后，应由基层工会委员会或工会筹备组，对会员代表人数及人员结构进行审核，并对会员代表进行资格审查。

符合条件的会员代表人数少于原定代表人数的，可以把剩余的名额再分配，进行补选，也可以在符合规定人数情况下减少代表名额。

第十九条　会员代表实行常任制，任期与会员代表大会届期一致，会员代表可以连选连任。

第二十条　会员代表的职责是：

（一）带头执行党的路线、方针、政策，自觉遵守国家法律法规和本单位的规章制度，努力完成生产、工作任务；

（二）在广泛听取会员意见和建议的基础上，向会员代表大会提出提案；

（三）参加会员代表大会，听取基层工会委员会和经费审查委员会的工作报告，讨论和审议代表大会的各项议题，提出审议意见和建议；

（四）对基层工会委员会及代表大会各专门委员会（小组）的工作进行评议，提出批评、建议；对基层工会主席、副主席进行民主评议和民主测评，提出奖惩和任免建议；

（五）保持与选举单位会员群众的密切联系，热心为会员说话办事，积极为做好工会各项工作献计献策；

（六）积极宣传贯彻会员代表大会的决议精神，对工会委员会落实会员代表大会决议情况进行监督检查，团结和带动会员群众完成会员代表大会提出的各项任务。

第二十一条　选举单位可单独或联合组成代表团（组），推选团（组）长。团（组）长根据会员代表大会议程，组织会员代表参加大会各项活动；在会员代表大会闭会期间，按照基层工会的安排，组织会员代表开展日常工作。

第二十二条　基层工会讨论决定重要事项，可事先召开代表团（组）长会议征求意见，也可根据需要，邀请代表团（组）长列席会议。

第二十三条　基层工会应建立会员代表调研、督查等工作制度，充分发挥会员代表作用。

第二十四条　会员代表在法定工作时间内依法参加会员代表大会及工会组织的各项活动，单位应当正常支付劳动报酬，不得降低其工资和其他福利待遇。

第二十五条　有下列情形之一的，会员代表身份自然终止：

（一）在任期内工作岗位跨选举单位变动的；

（二）与用人单位解除、终止劳动（工作）关系的；

（三）停薪留职、长期病事假、内退、外派超过一年，不能履行会员代表职责的。

第二十六条　会员代表对选举单位会员负责，接受选举单位会员的监督。

第二十七条　会员代表有下列情形之一的，可以罢免：

（一）不履行会员代表职责的；

（二）严重违反劳动纪律或单位规章制度，对单位利益造成严重损害的；

（三）被依法追究刑事责任的；

（四）其他需要罢免的情形。

第二十八条　选举单位工会或三分之一以上会员或会员代表有权提出罢免会员代表。

会员或会员代表联名提出罢免的，选举单位工会应及时召开会员代表大会进行表决。

第二十九条　罢免会员代表，应经过

选举单位全体会员过半数通过；由会员代表大会选举产生的代表，应经过会员代表大会应到会代表的过半数通过。

第三十条 会员代表出现缺额，原选举单位应及时补选。缺额超过会员代表总数四分之一时，应在三个月内进行补选。补选会员代表应依照选举会员代表的程序，进行差额选举，差额率应按照第十六条规定执行。补选的会员代表应报基层工会委员会进行资格审查。

第四章 会员代表大会的召开

第三十一条 每届会员代表大会第一次会议召开前，应将会员代表大会的组织机构、会员代表的构成、会员代表大会主要议程等重要事项，向同级党组织和上一级工会书面报告。上一级工会接到报告后应于15日内批复。

第三十二条 每届会员代表大会第一次会议召开前，基层工会委员会或工会筹备组应对会员代表进行专门培训，培训内容应包括工会基本知识、会员代表大会的性质和职能、会员代表的权利和义务、大会选举办法等。

第三十三条 会员代表全部选举产生后，应在一个月内召开本届会员代表大会第一次会议。

第三十四条 会员代表大会召开前，会员代表应充分听取会员意见建议，积极提出与会员切身利益和工会工作密切相关的提案，经基层工会委员会或工会筹备组审查后，决定是否列入大会议程。

第三十五条 召开会员代表大会，应提前5个工作日将会议日期、议程和提交会议讨论的事项通知会员代表。

第三十六条 每届会员代表大会第一次会议召开前，可举行预备会议，听取会议筹备情况的报告，审议通过关于会员代表资格审查情况的报告，讨论通过选举办法，通过大会议程和其他有关事项。

第三十七条 召开会员代表大会时，未当选会员代表的经费审查委员会委员、女职工委员会委员应列席会议，也可以邀请有关方面的负责人或代表列席会议。

可以邀请获得荣誉称号的人员、曾经作出突出贡献的人员作为特邀代表参加会议。

列席人员和特邀代表仅限本次会议，可以参加分组讨论，不承担具体工作，不享有选举权、表决权。

第三十八条 基层工会委员会、经费审查委员会及女职工委员会的选举工作，依照《工会基层组织选举工作条例》规定执行。

第三十九条 会员代表大会应每年对基层工会开展工作、建设职工之家和工会主席、副主席履行职责等情况进行民主评议，在民主评议的基础上，以无记名投票方式进行测评，测评分为满意、基本满意、不满意三个等次。测评结果应及时公开，并书面报告同级党组织和上一级工会。

基层工会主席、副主席测评办法应由会员代表大会表决通过，并报上一级工会备案。

第四十条 基层工会主席、副主席，具有下列情形之一的，可以罢免：

（一）连续两年测评等次为不满意的；

（二）任职期间个人有严重过失的；

（三）被依法追究刑事责任的；

（四）其他需要罢免的情形。

基层工会委员会委员具有上述（二）（三）（四）项情形的，可以罢免。

第四十一条 本届工会委员会、三分之一以上的会员或会员代表可以提议罢免主席、副主席和委员。

罢免主席、副主席和委员的，应经同级党组织和上一级工会进行考察，未建立党组织的，由上一级工会考察。经考察，如确认其不能再担任现任职务时，应依法召开会员代表大会进行无记名投票表决，应参会人员过半数通过的，罢免有效，并报上一级工会批准。

第四十二条 规模较大、人数众多、工作地点分散、工作时间不一致，会员代表难以集中的基层工会，可以通过电视电话会议、网络视频会议等方式召开会员代表大会。不涉及无记名投票的事项，可以通过网络进行表决，如进行无记名投票的，可在分会场设立票箱，在规定时间内统一投票、统一计票。

第四十三条 会员代表大会与职工代表大会应分别召开，不得互相代替。如在同一时间段召开的，应分别设置会标、分别设定会议议程、分别行使职权、分别作出决议、分别建立档案。

第四十四条 会员代表大会通过的决议、重要事项和选举结果等应当形成书面文件，并及时向会员公开。

第五章 附 则

第四十五条 除会员代表的特别规定外，召开会员大会依照本条例相关规定执行。

第四十六条 本条例由中华全国总工会负责解释。

第四十七条 本条例自发布之日起施行，以往有关规定与本条例不一致的，以本条例为准。1992年4月14日中华全国总工会办公厅印发的《关于基层工会会员代表大会代表实行常任制的若干暂行规定》同时废止。

工会基层组织选举工作条例

（2016年10月9日 总工发〔2016〕27号）

第一章 总 则

第一条 为规范工会基层组织选举工作，加强基层工会建设，发挥基层工会作用，根据《中华人民共和国工会法》《中国工会章程》等有关规定，制定本条例。

第二条 本条例适用于企业、事业单位、机关和其他社会组织单独或联合建立的基层工会委员会。

第三条 基层工会委员会由会员大会或会员代表大会选举产生。工会委员会的主席、副主席，可以由会员大会或会员代表大会直接选举产生，也可以由工会委员会选举产生。

第四条 工会会员享有选举权、被选举权和表决权。保留会籍的人员除外。

第五条 选举工作应坚持党的领导，坚持民主集中制，遵循依法规范、公开公正的原则，尊重和保障会员的民主权利，体现选举人的意志。

第六条 选举工作在同级党组织和上一级工会领导下进行。未建立党组织的在上一级工会领导下进行。

第七条 基层工会委员会换届选举的筹备工作由上届工会委员会负责。

新建立的基层工会组织选举筹备工作由工会筹备组负责。筹备组成员由同级党组织代表和职工代表组成，根据工作需要，上级工会可以派人参加。

第二章 委员和常务委员名额

第八条 基层工会委员会委员名额，按会员人数确定：

不足25人，设委员3至5人，也可以设主席或组织员1人；

25人至200人，设委员3至7人；

201人至1000人，设委员7至15人；

1001人至5000人，设委员15至21人；

5001人至10000人，设委员21至29人；

10001人至50000人，设委员29至37人；

50001人以上，设委员37至45人。

第九条 大型企事业单位基层工会委员会，经上一级工会批准，可以设常务委员会，常务委员会由9至11人组成。

第三章 候选人的提出

第十条 基层工会委员会的委员、常务委员会委员和主席、副主席的选举均应设候选人。候选人应信念坚定、为民服务、勤政务实、敢于担当、清正廉洁，热爱工会工作，受到职工信赖。

基层工会委员会委员候选人中应有适当比例的劳模（先进工作者）、一线职工和女职工代表。

第十一条 单位行政主要负责人、法定代表人、合伙人以及他们的近亲属不得作为本单位工会委员会委员、常务委员会委员和主席、副主席候选人。

第十二条 基层工会委员会的委员候选人，应经会员充分酝酿讨论，一般以工会分会或工会小组为单位推荐。由上届工会委员会或工会筹备组根据多数工会分会或工会小组的意见，提出候选人建议名单，报经同级党组织和上一级工会审查同意后，提交会员大会或会员代表大会表决通过。

第十三条 基层工会委员会的常务委员会委员、主席、副主席候选人，可以由上届工会委员会或工会筹备组根据多数工会分会或工会小组的意见提出建议名单，报经同级党组织和上一级工会审查同意后提出；也可以由同级党组织与上一级工会协商提出建议名单，经工会分会或工会小组酝酿讨论后，由上届工会委员会或工会筹备组根据多数工会分会或工会小组的意见，报经同级党组织和上一级工会审查同意后提出。

根据工作需要，经上一级工会与基层工会和同级党组织协商同意，上一级工会可以向基层工会推荐本单位以外人员作为工会主席、副主席候选人。

第十四条 基层工会委员会的主席、副主席，在任职一年内应按规定参加岗位任职资格培训。凡无正当理由未按规定参加岗位任职资格培训的，一般不再提名为下届主席、副主席候选人。

第四章 选举的实施

第十五条 基层工会组织实施选举前应向同级党组织和上一级工会报告，制定选举工作方案和选举办法。

基层工会委员会委员候选人建议名单应进行公示，公示期不少于5个工作日。

第十六条 会员不足100人的基层工会组织，应召开会员大会进行选举；会员100人以上的基层工会组织，应召开会员大会或会员代表大会进行选举。

召开会员代表大会进行选举的，按照有关规定由会员民主选举产生会员代表。

第十七条 参加选举的人数为应到会人数的三分之二以上时，方可进行选举。

基层工会委员会委员和常务委员会委员应差额选举产生，可以直接采用候选人数多于应选人数的差额选举办法进行正式选举，也可以先采用差额选举办法进行预选产生候选人名单，然后进行正式选举。委员会委员和常务委员会委员的差额率分别不低于5%和10%。常务委员会委员应从新当选的工会委员会委员中产生。

第十八条 基层工会主席、副主席可以等额选举产生，也可以差额选举产生。主席、副主席应从新当选的工会委员会委员中产生，设立常务委员会的应从新当选的常务委员会委员中产生。

第十九条 基层工会主席、副主席由会员大会或会员代表大会直接选举产生的，一般在经营管理正常、劳动关系和谐、职工队伍稳定的中小企事业单位进行。

第二十条 召开会员大会进行选举时，由上届工会委员会或工会筹备组主持；不设委员会的基层工会组织进行选举时，由上届工会主席或组织员主持。

召开会员代表大会进行选举时，可以由大会主席团主持，也可以由上届工会委员会或工会筹备组主持。大会主席团成员由上届工会委员会或工会筹备组根据各代表团（组）的意见，提出建议名单，提交代表大会预备会议表决通过。

召开基层工会委员会第一次全体会议选举常务委员会委员、主席、副主席时，由上届工会委员会或工会筹备组或大会主席团推荐一名新当选的工会委员会委员主持。

第二十一条 选举前，上届工会委员会或工会筹备组或大会主席团应将候选人的名单、简历及有关情况向选举人介绍。

第二十二条 选举设监票人，负责对选举全过程进行监督。

召开会员大会或会员代表大会选举时，监票人由全体会员或会员代表、各代表团（组）从不是候选人的会员或会员代表中推选，经会员大会或会员代表大会表决通过。

召开工会委员会第一次全体会议选举时，监票人从不是常务委员会委员、主席、副主席候选人的委员中推选，经全体委员会议表决通过。

第二十三条 选举采用无记名投票方式。不能出席会议的选举人，不得委托他人代为投票。

选票上候选人的名单按姓氏笔画为序排列。

第二十四条 选举人可以投赞成票或不赞成票，也可以投弃权票。投不赞成票者可以另选他人。

第二十五条 会员或会员代表在选举

期间，如不能离开生产、工作岗位，在监票人的监督下，可以在选举单位设立的流动票箱投票。

第二十六条 投票结束后，在监票人的监督下，当场清点选票，进行计票。

选举收回的选票，等于或少于发出选票的，选举有效；多于发出选票的，选举无效，应重新选举。

每张选票所选人数等于或少于规定应选人数的为有效票，多于规定应选人数的为无效票。

第二十七条 被选举人获得应到会人数的过半数赞成票时，始得当选。

获得过半数赞成票的被选举人人数超过应选名额时，得赞成票多的当选。如遇赞成票数相等不能确定当选人时，应就票数相等的被选举人再次投票，得赞成票多的当选。

当选人数少于应选名额时，对不足的名额可以另行选举。如果接近应选名额且符合第八条规定，也可以由大会征得多数会员或会员代表的同意减少名额，不再进行选举。

第二十八条 大会主持人应当场宣布选举结果及选举是否有效。

第二十九条 基层工会委员会、常务委员会和主席、副主席的选举结果，报上一级工会批准。上一级工会自接到报告15日内应予批复。违反规定程序选举的，上一级工会不得批准，应重新选举。

基层工会委员会的任期自选举之日起计算。

第五章 任期、调动、罢免和补选

第三十条 基层工会委员会每届任期三年或五年，具体任期由会员大会或会员代表大会决定。经选举产生的工会委员会委员、常务委员会委员和主席、副主席可连选连任。基层工会委员会任期届满，应按期换届选举。遇有特殊情况，经上一级工会批准，可以提前或延期换届，延期时间一般不超过半年。

上一级工会负责督促指导基层工会组织按期换届。

第三十一条 基层工会主席、副主席任期未满时，不得随意调动其工作。因工作需要调动时，应征得本级工会委员会和上一级工会的同意。

第三十二条 经会员大会或会员代表大会民主测评和上级工会与同级党组织考察，需撤换或罢免工会委员会委员、常务委员会委员和主席、副主席时，须依法召开会员大会或会员代表大会讨论，非经会员大会全体会员或会员代表大会全体代表无记名投票过半数通过，不得撤换或罢免。

第三十三条 基层工会主席因工作调动或其他原因空缺时，应及时按照相应民主程序进行补选。

补选主席，如候选人是委员的，可以由工会委员会选举产生，也可以由会员大会或会员代表大会选举产生；如候选人不是委员的，可以经会员大会或会员代表大会补选为委员后，由工会委员会选举产生，也可以由会员大会或会员代表大会选举产生。

补选主席的任期为本届工会委员会尚未履行的期限。

补选主席前征得同级党组织和上一级工会的同意，可暂由一名副主席或委员主持工作，期限一般不超过半年。

第六章　经费审查委员会

第三十四条　凡建立一级工会财务管理的基层工会组织，应在选举基层工会委员会的同时，选举产生经费审查委员会。

第三十五条　基层工会经费审查委员会委员名额一般 3 至 11 人。经费审查委员会设主任 1 人，可根据工作需要设副主任 1 人。

基层工会的主席、分管财务和资产的副主席、财务和资产管理部门的人员，不得担任同级工会经费审查委员会委员。

第三十六条　基层工会经费审查委员会由会员大会或会员代表大会选举产生。主任、副主任可以由经费审查委员会全体会议选举产生，也可以由会员大会或会员代表大会选举产生。

第三十七条　基层工会经费审查委员会的选举结果，与基层工会委员会选举结果同时报上一级工会批准。

基层工会经费审查委员会的任期与基层工会委员会相同。

第七章　女职工委员会

第三十八条　基层工会组织有女会员 10 人以上的建立女职工委员会，不足 10 人的设女职工委员。女职工委员会与基层工会委员会同时建立。

第三十九条　基层工会女职工委员会委员由同级工会委员会提名，在充分协商的基础上产生，也可召开女职工大会或女职工代表大会选举产生。

第四十条　基层工会女职工委员会主任由同级工会女主席或女副主席担任，也可经民主协商，按照相应条件配备女职工委员会主任。女职工委员会主任应提名为同级工会委员会或常务委员会委员候选人。基层工会女职工委员会主任、副主任名单，与工会委员会选举结果同时报上一级工会批准。

第八章　附　　则

第四十一条　乡镇（街道）、开发区（工业园区）、村（社区）建立的工会委员会，县级以下建立的区域（行业）工会联合会如进行选举的，参照本条例执行。

第四十二条　本条例由中华全国总工会负责解释。

第四十三条　本条例自发布之日起施行，以往有关规定与本条例不一致的，以本条例为准。1992 年 5 月 18 日全国总工会办公厅印发的《工会基层组织选举工作暂行条例》同时废止。

企业工会主席产生办法（试行）

（2008 年 7 月 25 日）

第一章　总　　则

第一条　为健全完善企业工会主席产生机制，充分发挥工会主席作用，切实履行工作职责，增强工会组织凝聚力，根据《工会法》、《中国工会章程》和《企业工会工作条例》，制定本办法。

第二条　中华人民共和国境内企业和

实行企业化管理的事业单位、民办非企业单位的工会主席产生适用本办法。

第三条 企业工会主席产生，应坚持党管干部、依法规范、民主集中、组织有序的原则。

第四条 上一级工会应对企业工会主席产生进行直接指导。

第二章 任 职 条 件

第五条 企业工会主席应具备下列条件：

（一）政治立场坚定，热爱工会工作；

（二）具有与履行职责相应的文化程度、法律法规和生产经营管理知识；

（三）作风民主，密切联系群众，热心为会员和职工服务；

（四）有较强的组织协调能力。

第六条 企业行政负责人（含行政副职）、合伙人及其近亲属，人力资源部门负责人，外籍职工不得作为本企业工会主席候选人。

第三章 候选人产生

第七条 企业工会换届或新建立工会组织，应当成立由上一级工会、企业党组织和会员代表组成的领导小组，负责工会主席候选人提名和选举工作。

第八条 企业工会主席候选人应以工会分会或工会小组为单位酝酿推荐，或由全体会员以无记名投票方式推荐，上届工会委员会、上一级工会或工会筹备组根据多数会员的意见，提出候选人名单。

企业工会主席候选人应多于应选人。

第九条 企业党组织和上级工会应对企业工会主席候选人进行考察，对不符合任职条件的予以调整。

第十条 企业工会主席候选人应进行公示，公示期为七天。公示按姓氏笔画排序。

第十一条 企业工会主席候选人应报经企业党组织和上一级工会审批。

第十二条 上级工会可以向非公有制企业工会、联合基层工会推荐本企业以外人员作为工会主席候选人。

第四章 民 主 选 举

第十三条 企业工会主席产生均应依法履行民主选举程序，经会员民主选举方能任职。

第十四条 选举企业工会主席应召开会员大会或会员代表大会，采取无记名投票方式进行。

因故未出席会议的选举人，不得委托他人代为投票。

第十五条 企业工会主席可以由会员大会或会员代表大会直接选举产生，也可以由企业工会委员会选举产生；可以与企业工会委员会委员同时进行选举，也可以单独选举。

第十六条 会员大会或会员代表大会选举企业工会主席，参加选举人数为应到会人数三分之二以上时，方可进行选举。

企业工会主席候选人获得赞成票超过应到会有选举权人数半数的始得当选。

第十七条 任何组织和任何个人不得妨碍民主选举工作，不得阻挠有选举权和被选举权的会员到场，不得以私下串联、胁迫他人等非组织行为强迫选举人选举或者不选举某个人，不得以任何方式追查选举人的投票意向。

第十八条　企业工会主席出现空缺，应在三个月内进行补选。

补选前应征得同级党组织和上一级工会的同意，暂由一名副主席或委员主持工作，一般期限不得超过三个月。

第五章　管理与待遇

第十九条　企业工会主席选举产生后应及时办理工会法人资格登记或工会法人代表变更登记。

企业工会主席一般应按企业副职级管理人员条件选配并享受相应待遇。

公司制企业工会主席应依法进入董事会。

第二十条　企业工会主席由同级党组织与上级工会双重领导，以同级党组织领导为主。尚未建立党组织的企业，其工会主席接受上一级工会领导。

第二十一条　职工二百人以上的企业依法配备专职工会主席。由同级党组织负责人担任工会主席的，应配备专职工会副主席。

企业应依法保障兼职工会主席的工作时间及相应待遇。

第二十二条　企业工会主席任期未满，企业不得随意调动其工作，不得随意解除其劳动合同。因工作需要调动时，应当征得本级工会委员会和上一级工会同意，依法履行民主程序。

工会专职主席自任职之日起，其劳动合同期限自动延长，延长期限相当于其任职期间；非专职主席自任职之日起，其尚未履行的劳动合同期限短于任期的，劳动合同期限自动延长至任期期满。任职期间个人严重过失或者达到法定退休年龄的除外。

罢免、撤换企业工会主席须经会员大会全体会员或者会员代表大会全体代表无记名投票过半数通过。

第二十三条　由上级工会推荐并经民主选举产生的企业工会主席，其工资待遇、社会保险费用等，可以由企业支付，也可以由上级工会或上级工会与其他方面合理承担。

第六章　附　　则

第二十四条　联合基层工会、基层工会联合会主席的产生，参照本办法执行。

第二十五条　本办法由中华全国总工会负责解释。

第二十六条　本办法自发布之日起施行。

学校教职工代表大会规定

（2011年12月8日教育部令第32号公布　自2012年1月1日起施行）

第一章　总　　则

第一条　为依法保障教职工参与学校民主管理和监督，完善现代学校制度，促进学校依法治校，依据教育法、教师法、工会法等法律，制定本规定。

第二条　本规定适用于中国境内公办的幼儿园和各级各类学校（以下统称学校）。

民办学校、中外合作办学机构参照本规定执行。

第三条　学校教职工代表大会（以下简称教职工代表大会）是教职工依法参与学校民主管理和监督的基本形式。

学校应当建立和完善教职工代表大会制度。

第四条　教职工代表大会应当高举中国特色社会主义伟大旗帜，以马克思列宁主义、毛泽东思想、邓小平理论和"三个代表"重要思想为指导，深入贯彻落实科学发展观，全面贯彻执行党的基本路线和教育方针，认真参与学校民主管理和监督。

第五条　教职工代表大会和教职工代表大会代表应当遵守国家法律法规，遵守学校规章制度，正确处理国家、学校、集体和教职工的利益关系。

第六条　教职工代表大会在中国共产党学校基层组织的领导下开展工作。教职工代表大会的组织原则是民主集中制。

第二章　职　权

第七条　教职工代表大会的职权是：

（一）听取学校章程草案的制定和修订情况报告，提出修改意见和建议；

（二）听取学校发展规划、教职工队伍建设、教育教学改革、校园建设以及其他重大改革和重大问题解决方案的报告，提出意见和建议；

（三）听取学校年度工作、财务工作、工会工作报告以及其他专项工作报告，提出意见和建议；

（四）讨论通过学校提出的与教职工利益直接相关的福利、校内分配实施方案以及相应的教职工聘任、考核、奖惩办法；

（五）审议学校上一届（次）教职工代表大会提案的办理情况报告；

（六）按照有关工作规定和安排评议学校领导干部；

（七）通过多种方式对学校工作提出意见和建议，监督学校章程、规章制度和决策的落实，提出整改意见和建议；

（八）讨论法律法规规章规定的以及学校与学校工会商定的其他事项。

教职工代表大会的意见和建议，以会议决议的方式做出。

第八条　学校应当建立健全沟通机制，全面听取教职工代表大会提出的意见和建议，并合理吸收采纳；不能吸收采纳的，应当做出说明。

第三章　教职工代表大会代表

第九条　凡与学校签订聘任聘用合同、具有聘任聘用关系的教职工，均可当选为教职工代表大会代表。

教职工代表大会代表占全体教职工的比例，由地方省级教育等部门确定；地方省级教育等部门没有确定的，由学校自主确定。

第十条　教职工代表大会代表以学院、系（所、年级）、室（组）等为单位，由教职工直接选举产生。

教职工代表大会代表可以按照选举单位组成代表团（组），并推选出团（组）长。

第十一条　教职工代表大会代表以教

师为主体，教师代表不得低于代表总数的60%，并应当根据学校实际，保证一定比例的青年教师和女教师代表。民族地区的学校和民族学校，少数民族代表应当占有一定比例。

教职工代表大会代表接受选举单位教职工的监督。

第十二条 教职工代表大会代表实行任期制，任期3年或5年，可以连选连任。

选举、更换和撤换教职工代表大会代表的程序，由学校根据相关规定，并结合本校实际予以明确规定。

第十三条 教职工代表大会代表享有以下权利：

（一）在教职工代表大会上享有选举权、被选举权和表决权；

（二）在教职工代表大会上充分发表意见和建议；

（三）提出提案并对提案办理情况进行询问和监督；

（四）就学校工作向学校领导和学校有关机构反映教职工的意见和要求；

（五）因履行职责受到压制、阻挠或者打击报复时，向有关部门提出申诉和控告。

第十四条 教职工代表大会代表应当履行以下义务：

（一）努力学习并认真执行党的路线方针政策、国家的法律法规、党和国家关于教育改革发展的方针政策，不断提高思想政治素质和参与民主管理的能力；

（二）积极参加教职工代表大会的活动，认真宣传、贯彻教职工代表大会决议，完成教职工代表大会交给的任务；

（三）办事公正，为人正派，密切联系教职工群众，如实反映群众的意见和要求；

（四）及时向本部门教职工通报参加教职工代表大会活动和履行职责的情况，接受评议监督；

（五）自觉遵守学校的规章制度和职业道德，提高业务水平，做好本职工作。

第四章 组织规则

第十五条 有教职工80人以上的学校，应当建立教职工代表大会制度；不足80人的学校，建立由全体教职工直接参加的教职工大会制度。

学校根据实际情况，可在其内部单位建立教职工代表大会制度或者教职工大会制度，在该范围内行使相应的职权。

教职工大会制度的性质、领导关系、组织制度、运行规则等，与教职工代表大会制度相同。

第十六条 学校应当遵守教职工代表大会的组织规则，定期召开教职工代表大会，支持教职工代表大会的活动。

第十七条 教职工代表大会每学年至少召开一次。

遇有重大事项，经学校、学校工会或1/3以上教职工代表大会代表提议，可以临时召开教职工代表大会。

第十八条 教职工代表大会每3年或5年为一届。期满应当进行换届选举。

第十九条 教职工代表大会须有2/3以上教职工代表大会代表出席。

教职工代表大会根据需要可以邀请离退休教职工等非教职工代表大会代表，作为特邀或列席代表参加会议。特邀或列席代表在教职工代表大会上不具有选举权、被选举权和表决权。

第二十条 教职工代表大会的议题，应当根据学校的中心工作、教职工的普遍要求，由学校工会提交学校研究确定，并提请教职工代表大会表决通过。

第二十一条 教职工代表大会的选举和表决，须经教职工代表大会代表总数半数以上通过方为有效。

第二十二条 教职工代表大会在教职工代表大会代表中推选人员，组成主席团主持会议。

主席团应当由学校各方面人员组成，其中包括学校、学校工会主要领导，教师代表应占多数。

第二十三条 教职工代表大会可根据实际情况和需要设立若干专门委员会（工作小组），完成教职工代表大会交办的有关任务。专门委员会（工作小组）对教职工代表大会负责。

第二十四条 教职工代表大会根据实际情况和需要，可以在教职工代表大会代表中选举产生执行委员会。执行委员会中，教师代表应占多数。

教职工代表大会闭会期间，遇有急需解决的重要问题，可由执行委员会联系有关专门委员会（工作小组）与学校有关机构协商处理。其结果向下一次教职工代表大会报告。

第五章　工作机构

第二十五条 学校工会为教职工代表大会的工作机构。

第二十六条 学校工会承担以下与教职工代表大会相关的工作职责：

（一）做好教职工代表大会的筹备工作和会务工作，组织选举教职工代表大会代表，征集和整理提案，提出会议议题、方案和主席团建议人选；

（二）教职工代表大会闭会期间，组织传达贯彻教职工代表大会精神，督促检查教职工代表大会决议的落实，组织各代表团（组）及专门委员会（工作小组）的活动，主持召开教职工代表团（组）长、专门委员会（工作小组）负责人联席会议；

（三）组织教职工代表大会代表的培训，接受和处理教职工代表大会代表的建议和申诉；

（四）就学校民主管理工作向学校党组织汇报，与学校沟通；

（五）完成教职工代表大会委托的其他任务。

选举产生执行委员会的学校，其执行委员会根据教职工代表大会的授权，可承担前款有关职责。

第二十七条 学校应当为学校工会承担教职工代表大会工作机构的职责提供必要的工作条件和经费保障。

第六章　附　　则

第二十八条 学校可以在其下属单位建立教职工代表大会制度，在该单位范围内实行民主管理和监督。

第二十九条 省、自治区、直辖市人民政府教育行政部门，可以与本地区有关组织联合制定本行政区域内学校教职工代表大会的相关规定。

有关学校根据本规定和所在地区的相关规定，可以制定相应的教职工代表大会或者教职工大会的实施办法。

第三十条 本规定自 2012 年 1 月 1 日起施行。1985 年 1 月 28 日教育部、原中国教育工会印发的《高等学校教职工代表大会暂行条例》同时废止。

第四部分

劳动保护

中华人民共和国劳动法

（1994年7月5日第八届全国人民代表大会常务委员会第八次会议通过 根据2009年8月27日第十一届全国人民代表大会常务委员会第十次会议《关于修改部分法律的决定》第一次修正 根据2018年12月29日第十三届全国人民代表大会常务委员会第七次会议《关于修改〈中华人民共和国劳动法〉等七部法律的决定》第二次修正）

目　　录

第一章　总　　则
第二章　促进就业
第三章　劳动合同和集体合同
第四章　工作时间和休息休假
第五章　工　　资
第六章　劳动安全卫生
第七章　女职工和未成年工特殊保护
第八章　职业培训
第九章　社会保险和福利
第十章　劳动争议
第十一章　监督检查
第十二章　法律责任
第十三章　附　　则

第一章　总　　则

第一条 为了保护劳动者的合法权益，调整劳动关系，建立和维护适应社会主义市场经济的劳动制度，促进经济发展和社会进步，根据宪法，制定本法。

第二条 在中华人民共和国境内的企业、个体经济组织（以下统称用人单位）和与之形成劳动关系的劳动者，适用本法。

国家机关、事业组织、社会团体和与之建立劳动合同关系的劳动者，依照本法执行。

第三条 劳动者享有平等就业和选择职业的权利、取得劳动报酬的权利、休息休假的权利、获得劳动安全卫生保护的权利、接受职业技能培训的权利、享受社会保险和福利的权利、提请劳动争议处理的权利以及法律规定的其他劳动权利。

劳动者应当完成劳动任务，提高职业技能，执行劳动安全卫生规程，遵守劳动纪律和职业道德。

第四条 用人单位应当依法建立和完善规章制度，保障劳动者享有劳动权利和履行劳动义务。

第五条 国家采取各种措施，促进劳动就业，发展职业教育，制定劳动标准，调节社会收入，完善社会保险，协调劳动关系，逐步提高劳动者的生活水平。

第六条 国家提倡劳动者参加社会义务劳动，开展劳动竞赛和合理化建议活动，鼓励和保护劳动者进行科学研究、技术革新和发明创造，表彰和奖励劳动模范和先进工作者。

第七条 劳动者有权依法参加和组织工会。

工会代表和维护劳动者的合法权益，依法独立自主地开展活动。

第八条 劳动者依照法律规定，通过职工大会、职工代表大会或者其他形式，参与民主管理或者就保护劳动者合法权益与用人单位进行平等协商。

第九条　国务院劳动行政部门主管全国劳动工作。

县级以上地方人民政府劳动行政部门主管本行政区域内的劳动工作。

第二章　促进就业

第十条　国家通过促进经济和社会发展，创造就业条件，扩大就业机会。

国家鼓励企业、事业组织、社会团体在法律、行政法规规定的范围内兴办产业或者拓展经营，增加就业。

国家支持劳动者自愿组织起来就业和从事个体经营实现就业。

第十一条　地方各级人民政府应当采取措施，发展多种类型的职业介绍机构，提供就业服务。

第十二条　劳动者就业，不因民族、种族、性别、宗教信仰不同而受歧视。

第十三条　妇女享有与男子平等的就业权利。在录用职工时，除国家规定的不适合妇女的工种或者岗位外，不得以性别为由拒绝录用妇女或者提高对妇女的录用标准。

第十四条　残疾人、少数民族人员、退出现役的军人的就业，法律、法规有特别规定的，从其规定。

第十五条　禁止用人单位招用未满十六周岁的未成年人。

文艺、体育和特种工艺单位招用未满十六周岁的未成年人，必须遵守国家有关规定，并保障其接受义务教育的权利。

第三章　劳动合同和集体合同

第十六条　劳动合同是劳动者与用人单位确立劳动关系、明确双方权利和义务的协议。

建立劳动关系应当订立劳动合同。

第十七条　订立和变更劳动合同，应当遵循平等自愿、协商一致的原则，不得违反法律、行政法规的规定。

劳动合同依法订立即具有法律约束力，当事人必须履行劳动合同规定的义务。

第十八条　下列劳动合同无效：

（一）违反法律、行政法规的劳动合同；

（二）采取欺诈、威胁等手段订立的劳动合同。

无效的劳动合同，从订立的时候起，就没有法律约束力。确认劳动合同部分无效的，如果不影响其余部分的效力，其余部分仍然有效。

劳动合同的无效，由劳动争议仲裁委员会或者人民法院确认。

第十九条　劳动合同应当以书面形式订立，并具备以下条款：

（一）劳动合同期限；

（二）工作内容；

（三）劳动保护和劳动条件；

（四）劳动报酬；

（五）劳动纪律；

（六）劳动合同终止的条件；

（七）违反劳动合同的责任。

劳动合同除前款规定的必备条款外，当事人可以协商约定其他内容。

第二十条　劳动合同的期限分为有固

定期限、无固定期限和以完成一定的工作为期限。

劳动者在同一用人单位连续工作满十年以上，当事人双方同意续延劳动合同的，如果劳动者提出订立无固定期限的劳动合同，应当订立无固定期限的劳动合同。

第二十一条 劳动合同可以约定试用期。试用期最长不得超过六个月。

第二十二条 劳动合同当事人可以在劳动合同中约定保守用人单位商业秘密的有关事项。

第二十三条 劳动合同期满或者当事人约定的劳动合同终止条件出现，劳动合同即行终止。

第二十四条 经劳动合同当事人协商一致，劳动合同可以解除。

第二十五条 劳动者有下列情形之一的，用人单位可以解除劳动合同：

（一）在试用期间被证明不符合录用条件的；

（二）严重违反劳动纪律或者用人单位规章制度的；

（三）严重失职，营私舞弊，对用人单位利益造成重大损害的；

（四）被依法追究刑事责任的。

第二十六条 有下列情形之一的，用人单位可以解除劳动合同，但是应当提前三十日以书面形式通知劳动者本人：

（一）劳动者患病或者非因工负伤，医疗期满后，不能从事原工作也不能从事由用人单位另行安排的工作的；

（二）劳动者不能胜任工作，经过培训或者调整工作岗位，仍不能胜任工作的；

（三）劳动合同订立时所依据的客观情况发生重大变化，致使原劳动合同无法履行，经当事人协商不能就变更劳动合同达成协议的。

第二十七条 用人单位濒临破产进行法定整顿期间或者生产经营状况发生严重困难，确需裁减人员的，应当提前三十日向工会或者全体职工说明情况，听取工会或者职工的意见，经向劳动行政部门报告后，可以裁减人员。

用人单位依据本条规定裁减人员，在六个月内录用人员的，应当优先录用被裁减的人员。

第二十八条 用人单位依据本法第二十四条、第二十六条、第二十七条的规定解除劳动合同的，应当依照国家有关规定给予经济补偿。

第二十九条 劳动者有下列情形之一的，用人单位不得依据本法第二十六条、第二十七条的规定解除劳动合同：

（一）患职业病或者因工负伤并被确认丧失或者部分丧失劳动能力的；

（二）患病或者负伤，在规定的医疗期内的；

（三）女职工在孕期、产期、哺乳期内的；

（四）法律、行政法规规定的其他情形。

第三十条 用人单位解除劳动合同，工会认为不适当的，有权提出意见。如果用人单位违反法律、法规或者劳动合同，工会有权要求重新处理；劳动者申请仲裁或者提起诉讼的，工会应当依法给予支持和帮助。

第三十一条 劳动者解除劳动合同，应当提前三十日以书面形式通知用人单位。

第三十二条 有下列情形之一的,劳动者可以随时通知用人单位解除劳动合同:

(一)在试用期内的;

(二)用人单位以暴力、威胁或者非法限制人身自由的手段强迫劳动的;

(三)用人单位未按照劳动合同约定支付劳动报酬或者提供劳动条件的。

第三十三条 企业职工一方与企业可以就劳动报酬、工作时间、休息休假、劳动安全卫生、保险福利等事项,签订集体合同。集体合同草案应当提交职工代表大会或者全体职工讨论通过。

集体合同由工会代表职工与企业签订;没有建立工会的企业,由职工推举的代表与企业签订。

第三十四条 集体合同签订后应当报送劳动行政部门;劳动行政部门自收到集体合同文本之日起十五日内未提出异议的,集体合同即行生效。

第三十五条 依法签订的集体合同对企业和企业全体职工具有约束力。职工个人与企业订立的劳动合同中劳动条件和劳动报酬等标准不得低于集体合同的规定。

第四章 工作时间和休息休假

第三十六条 国家实行劳动者每日工作时间不超过八小时、平均每周工作时间不超过四十四小时的工时制度。

第三十七条 对实行计件工作的劳动者,用人单位应当根据本法第三十六条规定的工时制度合理确定其劳动定额和计件报酬标准。

第三十八条 用人单位应当保证劳动者每周至少休息一日。

第三十九条 企业因生产特点不能实行本法第三十六条、第三十八条规定的,经劳动行政部门批准,可以实行其他工作和休息办法。

第四十条 用人单位在下列节日期间应当依法安排劳动者休假:

(一)元旦;

(二)春节;

(三)国际劳动节;

(四)国庆节;

(五)法律、法规规定的其他休假节日。

第四十一条 用人单位由于生产经营需要,经与工会和劳动者协商后可以延长工作时间,一般每日不得超过一小时;因特殊原因需要延长工作时间的,在保障劳动者身体健康的条件下延长工作时间每日不得超过三小时,但是每月不得超过三十六小时。

第四十二条 有下列情形之一的,延长工作时间不受本法第四十一条规定的限制:

(一)发生自然灾害、事故或者因其他原因,威胁劳动者生命健康和财产安全,需要紧急处理的;

(二)生产设备、交通运输线路、公共设施发生故障,影响生产和公众利益,必须及时抢修的;

(三)法律、行政法规规定的其他情形。

第四十三条 用人单位不得违反本法规定延长劳动者的工作时间。

第四十四条 有下列情形之一的,用人单位应当按照下列标准支付高于劳动者正常工作时间工资的工资报酬:

(一)安排劳动者延长工作时间的,支付不低于工资的百分之一百五十的工资报酬；

（二）休息日安排劳动者工作又不能安排补休的，支付不低于工资的百分之二百的工资报酬；

（三）法定休假日安排劳动者工作的，支付不低于工资的百分之三百的工资报酬。

第四十五条　国家实行带薪年休假制度。*

劳动者连续工作一年以上的，享受带薪年休假。具体办法由国务院规定。

第五章　工　　资

第四十六条　工资分配应当遵循按劳分配原则，实行同工同酬。

工资水平在经济发展的基础上逐步提高。国家对工资总量实行宏观调控。

第四十七条　用人单位根据本单位的生产经营特点和经济效益，依法自主确定本单位的工资分配方式和工资水平。

第四十八条　国家实行最低工资保障制度。最低工资的具体标准由省、自治区、直辖市人民政府规定，报国务院备案。

用人单位支付劳动者的工资不得低于当地最低工资标准。

第四十九条　确定和调整最低工资标准应当综合参考下列因素：

（一）劳动者本人及平均赡养人口的最低生活费用；

（二）社会平均工资水平；

（三）劳动生产率；

（四）就业状况；

（五）地区之间经济发展水平的差异。

第五十条　工资应当以货币形式按月支付给劳动者本人。不得克扣或者无故拖欠劳动者的工资。

第五十一条　劳动者在法定休假日和婚丧假期间以及依法参加社会活动期间，用人单位应当依法支付工资。

第六章　劳动安全卫生

第五十二条　用人单位必须建立、健全劳动安全卫生制度，严格执行国家劳动安全卫生规程和标准，对劳动者进行劳动安全卫生教育，防止劳动过程中的事故，减少职业危害。

第五十三条　劳动安全卫生设施必须符合国家规定的标准。

新建、改建、扩建工程的劳动安全卫生设施必须与主体工程同时设计、同时施工、同时投入生产和使用。

第五十四条　用人单位必须为劳动者提供符合国家规定的劳动安全卫生条件和必要的劳动防护用品，对从事有职业危害作业的劳动者应当定期进行健康检查。

第五十五条　从事特种作业的劳动者必须经过专门培训并取得特种作业资格。

第五十六条　劳动者在劳动过程中必须严格遵守安全操作规程。

劳动者对用人单位管理人员违章指挥、强令冒险作业，有权拒绝执行；对危害生命安全和身体健康的行为，有权提出批评、检举和控告。

---

* 《职工带薪年休假条例》（2007年12月14日，国务院令第514号）。

第五十七条　国家建立伤亡事故和职业病统计报告和处理制度。县级以上各级人民政府劳动行政部门、有关部门和用人单位应当依法对劳动者在劳动过程中发生的伤亡事故和劳动者的职业病状况，进行统计、报告和处理。

第七章　女职工和未成年工特殊保护

第五十八条　国家对女职工和未成年工实行特殊劳动保护。

未成年工是指年满十六周岁未满十八周岁的劳动者。

第五十九条　禁止安排女职工从事矿山井下、国家规定的第四级体力劳动强度的劳动和其他禁忌从事的劳动。

第六十条　不得安排女职工在经期从事高处、低温、冷水作业和国家规定的第三级体力劳动强度的劳动。

第六十一条　不得安排女职工在怀孕期间从事国家规定的第三级体力劳动强度的劳动和孕期禁忌从事的劳动。对怀孕七个月以上的女职工，不得安排其延长工作时间和夜班劳动。

第六十二条　女职工生育享受不少于九十天的产假。

第六十三条　不得安排女职工在哺乳未满一周岁的婴儿期间从事国家规定的第三级体力劳动强度的劳动和哺乳期禁忌从事的其他劳动，不得安排其延长工作时间和夜班劳动。

第六十四条　不得安排未成年工从事矿山井下、有毒有害、国家规定的第四级体力劳动强度的劳动和其他禁忌从事的劳动。

第六十五条　用人单位应当对未成年工定期进行健康检查。

第八章　职业培训

第六十六条　国家通过各种途径，采取各种措施，发展职业培训事业，开发劳动者的职业技能，提高劳动者素质，增强劳动者的就业能力和工作能力。

第六十七条　各级人民政府应当把发展职业培训纳入社会经济发展的规划，鼓励和支持有条件的企业、事业组织、社会团体和个人进行各种形式的职业培训。

第六十八条　用人单位应当建立职业培训制度，按照国家规定提取和使用职业培训经费，根据本单位实际，有计划地对劳动者进行职业培训。

从事技术工种的劳动者，上岗前必须经过培训。

第六十九条　国家确定职业分类，对规定的职业制定职业技能标准，实行职业资格证书制度，由经备案的考核鉴定机构负责对劳动者实施职业技能考核鉴定。

第九章　社会保险和福利

第七十条　国家发展社会保险事业，建立社会保险制度，设立社会保险基金，使劳动者在年老、患病、工伤、失业、生育等情况下获得帮助和补偿。

第七十一条　社会保险水平应当与社会经济发展水平和社会承受能力相适应。

第七十二条　社会保险基金按照保险类型确定资金来源，逐步实行社会统筹。

用人单位和劳动者必须依法参加社会保险，缴纳社会保险费。

第七十三条　劳动者在下列情形下，依法享受社会保险待遇：

（一）退休；

（二）患病、负伤；

（三）因工伤残或者患职业病；

（四）失业；

（五）生育。

劳动者死亡后，其遗属依法享受遗属津贴。

劳动者享受社会保险待遇的条件和标准由法律、法规规定。

劳动者享受的社会保险金必须按时足额支付。

第七十四条　社会保险基金经办机构依照法律规定收支、管理和运营社会保险基金，并负有使社会保险基金保值增值的责任。

社会保险基金监督机构依照法律规定，对社会保险基金的收支、管理和运营实施监督。

社会保险基金经办机构和社会保险基金监督机构的设立和职能由法律规定。

任何组织和个人不得挪用社会保险基金。

第七十五条　国家鼓励用人单位根据本单位实际情况为劳动者建立补充保险。

国家提倡劳动者个人进行储蓄性保险。

第七十六条　国家发展社会福利事业，兴建公共福利设施，为劳动者休息、休养和疗养提供条件。

用人单位应当创造条件，改善集体福利，提高劳动者的福利待遇。

第十章　劳动争议

第七十七条　用人单位与劳动者发生劳动争议，当事人可以依法申请调解、仲裁、提起诉讼，也可以协商解决。

调解原则适用于仲裁和诉讼程序。

第七十八条　解决劳动争议，应当根据合法、公正、及时处理的原则，依法维护劳动争议当事人的合法权益。

第七十九条　劳动争议发生后，当事人可以向本单位劳动争议调解委员会申请调解；调解不成，当事人一方要求仲裁的，可以向劳动争议仲裁委员会申请仲裁。当事人一方也可以直接向劳动争议仲裁委员会申请仲裁。对仲裁裁决不服的，可以向人民法院提起诉讼。

第八十条　在用人单位内，可以设立劳动争议调解委员会。劳动争议调解委员会由职工代表、用人单位代表和工会代表组成。劳动争议调解委员会主任由工会代表担任。

劳动争议经调解达成协议的，当事人应当履行。

第八十一条　劳动争议仲裁委员会由劳动行政部门代表、同级工会代表、用人单位方面的代表组成。劳动争议仲裁委员会主任由劳动行政部门代表担任。

第八十二条　提出仲裁要求的一方应当自劳动争议发生之日起六十日内向劳动争议仲裁委员会提出书面申请。仲裁裁决一般应在收到仲裁申请的六十日内作出。对仲裁裁决无异议的，当事人必须履行。

第八十三条　劳动争议当事人对仲裁裁决不服的，可以自收到仲裁裁决书之日起十五日内向人民法院提起诉讼。一方当事人在法定期限内不起诉又不履行仲裁裁决的，另一方当事人可以申请人民法院强制执行。

第八十四条 因签订集体合同发生争议，当事人协商解决不成的，当地人民政府劳动行政部门可以组织有关各方协调处理。

因履行集体合同发生争议，当事人协商解决不成的，可以向劳动争议仲裁委员会申请仲裁；对仲裁裁决不服的，可以自收到仲裁裁决书之日起十五日内向人民法院提起诉讼。

第十一章 监督检查

第八十五条 县级以上各级人民政府劳动行政部门依法对用人单位遵守劳动法律、法规的情况进行监督检查，对违反劳动法律、法规的行为有权制止，并责令改正。

第八十六条 县级以上各级人民政府劳动行政部门监督检查人员执行公务，有权进入用人单位了解执行劳动法律、法规的情况，查阅必要的资料，并对劳动场所进行检查。

县级以上各级人民政府劳动行政部门监督检查人员执行公务，必须出示证件，秉公执法并遵守有关规定。

第八十七条 县级以上各级人民政府有关部门在各自职责范围内，对用人单位遵守劳动法律、法规的情况进行监督。

第八十八条 各级工会依法维护劳动者的合法权益，对用人单位遵守劳动法律、法规的情况进行监督。

任何组织和个人对于违反劳动法律、法规的行为有权检举和控告。

第十二章 法律责任

第八十九条 用人单位制定的劳动规章制度违反法律、法规规定的，由劳动行政部门给予警告，责令改正；对劳动者造成损害的，应当承担赔偿责任。

第九十条 用人单位违反本法规定，延长劳动者工作时间的，由劳动行政部门给予警告，责令改正，并可以处以罚款。

第九十一条 用人单位有下列侵害劳动者合法权益情形之一的，由劳动行政部门责令支付劳动者的工资报酬、经济补偿，并可以责令支付赔偿金：

（一）克扣或者无故拖欠劳动者工资的；

（二）拒不支付劳动者延长工作时间工资报酬的；

（三）低于当地最低工资标准支付劳动者工资的；

（四）解除劳动合同后，未依照本法规定给予劳动者经济补偿的。

第九十二条 用人单位的劳动安全设施和劳动卫生条件不符合国家规定或者未向劳动者提供必要的劳动防护用品和劳动保护设施的，由劳动行政部门或者有关部门责令改正，可以处以罚款；情节严重的，提请县级以上人民政府决定责令停产整顿；对事故隐患不采取措施，致使发生重大事故，造成劳动者生命和财产损失的，对责任人员依照刑法有关规定追究刑事责任。

第九十三条 用人单位强令劳动者违

章冒险作业，发生重大伤亡事故，造成严重后果的，对责任人员依法追究刑事责任。

第九十四条　用人单位非法招用未满十六周岁的未成年人的，由劳动行政部门责令改正，处以罚款；情节严重的，由市场监督管理部门吊销营业执照。

第九十五条　用人单位违反本法对女职工和未成年工的保护规定，侵害其合法权益的，由劳动行政部门责令改正，处以罚款；对女职工或者未成年工造成损害的，应当承担赔偿责任。

第九十六条　用人单位有下列行为之一，由公安机关对责任人员处以十五日以下拘留、罚款或者警告；构成犯罪的，对责任人员依法追究刑事责任：

（一）以暴力、威胁或者非法限制人身自由的手段强迫劳动的；

（二）侮辱、体罚、殴打、非法搜查和拘禁劳动者的。

第九十七条　由于用人单位的原因订立的无效合同，对劳动者造成损害的，应当承担赔偿责任。

第九十八条　用人单位违反本法规定的条件解除劳动合同或者故意拖延不订立劳动合同的，由劳动行政部门责令改正；对劳动者造成损害的，应当承担赔偿责任。

第九十九条　用人单位招用尚未解除劳动合同的劳动者，对原用人单位造成经济损失的，该用人单位应当依法承担连带赔偿责任。

第一百条　用人单位无故不缴纳社会保险费的，由劳动行政部门责令其限期缴纳；逾期不缴的，可以加收滞纳金。

第一百零一条　用人单位无理阻挠劳动行政部门、有关部门及其工作人员行使监督检查权，打击报复举报人员的，由劳动行政部门或者有关部门处以罚款；构成犯罪的，对责任人员依法追究刑事责任。

第一百零二条　劳动者违反本法规定的条件解除劳动合同或者违反劳动合同中约定的保密事项，对用人单位造成经济损失的，应当依法承担赔偿责任。

第一百零三条　劳动行政部门或者有关部门的工作人员滥用职权、玩忽职守、徇私舞弊，构成犯罪的，依法追究刑事责任；不构成犯罪的，给予行政处分。

第一百零四条　国家工作人员和社会保险基金经办机构的工作人员挪用社会保险基金，构成犯罪的，依法追究刑事责任。

第一百零五条　违反本法规定侵害劳动者合法权益，其他法律、行政法规已规定处罚的，依照该法律、行政法规的规定处罚。

第十三章　附　　则

第一百零六条　省、自治区、直辖市人民政府根据本法和本地区的实际情况，规定劳动合同制度的实施步骤，报国务院备案。

第一百零七条　本法自 1995 年 1 月 1 日起施行。

中华人民共和国劳动合同法

（2007年6月29日第十届全国人民代表大会常务委员会第二十八次会议通过 根据2012年12月28日第十一届全国人民代表大会常务委员会第三十次会议《关于修改〈中华人民共和国劳动合同法〉的决定》修正）

目 录

第一章 总 则
第二章 劳动合同的订立
第三章 劳动合同的履行和变更
第四章 劳动合同的解除和终止
第五章 特别规定
　第一节 集体合同
　第二节 劳务派遣
　第三节 非全日制用工
第六章 监督检查
第七章 法律责任
第八章 附 则

第一章 总 则

第一条 为了完善劳动合同制度，明确劳动合同双方当事人的权利和义务，保护劳动者的合法权益，构建和发展和谐稳定的劳动关系，制定本法。

第二条 中华人民共和国境内的企业、个体经济组织、民办非企业单位等组织（以下称用人单位）与劳动者建立劳动关系，订立、履行、变更、解除或者终止劳动合同，适用本法。

国家机关、事业单位、社会团体和与其建立劳动关系的劳动者，订立、履行、变更、解除或者终止劳动合同，依照本法执行。

第三条 订立劳动合同，应当遵循合法、公平、平等自愿、协商一致、诚实信用的原则。

依法订立的劳动合同具有约束力，用人单位与劳动者应当履行劳动合同约定的义务。

第四条 用人单位应当依法建立和完善劳动规章制度，保障劳动者享有劳动权利、履行劳动义务。

用人单位在制定、修改或者决定有关劳动报酬、工作时间、休息休假、劳动安全卫生、保险福利、职工培训、劳动纪律以及劳动定额管理等直接涉及劳动者切身利益的规章制度或者重大事项时，应当经职工代表大会或者全体职工讨论，提出方案和意见，与工会或者职工代表平等协商确定。

在规章制度和重大事项决定实施过程中，工会或者职工认为不适当的，有权向用人单位提出，通过协商予以修改完善。

用人单位应当将直接涉及劳动者切身利益的规章制度和重大事项决定公示，或者告知劳动者。

第五条 县级以上人民政府劳动行政部门会同工会和企业方面代表，建立健全协调劳动关系三方机制，共同研究解决有关劳动关系的重大问题。

第六条 工会应当帮助、指导劳动者与用人单位依法订立和履行劳动合同，并与用人单位建立集体协商机制，维护劳动者的合法权益。

第二章　劳动合同的订立

第七条　用人单位自用工之日起即与劳动者建立劳动关系。用人单位应当建立职工名册备查。

第八条　用人单位招用劳动者时，应当如实告知劳动者工作内容、工作条件、工作地点、职业危害、安全生产状况、劳动报酬，以及劳动者要求了解的其他情况；用人单位有权了解劳动者与劳动合同直接相关的基本情况，劳动者应当如实说明。

第九条　用人单位招用劳动者，不得扣押劳动者的居民身份证和其他证件，不得要求劳动者提供担保或者以其他名义向劳动者收取财物。

第十条　建立劳动关系，应当订立书面劳动合同。

已建立劳动关系，未同时订立书面劳动合同的，应当自用工之日起一个月内订立书面劳动合同。

用人单位与劳动者在用工前订立劳动合同的，劳动关系自用工之日起建立。

第十一条　用人单位未在用工的同时订立书面劳动合同，与劳动者约定的劳动报酬不明确的，新招用的劳动者的劳动报酬按照集体合同规定的标准执行；没有集体合同或者集体合同未规定的，实行同工同酬。

第十二条　劳动合同分为固定期限劳动合同、无固定期限劳动合同和以完成一定工作任务为期限的劳动合同。

第十三条　固定期限劳动合同，是指用人单位与劳动者约定合同终止时间的劳动合同。

用人单位与劳动者协商一致，可以订立固定期限劳动合同。

第十四条　无固定期限劳动合同，是指用人单位与劳动者约定无确定终止时间的劳动合同。

用人单位与劳动者协商一致，可以订立无固定期限劳动合同。有下列情形之一，劳动者提出或者同意续订、订立劳动合同的，除劳动者提出订立固定期限劳动合同外，应当订立无固定期限劳动合同：

（一）劳动者在该用人单位连续工作满十年的；

（二）用人单位初次实行劳动合同制度或者国有企业改制重新订立劳动合同时，劳动者在该用人单位连续工作满十年且距法定退休年龄不足十年的；

（三）连续订立二次固定期限劳动合同，且劳动者没有本法第三十九条和第四十条第一项、第二项规定的情形，续订劳动合同的。

用人单位自用工之日起满一年不与劳动者订立书面劳动合同的，视为用人单位与劳动者已订立无固定期限劳动合同。

第十五条　以完成一定工作任务为期限的劳动合同，是指用人单位与劳动者约定以某项工作的完成为合同期限的劳动合同。

用人单位与劳动者协商一致，可以订立以完成一定工作任务为期限的劳动合同。

第十六条　劳动合同由用人单位与劳动者协商一致，并经用人单位与劳动者在劳动合同文本上签字或者盖章生效。

劳动合同文本由用人单位和劳动者各执一份。

第十七条 劳动合同应当具备以下条款：

（一）用人单位的名称、住所和法定代表人或者主要负责人；

（二）劳动者的姓名、住址和居民身份证或者其他有效身份证件号码；

（三）劳动合同期限；

（四）工作内容和工作地点；

（五）工作时间和休息休假；

（六）劳动报酬；

（七）社会保险；

（八）劳动保护、劳动条件和职业危害防护；

（九）法律、法规规定应当纳入劳动合同的其他事项。

劳动合同除前款规定的必备条款外，用人单位与劳动者可以约定试用期、培训、保守秘密、补充保险和福利待遇等其他事项。

第十八条 劳动合同对劳动报酬和劳动条件等标准约定不明确，引发争议的，用人单位与劳动者可以重新协商；协商不成的，适用集体合同规定；没有集体合同或者集体合同未规定劳动报酬的，实行同工同酬；没有集体合同或者集体合同未规定劳动条件等标准的，适用国家有关规定。

第十九条 劳动合同期限三个月以上不满一年的，试用期不得超过一个月；劳动合同期限一年以上不满三年的，试用期不得超过二个月；三年以上固定期限和无固定期限的劳动合同，试用期不得超过六个月。

同一用人单位与同一劳动者只能约定一次试用期。

以完成一定工作任务为期限的劳动合同或者劳动合同期限不满三个月的，不得约定试用期。

试用期包含在劳动合同期限内。劳动合同仅约定试用期的，试用期不成立，该期限为劳动合同期限。

第二十条 劳动者在试用期的工资不得低于本单位相同岗位最低档工资或者劳动合同约定工资的百分之八十，并不得低于用人单位所在地的最低工资标准。

第二十一条 在试用期中，除劳动者有本法第三十九条和第四十条第一项、第二项规定的情形外，用人单位不得解除劳动合同。用人单位在试用期解除劳动合同的，应当向劳动者说明理由。

第二十二条 用人单位为劳动者提供专项培训费用，对其进行专业技术培训的，可以与该劳动者订立协议，约定服务期。

劳动者违反服务期约定的，应当按照约定向用人单位支付违约金。违约金的数额不得超过用人单位提供的培训费用。用人单位要求劳动者支付的违约金不得超过服务期尚未履行部分所应分摊的培训费用。

用人单位与劳动者约定服务期的，不影响按照正常的工资调整机制提高劳动者在服务期期间的劳动报酬。

第二十三条 用人单位与劳动者可以在劳动合同中约定保守用人单位的商业秘密和与知识产权相关的保密事项。

对负有保密义务的劳动者，用人单位可以在劳动合同或者保密协议中与劳动者约定竞业限制条款，并约定在解除或者终止劳动合同后，在竞业限制期限内按月给予劳动者经济补偿。劳动者违反竞业限制约定的，应当按照约定向用人单位支付违约金。

第二十四条　竞业限制的人员限于用人单位的高级管理人员、高级技术人员和其他负有保密义务的人员。竞业限制的范围、地域、期限由用人单位与劳动者约定，竞业限制的约定不得违反法律、法规的规定。

在解除或者终止劳动合同后，前款规定的人员到与本单位生产或者经营同类产品、从事同类业务的有竞争关系的其他用人单位，或者自己开业生产或者经营同类产品、从事同类业务的竞业限制期限，不得超过二年。

第二十五条　除本法第二十二条和第二十三条规定的情形外，用人单位不得与劳动者约定由劳动者承担违约金。

第二十六条　下列劳动合同无效或者部分无效：

（一）以欺诈、胁迫的手段或者乘人之危，使对方在违背真实意思的情况下订立或者变更劳动合同的；

（二）用人单位免除自己的法定责任、排除劳动者权利的；

（三）违反法律、行政法规强制性规定的。

对劳动合同的无效或者部分无效有争议的，由劳动争议仲裁机构或者人民法院确认。

第二十七条　劳动合同部分无效，不影响其他部分效力的，其他部分仍然有效。

第二十八条　劳动合同被确认无效，劳动者已付出劳动的，用人单位应当向劳动者支付劳动报酬。劳动报酬的数额，参照本单位相同或者相近岗位劳动者的劳动报酬确定。

第三章　劳动合同的履行和变更

第二十九条　用人单位与劳动者应当按照劳动合同的约定，全面履行各自的义务。

第三十条　用人单位应当按照劳动合同约定和国家规定，向劳动者及时足额支付劳动报酬。

用人单位拖欠或者未足额支付劳动报酬的，劳动者可以依法向当地人民法院申请支付令，人民法院应当依法发出支付令。

第三十一条　用人单位应当严格执行劳动定额标准，不得强迫或者变相强迫劳动者加班。用人单位安排加班的，应当按照国家有关规定向劳动者支付加班费。

第三十二条　劳动者拒绝用人单位管理人员违章指挥、强令冒险作业的，不视为违反劳动合同。

劳动者对危害生命安全和身体健康的劳动条件，有权对用人单位提出批评、检举和控告。

第三十三条　用人单位变更名称、法定代表人、主要负责人或者投资人等事项，不影响劳动合同的履行。

第三十四条　用人单位发生合并或者分立等情况，原劳动合同继续有效，劳动合同由承继其权利和义务的用人单位继续履行。

第三十五条　用人单位与劳动者协商一致，可以变更劳动合同约定的内容。变更劳动合同，应当采用书面形式。

变更后的劳动合同文本由用人单位和劳动者各执一份。

第四章　劳动合同的解除和终止

第三十六条　用人单位与劳动者协商一致，可以解除劳动合同。

第三十七条　劳动者提前三十日以书面形式通知用人单位，可以解除劳动合同。劳动者在试用期内提前三日通知用人单位，可以解除劳动合同。

第三十八条　用人单位有下列情形之一的，劳动者可以解除劳动合同：

（一）未按照劳动合同约定提供劳动保护或者劳动条件的；

（二）未及时足额支付劳动报酬的；

（三）未依法为劳动者缴纳社会保险费的；

（四）用人单位的规章制度违反法律、法规的规定，损害劳动者权益的；

（五）因本法第二十六条第一款规定的情形致使劳动合同无效的；

（六）法律、行政法规规定劳动者可以解除劳动合同的其他情形。

用人单位以暴力、威胁或者非法限制人身自由的手段强迫劳动者劳动的，或者用人单位违章指挥、强令冒险作业危及劳动者人身安全的，劳动者可以立即解除劳动合同，不需事先告知用人单位。

第三十九条　劳动者有下列情形之一的，用人单位可以解除劳动合同：

（一）在试用期间被证明不符合录用条件的；

（二）严重违反用人单位的规章制度的；

（三）严重失职，营私舞弊，给用人单位造成重大损害的；

（四）劳动者同时与其他用人单位建立劳动关系，对完成本单位的工作任务造成严重影响，或者经用人单位提出，拒不改正的；

（五）因本法第二十六条第一款第一项规定的情形致使劳动合同无效的；

（六）被依法追究刑事责任的。

第四十条　有下列情形之一的，用人单位提前三十日以书面形式通知劳动者本人或者额外支付劳动者一个月工资后，可以解除劳动合同：

（一）劳动者患病或者非因工负伤，在规定的医疗期满后不能从事原工作，也不能从事由用人单位另行安排的工作的；

（二）劳动者不能胜任工作，经过培训或者调整工作岗位，仍不能胜任工作的；

（三）劳动合同订立时所依据的客观情况发生重大变化，致使劳动合同无法履行，经用人单位与劳动者协商，未能就变更劳动合同内容达成协议的。

第四十一条　有下列情形之一，需要裁减人员二十人以上或者裁减不足二十人但占企业职工总数百分之十以上的，用人单位提前三十日向工会或者全体职工说明情况，听取工会或者职工的意见后，裁减人员方案经向劳动行政部门报告，可以裁减人员：

（一）依照企业破产法规定进行重整的；

（二）生产经营发生严重困难的；

（三）企业转产、重大技术革新或者经营方式调整，经变更劳动合同后，仍需裁减人员的；

（四）其他因劳动合同订立时所依据的客观经济情况发生重大变化，致使劳动合同无法履行的。

裁减人员时，应当优先留用下列人员：

（一）与本单位订立较长期限的固定期限劳动合同的；

（二）与本单位订立无固定期限劳动合同的；

（三）家庭无其他就业人员，有需要扶养的老人或者未成年人的。

用人单位依照本条第一款规定裁减人员，在六个月内重新招用人员的，应当通知被裁减的人员，并在同等条件下优先招用被裁减的人员。

第四十二条 劳动者有下列情形之一的，用人单位不得依照本法第四十条、第四十一条的规定解除劳动合同：

（一）从事接触职业病危害作业的劳动者未进行离岗前职业健康检查，或者疑似职业病病人在诊断或者医学观察期间的；

（二）在本单位患职业病或者因工负伤并被确认丧失或者部分丧失劳动能力的；

（三）患病或者非因工负伤，在规定的医疗期内的；

（四）女职工在孕期、产期、哺乳期的；

（五）在本单位连续工作满十五年，且距法定退休年龄不足五年的；

（六）法律、行政法规规定的其他情形。

第四十三条 用人单位单方解除劳动合同，应当事先将理由通知工会。用人单位违反法律、行政法规规定或者劳动合同约定的，工会有权要求用人单位纠正。用人单位应当研究工会的意见，并将处理结果书面通知工会。

第四十四条 有下列情形之一的，劳动合同终止：

（一）劳动合同期满的；

（二）劳动者开始依法享受基本养老保险待遇的；

（三）劳动者死亡，或者被人民法院宣告死亡或者宣告失踪的；

（四）用人单位被依法宣告破产的；

（五）用人单位被吊销营业执照、责令关闭、撤销或者用人单位决定提前解散的；

（六）法律、行政法规规定的其他情形。

第四十五条 劳动合同期满，有本法第四十二条规定情形之一的，劳动合同应当续延至相应的情形消失时终止。但是，本法第四十二条第二项规定丧失或者部分丧失劳动能力劳动者的劳动合同的终止，按照国家有关工伤保险的规定执行。

第四十六条 有下列情形之一的，用人单位应当向劳动者支付经济补偿：

（一）劳动者依照本法第三十八条规定解除劳动合同的；

（二）用人单位依照本法第三十六条规定向劳动者提出解除劳动合同并与劳动者协商一致解除劳动合同的；

（三）用人单位依照本法第四十条规定解除劳动合同的；

（四）用人单位依照本法第四十一条第一款规定解除劳动合同的；

（五）除用人单位维持或者提高劳动合同约定条件续订劳动合同，劳动者不同意续订的情形外，依照本法第四十四条第一项规定终止固定期限劳动合同的；

（六）依照本法第四十四条第四项、第五项规定终止劳动合同的；

（七）法律、行政法规规定的其他情形。

第四十七条 经济补偿按劳动者在本单位工作的年限，每满一年支付一个月工资的标准向劳动者支付。六个月以上不满一年的，按一年计算；不满六个月的，向劳动者支付半个月工资的经济补偿。

劳动者月工资高于用人单位所在直辖市、设区的市级人民政府公布的本地区上年度职工月平均工资三倍的，向其支付经济补偿的标准按职工月平均工资三倍的数额支付，向其支付经济补偿的年限最高不超过十二年。

本条所称月工资是指劳动者在劳动合同解除或者终止前十二个月的平均工资。

第四十八条 用人单位违反本法规定解除或者终止劳动合同，劳动者要求继续履行劳动合同的，用人单位应当继续履行；劳动者不要求继续履行劳动合同或者劳动合同已经不能继续履行的，用人单位应当依照本法第八十七条规定支付赔偿金。

第四十九条 国家采取措施，建立健全劳动者社会保险关系跨地区转移接续制度。

第五十条 用人单位应当在解除或者终止劳动合同时出具解除或者终止劳动合同的证明，并在十五日内为劳动者办理档案和社会保险关系转移手续。

劳动者应当按照双方约定，办理工作交接。用人单位依照本法有关规定应当向劳动者支付经济补偿的，在办结工作交接时支付。

用人单位对已经解除或者终止的劳动合同的文本，至少保存二年备查。

第五章 特别规定

第一节 集体合同

第五十一条 企业职工一方与用人单位通过平等协商，可以就劳动报酬、工作时间、休息休假、劳动安全卫生、保险福利等事项订立集体合同。集体合同草案应当提交职工代表大会或者全体职工讨论通过。

集体合同由工会代表企业职工一方与用人单位订立；尚未建立工会的用人单位，由上级工会指导劳动者推举的代表与用人单位订立。

第五十二条 企业职工一方与用人单位可以订立劳动安全卫生、女职工权益保护、工资调整机制等专项集体合同。

第五十三条 在县级以下区域内，建筑业、采矿业、餐饮服务业等行业可以由工会与企业方面代表订立行业性集体合同，或者订立区域性集体合同。

第五十四条 集体合同订立后，应当报送劳动行政部门；劳动行政部门自收到集体合同文本之日起十五日内未提出异议的，集体合同即行生效。

依法订立的集体合同对用人单位和劳动者具有约束力。行业性、区域性集体合同对当地本行业、本区域的用人单位和劳动者具有约束力。

第五十五条 集体合同中劳动报酬和劳动条件等标准不得低于当地人民政府规定的最低标准；用人单位与劳动者订立的劳动合同中劳动报酬和劳动条件等标准不得低于集体合同规定的标准。

第五十六条　用人单位违反集体合同，侵犯职工劳动权益的，工会可以依法要求用人单位承担责任；因履行集体合同发生争议，经协商解决不成的，工会可以依法申请仲裁、提起诉讼。

第二节　劳务派遣

第五十七条　经营劳务派遣业务应当具备下列条件：

（一）注册资本不得少于人民币二百万元；

（二）有与开展业务相适应的固定的经营场所和设施；

（三）有符合法律、行政法规规定的劳务派遣管理制度；

（四）法律、行政法规规定的其他条件。

经营劳务派遣业务，应当向劳动行政部门依法申请行政许可；经许可的，依法办理相应的公司登记。未经许可，任何单位和个人不得经营劳务派遣业务。

第五十八条　劳务派遣单位是本法所称用人单位，应当履行用人单位对劳动者的义务。劳务派遣单位与被派遣劳动者订立的劳动合同，除应当载明本法第十七条规定的事项外，还应当载明被派遣劳动者的用工单位以及派遣期限、工作岗位等情况。

劳务派遣单位应当与被派遣劳动者订立二年以上的固定期限劳动合同，按月支付劳动报酬；被派遣劳动者在无工作期间，劳务派遣单位应当按照所在地人民政府规定的最低工资标准，向其按月支付报酬。

第五十九条　劳务派遣单位派遣劳动者应当与接受以劳务派遣形式用工的单位（以下称用工单位）订立劳务派遣协议。劳务派遣协议应当约定派遣岗位和人员数量、派遣期限、劳动报酬和社会保险费的数额与支付方式以及违反协议的责任。

用工单位应当根据工作岗位的实际需要与劳务派遣单位确定派遣期限，不得将连续用工期限分割订立数个短期劳务派遣协议。

第六十条　劳务派遣单位应当将劳务派遣协议的内容告知被派遣劳动者。

劳务派遣单位不得克扣用工单位按照劳务派遣协议支付给被派遣劳动者的劳动报酬。

劳务派遣单位和用工单位不得向被派遣劳动者收取费用。

第六十一条　劳务派遣单位跨地区派遣劳动者的，被派遣劳动者享有的劳动报酬和劳动条件，按照用工单位所在地的标准执行。

第六十二条　用工单位应当履行下列义务：

（一）执行国家劳动标准，提供相应的劳动条件和劳动保护；

（二）告知被派遣劳动者的工作要求和劳动报酬；

（三）支付加班费、绩效奖金，提供与工作岗位相关的福利待遇；

（四）对在岗被派遣劳动者进行工作岗位所必需的培训；

（五）连续用工的，实行正常的工资调整机制。

用工单位不得将被派遣劳动者再派遣到其他用人单位。

第六十三条　被派遣劳动者享有与用

工单位的劳动者同工同酬的权利。用工单位应当按照同工同酬原则，对被派遣劳动者与本单位同类岗位的劳动者实行相同的劳动报酬分配办法。用工单位无同类岗位劳动者的，参照用工单位所在地相同或者相近岗位劳动者的劳动报酬确定。

劳务派遣单位与被派遣劳动者订立的劳动合同和与用工单位订立的劳务派遣协议，载明或者约定的向被派遣劳动者支付的劳动报酬应当符合前款规定。

第六十四条 被派遣劳动者有权在劳务派遣单位或者用工单位依法参加或者组织工会，维护自身的合法权益。

第六十五条 被派遣劳动者可以依照本法第三十六条、第三十八条的规定与劳务派遣单位解除劳动合同。

被派遣劳动者有本法第三十九条和第四十条第一项、第二项规定情形的，用工单位可以将劳动者退回劳务派遣单位，劳务派遣单位依照本法有关规定，可以与劳动者解除劳动合同。

第六十六条 劳动合同用工是我国的企业基本用工形式。劳务派遣用工是补充形式，只能在临时性、辅助性或者替代性的工作岗位上实施。

前款规定的临时性工作岗位是指存续时间不超过六个月的岗位；辅助性工作岗位是指为主营业务岗位提供服务的非主营业务岗位；替代性工作岗位是指用工单位的劳动者因脱产学习、休假等原因无法工作的一定期间内，可以由其他劳动者替代工作的岗位。

用工单位应当严格控制劳务派遣用工数量，不得超过其用工总量的一定比例，具体比例由国务院劳动行政部门规定。

第六十七条 用人单位不得设立劳务派遣单位向本单位或者所属单位派遣劳动者。

第三节 非全日制用工

第六十八条 非全日制用工，是指以小时计酬为主，劳动者在同一用人单位一般平均每日工作时间不超过四小时，每周工作时间累计不超过二十四小时的用工形式。

第六十九条 非全日制用工双方当事人可以订立口头协议。

从事非全日制用工的劳动者可以与一个或者一个以上用人单位订立劳动合同；但是，后订立的劳动合同不得影响先订立的劳动合同的履行。

第七十条 非全日制用工双方当事人不得约定试用期。

第七十一条 非全日制用工双方当事人任何一方都可以随时通知对方终止用工。终止用工，用人单位不向劳动者支付经济补偿。

第七十二条 非全日制用工小时计酬标准不得低于用人单位所在地人民政府规定的最低小时工资标准。

非全日制用工劳动报酬结算支付周期最长不得超过十五日。

第六章 监督检查

第七十三条 国务院劳动行政部门负责全国劳动合同制度实施的监督管理。

县级以上地方人民政府劳动行政部门负责本行政区域内劳动合同制度实施的监督管理。

县级以上各级人民政府劳动行政部门在劳动合同制度实施的监督管理工作中，应当听取工会、企业方面代表以及有关行业主管部门的意见。

第七十四条　县级以上地方人民政府劳动行政部门依法对下列实施劳动合同制度的情况进行监督检查：

（一）用人单位制定直接涉及劳动者切身利益的规章制度及其执行的情况；

（二）用人单位与劳动者订立和解除劳动合同的情况；

（三）劳务派遣单位和用工单位遵守劳务派遣有关规定的情况；

（四）用人单位遵守国家关于劳动者工作时间和休息休假规定的情况；

（五）用人单位支付劳动合同约定的劳动报酬和执行最低工资标准的情况；

（六）用人单位参加各项社会保险和缴纳社会保险费的情况；

（七）法律、法规规定的其他劳动监察事项。

第七十五条　县级以上地方人民政府劳动行政部门实施监督检查时，有权查阅与劳动合同、集体合同有关的材料，有权对劳动场所进行实地检查，用人单位和劳动者都应当如实提供有关情况和材料。

劳动行政部门的工作人员进行监督检查，应当出示证件，依法行使职权，文明执法。

第七十六条　县级以上人民政府建设、卫生、安全生产监督管理等有关主管部门在各自职责范围内，对用人单位执行劳动合同制度的情况进行监督管理。

第七十七条　劳动者合法权益受到侵害的，有权要求有关部门依法处理，或者依法申请仲裁、提起诉讼。

第七十八条　工会依法维护劳动者的合法权益，对用人单位履行劳动合同、集体合同的情况进行监督。用人单位违反劳动法律、法规和劳动合同、集体合同的，工会有权提出意见或者要求纠正；劳动者申请仲裁、提起诉讼的，工会依法给予支持和帮助。

第七十九条　任何组织或者个人对违反本法的行为都有权举报，县级以上人民政府劳动行政部门应当及时核实、处理，并对举报有功人员给予奖励。

第七章　法律责任

第八十条　用人单位直接涉及劳动者切身利益的规章制度违反法律、法规规定的，由劳动行政部门责令改正，给予警告；给劳动者造成损害的，应当承担赔偿责任。

第八十一条　用人单位提供的劳动合同文本未载明本法规定的劳动合同必备条款或者用人单位未将劳动合同文本交付劳动者的，由劳动行政部门责令改正；给劳动者造成损害的，应当承担赔偿责任。

第八十二条　用人单位自用工之日起超过一个月不满一年未与劳动者订立书面劳动合同的，应当向劳动者每月支付二倍的工资。

用人单位违反本法规定不与劳动者订立无固定期限劳动合同的，自应当订立无固定期限劳动合同之日起向劳动者每月支付二倍的工资。

第八十三条　用人单位违反本法规定与劳动者约定试用期的，由劳动行政部门责令改正；违法约定的试用期已经履行的，由用人单位以劳动者试用期满月工资为标准，按已经履行的超过法定试用期的期间向劳动者支付赔偿金。

第八十四条　用人单位违反本法规定，扣押劳动者居民身份证等证件的，由劳动行政部门责令限期退还劳动者本人，并依照有关法律规定给予处罚。

用人单位违反本法规定，以担保或者其他名义向劳动者收取财物的，由劳动行政部门责令限期退还劳动者本人，并以每人五百元以上二千元以下的标准处以罚款；给劳动者造成损害的，应当承担赔偿责任。

劳动者依法解除或者终止劳动合同，用人单位扣押劳动者档案或者其他物品的，依照前款规定处罚。

第八十五条　用人单位有下列情形之一的，由劳动行政部门责令限期支付劳动报酬、加班费或者经济补偿；劳动报酬低于当地最低工资标准的，应当支付其差额部分；逾期不支付的，责令用人单位按应付金额百分之五十以上百分之一百以下的标准向劳动者加付赔偿金：

（一）未按照劳动合同的约定或者国家规定及时足额支付劳动者劳动报酬的；

（二）低于当地最低工资标准支付劳动者工资的；

（三）安排加班不支付加班费的；

（四）解除或者终止劳动合同，未依照本法规定向劳动者支付经济补偿的。

第八十六条　劳动合同依照本法第二十六条规定被确认无效，给对方造成损害的，有过错的一方应当承担赔偿责任。

第八十七条　用人单位违反本法规定解除或者终止劳动合同的，应当依照本法第四十七条规定的经济补偿标准的二倍向劳动者支付赔偿金。

第八十八条　用人单位有下列情形之一的，依法给予行政处罚；构成犯罪的，依法追究刑事责任；给劳动者造成损害的，应当承担赔偿责任：

（一）以暴力、威胁或者非法限制人身自由的手段强迫劳动的；

（二）违章指挥或者强令冒险作业危及劳动者人身安全的；

（三）侮辱、体罚、殴打、非法搜查或者拘禁劳动者的；

（四）劳动条件恶劣、环境污染严重，给劳动者身心健康造成严重损害的。

第八十九条　用人单位违反本法规定未向劳动者出具解除或者终止劳动合同的书面证明，由劳动行政部门责令改正；给劳动者造成损害的，应当承担赔偿责任。

第九十条　劳动者违反本法规定解除劳动合同，或者违反劳动合同中约定的保密义务或者竞业限制，给用人单位造成损失的，应当承担赔偿责任。

第九十一条　用人单位招用与其他用人单位尚未解除或者终止劳动合同的劳动者，给其他用人单位造成损失的，应当承担连带赔偿责任。

第九十二条　违反本法规定，未经许可，擅自经营劳务派遣业务的，由劳动行政部门责令停止违法行为，没收违法所得，并处违法所得一倍以上五倍以下的罚款；没有违法所得的，可以处五万元以下的罚款。

劳务派遣单位、用工单位违反本法有关劳务派遣规定的，由劳动行政部门责令限期改正；逾期不改正的，以每人五千元以上一万元以下的标准处以罚款，对劳务派遣单位，吊销其劳务派遣业务经营许可证。用工单位给被派遣劳动者造成损害的，劳务派遣单位与用工单位承担连带赔偿责任。

第九十三条　对不具备合法经营资格的用人单位的违法犯罪行为，依法追究法律责任；劳动者已经付出劳动的，该单位或者其出资人应当依照本法有关规定向劳动者支付劳动报酬、经济补偿、赔偿金；给劳动者造成损害的，应当承担赔偿责任。

第九十四条　个人承包经营违反本法规定招用劳动者，给劳动者造成损害的，发包的组织与个人承包经营者承担连带赔偿责任。

第九十五条　劳动行政部门和其他有关主管部门及其工作人员玩忽职守、不履行法定职责，或者违法行使职权，给劳动者或者用人单位造成损害的，应当承担赔偿责任；对直接负责的主管人员和其他直接责任人员，依法给予行政处分；构成犯罪的，依法追究刑事责任。

第八章　附　　则

第九十六条　事业单位与实行聘用制的工作人员订立、履行、变更、解除或者终止劳动合同，法律、行政法规或者国务院另有规定的，依照其规定；未作规定的，依照本法有关规定执行。

第九十七条　本法施行前已依法订立且在本法施行之日存续的劳动合同，继续履行；本法第十四条第二款第三项规定连续订立固定期限劳动合同的次数，自本法施行后续订固定期限劳动合同时开始计算。

本法施行前已建立劳动关系，尚未订立书面劳动合同的，应当自本法施行之日起一个月内订立。

本法施行之日存续的劳动合同在本法施行后解除或者终止，依照本法第四十六条规定应当支付经济补偿的，经济补偿年限自本法施行之日起计算；本法施行前按照当时有关规定，用人单位应当向劳动者支付经济补偿的，按照当时有关规定执行。

第九十八条　本法自2008年1月1日起施行。

中华人民共和国劳动合同法实施条例

（2008年9月3日国务院第25次常务会议通过　2008年9月18日中华人民共和国国务院令第535号公布　自公布之日起施行）

第一章　总　　则

第一条　为了贯彻实施《中华人民共和国劳动合同法》（以下简称劳动合同法），制定本条例。

第二条　各级人民政府和县级以上人民政府劳动行政等有关部门以及工会等组织，应当采取措施，推动劳动合同法的贯彻实施，促进劳动关系的和谐。

第三条　依法成立的会计师事务所、

律师事务所等合伙组织和基金会，属于劳动合同法规定的用人单位。

第二章　劳动合同的订立

第四条　劳动合同法规定的用人单位设立的分支机构，依法取得营业执照或者登记证书的，可以作为用人单位与劳动者订立劳动合同；未依法取得营业执照或者登记证书的，受用人单位委托可以与劳动者订立劳动合同。

第五条　自用工之日起一个月内，经用人单位书面通知后，劳动者不与用人单位订立书面劳动合同的，用人单位应当书面通知劳动者终止劳动关系，无需向劳动者支付经济补偿，但是应当依法向劳动者支付其实际工作时间的劳动报酬。

第六条　用人单位自用工之日起超过一个月不满一年未与劳动者订立书面劳动合同的，应当依照劳动合同法第八十二条的规定向劳动者每月支付两倍的工资，并与劳动者补订书面劳动合同；劳动者不与用人单位订立书面劳动合同的，用人单位应当书面通知劳动者终止劳动关系，并依照劳动合同法第四十七条的规定支付经济补偿。

前款规定的用人单位向劳动者每月支付两倍工资的起算时间为用工之日起满一个月的次日，截止时间为补订书面劳动合同的前一日。

第七条　用人单位自用工之日起满一年未与劳动者订立书面劳动合同的，自用工之日起满一个月的次日至满一年的前一日应当依照劳动合同法第八十二条的规定向劳动者每月支付两倍的工资，并视为自用工之日起满一年的当日已经与劳动者订立无固定期限劳动合同，应当立即与劳动者补订书面劳动合同。

第八条　劳动合同法第七条规定的职工名册，应当包括劳动者姓名、性别、公民身份号码、户籍地址及现住址、联系方式、用工形式、用工起始时间、劳动合同期限等内容。

第九条　劳动合同法第十四条第二款规定的连续工作满10年的起始时间，应当自用人单位用工之日起计算，包括劳动合同法施行前的工作年限。

第十条　劳动者非因本人原因从原用人单位被安排到新用人单位工作的，劳动者在原用人单位的工作年限合并计算为新用人单位的工作年限。原用人单位已经向劳动者支付经济补偿的，新用人单位在依法解除、终止劳动合同计算支付经济补偿的工作年限时，不再计算劳动者在原用人单位的工作年限。

第十一条　除劳动者与用人单位协商一致的情形外，劳动者依照劳动合同法第十四条第二款的规定，提出订立无固定期限劳动合同的，用人单位应当与其订立无固定期限劳动合同。对劳动合同的内容，双方应当按照合法、公平、平等自愿、协商一致、诚实信用的原则协商确定；对协商不一致的内容，依照劳动合同法第十八条的规定执行。

第十二条　地方各级人民政府及县级以上地方人民政府有关部门为安置就业困难人员提供的给予岗位补贴和社会保险补贴的公益性岗位，其劳动合同不适用劳动合同法有关无固定期限劳动合同的规定以及支付经济补偿的规定。

第十三条　用人单位与劳动者不得在劳动合同法第四十四条规定的劳动合同终止情形之外约定其他的劳动合同终止条件。

第十四条　劳动合同履行地与用人单位注册地不一致的，有关劳动者的最低工资标准、劳动保护、劳动条件、职业危害防护和本地区上年度职工月平均工资标准等事项，按照劳动合同履行地的有关规定执行；用人单位注册地的有关标准高于劳动合同履行地的有关标准，且用人单位与劳动者约定按照用人单位注册地的有关规定执行的，从其约定。

第十五条　劳动者在试用期的工资不得低于本单位相同岗位最低档工资的80%或者不得低于劳动合同约定工资的80%，并不得低于用人单位所在地的最低工资标准。

第十六条　劳动合同法第二十二条第二款规定的培训费用，包括用人单位为了对劳动者进行专业技术培训而支付的有凭证的培训费用、培训期间的差旅费用以及因培训产生的用于该劳动者的其他直接费用。

第十七条　劳动合同期满，但是用人单位与劳动者依照劳动合同法第二十二条的规定约定的服务期尚未到期的，劳动合同应当续延至服务期满；双方另有约定的，从其约定。

第三章　劳动合同的解除和终止

第十八条　有下列情形之一的，依照劳动合同法规定的条件、程序，劳动者可以与用人单位解除固定期限劳动合同、无固定期限劳动合同或者以完成一定工作任务为期限的劳动合同：

（一）劳动者与用人单位协商一致的；

（二）劳动者提前30日以书面形式通知用人单位的；

（三）劳动者在试用期内提前3日通知用人单位的；

（四）用人单位未按照劳动合同约定提供劳动保护或者劳动条件的；

（五）用人单位未及时足额支付劳动报酬的；

（六）用人单位未依法为劳动者缴纳社会保险费的；

（七）用人单位的规章制度违反法律、法规的规定，损害劳动者权益的；

（八）用人单位以欺诈、胁迫的手段或者乘人之危，使劳动者在违背真实意思的情况下订立或者变更劳动合同的；

（九）用人单位在劳动合同中免除自己的法定责任、排除劳动者权利的；

（十）用人单位违反法律、行政法规强制性规定的；

（十一）用人单位以暴力、威胁或者非法限制人身自由的手段强迫劳动者劳动的；

（十二）用人单位违章指挥、强令冒险作业危及劳动者人身安全的；

（十三）法律、行政法规规定劳动者可以解除劳动合同的其他情形。

第十九条　有下列情形之一的，依照劳动合同法规定的条件、程序，用人单位可以与劳动者解除固定期限劳动合同、无固定期限劳动合同或者以完成一定工作任务为期限的劳动合同：

（一）用人单位与劳动者协商一致的；

（二）劳动者在试用期间被证明不符合录用条件的；

（三）劳动者严重违反用人单位的规章制度的；

（四）劳动者严重失职，营私舞弊，给用人单位造成重大损害的；

（五）劳动者同时与其他用人单位建立劳动关系，对完成本单位的工作任务造成严重影响，或者经用人单位提出，拒不改正的；

（六）劳动者以欺诈、胁迫的手段或者乘人之危，使用人单位在违背真实意思的情况下订立或者变更劳动合同的；

（七）劳动者被依法追究刑事责任的；

（八）劳动者患病或者非因工负伤，在规定的医疗期满后不能从事原工作，也不能从事由用人单位另行安排的工作的；

（九）劳动者不能胜任工作，经过培训或者调整工作岗位，仍不能胜任工作的；

（十）劳动合同订立时所依据的客观情况发生重大变化，致使劳动合同无法履行，经用人单位与劳动者协商，未能就变更劳动合同内容达成协议的；

（十一）用人单位依照企业破产法规定进行重整的；

（十二）用人单位生产经营发生严重困难的；

（十三）企业转产、重大技术革新或者经营方式调整，经变更劳动合同后，仍需裁减人员的；

（十四）其他因劳动合同订立时所依据的客观经济情况发生重大变化，致使劳动合同无法履行的。

第二十条　用人单位依照劳动合同法第四十条的规定，选择额外支付劳动者一个月工资解除劳动合同的，其额外支付的工资应当按照该劳动者上一个月的工资标准确定。

第二十一条　劳动者达到法定退休年龄的，劳动合同终止。

第二十二条　以完成一定工作任务为期限的劳动合同因任务完成而终止的，用人单位应当依照劳动合同法第四十七条的规定向劳动者支付经济补偿。

第二十三条　用人单位依法终止工伤职工的劳动合同的，除依照劳动合同法第四十七条的规定支付经济补偿外，还应当依照国家有关工伤保险的规定支付一次性工伤医疗补助金和伤残就业补助金。

第二十四条　用人单位出具的解除、终止劳动合同的证明，应当写明劳动合同期限、解除或者终止劳动合同的日期、工作岗位、在本单位的工作年限。

第二十五条　用人单位违反劳动合同法的规定解除或者终止劳动合同，依照劳动合同法第八十七条的规定支付了赔偿金的，不再支付经济补偿。赔偿金的计算年限自用工之日起计算。

第二十六条　用人单位与劳动者约定了服务期，劳动者依照劳动合同法第三十八条的规定解除劳动合同的，不属于违反服务期的约定，用人单位不得要求劳动者支付违约金。

有下列情形之一，用人单位与劳动者解除约定服务期的劳动合同的，劳动者应当按照劳动合同的约定向用人单位支付违约金：

（一）劳动者严重违反用人单位的规章制度的；

（二）劳动者严重失职，营私舞弊，给用人单位造成重大损害的；

（三）劳动者同时与其他用人单位建立劳动关系，对完成本单位的工作任务造成严重影响，或者经用人单位提出，拒不改正的；

（四）劳动者以欺诈、胁迫的手段或者乘人之危，使用人单位在违背真实意思的情况下订立或者变更劳动合同的；

（五）劳动者被依法追究刑事责任的。

第二十七条　劳动合同法第四十七条规定的经济补偿的月工资按照劳动者应得工资计算，包括计时工资或者计件工资以及奖金、津贴和补贴等货币性收入。劳动者在劳动合同解除或者终止前12个月的平均工资低于当地最低工资标准的，按照当地最低工资标准计算。劳动者工作不满12个月的，按照实际工作的月数计算平均工资。

第四章　劳务派遣特别规定

第二十八条　用人单位或者其所属单位出资或者合伙设立的劳务派遣单位，向本单位或者所属单位派遣劳动者的，属于劳动合同法第六十七条规定的不得设立的劳务派遣单位。

第二十九条　用工单位应当履行劳动合同法第六十二条规定的义务，维护被派遣劳动者的合法权益。

第三十条　劳务派遣单位不得以非全日制用工形式招用被派遣劳动者。

第三十一条　劳务派遣单位或者被派遣劳动者依法解除、终止劳动合同的经济补偿，依照劳动合同法第四十六条、第四十七条的规定执行。

第三十二条　劳务派遣单位违法解除或者终止被派遣劳动者的劳动合同的，依照劳动合同法第四十八条的规定执行。

第五章　法律责任

第三十三条　用人单位违反劳动合同法有关建立职工名册规定的，由劳动行政部门责令限期改正；逾期不改正的，由劳动行政部门处2000元以上2万元以下的罚款。

第三十四条　用人单位依照劳动合同法的规定应当向劳动者每月支付两倍的工资或者应当向劳动者支付赔偿金而未支付的，劳动行政部门应当责令用人单位支付。

第三十五条　用工单位违反劳动合同法和本条例有关劳务派遣规定的，由劳动行政部门和其他有关主管部门责令改正；情节严重的，以每位被派遣劳动者1000元以上5000元以下的标准处以罚款；给被派遣劳动者造成损害的，劳务派遣单位和用工单位承担连带赔偿责任。

第六章　附　　则

第三十六条　对违反劳动合同法和本条例的行为的投诉、举报，县级以上地方人民政府劳动行政部门依照《劳动保障监察条例》的规定处理。

第三十七条　劳动者与用人单位因订立、履行、变更、解除或者终止劳动合同发生争议的，依照《中华人民共和国劳动争议调解仲裁法》的规定处理。

第三十八条 本条例自公布之日起施行。

关于贯彻执行《中华人民共和国劳动法》若干问题的意见

（1995年8月4日 劳部发〔1995〕309号）

《中华人民共和国劳动法》（以下简称劳动法）已于一九九五年一月一日起施行，现就劳动法在贯彻执行中遇到的若干问题提出以下意见。

一、适用范围

1. 劳动法第二条中的"个体经济组织"是指一般雇工在七人以下的个体工商户。

2. 中国境内的企业、个体经济组织与劳动者之间，只要形成劳动关系，即劳动者事实上已成为企业、个体经济组织的成员，并为其提供有偿劳动，适用劳动法。

3. 国家机关、事业组织、社会团体实行劳动合同制度的以及按规定应实行劳动合同制度的工勤人员；实行企业化管理的事业组织的人员；其他通过劳动合同与国家机关、事业组织、社会团体建立劳动关系的劳动者，适用劳动法。

4. 公务员和比照实行公务员制度的事业组织和社会团体的工作人员，以及农村劳动者（乡镇企业职工和进城务工、经商的农民除外）、现役军人和家庭保姆等不适用劳动法。

5. 中国境内的企业、个体经济组织在劳动法中被称为用人单位。国家机关、事业组织、社会团体和与之建立劳动合同关系的劳动者依照劳动法执行。根据劳动法的这一规定，国家机关、事业组织、社会团体应当视为用人单位。

二、劳动合同和集体合同[①]

（一）劳动合同的订立

6. 用人单位应与其富余人员、放长假的职工，签订劳动合同，但其劳动合同与在岗职工的劳动合同在内容上可以有所区别。用人单位与劳动者经协商一致可以在劳动合同中就不在岗期间的有关事项作出规定。

7. 用人单位应与其长期被外单位借用的人员、带薪上学人员、以及其他非在岗但仍保持劳动关系的人员签订劳动合同，但在外借和上学期间，劳动合同中的某些相关条款经双方协商可以变更。

8. 请长病假的职工，在病假期间与原单位保持着劳动关系，用人单位应与其签订劳动合同。

9. 原固定工中经批准的停薪留职人员，愿意回原单位继续工作的，原单位应与其签订劳动合同；不愿回原单位继续工作的，原单位可以与其解除劳动关系。

[①] 本部分内容与《劳动合同法》、《劳动合同法实施条例》冲突的，以《劳动合同法》及其实施条例为准。

10. 根据劳动部《实施〈劳动法〉中有关劳动合同问题的解答》（劳部发〔1995〕202号）的规定，党委书记、工会主席等党群专职人员也是职工的一员，依照劳动法的规定，与用人单位签订劳动合同。对于有特殊规定的，可以按有关规定办理。

11. 根据劳动部《实施〈劳动法〉中有关劳动合同问题的解答》（劳部发〔1995〕202号）的规定，经理由其上级部门聘任（委任）的，应与聘任（委任）部门签订劳动合同。实行公司制的经理和有关经营管理人员，应依据《中华人民共和国公司法》的规定与董事会签订劳动合同。

12. 在校生利用业余时间勤工助学，不视为就业，未建立劳动关系，可以不签订劳动合同。

13. 用人单位发生分立或合并后，分立或合并后的用人单位可依据其实际情况与原用人单位的劳动者遵循平等自愿、协商一致的原则变更原劳动合同。

14. 派出到合资、参股单位的职工如果与原单位仍保持着劳动关系，应当与原单位签订劳动合同，原单位可就劳动合同的有关内容在与合资、参股单位订立的劳务合同时，明确职工的工资、保险、福利、休假等有关待遇。

15. 租赁经营（生产）、承包经营（生产）的企业，所有权并没有发生改变，法人名称未变，在与职工订立劳动合同时，该企业仍为用人单位一方。依据租赁合同或承包合同，租赁人、承包人如果作为该企业的法定代表人或者该法定代表人的授权委托人时，可代表该企业（用人单位）与劳动者订立劳动合同。

16. 用人单位与劳动者签订劳动合同时，劳动合同可以由用人单位拟定，也可以由双方当事人共同拟定，但劳动合同必须经双方当事人协商一致后才能签订，职工被迫签订的劳动合同或未经协商一致签订的劳动合同为无效劳动合同。

17. 用人单位与劳动者之间形成了事实劳动关系，而用人单位故意拖延不订立劳动合同，劳动行政部门应予以纠正。用人单位因此给劳动者造成损害的，应按劳动部《违反〈劳动法〉有关劳动合同规定的赔偿办法》（劳部发〔1995〕223号）的规定进行赔偿。

（二）劳动合同的内容

18. 劳动者被用人单位录用后，双方可以在劳动合同中约定试用期，试用期应包括在劳动合同期限内。

19. 试用期是用人单位和劳动者为相互了解、选择而约定的不超过六个月的考察期。一般对初次就业或再次就业的职工可以约定。在原固定工进行劳动合同制度的转制过程中，用人单位与原固定工签订劳动合同时，可以不再约定试用期。

20. 无固定期限的劳动合同是指不约定终止日期的劳动合同。按照平等自愿、协商一致的原则，用人单位和劳动者只要达成一致，无论初次就业的，还是由固定工转制的，都可以签订无固定期限的劳动合同。

无固定期限的劳动合同不得将法定解除条件约定为终止条件，以规避解除劳动合同时用人单位应承担支付给劳动者经济补偿的义务。

21. 用人单位经批准招用农民工，其

劳动合同期限可以由用人单位和劳动者协商确定。

从事矿山井下以及在其他有害身体健康的工种、岗位工作的农民工，实行定期轮换制度，合同期限最长不超过八年。

22. 劳动法第二十条中的"在同一用人单位连续工作满十年以上"是指劳动者与同一用人单位签订的劳动合同的期限不间断达到十年，劳动合同期满双方同意续订劳动合同时，只要劳动者提出签订无固定期限劳动合同的，用人单位应当与其签订无固定期限的劳动合同。在固定工转制中各地如有特殊规定的，从其规定。

23. 用人单位用于劳动者职业技能培训费用的支付和劳动者违约时培训费的赔偿可以在劳动合同中约定，但约定劳动者违约时负担的培训费和赔偿金的标准不得违反劳动部《违反〈劳动法〉有关劳动合同规定的赔偿办法》（劳部发〔1995〕223号）等有关规定。

24. 用人单位在与劳动者订立劳动合同时，不得以任何形式向劳动者收取定金、保证金（物）或抵押金（物）。对违反以上规定的，应按照劳动部、公安部、全国总工会《关于加强外商投资企业和私营企业劳动管理切实保障职工合法权益的通知》（劳部发〔1994〕118号）和劳动部办公厅《对"关于国有企业和集体所有制企业能否参照执行劳部发〔1994〕118号文件中的有关规定的请示"的复函》（劳办发〔1994〕256号）的规定，由公安部门和劳动行政部门责令用人单位立即退还给劳动者本人。

（三）经济性裁员

25. 依据劳动法第二十七条和劳动部《企业经济性裁减人员规定》[①]（劳部发〔1994〕447号）第四条的规定，用人单位确需裁减人员，应按下列程序进行：

（1）提前三十日向工会或全体职工说明情况，并提供有关生产经营状况的资料；

（2）提出裁减人员方案，内容包括：被裁减人员名单、裁减时间及实施步骤，符合法律、法规规定和集体合同约定的被裁减人员的经济补偿办法；

（3）将裁减人员方案征求工会或者全体职工的意见，并对方案进行修改和完善；

（4）向当地劳动行政部门报告裁减人员方案以及工会或者全体职工的意见，并听取劳动行政部门的意见；

（5）由用人单位正式公布裁减人员方案，与被裁减人员办理解除劳动合同手续，按照有关规定向被裁减人员本人支付经济补偿金，并出具裁减人员证明书。

（四）劳动合同的解除和无效劳动合同

26. 劳动合同的解除是指劳动合同订立后，尚未全部履行以前，由于某种原因导致劳动合同一方或双方当事人提前消灭劳动关系的法律行为。劳动合同的解除分为法定解除和约定解除两种。根据劳动法的规定，劳动合同既可以由单方依法解除，也可以双方协商解除。劳动合同的解除，只对未履行的部分发生效力，不涉及已履行的部分。

---

① 因与《劳动合同法》不一致，《企业经济性裁减人员规定》已被列入拟修订的劳动和社会保障规章目录。

27. 无效劳动合同是指所订立的劳动合同不符合法定条件，不能发生当事人预期的法律后果的劳动合同。劳动合同的无效由人民法院或劳动争议仲裁委员会确认，不能由合同双方当事人决定。

28. 劳动者涉嫌违法犯罪被有关机关收容审查、拘留或逮捕的，用人单位在劳动者被限制人身自由期间，可与其暂时停止劳动合同的履行。

暂时停止履行劳动合同期间，用人单位不承担劳动合同规定的相应义务。劳动者经证明被错误限制人身自由的，暂时停止履行劳动合同期间劳动者的损失，可由其依据《国家赔偿法》要求有关部门赔偿。

29. 劳动者被依法追究刑事责任的，用人单位可依据劳动法第二十五条解除劳动合同。

"被依法追究刑事责任"是指：被人民检察院免予起诉的、被人民法院判处刑罚的、被人民法院依据刑法第三十二条免予刑事处分的。

劳动者被人民法院判处拘役、三年以下有期徒刑缓刑的，用人单位可以解除劳动合同。

30. 劳动法第二十五条为用人单位可以解除劳动合同的条款，即使存在第二十九条规定的情况，只要劳动者同时存在第二十五条规定的四种情形之一，用人单位也可以根据第二十五条的规定解除劳动合同。

31. 劳动者被劳动教养的，用人单位可以依据被劳教的事实解除与该劳动者的劳动合同。

32. 按照劳动法第三十一条的规定，劳动者解除劳动合同，应当提前三十日以书面形式通知用人单位。超过三十日，劳动者可以向用人单位提出办理解除劳动合同手续，用人单位予以办理。如果劳动者违法解除劳动合同给原用人单位造成经济损失，应当承担赔偿责任。

33. 劳动者违反劳动法规定或劳动合同的约定解除劳动合同（如擅自离职），给用人单位造成经济损失的，应当根据劳动法第一百零二条和劳动部《违反〈劳动法〉有关劳动合同规定的赔偿办法》（劳部发〔1995〕223号）的规定，承担赔偿责任。

34. 除劳动法第二十五条规定的情形外，劳动者在医疗期、孕期、产期和哺乳期内，劳动合同期限届满时，用人单位不得终止劳动合同。劳动合同的期限应自动延续至医疗期、孕期、产期和哺乳期期满为止。

35. 请长病假的职工在医疗期满后，能从事原工作的，可以继续履行劳动合同；医疗期满后仍不能从事原工作也不能从事由单位另行安排的工作的，由劳动鉴定委员会参照工伤与职业病致残程度鉴定标准进行劳动能力鉴定。被鉴定为一至四级的，应当退出劳动岗位，解除劳动关系，办理因病或非因工负伤退休退职手续，享受相应的退休退职待遇；被鉴定为五至十级的，用人单位可以解除劳动合同，并按规定支付经济补偿金和医疗补助费。

（五）解除劳动合同的经济补偿

36. 用人单位依据劳动法第二十四条、第二十六条、第二十七条的规定解除劳动合同，应当按照劳动法和劳动部《违反和解除劳动合同的经济补偿办法》（劳部发〔1994〕481号）①支付劳动者经济补偿金。

37. 根据《民法通则》第四十四条第二款"企业法人分立、合并，它的权利和义务由变更后的法人享有和承担"的规定，用人单位发生分立或合并后，分立或合并后的用人单位可依据其实际情况与原用人单位的劳动者遵循平等自愿、协商一致的原则变更、解除或重新签订劳动合同。

在此种情况下的重新签订劳动合同视为原劳动合同的变更，用人单位变更劳动合同，劳动者不能依据劳动法第二十八条要求经济补偿。

38. 劳动合同期满或者当事人约定的劳动合同终止条件出现，劳动合同即行终止，用人单位可以不支付劳动者经济补偿金。国家另有规定的，可以从其规定。

39. 用人单位依据劳动法第二十五条解除劳动合同，可以不支付劳动者经济补偿金。

40. 劳动者依据劳动法第三十二条第（一）项解除劳动合同，用人单位可以不支付经济补偿金，但应按照劳动者的实际工作天数支付工资。

41. 在原固定工实行劳动合同制度的过程中，企业富余职工辞职，经企业同意可以不与企业签订劳动合同的，企业应根据《国有企业富余职工安置规定》（国务院令第111号，1993年公布）发给劳动者一次性生活补助费。

42. 职工在接近退休年龄（按有关规定一般为五年以内）时因劳动合同到期终止劳动合同的，如果符合退休、退职条件，可以办理退休、退职手续；不符合退休、退职条件的，在终止劳动合同后按规定领取失业救济金。享受失业救济金的期限届满后仍未就业，符合社会救济条件的，可以按规定领取社会救济金，达到退休年龄时办理退休手续，领取养老保险金。

43. 劳动合同解除后，用人单位对符合规定的劳动者应支付经济补偿金。不能因劳动者领取了失业救济金而拒付或克扣经济补偿金，失业保险机构也不得以劳动者领取了经济补偿金为由，停发或减发失业救济金。

（六）体制改革过程中实行劳动合同制度的有关政策

44. 困难企业签订劳动合同，应区分不同情况，有些亏损企业属政策性亏损，生产仍在进行，还能发出工资，应该按照劳动法的规定签订劳动合同。已经停产半停产的企业，要根据具体情况签订劳动合同，保证这些企业职工的基本生活。

45. 在国有企业固定工转制过程中，劳动者无正当理由不得单方面与用人单位解除劳动关系；用人单位也不得以实行劳动合同制度为由，借机辞退部分职工。

46. 关于在企业内录干、聘干问题，劳动法规定用人单位内的全体职工统称为劳动者，在同一用人单位内，各种不同的身份界限随之打破。应该按照劳动法的规定，通过签订劳动合同来明确劳动者的工作内容、岗位等。用人单位根据工作需

---

① 《违反和解除劳动合同的经济补偿办法》已被废止。

要，调整劳动者的工作岗位时，可以与劳动者协商一致，变更劳动合同的相关内容。

47. 由于各用人单位千差万别，对工作内容、劳动报酬的规定也就差异很大，因此，国家不宜制定统一的劳动合同标准文本。目前，各地、各行业制定并向企业推荐的劳动合同文本，对于用人单位和劳动者双方有一定的指导意义，但这些劳动合同文本只能供用人单位和劳动者参考。

48. 按照劳动部办公厅《对全面实行劳动合同制若干问题的请示的复函》（劳办发〔1995〕19号）的规定，各地企业在与原固定工签订劳动合同时，应注意保护老弱病残职工的合法权益。对工作时间较长，年龄较大的职工，各地可以根据劳动法第一百零六条制定一次性的过渡政策，具体办法由各省、自治区、直辖市确定。

49. 在企业全面建立劳动合同制度以后，原合同制工人与本企业内的原固定工应享受同等待遇。是否发给15%的工资性补贴，可以由各省、自治区、直辖市人民政府根据劳动法第一百零六条在制定劳动合同制度的实施步骤时加以规定。

50. 在目前工伤保险和残疾人康复就业制度尚未建立和完善的情况下，对因工部分丧失劳动能力的职工，劳动合同期满也不能终止劳动合同，仍由原单位按照国家有关规定提供医疗等待遇。

（七）集体合同

51. 当前签订集体合同的重点应在非国有企业和现代企业制度试点的企业进行，积累经验，逐步扩大范围。

52. 关于国有企业在承包制条件下签订的"共保合同"，凡内容符合劳动法和有关法律、法规和规章关于集体合同规定的，应按照有关规定办理集体合同送审、备案手续；凡不符合劳动法和有关法律、法规和规章规定的，应积极创造条件逐步向规范的集体合同过渡。

三、工　　资

（一）最低工资

53. 劳动法中的"工资"是指用人单位依据国家有关规定或劳动合同的约定，以货币形式直接支付给本单位劳动者的劳动报酬，一般包括计时工资、计件工资、奖金、津贴和补贴、延长工作时间的工资报酬以及特殊情况下支付的工资等。"工资"是劳动者劳动收入的主要组成部分。

劳动者的以下劳动收入不属于工资范围：

（1）单位支付给劳动者个人的社会保险福利费用，如丧葬抚恤救济费、生活困难补助费、计划生育补贴等；

（2）劳动保护方面的费用，如用人单位支付给劳动者的工作服、解毒剂、清凉饮料费用等；

（3）按规定未列入工资总额的各种劳动报酬及其他劳动收入，如根据国家规定发放的创造发明奖、国家星火奖、自然科学奖、科学技术进步奖、合理化建议和技术改进奖、中华技能大奖等，以及稿费、讲课费、翻译费等。

54. 劳动法第四十八条中的"最低工资"是指劳动者在法定工作时间内履行了正常劳动义务的前提下，由其所在单位支付的最低劳动报酬。最低工资不包括延长工作时间的工资报酬，以货币形式支付的住房和用人单位支付的伙食补贴、中班、夜班、高温、低温、井下、有毒、有害等特殊工作环境和劳动条件下的津贴，国家法律、法规、规章规定的社会保险福利待遇。

55. 劳动法第四十四条中的"劳动者正常工作时间工资"是指劳动合同规定的劳动者本人所在工作岗位（职位）相对应的工资。鉴于当前劳动合同制度尚处于推进过程中，按上述规定执行确有困难的用人单位，地方或行业劳动部门可在不违反劳动部《关于工资〈支付暂行规定〉有关问题的补充规定》（劳部发〔1995〕226号）文件所确定的总的原则的基础上，制定过渡办法。

56. 在劳动合同中，双方当事人约定的劳动者在未完成劳动定额或承包任务的情况下，用人单位可低于最低工资标准支付劳动者工资的条款不具有法律效力。

57. 劳动者与用人单位形成或建立劳动关系后，试用、熟练、见习期间，在法定工作时间内提供了正常劳动，其所在的用人单位应当支付其不低于最低工资标准的工资。

58. 企业下岗待工人员，由企业依据当地政府的有关规定支付其生活费，生活费可以低于最低工资标准，下岗待工人员中重新就业的，企业应停发其生活费。女职工因生育、哺乳请长假而下岗的，在其享受法定产假期间，依法领取生育津贴；没有参加生育保险的企业，由企业照发原工资。

59. 职工患病或非因工负伤治疗期间，在规定的医疗期间内由企业按有关规定支付其病假工资或疾病救济费，病假工资或疾病救济费可以低于当地最低工资标准支付，但不能低于最低工资标准的80%。

（二）延长工作时间的工资报酬

60. 实行每天不超过8小时，每周不超过44小时或40小时标准工作时间制度的企业，以及经批准实行综合计算工时工作制的企业，应当按照劳动法的规定支付劳动者延长工作时间的工资报酬。全体职工已实行劳动合同制度的企业，一般管理人员（实行不定时工作制人员除外）经批准延长工作时间的，可以支付延长工作时间的工资报酬。

61. 实行计时工资制的劳动者的日工资，按其本人月工资标准除以平均每月法定工作天数（实行每周40小时工作制的为21.16天，实行每周44小时工作制的为23.33天）进行计算。

62. 实行综合计算工时工作制的企业职工，工作日正好是周休息日的，属于正常工作；工作日正好是法定节假日时，要依照劳动法第四十四条第（三）项的规定支付职工的工资报酬。

（三）有关企业工资支付的政策

63. 企业克扣或无故拖欠劳动者工资的，劳动监察部门应根据劳动法第九十一条、劳动部《违反和解除劳动合同的经济补偿办法》第三条、《违反〈中华人民共和国劳动法〉行政处罚办法》第六条予以处理。

64. 经济困难的企业执行劳动部《工资支付暂行规定》（劳部发〔1994〕489号）确有困难，应根据以下规定执行：

（1）《关于做好国有企业职工和离退休人员基本生活保障工作的通知》（国发〔1993〕76号）的规定，"企业发放工资确有困难时，应发给职工基本生活费，具体标准由各地区、各部门根据实际情况确定"；

（2）《关于国有企业流动资金贷款的紧急通知》（银传〔1994〕34号）的规定，"地方政府通过财政补贴，企业主管部门有可能也要拿出一部分资金，银行要拿出一部分贷款，共同保证职工基本生活和社会的稳定"；

（3）《国有企业富余职工安置规定》（国务院令第111号，1993年发布）的规定："企业可以对职工实行有限期的放假。职工放假期间，由企业发给生活费"。

四、工作时间和休假

（一）综合计算工作时间

65. 经批准实行综合计算工作时间的用人单位，分别以周、月、季、年等为周期综合计算工作时间，但其平均日工作时间和平均周工作时间应与法定标准工作时间基本相同。

66. 对于那些在市场竞争中，由于外界因素的影响，生产任务不均衡的企业的部分职工，经劳动行政部门严格审批后，可以参照综合计算工时工作制的办法实施，但用人单位应采取适当方式确保职工的休息休假权利和生产、工作任务的完成。

67. 经批准实行不定时工作制的职工，不受劳动法第四十一条规定的日延长工作时间标准和月延长工作时间标准的限制，但用人单位应采用弹性工作时间等适当的工作和休息方式，确保职工的休息休假权利和生产、工作任务的完成。

68. 实行标准工时制度的企业，延长工作时间应严格按劳动法第四十一条的规定执行，不能按季、年综合计算延长工作时间。

69. 中央直属企业、企业化管理的事业单位实行不定时工作制和综合计算工时工作制等其他工作和休息办法的，须经国务院行业主管部门审核，报国务院劳动行政部门批准。地方企业实行不定时工作制和综合计算工时工作制等其他工作和休息办法的审批办法，由省、自治区、直辖市人民政府劳动行政部门制定，报国务院劳动行政部门备案。

（二）延长工作时间

70. 休息日安排劳动者工作的，应先按同等时间安排其补休，不能安排补休的应按劳动法第四十四条第（二）项的规定支付劳动者延长工作时间的工资报酬。法定节假日（元旦、春节、劳动节、国庆节）安排劳动者工作的，应按劳动法第四十四条第（三）项支付劳动者延长工作时间的工资报酬。

71. 协商是企业决定延长工作时间的程序（劳动法第四十二条和《劳动部贯彻〈国务院关于职工工作时间的规定〉的实施办法》第七条规定除外），企业确因生产经营需要，必须延长工作时间时，应与工会和劳动者协商。协商后，企业可以在劳动法限定的延长工作时数内决定延长工作时间，对企业违反法律、法规强迫劳动者延长工作时间的，劳动者有权拒绝。若由此发生劳动争议，可以提请劳动争议处理机构予以处理。

（三）休假

72. 实行新工时制度后，企业职工原有的年休假制度仍然实行。在国务院尚未作出新的规定之前，企业可以按照1991

年6月5日《中共中央国务院关于职工休假问题的通知》，安排职工休假。

五、社会保险

73. 企业实施破产时，按照国家有关企业破产的规定，从其财产清算和土地转让所得中按实际需要划拨出社会保险费用和职工再就业的安置费。其划拨的养老保险费和失业保险费由当地社会保险基金经办机构和劳动部门就业服务机构接收，并负责支付离退休人员的养老保险费用和支付失业人员应享受的失业保险待遇。

74. 企业富余职工、请长假人员、请长病假人员、外借人员和带薪上学人员，其社会保险费仍按规定由原单位和个人继续缴纳，缴纳保险费期间计算为缴费年限。

75. 用人单位全部职工实行劳动合同制度后，职工在用人单位内由转制前的原工人岗位转为原干部（技术）岗位或由原干部（技术）岗位转为原工人岗位，其退休年龄和条件，按现岗位国家规定执行。

76. 依据劳动部《企业职工患病或非因工负伤医疗期的规定》（劳部发〔1994〕479号）和劳动部《关于贯彻〈企业职工患病或非因工负伤医疗期的规定〉的通知》（劳部发〔1995〕236号），职工患病或非因工负伤，根据本人实际参加工作的年限和本企业工作年限长短，享受3-24个月的医疗期。对于某些患特殊疾病（如癌症、精神病、瘫痪等）的职工，在24个月内尚不能痊愈的，经企业和当地劳动部门批准，可以适当延长医疗期。

77. 劳动者的工伤待遇在国家尚未颁布新的工伤保险法律、行政法规之前，各类企业仍要执行《劳动保险条例》及相关的政策规定，如果当地政府已实行工伤保险制度改革的，应执行当地的新规定；个体经济组织的劳动者的工伤保险参照企业职工的规定执行；国家机关、事业组织、社会团体的劳动者的工伤保险，如果包括在地方人民政府的工伤改革规定范围内的，按地方政府的规定执行。

78. 劳动者患职业病按照1987年由卫生部等部门发布的《职业病范围和职业病患者处理办法的规定》和所附的"职业病名单"（〔87〕卫防第60号）处理，经职业病诊断机构确诊并发给《职业病诊断证明书》，劳动行政部门据此确认工伤，并通知用人单位或者社会保险基金经办机构发给有关工伤保险待遇；劳动者因工负伤的，劳动行政部门根据企业的工伤事故报告和工伤者本人的申请，作出工伤认定，由社会保险基金经办机构或用人单位，发给有关工伤保险待遇。患职业病或工伤致残的，由当地劳动鉴定委员会按照劳动部《职工工伤和职业病致残程度鉴定标准》（劳险字〔1992〕6号）[①] 评定伤残等级和护理依赖程度。劳动鉴定委员会的伤残等级和护理依赖程度的结论，以医学检查、诊断结果为技术依据。

79. 劳动者因工负伤或患职业病，用人单位应按国家和地方政府的规定进行工伤事故报告，或者经职业病诊断机构确诊

---

① 自2007年5月1日起，劳动能力鉴定适用新标准《劳动能力鉴定 职工工伤与职业病致残等级》。

进行职业病报告。用人单位和劳动者有权按规定向当地劳动行政部门报告。如果用人单位瞒报、漏报工作或职业病，工会、劳动者可以向劳动行政部门报告。经劳动行政部门确认后，用人单位或社会保险基金经办机构应补发工伤保险待遇。

80. 劳动者对劳动行政部门作出的工伤或职业病的确认意见不服，可依法提起行政复议或行政诉讼。

81. 劳动者被认定患职业病或因工负伤后，对劳动鉴定委员会作出的伤残等级和护理依赖程度鉴定结论不服，可依法提起行政复议或行政诉讼。对劳动能力鉴定结论所依据的医学检查、诊断结果有异议的，可以要求复查诊断，复查诊断按各省、自治区和直辖市劳动鉴定委员会规定的程序进行。

六、劳动争议

82. 用人单位与劳动者发生劳动争议不论是否订立劳动合同，只要存在事实劳动关系，并符合劳动法的适用范围和《中华人民共和国企业劳动争议处理条例》①的受案范围，劳动争议仲裁委员会均应受理。

83. 劳动合同鉴证是劳动行政部门审查、证明劳动合同的真实性、合法性的一项行政监督措施，尤其在劳动合同制度全面实施的初期有其必要性。劳动行政部门鼓励并提倡用人单位和劳动者进行劳动合同鉴证。劳动争议仲裁委员会不能以劳动合同未经鉴证为由不受理相关的劳动争议案件。

84. 国家机关、事业组织、社会团体与本单位工人以及其他与之建立劳动合同关系的劳动者之间，个体工商户与帮工、学徒之间，以及军队、武警部队的事业组织和企业与其无军籍的职工之间发生的劳动争议，只要符合劳动争议的受案范围，劳动争议仲裁委员会应予受理。

85. "劳动争议发生之日"是指当事人知道或者应当知道其权利被侵害之日。

86. 根据《中华人民共和国商业银行法》的规定，商业银行为企业法人。商业银行与其职工适用《劳动法》、《中华人民共和国企业劳动争议处理条例》等劳动法律、法规和规章。商业银行与其职工发生的争议属于劳动争议的受案范围的，劳动争议仲裁委员会应予受理。

87. 劳动法第二十五条第（三）项中的"重大损害"，应由企业内部规章来规定，不便于在全国对其作统一解释。若用人单位以此为由解除劳动合同，与劳动者发生劳动争议，当事人向劳动争议仲裁委员会申请仲裁的，由劳动争议仲裁委员会根据企业类型、规模和损害程度等情况，对企业规章中规定的"重大损害"进行认定。

88. 劳动监察是劳动法授予劳动行政部门的职责，劳动争议仲裁是劳动法授予各级劳动争议仲裁委员会的职能。用人单位或行业部门不能设立劳动监察机构和劳动争议仲裁委员会，也不能设立劳动行政部门劳动监察机构的派出机构和劳动争议

---

① 自2008年5月1日起，劳动争议的调解、仲裁程序应按《中华人民共和国劳动争议调解仲裁法》的规定执行。

仲裁委员会的派出机构。

89. 劳动争议当事人向企业劳动争议调解委员会申请调解，从当事人提出申请之日起，仲裁申诉时效中止，企业劳动争议调解委员会应当在三十日内结束调解，即中止期间最长不得超过三十日。结束调解之日起，当事人的申诉时效继续计算。调解超过三十日的，申诉时效从三十日之后的第一天继续计算。

90. 劳动争议仲裁委员会的办事机构对未予受理的仲裁申请，应逐件向仲裁委员会报告并说明情况，仲裁委员会认为应当受理的，应及时通知当事人。当事人从申请至受理的期间应视为时效中止。

七、法律责任

91. 劳动法第九十一条的含义是，如果用人单位实施了本条规定的前三项侵权行为之一的，劳动行政部门应责令用人单位支付劳动者的工资报酬和经济补偿，并可以责令支付赔偿金。如果用人单位实施了本条规定的第四项侵权行为，即解除劳动合同后未依法给予劳动者经济补偿的，因不存在支付工资报酬的问题，故劳动行政部门只责令用人单位支付劳动者经济补偿，还可以支付赔偿金。

92. 用人单位实施下列行为之一的，应认定为劳动法第一百零一条中的"无理阻挠"行为：

（1）阻止劳动监督检查人员进入用人单位内（包括进入劳动现场）进行监督检查的；

（2）隐瞒事实真相，出具伪证，或者隐匿、毁灭证据的；

（3）拒绝提供有关资料的；

（4）拒绝在规定的时间和地点就劳动行政部门所提问题作出解释和说明的；

（5）法律、法规和规章规定的其他情况。

八、适 用 法 律

93. 劳动部、外经贸部《外商投资企业劳动管理规定》（劳部发〔1994〕246号）[①] 与劳动部《违反和解除劳动合同的经济补偿办法》（劳部发〔1994〕481号）中关于解除劳动合同的经济补偿规定是一致的，246号文中的"生活补助费"是劳动法第二十八条所指经济补偿的具体化，与481号文中的"经济补偿金"可视为同一概念。

94. 劳动部、外经贸部《外商投资企业劳动管理规定》（劳部发〔1994〕246号）与劳动部《违反〈中华人民共和国劳动法〉行政处罚办法》（劳部发〔1994〕532号）在企业低于当地最低工资标准支付职工工资应付赔偿金的标准，延长工作时间的罚款标准，阻止劳动监察人员行使监督检查权的罚款标准等方面规定不一致，按照同等效力的法律规范新法优于旧法执行的原则，应执行劳动部劳部发〔1994〕532号规章。

95. 劳动部《企业最低工资规定》

[①] 该规定已被《关于废止部分劳动和社会保障规章的决定》（2007年11月9日劳动和社会保障部令第29号）废止。

（劳部发〔1993〕333号）① 与劳动部《违反〈中华人民共和国劳动法〉行政处罚办法》（劳部发〔1994〕532号）在拖欠或低于国家最低工资标准支付工资的赔偿金标准方面规定不一致，应按劳动部劳部发〔1994〕532号规章执行。

96. 劳动部《违反〈中华人民共和国劳动法〉行政处罚办法》（劳部发〔1994〕532号）对行政处罚行为、处罚标准未作规定，而其他劳动行政规章和地方政府规章作了规定的，按有关规定执行。

97. 对违反劳动法的用人单位，劳动行政部门有权依据劳动法律、法规和规章的规定予以处理，用人单位对劳动行政部门作出的行政处罚决定不服，在法定期限内不提起诉讼或不申请复议又不执行行政处罚决定的，劳动行政部门可以根据行政诉讼法第六十六条申请人民法院强制执行。劳动行政部门依法申请人民法院强制执行时，应当提交申请执行书，据以执行的法律文书和其他必须提交的材料。

98. 适用法律、法规、规章及其他规范性文件遵循下列原则：

（1）法律的效力高于行政法规与地方性法规；行政法规与地方性法规效力高于部门规章和地方政府规章；部门规章和地方政府规章效力高于其他规范性文件。

（2）在适用同一效力层次的文件时，新法律优于旧法律；新法规优于旧法规；新规章优于旧规章；新规范性文件优于旧规范性文件。

99. 依据《法规规章备案规定》（国务院令第48号，1990年发布）"地方人民政府规章同国务院部门规章之间或者国务院部门规章相互之间有矛盾的，由国务院法制局进行协调；经协调不能取得一致意见的，由国务院法制局提出意见，报国务院决定。"地方劳动行政部门在发现劳动部规章与国务院其他部门规章或地方政府规章相矛盾时，可将情况报劳动部，由劳动部报国务院法制局进行协调或决定。

100. 地方或行业劳动部门发现劳动部的规章之间、其他规范性文件之间或规章与其他规范性文件之间相矛盾，一般适用"新文件优于旧文件"的原则，同时可向劳动部请示。

劳动保障监察条例

（2004年10月26日国务院第68次常务会议通过 2004年11月1日中华人民共和国国务院令第423号公布 自2004年12月1日起施行）

第一章 总 则

第一条 为了贯彻实施劳动和社会保障（以下称劳动保障）法律、法规和规章，规范劳动保障监察工作，维护劳动者的合法权益，根据劳动法和有关法律，制定本条例。

第二条 对企业和个体工商户（以下称用人单位）进行劳动保障监察，适用本条例。

对职业介绍机构、职业技能培训机构

---

① 自2004年3月1日起开始执行《最低工资规定》，《企业最低工资规定》同时废止。

和职业技能考核鉴定机构进行劳动保障监察，依照本条例执行。

第三条 国务院劳动保障行政部门主管全国的劳动保障监察工作。县级以上地方各级人民政府劳动保障行政部门主管本行政区域内的劳动保障监察工作。

县级以上各级人民政府有关部门根据各自职责，支持、协助劳动保障行政部门的劳动保障监察工作。

第四条 县级、设区的市级人民政府劳动保障行政部门可以委托符合监察执法条件的组织实施劳动保障监察。

劳动保障行政部门和受委托实施劳动保障监察的组织中的劳动保障监察员应当经过相应的考核或者考试录用。

劳动保障监察证件由国务院劳动保障行政部门监制。

第五条 县级以上地方各级人民政府应当加强劳动保障监察工作。劳动保障监察所需经费列入本级财政预算。

第六条 用人单位应当遵守劳动保障法律、法规和规章，接受并配合劳动保障监察。

第七条 各级工会依法维护劳动者的合法权益，对用人单位遵守劳动保障法律、法规和规章的情况进行监督。

劳动保障行政部门在劳动保障监察工作中应当注意听取工会组织的意见和建议。

第八条 劳动保障监察遵循公正、公开、高效、便民的原则。

实施劳动保障监察，坚持教育与处罚相结合，接受社会监督。

第九条 任何组织或者个人对违反劳动保障法律、法规或者规章的行为，有权向劳动保障行政部门举报。

劳动者认为用人单位侵犯其劳动保障合法权益的，有权向劳动保障行政部门投诉。

劳动保障行政部门应当为举报人保密；对举报属实，为查处重大违反劳动保障法律、法规或者规章的行为提供主要线索和证据的举报人，给予奖励。

第二章　劳动保障监察职责

第十条 劳动保障行政部门实施劳动保障监察，履行下列职责：

（一）宣传劳动保障法律、法规和规章，督促用人单位贯彻执行；

（二）检查用人单位遵守劳动保障法律、法规和规章的情况；

（三）受理对违反劳动保障法律、法规或者规章的行为的举报、投诉；

（四）依法纠正和查处违反劳动保障法律、法规或者规章的行为。

第十一条 劳动保障行政部门对下列事项实施劳动保障监察：

（一）用人单位制定内部劳动保障规章制度的情况；

（二）用人单位与劳动者订立劳动合同的情况；

（三）用人单位遵守禁止使用童工规定的情况；

（四）用人单位遵守女职工和未成年工特殊劳动保护规定的情况；

（五）用人单位遵守工作时间和休息休假规定的情况；

（六）用人单位支付劳动者工资和执行最低工资标准的情况；

（七）用人单位参加各项社会保险和缴纳社会保险费的情况；

（八）职业介绍机构、职业技能培训机构和职业技能考核鉴定机构遵守国家有关职业介绍、职业技能培训和职业技能考核鉴定的规定的情况；

（九）法律、法规规定的其他劳动保障监察事项。

第十二条　劳动保障监察员依法履行劳动保障监察职责，受法律保护。

劳动保障监察员应当忠于职守，秉公执法，勤政廉洁，保守秘密。

任何组织或者个人对劳动保障监察员的违法违纪行为，有权向劳动保障行政部门或者有关机关检举、控告。

第三章　劳动保障监察的实施

第十三条　对用人单位的劳动保障监察，由用人单位用工所在地的县级或者设区的市级劳动保障行政部门管辖。

上级劳动保障行政部门根据工作需要，可以调查处理下级劳动保障行政部门管辖的案件。劳动保障行政部门对劳动保障监察管辖发生争议的，报请共同的上一级劳动保障行政部门指定管辖。

省、自治区、直辖市人民政府可以对劳动保障监察的管辖制定具体办法。

第十四条　劳动保障监察以日常巡视检查、审查用人单位按照要求报送的书面材料以及接受举报投诉等形式进行。

劳动保障行政部门认为用人单位有违反劳动保障法律、法规或者规章的行为，需要进行调查处理的，应当及时立案。

劳动保障行政部门或者受委托实施劳动保障监察的组织应当设立举报、投诉信箱和电话。

对因违反劳动保障法律、法规或者规章的行为引起的群体性事件，劳动保障行政部门应当根据应急预案，迅速会同有关部门处理。

第十五条　劳动保障行政部门实施劳动保障监察，有权采取下列调查、检查措施：

（一）进入用人单位的劳动场所进行检查；

（二）就调查、检查事项询问有关人员；

（三）要求用人单位提供与调查、检查事项相关的文件资料，并作出解释和说明，必要时可以发出调查询问书；

（四）采取记录、录音、录像、照像或者复制等方式收集有关情况和资料；

（五）委托会计师事务所对用人单位工资支付、缴纳社会保险费的情况进行审计；

（六）法律、法规规定可以由劳动保障行政部门采取的其他调查、检查措施。

劳动保障行政部门对事实清楚、证据确凿、可以当场处理的违反劳动保障法律、法规或者规章的行为有权当场予以纠正。

第十六条　劳动保障监察员进行调查、检查，不得少于2人，并应当佩戴劳动保障监察标志、出示劳动保障监察证件。

劳动保障监察员办理的劳动保障监察事项与本人或者其近亲属有直接利害关系的，应当回避。

第十七条　劳动保障行政部门对违反

劳动保障法律、法规或者规章的行为的调查，应当自立案之日起 60 个工作日内完成；对情况复杂的，经劳动保障行政部门负责人批准，可以延长 30 个工作日。

第十八条　劳动保障行政部门对违反劳动保障法律、法规或者规章的行为，根据调查、检查的结果，作出以下处理：

（一）对依法应当受到行政处罚的，依法作出行政处罚决定；

（二）对应当改正未改正的，依法责令改正或者作出相应的行政处理决定；

（三）对情节轻微且已改正的，撤销立案。

发现违法案件不属于劳动保障监察事项的，应当及时移送有关部门处理；涉嫌犯罪的，应当依法移送司法机关。

第十九条　劳动保障行政部门对违反劳动保障法律、法规或者规章的行为作出行政处罚或者行政处理决定前，应当听取用人单位的陈述、申辩；作出行政处罚或者行政处理决定，应当告知用人单位依法享有申请行政复议或者提起行政诉讼的权利。

第二十条　违反劳动保障法律、法规或者规章的行为在 2 年内未被劳动保障行政部门发现，也未被举报、投诉的，劳动保障行政部门不再查处。

前款规定的期限，自违反劳动保障法律、法规或者规章的行为发生之日起计算；违反劳动保障法律、法规或者规章的行为有连续或者继续状态的，自行为终了之日起计算。

第二十一条　用人单位违反劳动保障法律、法规或者规章，对劳动者造成损害的，依法承担赔偿责任。劳动者与用人单位就赔偿发生争议的，依照国家有关劳动争议处理的规定处理。

对应当通过劳动争议处理程序解决的事项或者已经按照劳动争议处理程序申请调解、仲裁或者已经提起诉讼的事项，劳动保障行政部门应当告知投诉人依照劳动争议处理或者诉讼的程序办理。

第二十二条　劳动保障行政部门应当建立用人单位劳动保障守法诚信档案。用人单位有重大违反劳动保障法律、法规或者规章的行为的，由有关的劳动保障行政部门向社会公布。

第四章　法　律　责　任

第二十三条　用人单位有下列行为之一的，由劳动保障行政部门责令改正，按照受侵害的劳动者每人 1000 元以上 5000 元以下的标准计算，处以罚款：

（一）安排女职工从事矿山井下劳动、国家规定的第四级体力劳动强度的劳动或者其他禁忌从事的劳动的；

（二）安排女职工在经期从事高处、低温、冷水作业或者国家规定的第三级体力劳动强度的劳动的；

（三）安排女职工在怀孕期间从事国家规定的第三级体力劳动强度的劳动或者孕期禁忌从事的劳动的；

（四）安排怀孕 7 个月以上的女职工夜班劳动或者延长其工作时间的；

（五）女职工生育享受产假少于 90 天的；

（六）安排女职工在哺乳未满 1 周岁的婴儿期间从事国家规定的第三级体力劳动强度的劳动或者哺乳期禁忌从事的其他

劳动，以及延长其工作时间或者安排其夜班劳动的；

（七）安排未成年工从事矿山井下、有毒有害、国家规定的第四级体力劳动强度的劳动或者其他禁忌从事的劳动的；

（八）未对未成年工定期进行健康检查的。

第二十四条 用人单位与劳动者建立劳动关系不依法订立劳动合同的，由劳动保障行政部门责令改正。

第二十五条 用人单位违反劳动保障法律、法规或者规章延长劳动者工作时间的，由劳动保障行政部门给予警告，责令限期改正，并可以按照受侵害的劳动者每人 100 元以上 500 元以下的标准计算，处以罚款。

第二十六条 用人单位有下列行为之一的，由劳动保障行政部门分别责令限期支付劳动者的工资报酬、劳动者工资低于当地最低工资标准的差额或者解除劳动合同的经济补偿；逾期不支付的，责令用人单位按照应付金额 50% 以上 1 倍以下的标准计算，向劳动者加付赔偿金：

（一）克扣或者无故拖欠劳动者工资报酬的；

（二）支付劳动者的工资低于当地最低工资标准的；

（三）解除劳动合同未依法给予劳动者经济补偿的。

第二十七条 用人单位向社会保险经办机构申报应缴纳的社会保险费数额时，瞒报工资总额或者职工人数的，由劳动保障行政部门责令改正，并处瞒报工资数额 1 倍以上 3 倍以下的罚款。

骗取社会保险待遇或者骗取社会保险基金支出的，由劳动保障行政部门责令退还，并处骗取金额 1 倍以上 3 倍以下的罚款；构成犯罪的，依法追究刑事责任。

第二十八条 职业介绍机构、职业技能培训机构或者职业技能考核鉴定机构违反国家有关职业介绍、职业技能培训或者职业技能考核鉴定的规定的，由劳动保障行政部门责令改正，没收违法所得，并处 1 万元以上 5 万元以下的罚款；情节严重的，吊销许可证。

未经劳动保障行政部门许可，从事职业介绍、职业技能培训或者职业技能考核鉴定的组织或者个人，由劳动保障行政部门、工商行政管理部门依照国家有关无照经营查处取缔的规定查处取缔。

第二十九条 用人单位违反《中华人民共和国工会法》，有下列行为之一的，由劳动保障行政部门责令改正：

（一）阻挠劳动者依法参加和组织工会，或者阻挠上级工会帮助、指导劳动者筹建工会的；

（二）无正当理由调动依法履行职责的工会工作人员的工作岗位，进行打击报复的；

（三）劳动者因参加工会活动而被解除劳动合同的；

（四）工会工作人员因依法履行职责被解除劳动合同的。

第三十条 有下列行为之一的，由劳动保障行政部门责令改正；对有第（一）项、第（二）项或者第（三）项规定的行为的，处 2000 元以上 2 万元以下的罚款：

（一）无理抗拒、阻挠劳动保障行政部门依照本条例的规定实施劳动保障监察的；

（二）不按照劳动保障行政部门的要求报送书面材料，隐瞒事实真相，出具伪证或者隐匿、毁灭证据的；

（三）经劳动保障行政部门责令改正拒不改正，或者拒不履行劳动保障行政部门的行政处理决定的；

（四）打击报复举报人、投诉人的。

违反前款规定，构成违反治安管理行为的，由公安机关依法给予治安管理处罚；构成犯罪的，依法追究刑事责任。

第三十一条 劳动保障监察员滥用职权、玩忽职守、徇私舞弊或者泄露在履行职责过程中知悉的商业秘密的，依法给予行政处分；构成犯罪的，依法追究刑事责任。

劳动保障行政部门和劳动保障监察员违法行使职权，侵犯用人单位或者劳动者的合法权益的，依法承担赔偿责任。

第三十二条 属于本条例规定的劳动保障监察事项，法律、其他行政法规对处罚另有规定的，从其规定。

第五章 附 则

第三十三条 对无营业执照或者已被依法吊销营业执照，有劳动用工行为的，由劳动保障行政部门依照本条例实施劳动保障监察，并及时通报工商行政管理部门予以查处取缔。

第三十四条 国家机关、事业单位、社会团体执行劳动保障法律、法规和规章的情况，由劳动保障行政部门根据其职责，依照本条例实施劳动保障监察。

第三十五条 劳动安全卫生的监督检查，由卫生部门、安全生产监督管理部门、特种设备安全监督管理部门等有关部门依照有关法律、行政法规的规定执行。

第三十六条 本条例自2004年12月1日起施行。

人力资源社会保障部关于实施《劳动保障监察条例》若干规定

（2004年12月31日劳动和社会保障部令第25号公布 根据2022年1月7日《人力资源社会保障部关于修改部分规章的决定》修订）

第一章 总 则

第一条 为了实施《劳动保障监察条例》，规范劳动保障监察行为，制定本规定。

第二条 劳动保障行政部门及所属劳动保障监察机构对企业和个体工商户（以下称用人单位）遵守劳动保障法律、法规和规章（以下简称劳动保障法律）的情况进行监察，适用本规定；对职业介绍机构、职业技能培训机构和职业技能考核鉴定机构进行劳动保障监察，依照本规定执行；对国家机关、事业单位、社会团体执行劳动保障法律情况进行劳动保障监察，根据劳动保障行政部门的职责，依照本规定执行。

第三条 劳动保障监察遵循公正、公开、高效、便民的原则。

实施劳动保障行政处罚坚持以事实为依据，以法律为准绳，坚持教育与处罚相结合，接受社会监督。

第四条　劳动保障监察实行回避制度。

第五条　县级以上劳动保障行政部门设立的劳动保障监察行政机构和劳动保障行政部门依法委托实施劳动保障监察的组织（以下统称劳动保障监察机构）具体负责劳动保障监察管理工作。

第二章　一般规定

第六条　劳动保障行政部门对用人单位及其劳动场所的日常巡视检查，应当制定年度计划和中长期规划，确定重点检查范围，并按照现场检查的规定进行。

第七条　劳动保障行政部门对用人单位按照要求报送的有关遵守劳动保障法律情况的书面材料应进行审查，并对审查中发现的问题及时予以纠正和查处。

第八条　劳动保障行政部门可以针对劳动保障法律实施中存在的重点问题集中组织专项检查活动，必要时，可以联合有关部门或组织共同进行。

第九条　劳动保障行政部门应当设立举报、投诉信箱，公开举报、投诉电话，依法查处举报和投诉反映的违反劳动保障法律的行为。

第三章　受理与立案

第十条　任何组织或个人对违反劳动保障法律的行为，有权向劳动保障行政部门举报。

第十一条　劳动保障行政部门对举报人反映的违反劳动保障法律的行为应当依法予以查处，并为举报人保密；对举报属实，为查处重大违反劳动保障法律的行为提供主要线索和证据的举报人，给予奖励。

第十二条　劳动者对用人单位违反劳动保障法律、侵犯其合法权益的行为，有权向劳动保障行政部门投诉。对因同一事由引起的集体投诉，投诉人可推荐代表投诉。

第十三条　投诉应当由投诉人向劳动保障行政部门递交投诉文书。书写投诉文书确有困难的，可以口头投诉，由劳动保障监察机构进行笔录，并由投诉人签字。

第十四条　投诉文书应当载明下列事项：

（一）投诉人的姓名、性别、年龄、职业、工作单位、住所和联系方式，被投诉用人单位的名称、住所、法定代表人或者主要负责人的姓名、职务；

（二）劳动保障合法权益受到侵害的事实和投诉请求事项。

第十五条　有下列情形之一的投诉，劳动保障行政部门应当告知投诉人依照劳动争议处理或者诉讼程序办理：

（一）应当通过劳动争议处理程序解决的；

（二）已经按照劳动争议处理程序申请调解、仲裁的；

（三）已经提起劳动争议诉讼的。

第十六条　下列因用人单位违反劳动保障法律行为对劳动者造成损害，劳动者与用人单位就赔偿发生争议的，依照国家有关劳动争议处理的规定处理：

（一）因用人单位制定的劳动规章制度违反法律、法规规定，对劳动者造成损害的；

（二）因用人单位违反对女职工和未成年工的保护规定，对女职工和未成年工造成损害的；

（三）因用人单位原因订立无效合同，对劳动者造成损害的；

（四）因用人单位违法解除劳动合同或者故意拖延不订立劳动合同，对劳动者造成损害的；

（五）法律、法规和规章规定的其他因用人单位违反劳动保障法律的行为，对劳动者造成损害的。

第十七条　劳动者或者用人单位与社会保险经办机构发生的社会保险行政争议，按照《社会保险行政争议处理办法》处理。

第十八条　对符合下列条件的投诉，劳动保障行政部门应当在接到投诉之日起5个工作日内依法受理，并于受理之日立案查处：

（一）违反劳动保障法律的行为发生在两年内的；

（二）有明确的被投诉用人单位，且投诉人的合法权益受到侵害是被投诉用人单位违反劳动保障法律的行为所造成的；

（三）属于劳动保障监察职权范围并由受理投诉的劳动保障行政部门管辖的。

对不符合第一款第（一）项规定的投诉，劳动保障行政部门应当在接到投诉之日起5个工作日内决定不予受理，并书面通知投诉人。

对不符合第一款第（二）项规定的投诉，劳动保障监察机构应当告知投诉人补正投诉材料。

对不符合第一款第（三）项规定的投诉，即对不属于劳动保障监察职权范围的投诉，劳动保障监察机构应当告诉投诉人；对属于劳动保障监察职权范围但不属于受理投诉的劳动保障行政部门管辖的投诉，应当告知投诉人向有关劳动保障行政部门提出。

第十九条　劳动保障行政部门通过日常巡视检查、书面审查、举报等发现用人单位有违反劳动保障法律的行为，需要进行调查处理的，应当及时立案查处。

立案应当填写立案审批表，报劳动保障监察机构负责人审查批准。劳动保障监察机构负责人批准之日即为立案之日。

第四章　调查与检查

第二十条　劳动保障监察员进行调查、检查不得少于两人。

劳动保障监察机构应指定其中1名为主办劳动保障监察员。

第二十一条　劳动保障监察员对用人单位遵守劳动保障法律情况进行监察时，应当遵循以下规定：

（一）进入用人单位时，应佩戴劳动保障监察执法标志，出示劳动保障监察证件，并说明身份；

（二）就调查事项制作笔录，应由劳动保障监察员和被调查人（或其委托代理人）签名或盖章。被调查人拒不签名、盖章的，应注明拒签情况。

第二十二条　劳动保障监察员进行调查、检查时，承担下列义务：

（一）依法履行职责，秉公执法；

（二）保守在履行职责过程中获知的商业秘密；

（三）为举报人保密。

第二十三条 劳动保障监察员在实施劳动保障监察时，有下列情形之一的，应当回避：

（一）本人是用人单位法定代表人或主要负责人的近亲属的；

（二）本人或其近亲属与承办查处的案件事项有直接利害关系的；

（三）因其他原因可能影响案件公正处理的。

第二十四条 当事人认为劳动保障监察员符合本规定第二十三条规定应当回避的，有权向劳动保障行政部门申请，要求其回避。当事人申请劳动保障监察员回避，应当采用书面形式。

第二十五条 劳动保障行政部门应当在收到回避申请之日起 3 个工作日内依法审查，并由劳动保障行政部门负责人作出回避决定。决定作出前，不停止实施劳动保障监察。回避决定应当告知申请人。

第二十六条 劳动保障行政部门实施劳动保障监察，有权采取下列措施：

（一）进入用人单位的劳动场所进行检查；

（二）就调查、检查事项询问有关人员；

（三）要求用人单位提供与调查、检查事项相关的文件资料，必要时可以发出调查询问书；

（四）采取记录、录音、录像、照像和复制等方式收集有关的情况和资料；

（五）对事实确凿、可以当场处理的违反劳动保障法律、法规或规章的行为当场予以纠正；

（六）可以委托注册会计师事务所对用人单位工资支付、缴纳社会保险费的情况进行审计；

（七）法律、法规规定可以由劳动保障行政部门采取的其他调查、检查措施。

第二十七条 劳动保障行政部门调查、检查时，有下列情形之一的可以采取证据登记保存措施：

（一）当事人可能对证据采取伪造、变造、毁灭行为的；

（二）当事人采取措施不当可能导致证据灭失的；

（三）不采取证据登记保存措施以后难以取得的；

（四）其他可能导致证据灭失的情形的。

第二十八条 采取证据登记保存措施应当按照下列程序进行：

（一）劳动保障监察机构根据本规定第二十七条的规定，提出证据登记保存申请，报劳动保障行政部门负责人批准；

（二）劳动保障监察员将证据登记保存通知书及证据登记清单交付当事人，由当事人签收。当事人拒不签名或者盖章的，由劳动保障监察员注明情况；

（三）采取证据登记保存措施后，劳动保障行政部门应当在 7 日内及时作出处理决定，期限届满后应当解除证据登记保存措施。

在证据登记保存期内，当事人或者有关人员不得销毁或者转移证据；劳动保障监察机构及劳动保障监察员可以随时调取证据。

第二十九条 劳动保障行政部门在实施劳动保障监察中涉及异地调查取证的，可以委托当地劳动保障行政部门协助调查。受委托方的协助调查应在双方商定的时间内完成。

第三十条 劳动保障行政部门对违反劳动保障法律的行为的调查，应当自立案之日起 60 个工作日内完成；情况复杂的，经劳动保障行政部门负责人批准，可以延长 30 个工作日。

第五章 案件处理

第三十一条 对用人单位存在的违反劳动保障法律的行为事实确凿并有法定处罚（处理）依据的，可以当场作出限期整改指令或依法当场作出行政处罚决定。

当场作出限期整改指令或行政处罚决定的，劳动保障监察员应当填写预定格式、编有号码的限期整改指令书或行政处罚决定书，当场交付当事人。

第三十二条 当场处以警告或罚款处罚的，应当按照下列程序进行：

（一）口头告知当事人违法行为的基本事实、拟作出的行政处罚、依据及其依法享有的权利；

（二）听取当事人的陈述和申辩；

（三）填写预定格式的处罚决定书；

（四）当场处罚决定书应当由劳动保障监察员签名或者盖章；

（五）将处罚决定书当场交付当事人，由当事人签收。

劳动保障监察员应当在两日内将当场限期整改指令和行政处罚决定书存档联交所属劳动保障行政部门存档。

第三十三条 对不能当场作出处理的违法案件，劳动保障监察员经调查取证，应当提出初步处理建议，并填写案件处理报批表。

案件处理报批表应写明被处理单位名称、案由、违反劳动保障法律行为事实、被处理单位的陈述、处理依据、建议处理意见。

第三十四条 对违反劳动保障法律的行为作出行政处罚或者行政处理决定前，应当告知用人单位，听取其陈述和申辩；法律、法规规定应当依法听证的，应当告知用人单位有权依法要求举行听证；用人单位要求听证的，劳动保障行政部门应当组织听证。

第三十五条 劳动保障行政部门对违反劳动保障法律的行为，根据调查、检查的结果，作出以下处理：

（一）对依法应当受到行政处罚的，依法作出行政处罚决定；

（二）对应当改正未改正的，依法责令改正或者作出相应的行政处理决定；

（三）对情节轻微，且已改正的，撤销立案。

经调查、检查，劳动保障行政部门认定违法事实不能成立的，也应当撤销立案。

发现违法案件不属于劳动保障监察事项的，应当及时移送有关部门处理；涉嫌犯罪的，应当依法移送司法机关。

第三十六条 劳动保障监察行政处罚（处理）决定书应载明下列事项：

（一）被处罚（处理）单位名称、法定代表人、单位地址；

（二）劳动保障行政部门认定的违法事实和主要证据；

（三）劳动保障行政处罚（处理）的种类和依据；

（四）处罚（处理）决定的履行方式和期限；

（五）不服行政处罚（处理）决定，申请行政复议或者提起行政诉讼的途径和期限；

（六）作出处罚（处理）决定的行政机关名称和作出处罚（处理）决定的日期。

劳动保障行政处罚（处理）决定书应当加盖劳动保障行政部门印章。

第三十七条 劳动保障行政部门立案调查完成，应在15个工作日内作出行政处罚（行政处理或者责令改正）或者撤销立案决定；特殊情况，经劳动保障行政部门负责人批准可以延长。

第三十八条 劳动保障监察限期整改指令书、劳动保障行政处理决定书、劳动保障行政处罚决定书应当在宣告后当场交付当事人；当事人不在场的，劳动保障行政部门应当在7日内依照《中华人民共和国民事诉讼法》的有关规定，将劳动保障监察限期整改指令书、劳动保障行政处理决定书、劳动保障行政处罚决定书送达当事人。

第三十九条 作出行政处罚、行政处理决定的劳动保障行政部门发现决定不适当的，应当予以纠正并及时告知当事人。

第四十条 劳动保障监察案件结案后应建立档案。档案资料应当至少保存3年。

第四十一条 劳动保障行政处理或处罚决定依法作出后，当事人应当在决定规定的期限内予以履行。

第四十二条 当事人对劳动保障行政处理或行政处罚决定不服申请行政复议或者提起行政诉讼的，行政处理或行政处罚决定不停止执行。法律另有规定的除外。

第四十三条 当事人确有经济困难，需要延期或者分期缴纳罚款的，经当事人申请和劳动保障行政部门批准，可以暂缓或者分期缴纳。

第四十四条 当事人对劳动保障行政部门作出的行政处罚决定、责令支付劳动者工资报酬、赔偿金或者征缴社会保险费等行政处理决定逾期不履行的，劳动保障行政部门可以申请人民法院强制执行，或者依法强制执行。

第四十五条 除依法当场收缴的罚款外，作出罚款决定的劳动保障行政部门及其劳动保障监察员不得自行收缴罚款。当事人应当自收到行政处罚决定书之日起15日内，到指定银行缴纳罚款。

第四十六条 地方各级劳动保障行政部门应当按照劳动保障部有关规定对承办的案件进行统计并填表上报。

地方各级劳动保障行政部门制作的行政处罚决定书，应当在10个工作日内报送上一级劳动保障行政部门备案。

第六章 附 则

第四十七条 对无营业执照或者已被依法吊销营业执照，有劳动用工行为的，由劳动保障行政部门依照本规定实施劳动保障监察。

第四十八条 本规定自2005年2月1日起施行。原《劳动监察规定》（劳部发〔1993〕167号）、《劳动监察程序规定》

（劳部发〔1995〕457号）、《处理举报劳动违法行为规定》（劳动部令第5号，1996年12月17日）同时废止。

工会劳动法律监督办法

（2021年3月31日　总工办发〔2021〕9号）

第一章　总　　则

第一条　为保障和规范工会劳动法律监督工作，维护职工合法权益，推动构建和谐劳动关系，根据《中华人民共和国宪法》和《中华人民共和国工会法》、《中华人民共和国劳动法》及《中国工会章程》等有关规定，制定本办法。

第二条　工会劳动法律监督，是工会依法对劳动法律法规执行情况进行的有组织的群众监督，是我国劳动法律监督体系的重要组成部分。

第三条　工会劳动法律监督工作应当遵循依法规范、客观公正、依靠职工、协调配合的原则。

第四条　全国总工会负责全国的工会劳动法律监督工作。

县级以上地方总工会负责本行政区域内的工会劳动法律监督工作。

乡镇（街道）工会、开发区（工业园区）工会、区域性、行业性工会联合会等负责本区域或本行业的工会劳动法律监督工作。

用人单位工会负责本单位的工会劳动法律监督工作。

第五条　上级工会应当加强对下级工会劳动法律监督工作的指导和督促检查。

涉及工会劳动法律监督的重大事项，下级工会应当及时向上级工会报告，上级工会应当及时给予指导帮助。对上级工会交办的劳动法律监督事项，下级工会应当及时办理并报告。

第六条　工会应当积极配合有关部门，对政府部门贯彻实施劳动法律法规的情况进行监督。

第七条　有关劳动安全卫生、社会保险等各类专业监督检查，已有相关规定的，按规定执行。

第二章　监督职责

第八条　工会开展劳动法律监督，依法享有下列权利：

（一）监督用人单位遵守劳动法律法规的情况；

（二）参与调查处理；

（三）提出意见要求依法改正；

（四）提请政府有关主管部门依法处理；

（五）支持和帮助职工依法行使劳动法律监督权利；

（六）法律法规规定的其他劳动法律监督权利。

第九条　工会对用人单位的下列情况实施监督：

（一）执行国家有关就业规定的情况；

（二）执行国家有关订立、履行、变更、解除劳动合同规定的情况；

（三）开展集体协商，签订和履行集体合同的情况；

（四）执行国家有关工作时间、休息、休假规定的情况；

（五）执行国家有关工资报酬规定的情况；

（六）执行国家有关各项劳动安全卫生及伤亡事故和职业病处理规定的情况；

（七）执行国家有关女职工和未成年工特殊保护规定的情况；

（八）执行国家有关职业培训和职业技能考核规定的情况；

（九）执行国家有关职工保险、福利待遇规定的情况；

（十）制定内部劳动规章制度的情况；

（十一）法律法规规定的其他劳动法律监督事项。

第十条　工会重点监督用人单位恶意欠薪、违法超时加班、违法裁员、未缴纳或未足额缴纳社会保险费、侮辱体罚、强迫劳动、就业歧视、使用童工、损害职工健康等问题。对发现的有关问题线索，应当调查核实，督促整改，并及时向上级工会报告；对职工申请仲裁、提起诉讼的，工会应当依法给予支持和帮助。

第十一条　工会应当加强法治宣传，引导用人单位依法用工，教育职工依法理性表达合理诉求。

第十二条　工会建立隐患排查、风险研判和预警发布等制度机制，加强劳动关系矛盾预防预警、信息报送和多方沟通协商，把劳动关系矛盾风险隐患化解在基层、消除在萌芽状态。

第十三条　县级以上工会经同级人大、政协同意，可以参加其组织的劳动法律法规执法检查、视察。

第三章　监督组织

第十四条　县级以上总工会设立工会劳动法律监督委员会，在同级工会领导下开展工会劳动法律监督工作。工会劳动法律监督委员会的日常工作由工会有关部门负责。

基层工会或职工代表大会设立劳动法律监督委员会或监督小组。工会劳动法律监督委员会受同级工会委员会领导。职工代表大会设立的劳动法律监督委员会对职工代表大会负责。

工会劳动法律监督委员会任期与本级工会任期相同。

第十五条　县级以上工会劳动法律监督委员会委员由相关业务部门的人员组成，也可以聘请社会有关人士参加。

基层工会劳动法律监督委员会委员或监督小组成员从工会工作者和职工群众中推选产生。

第十六条　工会劳动法律监督委员会可以聘任若干劳动法律监督员。工会劳动法律监督委员会成员同时为本级工会劳动法律监督员。

第十七条　工会劳动法律监督员应当具备以下条件：

（一）具有较高的政治觉悟，热爱工会工作；

（二）熟悉劳动法律法规，具备履职能力；

（三）公道正派，热心为职工群众说话办事；

（四）奉公守法，清正廉洁。

第十八条　工会劳动法律监督员实行先培训合格、后持证上岗制度。工会劳动法律监督员由县级以上总工会负责培训，对考核合格的，颁发《工会劳动法律监督员证书》。证书样式由中华全国总工会统一制定。

第十九条　各级工会应当建立有关制度和信息档案，对工会劳动法律监督员进行实名制管理，具体工作由工会有关部门负责。

第二十条　工会可以聘请人大代表、政协委员、专家学者、社会人士等作为本级工会劳动法律监督委员会顾问，也可以通过聘请律师、购买服务等方式为工会劳动法律监督委员会提供法律服务。

第四章　监督实施

第二十一条　基层工会对本单位遵守劳动法律法规的情况实行监督，对劳动过程中发生的违反劳动法律法规的问题，应当及时向生产管理人员提出改进意见；对于严重损害劳动者合法权益的行为，基层工会在向单位行政提出意见的同时，可以向上级工会和当地政府有关主管部门报告，提出查处建议。

第二十二条　职工代表大会设立的劳动法律监督委员会，对本单位执行劳动法律法规的情况进行监督检查，定期向职工代表大会报告工作，针对存在的问题提出意见或议案，经职工代表大会作出决议，督促行政方面执行。

第二十三条　工会建立健全劳动法律监督投诉制度，对实名投诉人个人信息应当予以保密。

第二十四条　上级工会收到对用人单位违反劳动法律法规行为投诉的，应当及时转交所在用人单位工会受理，所在用人单位工会应当开展调查，于三十个工作日内将结果反馈职工与上级工会。对不属于监督范围或者已经由行政机关、仲裁机构、人民法院受理的投诉事项，所在用人单位工会应当告知实名投诉人。

用人单位工会开展劳动法律监督工作有困难的，上级工会应当及时给予指导帮助。

第二十五条　工会在处理投诉或者日常监督工作中发现用人单位存在违反劳动法律法规、侵害职工合法权益行为的，可以进行现场调查，向有关人员了解情况，查阅、复制有关资料，核查事实。

第二十六条　工会劳动法律监督员对用人单位进行调查时，应当不少于2人，必要时上级工会可以派员参与调查。

工会劳动法律监督员执行任务时，应当将调查情况在现场如实记录，经用人单位核阅后，由调查人员和用人单位的有关人员共同签名或盖章。用人单位拒绝签名或盖章的，应当在记录上注明。

工会劳动法律监督员调查中应当尊重和保护个人信息，保守用人单位商业秘密。

第二十七条　工会主动监督中发现违反劳动法律法规、侵害职工合法权益行为的，应当及时代表职工与用人单位协商，要求整改。对于职工的投诉事项，经调查认为用人单位不存在违反劳动法律法规、侵害职工合法权益行为的，应当向职工说明；认为用人单位存在违反劳动法律法规、侵害职工合法权益行为的，应当代表职工协商解决。

第二十八条　工会对用人单位违反劳动法律法规、侵害职工合法权益的行为，经协商沟通解决不成或要求整改无效的，向上一级工会报告，由本级或者上一级工会根据实际情况向用人单位发出工会劳动法律监督书面意见。

用人单位收到工会劳动法律监督书面意见后，未在规定期限内答复，或者无正当理由拒不改正的，基层工会可以提请地方工会向同级人民政府有关主管部门发出书面建议，并移交相关材料。

第五章 监督保障

第二十九条 工会开展劳动法律监督活动所需经费纳入本级工会预算。

第三十条 地方工会可以结合实际，建立非公有制企业工会劳动法律监督员配套补助制度。

第三十一条 各级工会应当为工会劳动法律监督员履职创造必要条件。工会劳动法律监督员因依法履职受到打击报复的，有权向本级或上级工会反映，上级工会应当及时给予支持和帮助，依法维护其合法权益。

第六章 附 则

第三十二条 本办法由中华全国总工会负责解释。

第三十三条 本办法自印发之日起施行。1995 年 8 月 17 日中华全国总工会印发的《工会劳动法律监督试行办法》同时废止。

| 典型案例 |

某互联网公司及入驻公司平台企业用工"法治体检"案[①]

某互联网公司是一家一站式数字化集成公共服务平台，目前入驻平台企业 1433 家，注册货车司机 1900 多名。2021 年 3 月，该公司向该市总工会"云监督"平台提出"法治体检"申请。接到申请后，该市总工会组建了市镇两级工会劳动法律监督员、法律专家、志愿者组成的监督小组，为该公司提供"法治体检"等工会劳动法律监督服务。通过检查发现，入驻平台企业与货车司机之间，绝大多数建立的是合作关系而非劳动关系，且合作协议仅涉及合作有关内容，没有货车司机权益保障的相关内容。监督小组从工会组建、职代会规范化召开、企业规章制度内容审议、工时制度等方面进行"一对一"监督指导，依法提出了整改建议。

该市总工会以帮助平台企业规范劳动用工管理为出发点，抓住用工关系这一主线，通过查验审核平台企业与劳动者之间的合作协议、企业规章制度等，寻找问题隐患，制作"体检报告"，开出"法律处方"，帮助企业建立完善"法律健康档案"，从源头上、制度上规范企业劳动用工行为，既维护了劳动者合法权益，也促

[①] 参见中华全国总工会：全国工会劳动法律监督十大优秀案例之四，2023 年 3 月。

进了企业健康发展，实现了劳资双赢，促进了劳动关系和谐稳定。

重大劳动保障违法行为社会公布办法

（2016年9月1日人力资源和社会保障部令第29号公布 自2017年1月1日起施行）

第一条 为加强对重大劳动保障违法行为的惩戒，强化社会舆论监督，促进用人单位遵守劳动保障法律、法规和规章，根据《劳动保障监察条例》《企业信息公示暂行条例》等有关规定，制定本办法。

第二条 人力资源社会保障行政部门依法向社会公布用人单位重大劳动保障违法行为，适用本办法。

第三条 人力资源社会保障行政部门向社会公布重大劳动保障违法行为，应当遵循依法依规、公平公正、客观真实的原则。

第四条 人力资源社会保障部负责指导监督全国重大劳动保障违法行为社会公布工作，并向社会公布在全国有重大影响的劳动保障违法行为。

省、自治区、直辖市人力资源社会保障行政部门负责指导监督本行政区域重大劳动保障违法行为社会公布工作，并向社会公布在本行政区域有重大影响的劳动保障违法行为。

地市级、县级人力资源社会保障行政部门依据行政执法管辖权限，负责本辖区的重大劳动保障违法行为社会公布工作。

第五条 人力资源社会保障行政部门对下列已经依法查处并作出处理决定的重大劳动保障违法行为，应当向社会公布：

（一）克扣、无故拖欠劳动者劳动报酬，数额较大的；拒不支付劳动报酬，依法移送司法机关追究刑事责任的；

（二）不依法参加社会保险或者不依法缴纳社会保险费，情节严重的；

（三）违反工作时间和休息休假规定，情节严重的；

（四）违反女职工和未成年工特殊劳动保护规定，情节严重的；

（五）违反禁止使用童工规定的；

（六）因劳动保障违法行为造成严重不良社会影响的；

（七）其他重大劳动保障违法行为。

第六条 向社会公布重大劳动保障违法行为，应当列明下列事项：

（一）违法主体全称、统一社会信用代码（或者注册号）及地址；

（二）法定代表人或者负责人姓名；

（三）主要违法事实；

（四）相关处理情况。

涉及国家秘密、商业秘密以及个人隐私的信息不得公布。

第七条 重大劳动保障违法行为应当在人力资源社会保障行政部门门户网站公布，并在本行政区域主要报刊、电视等媒体予以公布。

第八条 地市级、县级人力资源社会保障行政部门对本辖区发生的重大劳动保障违法行为每季度向社会公布一次。

人力资源社会保障部和省级人力资源社会保障行政部门每半年向社会公布一次重大劳动保障违法行为。

根据工作需要，对重大劳动保障违法

行为可随时公布。

第九条 县级以上地方人力资源社会保障行政部门在向社会公布重大劳动保障违法行为之前，应当将公布的信息报告上一级人力资源社会保障行政部门。

第十条 人力资源社会保障行政部门应当将重大劳动保障违法行为及其社会公布情况记入用人单位劳动保障守法诚信档案，纳入人力资源社会保障信用体系，并与其他部门和社会组织依法依规实施信息共享和联合惩戒。

第十一条 用人单位对社会公布内容有异议的，由负责查处的人力资源社会保障行政部门自收到申请之日起15个工作日内予以复核和处理，并通知用人单位。

重大劳动保障违法行为处理决定被依法变更或者撤销的，负责查处的人力资源社会保障行政部门应当自变更或者撤销之日起10个工作日内，对社会公布内容予以更正。

第十二条 人力资源社会保障行政部门工作人员在重大劳动保障违法行为社会公布中滥用职权、玩忽职守、徇私舞弊的，依法予以处理。

第十三条 本办法自2017年1月1日起施行。

工会劳动保护工作责任制（试行）

（2005年6月22日）

为了履行工会在国家安全生产工作格局中的"群众监督参与"职责，进一步规范和推动工会劳动保护工作，维护职工的安全健康合法权益，根据《工会法》、《安全生产法》、《职业病防治法》等法律法规，制订本责任制。

一、职工在生产过程中的安全健康是职工合法权益的重要内容。各级工会组织必须贯彻"安全第一，预防为主"的方针，坚持"预防为主，群防群治，群专结合，依法监督"的原则，依据国家有关法律法规的规定，履行法律赋予工会组织的权利与义务，独立自主、认真负责地开展群众性劳动保护监督检查活动，切实维护职工安全健康合法权益。

二、各级地方总工会主席对本地区工会劳动保护工作负全面领导责任；分管副主席负直接领导责任；劳动保护部门负直接责任，履行以下职责：

1. 监督和协助政府有关部门以及企业贯彻执行国家有关劳动安全卫生政策、法律法规和标准。

2. 开展调查研究，听取职工群众的意见建议和工会劳动保护工作汇报，研究安全生产方面存在的重大问题，提出解决问题的意见或建议。

3. 独立或会同有关部门进行安全生产检查，促进企业不断改善劳动条件。对于重大事故隐患和严重职业危害应当实行建档备查，发放隐患整改通知书，并跟踪督促企业整改；对拒绝整改的，应及时报告上级工会及有关部门进行处理。

4. 参加生产性建设工程项目"三同时"的审查验收工作，对不符合"三同时"规定的，向有关方面提出存在问题及解决的建议。对劳动条件和安全卫生设施不符合国家标准或行业标准的，不予签字。

5. 按照国家伤亡事故和严重职业危害调查处理的有关规定，相应的地方总工会派员参加伤亡事故和严重职业危害的调查处理。

6. 指导企业工会开展"安康杯"竞赛等群众性劳动保护活动，总结推广群众性劳动保护监督检查的先进经验。

7. 在评选先进和劳动模范中，对发生重特大死亡事故或存在严重职业危害的企业和负有责任的个人，提出意见，落实一票否决权。

三、各级地方总工会应建立负责劳动保护的工作机构，配备劳动保护专兼职干部，为劳动保护部门提供必要的经费、设备、交通和通讯工具。

四、企业工会主席对企业工会劳动保护工作负全面领导责任；分管副主席负直接领导责任；劳动保护部门（或专兼职人员）负直接责任，履行以下职责：

1. 建立健全群众性劳动保护监督检查组织网络。

2. 听取工会劳动保护工作汇报和职工群众的意见，研究解决工会劳动保护工作的重大问题，指导工会劳动保护工作的开展。

3. 监督和协助企业贯彻落实国家有关劳动安全卫生法律法规和标准。参与企业安全生产责任制、劳动安全卫生规章制度、生产安全事故应急救援预案的制定和修改工作。

4. 参与集体合同中有关劳动安全卫生条款的协商与制定，督促合同相关内容的落实。

5. 参加本企业生产性建设工程项目"三同时"审查验收工作和伤亡事故的调查处理，按规定上报伤亡事故。

6. 独立或会同企业行政开展安全检查。对查出的问题要及时督促企业整改；对重大事故隐患和职业危害要建立档案，并跟踪监督整改；对本企业无法解决的重大隐患向上一级工会反映。

7. 组织职工开展"安康杯"竞赛等群众性安全生产活动。

8. 宣传职工在劳动安全卫生方面享有的权利与义务，教育职工遵章守纪，协助企业行政搞好安全教育培训，提高职工的安全意识和自我保护能力。

9. 密切关注生产过程中危及职工安全健康的问题。坚决制止违章指挥、强令工人冒险作业，遇到明显重大事故隐患或职业危害，危及职工生命安全时，应代表职工立即向企业行政或现场指挥人员提出停产解决的建议。

五、企业工会在履行维护职工安全健康合法权益遇到障碍、阻力，以至影响正常开展工作时，应当及时向上一级工会反映，上一级工会应给予支持和帮助。

六、上级工会在参加重特大伤亡事故和严重职业病危害事故调查时，发现下级工会有关人员没有履行工会劳动保护职责并导致严重后果的，应进行调查，提出处理建议。

七、上级工会应对下级工会执行本责任制的情况进行监督检查。对认真履行职责，做出突出成绩的给予表彰奖励；对未能履行职责的，给予批评教育，并督促其改正。

八、乡镇、街道基层工会联合会，可以参照地方总工会的责任执行。

集体合同规定[①]

（2004年1月20日劳动和社会保障部令第22号公布　自2004年5月1日起施行）

第一章　总　　则

第一条　为规范集体协商和签订集体合同行为，依法维护劳动者和用人单位的合法权益，根据《中华人民共和国劳动法》和《中华人民共和国工会法》，制定本规定。

第二条　中华人民共和国境内的企业和实行企业化管理的事业单位（以下统称用人单位）与本单位职工之间进行集体协商，签订集体合同，适用本规定。

第三条　本规定所称集体合同，是指用人单位与本单位职工根据法律、法规、规章的规定，就劳动报酬、工作时间、休息休假、劳动安全卫生、职业培训、保险福利等事项，通过集体协商签订的书面协议；所称专项集体合同，是指用人单位与本单位职工根据法律、法规、规章的规定，就集体协商的某项内容签订的专项书面协议。

第四条　用人单位与本单位职工签订集体合同或专项集体合同，以及确定相关事宜，应当采取集体协商的方式。集体协商主要采取协商会议的形式。

第五条　进行集体协商，签订集体合同或专项集体合同，应当遵循下列原则：

（一）遵守法律、法规、规章及国家有关规定；

（二）相互尊重，平等协商；

（三）诚实守信，公平合作；

（四）兼顾双方合法权益；

（五）不得采取过激行为。

第六条　符合本规定的集体合同或专项集体合同，对用人单位和本单位的全体职工具有法律约束力。

用人单位与职工个人签订的劳动合同约定的劳动条件和劳动报酬等标准，不得低于集体合同或专项集体合同的规定。

第七条　县级以上劳动保障行政部门对本行政区域内用人单位与本单位职工开展集体协商、签订、履行集体合同的情况进行监督，并负责审查集体合同或专项集体合同。

第二章　集体协商内容

第八条　集体协商双方可以就下列多项或某项内容进行集体协商，签订集体合同或专项集体合同：

（一）劳动报酬；

（二）工作时间；

（三）休息休假；

（四）劳动安全与卫生；

（五）补充保险和福利；

（六）女职工和未成年工特殊保护；

（七）职业技能培训；

（八）劳动合同管理；

（九）奖惩；

[①]　本规定因与《劳动合同法》不一致，已列入拟修订的劳动社会保障规章目录。

（十）裁员；

（十一）集体合同期限；

（十二）变更、解除集体合同的程序；

（十三）履行集体合同发生争议时的协商处理办法；

（十四）违反集体合同的责任；

（十五）双方认为应当协商的其他内容。

第九条　劳动报酬主要包括：

（一）用人单位工资水平、工资分配制度、工资标准和工资分配形式；

（二）工资支付办法；

（三）加班、加点工资及津贴、补贴标准和奖金分配办法；

（四）工资调整办法；

（五）试用期及病、事假等期间的工资待遇；

（六）特殊情况下职工工资（生活费）支付办法；

（七）其他劳动报酬分配办法。

第十条　工作时间主要包括：

（一）工时制度；

（二）加班加点办法；

（三）特殊工种的工作时间；

（四）劳动定额标准。

第十一条　休息休假主要包括：

（一）日休息时间、周休息日安排、年休假办法；

（二）不能实行标准工时职工的休息休假；

（三）其他假期。

第十二条　劳动安全卫生主要包括：

（一）劳动安全卫生责任制；

（二）劳动条件和安全技术措施；

（三）安全操作规程；

（四）劳保用品发放标准；

（五）定期健康检查和职业健康体检。

第十三条　补充保险和福利主要包括：

（一）补充保险的种类、范围；

（二）基本福利制度和福利设施；

（三）医疗期延长及其待遇；

（四）职工亲属福利制度。

第十四条　女职工和未成年工的特殊保护主要包括：

（一）女职工和未成年工禁忌从事的劳动；

（二）女职工的经期、孕期、产期和哺乳期的劳动保护；

（三）女职工、未成年工定期健康检查；

（四）未成年工的使用和登记制度。

第十五条　职业技能培训主要包括：

（一）职业技能培训项目规划及年度计划；

（二）职业技能培训费用的提取和使用；

（三）保障和改善职业技能培训的措施。

第十六条　劳动合同管理主要包括：

（一）劳动合同签订时间；

（二）确定劳动合同期限的条件；

（三）劳动合同变更、解除、续订的一般原则及无固定期限劳动合同的终止条件；

（四）试用期的条件和期限。

第十七条　奖惩主要包括：

（一）劳动纪律；

（二）考核奖惩制度；

（三）奖惩程序。

第十八条　裁员主要包括：

（一）裁员的方案；

（二）裁员的程序；

（三）裁员的实施办法和补偿标准。

第三章　集体协商代表

第十九条　本规定所称集体协商代表（以下统称协商代表），是指按照法定程序产生并有权代表本方利益进行集体协商的人员。

集体协商双方的代表人数应当对等，每方至少3人，并各确定1名首席代表。

第二十条　职工一方的协商代表由本单位工会选派。未建立工会的，由本单位职工民主推荐，并经本单位半数以上职工同意。

职工一方的首席代表由本单位工会主席担任。工会主席可以书面委托其他协商代表代理首席代表。工会主席空缺的，首席代表由工会主要负责人担任。未建立工会的，职工一方的首席代表从协商代表中民主推举产生。

第二十一条　用人单位一方的协商代表，由用人单位法定代表人指派，首席代表由单位法定代表人担任或由其书面委托的其他管理人员担任。

第二十二条　协商代表履行职责的期限由被代表方确定。

第二十三条　集体协商双方首席代表可以书面委托本单位以外的专业人员作为本方协商代表。委托人数不得超过本方代表的三分之一。

首席代表不得由非本单位人员代理。

第二十四条　用人单位协商代表与职工协商代表不得相互兼任。

第二十五条　协商代表应履行下列职责：

（一）参加集体协商；

（二）接受本方人员质询，及时向本方人员公布协商情况并征求意见；

（三）提供与集体协商有关的情况和资料；

（四）代表本方参加集体协商争议的处理；

（五）监督集体合同或专项集体合同的履行；

（六）法律、法规和规章规定的其他职责。

第二十六条　协商代表应当维护本单位正常的生产、工作秩序，不得采取威胁、收买、欺骗等行为。

协商代表应当保守在集体协商过程中知悉的用人单位的商业秘密。

第二十七条　企业内部的协商代表参加集体协商视为提供了正常劳动。

第二十八条　职工一方协商代表在其履行协商代表职责期间劳动合同期满的，劳动合同期限自动延长至完成履行协商代表职责之时，除出现下列情形之一的，用人单位不得与其解除劳动合同：

（一）严重违反劳动纪律或用人单位依法制定的规章制度的；

（二）严重失职、营私舞弊，对用人单位利益造成重大损害的；

（三）被依法追究刑事责任的。

职工一方协商代表履行协商代表职责期间，用人单位无正当理由不得调整其工作岗位。

第二十九条　职工一方协商代表就本规定第二十七条、第二十八条的规定与用人单位发生争议的，可以向当地劳动争议仲裁委员会申请仲裁。

第三十条　工会可以更换职工一方协商代表；未建立工会的，经本单位半数以上职工同意可以更换职工一方协商代表。

用人单位法定代表人可以更换用人单位一方协商代表。

第三十一条　协商代表因更换、辞任或遇有不可抗力等情形造成空缺的，应在空缺之日起15日内按照本规定产生新的代表。

第四章　集体协商程序

第三十二条　集体协商任何一方均可就签订集体合同或专项集体合同以及相关事宜，以书面形式向对方提出进行集体协商的要求。

一方提出进行集体协商要求的，另一方应当在收到集体协商要求之日起20日内以书面形式给以回应，无正当理由不得拒绝进行集体协商。

第三十三条　协商代表在协商前应进行下列准备工作：

（一）熟悉与集体协商内容有关的法律、法规、规章和制度；

（二）了解与集体协商内容有关的情况和资料，收集用人单位和职工对协商意向所持的意见；

（三）拟定集体协商议题，集体协商议题可由提出协商一方起草，也可由双方指派代表共同起草；

（四）确定集体协商的时间、地点等事项；

（五）共同确定一名非协商代表担任集体协商记录员。记录员应保持中立、公正，并为集体协商双方保密。

第三十四条　集体协商会议由双方首席代表轮流主持，并按下列程序进行：

（一）宣布议程和会议纪律；

（二）一方首席代表提出协商的具体内容和要求，另一方首席代表就对方的要求作出回应；

（三）协商双方就商谈事项发表各自意见，开展充分讨论；

（四）双方首席代表归纳意见。达成一致的，应当形成集体合同草案或专项集体合同草案，由双方首席代表签字。

第三十五条　集体协商未达成一致意见或出现事先未预料的问题时，经双方协商，可以中止协商。中止期限及下次协商时间、地点、内容由双方商定。

第五章　集体合同的订立、变更、解除和终止

第三十六条　经双方协商代表协商一致的集体合同草案或专项集体合同草案应当提交职工代表大会或者全体职工讨论。

职工代表大会或者全体职工讨论集体合同草案或专项集体合同草案，应当有三分之二以上职工代表或者职工出席，且须经全体职工代表半数以上或者全体职工半数以上同意，集体合同草案或专项集体合同草案方获通过。

第三十七条　集体合同草案或专项集体合同草案经职工代表大会或者职工大会通过后，由集体协商双方首席代表签字。

第三十八条　集体合同或专项集体合

同期限一般为 1 至 3 年，期满或双方约定的终止条件出现，即行终止。

集体合同或专项集体合同期满前 3 个月内，任何一方均可向对方提出重新签订或续订的要求。

第三十九条 双方协商代表协商一致，可以变更或解除集体合同或专项集体合同。

第四十条 有下列情形之一的，可以变更或解除集体合同或专项集体合同：

（一）用人单位因被兼并、解散、破产等原因，致使集体合同或专项集体合同无法履行的；

（二）因不可抗力等原因致使集体合同或专项集体合同无法履行或部分无法履行的；

（三）集体合同或专项集体合同约定的变更或解除条件出现的；

（四）法律、法规、规章规定的其他情形。

第四十一条 变更或解除集体合同或专项集体合同适用本规定的集体协商程序。

第六章　集体合同审查

第四十二条 集体合同或专项集体合同签订或变更后，应当自双方首席代表签字之日起 10 日内，由用人单位一方将文本一式三份报送劳动保障行政部门审查。

劳动保障行政部门对报送的集体合同或专项集体合同应当办理登记手续。

第四十三条 集体合同或专项集体合同审查实行属地管辖，具体管辖范围由省级劳动保障行政部门规定。

中央管辖的企业以及跨省、自治区、直辖市的用人单位的集体合同应当报送劳动保障部或劳动保障部指定的省级劳动保障行政部门。

第四十四条 劳动保障行政部门应当对报送的集体合同或专项集体合同的下列事项进行合法性审查：

（一）集体协商双方的主体资格是否符合法律、法规和规章规定；

（二）集体协商程序是否违反法律、法规、规章规定；

（三）集体合同或专项集体合同内容是否与国家规定相抵触。

第四十五条 劳动保障行政部门对集体合同或专项集体合同有异议的，应当自收到文本之日起 15 日内将《审查意见书》送达双方协商代表。《审查意见书》应当载明以下内容：

（一）集体合同或专项集体合同当事人双方的名称、地址；

（二）劳动保障行政部门收到集体合同或专项集体合同的时间；

（三）审查意见；

（四）作出审查意见的时间。

《审查意见书》应当加盖劳动保障行政部门印章。

第四十六条 用人单位与本单位职工就劳动保障行政部门提出异议的事项经集体协商重新签订集体合同或专项集体合同的，用人单位一方应当根据本规定第四十二条的规定将文本报送劳动保障行政部门审查。

第四十七条 劳动保障行政部门自收到文本之日起 15 日内未提出异议的，集体合同或专项集体合同即行生效。

第四十八条 生效的集体合同或专项

集体合同，应当自其生效之日起由协商代表及时以适当的形式向本方全体人员公布。

第七章 集体协商争议的协调处理

第四十九条 集体协商过程中发生争议，双方当事人不能协商解决的，当事人一方或双方可以书面向劳动保障行政部门提出协调处理申请；未提出申请的，劳动保障行政部门认为必要时也可以进行协调处理。

第五十条 劳动保障行政部门应当组织同级工会和企业组织等三方面的人员，共同协调处理集体协商争议。

第五十一条 集体协商争议处理实行属地管辖，具体管辖范围由省级劳动保障行政部门规定。

中央管辖的企业以及跨省、自治区、直辖市用人单位因集体协商发生的争议，由劳动保障部指定的省级劳动保障行政部门组织同级工会和企业组织等三方面的人员协调处理，必要时，劳动保障部也可以组织有关方面协调处理。

第五十二条 协调处理集体协商争议，应当自受理协调处理申请之日起30日内结束协调处理工作。期满未结束的，可以适当延长协调期限，但延长期限不得超过15日。

第五十三条 协调处理集体协商争议应当按照以下程序进行：

（一）受理协调处理申请；

（二）调查了解争议的情况；

（三）研究制定协调处理争议的方案；

（四）对争议进行协调处理；

（五）制作《协调处理协议书》。

第五十四条 《协调处理协议书》应当载明协调处理申请、争议的事实和协调结果，双方当事人就某些协商事项不能达成一致的，应将继续协商的有关事项予以载明。《协调处理协议书》由集体协商争议协调处理人员和争议双方首席代表签字盖章后生效。争议双方均应遵守生效后的《协调处理协议书》。

第八章 附 则

第五十五条 因履行集体合同发生的争议，当事人协商解决不成的，可以依法向劳动争议仲裁委员会申请仲裁。

第五十六条 用人单位无正当理由拒绝工会或职工代表提出的集体协商要求的，按照《工会法》及有关法律、法规的规定处理。

第五十七条 本规定于2004年5月1日起实施。原劳动部1994年12月5日颁布的《集体合同规定》同时废止。

劳动和社会保障部、中华全国总工会、中国企业联合会、中国企业家协会关于贯彻实施《集体合同规定》的通知

（2004年8月30日 劳社部函〔2004〕195号）

各省、自治区、直辖市劳动和社会保障厅（局）、总工会、企业联合会/企业家协会：

新修订的《集体合同规定》已于

2004年5月1日施行。为认真贯彻实施《集体合同规定》，推进企业普遍建立集体协商和集体合同制度，促进劳动关系和谐稳定，现通知如下：

一、认真学习宣传《集体合同规定》，充分认识开展集体协商签订集体合同工作的重要性

开展集体协商签订集体合同工作，建立企业自主协调劳动关系机制，不仅是建立现代企业制度、调整企业劳动关系的内在要求，也是实现我国适应社会主义市场经济发展要求的劳动关系调整体制目标的重要举措。做好这项工作，对于促进劳动关系和谐稳定，调动广大职工的积极性、创造性，促进企业生产发展和经济效益的提高，维护改革、发展、稳定局面，都具有十分重要的意义。各级劳动保障行政部门、工会组织和企业联合会/企业家协会（企业代表组织），要认真制定学习宣传方案，组织有关人员学习新颁布的《集体合同规定》，采取灵活多样的形式广泛开展宣传活动，使各企业和广大职工充分认识和了解新颁布《集体合同规定》的意义和内容。要充分认识新形势下进一步加强集体合同制度建设的重要性和必要性，增强工作责任感和紧迫感，采取切实有效措施，推动企业全面建立集体协商集体合同制度，把学习宣传贯彻《集体合同规定》真正落到实处。

二、加大推进建立健全集体协商机制的力度，实现制度化规范化

建立健全集体协商机制是深入推行集体协商集体合同制度工作的关键。新颁布的《集体合同规定》对集体协商的内容、协商的准备、协商的程序、协商的中止等作出了更加具体的规定，为在各类企业普遍建立集体协商制度提供了依据。各级劳动保障行政部门、工会组织和企业联合会/企业家协会（企业代表组织）要在促进企业集体协商机制的建立上下功夫。要把建立集体协商机制作为完善集体合同制度的重要内容，在各类企业普遍开展集体协商。对于涉及劳动标准、劳动条件及其他与劳动关系相关的问题，由用人单位代表与相应的工会组织代表或职工推选的代表，通过集体协商加以确定。任何一方无正当理由都不得拒绝集体协商。要指导企业制定集体协商规则和具体办法，规范和完善集体协商程序，具体细化集体协商内容，建立集体协商自我约束机制，实现企业集体协商制度化、规范化。

三、明确集体协商代表的权利和义务，提高集体协商代表的自身素质

新颁布的《集体合同规定》对集体协商代表的产生方式及职工协商代表保护等作了新的规定，明确了集体协商代表的权利和义务，规定集体协商双方首席代表可以书面委托本单位以外的专业人员作为本方协商代表，职工协商代表在任期内用人单位不得与其解除劳动合同，无正当理由不得调整其工作岗位，并明确了集体协商代表的任职期限由被代表方确定。各级劳动保障行政部门、工会组织和企业联合会/企业家协会（企业代表组织），要指导和帮助企业认真选派好集体协商代表，建立和完善委托本单位以外人员担任协商代表的办法，加强对职工协商代表的保护，在他们受到不公正待遇或打击报复时，有关部门要坚决依法予以纠正和处理。要加强对企业集体协商代表及相关人员的培训，使他们全面理解和掌握《集体合同规定》及相关的法规政策、经济管理、企业财务知识和协商技巧等，提高他们的业务水平和集体协商能力。

四、以工资集体协商为切入点，努力提高集体协商的实效性

开展工资集体协商，不仅是建立"市场机制调节、企业自主分配、职工民主参与、政府监控指导"的企业工资分配新机制的重要手段，也是增强集体协商制度针对性和实效性、促进劳动关系和谐稳定的有力措施。各级劳动保障行政部门、工会组织和企业联合会/企业家协会（企业代表组织），要把开展工资集体协商作为增强集体协商针对性和实效性的切入点，指导企业与职工代表就企业内部工资分配制度、工资分配形式、工资收入水平、工资支付办法等事项进行协商。开展工资集体协商，要注意妥善处理国家、企业与职工之间的关系，不同层次、不同岗位工种职工之间的关系，按劳分配与按生产要素分配之间的关系，努力做到统筹兼顾、科学合理、公平公正。当前，必须坚持从实际出发，协商的内容根据企业的实际情况，可以各有侧重，要通过工资集体协商，着力解决部分企业存在的拖欠、克扣职工工资问题，确保工资能够按时足额发放。同时，要将非公有制企业、自主决定工资总额的国有和集体企业作为推行工作集体协商的重点。经过努力，力争3—5年内在大多数企业中实行工资集体协商，建立起工资分配新的决定机制。

五、从实际出发，确定集体合同的形式和内容

新颁布的《集体合同规定》丰富和拓展了集体合同的内容和范围，在原有的劳动报酬、工作时间、休息休假、劳动安全与卫生等内容的基础上，增加了补充保险和福利、女职工和未成年工的特殊保护、职业技能培训、劳动合同管理、奖惩、裁员等内容，并逐条加以细化，使集体协商集体合同的内容更加具体，更具有可操作性。根据集体合同实践的需要，新颁布的《集体合同规定》增加了专项集体合同的规定，明确企业与职工可以就劳动关系某一方面的突出问题，进行集体协商，签订专项集体合同。各级劳动保障行政部门、工会组织和企业联合会/企业家协会（企业代表组织），在推行集体协商集体合同工作中，要有针对性地指导企业从实际出发，根据不同情况，逐步将与劳动关系相关的劳动标准、劳动条件等纳入集体协商范围，保证签订的集体合同内容实在有效。对直接关系到职工劳动权益和经济利益的问题，尤其是工资支付、休息休假、裁员保护、企业年金等，企业都应当与职工代表通过集体协商加以确定，并可以就其中的单项内容签订专项集体合同。

在非公有制企业特别是小型企业比较集中的地区，要在总结经验的基础上，积极探索区域性、行业性集体协商，可以由一定区域内或行业用人单位代表或企业代表组织与相应的职工代表或工会组织，根据法律、法规、规章的规定就劳动报酬、工作时间、休息休假、劳动安全卫生、职业培训、补充保险和福利等事项或其中的若干项通过集体协商签订集体合同。区域性行业性集体合同依法生效后，对所辖企业和职工双方具有约束力。企业劳动合同中劳动条件和劳动报酬等标准不得低于区域性、行业性集体合同的规定。

六、加强指导,密切配合,推动集体协商集体合同工作健康发展

各级劳动保障行政部门、工会组织和企业联合会/企业家协会(企业代表组织),要以实施新的《集体合同规定》为契机,在推进集体协商和集体合同制度上取得新的突破。要在当地党委、政府的领导下,对本地区推行集体协商集体合同工作加强领导,精心组织,密切配合,通力协作,推动这项工作向纵深发展。要把推行集体协商签订集体合同工作,作为深化改革、促进发展、维护稳定的一项重要而紧迫的工作,摆上重要议事日程,从各地实际出发,对本地区推行集体协商集体合同工作作出具体部署和安排,制定切实可行的工作目标,有计划、有步骤地加以推进。要加强对有关经济指标、物价指数、劳动力市场供求、工资分配等情况的研究分析和统计测算,定期发布相关政策和信息数据,为企业开展集体协商提供依据。要做好集体合同的报送备案和统计工作,指导企业和工会签订的集体合同依法报送劳动保障行政部门,劳动保障行政部门在规定的时限内及时做好审查备案工作,并相应做好有关情况的统计工作。要加强对集体合同的管理和履行情况的监督监察工作,建立健全监督制约保证机制,把劳动保障监察同工会劳动法律监督紧密结合起来。对集体协商、签订和履行集体合同中发生的争议,要及时依法进行协调处理。要充分发挥三方协调机制的作用,深入进行调查研究,总结推广典型经验,及时发现和解决存在的问题,共同研究制定本地区开展集体协商集体合同工作的指导意见,推动集体协商集体合同工作在劳动关系协调机制中充分发挥作用。

违反《劳动法》有关劳动合同规定的赔偿办法

(1995年5月10日　劳部发〔1995〕223号)

第一条　为明确违反劳动法有关劳动合同规定的赔偿责任,维护劳动合同双方当事人的合法权益,根据《中华人民共和国劳动法》的有关规定,制定本办法。

第二条　用人单位有下列情形之一,对劳动者造成损害的,应赔偿劳动者损失:

(一)用人单位故意拖延不订立劳动合同,即招用后故意不按规定订立劳动合同以及劳动合同到期后故意不及时续订劳动合同的;

(二)由于用人单位的原因订立无效劳动合同,或订立部分无效劳动合同的;

(三)用人单位违反规定或劳动合同的约定侵害女职工或未成年工合法权益的;

(四)用人单位违反规定或劳动合同的约定解除劳动合同的。

第三条　本办法第二条规定的赔偿,按下列规定执行:

(一)造成劳动者工资收入损失的,按劳动者本人应得工资收入支付给劳动者,并加付应得工资收入25%的赔偿费用;

(二)造成劳动者劳动保护待遇损失的,应按国家规定补足劳动者的劳动保护津贴和用品;

（三）造成劳动者工伤、医疗待遇损失的，除按国家规定为劳动者提供工伤、医疗待遇外，还应支付劳动者相当于医疗费用25%的赔偿费用；

（四）造成女职工和未成年工身体健康损害的，除按国家规定提供治疗期间的医疗待遇外，还应支付相当于其医疗费用25%的赔偿费用；

（五）劳动合同约定的其他赔偿费用。

第四条　劳动者违反规定或劳动合同的约定解除劳动合同，对用人单位造成损失的，劳动者应赔偿用人单位下列损失：

（一）用人单位招收录用其所支付的费用；

（二）用人单位为其支付的培训费用，双方另有约定的按约定办理；

（三）对生产、经营和工作造成的直接经济损失；

（四）劳动合同约定的其他赔偿费用。

第五条　劳动者违反劳动合同中约定的保密事项，对用人单位造成经济损失的，按《反不正当竞争法》第二十条的规定支付用人单位赔偿费用。

第六条　用人单位招用尚未解除劳动合同的劳动者，对原用人单位造成经济损失的，除该劳动者承担直接赔偿责任外，该用人单位应当承担连带赔偿责任。其连带赔偿的份额应不低于对原用人单位造成经济损失总额的百分之七十。向原用人单位赔偿下列损失：

（一）对生产、经营和工作造成的直接经济损失；

（二）因获取商业秘密给原用人单位造成的经济损失。

赔偿本条第（二）项规定的损失，按《反不正当竞争法》第二十条的规定执行。

第七条　因赔偿引起争议的，按照国家有关劳动争议处理的规定办理。

第八条　本办法自发布之日起施行。

工资集体协商试行办法

（2000年11月8日劳动和社会保障部令第9号发布　自发布之日起施行）

第一章　总　　则

第一条　为规范工资集体协商和签订工资集体协议（以下简称工资协议）的行为，保障劳动关系双方的合法权益，促进劳动关系的和谐稳定，依据《中华人民共和国劳动法》和国家有关规定，制定本办法。

第二条　中华人民共和国境内的企业依法开展工资集体协商，签订工资协议，适用本办法。

第三条　本办法所称工资集体协商，是指职工代表与企业代表依法就企业内部工资分配制度、工资分配形式、工资收入水平等事项进行平等协商，在协商一致的基础上签订工资协议的行为。

本办法所称工资协议，是指专门就工资事项签订的专项集体合同。已订立集体合同的，工资协议作为集体合同的附件，并与集体合同具有同等效力。

第四条　依法订立的工资协议对企业和职工双方具有同等约束力。双方必须全面履行工资协议规定的义务，任何一方不得擅自变更或解除工资协议。

第五条 职工个人与企业订立的劳动合同中关于工资报酬的标准，不得低于工资协议规定的最低标准。

第六条 县级以上劳动保障行政部门依法对工资协议进行审查，对协议的履行情况进行监督检查。

第二章 工资集体协商内容

第七条 工资集体协商一般包括以下内容：

（一）工资协议的期限；

（二）工资分配制度、工资标准和工资分配形式；

（三）职工年度平均工资水平及其调整幅度；

（四）奖金、津贴、补贴等分配办法；

（五）工资支付办法；

（六）变更、解除工资协议的程序；

（七）工资协议的终止条件；

（八）工资协议的违约责任；

（九）双方认为应当协商约定的其他事项。

第八条 协商确定职工年度工资水平应符合国家有关工资分配的宏观调控政策，并综合参考下列因素：

（一）地区、行业、企业的人工成本水平；

（二）地区、行业的职工平均工资水平；

（三）当地政府发布的工资指导线、劳动力市场工资指导价位；

（四）本地区城镇居民消费价格指数；

（五）企业劳动生产率和经济效益；

（六）国有资产保值增值；

（七）上年度企业职工工资总额和职工平均工资水平；

（八）其他与工资集体协商有关的情况。

第三章 工资集体协商代表

第九条 工资集体协商代表应依照法定程序产生。职工一方由工会代表。未建工会的企业由职工民主推举代表，并得到半数以上职工的同意。企业代表由法定代表人和法定代表人指定的其他人员担任。

第十条 协商双方各确定一名首席代表。职工首席代表应当由工会主席担任，工会主席可以书面委托其他人员作为自己的代理人；未成立工会的，由职工集体协商代表推举。企业首席代表应当由法定代表人担任，法定代表人可以书面委托其他管理人员作为自己的代理人。

第十一条 协商双方的首席代表在工资集体协商期间轮流担任协商会议执行主席。协商会议执行主席的主要职责是负责工资集体协商有关组织协调工作，并对协商过程中发生的问题提出处理建议。

第十二条 协商双方可书面委托本企业以外的专业人士作为本方协商代表。委托人数不得超过本方代表的1/3。

第十三条 协商双方享有平等的建议权、否决权和陈述权。

第十四条 由企业内部产生的协商代表参加工资集体协商的活动应视为提供正常劳动，享受的工资、奖金、津贴、补贴、保险福利待遇不变。其中，职工协商代表的合法权益受法律保护。企业不得对职工协商代表采取歧视性行为，不得违法解除或变更其劳动合同。

第十五条　协商代表应遵守双方确定的协商规则，履行代表职责，并负有保守企业商业秘密的责任。协商代表任何一方不得采取过激、威胁、收买、欺骗等行为。

第十六条　协商代表应了解和掌握工资分配的有关情况，广泛征求各方面的意见，接受本方人员对工资集体协商有关问题的质询。

第四章　工资集体协商程序

第十七条　职工和企业任何一方均可提出进行工资集体协商的要求。工资集体协商的提出方应向另一方提出书面的协商意向书，明确协商的时间、地点、内容等。另一方接到协商意向书后，应于20日内予以书面答复，并与提出方共同进行工资集体协商。

第十八条　在不违反有关法律、法规的前提下，协商双方有义务按照对方要求，在协商开始前5日内，提供与工资集体协商有关的真实情况和资料。

第十九条　工资协议草案应提交职工代表大会或职工大会讨论审议。

第二十条　工资集体协商双方达成一致意见后，由企业行政方制作工资协议文本。工资协议经双方首席代表签字盖章后成立。

第五章　工资协议审查

第二十一条　工资协议签订后，应于7日内由企业将工资协议一式三份及说明，报送劳动保障行政部门审查。

第二十二条　劳动保障行政部门应在收到工资协议15日内，对工资集体协商双方代表资格、工资协议的条款内容和签订程序等进行审查。

劳动保障行政部门经审查对工资协议无异议，应及时向协商双方送达《工资协议审查意见书》，工资协议即行生效。

劳动保障行政部门对工资协议有修改意见，应将修改意见在《工资协议审查意见书》中通知协商双方。双方应就修改意见及时协商，修改工资协议，并重新报送劳动保障行政部门。

工资协议向劳动保障行政部门报送经过15日后，协议双方未收到劳动保障行政部门的《工资协议审查意见书》，视为已经劳动保障行政部门同意，该工资协议即行生效。

第二十三条　协商双方应于5日内将已经生效的工资协议以适当形式向本方全体人员公布。

第二十四条　工资集体协商一般情况下一年进行一次。职工和企业双方均可在原工资协议期满前60日内，向对方书面提出协商意向书，进行下一轮的工资集体协商，做好新旧工资协议的相互衔接。

第六章　附　　则

第二十五条　本办法对工资集体协商和工资协议的有关内容未做规定的，按《集体合同规定》的有关规定执行。

第二十六条　本办法自发布之日起施行。

[典型案例]

区域性工资集体协商促进劳动关系的和谐稳定①

某社区树立"贴心服务、充分就业、党群共建、和谐发展"的服务新理念,以完善基层组织建设、提升社区服务水平为目标,统筹居民服务、党建服务、再就业等方面工作,实现了"凝聚党员、凝取群众、凝聚社区"的目标,不断提高社区党建科学化水平和社会管理科学化水平,社区各项工作成绩显著。

一、协商前摸底调查,有序开展集体协商工作。2021年6月,城区总工会、社区工会通过与行政方代表的积极沟通、协商,提前制定工资集体协商协议草案。就协议草案积极同双方代表交流,提出符合双方利益实际的修订意见。6月30日,双方正式签订了2021年《社区区域性工资专项集体合同》,整个区域员工的劳动关系发生了较大的变化。

二、民主选举,依法产生协商代表。结合社区实际,由社区工会组织推荐3名工会方代表作为集体协商的谈判代表,并经过公示后确定。

三、严格把控,认真履行法定程序。在开展工资集体协商时,社区工会坚持沟通、协商、签约、审核、监督五个程序缺一不可。2021年6月28日,召开代表大会审议提交的《社区区域性工资专项集体合同》(草案),并在社区公示文本广泛征求职工建议和意见,切实了解大家的想法,提出调整工资标准;主动与行政方代表进行充分的事前沟通,取得理解达成共识。广泛收集区域总体的工资水平、周边门店的工资水平、政府的工资指导线。向行政方提出要约后,组织召开规范的工资协商会议,形成有效的协商会议纪要和工资专项协议草案;工资专项协议草案经职代会审议通过,使其具有法律效力,并及时报区人力资源和社会保障局备案,为以后协议的履行提供保障。

通过开展工资协商,推行工资集体协商制度,一是解决了规模小、人员流动性、工会力量薄弱难以签订工资集体协商协议等问题,通过由社区工会直接承担基层工会暂时难以承担的职责,凸显"集体"的力量,签订区域性工资集体协商协议,解决了小企业建制难的问题,以此来保障职工参与民主管理、开展工资集体协商的权益;二是平衡了区域内企业工资水平,保证了职工工资不低于现全城区工资最低标准数;三是为促进企业健康发展、维护职工合法权益,构建和谐劳动关系发挥积极作用。

---

① 参见2022年互联网+工会维权服务优秀案例,载中工网,https://www.workercn.cn/c/2023-04-21/7810693.shtml,最后访问时间2023年11月16日。

劳动和社会保障部、国家经济贸易委员会、中华全国总工会、中国企业联合会/中国企业家协会关于进一步推行平等协商和集体合同制度的通知

（2001年11月14日 劳社部发〔2001〕17号）

各省、自治区、直辖市劳动和社会保障厅（局）、经贸（计经）委、总工会、企业联合会/企业家协会：

为进一步推行平等协商和集体合同制度，加快培育劳动关系主体双方自主协调的机制，促进劳动关系的和谐稳定，依据《中华人民共和国劳动法》、《中华人民共和国工会法》，现就有关问题通知如下：

一、充分认识进一步推行平等协商和集体合同制度的重要性。随着我国社会主义市场经济体制的逐步建立和经济结构调整力度的不断加大，我国劳动关系主体逐步确立，其利益关系呈现出多样性、复杂化的发展态势，协调稳定劳动关系的任务日益繁重和艰巨。积极推行平等协商和集体合同制度，对于实现和维护职工的合法权益，保护、调动和发挥广大职工的积极性，促进企业改革和发展具有重要意义。各级劳动保障、经贸（计经）部门、工会组织和企业代表组织，要按照"三个代表"的重要思想，高度重视这项工作，采取切实有效措施，推动这项工作的深入开展。

二、各类企业都应该建立平等协商机制，切实维护职工的合法权益。平等协商，是用人单位（包括企业、雇主或雇主团体，或以进行平等协商为目的的小企业联合组织）和相应的工会组织（未建立工会的企业由职工民主推举代表），在法律地位完全平等的基础上，就劳动标准、劳动条件以及其他与劳动关系相关的问题，依据国家法律法规而进行沟通、协商的行为。建立平等协商机制，是保护职工合法权益，建立和谐稳定的劳动关系，调动和发挥广大职工积极性、创造性，促进企业和职工加强沟通、共谋发展的重要手段。对于涉及职工切身利益的重大问题，企业都应当与工会代表或职工代表进行平等协商。要规范和完善协商程序，把工资集体协商作为推进平等协商工作的重点，积极开展工资集体协商，由职工代表与企业代表就企业的内部工资分配制度、工资分配形式、工资收入水平、工资支付办法等事项进行平等协商，使平等协商在协调劳动关系方面发挥重要作用。

三、进一步完善集体合同制度。企业依法经过平等协商所签订的集体合同是协调劳动关系的重要依据。要在普遍开展平等协商的基础上，积极推动不同类型的企业建立和完善集体合同制度，指导企业从各自的实际出发，因企制宜，合理确定集体合同具体内容和标准，增强实效性和可操作性。对暂不具备条件签订综合性集体合同的企业，可以就工资分配等问题签订单项集体合同或协议。对于外商投资企业、私营企业、乡镇企业尤其是小企业相对集中的地区，由工会组织代表职工与相应的企业组织代表或企业进行平等协商，

签订集体合同。要处理好集体合同和劳动合同的关系，劳动合同中劳动条件和劳动报酬等标准不得低于集体合同的规定。

四、加强对职工协商代表的保护。企业应当保证职工协商代表履行职责必要的工作时间，其工资和其他待遇不受影响。职工协商代表在本人劳动合同期限内，除严重违反劳动纪律、企业规章制度和严重失职、营私舞弊、给企业利益造成重大损害以及被追究刑事责任外，企业不得与其解除劳动合同。职工协商代表在任期内，劳动合同期满的，企业原则上应当与其续签劳动合同至任期届满。职工代表的任期与当期集体合同的期限相同。企业不当变更或解除职工协商代表劳动合同的，劳动保障部门应当责令限期改正。

五、建立健全履约监督保障机制和平等协商争议处理制度。劳动关系双方当事人任何一方提出平等协商的要求，另一方无正当理由不得拒绝。依法订立的集体合同对企业和企业全体职工具有法律约束力，双方都要严格遵守执行。企业组织代表要指导企业建立集体合同履约责任制和监督检查制度，把履约责任制同岗位目标责任制结合起来，纳入到企业管理中。集体合同的履行要接受工会和职工群众的监督。各级劳动保障部门要依法加强对集体合同制度履行情况的行政监察工作，把劳动保障监察同工会劳动法律监督紧密结合起来，对无正当理由拒绝平等协商、违反集体合同的企业，要责令其限期改正，依法处理。要积极探索建立平等协商或签订集体合同争议的行政调解制度，及时引导争议双方通过法律途径调解处理。

六、切实加强对平等协商和集体合同工作的领导，推动平等协商和集体合同工作的顺利进行。各级劳动保障部门、工会组织、企业代表组织要在当地党委、政府的领导下，通力协作，密切配合，共同做好这项工作。劳动保障部门要积极完善平等协商和集体合同工作的有关政策规定，进一步健全集体合同管理办法，做好集体合同的报送、审核、备案以及协调、指导和服务工作。工会组织要把推行平等协商和集体合同制度作为工作重点，加强调查研究和具体指导，加强对工会干部和职工协商代表的培训，提高平等协商的能力。企业代表组织要加强对企业经营者的培训工作，提高其对平等协商和集体合同制度的认识，为企业开展平等协商和集体合同工作创造有利条件。各地要积极探索建立由劳动保障部门、工会组织和企业代表组织组成的劳动关系三方协商机制，定期分析本地区劳动关系的发展态势，协商解决企业平等协商和集体合同工作中的重大问题，加强有关法律和政策宣传，总结推广典型经验，指导推动这项工作的健康发展。

劳动部、全国总工会、国家经贸委、中国企业家协会关于逐步实行集体协商和集体合同制度的通知

（1996年5月17日　劳部发〔1996〕174号）

各省、自治区、直辖市及计划单列市劳动（劳动人事）厅（局）、总工会、经贸委

（计经委）、企业家协会：

随着《劳动法》的贯彻实施，大部分地区积极稳妥地开展了集体协商和集体合同制度试点工作，这对于促进社会主义市场经济条件下劳动关系协调机制的建立和完善，维护职工与企业双方的合法权益，发展和谐稳定的劳动关系，发挥了积极的作用。为进一步统一认识，加强指导，逐步建立起集体协商和集体合同制度，现就有关问题通知如下：

一、实行集体协商和集体合同制度要以《劳动法》和《工会法》为法律依据，在全面实行劳动合同制度的同时，本着积极稳妥、保证质量、注重实效的原则逐步实行，形成工会代表职工与企业平等协商，政府依法调控的劳动关系调整体制。

二、集体协商和集体合同制度是市场经济条件下协调劳动关系的有效机制。当前重点应在非国有企业和实行现代企业制度试点的企业进行。外商投资企业、私营企业要在抓好组建工会工作的同时加快推行；进行现代企业制度试点的企业要积极创造条件逐步实行；其它具备条件的企业也可以积极稳妥地实行。

三、建立健全劳动关系协调机制，促进集体协商和集体合同制度的健康发展。在有条件的地区应当逐步建立由劳动行政部门、工会组织、经贸部门和企业家协会共同组成的三方性协调机制，定期就劳动关系中存在的重大问题进行协商，为企业的集体协商和劳动关系的和谐稳定创造良好环境。

当前可就企业集体协商过程中存在的企业裁员、职工带薪休假等问题提出指导性意见，为企业集体协商和签订集体合同提供参考性依据。

四、各级劳动行政部门要加强对集体协商签订集体合同工作的协调、指导和服务。

1. 与有关方面合作，制定实施方案，完善相应的规定和办法，使企业集体协商和签订集体合同工作有章可循。

2. 建立健全集体合同管理制度。劳动行政部门应当设立集体合同管理专门机构，健全集体合同报送、登记、审核、通知等手续。依据国家的法律、法规和有关政策进行审核备案，并做到准确、及时。

3. 加强对集体协商双方代表的培训和指导，为协商双方提供必要的政策咨询服务和信息资料。

五、建立健全各级工会组织，为实行集体协商和集体合同制度创造条件。

各级地方和产业工会应加快在企业尤其是外商投资企业和私营企业建立健全工会组织，为实行集体协商和集体合同制度创造条件。在小型外商投资企业和私营企业比较集中的地区，可以组建行业性或区域性工会联合会，代表职工与企业进行集体协商和签订集体合同。

六、在企业工会进行集体协商和签订集体合同过程中，上级工会组织应给予指导和帮助，提供有效的服务，要加强对工会骨干及工会代表的培训。

七、各级经贸部门要认真做好企业参与集体协商和签订集体合同的指导工作。

1. 要把建立集体协商和集体合同制度与企业改革结合起来，积极稳妥地进行。密切注意企业劳动关系的新变化，对实践中出现的新情况、新问题，要主动与劳动行政部门和工会组织协商，及时解决。

2. 加强对各级企业家协会的指导，帮助企业家协会完善组织，提高人员素质，充分发挥其作用。

3. 加强对企业的指导和服务，在提高企业经营者队伍素质的同时，强化经营者的资产经营责任。对签订集体合同的企业，要督促企业认真履行，维护企业和职工双方的合法权益。

八、签订集体合同的双方具有平等的法律地位。在进行集体协商和签订集体合同过程中，双方应当平等合作、相互尊重。一方提出集体协商签订集体合同的要求，另一方应当给予答复。如果另一方不同意协商或出现纠纷，双方应当协商解决；协商解决不成，按照《劳动法》"因签订集体合同发生争议"的有关规定处理。任何一方不得有过激行为，双方均有义务维持劳动关系的稳定和正常的生产经营秩序。

九、集体合同的条款要兼顾双方的利益，集体合同双方当事人应自觉履行。劳动行政部门、上级工会组织、经贸部门和企业家协会应加强对集体合同履行的监督，发现问题，及时协调处理。

十、处理好劳动合同与集体合同的关系。劳动合同是职工与企业建立劳动关系的依据，劳动合同规定的标准不得低于集体合同的规定。

十一、劳动行政部门、工会组织、经贸部门和企业家协会要在地方党委和政府的统一领导和支持下，密切配合，共同推动这项工作的顺利进行。要努力做好宣传动员工作，使企业管理者、工会干部和职工群众充分认识建立集体协商和集体合同制度的重要意义和作用；要加强培训工作，提高双方代表的素质、法律水平和进行协商的能力；要总结推广典型经验，研究解决存在的问题，注重实际效果，在实践中不断发展和完善。

职工带薪年休假条例

（2007年12月7日国务院第198次常务会议通过　2007年12月14日中华人民共和国国务院令第514号公布　自2008年1月1日起施行）

第一条　为了维护职工休息休假权利，调动职工工作积极性，根据劳动法和公务员法，制定本条例。

第二条　机关、团体、企业、事业单位、民办非企业单位、有雇工的个体工商户等单位的职工连续工作1年以上的，享受带薪年休假（以下简称年休假）。单位应当保证职工享受年休假。

职工在年休假期间享受与正常工作期间相同的工资收入。

第三条　职工累计工作已满1年不满10年的，年休假5天；已满10年不满20年的，年休假10天；已满20年的，年休假15天。

国家法定休假日、休息日不计入年休假的假期。

第四条　职工有下列情形之一的，不享受当年的年休假：

（一）职工依法享受寒暑假，其休假天数多于年休假天数的；

（二）职工请事假累计20天以上且单位按照规定不扣工资的；

（三）累计工作满1年不满10年的职工，请病假累计2个月以上的；

（四）累计工作满10年不满20年的职工，请病假累计3个月以上的；

（五）累计工作满20年以上的职工，请病假累计4个月以上的。

第五条 单位根据生产、工作的具体情况，并考虑职工本人意愿，统筹安排职工年休假。

年休假在1个年度内可以集中安排，也可以分段安排，一般不跨年度安排。单位因生产、工作特点确有必要跨年度安排职工年休假的，可以跨1个年度安排。

单位确因工作需要不能安排职工休年休假的，经职工本人同意，可以不安排职工休年休假。对职工应休未休的年休假天数，单位应当按照该职工日工资收入的300%支付年休假工资报酬。

第六条 县级以上地方人民政府人事部门、劳动保障部门应当依据职权对单位执行本条例的情况主动进行监督检查。

工会组织依法维护职工的年休假权利。

第七条 单位不安排职工休年休假又不依照本条例规定给予年休假工资报酬的，由县级以上地方人民政府人事部门或者劳动保障部门依据职权责令限期改正；对逾期不改正的，除责令该单位支付年休假工资报酬外，单位还应当按照年休假工资报酬的数额向职工加付赔偿金；对拒不支付年休假工资报酬、赔偿金的，属于公务员和参照公务员法管理的人员所在单位的，对直接负责的主管人员以及其他直接责任人员依法给予处分；属于其他单位的，由劳动保障部门、人事部门或者职工申请人民法院强制执行。

第八条 职工与单位因年休假发生的争议，依照国家有关法律、行政法规的规定处理。

第九条 国务院人事部门、国务院劳动保障部门依据职权，分别制定本条例的实施办法。

第十条 本条例自2008年1月1日起施行。

机关事业单位工作人员带薪年休假实施办法

（2008年2月15日中华人民共和国人事部令第9号发布 自公布之日起施行）

第一条 为了规范机关、事业单位实施带薪年休假（以下简称年休假）制度，根据《职工带薪年休假条例》（以下简称《条例》）及国家有关规定，制定本办法。

第二条 《条例》第二条中所称"连续工作"的时间和第三条、第四条中所称"累计工作"的时间，机关、事业单位工作人员（以下简称工作人员）均按工作年限计算。

工作人员工作年限满1年、满10年、满20年后，从下月起享受相应的年休假天数。

第三条 国家规定的探亲假、婚丧假、产假的假期，不计入年休假的假期。

第四条 工作人员已享受当年的年休假，年内又出现《条例》第四条第（二）、（三）、（四）、（五）项规定的情形之一的，不享受下一年的年休假。

第五条 依法应享受寒暑假的工作人

员，因工作需要未休寒暑假的，所在单位应当安排其休年休假；因工作需要休寒暑假天数少于年休假天数的，所在单位应当安排补足其年休假天数。

第六条 工作人员因承担野外地质勘查、野外测绘、远洋科学考察、极地科学考察以及其他特殊工作任务，所在单位不能在本年度安排其休年休假的，可以跨1个年度安排。

第七条 机关、事业单位因工作需要不安排工作人员休年休假，应当征求工作人员本人的意见。

机关、事业单位应当根据工作人员应休未休的年休假天数，对其支付年休假工资报酬。年休假工资报酬的支付标准是：每应休未休1天，按照本人应休年休假当年日工资收入的300%支付，其中包含工作人员正常工作期间的工资收入。

工作人员年休假工资报酬中，除正常工作期间工资收入外，其余部分应当由所在单位在下一年第一季度一次性支付，所需经费按现行经费渠道解决。实行工资统发的单位，应当纳入工资统发。

第八条 工作人员应休年休假当年日工资收入的计算办法是：本人全年工资收入除以全年计薪天数（261天）。

机关工作人员的全年工资收入，为本人全年应发的基本工资、国家规定的津贴补贴、年终一次性奖金之和；事业单位工作人员的全年工资收入，为本人全年应发的基本工资、国家规定的津贴补贴、绩效工资之和。其中，国家规定的津贴补贴不含根据住房、用车等制度改革向工作人员直接发放的货币补贴。

第九条 机关、事业单位已安排年休假，工作人员未休且有下列情形之一的，只享受正常工作期间的工资收入：

（一）因个人原因不休年休假的；

（二）请事假累计已超过本人应休年休假天数，但不足20天的。

第十条 机关、事业单位根据工作的具体情况，并考虑工作人员本人意愿，统筹安排，保证工作人员享受年休假。机关、事业单位应当加强年休假管理，严格考勤制度。

县级以上地方人民政府人事行政部门应当依据职权，主动对机关、事业单位执行年休假的情况进行监督检查。

第十一条 机关、事业单位不安排工作人员休年休假又不按本办法规定支付年休假工资报酬的，由县级以上地方人民政府人事行政部门责令限期改正。对逾期不改正的，除责令该单位支付年休假工资报酬外，单位还应当按照年休假工资报酬的数额向工作人员加付赔偿金。

对拒不支付年休假工资报酬、赔偿金的，属于机关和参照公务员法管理的事业单位的，应当按照干部管理权限，对直接负责的主管人员以及其他直接责任人员依法给予处分，并责令支付；属于其他事业单位的，应当按照干部管理权限，对直接负责的主管人员以及其他直接责任人员依法给予处分，并由同级人事行政部门或工作人员本人申请人民法院强制执行。

第十二条 工作人员与所在单位因年休假发生的争议，依照国家有关公务员申诉控告和人事争议处理的规定处理。

第十三条 驻外使领馆工作人员、驻港澳地区内派人员以及机关、事业单位驻外非外交人员的年休假，按照《条例》和本办法的规定执行。

按照国家规定经批准执行机关、事业单位工资收入分配制度的其他单位工作人员的年休假，参照《条例》和本办法的规定执行。

第十四条 本办法自发布之日起施行。

国务院关于职工工作时间的规定

（1994年2月3日中华人民共和国国务院令第146号发布 根据1995年3月25日《国务院关于修改〈国务院关于职工工作时间的规定〉的决定》修订）

第一条 为了合理安排职工的工作和休息时间，维护职工的休息权利，调动职工的积极性，促进社会主义现代化建设事业的发展，根据宪法有关规定，制定本规定。

第二条 本规定适用于在中华人民共和国境内的国家机关、社会团体、企业事业单位以及其他组织的职工。

第三条 职工每日工作8小时，每周工作40小时。

第四条 在特殊条件下从事劳动和有特殊情况，需要适当缩短工作时间的，按照国家有关规定执行。

第五条 因工作性质或者生产特点的限制，不能实行每日工作8小时、每周工作40小时标准工时制度的，按照国家有关规定，可以实行其他工作和休息办法。

第六条 任何单位和个人不得擅自延长职工工作时间。因特殊情况和紧急任务确需延长工作时间的，按照国家有关规定执行。

第七条 国家机关、事业单位实行统一的工作时间，星期六和星期日为周休息日。

企业和不能实行前款规定的统一工作时间的事业单位，可以根据实际情况灵活安排周休息日。

第八条 本规定由劳动部、人事部负责解释；实施办法由劳动部、人事部制定。

第九条 本规定自1995年5月1日起施行。1995年5月1日施行有困难的企业、事业单位，可以适当延期；但是，事业单位最迟应当自1996年1月1日起施行，企业最迟应当自1997年5月1日起施行。

典型案例

某公司安检员工超时工作案[1]

2022年2月，某市总工会接到一封职工匿名信。来信反映某公司存在旅检通道安检人员长期超时工作、劳动强度过大等问题，并详细描述了安检人员主班补班工作时长、工作强度以及休息倒班等有关情况。接到来信后，市总工会及时启动工会劳动法律监督程序，发送《工会劳动法律监督提示函》。同时，深入研判、细致分析找准工时制度及执行问题，发送《工会劳动法律监督意见书》，提出安检岗位综合计算工时折算政策适用不妥、工作时长

---

[1] 参见中华全国总工会：全国工会劳动法律监督十大优秀案例之一，2023年3月。

计算缺乏准确性和科学性、履行职代会程序不规范等三方面问题，要求公司整改。收到《工会劳动法律监督意见书》后，公司高度重视，明确提出并认真落实三项整改措施。一是根据旅检通道岗位工作实际情况，调整综合计算工时折算适用政策。二是加强人力资源精细化管理，科学准确做好工时核算工作，确保公开、公正，切实保障职工合法权益。三是进一步规范履行职代会程序，切实保障职工的知情权、参与权、表达权、监督权。

此案中，市总工会及时启动工会劳动法律监督程序，向用人单位发出《工会劳动法律监督提示函》，深入调查后向用人单位出具《工会劳动法律监督意见书》，切实将监督融入到维权服务工作的全链条，提升工会工作法治化水平，最大限度地减少苗头性、倾向性、潜在性劳动用工风险隐患，维护劳动关系和谐稳定。

国家机关、事业单位贯彻《国务院关于职工工作时间的规定》的实施办法

（1995年3月26日　人薪发〔1995〕32号）

第一条　根据《国务院关于职工工作时间的规定》（以下简称《规定》），制定本办法。

第二条　本办法适用于中华人民共和国境内的国家机关、社会团体和事业单位的职工。

第三条　职工每日工作8小时，每周工作40小时。国家机关、事业单位实行统一的工作时间，星期六和星期日为周休息日。实行这一制度，应保证完成工作任务。一些与人民群众的安全、保健及其他日常生活密切相关的机关、事业单位，需要在国家规定的周休息日和节假日继续工作的，要调整好人员和班制，加强内部管理，保证星期六和星期日照常工作，方便人民群众。

第四条　在特殊条件下从事劳动和有特殊情况，需要适当缩短工作时间的，由各省、自治区、直辖市和各主管部门按隶属关系提出意见，报人事部批准。

第五条　因工作性质或者职责限制，不能实行每日工作8小时、每周工作40小时标准工时制度的，由国务院行业主管部门制定实施意见，报人事部批准后可实行不定时工作制或综合计算工作时间制等办法。

因工作需要，不能执行国家统一的工作和休息时间的部门和单位，可根据实际情况采取轮班制的办法，灵活安排周休息日，并报同级人事部门备案。

第六条　下列情况可以延长职工工作时间：

（一）由于发生严重自然灾害、事故或其他灾害使人民的安全健康和国家财产遭到严重威胁需要紧急处理的；

（二）为完成国家紧急任务或完成上级安排的其他紧急任务的。

第七条　根据本办法第六条延长职工工作时间的，应给职工安排相应的补休。

第八条　1995年5月1日实施《规定》有困难的事业单位，可以适当推迟，但最迟应当自1996年1月1日起施行。在推迟实施期间，仍按国家现行工时制度的有关规定执行。

第九条　各级人事部门对《规定》的执行情况进行监督检查。

第十条　各省、自治区、直辖市人民政府人事部门和国务院行业主管部门应根据《规定》和本办法，结合本地区、本行业的实际情况，提出实施意见，并报人事部备案。

第十一条　本办法自1995年5月1日起施行。

第十二条　本办法由人事部负责解释。

全国年节及纪念日放假办法

（1949年12月23日政务院发布　根据1999年9月18日《国务院关于修改〈全国年节及纪念日放假办法〉的决定》第一次修订　根据2007年12月14日《国务院关于修改〈全国年节及纪念日放假办法〉的决定》第二次修订　根据2013年12月11日《国务院关于修改〈全国年节及纪念日放假办法〉的决定》第三次修订）

第一条　为统一全国年节及纪念日的假期，制定本办法。

第二条　全体公民放假的节日：

（一）新年，放假1天（1月1日）；

（二）春节，放假3天（农历正月初一、初二、初三）；

（三）清明节，放假1天（农历清明当日）；

（四）劳动节，放假1天（5月1日）；

（五）端午节，放假1天（农历端午当日）；

（六）中秋节，放假1天（农历中秋当日）；

（七）国庆节，放假3天（10月1日、2日、3日）。

第三条　部分公民放假的节日及纪念日：

（一）妇女节（3月8日），妇女放假半天；

（二）青年节（5月4日），14周岁以上的青年放假半天；

（三）儿童节（6月1日），不满14周岁的少年儿童放假1天；

（四）中国人民解放军建军纪念日（8月1日），现役军人放假半天。

第四条　少数民族习惯的节日，由各少数民族聚居地区的地方人民政府，按照各该民族习惯，规定放假日期。

第五条　二七纪念日、五卅纪念日、七七抗战纪念日、九三抗战胜利纪念日、九一八纪念日、教师节、护士节、记者节、植树节等其他节日、纪念日，均不放假。

第六条　全体公民放假的假日，如果适逢星期六、星期日，应当在工作日补假。部分公民放假的假日，如果适逢星期六、星期日，则不补假。

第七条　本办法自公布之日起施行。

最低工资规定

（2004年1月20日劳动和社会保障部令第21号公布　自2004年3月1日起施行）

第一条　为了维护劳动者取得劳动报酬的合法权益，保障劳动者个人及其家庭成员的基本生活,根据劳动法和国务院有关规定,制定本规定。

第二条 本规定适用于在中华人民共和国境内的企业、民办非企业单位、有雇工的个体工商户(以下统称用人单位)和与之形成劳动关系的劳动者。

国家机关、事业单位、社会团体和与之建立劳动合同关系的劳动者,依照本规定执行。

第三条 本规定所称最低工资标准,是指劳动者在法定工作时间或依法签订的劳动合同约定的工作时间内提供了正常劳动的前提下,用人单位依法应支付的最低劳动报酬。

本规定所称正常劳动,是指劳动者按依法签订的劳动合同约定,在法定工作时间或劳动合同约定的工作时间内从事的劳动。劳动者依法享受带薪年休假、探亲假、婚丧假、生育(产)假、节育手术假等国家规定的假期间,以及法定工作时间内依法参加社会活动期间,视为提供了正常劳动。

第四条 县级以上地方人民政府劳动保障行政部门负责对本行政区域内用人单位执行本规定情况进行监督检查。

各级工会组织依法对本规定执行情况进行监督,发现用人单位支付劳动者工资违反本规定的,有权要求当地劳动保障行政部门处理。

第五条 最低工资标准一般采取月最低工资标准和小时最低工资标准的形式。月最低工资标准适用于全日制就业劳动者,小时最低工资标准适用于非全日制就业劳动者。

第六条 确定和调整月最低工资标准,应参考当地就业者及其赡养人口的最低生活费用、城镇居民消费价格指数、职工个人缴纳的社会保险费和住房公积金、职工平均工资、经济发展水平、就业状况等因素。

确定和调整小时最低工资标准,应在颁布的月最低工资标准的基础上,考虑单位应缴纳的基本养老保险费和基本医疗保险费因素,同时还应适当考虑非全日制劳动者在工作稳定性、劳动条件和劳动强度、福利等方面与全日制就业人员之间的差异。

月最低工资标准和小时最低工资标准具体测算方法见附件。

第七条 省、自治区、直辖市范围内的不同行政区域可以有不同的最低工资标准。

第八条 最低工资标准的确定和调整方案,由省、自治区、直辖市人民政府劳动保障行政部门会同同级工会、企业联合会/企业家协会研究拟订,并将拟订的方案报送劳动保障部。方案内容包括最低工资确定和调整的依据、适用范围、拟订标准和说明。劳动保障部在收到拟订方案后,应征求全国总工会、中国企业联合会/企业家协会的意见。

劳动保障部对方案可以提出修订意见,若在方案收到后14日内未提出修订意见的,视为同意。

第九条 省、自治区、直辖市劳动保障行政部门应将本地区最低工资标准方案报省、自治区、直辖市人民政府批准,并在批准后7日内在当地政府公报上和至少一种全地区性报纸上发布。省、自治区、直辖市劳动保障行政部门应在发布后10

日内将最低工资标准报劳动保障部。

第十条 最低工资标准发布实施后，如本规定第六条所规定的相关因素发生变化，应当适时调整。最低工资标准每两年至少调整一次。

第十一条 用人单位应在最低工资标准发布后10日内将该标准向本单位全体劳动者公示。

第十二条 在劳动者提供正常劳动的情况下，用人单位应支付给劳动者的工资在剔除下列各项以后，不得低于当地最低工资标准：

（一）延长工作时间工资；

（二）中班、夜班、高温、低温、井下、有毒有害等特殊工作环境、条件下的津贴；

（三）法律、法规和国家规定的劳动者福利待遇等。

实行计件工资或提成工资等工资形式的用人单位，在科学合理的劳动定额基础上，其支付劳动者的工资不得低于相应的最低工资标准。

劳动者由于本人原因造成在法定工作时间内或依法签订的劳动合同约定的工作时间内未提供正常劳动的，不适用于本条规定。

第十三条 用人单位违反本规定第十一条规定的，由劳动保障行政部门责令其限期改正；违反本规定第十二条规定的，由劳动保障行政部门责令其限期补发所欠劳动者工资，并可责令其按所欠工资的1至5倍支付劳动者赔偿金。

第十四条 劳动者与用人单位之间就执行最低工资标准发生争议，按劳动争议处理有关规定处理。

第十五条 本规定自2004年3月1日起实施。1993年11月24日原劳动部发布的《企业最低工资规定》同时废止。

附件：最低工资标准测算方法（略）

工资支付暂行规定

（1994年12月6日 劳部发〔1994〕489号）

第一条 为维护劳动者通过劳动获得劳动报酬的权利，规范用人单位的工资支付行为，根据《中华人民共和国劳动法》有关规定，制定本规定。

第二条 本规定适用于在中华人民共和国境内的企业、个体经济组织（以下统称用人单位）和与之形成劳动关系的劳动者。

国家机关、事业组织、社会团体和与之建立劳动合同关系的劳动者，依照本规定执行。

第三条 本规定所称工资是指用人单位依据劳动合同的规定，以各种形式支付给劳动者的工资报酬。

第四条 工资支付主要包括：工资支付项目、工资支付水平、工资支付形式、工资支付对象、工资支付时间以及特殊情况下的工资支付。

第五条 工资应当以法定货币支付。不得以实物及有价证券替代货币支付。

第六条 用人单位应将工资支付给劳动者本人。劳动者本人因故不能领取工资时，可由其亲属或委托他人代领。

用人单位可委托银行代发工资。

用人单位必须书面记录支付劳动者工资的数额、时间、领取者的姓名以及签字，并保存两年以上备查。用人单位在支付工资时应向劳动者提供一份其个人的工资清单。

第七条　工资必须在用人单位与劳动者约定的日期支付。如遇节假日或休息日，则应提前在最近的工作日支付。工资至少每月支付一次，实行周、日、小时工资制的可按周、日、小时支付工资。

第八条　对完成一次性临时劳动或某项具体工作的劳动者，用人单位应按有关协议或合同规定在其完成劳动任务后即支付工资。

第九条　劳动关系双方依法解除或终止劳动合同时，用人单位应在解除或终止劳动合同时一次付清劳动者工资。

第十条　劳动者在法定工作时间内依法参加社会活动期间，用人单位应视同其提供了正常劳动而支付工资。社会活动包括：依法行使选举权或被选举权；当选代表出席乡（镇）、区以上政府、党派、工会、青年团、妇女联合会等组织召开的会议；出任人民法院证明人；出席劳动模范、先进工作者大会；《工会法》规定的不脱产工会基层委员会委员因工会活动占用的生产或工作时间；其它依法参加的社会活动。

第十一条　劳动者依法享受年休假、探亲假、婚假、丧假期间，用人单位应按劳动合同规定的标准支付劳动者工资。

第十二条　非因劳动者原因造成单位停工、停产在一个工资支付周期内的，用人单位应按劳动合同规定的标准支付劳动者工资。超过一个工资支付周期的，若劳动者提供了正常劳动，则支付给劳动者的劳动报酬不得低于当地的最低工资标准；若劳动者没有提供正常劳动，应按国家有关规定办理。

第十三条　用人单位在劳动者完成劳动定额或规定的工作任务后，根据实际需要安排劳动者在法定标准工作时间以外工作的，应按以下标准支付工资：

（一）用人单位依法安排劳动者在日法定标准工作时间以外延长工作时间的，按照不低于劳动合同规定的劳动者本人小时工资标准的150%支付劳动者工资；

（二）用人单位依法安排劳动者在休息日工作，而又不能安排补休的，按照不低于劳动合同规定的劳动者本人日或小时工资标准的200%支付劳动者工资；

（三）用人单位依法安排劳动者在法定休假节日工作的，按照不低于劳动合同规定的劳动者本人日或小时工资标准的300%支付劳动者工资。

实行计件工资的劳动者，在完成计件定额任务后，由用人单位安排延长工作时间的，应根据上述规定的原则，分别按照不低于其本人法定工作时间计件单价的150%、200%、300%支付其工资。

经劳动行政部门批准实行综合计算工时工作制的，其综合计算工作时间超过法定标准工作时间的部分，应视为延长工作时间，并应按本规定支付劳动者延长工作时间的工资。

实行不定时工时制度的劳动者，不执行上述规定。

第十四条　用人单位依法破产时，劳动者有权获得其工资。在破产清偿中用人单位应按《中华人民共和国企业破产法》

规定的清偿顺序，首先支付欠付本单位劳动者的工资。

第十五条 用人单位不得克扣劳动者工资。有下列情况之一的，用人单位可以代扣劳动者工资：

（一）用人单位代扣代缴的个人所得税；

（二）用人单位代扣代缴的应由劳动者个人负担的各项社会保险费用；

（三）法院判决、裁定中要求代扣的抚养费、赡养费；

（四）法律、法规规定可以从劳动者工资中扣除的其他费用。

第十六条 因劳动者本人原因给用人单位造成经济损失的，用人单位可按照劳动合同的约定要求其赔偿经济损失。经济损失的赔偿，可从劳动者本人的工资中扣除。但每月扣除的部分不得超过劳动者当月工资的20%。若扣除后的剩余工资部分低于当地月最低工资标准，则按最低工资标准支付。

第十七条 用人单位应根据本规定，通过与职工大会、职工代表大会或者其他形式协商制定内部的工资支付制度，并告知本单位全体劳动者，同时抄报当地劳动行政部门备案。

第十八条 各级劳动行政部门有权监察用人单位工资支付的情况。用人单位有下列侵害劳动者合法权益行为的，由劳动行政部门责令其支付劳动者工资和经济补偿，并可责令其支付赔偿金：

（一）克扣或者无故拖欠劳动者工资的；

（二）拒不支付劳动者延长工作时间工资的；

（三）低于当地最低工资标准支付劳动者工资的。

经济补偿和赔偿金的标准，按国家有关规定执行。

第十九条 劳动者与用人单位因工资支付发生劳动争议的，当事人可依法向劳动争议仲裁机关申请仲裁。对仲裁裁决不服的，可以向人民法院提起诉讼。

第二十条 本规定自一九九五年一月一日起执行。

对《工资支付暂行规定》有关问题的补充规定

（1995年5月12日 劳部发〔1995〕226号）

根据《工资支付暂行规定》（劳部发〔1994〕489号，以下简称《规定》）确定的原则，现就有关问题作出如下补充规定：

一、《规定》第十一条、第十二条、第十三条所称"按劳动合同规定的标准"，系指劳动合同规定的劳动者本人所在的岗位（职位）相对应的工资标准。

因劳动合同制度尚处于推进的过程中，按上述条款规定执行确有困难的，地方或行业劳动行政部门可在不违反《规定》所确定的总的原则基础上，制定过渡措施。

二、关于加班加点的工资支付问题

1.《规定》第十三条第（一）、（二）、（三）款规定的在符合法定标准工作时间的制度工时以外延长工作时间及安排休息日和法定休假节日工作应支付的工资，是根据加班加点的多少，以劳动合同确定的正常工作时间工资标准的一定倍数所支付的劳动报酬，即凡是安排劳动者在法定工作日延长工作时间或安排在休息日工作而又不能补休的，均应支付给劳动者不低于劳动合同规定的劳动者本人小时或日工资标准150%、200%的工资；安排在法定休假节日工作的，应另外支付给劳动者不低于劳动合同规定的劳动者本人小时或日工资标准300%的工资。

2. 关于劳动者日工资的折算。由于劳动定额等劳动标准都与制度工时相联系，因此，劳动者日工资可统一按劳动者本人的月工资标准除以每月制度工作天数进行折算。

根据国家关于职工每日工作8小时，每周工作时间40小时的规定，每月制度工时天数为21.5天①，考虑到国家允许施行每周40小时工时制度有困难的企业最迟可以延期到1997年5月1日施行，因此，在过渡期内，实行每周44小时工时制度的企业，其日工资折算可仍按每月制度工作天数23.5天执行。

三、《规定》第十五条中所称"克扣"系指用人单位无正当理由扣减劳动者应得工资（即在劳动者已提供正常劳动的前提下用人单位按劳动合同规定的标准应当支付给劳动者的全部劳动报酬）。不包括以下减发工资的情况：（1）国家的法律、法规中有明确规定的；（2）依法签订的劳动合同中有明确规定的；（3）用人单位依法制定并经职代会批准的厂规、厂纪中有明确规定的；（4）企业工资总额与经济效益相联系，经济效益下浮时，工资必须下浮的（但支付给劳动者工资不得低于当地的最低工资标准）；（5）因劳动者请事假等相应减发工资等。

四、《规定》第十八条所称"无故拖欠"系指用人单位无正当理由超过规定付薪时间未支付劳动者工资。不包括：（1）用人单位遇到非人力所能抗拒的自然灾害、战争等原因，无法按时支付工资；（2）用人单位确因生产经营困难、资金周转受到影响，在征得本单位工会同意后，可暂时延期支付劳动者工资，延期时间的最长限制可由各省、自治区、直辖市劳动行政部门根据各地情况确定。其他情况下拖欠工资均属无故拖欠。

五、关于特殊人员的工资支付问题

1. 劳动者受处分后的工资支付：（1）劳动者受行政处分后仍在原单位工作（如留用察看、降级等）或受刑事处分后重新就业的，应主要由用人单位根据具体情况自主确定其工资报酬；（2）劳动者受刑事处分期间，如收容审查、拘留（羁押）、缓刑、监外执行或劳动教养期间，其待遇按国家有关规定执行。

2. 学徒工、熟练工、大中专毕业生在学徒期、熟练期、见习期、试用期及转正定级后的工资待遇由用人单位自主确定。

3. 新就业复员军人的工资待遇由用人单位自主确定；分配到企业军队转业干部的工资待遇，按国家有关规定执行。

---

① 由于法定节假日变化，月工作日及计薪天数也发生相应变化，具体参见《关于职工全年月平均工作时间和工资折算问题的通知》（2008年1月3日 劳社部发〔2008〕3号）。

典型案例

某市开展工资支付专项监督为职工追回工资、保险待遇案[①]

某区总工会在对某公司开展工资支付专项监督时发现，2018年12月至2019年5月，公司为职工杨某等9人发放的工资低于当地最低工资标准，且未如期缴纳9人的养老、医疗、生育等社会保险费。区总工会劳动法律监督委员会随即组织对该公司在工资支付和社会保险费缴纳等方面存在的问题进行梳理分析，并向该公司发出《工会劳动法律监督意见书》，要求15日内就相关情况进行答复。因到期未获答复，2019年6月25日，区总工会向区劳动监察大队发出《工会劳动法律监督建议书》，提请其对该公司工资发放、社会保险费缴纳情况进行劳动保障监察，并依法作出处理。在区总工会和区劳动监察大队的共同推动下，该公司为杨某等人补齐了工资差额，补缴了社会保险费。

工会劳动法律监督是工会组织积极参与社会治理、有效提升治理能力的重要载体和手段。工会应加强组织建设、健全联动机制，通过创新开展联合监督、定期监督、专项监督、综合监督等，将监督"关口"前移，及时发现劳动关系风险隐患。对用人单位存在劳动违法行为的，运用"一函两书"监督机制，加强与人社部门协调联动，推动劳动法律法规贯彻实施，依法维护职工合法权益，提升职工群众的获得感幸福感安全感。

中华人民共和国职业病防治法

（2001年10月27日第九届全国人民代表大会常务委员会第二十四次会议通过 根据2011年12月31日第十一届全国人民代表大会常务委员会第二十四次会议《关于修改〈中华人民共和国职业病防治法〉的决定》第一次修正 根据2016年7月2日第十二届全国人民代表大会常务委员会第二十一次会议《关于修改〈中华人民共和国节约能源法〉等六部法律的决定》第二次修正 根据2017年11月4日第十二届全国人民代表大会常务委员会第三十次会议《关于修改〈中华人民共和国会计法〉等十一部法律的决定》第三次修正 根据2018年12月29日第十三届全国人民代表大会常务委员会第七次会议《关于修改〈中华人民共和国劳动法〉等七部法律的决定》第四次修正）

目 录

第一章 总 则
第二章 前期预防
第三章 劳动过程中的防护与管理
第四章 职业病诊断与职业病病人保障
第五章 监督检查
第六章 法律责任
第七章 附 则

[①] 参见中华全国总工会：全国工会劳动法律监督十大优秀案例之二，2023年3月。

第一章 总　　则

第一条　为了预防、控制和消除职业病危害，防治职业病，保护劳动者健康及其相关权益，促进经济社会发展，根据宪法，制定本法。

第二条　本法适用于中华人民共和国领域内的职业病防治活动。

本法所称职业病，是指企业、事业单位和个体经济组织等用人单位的劳动者在职业活动中，因接触粉尘、放射性物质和其他有毒、有害因素而引起的疾病。

职业病的分类和目录由国务院卫生行政部门会同国务院劳动保障行政部门制定、调整并公布。

第三条　职业病防治工作坚持预防为主、防治结合的方针，建立用人单位负责、行政机关监管、行业自律、职工参与和社会监督的机制，实行分类管理、综合治理。

第四条　劳动者依法享有职业卫生保护的权利。

用人单位应当为劳动者创造符合国家职业卫生标准和卫生要求的工作环境和条件，并采取措施保障劳动者获得职业卫生保护。

工会组织依法对职业病防治工作进行监督，维护劳动者的合法权益。用人单位制定或者修改有关职业病防治的规章制度，应当听取工会组织的意见。

第五条　用人单位应当建立、健全职业病防治责任制，加强对职业病防治的管理，提高职业病防治水平，对本单位产生的职业病危害承担责任。

第六条　用人单位的主要负责人对本单位的职业病防治工作全面负责。

第七条　用人单位必须依法参加工伤保险。

国务院和县级以上地方人民政府劳动保障行政部门应当加强对工伤保险的监督管理，确保劳动者依法享受工伤保险待遇。

第八条　国家鼓励和支持研制、开发、推广、应用有利于职业病防治和保护劳动者健康的新技术、新工艺、新设备、新材料，加强对职业病的机理和发生规律的基础研究，提高职业病防治科学技术水平；积极采用有效的职业病防治技术、工艺、设备、材料；限制使用或者淘汰职业病危害严重的技术、工艺、设备、材料。

国家鼓励和支持职业病医疗康复机构的建设。

第九条　国家实行职业卫生监督制度。

国务院卫生行政部门、劳动保障行政部门依照本法和国务院确定的职责，负责全国职业病防治的监督管理工作。国务院有关部门在各自的职责范围内负责职业病防治的有关监督管理工作。

县级以上地方人民政府卫生行政部门、劳动保障行政部门依据各自职责，负责本行政区域内职业病防治的监督管理工作。县级以上地方人民政府有关部门在各自的职责范围内负责职业病防治的有关监督管理工作。

县级以上人民政府卫生行政部门、劳动保障行政部门（以下统称职业卫生监督管理部门）应当加强沟通，密切配合，按照各自职责分工，依法行使职权，承担责任。

第十条　国务院和县级以上地方人民政府应当制定职业病防治规划,将其纳入国民经济和社会发展计划,并组织实施。

县级以上地方人民政府统一负责、领导、组织、协调本行政区域的职业病防治工作,建立健全职业病防治工作体制、机制,统一领导、指挥职业卫生突发事件应对工作;加强职业病防治能力建设和服务体系建设,完善、落实职业病防治工作责任制。

乡、民族乡、镇的人民政府应当认真执行本法,支持职业卫生监督管理部门依法履行职责。

第十一条　县级以上人民政府职业卫生监督管理部门应当加强对职业病防治的宣传教育,普及职业病防治的知识,增强用人单位的职业病防治观念,提高劳动者的职业健康意识、自我保护意识和行使职业卫生保护权利的能力。

第十二条　有关防治职业病的国家职业卫生标准,由国务院卫生行政部门组织制定并公布。

国务院卫生行政部门应当组织开展重点职业病监测和专项调查,对职业健康风险进行评估,为制定职业卫生标准和职业病防治政策提供科学依据。

县级以上地方人民政府卫生行政部门应当定期对本行政区域的职业病防治情况进行统计和调查分析。

第十三条　任何单位和个人有权对违反本法的行为进行检举和控告。有关部门收到相关的检举和控告后,应当及时处理。

对防治职业病成绩显著的单位和个人,给予奖励。

第二章　前期预防

第十四条　用人单位应当依照法律、法规要求,严格遵守国家职业卫生标准,落实职业病预防措施,从源头上控制和消除职业病危害。

第十五条　产生职业病危害的用人单位的设立除应当符合法律、行政法规规定的设立条件外,其工作场所还应当符合下列职业卫生要求:

(一)职业病危害因素的强度或者浓度符合国家职业卫生标准;

(二)有与职业病危害防护相适应的设施;

(三)生产布局合理,符合有害与无害作业分开的原则;

(四)有配套的更衣间、洗浴间、孕妇休息间等卫生设施;

(五)设备、工具、用具等设施符合保护劳动者生理、心理健康的要求;

(六)法律、行政法规和国务院卫生行政部门关于保护劳动者健康的其他要求。

第十六条　国家建立职业病危害项目申报制度。

用人单位工作场所存在职业病目录所列职业病的危害因素的,应当及时、如实向所在地卫生行政部门申报危害项目,接受监督。

职业病危害因素分类目录由国务院卫生行政部门制定、调整并公布。职业病危害项目申报的具体办法由国务院卫生行政部门制定。

第十七条　新建、扩建、改建建设项目和技术改造、技术引进项目(以下统称建设项目）可能产生职业病危害的，建设单位在可行性论证阶段应当进行职业病危害预评价。

医疗机构建设项目可能产生放射性职业病危害的，建设单位应当向卫生行政部门提交放射性职业病危害预评价报告。卫生行政部门应当自收到预评价报告之日起三十日内，作出审核决定并书面通知建设单位。未提交预评价报告或者预评价报告未经卫生行政部门审核同意的，不得开工建设。

职业病危害预评价报告应当对建设项目可能产生的职业病危害因素及其对工作场所和劳动者健康的影响作出评价，确定危害类别和职业病防护措施。

建设项目职业病危害分类管理办法由国务院卫生行政部门制定。

第十八条 建设项目的职业病防护设施所需费用应当纳入建设项目工程预算，并与主体工程同时设计，同时施工，同时投入生产和使用。

建设项目的职业病防护设施设计应当符合国家职业卫生标准和卫生要求；其中，医疗机构放射性职业病危害严重的建设项目的防护设施设计，应当经卫生行政部门审查同意后，方可施工。

建设项目在竣工验收前，建设单位应当进行职业病危害控制效果评价。

医疗机构可能产生放射性职业病危害的建设项目竣工验收时，其放射性职业病防护设施经卫生行政部门验收合格后，方可投入使用；其他建设项目的职业病防护设施应当由建设单位负责依法组织验收，验收合格后，方可投入生产和使用。卫生行政部门应当加强对建设单位组织的验收活动和验收结果的监督核查。

第十九条 国家对从事放射性、高毒、高危粉尘等作业实行特殊管理。具体管理办法由国务院制定。

第三章 劳动过程中的防护与管理

第二十条 用人单位应当采取下列职业病防治管理措施：

（一）设置或者指定职业卫生管理机构或者组织，配备专职或者兼职的职业卫生管理人员，负责本单位的职业病防治工作；

（二）制定职业病防治计划和实施方案；

（三）建立、健全职业卫生管理制度和操作规程；

（四）建立、健全职业卫生档案和劳动者健康监护档案；

（五）建立、健全工作场所职业病危害因素监测及评价制度；

（六）建立、健全职业病危害事故应急救援预案。

第二十一条 用人单位应当保障职业病防治所需的资金投入，不得挤占、挪用，并对因资金投入不足导致的后果承担责任。

第二十二条 用人单位必须采用有效的职业病防护设施，并为劳动者提供个人使用的职业病防护用品。

用人单位为劳动者个人提供的职业病防护用品必须符合防治职业病的要求；不符合要求的，不得使用。

第二十三条 用人单位应当优先采用

有利于防治职业病和保护劳动者健康的新技术、新工艺、新设备、新材料，逐步替代职业病危害严重的技术、工艺、设备、材料。

第二十四条　产生职业病危害的用人单位，应当在醒目位置设置公告栏，公布有关职业病防治的规章制度、操作规程、职业病危害事故应急救援措施和工作场所职业病危害因素检测结果。

对产生严重职业病危害的作业岗位，应当在其醒目位置，设置警示标识和中文警示说明。警示说明应当载明产生职业病危害的种类、后果、预防以及应急救治措施等内容。

第二十五条　对可能发生急性职业损伤的有毒、有害工作场所，用人单位应当设置报警装置，配置现场急救用品、冲洗设备、应急撤离通道和必要的泄险区。

对放射工作场所和放射性同位素的运输、贮存，用人单位必须配置防护设备和报警装置，保证接触放射线的工作人员佩戴个人剂量计。

对职业病防护设备、应急救援设施和个人使用的职业病防护用品，用人单位应当进行经常性的维护、检修，定期检测其性能和效果，确保其处于正常状态，不得擅自拆除或者停止使用。

第二十六条　用人单位应当实施由专人负责的职业病危害因素日常监测，并确保监测系统处于正常运行状态。

用人单位应当按照国务院卫生行政部门的规定，定期对工作场所进行职业病危害因素检测、评价。检测、评价结果存入用人单位职业卫生档案，定期向所在地卫生行政部门报告并向劳动者公布。

职业病危害因素检测、评价由依法设立的取得国务院卫生行政部门或者设区的市级以上地方人民政府卫生行政部门按照职责分工给予资质认可的职业卫生技术服务机构进行。职业卫生技术服务机构所作检测、评价应当客观、真实。

发现工作场所职业病危害因素不符合国家职业卫生标准和卫生要求时，用人单位应当立即采取相应治理措施，仍然达不到国家职业卫生标准和卫生要求的，必须停止存在职业病危害因素的作业；职业病危害因素经治理后，符合国家职业卫生标准和卫生要求的，方可重新作业。

第二十七条　职业卫生技术服务机构依法从事职业病危害因素检测、评价工作，接受卫生行政部门的监督检查。卫生行政部门应当依法履行监督职责。

第二十八条　向用人单位提供可能产生职业病危害的设备的，应当提供中文说明书，并在设备的醒目位置设置警示标识和中文警示说明。警示说明应当载明设备性能、可能产生的职业病危害、安全操作和维护注意事项、职业病防护以及应急救治措施等内容。

第二十九条　向用人单位提供可能产生职业病危害的化学品、放射性同位素和含有放射性物质的材料的，应当提供中文说明书。说明书应当载明产品特性、主要成份、存在的有害因素、可能产生的危害后果、安全使用注意事项、职业病防护以及应急救治措施等内容。产品包装应当有醒目的警示标识和中文警示说明。贮存上述材料的场所应当在规定的部位设置危险物品标识或者放射性警示标识。

国内首次使用或者首次进口与职业病

危害有关的化学材料，使用单位或者进口单位按照国家规定经国务院有关部门批准后，应当向国务院卫生行政部门报送该化学材料的毒性鉴定以及经有关部门登记注册或者批准进口的文件等资料。

进口放射性同位素、射线装置和含有放射性物质的物品的，按照国家有关规定办理。

第三十条 任何单位和个人不得生产、经营、进口和使用国家明令禁止使用的可能产生职业病危害的设备或者材料。

第三十一条 任何单位和个人不得将产生职业病危害的作业转移给不具备职业病防护条件的单位和个人。不具备职业病防护条件的单位和个人不得接受产生职业病危害的作业。

第三十二条 用人单位对采用的技术、工艺、设备、材料，应当知悉其产生的职业病危害，对有职业病危害的技术、工艺、设备、材料隐瞒其危害而采用的，对所造成的职业病危害后果承担责任。

第三十三条 用人单位与劳动者订立劳动合同（含聘用合同，下同）时，应当将工作过程中可能产生的职业病危害及其后果、职业病防护措施和待遇等如实告知劳动者，并在劳动合同中写明，不得隐瞒或者欺骗。

劳动者在已订立劳动合同期间因工作岗位或者工作内容变更，从事与所订立劳动合同中未告知的存在职业病危害的作业时，用人单位应当依照前款规定，向劳动者履行如实告知的义务，并协商变更原劳动合同相关条款。

用人单位违反前两款规定的，劳动者有权拒绝从事存在职业病危害的作业，用人单位不得因此解除与劳动者所订立的劳动合同。

第三十四条 用人单位的主要负责人和职业卫生管理人员应当接受职业卫生培训，遵守职业病防治法律、法规，依法组织本单位的职业病防治工作。

用人单位应当对劳动者进行上岗前的职业卫生培训和在岗期间的定期职业卫生培训，普及职业卫生知识，督促劳动者遵守职业病防治法律、法规、规章和操作规程，指导劳动者正确使用职业病防护设备和个人使用的职业病防护用品。

劳动者应当学习和掌握相关的职业卫生知识，增强职业病防范意识，遵守职业病防治法律、法规、规章和操作规程，正确使用、维护职业病防护设备和个人使用的职业病防护用品，发现职业病危害事故隐患应当及时报告。

劳动者不履行前款规定义务的，用人单位应当对其进行教育。

第三十五条 对从事接触职业病危害的作业的劳动者，用人单位应当按照国务院卫生行政部门的规定组织上岗前、在岗期间和离岗时的职业健康检查，并将检查结果书面告知劳动者。职业健康检查费用由用人单位承担。

用人单位不得安排未经上岗前职业健康检查的劳动者从事接触职业病危害的作业；不得安排有职业禁忌的劳动者从事其所禁忌的作业；对在职业健康检查中发现有与所从事的职业相关的健康损害的劳动者，应当调离原工作岗位，并妥善安置；对未进行离岗前职业健康检查的劳动者不得解除或者终止与其订立的劳动合同。

职业健康检查应当由取得《医疗机构

执业许可证》的医疗卫生机构承担。卫生行政部门应当加强对职业健康检查工作的规范管理，具体管理办法由国务院卫生行政部门制定。

第三十六条　用人单位应当为劳动者建立职业健康监护档案，并按照规定的期限妥善保存。

职业健康监护档案应当包括劳动者的职业史、职业病危害接触史、职业健康检查结果和职业病诊疗等有关个人健康资料。

劳动者离开用人单位时，有权索取本人职业健康监护档案复印件，用人单位应当如实、无偿提供，并在所提供的复印件上签章。

第三十七条　发生或者可能发生急性职业病危害事故时，用人单位应当立即采取应急救援和控制措施，并及时报告所在地卫生行政部门和有关部门。卫生行政部门接到报告后，应当及时会同有关部门组织调查处理；必要时，可以采取临时控制措施。卫生行政部门应当组织做好医疗救治工作。

对遭受或者可能遭受急性职业病危害的劳动者，用人单位应当及时组织救治、进行健康检查和医学观察，所需费用由用人单位承担。

第三十八条　用人单位不得安排未成年工从事接触职业病危害的作业；不得安排孕期、哺乳期的女职工从事对本人和胎儿、婴儿有危害的作业。

第三十九条　劳动者享有下列职业卫生保护权利：

（一）获得职业卫生教育、培训；

（二）获得职业健康检查、职业病诊疗、康复等职业病防治服务；

（三）了解工作场所产生或者可能产生的职业病危害因素、危害后果和应当采取的职业病防护措施；

（四）要求用人单位提供符合防治职业病要求的职业病防护设施和个人使用的职业病防护用品，改善工作条件；

（五）对违反职业病防治法律、法规以及危及生命健康的行为提出批评、检举和控告；

（六）拒绝违章指挥和强令进行没有职业病防护措施的作业；

（七）参与用人单位职业卫生工作的民主管理，对职业病防治工作提出意见和建议。

用人单位应当保障劳动者行使前款所列权利。因劳动者依法行使正当权利而降低其工资、福利等待遇或者解除、终止与其订立的劳动合同的，其行为无效。

第四十条　工会组织应当督促并协助用人单位开展职业卫生宣传教育和培训，有权对用人单位的职业病防治工作提出意见和建议，依法代表劳动者与用人单位签订劳动安全卫生专项集体合同，与用人单位就劳动者反映的有关职业病防治的问题进行协调并督促解决。

工会组织对用人单位违反职业病防治法律、法规，侵犯劳动者合法权益的行为，有权要求纠正；产生严重职业病危害时，有权要求采取防护措施，或者向政府有关部门建议采取强制性措施；发生职业病危害事故时，有权参与事故调查处理；发现危及劳动者生命健康的情形时，有权向用人单位建议组织劳动者撤离危险现场，用人单位应当立即作出处理。

第四十一条　用人单位按照职业病防

治要求，用于预防和治理职业病危害、工作场所卫生检测、健康监护和职业卫生培训等费用，按照国家有关规定，在生产成本中据实列支。

第四十二条 职业卫生监督管理部门应当按照职责分工，加强对用人单位落实职业病防护管理措施情况的监督检查，依法行使职权，承担责任。

第四章 职业病诊断与职业病病人保障

第四十三条 职业病诊断应当由取得《医疗机构执业许可证》的医疗卫生机构承担。卫生行政部门应当加强对职业病诊断工作的规范管理，具体管理办法由国务院卫生行政部门制定。

承担职业病诊断的医疗卫生机构还应当具备下列条件：

（一）具有与开展职业病诊断相适应的医疗卫生技术人员；

（二）具有与开展职业病诊断相适应的仪器、设备；

（三）具有健全的职业病诊断质量管理制度。

承担职业病诊断的医疗卫生机构不得拒绝劳动者进行职业病诊断的要求。

第四十四条 劳动者可以在用人单位所在地、本人户籍所在地或者经常居住地依法承担职业病诊断的医疗卫生机构进行职业病诊断。

第四十五条 职业病诊断标准和职业病诊断、鉴定办法由国务院卫生行政部门制定。职业病伤残等级的鉴定办法由国务院劳动保障行政部门会同国务院卫生行政部门制定。

第四十六条 职业病诊断，应当综合分析下列因素：

（一）病人的职业史；

（二）职业病危害接触史和工作场所职业病危害因素情况；

（三）临床表现以及辅助检查结果等。

没有证据否定职业病危害因素与病人临床表现之间的必然联系的，应当诊断为职业病。

职业病诊断证明书应当由参与诊断的取得职业病诊断资格的执业医师签署，并经承担职业病诊断的医疗卫生机构审核盖章。

第四十七条 用人单位应当如实提供职业病诊断、鉴定所需的劳动者职业史和职业病危害接触史、工作场所职业病危害因素检测结果等资料；卫生行政部门应当监督检查和督促用人单位提供上述资料；劳动者和有关机构也应当提供与职业病诊断、鉴定有关的资料。

职业病诊断、鉴定机构需要了解工作场所职业病危害因素情况时，可以对工作场所进行现场调查，也可以向卫生行政部门提出，卫生行政部门应当在十日内组织现场调查。用人单位不得拒绝、阻挠。

第四十八条 职业病诊断、鉴定过程中，用人单位不提供工作场所职业病危害因素检测结果等资料的，诊断、鉴定机构应当结合劳动者的临床表现、辅助检查结果和劳动者的职业史、职业病危害接触史，并参考劳动者的自述、卫生行政部门提供的日常监督检查信息等，作出职业病诊断、鉴定结论。

劳动者对用人单位提供的工作场所职

业病危害因素检测结果等资料有异议，或者因劳动者的用人单位解散、破产，无用人单位提供上述资料的，诊断、鉴定机构应当提请卫生行政部门进行调查，卫生行政部门应当自接到申请之日起三十日内对存在异议的资料或者工作场所职业病危害因素情况作出判定；有关部门应当配合。

第四十九条　职业病诊断、鉴定过程中，在确认劳动者职业史、职业病危害接触史时，当事人对劳动关系、工种、工作岗位或者在岗时间有争议的，可以向当地的劳动人事争议仲裁委员会申请仲裁；接到申请的劳动人事争议仲裁委员会应当受理，并在三十日内作出裁决。

当事人在仲裁过程中对自己提出的主张，有责任提供证据。劳动者无法提供由用人单位掌握管理的与仲裁主张有关的证据的，仲裁庭应当要求用人单位在指定期限内提供；用人单位在指定期限内不提供的，应当承担不利后果。

劳动者对仲裁裁决不服的，可以依法向人民法院提起诉讼。

用人单位对仲裁裁决不服的，可以在职业病诊断、鉴定程序结束之日起十五日内依法向人民法院提起诉讼；诉讼期间，劳动者的治疗费用按照职业病待遇规定的途径支付。

第五十条　用人单位和医疗卫生机构发现职业病病人或者疑似职业病病人时，应当及时向所在地卫生行政部门报告。确诊为职业病的，用人单位还应当向所在地劳动保障行政部门报告。接到报告的部门应当依法作出处理。

第五十一条　县级以上地方人民政府卫生行政部门负责本行政区域内的职业病统计报告的管理工作，并按照规定上报。

第五十二条　当事人对职业病诊断有异议的，可以向作出诊断的医疗卫生机构所在地地方人民政府卫生行政部门申请鉴定。

职业病诊断争议由设区的市级以上地方人民政府卫生行政部门根据当事人的申请，组织职业病诊断鉴定委员会进行鉴定。

当事人对设区的市级职业病诊断鉴定委员会的鉴定结论不服的，可以向省、自治区、直辖市人民政府卫生行政部门申请再鉴定。

第五十三条　职业病诊断鉴定委员会由相关专业的专家组成。

省、自治区、直辖市人民政府卫生行政部门应当设立相关的专家库，需要对职业病争议作出诊断鉴定时，由当事人或者当事人委托有关卫生行政部门从专家库中以随机抽取的方式确定参加诊断鉴定委员会的专家。

职业病诊断鉴定委员会应当按照国务院卫生行政部门颁布的职业病诊断标准和职业病诊断、鉴定办法进行职业病诊断鉴定，向当事人出具职业病诊断鉴定书。职业病诊断、鉴定费用由用人单位承担。

第五十四条　职业病诊断鉴定委员会组成人员应当遵守职业道德，客观、公正地进行诊断鉴定，并承担相应的责任。职业病诊断鉴定委员会组成人员不得私下接触当事人，不得收受当事人的财物或者其他好处，与当事人有利害关系的，应当回避。

人民法院受理有关案件需要进行职业病鉴定时，应当从省、自治区、直辖市人民政府卫生行政部门依法设立的相关的专家库中选取参加鉴定的专家。

第五十五条　医疗卫生机构发现疑似职业病病人时，应当告知劳动者本人并及时通知用人单位。

用人单位应当及时安排对疑似职业病病人进行诊断；在疑似职业病病人诊断或者医学观察期间，不得解除或者终止与其订立的劳动合同。

疑似职业病病人在诊断、医学观察期间的费用，由用人单位承担。

第五十六条　用人单位应当保障职业病病人依法享受国家规定的职业病待遇。

用人单位应当按照国家有关规定，安排职业病病人进行治疗、康复和定期检查。

用人单位对不适宜继续从事原工作的职业病病人，应当调离原岗位，并妥善安置。

用人单位对从事接触职业病危害的作业的劳动者，应当给予适当岗位津贴。

第五十七条　职业病病人的诊疗、康复费用，伤残以及丧失劳动能力的职业病病人的社会保障，按照国家有关工伤保险的规定执行。

第五十八条　职业病病人除依法享有工伤保险外，依照有关民事法律，尚有获得赔偿的权利的，有权向用人单位提出赔偿要求。

第五十九条　劳动者被诊断患有职业病，但用人单位没有依法参加工伤保险的，其医疗和生活保障由该用人单位承担。

第六十条　职业病病人变动工作单位，其依法享有的待遇不变。

用人单位在发生分立、合并、解散、破产等情形时，应当对从事接触职业病危害的作业的劳动者进行健康检查，并按照国家有关规定妥善安置职业病病人。

第六十一条　用人单位已经不存在或者无法确认劳动关系的职业病病人，可以向地方人民政府医疗保障、民政部门申请医疗救助和生活等方面的救助。

地方各级人民政府应当根据本地区的实际情况，采取其他措施，使前款规定的职业病病人获得医疗救治。

第五章　监督检查

第六十二条　县级以上人民政府职业卫生监督管理部门依照职业病防治法律、法规、国家职业卫生标准和卫生要求，依据职责划分，对职业病防治工作进行监督检查。

第六十三条　卫生行政部门履行监督检查职责时，有权采取下列措施：

（一）进入被检查单位和职业病危害现场，了解情况，调查取证；

（二）查阅或者复制与违反职业病防治法律、法规的行为有关的资料和采集样品；

（三）责令违反职业病防治法律、法规的单位和个人停止违法行为。

第六十四条　发生职业病危害事故或者有证据证明危害状态可能导致职业病危害事故发生时，卫生行政部门可以采取下列临时控制措施：

（一）责令暂停导致职业病危害事故的作业；

（二）封存造成职业病危害事故或者可能导致职业病危害事故发生的材料和设备；

（三）组织控制职业病危害事故现场。

在职业病危害事故或者危害状态得到有效控制后，卫生行政部门应当及时解除控制措施。

第六十五条 职业卫生监督执法人员依法执行职务时，应当出示监督执法证件。

职业卫生监督执法人员应当忠于职守，秉公执法，严格遵守执法规范；涉及用人单位的秘密的，应当为其保密。

第六十六条 职业卫生监督执法人员依法执行职务时，被检查单位应当接受检查并予以支持配合，不得拒绝和阻碍。

第六十七条 卫生行政部门及其职业卫生监督执法人员履行职责时，不得有下列行为：

（一）对不符合法定条件的，发给建设项目有关证明文件、资质证明文件或者予以批准；

（二）对已经取得有关证明文件的，不履行监督检查职责；

（三）发现用人单位存在职业病危害的，可能造成职业病危害事故，不及时依法采取控制措施；

（四）其他违反本法的行为。

第六十八条 职业卫生监督执法人员应当依法经过资格认定。

职业卫生监督管理部门应当加强队伍建设，提高职业卫生监督执法人员的政治、业务素质，依照本法和其他有关法律、法规的规定，建立、健全内部监督制度，对其工作人员执行法律、法规和遵守纪律的情况，进行监督检查。

第六章 法律责任

第六十九条 建设单位违反本法规定，有下列行为之一的，由卫生行政部门给予警告，责令限期改正；逾期不改正的，处十万元以上五十万元以下的罚款；情节严重的，责令停止产生职业病危害的作业，或者提请有关人民政府按照国务院规定的权限责令停建、关闭：

（一）未按照规定进行职业病危害预评价的；

（二）医疗机构可能产生放射性职业病危害的建设项目未按照规定提交放射性职业病危害预评价报告，或者放射性职业病危害预评价报告未经卫生行政部门审核同意，开工建设的；

（三）建设项目的职业病防护设施未按照规定与主体工程同时设计、同时施工、同时投入生产和使用的；

（四）建设项目的职业病防护设施设计不符合国家职业卫生标准和卫生要求，或者医疗机构放射性职业病危害严重的建设项目的防护设施设计未经卫生行政部门审查同意擅自施工的；

（五）未按照规定对职业病防护设施进行职业病危害控制效果评价的；

（六）建设项目竣工投入生产和使用前，职业病防护设施未按照规定验收合格的。

第七十条 违反本法规定，有下列行为之一的，由卫生行政部门给予警告，责令限期改正；逾期不改正的，处十万元以下的罚款：

（一）工作场所职业病危害因素检测、评价结果没有存档、上报、公布的；

（二）未采取本法第二十条规定的职业病防治管理措施的；

（三）未按照规定公布有关职业病防

治的规章制度、操作规程、职业病危害事故应急救援措施的；

（四）未按照规定组织劳动者进行职业卫生培训，或者未对劳动者个人职业病防护采取指导、督促措施的；

（五）国内首次使用或者首次进口与职业病危害有关的化学材料，未按照规定报送毒性鉴定资料以及经有关部门登记注册或者批准进口的文件的。

第七十一条 用人单位违反本法规定，有下列行为之一的，由卫生行政部门责令限期改正，给予警告，可以并处五万元以上十万元以下的罚款：

（一）未按照规定及时、如实向卫生行政部门申报产生职业病危害的项目的；

（二）未实施由专人负责的职业病危害因素日常监测，或者监测系统不能正常监测的；

（三）订立或者变更劳动合同时，未告知劳动者职业病危害真实情况的；

（四）未按照规定组织职业健康检查、建立职业健康监护档案或者未将检查结果书面告知劳动者的；

（五）未依照本法规定在劳动者离开用人单位时提供职业健康监护档案复印件的。

第七十二条 用人单位违反本法规定，有下列行为之一的，由卫生行政部门给予警告，责令限期改正，逾期不改正的，处五万元以上二十万元以下的罚款；情节严重的，责令停止产生职业病危害的作业，或者提请有关人民政府按照国务院规定的权限责令关闭：

（一）工作场所职业病危害因素的强度或者浓度超过国家职业卫生标准的；

（二）未提供职业病防护设施和个人使用的职业病防护用品，或者提供的职业病防护设施和个人使用的职业病防护用品不符合国家职业卫生标准和卫生要求的；

（三）对职业病防护设备、应急救援设施和个人使用的职业病防护用品未按照规定进行维护、检修、检测，或者不能保持正常运行、使用状态的；

（四）未按照规定对工作场所职业病危害因素进行检测、评价的；

（五）工作场所职业病危害因素经治理仍然达不到国家职业卫生标准和卫生要求时，未停止存在职业病危害因素的作业的；

（六）未按照规定安排职业病病人、疑似职业病病人进行诊治的；

（七）发生或者可能发生急性职业病危害事故时，未立即采取应急救援和控制措施或者未按照规定及时报告的；

（八）未按照规定在产生严重职业病危害的作业岗位醒目位置设置警示标识和中文警示说明的；

（九）拒绝职业卫生监督管理部门监督检查的；

（十）隐瞒、伪造、篡改、毁损职业健康监护档案、工作场所职业病危害因素检测评价结果等相关资料，或者拒不提供职业病诊断、鉴定所需资料的；

（十一）未按照规定承担职业病诊断、鉴定费用和职业病病人的医疗、生活保障费用的。

第七十三条 向用人单位提供可能产生职业病危害的设备、材料，未按照规定提供中文说明书或者设置警示标识和中文警示说明的，由卫生行政部门责令限期改正，给予警告，并处五万元以上二十万元以下的罚款。

第七十四条 用人单位和医疗卫生机构未按照规定报告职业病、疑似职业病的，由有关主管部门依据职责分工责令限期改正，给予警告，可以并处一万元以下的罚款；弄虚作假的，并处二万元以上五万元以下的罚款；对直接负责的主管人员和其他直接责任人员，可以依法给予降级或者撤职的处分。

第七十五条 违反本法规定，有下列情形之一的，由卫生行政部门责令限期治理，并处五万元以上三十万元以下的罚款；情节严重的，责令停止产生职业病危害的作业，或者提请有关人民政府按照国务院规定的权限责令关闭：

（一）隐瞒技术、工艺、设备、材料所产生的职业病危害而采用的；

（二）隐瞒本单位职业卫生真实情况的；

（三）可能发生急性职业损伤的有毒、有害工作场所、放射工作场所或者放射性同位素的运输、贮存不符合本法第二十五条规定的；

（四）使用国家明令禁止使用的可能产生职业病危害的设备或者材料的；

（五）将产生职业病危害的作业转移给没有职业病防护条件的单位和个人，或者没有职业病防护条件的单位和个人接受产生职业病危害的作业的；

（六）擅自拆除、停止使用职业病防护设备或者应急救援设施的；

（七）安排未经职业健康检查的劳动者、有职业禁忌的劳动者、未成年工或者孕期、哺乳期女职工从事接触职业病危害的作业或者禁忌作业的；

（八）违章指挥和强令劳动者进行没有职业病防护措施的作业的。

第七十六条 生产、经营或者进口国家明令禁止使用的可能产生职业病危害的设备或者材料的，依照有关法律、行政法规的规定给予处罚。

第七十七条 用人单位违反本法规定，已经对劳动者生命健康造成严重损害的，由卫生行政部门责令停止产生职业病危害的作业，或者提请有关人民政府按照国务院规定的权限责令关闭，并处十万元以上五十万元以下的罚款。

第七十八条 用人单位违反本法规定，造成重大职业病危害事故或者其他严重后果，构成犯罪的，对直接负责的主管人员和其他直接责任人员，依法追究刑事责任。

第七十九条 未取得职业卫生技术服务资质认可擅自从事职业卫生技术服务的，由卫生行政部门责令立即停止违法行为，没收违法所得；违法所得五千元以上的，并处违法所得二倍以上十倍以下的罚款；没有违法所得或者违法所得不足五千元的，并处五千元以上五万元以下的罚款；情节严重的，对直接负责的主管人员和其他直接责任人员，依法给予降级、撤职或者开除的处分。

第八十条 从事职业卫生技术服务的机构和承担职业病诊断的医疗卫生机构违反本法规定，有下列行为之一的，由卫生行政部门责令立即停止违法行为，给予警告，没收违法所得；违法所得五千元以上的，并处违法所得二倍以上五倍以下的罚款；没有违法所得或者违法所得不足五千元的，并处五千元以上二万元以下的罚款；情节严重的，由原认可或者登记机关取消其相应的资格；对直接负责的主管人员和其他直接责任人员，依法给予降级、撤职或者开除的处分；构成犯罪的，依法追究刑事责任：

（一）超出资质认可或者诊疗项目登记范围从事职业卫生技术服务或者职业病诊断的；

（二）不按照本法规定履行法定职责的；

（三）出具虚假证明文件的。

第八十一条 职业病诊断鉴定委员会组成人员收受职业病诊断争议当事人的财物或者其他好处的，给予警告，没收收受的财物，可以并处三千元以上五万元以下的罚款，取消其担任职业病诊断鉴定委员会组成人员的资格，并从省、自治区、直辖市人民政府卫生行政部门设立的专家库中予以除名。

第八十二条 卫生行政部门不按照规定报告职业病和职业病危害事故的，由上一级行政部门责令改正，通报批评，给予警告；虚报、瞒报的，对单位负责人、直接负责的主管人员和其他直接责任人员依法给予降级、撤职或者开除的处分。

第八十三条 县级以上地方人民政府在职业病防治工作中未依照本法履行职责，本行政区域出现重大职业病危害事故、造成严重社会影响的，依法对直接负责的主管人员和其他直接责任人员给予记大过直至开除的处分。

县级以上人民政府职业卫生监督管理部门不履行本法规定的职责，滥用职权、玩忽职守、徇私舞弊，依法对直接负责的主管人员和其他直接责任人员给予记大过或者降级的处分；造成职业病危害事故或者其他严重后果的，依法给予撤职或者开除的处分。

第八十四条 违反本法规定，构成犯罪的，依法追究刑事责任。

第七章 附 则

第八十五条 本法下列用语的含义：

职业病危害，是指对从事职业活动的劳动者可能导致职业病的各种危害。职业病危害因素包括：职业活动中存在的各种有害的化学、物理、生物因素以及在作业过程中产生的其他职业有害因素。

职业禁忌，是指劳动者从事特定职业或者接触特定职业病危害因素时，比一般职业人群更易于遭受职业病危害和罹患职业病或者可能导致原有自身疾病病情加重，或者在从事作业过程中诱发可能导致对他人生命健康构成危险的疾病的个人特殊生理或者病理状态。

第八十六条 本法第二条规定的用人单位以外的单位，产生职业病危害的，其职业病防治活动可以参照本法执行。

劳务派遣用工单位应当履行本法规定的用人单位的义务。

中国人民解放军参照执行本法的办法，由国务院、中央军事委员会制定。

第八十七条 对医疗机构放射性职业病危害控制的监督管理，由卫生行政部门依照本法的规定实施。

第八十八条 本法自 2002 年 5 月 1 日起施行。

职业病诊断与鉴定管理办法

（2021年1月4日国家卫生健康委员会令第6号公布　自公布之日起施行）

第一章　总　　则

第一条　为了规范职业病诊断与鉴定工作，加强职业病诊断与鉴定管理，根据《中华人民共和国职业病防治法》（以下简称《职业病防治法》），制定本办法。

第二条　职业病诊断与鉴定工作应当按照《职业病防治法》、本办法的有关规定及《职业病分类和目录》、国家职业病诊断标准进行，遵循科学、公正、及时、便捷的原则。

第三条　国家卫生健康委负责全国范围内职业病诊断与鉴定的监督管理工作，县级以上地方卫生健康主管部门依据职责负责本行政区域内职业病诊断与鉴定的监督管理工作。

省、自治区、直辖市卫生健康主管部门（以下简称省级卫生健康主管部门）应当结合本行政区域职业病防治工作实际和医疗卫生服务体系规划，充分利用现有医疗卫生资源，实现职业病诊断机构区域覆盖。

第四条　各地要加强职业病诊断机构能力建设，提供必要的保障条件，配备相关的人员、设备和工作经费，以满足职业病诊断工作的需要。

第五条　各地要加强职业病诊断与鉴定信息化建设，建立健全劳动者接触职业病危害、开展职业健康检查、进行职业病诊断与鉴定等全过程的信息化系统，不断提高职业病诊断与鉴定信息报告的准确性、及时性和有效性。

第六条　用人单位应当依法履行职业病诊断、鉴定的相关义务：

（一）及时安排职业病病人、疑似职业病病人进行诊治；

（二）如实提供职业病诊断、鉴定所需的资料；

（三）承担职业病诊断、鉴定的费用和疑似职业病病人在诊断、医学观察期间的费用；

（四）报告职业病和疑似职业病；

（五）《职业病防治法》规定的其他相关义务。

第二章　诊断机构

第七条　医疗卫生机构开展职业病诊断工作，应当在开展之日起十五个工作日内向省级卫生健康主管部门备案。

省级卫生健康主管部门应当自收到完整备案材料之日起十五个工作日内向社会公布备案的医疗卫生机构名单、地址、诊断项目（即《职业病分类和目录》中的职业病类别和病种）等相关信息。

第八条　医疗卫生机构开展职业病诊断工作应当具备下列条件：

（一）持有《医疗机构执业许可证》；

（二）具有相应的诊疗科目及与备案开展的诊断项目相适应的职业病诊断医师及相关医疗卫生技术人员；

（三）具有与备案开展的诊断项目相适应的场所和仪器、设备；

（四）具有健全的职业病诊断质量管理制度。

第九条　医疗卫生机构进行职业病诊断备案时，应当提交以下证明其符合本办法第八条规定条件的有关资料：

（一）《医疗机构执业许可证》原件、副本及复印件；

（二）职业病诊断医师资格等相关资料；

（三）相关的仪器设备清单；

（四）负责职业病信息报告人员名单；

（五）职业病诊断质量管理制度等相关资料。

第十条　职业病诊断机构对备案信息的真实性、准确性、合法性负责。

当备案信息发生变化时，应当自信息发生变化之日起十个工作日内向省级卫生健康主管部门提交变更信息。

第十一条　设区的市没有医疗卫生机构备案开展职业病诊断的，省级卫生健康主管部门应当根据职业病诊断工作的需要，指定符合本办法第八条规定条件的医疗卫生机构承担职业病诊断工作。

第十二条　职业病诊断机构的职责是：

（一）在备案的诊断项目范围内开展职业病诊断；

（二）及时向所在地卫生健康主管部门报告职业病；

（三）按照卫生健康主管部门要求报告职业病诊断工作情况；

（四）承担《职业病防治法》中规定的其他职责。

第十三条　职业病诊断机构依法独立行使诊断权，并对其作出的职业病诊断结论负责。

第十四条　职业病诊断机构应当建立和健全职业病诊断管理制度，加强职业病诊断医师等有关医疗卫生人员技术培训和政策、法律培训，并采取措施改善职业病诊断工作条件，提高职业病诊断服务质量和水平。

第十五条　职业病诊断机构应当公开职业病诊断程序和诊断项目范围，方便劳动者进行职业病诊断。

职业病诊断机构及其相关工作人员应当尊重、关心、爱护劳动者，保护劳动者的隐私。

第十六条　从事职业病诊断的医师应当具备下列条件，并取得省级卫生健康主管部门颁发的职业病诊断资格证书：

（一）具有医师执业证书；

（二）具有中级以上卫生专业技术职务任职资格；

（三）熟悉职业病防治法律法规和职业病诊断标准；

（四）从事职业病诊断、鉴定相关工作三年以上；

（五）按规定参加职业病诊断医师相应专业的培训，并考核合格。

省级卫生健康主管部门应当依据本办法的规定和国家卫生健康委制定的职业病诊断医师培训大纲，制定本行政区域职业病诊断医师培训考核办法并组织实施。

第十七条　职业病诊断医师应当依法在职业病诊断机构备案的诊断项目范围内从事职业病诊断工作，不得从事超出其职业病诊断资格范围的职业病诊断工作；职业病诊断医师应当按照有关规定参加职业卫生、放射卫生、职业医学等领域的继续医学教育。

第十八条　省级卫生健康主管部门应当加强本行政区域内职业病诊断机构的质量控制管理工作，组织开展职业病诊断机构质量控制评估。

职业病诊断质量控制规范和医疗卫生机构职业病报告规范另行制定。

第三章　诊　　断

第十九条　劳动者可以在用人单位所在地、本人户籍所在地或者经常居住地的职业病诊断机构进行职业病诊断。

第二十条　职业病诊断应当按照《职业病防治法》、本办法的有关规定及《职业病分类和目录》、国家职业病诊断标准，依据劳动者的职业史、职业病危害接触史和工作场所职业病危害因素情况、临床表现以及辅助检查结果等，进行综合分析。材料齐全的情况下，职业病诊断机构应当在收齐材料之日起三十日内作出诊断结论。

没有证据否定职业病危害因素与病人临床表现之间的必然联系的，应当诊断为职业病。

第二十一条　职业病诊断需要以下资料：

（一）劳动者职业史和职业病危害接触史（包括在岗时间、工种、岗位、接触的职业病危害因素名称等）；

（二）劳动者职业健康检查结果；

（三）工作场所职业病危害因素检测结果；

（四）职业性放射性疾病诊断还需要个人剂量监测档案等资料。

第二十二条　劳动者依法要求进行职业病诊断的，职业病诊断机构不得拒绝劳动者进行职业病诊断的要求，并告知劳动者职业病诊断的程序和所需材料。劳动者应当填写《职业病诊断就诊登记表》，并提供本人掌握的职业病诊断有关资料。

第二十三条　职业病诊断机构进行职业病诊断时，应当书面通知劳动者所在的用人单位提供本办法第二十一条规定的职业病诊断资料，用人单位应当在接到通知后的十日内如实提供。

第二十四条　用人单位未在规定时间内提供职业病诊断所需要资料的，职业病诊断机构可以依法提请卫生健康主管部门督促用人单位提供。

第二十五条　劳动者对用人单位提供的工作场所职业病危害因素检测结果等资料有异议，或者因劳动者的用人单位解散、破产，无用人单位提供上述资料的，职业病诊断机构应当依法提请用人单位所在地卫生健康主管部门进行调查。

卫生健康主管部门应当自接到申请之日起三十日内对存在异议的资料或者工作场所职业病危害因素情况作出判定。

职业病诊断机构在卫生健康主管部门作出调查结论或者判定前应当中止职业病诊断。

第二十六条　职业病诊断机构需要了解工作场所职业病危害因素情况时，可以对工作场所进行现场调查，也可以依法提请卫生健康主管部门组织现场调查。卫生健康主管部门应当在接到申请之日起三十日内完成现场调查。

第二十七条　在确认劳动者职业史、职业病危害接触史时，当事人对劳动关系、工种、工作岗位或者在岗时间有争议的，职业病诊断机构应当告知当事人依法向用人单位所在地的劳动人事争议仲裁委员会申请仲裁。

第二十八条 经卫生健康主管部门督促，用人单位仍不提供工作场所职业病危害因素检测结果、职业健康监护档案等资料或者提供资料不全的，职业病诊断机构应当结合劳动者的临床表现、辅助检查结果和劳动者的职业史、职业病危害接触史，并参考劳动者自述或工友旁证资料、卫生健康等有关部门提供的日常监督检查信息等，作出职业病诊断结论。对于作出无职业病诊断结论的病人，可依据病人的临床表现以及辅助检查结果，作出疾病的诊断，提出相关医学意见或者建议。

第二十九条 职业病诊断机构可以根据诊断需要，聘请其他单位职业病诊断医师参加诊断。必要时，可以邀请相关专业专家提供咨询意见。

第三十条 职业病诊断机构作出职业病诊断结论后，应当出具职业病诊断证明书。职业病诊断证明书应当由参与诊断的取得职业病诊断资格的执业医师签署。

职业病诊断机构应当对职业病诊断医师签署的职业病诊断证明书进行审核，确认诊断的依据与结论符合有关法律法规、标准的要求，并在职业病诊断证明书上盖章。

职业病诊断证明书的书写应当符合相关标准的要求。

职业病诊断证明书一式五份，劳动者一份，用人单位所在地县级卫生健康主管部门一份，用人单位两份，诊断机构存档一份。

职业病诊断证明书应当于出具之日起十五日内由职业病诊断机构送达劳动者、用人单位及用人单位所在地县级卫生健康主管部门。

第三十一条 职业病诊断机构应当建立职业病诊断档案并永久保存，档案应当包括：

（一）职业病诊断证明书；

（二）职业病诊断记录；

（三）用人单位、劳动者和相关部门、机构提交的有关资料；

（四）临床检查与实验室检验等资料。

职业病诊断机构拟不再开展职业病诊断工作的，应当在拟停止开展职业病诊断工作的十五个工作日之前告知省级卫生健康主管部门和所在地县级卫生健康主管部门，妥善处理职业病诊断档案。

第三十二条 职业病诊断机构发现职业病病人或者疑似职业病病人时，应当及时向所在地县级卫生健康主管部门报告。职业病诊断机构应当在作出职业病诊断之日起十五日内通过职业病及健康危害因素监测信息系统进行信息报告，并确保报告信息的完整、真实和准确。

确诊为职业病的，职业病诊断机构可以根据需要，向卫生健康主管部门、用人单位提出专业建议；告知职业病病人依法享有的职业健康权益。

第三十三条 未承担职业病诊断工作的医疗卫生机构，在诊疗活动中发现劳动者的健康损害可能与其所从事的职业有关时，应及时告知劳动者到职业病诊断机构进行职业病诊断。

第四章　鉴　　定

第三十四条 当事人对职业病诊断机

构作出的职业病诊断有异议的，可以在接到职业病诊断证明书之日起三十日内，向作出诊断的职业病诊断机构所在地设区的市级卫生健康主管部门申请鉴定。

职业病诊断争议由设区的市级以上地方卫生健康主管部门根据当事人的申请组织职业病诊断鉴定委员会进行鉴定。

第三十五条　职业病鉴定实行两级鉴定制，设区的市级职业病诊断鉴定委员会负责职业病诊断争议的首次鉴定。

当事人对设区的市级职业病鉴定结论不服的，可以在接到诊断鉴定书之日起十五日内，向原鉴定组织所在地省级卫生健康主管部门申请再鉴定，省级鉴定为最终鉴定。

第三十六条　设区的市级以上地方卫生健康主管部门可以指定办事机构，具体承担职业病诊断鉴定的组织和日常性工作。职业病鉴定办事机构的职责是：

（一）接受当事人申请；

（二）组织当事人或者接受当事人委托抽取职业病诊断鉴定专家；

（三）组织职业病诊断鉴定会议，负责会议记录、职业病诊断鉴定相关文书的收发及其他事务性工作；

（四）建立并管理职业病诊断鉴定档案；

（五）报告职业病诊断鉴定相关信息；

（六）承担卫生健康主管部门委托的有关职业病诊断鉴定的工作。

职业病诊断机构不能作为职业病鉴定办事机构。

第三十七条　设区的市级以上地方卫生健康主管部门应当向社会公布本行政区域内依法承担职业病诊断鉴定工作的办事机构的名称、工作时间、地点、联系人、联系电话和鉴定工作程序。

第三十八条　省级卫生健康主管部门应当设立职业病诊断鉴定专家库（以下简称专家库），并根据实际工作需要及时调整其成员。专家库可以按照专业类别进行分组。

第三十九条　专家库应当以取得职业病诊断资格的不同专业类别的医师为主要成员，吸收临床相关学科、职业卫生、放射卫生、法律等相关专业的专家组成。专家应当具备下列条件：

（一）具有良好的业务素质和职业道德；

（二）具有相关专业的高级专业技术职务任职资格；

（三）熟悉职业病防治法律法规和职业病诊断标准；

（四）身体健康，能够胜任职业病诊断鉴定工作。

第四十条　参加职业病诊断鉴定的专家，应当由当事人或者由其委托的职业病鉴定办事机构从专家库中按照专业类别以随机抽取的方式确定。抽取的专家组成职业病诊断鉴定委员会（以下简称鉴定委员会）。

经当事人同意，职业病鉴定办事机构可以根据鉴定需要聘请本省、自治区、直辖市以外的相关专业专家作为鉴定委员会成员，并有表决权。

第四十一条　鉴定委员会人数为五人以上单数，其中相关专业职业病诊断医师应当为本次鉴定专家人数的半数以上。疑难病例应当增加鉴定委员会人数，充分听取意见。鉴定委员会设主任委员一名，由鉴定委员会成员推举产生。

职业病诊断鉴定会议由鉴定委员会主任委员主持。

第四十二条　参加职业病诊断鉴定的专家有下列情形之一的，应当回避：

（一）是职业病诊断鉴定当事人或者当事人近亲属的；

（二）已参加当事人职业病诊断或者首次鉴定的；

（三）与职业病诊断鉴定当事人有利害关系的；

（四）与职业病诊断鉴定当事人有其他关系，可能影响鉴定公正的。

第四十三条　当事人申请职业病诊断鉴定时，应当提供以下资料：

（一）职业病诊断鉴定申请书；

（二）职业病诊断证明书；

（三）申请省级鉴定的还应当提交市级职业病诊断鉴定书。

第四十四条　职业病鉴定办事机构应当自收到申请资料之日起五个工作日内完成资料审核，对资料齐全的发给受理通知书；资料不全的，应当当场或者在五个工作日内一次性告知当事人补充。资料补充齐全的，应当受理申请并组织鉴定。

职业病鉴定办事机构收到当事人鉴定申请之后，根据需要可以向原职业病诊断机构或者组织首次鉴定的办事机构调阅有关的诊断、鉴定资料。原职业病诊断机构或者组织首次鉴定的办事机构应当在接到通知之日起十日内提交。

职业病鉴定办事机构应当在受理鉴定申请之日起四十日内组织鉴定、形成鉴定结论，并出具职业病诊断鉴定书。

第四十五条　根据职业病诊断鉴定工作需要，职业病鉴定办事机构可以向有关单位调取与职业病诊断、鉴定有关的资料，有关单位应当如实、及时提供。

鉴定委员会应当听取当事人的陈述和申辩，必要时可以组织进行医学检查，医学检查应当在三十日内完成。

需要了解被鉴定人的工作场所职业病危害因素情况时，职业病鉴定办事机构根据鉴定委员会的意见可以组织对工作场所进行现场调查，或者依法提请卫生健康主管部门组织现场调查。现场调查应当在三十日内完成。

医学检查和现场调查时间不计算在职业病鉴定规定的期限内。

职业病诊断鉴定应当遵循客观、公正的原则，鉴定委员会进行职业病诊断鉴定时，可以邀请有关单位人员旁听职业病诊断鉴定会议。所有参与职业病诊断鉴定的人员应当依法保护当事人的个人隐私、商业秘密。

第四十六条　鉴定委员会应当认真审阅鉴定资料，依照有关规定和职业病诊断标准，经充分合议后，根据专业知识独立进行鉴定。在事实清楚的基础上，进行综合分析，作出鉴定结论，并制作职业病诊断鉴定书。

鉴定结论应当经鉴定委员会半数以上成员通过。

第四十七条　职业病诊断鉴定书应当包括以下内容：

（一）劳动者、用人单位的基本信息及鉴定事由；

（二）鉴定结论及其依据，鉴定为职业病的，应当注明职业病名称、程度（期别）；

（三）鉴定时间。

诊断鉴定书加盖职业病鉴定委员会印章。

首次鉴定的职业病诊断鉴定书一式五份，劳动者、用人单位、用人单位所在地市级卫生健康主管部门、原诊断机构各一份，职业病鉴定办事机构存档一份；省级鉴定的职业病诊断鉴定书一式六份，劳动者、用人单位、用人单位所在地省级卫生健康主管部门、原诊断机构、首次职业病鉴定办事机构各一份，省级职业病鉴定办事机构存档一份。

职业病诊断鉴定书的格式由国家卫生健康委员会统一规定。

第四十八条　职业病鉴定办事机构出具职业病诊断鉴定书后，应当于出具之日起十日内送达当事人，并在出具职业病诊断鉴定书后的十日内将职业病诊断鉴定书等有关信息告知原职业病诊断机构或者首次职业病鉴定办事机构，并通过职业病及健康危害因素监测信息系统报告职业病鉴定相关信息。

第四十九条　职业病鉴定结论与职业病诊断结论或者首次职业病鉴定结论不一致的，职业病鉴定办事机构应当在出具职业病诊断鉴定书后十日内向相关卫生健康主管部门报告。

第五十条　职业病鉴定办事机构应当如实记录职业病诊断鉴定过程，内容应当包括：

（一）鉴定委员会的专家组成；

（二）鉴定时间；

（三）鉴定所用资料；

（四）鉴定专家的发言及其鉴定意见；

（五）表决情况；

（六）经鉴定专家签字的鉴定结论。

有当事人陈述和申辩的，应当如实记录。

鉴定结束后，鉴定记录应当随同职业病诊断鉴定书一并由职业病鉴定办事机构存档，永久保存。

第五章　监督管理

第五十一条　县级以上地方卫生健康主管部门应当定期对职业病诊断机构进行监督检查，检查内容包括：

（一）法律法规、标准的执行情况；

（二）规章制度建立情况；

（三）备案的职业病诊断信息真实性情况；

（四）按照备案的诊断项目开展职业病诊断工作情况；

（五）开展职业病诊断质量控制、参加质量控制评估及整改情况；

（六）人员、岗位职责落实和培训情况；

（七）职业病报告情况。

第五十二条　设区的市级以上地方卫生健康主管部门应当加强对职业病鉴定办事机构的监督管理，对职业病鉴定工作程序、制度落实情况及职业病报告等相关工作情况进行监督检查。

第五十三条　县级以上地方卫生健康主管部门监督检查时，有权查阅或者复制有关资料，职业病诊断机构应当予以配合。

第六章　法律责任

第五十四条　医疗卫生机构未按照规

定备案开展职业病诊断的，由县级以上地方卫生健康主管部门责令改正，给予警告，可以并处三万元以下罚款。

第五十五条　职业病诊断机构有下列行为之一的，其作出的职业病诊断无效，由县级以上地方卫生健康主管部门按照《职业病防治法》的第八十条的规定进行处理：

（一）超出诊疗项目登记范围从事职业病诊断的；

（二）不按照《职业病防治法》规定履行法定职责的；

（三）出具虚假证明文件的。

第五十六条　职业病诊断机构未按照规定报告职业病、疑似职业病的，由县级以上地方卫生健康主管部门按照《职业病防治法》第七十四条的规定进行处理。

第五十七条　职业病诊断机构违反本办法规定，有下列情形之一的，由县级以上地方卫生健康主管部门责令限期改正；逾期不改的，给予警告，并可以根据情节轻重处以三万元以下罚款：

（一）未建立职业病诊断管理制度的；

（二）未按照规定向劳动者公开职业病诊断程序的；

（三）泄露劳动者涉及个人隐私的有关信息、资料的；

（四）未按照规定参加质量控制评估，或者质量控制评估不合格且未按要求整改的；

（五）拒不配合卫生健康主管部门监督检查的。

第五十八条　职业病诊断鉴定委员会组成人员收受职业病诊断争议当事人的财物或者其他好处的，由省级卫生健康主管部门按照《职业病防治法》第八十一条的规定进行处理。

第五十九条　县级以上地方卫生健康主管部门及其工作人员未依法履行职责，按照《职业病防治法》第八十三条第二款规定进行处理。

第六十条　用人单位有下列行为之一的，由县级以上地方卫生健康主管部门按照《职业病防治法》第七十二条规定进行处理：

（一）未按照规定安排职业病病人、疑似职业病病人进行诊治的；

（二）拒不提供职业病诊断、鉴定所需资料的；

（三）未按照规定承担职业病诊断、鉴定费用。

第六十一条　用人单位未按照规定报告职业病、疑似职业病的，由县级以上地方卫生健康主管部门按照《职业病防治法》第七十四条规定进行处理。

第七章　附　　则

第六十二条　本办法所称"证据"，包括疾病的证据、接触职业病危害因素的证据，以及用于判定疾病与接触职业病危害因素之间因果关系的证据。

第六十三条　本办法自公布之日起施行。原卫生部2013年2月19日公布的《职业病诊断与鉴定管理办法》同时废止。

中华人民共和国
妇女权益保障法

（1992年4月3日第七届全国人民代表大会第五次会议通过 根据2005年8月28日第十届全国人民代表大会常务委员会第十七次会议《关于修改〈中华人民共和国妇女权益保障法〉的决定》第一次修正 根据2018年10月26日第十三届全国人民代表大会常务委员会第六次会议《关于修改〈中华人民共和国野生动物保护法〉等十五部法律的决定》第二次修正 2022年10月30日第十三届全国人民代表大会常务委员会第三十七次会议修订 2022年10月30日中华人民共和国主席令第122号公布 自2023年1月1日起施行）

目 录

第一章 总 则
第二章 政治权利
第三章 人身和人格权益
第四章 文化教育权益
第五章 劳动和社会保障权益
第六章 财产权益
第七章 婚姻家庭权益
第八章 救济措施
第九章 法律责任
第十章 附 则

第一章 总 则

第一条 为了保障妇女的合法权益，促进男女平等和妇女全面发展，充分发挥妇女在全面建设社会主义现代化国家中的作用，弘扬社会主义核心价值观，根据宪法，制定本法。

第二条 男女平等是国家的基本国策。妇女在政治的、经济的、文化的、社会的和家庭的生活等各方面享有同男子平等的权利。

国家采取必要措施，促进男女平等，消除对妇女一切形式的歧视，禁止排斥、限制妇女依法享有和行使各项权益。

国家保护妇女依法享有的特殊权益。

第三条 坚持中国共产党对妇女权益保障工作的领导，建立政府主导、各方协同、社会参与的保障妇女权益工作机制。

各级人民政府应当重视和加强妇女权益的保障工作。

县级以上人民政府负责妇女儿童工作的机构，负责组织、协调、指导、督促有关部门做好妇女权益的保障工作。

县级以上人民政府有关部门在各自的职责范围内做好妇女权益的保障工作。

第四条 保障妇女的合法权益是全社会的共同责任。国家机关、社会团体、企业事业单位、基层群众性自治组织以及其他组织和个人，应当依法保障妇女的权益。

国家采取有效措施，为妇女依法行使权利提供必要的条件。

第五条 国务院制定和组织实施中国妇女发展纲要，将其纳入国民经济和社会发展规划，保障和促进妇女在各领域的全面发展。

县级以上地方各级人民政府根据中国妇女发展纲要，制定和组织实施本行政区域的妇女发展规划，将其纳入国民经济和社会发展规划。

县级以上人民政府应当将妇女权益保障所需经费列入本级预算。

第六条 中华全国妇女联合会和地方各级妇女联合会依照法律和中华全国妇女联合会章程，代表和维护各族各界妇女的利益，做好维护妇女权益、促进男女平等和妇女全面发展的工作。

工会、共产主义青年团、残疾人联合会等群团组织应当在各自的工作范围内，做好维护妇女权益的工作。

第七条 国家鼓励妇女自尊、自信、自立、自强，运用法律维护自身合法权益。

妇女应当遵守国家法律，尊重社会公德、职业道德和家庭美德，履行法律所规定的义务。

第八条 有关机关制定或者修改涉及妇女权益的法律、法规、规章和其他规范性文件，应当听取妇女联合会的意见，充分考虑妇女的特殊权益，必要时开展男女平等评估。

第九条 国家建立健全妇女发展状况统计调查制度，完善性别统计监测指标体系，定期开展妇女发展状况和权益保障统计调查和分析，发布有关信息。

第十条 国家将男女平等基本国策纳入国民教育体系，开展宣传教育，增强全社会的男女平等意识，培育尊重和关爱妇女的社会风尚。

第十一条 国家对保障妇女合法权益成绩显著的组织和个人，按照有关规定给予表彰和奖励。

第二章 政治权利

第十二条 国家保障妇女享有与男子平等的政治权利。

第十三条 妇女有权通过各种途径和形式，依法参与管理国家事务、管理经济和文化事业、管理社会事务。

妇女和妇女组织有权向各级国家机关提出妇女权益保障方面的意见和建议。

第十四条 妇女享有与男子平等的选举权和被选举权。

全国人民代表大会和地方各级人民代表大会的代表中，应当保证有适当数量的妇女代表。国家采取措施，逐步提高全国人民代表大会和地方各级人民代表大会的妇女代表的比例。

居民委员会、村民委员会成员中，应当保证有适当数量的妇女成员。

第十五条 国家积极培养和选拔女干部，重视培养和选拔少数民族女干部。

国家机关、群团组织、企业事业单位培养、选拔和任用干部，应当坚持男女平等的原则，并有适当数量的妇女担任领导成员。

妇女联合会及其团体会员，可以向国家机关、群团组织、企业事业单位推荐女干部。

国家采取措施支持女性人才成长。

第十六条 妇女联合会代表妇女积极参与国家和社会事务的民主协商、民主决策、民主管理和民主监督。

第十七条 对于有关妇女权益保障工作的批评或者合理可行的建议，有关部门应当听取和采纳；对于有关侵害妇女权益的申诉、控告和检举，有关部门应当查清事实，负责处理，任何组织和个人不得压制或者打击报复。

第三章 人身和人格权益

第十八条 国家保障妇女享有与男子平等的人身和人格权益。

第十九条 妇女的人身自由不受侵犯。禁止非法拘禁和以其他非法手段剥夺或者限制妇女的人身自由；禁止非法搜查妇女的身体。

第二十条 妇女的人格尊严不受侵犯。禁止用侮辱、诽谤等方式损害妇女的人格尊严。

第二十一条 妇女的生命权、身体权、健康权不受侵犯。禁止虐待、遗弃、残害、买卖以及其他侵害女性生命健康权益的行为。

禁止进行非医学需要的胎儿性别鉴定和选择性别的人工终止妊娠。

医疗机构施行生育手术、特殊检查或者特殊治疗时，应当征得妇女本人同意；在妇女与其家属或者关系人意见不一致时，应当尊重妇女本人意愿。

第二十二条 禁止拐卖、绑架妇女；禁止收买被拐卖、绑架的妇女；禁止阻碍解救被拐卖、绑架的妇女。

各级人民政府和公安、民政、人力资源和社会保障、卫生健康等部门及村民委员会、居民委员会按照各自的职责及时发现报告，并采取措施解救被拐卖、绑架的妇女，做好被解救妇女的安置、救助和关爱等工作。妇女联合会协助和配合做好有关工作。任何组织和个人不得歧视被拐卖、绑架的妇女。

第二十三条 禁止违背妇女意愿，以言语、文字、图像、肢体行为等方式对其实施性骚扰。

受害妇女可以向有关单位和国家机关投诉。接到投诉的有关单位和国家机关应当及时处理，并书面告知处理结果。

受害妇女可以向公安机关报案，也可以向人民法院提起民事诉讼，依法请求行为人承担民事责任。

第二十四条 学校应当根据女学生的年龄阶段，进行生理卫生、心理健康和自我保护教育，在教育、管理、设施等方面采取措施，提高其防范性侵害、性骚扰的自我保护意识和能力，保障女学生的人身安全和身心健康发展。

学校应当建立有效预防和科学处置性侵害、性骚扰的工作制度。对性侵害、性骚扰女学生的违法犯罪行为，学校不得隐瞒，应当及时通知受害未成年女学生的父母或者其他监护人，向公安机关、教育行政部门报告，并配合相关部门依法处理。

对遭受性侵害、性骚扰的女学生，学校、公安机关、教育行政部门等相关单位和人员应当保护其隐私和个人信息，并提供必要的保护措施。

第二十五条 用人单位应当采取下列措施预防和制止对妇女的性骚扰：

（一）制定禁止性骚扰的规章制度；

（二）明确负责机构或者人员；

（三）开展预防和制止性骚扰的教育培训活动；

（四）采取必要的安全保卫措施；

（五）设置投诉电话、信箱等，畅通投诉渠道；

（六）建立和完善调查处置程序，及时处置纠纷并保护当事人隐私和个人信息；

（七）支持、协助受害妇女依法维权，必要时为受害妇女提供心理疏导；

（八）其他合理的预防和制止性骚扰措施。

第二十六条　住宿经营者应当及时准确登记住宿人员信息，健全住宿服务规章制度，加强安全保障措施；发现可能侵害妇女权益的违法犯罪行为，应当及时向公安机关报告。

第二十七条　禁止卖淫、嫖娼；禁止组织、强迫、引诱、容留、介绍妇女卖淫或者对妇女进行猥亵活动；禁止组织、强迫、引诱、容留、介绍妇女在任何场所或者利用网络进行淫秽表演活动。

第二十八条　妇女的姓名权、肖像权、名誉权、荣誉权、隐私权和个人信息等人格权益受法律保护。

媒体报道涉及妇女事件应当客观、适度，不得通过夸大事实、过度渲染等方式侵害妇女的人格权益。

禁止通过大众传播媒介或者其他方式贬低损害妇女人格。未经本人同意，不得通过广告、商标、展览橱窗、报纸、期刊、图书、音像制品、电子出版物、网络等形式使用妇女肖像，但法律另有规定的除外。

第二十九条　禁止以恋爱、交友为由或者在终止恋爱关系、离婚之后，纠缠、骚扰妇女，泄露、传播妇女隐私和个人信息。

妇女遭受上述侵害或者面临上述侵害现实危险的，可以向人民法院申请人身安全保护令。

第三十条　国家建立健全妇女健康服务体系，保障妇女享有基本医疗卫生服务，开展妇女常见病、多发病的预防、筛查和诊疗，提高妇女健康水平。

国家采取必要措施，开展经期、孕期、产期、哺乳期和更年期的健康知识普及、卫生保健和疾病防治，保障妇女特殊生理时期的健康需求，为有需要的妇女提供心理健康服务支持。

第三十一条　县级以上地方人民政府应当设立妇幼保健机构，为妇女提供保健以及常见病防治服务。

国家鼓励和支持社会力量通过依法捐赠、资助或者提供志愿服务等方式，参与妇女卫生健康事业，提供安全的生理健康用品或者服务，满足妇女多样化、差异化的健康需求。

用人单位应当定期为女职工安排妇科疾病、乳腺疾病检查以及妇女特殊需要的其他健康检查。

第三十二条　妇女依法享有生育子女的权利，也有不生育子女的自由。

第三十三条　国家实行婚前、孕前、孕产期和产后保健制度，逐步建立妇女全生育周期系统保健制度。医疗保健机构应当提供安全、有效的医疗保健服务，保障妇女生育安全和健康。

有关部门应当提供安全、有效的避孕药具和技术，保障妇女的健康和安全。

第三十四条　各级人民政府在规划、建设基础设施时，应当考虑妇女的特殊需求，配备满足妇女需要的公共厕所和母婴室等公共设施。

第四章 文化教育权益

第三十五条 国家保障妇女享有与男子平等的文化教育权利。

第三十六条 父母或者其他监护人应当履行保障适龄女性未成年人接受并完成义务教育的义务。

对无正当理由不送适龄女性未成年人入学的父母或者其他监护人，由当地乡镇人民政府或者县级人民政府教育行政部门给予批评教育，依法责令其限期改正。居民委员会、村民委员会应当协助政府做好相关工作。

政府、学校应当采取有效措施，解决适龄女性未成年人就学存在的实际困难，并创造条件，保证适龄女性未成年人完成义务教育。

第三十七条 学校和有关部门应当执行国家有关规定，保障妇女在入学、升学、授予学位、派出留学、就业指导和服务等方面享有与男子平等的权利。

学校在录取学生时，除国家规定的特殊专业外，不得以性别为由拒绝录取女性或者提高对女性的录取标准。

各级人民政府应当采取措施，保障女性平等享有接受中高等教育的权利和机会。

第三十八条 各级人民政府应当依照规定把扫除妇女中的文盲、半文盲工作，纳入扫盲和扫盲后继续教育规划，采取符合妇女特点的组织形式和工作方法，组织、监督有关部门具体实施。

第三十九条 国家健全全民终身学习体系，为妇女终身学习创造条件。

各级人民政府和有关部门应当采取措施，根据城镇和农村妇女的需要，组织妇女接受职业教育和实用技术培训。

第四十条 国家机关、社会团体和企业事业单位应当执行国家有关规定，保障妇女从事科学、技术、文学、艺术和其他文化活动，享有与男子平等的权利。

第五章 劳动和社会保障权益

第四十一条 国家保障妇女享有与男子平等的劳动权利和社会保障权利。

第四十二条 各级人民政府和有关部门应当完善就业保障政策措施，防止和纠正就业性别歧视，为妇女创造公平的就业创业环境，为就业困难的妇女提供必要的扶持和援助。

第四十三条 用人单位在招录（聘）过程中，除国家另有规定外，不得实施下列行为：

（一）限定为男性或者规定男性优先；

（二）除个人基本信息外，进一步询问或者调查女性求职者的婚育情况；

（三）将妊娠测试作为入职体检项目；

（四）将限制结婚、生育或者婚姻、生育状况作为录（聘）用条件；

（五）其他以性别为由拒绝录（聘）用妇女或者差别化地提高对妇女录（聘）用标准的行为。

第四十四条 用人单位在录（聘）用女职工时，应当依法与其签订劳动（聘用）合同或者服务协议，劳动（聘用）合同或者服务协议中应当具备女职工特殊保护条款，并不得规定限制女职工结婚、生育等内容。

职工一方与用人单位订立的集体合同中应当包含男女平等和女职工权益保护相关内容，也可以就相关内容制定专章、附件或者单独订立女职工权益保护专项集体合同。

第四十五条　实行男女同工同酬。妇女在享受福利待遇方面享有与男子平等的权利。

第四十六条　在晋职、晋级、评聘专业技术职称和职务、培训等方面，应当坚持男女平等的原则，不得歧视妇女。

第四十七条　用人单位应当根据妇女的特点，依法保护妇女在工作和劳动时的安全、健康以及休息的权利。

妇女在经期、孕期、产期、哺乳期受特殊保护。

第四十八条　用人单位不得因结婚、怀孕、产假、哺乳等情形，降低女职工的工资和福利待遇，限制女职工晋职、晋级、评聘专业技术职称和职务，辞退女职工，单方解除劳动（聘用）合同或者服务协议。

女职工在怀孕以及依法享受产假期间，劳动（聘用）合同或者服务协议期满的，劳动（聘用）合同或者服务协议期限自动延续至产假结束。但是，用人单位依法解除、终止劳动（聘用）合同、服务协议，或者女职工依法要求解除、终止劳动（聘用）合同、服务协议的除外。

用人单位在执行国家退休制度时，不得以性别为由歧视妇女。

第四十九条　人力资源和社会保障部门应当将招聘、录取、晋职、晋级、评聘专业技术职称和职务、培训、辞退等过程中的性别歧视行为纳入劳动保障监察范围。

第五十条　国家发展社会保障事业，保障妇女享有社会保险、社会救助和社会福利等权益。

国家提倡和鼓励为帮助妇女而开展的社会公益活动。

第五十一条　国家实行生育保险制度，建立健全婴幼儿托育服务等与生育相关的其他保障制度。

国家建立健全职工生育休假制度，保障孕产期女职工依法享有休息休假权益。

地方各级人民政府和有关部门应当按照国家有关规定，为符合条件的困难妇女提供必要的生育救助。

第五十二条　各级人民政府和有关部门应当采取必要措施，加强贫困妇女、老龄妇女、残疾妇女等困难妇女的权益保障，按照有关规定为其提供生活帮扶、就业创业支持等关爱服务。

第六章　财产权益

第五十三条　国家保障妇女享有与男子平等的财产权利。

第五十四条　在夫妻共同财产、家庭共有财产关系中，不得侵害妇女依法享有的权益。

第五十五条　妇女在农村集体经济组织成员身份确认、土地承包经营、集体经济组织收益分配、土地征收补偿安置或者征用补偿以及宅基地使用等方面，享有与男子平等的权利。

申请农村土地承包经营权、宅基地使用权等不动产登记，应当在不动产登记簿和权属证书上将享有权利的妇女等家庭成员全部列明。征收补偿安置或者征用补偿协议应当将享有相关权益的妇女列入，并记载权益内容。

第五十六条　村民自治章程、村规民约，村民会议、村民代表会议的决定以及其他涉及村民利益事项的决定，不得以妇女未婚、结婚、离婚、丧偶、户无男性等为由，侵害妇女在农村集体经济组织中的各项权益。

因结婚男方到女方住所落户的，男方和子女享有与所在地农村集体经济组织成员平等的权益。

第五十七条　国家保护妇女在城镇集体所有财产关系中的权益。妇女依照法律、法规的规定享有相关权益。

第五十八条　妇女享有与男子平等的继承权。妇女依法行使继承权，不受歧视。

丧偶妇女有权依法处分继承的财产，任何组织和个人不得干涉。

第五十九条　丧偶儿媳对公婆尽了主要赡养义务的，作为第一顺序继承人，其继承权不受子女代位继承的影响。

第七章　婚姻家庭权益

第六十条　国家保障妇女享有与男子平等的婚姻家庭权利。

第六十一条　国家保护妇女的婚姻自主权。禁止干涉妇女的结婚、离婚自由。

第六十二条　国家鼓励男女双方在结婚登记前，共同进行医学检查或者相关健康体检。

第六十三条　婚姻登记机关应当提供婚姻家庭辅导服务，引导当事人建立平等、和睦、文明的婚姻家庭关系。

第六十四条　女方在怀孕期间、分娩后一年内或者终止妊娠后六个月内，男方不得提出离婚；但是，女方提出离婚或者人民法院认为确有必要受理男方离婚请求的除外。

第六十五条　禁止对妇女实施家庭暴力。

县级以上人民政府有关部门、司法机关、社会团体、企业事业单位、基层群众性自治组织以及其他组织，应当在各自的职责范围内预防和制止家庭暴力，依法为受害妇女提供救助。

第六十六条　妇女对夫妻共同财产享有与其配偶平等的占有、使用、收益和处分的权利，不受双方收入状况等情形的影响。

对夫妻共同所有的不动产以及可以联名登记的动产，女方有权要求在权属证书上记载其姓名；认为记载的权利人、标的物、权利比例等事项有错误的，有权依法申请更正登记或者异议登记，有关机构应当按照其申请依法办理相应登记手续。

第六十七条　离婚诉讼期间，夫妻一方申请查询登记在对方名下财产状况且确因客观原因不能自行收集的，人民法院应当进行调查取证，有关部门和单位应当予以协助。

离婚诉讼期间，夫妻双方均有向人民法院申报全部夫妻共同财产的义务。一方隐藏、转移、变卖、损毁、挥霍夫妻共同财产，或者伪造夫妻共同债务企图侵占另一方财产的，在离婚分割夫妻共同财产时，对该方可以少分或者不分财产。

第六十八条　夫妻双方应当共同负担

家庭义务，共同照顾家庭生活。

女方因抚育子女、照料老人、协助男方工作等负担较多义务的，有权在离婚时要求男方予以补偿。补偿办法由双方协议确定；协议不成的，可以向人民法院提起诉讼。

第六十九条 离婚时，分割夫妻共有的房屋或者处理夫妻共同租住的房屋，由双方协议解决；协议不成的，可以向人民法院提起诉讼。

第七十条 父母双方对未成年子女享有平等的监护权。

父亲死亡、无监护能力或者有其他情形不能担任未成年子女的监护人的，母亲的监护权任何组织和个人不得干涉。

第七十一条 女方丧失生育能力的，在离婚处理子女抚养问题时，应当在最有利于未成年子女的条件下，优先考虑女方的抚养要求。

第八章　救济措施

第七十二条 对侵害妇女合法权益的行为，任何组织和个人都有权予以劝阻、制止或者向有关部门提出控告或者检举。有关部门接到控告或者检举后，应当依法及时处理，并为控告人、检举人保密。

妇女的合法权益受到侵害的，有权要求有关部门依法处理，或者依法申请调解、仲裁，或者向人民法院起诉。

对符合条件的妇女，当地法律援助机构或者司法机关应当给予帮助，依法为其提供法律援助或者司法救助。

第七十三条 妇女的合法权益受到侵害的，可以向妇女联合会等妇女组织求助。妇女联合会等妇女组织应当维护被侵害妇女的合法权益，有权要求并协助有关部门或者单位查处。有关部门或者单位应当依法查处，并予以答复；不予处理或者处理不当的，县级以上人民政府负责妇女儿童工作的机构、妇女联合会可以向其提出督促处理意见，必要时可以提请同级人民政府开展督查。

受害妇女进行诉讼需要帮助的，妇女联合会应当给予支持和帮助。

第七十四条 用人单位侵害妇女劳动和社会保障权益的，人力资源和社会保障部门可以联合工会、妇女联合会约谈用人单位，依法进行监督并要求其限期纠正。

第七十五条 妇女在农村集体经济组织成员身份确认等方面权益受到侵害的，可以申请乡镇人民政府等进行协调，或者向人民法院起诉。

乡镇人民政府应当对村民自治章程、村规民约，村民会议、村民代表会议的决定以及其他涉及村民利益事项的决定进行指导，对其中违反法律、法规和国家政策规定，侵害妇女合法权益的内容责令改正；受侵害妇女向农村土地承包仲裁机构申请仲裁或者向人民法院起诉的，农村土地承包仲裁机构或者人民法院应当依法受理。

第七十六条 县级以上人民政府应当开通全国统一的妇女权益保护服务热线，及时受理、移送有关侵害妇女合法权益的投诉、举报；有关部门或者单位接到投诉、举报后，应当及时予以处置。

鼓励和支持群团组织、企业事业单位、社会组织和个人参与建设妇女权益保护服务热线，提供妇女权益保护方面的咨询、帮助。

第七十七条 侵害妇女合法权益,导致社会公共利益受损的,检察机关可以发出检察建议;有下列情形之一的,检察机关可以依法提起公益诉讼:

(一)确认农村妇女集体经济组织成员身份时侵害妇女权益或者侵害妇女享有的农村土地承包和集体收益、土地征收征用补偿分配权益和宅基地使用权益;

(二)侵害妇女平等就业权益;

(三)相关单位未采取合理措施预防和制止性骚扰;

(四)通过大众传播媒介或者其他方式贬低损害妇女人格;

(五)其他严重侵害妇女权益的情形。

第七十八条 国家机关、社会团体、企业事业单位对侵害妇女权益的行为,可以支持受侵害的妇女向人民法院起诉。

第九章 法律责任

第七十九条 违反本法第二十二条第二款规定,未履行报告义务的,依法对直接负责的主管人员和其他直接责任人员给予处分。

第八十条 违反本法规定,对妇女实施性骚扰的,由公安机关给予批评教育或者出具告诫书,并由所在单位依法给予处分。

学校、用人单位违反本法规定,未采取必要措施预防和制止性骚扰,造成妇女权益受到侵害或者社会影响恶劣的,由上级机关或者主管部门责令改正;拒不改正或者情节严重的,依法对直接负责的主管人员和其他直接责任人员给予处分。

第八十一条 违反本法第二十六条规定,未履行报告等义务的,依法给予警告、责令停业整顿或者吊销营业执照、吊销相关许可证,并处一万元以上五万元以下罚款。

第八十二条 违反本法规定,通过大众传播媒介或者其他方式贬低损害妇女人格的,由公安、网信、文化旅游、广播电视、新闻出版或者其他有关部门依据各自的职权责令改正,并依法给予行政处罚。

第八十三条 用人单位违反本法第四十三条和第四十八条规定的,由人力资源和社会保障部门责令改正;拒不改正或者情节严重的,处一万元以上五万元以下罚款。

第八十四条 违反本法规定,对侵害妇女权益的申诉、控告、检举,推诿、拖延、压制不予查处,或者对提出申诉、控告、检举的人进行打击报复的,依法责令改正,并对直接负责的主管人员和其他直接责任人员给予处分。

国家机关及其工作人员未依法履行职责,对侵害妇女权益的行为未及时制止或者未给予受害妇女必要帮助,造成严重后果的,依法对直接负责的主管人员和其他直接责任人员给予处分。

违反本法规定,侵害妇女人身和人格权益、文化教育权益、劳动和社会保障权益、财产权益以及婚姻家庭权益的,依法责令改正,直接负责的主管人员和其他直接责任人员属于国家工作人员的,依法给予处分。

第八十五条 违反本法规定,侵害妇女的合法权益,其他法律、法规规定行政处罚的,从其规定;造成财产损失或者人身损害的,依法承担民事责任;构成犯罪的,依法追究刑事责任。

第十章 附 则

第八十六条 本法自 2023 年 1 月 1 日起施行。

中华人民共和国母婴保健法

（1994 年 10 月 27 日第八届全国人民代表大会常务委员会第十次会议通过 根据 2009 年 8 月 27 日第十一届全国人民代表大会常务委员会第十次会议《关于修改部分法律的决定》第一次修正 根据 2017 年 11 月 4 日第十二届全国人民代表大会常务委员会第三十次会议《关于修改〈中华人民共和国会计法〉等十一部法律的决定》第二次修正）

目 录

第一章 总 则
第二章 婚前保健
第三章 孕产期保健
第四章 技术鉴定
第五章 行政管理
第六章 法律责任
第七章 附 则

第一章 总 则

第一条 为了保障母亲和婴儿健康,提高出生人口素质,根据宪法,制定本法。

第二条 国家发展母婴保健事业,提供必要条件和物质帮助,使母亲和婴儿获得医疗保健服务。

国家对边远贫困地区的母婴保健事业给予扶持。

第三条 各级人民政府领导母婴保健工作。

母婴保健事业应当纳入国民经济和社会发展计划。

第四条 国务院卫生行政部门主管全国母婴保健工作,根据不同地区情况提出分级分类指导原则,并对全国母婴保健工作实施监督管理。

国务院其他有关部门在各自职责范围内,配合卫生行政部门做好母婴保健工作。

第五条 国家鼓励、支持母婴保健领域的教育和科学研究,推广先进、实用的母婴保健技术,普及母婴保健科学知识。

第六条 对在母婴保健工作中做出显著成绩和在母婴保健科学研究中取得显著成果的组织和个人,应当给予奖励。

第二章 婚前保健

第七条 医疗保健机构应当为公民提供婚前保健服务。

婚前保健服务包括下列内容:

（一）婚前卫生指导:关于性卫生知识、生育知识和遗传病知识的教育;

（二）婚前卫生咨询:对有关婚配、生育保健等问题提供医学意见;

（三）婚前医学检查:对准备结婚的男女双方可能患影响结婚和生育的疾病进行医学检查。

第八条 婚前医学检查包括对下列疾

病的检查：

（一）严重遗传性疾病；

（二）指定传染病；

（三）有关精神病。

经婚前医学检查，医疗保健机构应当出具婚前医学检查证明。

第九条 经婚前医学检查，对患指定传染病在传染期内或者有关精神病在发病期内的，医师应当提出医学意见；准备结婚的男女双方应当暂缓结婚。

第十条 经婚前医学检查，对诊断患医学上认为不宜生育的严重遗传性疾病的，医师应当向男女双方说明情况，提出医学意见；经男女双方同意，采取长效避孕措施或者施行结扎手术后不生育的，可以结婚。但《中华人民共和国婚姻法》规定禁止结婚的除外。

第十一条 接受婚前医学检查的人员对检查结果持有异议的，可以申请医学技术鉴定，取得医学鉴定证明。

第十二条 男女双方在结婚登记时，应当持有婚前医学检查证明或者医学鉴定证明。

第十三条 省、自治区、直辖市人民政府根据本地区的实际情况，制定婚前医学检查制度实施办法。

省、自治区、直辖市人民政府对婚前医学检查应当规定合理的收费标准，对边远贫困地区或者交费确有困难的人员应当给予减免。

第三章 孕产期保健

第十四条 医疗保健机构应当为育龄妇女和孕产妇提供孕产期保健服务。

孕产期保健服务包括下列内容：

（一）母婴保健指导：对孕育健康后代以及严重遗传性疾病和碘缺乏病等地方病的发病原因、治疗和预防方法提供医学意见；

（二）孕妇、产妇保健：为孕妇、产妇提供卫生、营养、心理等方面的咨询和指导以及产前定期检查等医疗保健服务；

（三）胎儿保健：为胎儿生长发育进行监护，提供咨询和医学指导；

（四）新生儿保健：为新生儿生长发育、哺乳和护理提供医疗保健服务。

第十五条 对患严重疾病或者接触致畸物质，妊娠可能危及孕妇生命安全或者可能严重影响孕妇健康和胎儿正常发育的，医疗保健机构应当予以医学指导。

第十六条 医师发现或者怀疑患严重遗传性疾病的育龄夫妻，应当提出医学意见。育龄夫妻应当根据医师的医学意见采取相应的措施。

第十七条 经产前检查，医师发现或者怀疑胎儿异常的，应当对孕妇进行产前诊断。

第十八条 经产前诊断，有下列情形之一的，医师应当向夫妻双方说明情况，并提出终止妊娠的医学意见：

（一）胎儿患严重遗传性疾病的；

（二）胎儿有严重缺陷的；

（三）因患严重疾病，继续妊娠可能危及孕妇生命安全或者严重危害孕妇健康的。

第十九条 依照本法规定施行终止妊娠或者结扎手术，应当经本人同意，并签署意见。本人无行为能力的，应当经其监护人同意，并签署意见。

依照本法规定施行终止妊娠或者结扎手术的，接受免费服务。

第二十条 生育过严重缺陷患儿的妇女再次妊娠前，夫妻双方应当到县级以上医疗保健机构接受医学检查。

第二十一条 医师和助产人员应当严格遵守有关操作规程，提高助产技术和服务质量，预防和减少产伤。

第二十二条 不能住院分娩的孕妇应当由经过培训、具备相应接生能力的接生人员实行消毒接生。

第二十三条 医疗保健机构和从事家庭接生的人员按照国务院卫生行政部门的规定，出具统一制发的新生儿出生医学证明；有产妇和婴儿死亡以及新生儿出生缺陷情况的，应当向卫生行政部门报告。

第二十四条 医疗保健机构为产妇提供科学育儿、合理营养和母乳喂养的指导。

医疗保健机构对婴儿进行体格检查和预防接种，逐步开展新生儿疾病筛查、婴儿多发病和常见病防治等医疗保健服务。

第四章 技术鉴定

第二十五条 县级以上地方人民政府可以设立医学技术鉴定组织，负责对婚前医学检查、遗传病诊断和产前诊断结果有异议的进行医学技术鉴定。

第二十六条 从事医学技术鉴定的人员，必须具有临床经验和医学遗传学知识，并具有主治医师以上的专业技术职务。

医学技术鉴定组织的组成人员，由卫生行政部门提名，同级人民政府聘任。

第二十七条 医学技术鉴定实行回避制度。凡与当事人有利害关系，可能影响公正鉴定的人员，应当回避。

第五章 行政管理

第二十八条 各级人民政府应当采取措施，加强母婴保健工作，提高医疗保健服务水平，积极防治由环境因素所致严重危害母亲和婴儿健康的地方性高发性疾病，促进母婴保健事业的发展。

第二十九条 县级以上地方人民政府卫生行政部门管理本行政区域内的母婴保健工作。

第三十条 省、自治区、直辖市人民政府卫生行政部门指定的医疗保健机构负责本行政区域内的母婴保健监测和技术指导。

第三十一条 医疗保健机构按照国务院卫生行政部门的规定，负责其职责范围内的母婴保健工作，建立医疗保健工作规范，提高医学技术水平，采取各种措施方便人民群众，做好母婴保健服务工作。

第三十二条 医疗保健机构依照本法规定开展婚前医学检查、遗传病诊断、产前诊断以及施行结扎手术和终止妊娠手术的，必须符合国务院卫生行政部门规定的条件和技术标准，并经县级以上地方人民政府卫生行政部门许可。

严禁采用技术手段对胎儿进行性别鉴定，但医学上确有需要的除外。

第三十三条 从事本法规定的遗传病诊断、产前诊断的人员，必须经过省、自治区、直辖市人民政府卫生行政部门的考核，并取得相应的合格证书。

从事本法规定的婚前医学检查、施行

结扎手术和终止妊娠手术的人员，必须经过县级以上地方人民政府卫生行政部门的考核，并取得相应的合格证书。

第三十四条　从事母婴保健工作的人员应当严格遵守职业道德，为当事人保守秘密。

第六章　法律责任

第三十五条　未取得国家颁发的有关合格证书的，有下列行为之一，县级以上地方人民政府卫生行政部门应当予以制止，并可以根据情节给予警告或者处以罚款：

（一）从事婚前医学检查、遗传病诊断、产前诊断或者医学技术鉴定的；

（二）施行终止妊娠手术的；

（三）出具本法规定的有关医学证明的。

上款第（三）项出具的有关医学证明无效。

第三十六条　未取得国家颁发的有关合格证书，施行终止妊娠手术或者采取其他方法终止妊娠，致人死亡、残疾、丧失或者基本丧失劳动能力的，依照刑法有关规定追究刑事责任。

第三十七条　从事母婴保健工作的人员违反本法规定，出具有关虚假医学证明或者进行胎儿性别鉴定的，由医疗保健机构或者卫生行政部门根据情节给予行政处分；情节严重的，依法取消执业资格。

第七章　附　则

第三十八条　本法下列用语的含义：

指定传染病，是指《中华人民共和国传染病防治法》中规定的艾滋病、淋病、梅毒、麻风病以及医学上认为影响结婚和生育的其他传染病。

严重遗传性疾病，是指由于遗传因素先天形成，患者全部或者部分丧失自主生活能力，后代再现风险高，医学上认为不宜生育的遗传性疾病。

有关精神病，是指精神分裂症、躁狂抑郁型精神病以及其他重型精神病。

产前诊断，是指对胎儿进行先天性缺陷和遗传性疾病的诊断。

第三十九条　本法自1995年6月1日起施行。

女职工劳动保护特别规定

（2012年4月18日国务院第200次常务会议通过　2012年4月28日中华人民共和国国务院令第619号公布　自公布之日起施行）

第一条　为了减少和解决女职工在劳动中因生理特点造成的特殊困难，保护女职工健康，制定本规定。

第二条　中华人民共和国境内的国家机关、企业、事业单位、社会团体、个体经济组织以及其他社会组织等用人单位及其女职工，适用本规定。

第三条　用人单位应当加强女职工劳动保护，采取措施改善女职工劳动安全卫生条件，对女职工进行劳动安全卫生知识培训。

第四条　用人单位应当遵守女职工禁

忌从事的劳动范围的规定。用人单位应当将本单位属于女职工禁忌从事的劳动范围的岗位书面告知女职工。

女职工禁忌从事的劳动范围由本规定附录列示。国务院安全生产监督管理部门会同国务院人力资源社会保障行政部门、国务院卫生行政部门根据经济社会发展情况，对女职工禁忌从事的劳动范围进行调整。

第五条 用人单位不得因女职工怀孕、生育、哺乳降低其工资、予以辞退、与其解除劳动或者聘用合同。

第六条 女职工在孕期不能适应原劳动的，用人单位应当根据医疗机构的证明，予以减轻劳动量或者安排其他能够适应的劳动。

对怀孕7个月以上的女职工，用人单位不得延长劳动时间或者安排夜班劳动，并应当在劳动时间内安排一定的休息时间。

怀孕女职工在劳动时间内进行产前检查，所需时间计入劳动时间。

第七条 女职工生育享受98天产假，其中产前可以休假15天；难产的，增加产假15天；生育多胞胎的，每多生育1个婴儿，增加产假15天。

女职工怀孕未满4个月流产的，享受15天产假；怀孕满4个月流产的，享受42天产假。

第八条 女职工产假期间的生育津贴，对已经参加生育保险的，按照用人单位上年度职工月平均工资的标准由生育保险基金支付；对未参加生育保险的，按照女职工产假前工资的标准由用人单位支付。

女职工生育或者流产的医疗费用，按照生育保险规定的项目和标准，对已经参加生育保险的，由生育保险基金支付；对未参加生育保险的，由用人单位支付。

第九条 对哺乳未满1周岁婴儿的女职工，用人单位不得延长劳动时间或者安排夜班劳动。

用人单位应当在每天的劳动时间内为哺乳期女职工安排1小时哺乳时间；女职工生育多胞胎的，每多哺乳1个婴儿每天增加1小时哺乳时间。

第十条 女职工比较多的用人单位应当根据女职工的需要，建立女职工卫生室、孕妇休息室、哺乳室等设施，妥善解决女职工在生理卫生、哺乳方面的困难。

第十一条 在劳动场所，用人单位应当预防和制止对女职工的性骚扰。

第十二条 县级以上人民政府人力资源社会保障行政部门、安全生产监督管理部门按照各自职责负责对用人单位遵守本规定的情况进行监督检查。

工会、妇女组织依法对用人单位遵守本规定的情况进行监督。

第十三条 用人单位违反本规定第六条第二款、第七条、第九条第一款规定的，由县级以上人民政府人力资源社会保障行政部门责令限期改正，按照受侵害女职工每人1000元以上5000元以下的标准计算，处以罚款。

用人单位违反本规定附录第一条、第二条规定的，由县级以上人民政府安全生产监督管理部门责令限期改正，按照受侵害女职工每人1000元以上5000元以下的标准计算，处以罚款。用人单位违反本规定附录第三条、第四条规定的，由县级以上人民政府安全生产监督管理部门责令限期治理，处 5 万元以上 30 万元以下的罚款；情节严重的，责令停止有关作业，或者提请有关人民政府按照国务院规定的权限责令关闭。

第十四条　用人单位违反本规定，侵害女职工合法权益的，女职工可以依法投诉、举报、申诉，依法向劳动人事争议调解仲裁机构申请调解仲裁，对仲裁裁决不服的，依法向人民法院提起诉讼。

第十五条　用人单位违反本规定，侵害女职工合法权益，造成女职工损害的，依法给予赔偿；用人单位及其直接负责的主管人员和其他直接责任人员构成犯罪的，依法追究刑事责任。

第十六条　本规定自公布之日起施行。1988 年 7 月 21 日国务院发布的《女职工劳动保护规定》同时废止。

附录：

女职工禁忌从事的劳动范围

一、女职工禁忌从事的劳动范围：

（一）矿山井下作业；

（二）体力劳动强度分级标准中规定的第四级体力劳动强度的作业；

（三）每小时负重 6 次以上、每次负重超过 20 公斤的作业，或者间断负重、每次负重超过 25 公斤的作业。

二、女职工在经期禁忌从事的劳动范围：

（一）冷水作业分级标准中规定的第二级、第三级、第四级冷水作业；

（二）低温作业分级标准中规定的第二级、第三级、第四级低温作业；

（三）体力劳动强度分级标准中规定的第三级、第四级体力劳动强度的作业；

（四）高处作业分级标准中规定的第三级、第四级高处作业。

三、女职工在孕期禁忌从事的劳动范围：

（一）作业场所空气中铅及其化合物、汞及其化合物、苯、镉、铍、砷、氰化物、氮氧化物、一氧化碳、二硫化碳、氯、己内酰胺、氯丁二烯、氯乙烯、环氧乙烷、苯胺、甲醛等有毒物质浓度超过国家职业卫生标准的作业；

（二）从事抗癌药物、己烯雌酚生产，接触麻醉剂气体等的作业；

（三）非密封源放射性物质的操作，核事故与放射事故的应急处置；

（四）高处作业分级标准中规定的高处作业；

（五）冷水作业分级标准中规定的冷水作业；

（六）低温作业分级标准中规定的低温作业；

（七）高温作业分级标准中规定的第三级、第四级的作业；

（八）噪声作业分级标准中规定的第三级、第四级的作业；

（九）体力劳动强度分级标准中规定的第三级、第四级体力劳动强度的作业；

（十）在密闭空间、高压室作业或者潜水作业，伴有强烈振动的作业，或者需要频繁弯腰、攀高、下蹲的作业。

四、女职工在哺乳期禁忌从事的劳动范围：

（一）孕期禁忌从事的劳动范围的第一项、第三项、第九项；

（二）作业场所空气中锰、氟、溴、甲醇、有机磷化合物、有机氯化合物等有毒物质浓度超过国家职业卫生标准的作业。

中华全国总工会关于加强新时代工会女职工工作的意见

（2022年 总工发〔2022〕5号）

工会女职工工作是工会工作、妇女工作的重要组成部分。为更好地传承发扬党的工运事业和妇女事业光荣传统，主动适应新形势新任务，积极回应女职工新需求新期盼，推动新时代工会女职工工作高质量发展，现提出如下意见。

一、把握总体要求

（一）指导思想。坚持以习近平新时代中国特色社会主义思想为指导，全面贯彻党的十九大和十九届历次全会精神，深入学习贯彻习近平总书记关于工人阶级和工会工作、关于妇女工作的重要论述，坚持以人民为中心的发展思想，坚定不移走中国特色社会主义工会发展道路，贯彻落实男女平等基本国策，牢牢把握为实现中华民族伟大复兴的中国梦而奋斗的工人运动时代主题，推动实施《中国妇女发展纲要（2021—2030年）》，切实履行维权服务基本职责，团结引领广大女职工奋进新征程、建功新时代，为全面建设社会主义现代化国家、实现第二个百年奋斗目标贡献智慧和力量。

（二）基本原则。

——坚持党的领导。切实把党的意志和主张贯彻到工会女职工工作的全过程、各方面，牢牢把握工会女职工工作正确政治方向。

——坚持服务大局。把握新发展阶段，贯彻新发展理念，构建新发展格局，在全面建设社会主义现代化国家新征程中充分发挥"半边天"作用。

——坚持需求导向。坚持以职工为本，适应职工队伍深刻变化和劳动关系深刻调整，聚焦广大女职工急难愁盼问题，增强维权服务工作的针对性和实效性。

——坚持大抓基层。树立落实到基层、落实靠基层理念，加强基层工会女职工组织建设，强化上级工会与基层工会女职工组织的联系和工作指导，使基层工会女职工组织建起来、转起来、活起来。

——坚持改革创新。紧紧围绕保持和增强政治性、先进性、群众性，着力健全推动工会女职工工作创新发展的制度机制，激发工会女职工组织的内生动力。

——坚持系统观念。加强统筹谋划，广泛汇聚资源，强化保障落实，努力构建全会重视、上下联动、各方支持、合力推进的工会女职工工作格局。

二、聚焦基本职责，实现工会女职工工作水平新提升

（三）加强思想政治引领。坚持用习近平新时代中国特色社会主义思想武装女职工，不断增进广大女职工对新时代党的创新理论的政治认同、思想认同、情感认同。强化理想信念教育，深化中国特色社会主义和中国梦宣传教育，引导女职工坚定不移听党话、矢志不渝跟党走。大力弘扬劳模精神、劳动精神、工匠精神，组织开展巾帼劳模工匠论坛、宣讲等活动，进一步发挥先进典型示范引领作用。加强新时代家庭家教家风建设，倡导开展"培育好家风——女职工在行动"主题实践活动，推动社会主义核心价值观在家庭落地生根。

（四）深化提升素质建功立业工程。贯彻落实产业工人队伍建设改革各项部署，充分发挥技能强国——全国产业工人学习社区、工匠学院等阵地作用，落实科技创新巾帼行动，加强女职工数字技能培训，培育女职工创新工作室，助力女职工成长成才。引导女职工积极参与"建功'十四五'、奋进新征程"主题劳动和技能竞赛，广泛深入持久开展具有女职工特色的区域性、行业性劳动和技能竞赛，推动竞赛向新产业新业态新组织拓展。开展女职工先进集体和个人表彰或表扬，规范完善"五一巾帼奖"评选管理工作；在全国五一劳动奖章等评选表彰中重视并保障女职工比例。

（五）维护女职工合法权益和特殊利益。参与国家和地方有关女职工权益保护法律法规政策的研究和制定修订，推动地方出台《女职工劳动保护特别规定》实施办法。充分发挥女职工权益保护专项集体合同作用，突出民主管理、生育保护、女职工卫生费、帮助职工平衡工作和家庭责任等重点，提升协商质量和履约实效。定期开展普法宣传活动，常态化做好维权典型案例评选、联合专项执法检查、工会劳动法律监督，及时推动侵犯女职工权益案件调查处理，促进劳动关系和谐稳定，维护劳动领域政治安全。依法维护新就业形态女性劳动者劳动报酬、休息休假、劳动保护、社会保险等权益。

（六）提升女职工生活品质。落实国家生育政策及配套支持措施，支持有条件的用人单位为职工提供托育服务，推动将托育服务纳入职工之家建设和企业提升职工生活品质试点工作，推进工会爱心托管服务，加强女职工休息哺乳室建设，做好职工子女关爱服务，创建家庭友好型工作场所。高度关注女职工劳动保护和身心健康，加大女职工劳动安全卫生知识教育培训力度，推动特定行业、企业等开展女职工职业病检查；扩大宫颈癌、乳腺癌筛查受益人群和覆盖范围，加强女职工人文关怀和心理疏导工作。深化工会婚恋交友服务，教育引导职工树立正确婚恋观，开展更加符合职工需求及特点的婚恋交友活动。

三、夯实组织基础，激发工会女职工组织新活力

（七）扩大工会女职工组织覆盖。坚持以工会组织建设带动工会女职工组织建设，女职工组织与工会组织同时筹备、同时产生（或换届）、同时报批，努力实现在已建工会组织单位中女职工组织的全覆盖。着力加强产业工会、区域（行业）工会联合会以及乡镇（街道）、村（社区）、工业园区工会女职工委员会建设，建立健全工会女职工组织体系。将工会女职工组织建设工作纳入模范职工之家、劳动关系和谐企业创建以及会员评议职工之家活动等各项评比内容。

（八）加强工会女职工组织机构建设。

省、自治区、直辖市，设区的市和自治州总工会，实行垂直领导的产业工会，机关、事业单位工会，根据工作需要，按照机构编制管理权限，经机构编制部门同意，设立女职工委员会办公室（女职工部）或明确女职工工作责任部门，安排专人负责女职工委员会的日常工作。县（旗）、自治县、不设区的市、乡镇（街道）、村（社区）、企业和其他社会组织等工会，根据工作需要安排专人负责女职工工作。企业工会女职工委员会是县或者县以上妇联的团体会员，通过县以上地方工会接受妇联的业务指导。

（九）推动工会女职工组织运行制度化规范化。落实女职工委员会向同级工会委员会和上级工会女职工委员会报告工作制度，完善工会女职工委员会委员发挥作用制度。发挥女职工工作联系点、女职工工作信息员、社会化工会工作者、工会积极分子、工会工作志愿者以及社会组织作用。完善女职工工作培训制度，将女职工工作作为工会干部教育培训的重要内容，引导工会领导干部增强重视和支持女职工工作的意识；通过定期举办工会女职工工作干部培训班，逐步实现教育培训对专兼挂工会女职工工作干部的全覆盖。注重培育不同层面工会女职工组织先进典型，以点带面推进工会女职工工作。

四、创新工作方式，拓宽工会女职工工作新路径

（十）构建统筹协调机制。做好对内统筹，各级工会相关部门、产业工会和直属单位结合工作职能，将女职工工作纳入工作规划、年度安排、重点工作中研究部署、统筹考虑，汇聚资源力量，合力推动女职工工作。做好对外协调，积极争取人社、卫健等政府部门的支持，发挥专家智库作用，整合社会资源，延长工会女职工工作手臂；在现有体制机制不变的前提下，密切与妇联等群团组织的联系合作，凝聚强大合力，共同做好党的群众工作。

（十一）加强调查研究工作。深化对党领导下的工运事业和妇女事业重大成就及历史经验的学习研究，把握工会女职工工作规律性认识，推进理论创新和实践创新。聚焦党中央决策部署和工会重点工作，立足新时代职工队伍和劳动关系发展变化，定期开展女职工队伍状况调查和专题调研。加强调研设计，提高调研质量，及时通报、交流调研成果，加大优秀调研成果宣传力度，推动形成工作性意见、转化为政策制度。

（十二）注重品牌塑造创新。强化品牌意识，推动工会女职工工作传统特色品牌的巩固拓展和发展提升，持之以恒做优做强女职工普法宣传、女职工权益保护专项集体合同、玫瑰书香、会聚良缘、爱心托管、托育服务、女职工休息哺乳室等特色品牌，不断赋予品牌新内涵、新亮点，发挥品牌示范引领效应。结合实际及时发现培育、总结提炼基层典型经验，努力创建更多体现时代特色和地域特点的工作品牌，增强工会女职工工作的社会影响力。

（十三）用好网上工作平台。顺应数字化、信息化、智能化时代发展趋势，依托各级网上工会、智慧工会平台，探索设置符合女职工特点和需求的女职工工作专区，打造快捷高效的女职工工作网上矩阵，提高活动参与度和服务覆盖面，使广大女职工网上网下都能找到娘家人。发挥工会网上舆论阵地和主流网络媒体作用，加强女职工网上引领和女职工工作网上宣传，营造尊重关心女职工、关注支持工会女职工工作的社会氛围。

五、强化组织实施

（十四）加强组织领导。各级工会要高度重视女职工工作，加强对女职工工作的领导，将女职工工作列入重要议事日程，纳入工会工作整体部署。每年至少召开1次党组（党委）会议专题听取女职工工作情况汇报，及时研究解决女职工工作发展中的重大问题。

（十五）加大支持保障。各级工会要赋予女职工工作更多资源手段。选优配强工会女职工工作干部。加大对工会女职工工作的经费支持和保障力度，落实《基层工会经费收支管理办法》，基层工会开展职工子女托管、托育以及"六一"儿童节慰问活动等职工子女关爱服务所需经费，可从工会经费中列支。加强正向激励，将女职工工作情况作为评优评先的重要参考。

（十六）狠抓责任落实。各级工会要强化责任担当，明确思路举措和具体分工，做到层层有责任、事事有人抓，落细落实目标任务。加强指导协调和跟踪问效，坚持一级抓一级、逐级抓落实，及时跟进工作、解决问题，推动工会女职工工作各项部署要求落地见效。

> **典型案例**
>
> ### 卫生费如何发放？工会来帮忙[①]
>
> 赵某系某县人社系统一名职工，了解到该省女职工劳动保护特别规定中规定，用人单位应当给予女职工特殊卫生保护，向女职工发放必要的卫生用品。因并未领取到相关卫生用品，遂通过工会微信小程序进行了咨询。
>
> 县人社系统工会委员会转接到咨询后，研究了本地区和其他地区卫生用品或卫生费的发放状况和标准。根据此前省总工会女职工部提供的信息，全省范围内单位发放女职工卫生费一般最低每月40元，最高每月80元，各单位可根据自己的情况而定，依据为省女职工特殊保护规定，费用不能从工会账上（经费）开支，只能从单位行政账上开支。将相关情况告知赵某后，县人社系统工会委员会又通知并督促了单位，尽快结合实际情况制定女职工卫生用品或卫生费发放办法。后该单位制定了以实名制签字领取的方式，每半年发放一次女职工卫生用品提货券的发放标准，赵某的合法权益得到了保障。
>
> 工会是女职工的"娘家"，维护女职工合法权益和特殊利益是工会组织的重要职责。各级工会要坚持主动科学依法维权的原则，通过多种渠道采取有效措施，切实维护女职工合法权益，为构建和谐劳动关系贡献力量。

---

① 参见2022年互联网+工会维权服务优秀案例，载中工网，https://www.workercn.cn/c/2023-04-13/7801673.shtml，最后访问时间2023年11月16日。

中华人民共和国未成年人保护法

（1991年9月4日第七届全国人民代表大会常务委员会第二十一次会议通过 2006年12月29日第十届全国人民代表大会常务委员会第二十五次会议第一次修订 根据2012年10月26日第十一届全国人民代表大会常务委员会第二十九次会议《关于修改〈中华人民共和国未成年人保护法〉的决定》修正 2020年10月17日第十三届全国人民代表大会常务委员会第二十二次会议第二次修订 2020年10月17日中华人民共和国主席令第57号公布 自2021年6月1日起施行）

目 录

第一章 总 则
第二章 家庭保护
第三章 学校保护
第四章 社会保护
第五章 网络保护
第六章 政府保护
第七章 司法保护
第八章 法律责任
第九章 附 则

第一章 总 则

第一条 为了保护未成年人身心健康，保障未成年人合法权益，促进未成年人德智体美劳全面发展，培养有理想、有道德、有文化、有纪律的社会主义建设者和接班人，培养担当民族复兴大任的时代新人，根据宪法，制定本法。

第二条 本法所称未成年人是指未满十八周岁的公民。

第三条 国家保障未成年人的生存权、发展权、受保护权、参与权等权利。

未成年人依法平等地享有各项权利，不因本人及其父母或者其他监护人的民族、种族、性别、户籍、职业、宗教信仰、教育程度、家庭状况、身心健康状况等受到歧视。

第四条 保护未成年人，应当坚持最有利于未成年人的原则。处理涉及未成年人事项，应当符合下列要求：

（一）给予未成年人特殊、优先保护；

（二）尊重未成年人人格尊严；

（三）保护未成年人隐私权和个人信息；

（四）适应未成年人身心健康发展的规律和特点；

（五）听取未成年人的意见；

（六）保护与教育相结合。

第五条 国家、社会、学校和家庭应当对未成年人进行理想教育、道德教育、科学教育、文化教育、法治教育、国家安全教育、健康教育、劳动教育，加强爱国主义、集体主义和中国特色社会主义的教育，培养爱祖国、爱人民、爱劳动、爱科学、爱社会主义的公德，抵制资本主义、封建主义和其他腐朽思想的侵蚀，引导未成年人树立和践行社会主义核心价值观。

第六条 保护未成年人，是国家机关、武装力量、政党、人民团体、企业事业单位、社会组织、城乡基层群众性自治组织、未成年人的监护人以及其他成年人的共同责任。

国家、社会、学校和家庭应当教育和帮助未成年人维护自身合法权益，增强自我保护的意识和能力。

第七条 未成年人的父母或者其他监护人依法对未成年人承担监护职责。

国家采取措施指导、支持、帮助和监督未成年人的父母或者其他监护人履行监护职责。

第八条 县级以上人民政府应当将未成年人保护工作纳入国民经济和社会发展规划，相关经费纳入本级政府预算。

第九条 县级以上人民政府应当建立未成年人保护工作协调机制，统筹、协调、督促和指导有关部门在各自职责范围内做好未成年人保护工作。协调机制具体工作由县级以上人民政府民政部门承担，省级人民政府也可以根据本地实际情况确定由其他有关部门承担。

第十条 共产主义青年团、妇女联合会、工会、残疾人联合会、关心下一代工作委员会、青年联合会、学生联合会、少年先锋队以及其他人民团体、有关社会组织，应当协助各级人民政府及其有关部门、人民检察院、人民法院做好未成年人保护工作，维护未成年人合法权益。

第十一条 任何组织或者个人发现不利于未成年人身心健康或者侵犯未成年人合法权益的情形，都有权劝阻、制止或者向公安、民政、教育等有关部门提出检举、控告。

国家机关、居民委员会、村民委员会、密切接触未成年人的单位及其工作人员，在工作中发现未成年人身心健康受到侵害、疑似受到侵害或者面临其他危险情形的，应当立即向公安、民政、教育等有关部门报告。

有关部门接到涉及未成年人的检举、控告或者报告，应当依法及时受理、处置，并以适当方式将处理结果告知相关单位和人员。

第十二条 国家鼓励和支持未成年人保护方面的科学研究，建设相关学科、设置相关专业，加强人才培养。

第十三条 国家建立健全未成年人统计调查制度，开展未成年人健康、受教育等状况的统计、调查和分析，发布未成年人保护的有关信息。

第十四条 国家对保护未成年人有显著成绩的组织和个人给予表彰和奖励。

第二章 家庭保护

第十五条 未成年人的父母或者其他监护人应当学习家庭教育知识，接受家庭教育指导，创造良好、和睦、文明的家庭环境。

共同生活的其他成年家庭成员应当协助未成年人的父母或者其他监护人抚养、教育和保护未成年人。

第十六条 未成年人的父母或者其他监护人应当履行下列监护职责：

（一）为未成年人提供生活、健康、安全等方面的保障；

（二）关注未成年人的生理、心理状况和情感需求；

（三）教育和引导未成年人遵纪守法、勤俭节约，养成良好的思想品德和行为习惯；

（四）对未成年人进行安全教育，提高未成年人的自我保护意识和能力；

（五）尊重未成年人受教育的权利，保障适龄未成年人依法接受并完成义务教育；

（六）保障未成年人休息、娱乐和体育锻炼的时间，引导未成年人进行有益身心健康的活动；

（七）妥善管理和保护未成年人的财产；

（八）依法代理未成年人实施民事法律行为；

（九）预防和制止未成年人的不良行为和违法犯罪行为，并进行合理管教；

（十）其他应当履行的监护职责。

第十七条　未成年人的父母或者其他监护人不得实施下列行为：

（一）虐待、遗弃、非法送养未成年人或者对未成年人实施家庭暴力；

（二）放任、教唆或者利用未成年人实施违法犯罪行为；

（三）放任、唆使未成年人参与邪教、迷信活动或者接受恐怖主义、分裂主义、极端主义等侵害；

（四）放任、唆使未成年人吸烟（含电子烟，下同）、饮酒、赌博、流浪乞讨或者欺凌他人；

（五）放任或者迫使应当接受义务教育的未成年人失学、辍学；

（六）放任未成年人沉迷网络，接触危害或者可能影响其身心健康的图书、报刊、电影、广播电视节目、音像制品、电子出版物和网络信息等；

（七）放任未成年人进入营业性娱乐场所、酒吧、互联网上网服务营业场所等不适宜未成年人活动的场所；

（八）允许或者迫使未成年人从事国家规定以外的劳动；

（九）允许、迫使未成年人结婚或者为未成年人订立婚约；

（十）违法处分、侵吞未成年人的财产或者利用未成年人牟取不正当利益；

（十一）其他侵犯未成年人身心健康、财产权益或者不依法履行未成年人保护义务的行为。

第十八条　未成年人的父母或者其他监护人应当为未成年人提供安全的家庭生活环境，及时排除引发触电、烫伤、跌落等伤害的安全隐患；采取配备儿童安全座椅、教育未成年人遵守交通规则等措施，防止未成年人受到交通事故的伤害；提高户外安全保护意识，避免未成年人发生溺水、动物伤害等事故。

第十九条　未成年人的父母或者其他监护人应当根据未成年人的年龄和智力发展状况，在作出与未成年人权益有关的决定前，听取未成年人的意见，充分考虑其真实意愿。

第二十条　未成年人的父母或者其他监护人发现未成年人身心健康受到侵害、疑似受到侵害或者其他合法权益受到侵犯的，应当及时了解情况并采取保护措施；情况严重的，应当立即向公安、民政、教育等部门报告。

第二十一条　未成年人的父母或者其他监护人不得使未满八周岁或者由于身体、心理原因需要特别照顾的未成年人处于无人看护状态，或者将其交由无民事行为能力、限制民事行为能力、患有严重传染性疾病或者其他不适宜的人员临时照护。

未成年人的父母或者其他监护人不得使未满十六周岁的未成年人脱离监护单独生活。

第二十二条 未成年人的父母或者其他监护人因外出务工等原因在一定期限内不能完全履行监护职责的，应当委托具有照护能力的完全民事行为能力人代为照护；无正当理由的，不得委托他人代为照护。

未成年人的父母或者其他监护人在确定被委托人时，应当综合考虑其道德品质、家庭状况、身心健康状况、与未成年人生活情感上的联系等情况，并听取有表达意愿能力未成年人的意见。

具有下列情形之一的，不得作为被委托人：

（一）曾实施性侵害、虐待、遗弃、拐卖、暴力伤害等违法犯罪行为；

（二）有吸毒、酗酒、赌博等恶习；

（三）曾拒不履行或者长期怠于履行监护、照护职责；

（四）其他不适宜担任被委托人的情形。

第二十三条 未成年人的父母或者其他监护人应当及时将委托照护情况书面告知未成年人所在学校、幼儿园和实际居住地的居民委员会、村民委员会，加强和未成年人所在学校、幼儿园的沟通；与未成年人、被委托人至少每周联系和交流一次，了解未成年人的生活、学习、心理等情况，并给予未成年人亲情关爱。

未成年人的父母或者其他监护人接到被委托人、居民委员会、村民委员会、学校、幼儿园等关于未成年人心理、行为异常的通知后，应当及时采取干预措施。

第二十四条 未成年人的父母离婚时，应当妥善处理未成年子女的抚养、教育、探望、财产等事宜，听取有表达意愿能力未成年人的意见。不得以抢夺、藏匿未成年子女等方式争夺抚养权。

未成年人的父母离婚后，不直接抚养未成年子女的一方应当依照协议、人民法院判决或者调解确定的时间和方式，在不影响未成年人学习、生活的情况下探望未成年子女，直接抚养的一方应当配合，但被人民法院依法中止探望权的除外。

第三章　学校保护

第二十五条 学校应当全面贯彻国家教育方针，坚持立德树人，实施素质教育，提高教育质量，注重培养未成年学生认知能力、合作能力、创新能力和实践能力，促进未成年学生全面发展。

学校应当建立未成年学生保护工作制度，健全学生行为规范，培养未成年学生遵纪守法的良好行为习惯。

第二十六条 幼儿园应当做好保育、教育工作，遵循幼儿身心发展规律，实施启蒙教育，促进幼儿在体质、智力、品德等方面和谐发展。

第二十七条 学校、幼儿园的教职员工应当尊重未成年人人格尊严，不得对未成年人实施体罚、变相体罚或者其他侮辱人格尊严的行为。

第二十八条 学校应当保障未成年学生受教育的权利，不得违反国家规定开除、变相开除未成年学生。

学校应当对尚未完成义务教育的辍学

未成年学生进行登记并劝返复学；劝返无效的，应当及时向教育行政部门书面报告。

第二十九条 学校应当关心、爱护未成年学生，不得因家庭、身体、心理、学习能力等情况歧视学生。对家庭困难、身心有障碍的学生，应当提供关爱；对行为异常、学习有困难的学生，应当耐心帮助。

学校应当配合政府有关部门建立留守未成年学生、困境未成年学生的信息档案，开展关爱帮扶工作。

第三十条 学校应当根据未成年学生身心发展特点，进行社会生活指导、心理健康辅导、青春期教育和生命教育。

第三十一条 学校应当组织未成年学生参加与其年龄相适应的日常生活劳动、生产劳动和服务性劳动，帮助未成年学生掌握必要的劳动知识和技能，养成良好的劳动习惯。

第三十二条 学校、幼儿园应当开展勤俭节约、反对浪费、珍惜粮食、文明饮食等宣传教育活动，帮助未成年人树立浪费可耻、节约为荣的意识，养成文明健康、绿色环保的生活习惯。

第三十三条 学校应当与未成年学生的父母或者其他监护人互相配合，合理安排未成年学生的学习时间，保障其休息、娱乐和体育锻炼的时间。

学校不得占用国家法定节假日、休息日及寒暑假期，组织义务教育阶段的未成年学生集体补课，加重其学习负担。

幼儿园、校外培训机构不得对学龄前未成年人进行小学课程教育。

第三十四条 学校、幼儿园应当提供必要的卫生保健条件，协助卫生健康部门做好在校、在园未成年人的卫生保健工作。

第三十五条 学校、幼儿园应当建立安全管理制度，对未成年人进行安全教育，完善安保设施、配备安保人员，保障未成年人在校、在园期间的人身和财产安全。

学校、幼儿园不得在危及未成年人人身安全、身心健康的校舍和其他设施、场所中进行教育教学活动。

学校、幼儿园安排未成年人参加文化娱乐、社会实践等集体活动，应当保护未成年人的身心健康，防止发生人身伤害事故。

第三十六条 使用校车的学校、幼儿园应当建立健全校车安全管理制度，配备安全管理人员，定期对校车进行安全检查，对校车驾驶人进行安全教育，并向未成年人讲解校车安全乘坐知识，培养未成年人校车安全事故应急处理技能。

第三十七条 学校、幼儿园应当根据需要，制定应对自然灾害、事故灾难、公共卫生事件等突发事件和意外伤害的预案，配备相应设施并定期进行必要的演练。

未成年人在校内、园内或者本校、本园组织的校外、园外活动中发生人身伤害事故的，学校、幼儿园应当立即救护，妥善处理，及时通知未成年人的父母或者其他监护人，并向有关部门报告。

第三十八条 学校、幼儿园不得安排未成年人参加商业性活动，不得向未成年人及其父母或者其他监护人推销或者要求其购买指定的商品和服务。

学校、幼儿园不得与校外培训机构合作为未成年人提供有偿课程辅导。

第三十九条 学校应当建立学生欺凌防控工作制度，对教职员工、学生等开展防治学生欺凌的教育和培训。

学校对学生欺凌行为应当立即制止，通知实施欺凌和被欺凌未成年学生的父母或者其他监护人参与欺凌行为的认定和处理；对相关未成年学生及时给予心理辅导、教育和引导；对相关未成年学生的父母或者其他监护人给予必要的家庭教育指导。

对实施欺凌的未成年学生，学校应当根据欺凌行为的性质和程度，依法加强管教。对严重的欺凌行为，学校不得隐瞒，应当及时向公安机关、教育行政部门报告，并配合相关部门依法处理。

第四十条 学校、幼儿园应当建立预防性侵害、性骚扰未成年人工作制度。对性侵害、性骚扰未成年人等违法犯罪行为，学校、幼儿园不得隐瞒，应当及时向公安机关、教育行政部门报告，并配合相关部门依法处理。

学校、幼儿园应当对未成年人开展适合其年龄的性教育，提高未成年人防范性侵害、性骚扰的自我保护意识和能力。对遭受性侵害、性骚扰的未成年人，学校、幼儿园应当及时采取相关的保护措施。

第四十一条 婴幼儿照护服务机构、早期教育服务机构、校外培训机构、校外托管机构等应当参照本章有关规定，根据不同年龄阶段未成年人的成长特点和规律，做好未成年人保护工作。

第四章 社会保护

第四十二条 全社会应当树立关心、爱护未成年人的良好风尚。

国家鼓励、支持和引导人民团体、企业事业单位、社会组织以及其他组织和个人，开展有利于未成年人健康成长的社会活动和服务。

第四十三条 居民委员会、村民委员会应当设置专人专岗负责未成年人保护工作，协助政府有关部门宣传未成年人保护方面的法律法规，指导、帮助和监督未成年人的父母或者其他监护人依法履行监护职责，建立留守未成年人、困境未成年人的信息档案并给予关爱帮扶。

居民委员会、村民委员会应当协助政府有关部门监督未成年人委托照护情况，发现被委托人缺乏照护能力、怠于履行照护职责等情况，应当及时向政府有关部门报告，并告知未成年人的父母或者其他监护人，帮助、督促被委托人履行照护职责。

第四十四条 爱国主义教育基地、图书馆、青少年宫、儿童活动中心、儿童之家应当对未成年人免费开放；博物馆、纪念馆、科技馆、展览馆、美术馆、文化馆、社区公益性互联网上网服务场所以及影剧院、体育场馆、动物园、植物园、公园等场所，应当按照有关规定对未成年人免费或者优惠开放。

国家鼓励爱国主义教育基地、博物馆、科技馆、美术馆等公共场馆开设未成年人专场，为未成年人提供有针对性的服务。

国家鼓励国家机关、企业事业单位、部队等开发自身教育资源，设立未成年人开放日，为未成年人主题教育、社会实践、职业体验等提供支持。

国家鼓励科研机构和科技类社会组织对未成年人开展科学普及活动。

第四十五条　城市公共交通以及公路、铁路、水路、航空客运等应当按照有关规定对未成年人实施免费或者优惠票价。

第四十六条　国家鼓励大型公共场所、公共交通工具、旅游景区景点等设置母婴室、婴儿护理台以及方便幼儿使用的坐便器、洗手台等卫生设施，为未成年人提供便利。

第四十七条　任何组织或者个人不得违反有关规定，限制未成年人应当享有的照顾或者优惠。

第四十八条　国家鼓励创作、出版、制作和传播有利于未成年人健康成长的图书、报刊、电影、广播电视节目、舞台艺术作品、音像制品、电子出版物和网络信息等。

第四十九条　新闻媒体应当加强未成年人保护方面的宣传，对侵犯未成年人合法权益的行为进行舆论监督。新闻媒体采访报道涉及未成年人事件应当客观、审慎和适度，不得侵犯未成年人的名誉、隐私和其他合法权益。

第五十条　禁止制作、复制、出版、发布、传播含有宣扬淫秽、色情、暴力、邪教、迷信、赌博、引诱自杀、恐怖主义、分裂主义、极端主义等危害未成年人身心健康内容的图书、报刊、电影、广播电视节目、舞台艺术作品、音像制品、电子出版物和网络信息等。

第五十一条　任何组织或者个人出版、发布、传播的图书、报刊、电影、广播电视节目、舞台艺术作品、音像制品、电子出版物或者网络信息，包含可能影响未成年人身心健康内容的，应当以显著方式作出提示。

第五十二条　禁止制作、复制、发布、传播或者持有有关未成年人的淫秽色情物品和网络信息。

第五十三条　任何组织或者个人不得刊登、播放、张贴或者散发含有危害未成年人身心健康内容的广告；不得在学校、幼儿园播放、张贴或者散发商业广告；不得利用校服、教材等发布或者变相发布商业广告。

第五十四条　禁止拐卖、绑架、虐待、非法收养未成年人，禁止对未成年人实施性侵害、性骚扰。

禁止胁迫、引诱、教唆未成年人参加黑社会性质组织或者从事违法犯罪活动。

禁止胁迫、诱骗、利用未成年人乞讨。

第五十五条　生产、销售用于未成年人的食品、药品、玩具、用具和游戏游艺设备、游乐设施等，应当符合国家或者行业标准，不得危害未成年人的人身安全和身心健康。上述产品的生产者应当在显著位置标明注意事项，未标明注意事项的不得销售。

第五十六条　未成年人集中活动的公共场所应当符合国家或者行业安全标准，并采取相应安全保护措施。对可能存在安全风险的设施，应当定期进行维护，在显著位置设置安全警示标志并标明适龄范围和注意事项；必要时应当安排专门人员看管。

大型的商场、超市、医院、图书馆、博物馆、科技馆、游乐场、车站、码头、机场、旅游景区景点等场所运营单位应当设置搜寻走失未成年人的安全警报系统。场所运营单位接到求助后，应当立即启动安全警报系统，组织人员进行搜寻并向公安机关报告。

公共场所发生突发事件时，应当优先救护未成年人。

第五十七条　旅馆、宾馆、酒店等住宿经营者接待未成年人入住，或者接待未成年人和成年人共同入住时，应当询问父母或者其他监护人的联系方式、入住人员的身份关系等有关情况；发现有违法犯罪嫌疑的，应当立即向公安机关报告，并及时联系未成年人的父母或者其他监护人。

第五十八条　学校、幼儿园周边不得设置营业性娱乐场所、酒吧、互联网上网服务营业场所等不适宜未成年人活动的场所。营业性歌舞娱乐场所、酒吧、互联网上网服务营业场所等不适宜未成年人活动场所的经营者，不得允许未成年人进入；游艺娱乐场所设置的电子游戏设备，除国家法定节假日外，不得向未成年人提供。经营者应当在显著位置设置未成年人禁入、限入标志；对难以判明是否是未成年人的，应当要求其出示身份证件。

第五十九条　学校、幼儿园周边不得设置烟、酒、彩票销售网点。禁止向未成年人销售烟、酒、彩票或者兑付彩票奖金。烟、酒和彩票经营者应当在显著位置设置不向未成年人销售烟、酒或者彩票的标志；对难以判明是否是未成年人的，应当要求其出示身份证件。

任何人不得在学校、幼儿园和其他未成年人集中活动的公共场所吸烟、饮酒。

第六十条　禁止向未成年人提供、销售管制刀具或者其他可能致人严重伤害的器具等物品。经营者难以判明购买者是否是未成年人的，应当要求其出示身份证件。

第六十一条　任何组织或者个人不得招用未满十六周岁未成年人，国家另有规定的除外。

营业性娱乐场所、酒吧、互联网上网服务营业场所等不适宜未成年人活动的场所不得招用已满十六周岁的未成年人。

招用已满十六周岁未成年人的单位和个人应当执行国家在工种、劳动时间、劳动强度和保护措施等方面的规定，不得安排其从事过重、有毒、有害等危害未成年人身心健康的劳动或者危险作业。

任何组织或者个人不得组织未成年人进行危害其身心健康的表演等活动。经未成年人的父母或者其他监护人同意，未成年人参与演出、节目制作等活动，活动组织方应当根据国家有关规定，保障未成年人合法权益。

第六十二条　密切接触未成年人的单位招聘工作人员时，应当向公安机关、人民检察院查询应聘者是否具有性侵害、虐待、拐卖、暴力伤害等违法犯罪记录；发现其具有前述行为记录的，不得录用。

密切接触未成年人的单位应当每年定期对工作人员是否具有上述违法犯罪记录进行查询。通过查询或者其他方式发现其工作人员具有上述行为的，应当及时解聘。

第六十三条　任何组织或者个人不得隐匿、毁弃、非法删除未成年人的信件、日记、电子邮件或者其他网络通讯内容。

除下列情形外，任何组织或者个人不得开拆、查阅未成年人的信件、日记、电子邮件或者其他网络通讯内容：

（一）无民事行为能力未成年人的父

母或者其他监护人代未成年人开拆、查阅；

（二）因国家安全或者追查刑事犯罪依法进行检查；

（三）紧急情况下为了保护未成年人本人的人身安全。

第五章　网络保护

第六十四条　国家、社会、学校和家庭应当加强未成年人网络素养宣传教育，培养和提高未成年人的网络素养，增强未成年人科学、文明、安全、合理使用网络的意识和能力，保障未成年人在网络空间的合法权益。

第六十五条　国家鼓励和支持有利于未成年人健康成长的网络内容的创作与传播，鼓励和支持专门以未成年人为服务对象、适合未成年人身心健康特点的网络技术、产品、服务的研发、生产和使用。

第六十六条　网信部门及其他有关部门应当加强对未成年人网络保护工作的监督检查，依法惩处利用网络从事危害未成年人身心健康的活动，为未成年人提供安全、健康的网络环境。

第六十七条　网信部门会同公安、文化和旅游、新闻出版、电影、广播电视等部门根据保护不同年龄阶段未成年人的需要，确定可能影响未成年人身心健康网络信息的种类、范围和判断标准。

第六十八条　新闻出版、教育、卫生健康、文化和旅游、网信等部门应当定期开展预防未成年人沉迷网络的宣传教育，监督网络产品和服务提供者履行预防未成年人沉迷网络的义务，指导家庭、学校、社会组织互相配合，采取科学、合理的方式对未成年人沉迷网络进行预防和干预。

任何组织或者个人不得以侵害未成年人身心健康的方式对未成年人沉迷网络进行干预。

第六十九条　学校、社区、图书馆、文化馆、青少年宫等场所为未成年人提供的互联网上网服务设施，应当安装未成年人网络保护软件或者采取其他安全保护技术措施。

智能终端产品的制造者、销售者应当在产品上安装未成年人网络保护软件，或者以显著方式告知用户未成年人网络保护软件的安装渠道和方法。

第七十条　学校应当合理使用网络开展教学活动。未经学校允许，未成年学生不得将手机等智能终端产品带入课堂，带入学校的应当统一管理。

学校发现未成年学生沉迷网络的，应当及时告知其父母或者其他监护人，共同对未成年学生进行教育和引导，帮助其恢复正常的学习生活。

第七十一条　未成年人的父母或者其他监护人应当提高网络素养，规范自身使用网络的行为，加强对未成年人使用网络行为的引导和监督。

未成年人的父母或者其他监护人应当通过在智能终端产品上安装未成年人网络保护软件、选择适合未成年人的服务模式和管理功能等方式，避免未成年人接触危害或者可能影响其身心健康的网络信息，合理安排未成年人使用网络的时间，有效预防未成年人沉迷网络。

第七十二条　信息处理者通过网络处理未成年人个人信息的，应当遵循合法、正当和必要的原则。处理不满十四周岁未成年人个人信息的，应当征得未成年人的父母或者其他监护人同意，但法律、行政法规另有规定的除外。

未成年人、父母或者其他监护人要求信息处理者更正、删除未成年人个人信息的，信息处理者应当及时采取措施予以更正、删除，但法律、行政法规另有规定的除外。

第七十三条 网络服务提供者发现未成年人通过网络发布私密信息的，应当及时提示，并采取必要的保护措施。

第七十四条 网络产品和服务提供者不得向未成年人提供诱导其沉迷的产品和服务。

网络游戏、网络直播、网络音视频、网络社交等网络服务提供者应当针对未成年人使用其服务设置相应的时间管理、权限管理、消费管理等功能。

以未成年人为服务对象的在线教育网络产品和服务，不得插入网络游戏链接，不得推送广告等与教学无关的信息。

第七十五条 网络游戏经依法审批后方可运营。

国家建立统一的未成年人网络游戏电子身份认证系统。网络游戏服务提供者应当要求未成年人以真实身份信息注册并登录网络游戏。

网络游戏服务提供者应当按照国家有关规定和标准，对游戏产品进行分类，作出适龄提示，并采取技术措施，不得让未成年人接触不适宜的游戏或者游戏功能。

网络游戏服务提供者不得在每日二十二时至次日八时向未成年人提供网络游戏服务。

第七十六条 网络直播服务提供者不得为未满十六周岁的未成年人提供网络直播发布者账号注册服务；为年满十六周岁的未成年人提供网络直播发布者账号注册服务时，应当对其身份信息进行认证，并征得其父母或者其他监护人同意。

第七十七条 任何组织或者个人不得通过网络以文字、图片、音视频等形式，对未成年人实施侮辱、诽谤、威胁或者恶意损害形象等网络欺凌行为。

遭受网络欺凌的未成年人及其父母或者其他监护人有权通知网络服务提供者采取删除、屏蔽、断开链接等措施。网络服务提供者接到通知后，应当及时采取必要的措施制止网络欺凌行为，防止信息扩散。

第七十八条 网络产品和服务提供者应当建立便捷、合理、有效的投诉和举报渠道，公开投诉、举报方式等信息，及时受理并处理涉及未成年人的投诉、举报。

第七十九条 任何组织或者个人发现网络产品、服务含有危害未成年人身心健康的信息，有权向网络产品和服务提供者或者网信、公安等部门投诉、举报。

第八十条 网络服务提供者发现用户发布、传播可能影响未成年人身心健康的信息且未作显著提示的，应当作出提示或者通知用户予以提示；未作出提示的，不得传输相关信息。

网络服务提供者发现用户发布、传播含有危害未成年人身心健康内容的信息的，应当立即停止传输相关信息，采取删除、屏蔽、断开链接等处置措施，保存有关记录，并向网信、公安等部门报告。

网络服务提供者发现用户利用其网络服务对未成年人实施违法犯罪行为的，应当立即停止向该用户提供网络服务，保存有关记录，并向公安机关报告。

第六章　政府保护

第八十一条　县级以上人民政府承担未成年人保护协调机制具体工作的职能部门应当明确相关内设机构或者专门人员，负责承担未成年人保护工作。

乡镇人民政府和街道办事处应当设立未成年人保护工作站或者指定专门人员，及时办理未成年人相关事务；支持、指导居民委员会、村民委员会设立专人专岗，做好未成年人保护工作。

第八十二条　各级人民政府应当将家庭教育指导服务纳入城乡公共服务体系，开展家庭教育知识宣传，鼓励和支持有关人民团体、企业事业单位、社会组织开展家庭教育指导服务。

第八十三条　各级人民政府应当保障未成年人受教育的权利，并采取措施保障留守未成年人、困境未成年人、残疾未成年人接受义务教育。

对尚未完成义务教育的辍学未成年学生，教育行政部门应当责令父母或者其他监护人将其送入学校接受义务教育。

第八十四条　各级人民政府应当发展托育、学前教育事业，办好婴幼儿照护服务机构、幼儿园，支持社会力量依法兴办母婴室、婴幼儿照护服务机构、幼儿园。

县级以上地方人民政府及其有关部门应当培养和培训婴幼儿照护服务机构、幼儿园的保教人员，提高其职业道德素质和业务能力。

第八十五条　各级人民政府应当发展职业教育，保障未成年人接受职业教育或者职业技能培训，鼓励和支持人民团体、企业事业单位、社会组织为未成年人提供职业技能培训服务。

第八十六条　各级人民政府应当保障具有接受普通教育能力、能适应校园生活的残疾未成年人就近在普通学校、幼儿园接受教育；保障不具有接受普通教育能力的残疾未成年人在特殊教育学校、幼儿园接受学前教育、义务教育和职业教育。

各级人民政府应当保障特殊教育学校、幼儿园的办学、办园条件，鼓励和支持社会力量举办特殊教育学校、幼儿园。

第八十七条　地方人民政府及其有关部门应当保障校园安全，监督、指导学校、幼儿园等单位落实校园安全责任，建立突发事件的报告、处置和协调机制。

第八十八条　公安机关和其他有关部门应当依法维护校园周边的治安和交通秩序，设置监控设备和交通安全设施，预防和制止侵害未成年人的违法犯罪行为。

第八十九条　地方人民政府应当建立和改善适合未成年人的活动场所和设施，支持公益性未成年人活动场所和设施的建设和运行，鼓励社会力量兴办适合未成年人的活动场所和设施，并加强管理。

地方人民政府应当采取措施，鼓励和支持学校在国家法定节假日、休息日及寒暑假期将文化体育设施对未成年人免费或者优惠开放。

地方人民政府应当采取措施，防止任何组织或者个人侵占、破坏学校、幼儿园、婴幼儿照护服务机构等未成年人活动场所的场地、房屋和设施。

第九十条　各级人民政府及其有关部

门应当对未成年人进行卫生保健和营养指导，提供卫生保健服务。

卫生健康部门应当依法对未成年人的疫苗预防接种进行规范，防治未成年人常见病、多发病，加强传染病防治和监督管理，做好伤害预防和干预，指导和监督学校、幼儿园、婴幼儿照护服务机构开展卫生保健工作。

教育行政部门应当加强未成年人的心理健康教育，建立未成年人心理问题的早期发现和及时干预机制。卫生健康部门应当做好未成年人心理治疗、心理危机干预以及精神障碍早期识别和诊断治疗等工作。

第九十一条 各级人民政府及其有关部门对困境未成年人实施分类保障，采取措施满足其生活、教育、安全、医疗康复、住房等方面的基本需要。

第九十二条 具有下列情形之一的，民政部门应当依法对未成年人进行临时监护：

（一）未成年人流浪乞讨或者身份不明，暂时查找不到父母或者其他监护人；

（二）监护人下落不明且无其他人可以担任监护人；

（三）监护人因自身客观原因或者因发生自然灾害、事故灾难、公共卫生事件等突发事件不能履行监护职责，导致未成年人监护缺失；

（四）监护人拒绝或者怠于履行监护职责，导致未成年人处于无人照料的状态；

（五）监护人教唆、利用未成年人实施违法犯罪行为，未成年人需要被带离安置；

（六）未成年人遭受监护人严重伤害或者面临人身安全威胁，需要被紧急安置；

（七）法律规定的其他情形。

第九十三条 对临时监护的未成年人，民政部门可以采取委托亲属抚养、家庭寄养等方式进行安置，也可以交由未成年人救助保护机构或者儿童福利机构进行收留、抚养。

临时监护期间，经民政部门评估，监护人重新具备履行监护职责条件的，民政部门可以将未成年人送回监护人抚养。

第九十四条 具有下列情形之一的，民政部门应当依法对未成年人进行长期监护：

（一）查找不到未成年人的父母或者其他监护人；

（二）监护人死亡或者被宣告死亡且无其他人可以担任监护人；

（三）监护人丧失监护能力且无其他人可以担任监护人；

（四）人民法院判决撤销监护人资格并指定由民政部门担任监护人；

（五）法律规定的其他情形。

第九十五条 民政部门进行收养评估后，可以依法将其长期监护的未成年人交由符合条件的申请人收养。收养关系成立后，民政部门与未成年人的监护关系终止。

第九十六条 民政部门承担临时监护或者长期监护职责的，财政、教育、卫生健康、公安等部门应当根据各自职责予以配合。

县级以上人民政府及其民政部门应当根据需要设立未成年人救助保护机构、儿童福利机构，负责收留、抚养由民政部门监护的未成年人。

第九十七条 县级以上人民政府应当开通全国统一的未成年人保护热线，及时受理、转介侵犯未成年人合法权益的投诉、举报；鼓励和支持人民团体、企业事业单位、社会组织参与建设未成年人保护服务平台、服务热线、服务站点，提供未成年人保护方面的咨询、帮助。

第九十八条 国家建立性侵害、虐待、拐卖、暴力伤害等违法犯罪人员信息查询系统，向密切接触未成年人的单位提供免费查询服务。

第九十九条 地方人民政府应当培育、引导和规范有关社会组织、社会工作者参与未成年人保护工作，开展家庭教育指导服务，为未成年人的心理辅导、康复救助、监护及收养评估等提供专业服务。

第七章　司法保护

第一百条 公安机关、人民检察院、人民法院和司法行政部门应当依法履行职责，保障未成年人合法权益。

第一百零一条 公安机关、人民检察院、人民法院和司法行政部门应当确定专门机构或者指定专门人员，负责办理涉及未成年人案件。办理涉及未成年人案件的人员应当经过专门培训，熟悉未成年人身心特点。专门机构或者专门人员中，应当有女性工作人员。

公安机关、人民检察院、人民法院和司法行政部门应当对上述机构和人员实行与未成年人保护工作相适应的评价考核标准。

第一百零二条 公安机关、人民检察院、人民法院和司法行政部门办理涉及未成年人案件，应当考虑未成年人身心特点和健康成长的需要，使用未成年人能够理解的语言和表达方式，听取未成年人的意见。

第一百零三条 公安机关、人民检察院、人民法院、司法行政部门以及其他组织和个人不得披露有关案件中未成年人的姓名、影像、住所、就读学校以及其他可能识别出其身份的信息，但查找失踪、被拐卖未成年人等情形除外。

第一百零四条 对需要法律援助或者司法救助的未成年人，法律援助机构或者公安机关、人民检察院、人民法院和司法行政部门应当给予帮助，依法为其提供法律援助或者司法救助。

法律援助机构应当指派熟悉未成年人身心特点的律师为未成年人提供法律援助服务。

法律援助机构和律师协会应当对办理未成年人法律援助案件的律师进行指导和培训。

第一百零五条 人民检察院通过行使检察权，对涉及未成年人的诉讼活动等依法进行监督。

第一百零六条 未成年人合法权益受到侵犯，相关组织和个人未代为提起诉讼的，人民检察院可以督促、支持其提起诉讼；涉及公共利益的，人民检察院有权提起公益诉讼。

第一百零七条 人民法院审理继承案件，应当依法保护未成年人的继承权和受遗赠权。

人民法院审理离婚案件，涉及未成年子女抚养问题的，应当尊重已满八周岁未成年子女的真实意愿，根据双方具体情况，按照最有利于未成年子女的原则依法处理。

第一百零八条　未成年人的父母或者其他监护人不依法履行监护职责或者严重侵犯被监护的未成年人合法权益的，人民法院可以根据有关人员或者单位的申请，依法作出人身安全保护令或者撤销监护人资格。

被撤销监护人资格的父母或者其他监护人应当依法继续负担抚养费用。

第一百零九条　人民法院审理离婚、抚养、收养、监护、探望等案件涉及未成年人的，可以自行或者委托社会组织对未成年人的相关情况进行社会调查。

第一百一十条　公安机关、人民检察院、人民法院讯问未成年犯罪嫌疑人、被告人，询问未成年被害人、证人，应当依法通知其法定代理人或者其成年亲属、所在学校的代表等合适成年人到场，并采取适当方式，在适当场所进行，保障未成年人的名誉权、隐私权和其他合法权益。

人民法院开庭审理涉及未成年人案件，未成年被害人、证人一般不出庭作证；必须出庭的，应当采取保护其隐私的技术手段和心理干预等保护措施。

第一百一十一条　公安机关、人民检察院、人民法院应当与其他有关政府部门、人民团体、社会组织互相配合，对遭受性侵害或者暴力伤害的未成年被害人及其家庭实施必要的心理干预、经济救助、法律援助、转学安置等保护措施。

第一百一十二条　公安机关、人民检察院、人民法院办理未成年人遭受性侵害或者暴力伤害案件，在询问未成年被害人、证人时，应当采取同步录音录像等措施，尽量一次完成；未成年被害人、证人是女性的，应当由女性工作人员进行。

第一百一十三条　对违法犯罪的未成年人，实行教育、感化、挽救的方针，坚持教育为主、惩罚为辅的原则。

对违法犯罪的未成年人依法处罚后，在升学、就业等方面不得歧视。

第一百一十四条　公安机关、人民检察院、人民法院和司法行政部门发现有关单位未尽到未成年人教育、管理、救助、看护等保护职责的，应当向该单位提出建议。被建议单位应当在一个月内作出书面回复。

第一百一十五条　公安机关、人民检察院、人民法院和司法行政部门应当结合实际，根据涉及未成年人案件的特点，开展未成年人法治宣传教育工作。

第一百一十六条　国家鼓励和支持社会组织、社会工作者参与涉及未成年人案件中未成年人的心理干预、法律援助、社会调查、社会观护、教育矫治、社区矫正等工作。

第八章　法律责任

第一百一十七条　违反本法第十一条第二款规定，未履行报告义务造成严重后果的，由上级主管部门或者所在单位对直接负责的主管人员和其他直接责任人员依法给予处分。

第一百一十八条　未成年人的父母或者其他监护人不依法履行监护职责或者侵犯未成年人合法权益的，由其居住地的居民委员会、村民委员会予以劝诫、制止；情节严重的，居民委员会、村民委员会应当及时向公安机关报告。

公安机关接到报告或者公安机关、人

民检察院、人民法院在办理案件过程中发现未成年人的父母或者其他监护人存在上述情形的，应当予以训诫，并可以责令其接受家庭教育指导。

第一百一十九条 学校、幼儿园、婴幼儿照护服务等机构及其教职员工违反本法第二十七条、第二十八条、第三十九条规定的，由公安、教育、卫生健康、市场监督管理等部门按照职责分工责令改正；拒不改正或者情节严重的，对直接负责的主管人员和其他直接责任人员依法给予处分。

第一百二十条 违反本法第四十四条、第四十五条、第四十七条规定，未给予未成年人免费或者优惠待遇的，由市场监督管理、文化和旅游、交通运输等部门按照职责分工责令限期改正，给予警告；拒不改正的，处一万元以上十万元以下罚款。

第一百二十一条 违反本法第五十条、第五十一条规定的，由新闻出版、广播电视、电影、网信等部门按照职责分工责令限期改正，给予警告，没收违法所得，可以并处十万元以下罚款；拒不改正或者情节严重的，责令暂停相关业务、停产停业或者吊销营业执照、吊销相关许可证，违法所得一百万元以上的，并处违法所得一倍以上十倍以下的罚款，没有违法所得或者违法所得不足一百万元的，并处十万元以上一百万元以下罚款。

第一百二十二条 场所运营单位违反本法第五十六条第二款规定、住宿经营者违反本法第五十七条规定的，由市场监督管理、应急管理、公安等部门按照职责分工责令限期改正，给予警告；拒不改正或者造成严重后果的，责令停业整顿或者吊销营业执照、吊销相关许可证，并处一万元以上十万元以下罚款。

第一百二十三条 相关经营者违反本法第五十八条、第五十九条第一款、第六十条规定的，由文化和旅游、市场监督管理、烟草专卖、公安等部门按照职责分工责令限期改正，给予警告，没收违法所得，可以并处五万元以下罚款；拒不改正或者情节严重的，责令停业整顿或者吊销营业执照、吊销相关许可证，可以并处五万元以上五十万元以下罚款。

第一百二十四条 违反本法第五十九条第二款规定，在学校、幼儿园和其他未成年人集中活动的公共场所吸烟、饮酒的，由卫生健康、教育、市场监督管理等部门按照职责分工责令改正，给予警告，可以并处五百元以下罚款；场所管理者未及时制止的，由卫生健康、教育、市场监督管理等部门按照职责分工给予警告，并处一万元以下罚款。

第一百二十五条 违反本法第六十一条规定的，由文化和旅游、人力资源和社会保障、市场监督管理等部门按照职责分工责令限期改正，给予警告，没收违法所得，可以并处十万元以下罚款；拒不改正或者情节严重的，责令停产停业或者吊销营业执照、吊销相关许可证，并处十万元以上一百万元以下罚款。

第一百二十六条 密切接触未成年人的单位违反本法第六十二条规定，未履行查询义务，或者招用、继续聘用具有相关违法犯罪记录人员的，由教育、人力资源和社会保障、市场监督管理等部门按照职责分工责令限期改正，给予警告，并处五万元以下罚款；拒不改正或者造成严重后果的，责令停业整顿或者吊销营业执照、吊销相关许可证，并处五万元以上五十万元以下罚款，对直接负责的主管人员和其他直接责任人员依法给予处分。

第一百二十七条 信息处理者违反本法第七十二条规定，或者网络产品和服务提供者违反本法第七十三条、第七十四条、第七十五条、第七十六条、第七十七条、第八十条规定的，由公安、网信、电信、新闻出版、广播电视、文化和旅游等有关部门按照职责分工责令改正，给予警告，没收违法所得，违法所得一百万元以上的，并处违法所得一倍以上十倍以下罚款，没有违法所得或者违法所得不足一百万元的，并处十万元以上一百万元以下罚款，对直接负责的主管人员和其他责任人员处一万元以上十万元以下罚款；拒不改正或者情节严重的，并可以责令暂停相关业务、停业整顿、关闭网站、吊销营业执照或者吊销相关许可证。

第一百二十八条 国家机关工作人员玩忽职守、滥用职权、徇私舞弊，损害未成年人合法权益的，依法给予处分。

第一百二十九条 违反本法规定，侵犯未成年人合法权益，造成人身、财产或者其他损害的，依法承担民事责任。

违反本法规定，构成违反治安管理行为的，依法给予治安管理处罚；构成犯罪的，依法追究刑事责任。

第九章 附 则

第一百三十条 本法中下列用语的含义：

（一）密切接触未成年人的单位，是指学校、幼儿园等教育机构；校外培训机构；未成年人救助保护机构、儿童福利机构等未成年人安置、救助机构；婴幼儿照护服务机构、早期教育服务机构；校外托管、临时看护机构；家政服务机构；为未成年人提供医疗服务的医疗机构；其他对未成年人负有教育、培训、监护、救助、看护、医疗等职责的企业事业单位、社会组织等。

（二）学校，是指普通中小学、特殊教育学校、中等职业学校、专门学校。

（三）学生欺凌，是指发生在学生之间，一方蓄意或者恶意通过肢体、语言及网络等手段实施欺压、侮辱，造成另一方人身伤害、财产损失或者精神损害的行为。

第一百三十一条 对中国境内未满十八周岁的外国人、无国籍人，依照本法有关规定予以保护。

第一百三十二条 本法自2021年6月1日起施行。

未成年工特殊保护规定

（1994年12月9日 劳部发〔1994〕498号）

第一条 为维护未成年工的合法权益，保护其在生产劳动中的健康，根据《中华人民共和国劳动法》的有关规定，制定本规定。

第二条 未成年工是指年满十六周岁，未满十八周岁的劳动者。

未成年工的特殊保护是针对未成年工处于生长发育期的特点，以及接受义务教育的需要，采取的特殊劳动保护措施。

第三条 用人单位不得安排未成年工从事以下范围的劳动：

（一）《生产性粉尘作业危害程度分级》国家标准中第一级以上的接尘作业；

（二）《有毒作业分级》国家标准中第一级以上的有毒作业；

（三）《高处作业分级》国家标准中第二级以上的高处作业；

（四）《冷水作业分级》国家标准中第二级以上的冷水作业；

（五）《高温作业分级》国家标准中第三级以上的高温作业；

（六）《低温作业分级》国家标准中第三级以上的低温作业；

（七）《体力劳动强度分级》国家标准中第四级体力劳动强度的作业；

（八）矿山井下及矿山地面采石作业；

（九）森林业中的伐木、流放及守林作业；

（十）工作场所接触放射性物质的作业；

（十一）有易燃易爆、化学性烧伤和热烧伤等危险性大的作业；

（十二）地质勘探和资源勘探的野外作业；

（十三）潜水、涵洞、涵道作业和海拔三千米以上的高原作业（不包括世居高原者）；

（十四）连续负重每小时在六次以上并每次超过20公斤，间断负重每次超过25公斤的作业；

（十五）使用凿岩机、捣固机、气镐、气铲、铆钉机、电锤的作业；

（十六）工作中需要长时间保持低头、弯腰、上举、下蹲等强迫体位和动作频率每分钟大于五十次的流水线作业；

（十七）锅炉司炉。

第四条 未成年工患有某种疾病或具有某些生理缺陷（非残疾型）时，用人单位不得安排其从事以下范围的劳动：

（一）《高处作业分级》国家标准中第一级以上的高处作业；

（二）《低温作业分级》国家标准中第二级以上的低温作业；

（三）《高温作业分级》国家标准中第二级以上的高温作业；

（四）《体力劳动强度分级》国家标准中第三级以上体力劳动强度的作业；

（五）接触铅、苯、汞、甲醛、二硫化碳等易引起过敏反应的作业。

第五条 患有某种疾病或具有某些生理缺陷（非残疾型）的未成年工，是指有以下一种或一种以上情况者：

（一）心血管系统

1. 先天性心脏病；

2. 克山病；

3. 收缩期或舒张期二级以上心脏杂音。

（二）呼吸系统

1. 中度以上气管炎或支气管哮喘；

2. 呼吸音明显减弱；

3. 各类结核病；

4. 体弱儿，呼吸道反复感染者。

（三）消化系统

1. 各类肝炎；

2. 肝、脾肿大；

3. 胃、十二指肠溃疡；

4. 各种消化道疝。

（四）泌尿系统

1. 急、慢性肾炎；

2. 泌尿系感染。

（五）内分泌系统

1. 甲状腺机能亢进；

2. 中度以上糖尿病。

（六）精神神经系统

1. 智力明显低下；

2. 精神忧郁或狂暴。

（七）肌肉、骨骼运动系统

1. 身高和体重低于同龄人标准；

2. 一个及一个以上肢体存在明显功能障碍；

3. 躯干四分之一以上部位活动受限，包括强直或不能旋转。

（八）其它

1. 结核性胸膜炎；

2. 各类重度关节炎；

3. 血吸虫病；

4. 严重贫血，其血色素每升低于95克（<9.5g/dL）。

第六条 用人单位应按下列要求对未成年工定期进行健康检查：

（一）安排工作岗位之前；

（二）工作满1年；

（三）年满18周岁，距前一次的体检时间已超过半年。

第七条 未成年工的健康检查，应按本规定所附《未成年工健康检查表》列出的项目进行。

第八条 用人单位应根据未成年工的健康检查结果安排其从事适合的劳动，对不能胜任原劳动岗位的，应根据医务部门的证明，予以减轻劳动量或安排其他劳动。

第九条 对未成年工的使用和特殊保护实行登记制度。

（一）用人单位招收使用未成年工，除符合一般用工要求外，还须向所在地的县级以上劳动行政部门办理登记。劳动行政部门根据《未成年工健康检查表》、《未成年工登记表》，核发《未成年工登记证》。

（二）各级劳动行政部门须按本规定第三、四、五、七条的有关规定，审核体检情况和拟安排的劳动范围。

（三）未成年工须持《未成年工登记证》上岗。

（四）《未成年工登记证》由国务院劳动行政部门统一印制。

第十条 未成年工上岗前用人单位应对其进行有关的职业安全卫生教育、培训；未成年工体检和登记，由用人单位统一办理和承担费用。

第十一条 县级以上劳动行政部门对用人单位执行本规定的情况进行监督检查，对违反本规定的行为依照有关法规进行处罚。

各级工会组织对本规定的执行情况进行监督。

第十二条 省、自治区、直辖市劳动行政部门可以根据本规定制定实施办法。

第十三条 本规定自1995年1月1日起施行。

禁止使用童工规定

（2002年9月18日国务院第63次常务会议通过 2002年10月1日中华人民共和国国务院令第364号公布 自2002年12月1日起施行）

第一条 为保护未成年人的身心健康，促进义务教育制度的实施，维护未成年人的合法权益，根据宪法和劳动法、未成年人保护法，制定本规定。

第二条 国家机关、社会团体、企业事业单位、民办非企业单位或者个体工商户（以下统称用人单位）均不得招用不满16周岁的未成年人（招用不满16周岁的未成年人，以下统称使用童工）。

禁止任何单位或者个人为不满16周岁的未成年人介绍就业。

禁止不满16周岁的未成年人开业从事个体经营活动。

第三条 不满16周岁的未成年人的父母或者其他监护人应当保护其身心健康，保障其接受义务教育的权利，不得允许其被用人单位非法招用。

不满16周岁的未成年人的父母或者其他监护人允许其被用人单位非法招用的，所在地的乡（镇）人民政府、城市街道办事处以及村民委员会、居民委员会应当给予批评教育。

第四条 用人单位招用人员时，必须核查被招用人员的身份证；对不满16周岁的未成年人，一律不得录用。用人单位录用人员的录用登记、核查材料应当妥善保管。

第五条 县级以上各级人民政府劳动保障行政部门负责本规定执行情况的监督检查。

县级以上各级人民政府公安、工商行政管理、教育、卫生等行政部门在各自职责范围内对本规定的执行情况进行监督检查，并对劳动保障行政部门的监督检查给予配合。

工会、共青团、妇联等群众组织应当依法维护未成年人的合法权益。

任何单位或者个人发现使用童工的，均有权向县级以上人民政府劳动保障行政部门举报。

第六条 用人单位使用童工的，由劳动保障行政部门按照每使用一名童工每月处5000元罚款的标准给予处罚；在使用有毒物品的作业场所使用童工的，按照《使用有毒物品作业场所劳动保护条例》规定的罚款幅度，或者按照每使用一名童工每月处5000元罚款的标准，从重处罚。劳动保障行政部门并应当责令用人单位限期将童工送回原居住地交其父母或者其他监护人，所需交通和食宿费用全部由用人单位承担。

用人单位经劳动保障行政部门依照前款规定责令限期改正，逾期仍不将童工送交其父母或者其他监护人的，从责令限期改正之日起，由劳动保障行政部门按照每使用一名童工每月处1万元罚款的标准处罚，并由工商行政管理部门吊销其营业执照或者由民政部门撤销民办非企业单位登记；用人单位是国家机关、事业单位的，由有关单位依法对直接负责的主管人员和其他直接责任人员给予降级或者撤职的行政处分或者纪律处分。

第七条 单位或者个人为不满 16 周岁的未成年人介绍就业的，由劳动保障行政部门按照每介绍一人处 5000 元罚款的标准给予处罚；职业中介机构为不满 16 周岁的未成年人介绍就业的，并由劳动保障行政部门吊销其职业介绍许可证。

第八条 用人单位未按照本规定第四条的规定保存录用登记材料，或者伪造录用登记材料的，由劳动保障行政部门处 1 万元的罚款。

第九条 无营业执照、被依法吊销营业执照的单位以及未依法登记、备案的单位使用童工或者介绍童工就业的，依照本规定第六条、第七条、第八条规定的标准加一倍罚款，该非法单位由有关的行政主管部门予以取缔。

第十条 童工患病或者受伤的，用人单位应当负责送到医疗机构治疗，并负担治疗期间的全部医疗和生活费用。

童工伤残或者死亡的，用人单位由工商行政管理部门吊销营业执照或者由民政部门撤销民办非企业单位登记；用人单位是国家机关、事业单位的，由有关单位依法对直接负责的主管人员和其他直接责任人员给予降级或者撤职的行政处分或者纪律处分；用人单位还应当一次性地对伤残的童工、死亡童工的直系亲属给予赔偿，赔偿金额按照国家工伤保险的有关规定计算。

第十一条 拐骗童工，强迫童工劳动，使用童工从事高空、井下、放射性、高毒、易燃易爆以及国家规定的第四级体力劳动强度的劳动，使用不满 14 周岁的童工，或者造成童工死亡或者严重伤残的，依照刑法关于拐卖儿童罪、强迫劳动罪或者其他罪的规定，依法追究刑事责任。

第十二条 国家行政机关工作人员有下列行为之一的，依法给予记大过或者降级的行政处分；情节严重的，依法给予撤职或者开除的行政处分；构成犯罪的，依照刑法关于滥用职权罪、玩忽职守罪或者其他罪的规定，依法追究刑事责任：

（一）劳动保障等有关部门工作人员在禁止使用童工的监督检查工作中发现使用童工的情况，不予制止、纠正、查处的；

（二）公安机关的人民警察违反规定发放身份证或者在身份证上登录虚假出生年月的；

（三）工商行政管理部门工作人员发现申请人是不满 16 周岁的未成年人，仍然为其从事个体经营发放营业执照的。

第十三条 文艺、体育单位经未成年人的父母或者其他监护人同意，可以招用不满 16 周岁的专业文艺工作者、运动员。用人单位应当保障被招用的不满 16 周岁的未成年人的身心健康，保障其接受义务教育的权利。文艺、体育单位招用不满 16 周岁的专业文艺工作者、运动员的办法，由国务院劳动保障行政部门会同国务院文化、体育行政部门制定。

学校、其他教育机构以及职业培训机构按照国家有关规定组织不满 16 周岁的未成年人进行不影响其人身安全和身心健康的教育实践劳动、职业技能培训劳动，不属于使用童工。

第十四条 本规定自 2002 年 12 月 1 日起施行。1991 年 4 月 15 日国务院发布的《禁止使用童工规定》同时废止。

中华人民共和国残疾人保障法

（1990年12月28日第七届全国人民代表大会常务委员会第十七次会议通过 2008年4月24日第十一届全国人民代表大会常务委员会第二次会议修订 根据2018年10月26日第十三届全国人民代表大会常务委员会第六次会议《关于修改〈中华人民共和国野生动物保护法〉等十五部法律的决定》修正）

目 录

第一章 总 则
第二章 康 复
第三章 教 育
第四章 劳动就业
第五章 文化生活
第六章 社会保障
第七章 无障碍环境
第八章 法律责任
第九章 附 则

第一章 总 则

第一条 为了维护残疾人的合法权益，发展残疾人事业，保障残疾人平等地充分参与社会生活，共享社会物质文化成果，根据宪法，制定本法。

第二条 残疾人是指在心理、生理、人体结构上，某种组织、功能丧失或者不正常，全部或者部分丧失以正常方式从事某种活动能力的人。

残疾人包括视力残疾、听力残疾、言语残疾、肢体残疾、智力残疾、精神残疾、多重残疾和其他残疾的人。

残疾标准由国务院规定。

第三条 残疾人在政治、经济、文化、社会和家庭生活等方面享有同其他公民平等的权利。

残疾人的公民权利和人格尊严受法律保护。

禁止基于残疾的歧视。禁止侮辱、侵害残疾人。禁止通过大众传播媒介或者其他方式贬低损害残疾人人格。

第四条 国家采取辅助方法和扶持措施，对残疾人给予特别扶助，减轻或者消除残疾影响和外界障碍，保障残疾人权利的实现。

第五条 县级以上人民政府应当将残疾人事业纳入国民经济和社会发展规划，加强领导，综合协调，并将残疾人事业经费列入财政预算，建立稳定的经费保障机制。

国务院制定中国残疾人事业发展纲要，县级以上地方人民政府根据中国残疾人事业发展纲要，制定本行政区域的残疾人事业发展规划和年度计划，使残疾人事业与经济、社会协调发展。

县级以上人民政府负责残疾人工作的机构，负责组织、协调、指导、督促有关部门做好残疾人事业的工作。

各级人民政府和有关部门，应当密切联系残疾人，听取残疾人的意见，按照各自的职责，做好残疾人工作。

第六条 国家采取措施，保障残疾人依照法律规定，通过各种途径和形式，管理国家事务，管理经济和文化事业，管理社会事务。

制定法律、法规、规章和公共政策，对涉及残疾人权益和残疾人事业的重大问题，应当听取残疾人和残疾人组织的意见。

残疾人和残疾人组织有权向各级国家机关提出残疾人权益保障、残疾人事业发展等方面的意见和建议。

第七条　全社会应当发扬人道主义精神，理解、尊重、关心、帮助残疾人，支持残疾人事业。

国家鼓励社会组织和个人为残疾人提供捐助和服务。

国家机关、社会团体、企业事业单位和城乡基层群众性自治组织，应当做好所属范围内的残疾人工作。

从事残疾人工作的国家工作人员和其他人员，应当依法履行职责，努力为残疾人服务。

第八条　中国残疾人联合会及其地方组织，代表残疾人的共同利益，维护残疾人的合法权益，团结教育残疾人，为残疾人服务。

中国残疾人联合会及其地方组织依照法律、法规、章程或者接受政府委托，开展残疾人工作，动员社会力量，发展残疾人事业。

第九条　残疾人的扶养人必须对残疾人履行扶养义务。

残疾人的监护人必须履行监护职责，尊重被监护人的意愿，维护被监护人的合法权益。

残疾人的亲属、监护人应当鼓励和帮助残疾人增强自立能力。

禁止对残疾人实施家庭暴力，禁止虐待、遗弃残疾人。

第十条　国家鼓励残疾人自尊、自信、自强、自立，为社会主义建设贡献力量。

残疾人应当遵守法律、法规，履行应尽的义务，遵守公共秩序，尊重社会公德。

第十一条　国家有计划地开展残疾预防工作，加强对残疾预防工作的领导，宣传、普及母婴保健和预防残疾的知识，建立健全出生缺陷预防和早期发现、早期治疗机制，针对遗传、疾病、药物、事故、灾害、环境污染和其他致残因素，组织和动员社会力量，采取措施，预防残疾的发生，减轻残疾程度。

国家建立健全残疾人统计调查制度，开展残疾人状况的统计调查和分析。

第十二条　国家和社会对残疾军人、因公致残人员以及其他为维护国家和人民利益致残的人员实行特别保障，给予抚恤和优待。

第十三条　对在社会主义建设中做出显著成绩的残疾人，对维护残疾人合法权益、发展残疾人事业、为残疾人服务做出显著成绩的单位和个人，各级人民政府和有关部门给予表彰和奖励。

第十四条　每年5月的第三个星期日为全国助残日。

第二章　康　　复

第十五条　国家保障残疾人享有康复服务的权利。

各级人民政府和有关部门应当采取措施，为残疾人康复创造条件，建立和完善残疾人康复服务体系，并分阶段实施重点康复项目，帮助残疾人恢复或者补偿功能，增强其参与社会生活的能力。

第十六条 康复工作应当从实际出发，将现代康复技术与我国传统康复技术相结合；以社区康复为基础，康复机构为骨干，残疾人家庭为依托；以实用、易行、受益广的康复内容为重点，优先开展残疾儿童抢救性治疗和康复；发展符合康复要求的科学技术，鼓励自主创新，加强康复新技术的研究、开发和应用，为残疾人提供有效的康复服务。

第十七条 各级人民政府鼓励和扶持社会力量兴办残疾人康复机构。

地方各级人民政府和有关部门，应当组织和指导城乡社区服务组织、医疗预防保健机构、残疾人组织、残疾人家庭和其他社会力量，开展社区康复工作。

残疾人教育机构、福利性单位和其他为残疾人服务的机构，应当创造条件，开展康复训练活动。

残疾人在专业人员的指导和有关工作人员、志愿工作者及亲属的帮助下，应当努力进行功能、自理能力和劳动技能的训练。

第十八条 地方各级人民政府和有关部门应当根据需要有计划地在医疗机构设立康复医学科室，举办残疾人康复机构，开展康复医疗与训练、人员培训、技术指导、科学研究等工作。

第十九条 医学院校和其他有关院校应当有计划地开设康复课程，设置相关专业，培养各类康复专业人才。

政府和社会采取多种形式对从事康复工作的人员进行技术培训；向残疾人、残疾人亲属、有关工作人员和志愿工作者普及康复知识，传授康复方法。

第二十条 政府有关部门应当组织和扶持残疾人康复器械、辅助器具的研制、生产、供应、维修服务。

第三章 教 育

第二十一条 国家保障残疾人享有平等接受教育的权利。

各级人民政府应当将残疾人教育作为国家教育事业的组成部分，统一规划，加强领导，为残疾人接受教育创造条件。

政府、社会、学校应当采取有效措施，解决残疾儿童、少年就学存在的实际困难，帮助其完成义务教育。

各级人民政府对接受义务教育的残疾学生、贫困残疾人家庭的学生提供免费教科书，并给予寄宿生活费等费用补助；对接受义务教育以外其他教育的残疾学生、贫困残疾人家庭的学生按照国家有关规定给予资助。

第二十二条 残疾人教育，实行普及与提高相结合、以普及为重点的方针，保障义务教育，着重发展职业教育，积极开展学前教育，逐步发展高级中等以上教育。

第二十三条 残疾人教育应当根据残疾人的身心特性和需要，按照下列要求实施：

（一）在进行思想教育、文化教育的同时，加强身心补偿和职业教育；

（二）依据残疾类别和接受能力，采取普通教育方式或者特殊教育方式；

（三）特殊教育的课程设置、教材、教学方法、入学和在校年龄，可以有适度弹性。

第二十四条　县级以上人民政府应当根据残疾人的数量、分布状况和残疾类别等因素，合理设置残疾人教育机构，并鼓励社会力量办学、捐资助学。

第二十五条　普通教育机构对具有接受普通教育能力的残疾人实施教育，并为其学习提供便利和帮助。

普通小学、初级中等学校，必须招收能适应其学习生活的残疾儿童、少年入学；普通高级中等学校、中等职业学校和高等学校，必须招收符合国家规定的录取要求的残疾考生入学，不得因其残疾而拒绝招收；拒绝招收的，当事人或者其亲属、监护人可以要求有关部门处理，有关部门应当责令该学校招收。

普通幼儿教育机构应当接收能适应其生活的残疾幼儿。

第二十六条　残疾幼儿教育机构、普通幼儿教育机构附设的残疾儿童班、特殊教育机构的学前班、残疾儿童福利机构、残疾儿童家庭，对残疾儿童实施学前教育。

初级中等以下特殊教育机构和普通教育机构附设的特殊教育班，对不具有接受普通教育能力的残疾儿童、少年实施义务教育。

高级中等以上特殊教育机构、普通教育机构附设的特殊教育班和残疾人职业教育机构，对符合条件的残疾人实施高级中等以上文化教育、职业教育。

提供特殊教育的机构应当具备适合残疾人学习、康复、生活特点的场所和设施。

第二十七条　政府有关部门、残疾人所在单位和有关社会组织应当对残疾人开展扫除文盲、职业培训、创业培训和其他成人教育，鼓励残疾人自学成才。

第二十八条　国家有计划地举办各级各类特殊教育师范院校、专业，在普通师范院校附设特殊教育班，培养、培训特殊教育师资。普通师范院校开设特殊教育课程或者讲授有关内容，使普通教师掌握必要的特殊教育知识。

特殊教育教师和手语翻译，享受特殊教育津贴。

第二十九条　政府有关部门应当组织和扶持盲文、手语的研究和应用，特殊教育教材的编写和出版，特殊教育教学用具及其他辅助用品的研制、生产和供应。

第四章　劳动就业

第三十条　国家保障残疾人劳动的权利。

各级人民政府应当对残疾人劳动就业统筹规划，为残疾人创造劳动就业条件。

第三十一条　残疾人劳动就业，实行集中与分散相结合的方针，采取优惠政策和扶持保护措施，通过多渠道、多层次、多种形式，使残疾人劳动就业逐步普及、稳定、合理。

第三十二条　政府和社会举办残疾人福利企业、盲人按摩机构和其他福利性单位，集中安排残疾人就业。

第三十三条　国家实行按比例安排残疾人就业制度。

国家机关、社会团体、企业事业单位、民办非企业单位应当按照规定的比例安排残疾人就业，并为其选择适当的工种和岗位。达不到规定比例的，按照国家有关规定履行保障残疾人就业义务。国家鼓励用人单位超过规定比例安排残疾人就业。

残疾人就业的具体办法由国务院规定。

第三十四条 国家鼓励和扶持残疾人自主择业、自主创业。

第三十五条 地方各级人民政府和农村基层组织，应当组织和扶持农村残疾人从事种植业、养殖业、手工业和其他形式的生产劳动。

第三十六条 国家对安排残疾人就业达到、超过规定比例或者集中安排残疾人就业的用人单位和从事个体经营的残疾人，依法给予税收优惠，并在生产、经营、技术、资金、物资、场地等方面给予扶持。国家对从事个体经营的残疾人，免除行政事业性收费。

县级以上地方人民政府及其有关部门应当确定适合残疾人生产、经营的产品、项目，优先安排残疾人福利性单位生产或者经营，并根据残疾人福利性单位的生产特点确定某些产品由其专产。

政府采购，在同等条件下应当优先购买残疾人福利性单位的产品或者服务。

地方各级人民政府应当开发适合残疾人就业的公益性岗位。

对申请从事个体经营的残疾人，有关部门应当优先核发营业执照。

对从事各类生产劳动的农村残疾人，有关部门应当在生产服务、技术指导、农用物资供应、农副产品购销和信贷等方面，给予帮助。

第三十七条 政府有关部门设立的公共就业服务机构，应当为残疾人免费提供就业服务。

残疾人联合会举办的残疾人就业服务机构，应当组织开展免费的职业指导、职业介绍和职业培训，为残疾人就业和用人单位招用残疾人提供服务和帮助。

第三十八条 国家保护残疾人福利性单位的财产所有权和经营自主权，其合法权益不受侵犯。

在职工的招用、转正、晋级、职称评定、劳动报酬、生活福利、休息休假、社会保险等方面，不得歧视残疾人。

残疾职工所在单位应当根据残疾职工的特点，提供适当的劳动条件和劳动保护，并根据实际需要对劳动场所、劳动设备和生活设施进行改造。

国家采取措施，保障盲人保健和医疗按摩人员从业的合法权益。

第三十九条 残疾职工所在单位应当对残疾职工进行岗位技术培训，提高其劳动技能和技术水平。

第四十条 任何单位和个人不得以暴力、威胁或者非法限制人身自由的手段强迫残疾人劳动。

第五章　文化生活

第四十一条 国家保障残疾人享有平等参与文化生活的权利。

各级人民政府和有关部门鼓励、帮助残疾人参加各种文化、体育、娱乐活动，积极创造条件，丰富残疾人精神文化生活。

第四十二条 残疾人文化、体育、娱乐活动应当面向基层，融于社会公共文化生活，适应各类残疾人的不同特点和需要，使残疾人广泛参与。

第四十三条 政府和社会采取下列措施，丰富残疾人的精神文化生活：

（一）通过广播、电影、电视、报刊、图书、网络等形式，及时宣传报道残疾人的工作、生活等情况，为残疾人服务；

（二）组织和扶持盲文读物、盲人有声读物及其他残疾人读物的编写和出版，根据盲人的实际需要，在公共图书馆设立盲文读物、盲人有声读物图书室；

（三）开办电视手语节目，开办残疾人专题广播栏目，推进电视栏目、影视作品加配字幕、解说；

（四）组织和扶持残疾人开展群众性文化、体育、娱乐活动，举办特殊艺术演出和残疾人体育运动会，参加国际性比赛和交流；

（五）文化、体育、娱乐和其他公共活动场所，为残疾人提供方便和照顾。有计划地兴办残疾人活动场所。

第四十四条　政府和社会鼓励、帮助残疾人从事文学、艺术、教育、科学、技术和其他有益于人民的创造性劳动。

第四十五条　政府和社会促进残疾人与其他公民之间的相互理解和交流，宣传残疾人事业和扶助残疾人的事迹，弘扬残疾人自强不息的精神，倡导团结、友爱、互助的社会风尚。

第六章　社会保障

第四十六条　国家保障残疾人享有各项社会保障的权利。

政府和社会采取措施，完善对残疾人的社会保障，保障和改善残疾人的生活。

第四十七条　残疾人及其所在单位应当按照国家有关规定参加社会保险。

残疾人所在城乡基层群众性自治组织、残疾人家庭，应当鼓励、帮助残疾人参加社会保险。

对生活确有困难的残疾人，按照国家有关规定给予社会保险补贴。

第四十八条　各级人民政府对生活确有困难的残疾人，通过多种渠道给予生活、教育、住房和其他社会救助。

县级以上地方人民政府对享受最低生活保障待遇后生活仍有特别困难的残疾人家庭，应当采取其他措施保障其基本生活。

各级人民政府对贫困残疾人的基本医疗、康复服务、必要的辅助器具的配置和更换，应当按照规定给予救助。

对生活不能自理的残疾人，地方各级人民政府应当根据情况给予护理补贴。

第四十九条　地方各级人民政府对无劳动能力、无扶养人或者扶养人不具有扶养能力、无生活来源的残疾人，按照规定予以供养。

国家鼓励和扶持社会力量举办残疾人供养、托养机构。

残疾人供养、托养机构及其工作人员不得侮辱、虐待、遗弃残疾人。

第五十条　县级以上人民政府对残疾人搭乘公共交通工具，应当根据实际情况给予便利和优惠。残疾人可以免费携带随身必备的辅助器具。

盲人持有效证件免费乘坐市内公共汽车、电车、地铁、渡船等公共交通工具。盲人读物邮件免费寄递。

国家鼓励和支持提供电信、广播电视服务的单位对盲人、听力残疾人、言语残疾人给予优惠。

各级人民政府应当逐步增加对残疾人的其他照顾和扶助。

第五十一条　政府有关部门和残疾人

组织应当建立和完善社会各界为残疾人捐助和服务的渠道，鼓励和支持发展残疾人慈善事业，开展志愿者助残等公益活动。

第七章　无障碍环境

第五十二条　国家和社会应当采取措施，逐步完善无障碍设施，推进信息交流无障碍，为残疾人平等参与社会生活创造无障碍环境。

各级人民政府应当对无障碍环境建设进行统筹规划，综合协调，加强监督管理。

第五十三条　无障碍设施的建设和改造，应当符合残疾人的实际需要。

新建、改建和扩建建筑物、道路、交通设施等，应当符合国家有关无障碍设施工程建设标准。

各级人民政府和有关部门应当按照国家无障碍设施工程建设规定，逐步推进已建成设施的改造，优先推进与残疾人日常工作、生活密切相关的公共服务设施的改造。

对无障碍设施应当及时维修和保护。

第五十四条　国家采取措施，为残疾人信息交流无障碍创造条件。

各级人民政府和有关部门应当采取措施，为残疾人获取公共信息提供便利。

国家和社会研制、开发适合残疾人使用的信息交流技术和产品。

国家举办的各类升学考试、职业资格考试和任职考试，有盲人参加的，应当为盲人提供盲文试卷、电子试卷或者由专门的工作人员予以协助。

第五十五条　公共服务机构和公共场所应当创造条件，为残疾人提供语音和文字提示、手语、盲文等信息交流服务，并提供优先服务和辅助性服务。

公共交通工具应当逐步达到无障碍设施的要求。有条件的公共停车场应当为残疾人设置专用停车位。

第五十六条　组织选举的部门应当为残疾人参加选举提供便利；有条件的，应当为盲人提供盲文选票。

第五十七条　国家鼓励和扶持无障碍辅助设备、无障碍交通工具的研制和开发。

第五十八条　盲人携带导盲犬出入公共场所，应当遵守国家有关规定。

第八章　法律责任

第五十九条　残疾人的合法权益受到侵害的，可以向残疾人组织投诉，残疾人组织应当维护残疾人的合法权益，有权要求有关部门或者单位查处。有关部门或者单位应当依法查处，并予以答复。

残疾人组织对残疾人通过诉讼维护其合法权益需要帮助的，应当给予支持。

残疾人组织对侵害特定残疾人群体利益的行为，有权要求有关部门依法查处。

第六十条　残疾人的合法权益受到侵害的，有权要求有关部门依法处理，或者依法向仲裁机构申请仲裁，或者依法向人民法院提起诉讼。

对有经济困难或者其他原因确需法律援助或者司法救助的残疾人，当地法律援助机构或者人民法院应当给予帮助，依法为其提供法律援助或者司法救助。

第六十一条　违反本法规定，对侵害残疾人权益行为的申诉、控告、检举，推诿、拖延、压制不予查处，或者对提出申诉、控告、检举的人进行打击报复的，由其所在单位、主管部门或者上级机关责令改正，并依法对直接负责的主管人员和其他直接责任人员给予处分。

国家工作人员未依法履行职责，对侵害残疾人权益的行为未及时制止或者未给予受害残疾人必要帮助，造成严重后果的，由其所在单位或者上级机关依法对直接负责的主管人员和其他直接责任人员给予处分。

第六十二条 违反本法规定，通过大众传播媒介或者其他方式贬低损害残疾人人格的，由文化、广播电视、电影、新闻出版或者其他有关主管部门依据各自的职权责令改正，并依法给予行政处罚。

第六十三条 违反本法规定，有关教育机构拒不接收残疾学生入学，或者在国家规定的录取要求以外附加条件限制残疾学生就学的，由有关主管部门责令改正，并依法对直接负责的主管人员和其他直接责任人员给予处分。

第六十四条 违反本法规定，在职工的招用等方面歧视残疾人的，由有关主管部门责令改正；残疾人劳动者可以依法向人民法院提起诉讼。

第六十五条 违反本法规定，供养、托养机构及其工作人员侮辱、虐待、遗弃残疾人的，对直接负责的主管人员和其他直接责任人员依法给予处分；构成违反治安管理行为的，依法给予行政处罚。

第六十六条 违反本法规定，新建、改建和扩建建筑物、道路、交通设施，不符合国家有关无障碍设施工程建设标准，或者对无障碍设施未进行及时维修和保护造成后果的，由有关主管部门依法处理。

第六十七条 违反本法规定，侵害残疾人的合法权益，其他法律、法规规定行政处罚的，从其规定；造成财产损失或者其他损害的，依法承担民事责任；构成犯罪的，依法追究刑事责任。

第九章 附 则

第六十八条 本法自2008年7月1日起施行。

残疾人就业条例

（2007年2月14日国务院第169次常务会议通过 2007年2月25日中华人民共和国国务院令第488号公布 自2007年5月1日起施行）

第一章 总 则

第一条 为了促进残疾人就业，保障残疾人的劳动权利，根据《中华人民共和国残疾人保障法》和其他有关法律，制定本条例。

第二条 国家对残疾人就业实行集中就业与分散就业相结合的方针，促进残疾人就业。

县级以上人民政府应当将残疾人就业纳入国民经济和社会发展规划，并制定优惠政策和具体扶持保护措施，为残疾人就业创造条件。

第三条 机关、团体、企业、事业单位和民办非企业单位（以下统称用人单位）应当依照有关法律、本条例和其他有关行政法规的规定，履行扶持残疾人就业的责任和义务。

第四条　国家鼓励社会组织和个人通过多种渠道、多种形式，帮助、支持残疾人就业，鼓励残疾人通过应聘等多种形式就业。禁止在就业中歧视残疾人。

残疾人应当提高自身素质，增强就业能力。

第五条　各级人民政府应当加强对残疾人就业工作的统筹规划，综合协调。县级以上人民政府负责残疾人工作的机构，负责组织、协调、指导、督促有关部门做好残疾人就业工作。

县级以上人民政府劳动保障、民政等有关部门在各自的职责范围内，做好残疾人就业工作。

第六条　中国残疾人联合会及其地方组织依照法律、法规或者接受政府委托，负责残疾人就业工作的具体组织实施与监督。

工会、共产主义青年团、妇女联合会，应当在各自的工作范围内，做好残疾人就业工作。

第七条　各级人民政府对在残疾人就业工作中做出显著成绩的单位和个人，给予表彰和奖励。

第二章　用人单位的责任

第八条　用人单位应当按照一定比例安排残疾人就业，并为其提供适当的工种、岗位。

用人单位安排残疾人就业的比例不得低于本单位在职职工总数的1.5%。具体比例由省、自治区、直辖市人民政府根据本地区的实际情况规定。

用人单位跨地区招用残疾人的，应当计入所安排的残疾人职工人数之内。

第九条　用人单位安排残疾人就业达不到其所在地省、自治区、直辖市人民政府规定比例的，应当缴纳残疾人就业保障金。

第十条　政府和社会依法兴办的残疾人福利企业、盲人按摩机构和其他福利性单位（以下统称集中使用残疾人的用人单位），应当集中安排残疾人就业。

集中使用残疾人的用人单位的资格认定，按照国家有关规定执行。

第十一条　集中使用残疾人的用人单位中从事全日制工作的残疾人职工，应当占本单位在职职工总数的25%以上。

第十二条　用人单位招用残疾人职工，应当依法与其签订劳动合同或者服务协议。

第十三条　用人单位应当为残疾人职工提供适合其身体状况的劳动条件和劳动保护，不得在晋职、晋级、评定职称、报酬、社会保险、生活福利等方面歧视残疾人职工。

第十四条　用人单位应当根据本单位残疾人职工的实际情况，对残疾人职工进行上岗、在岗、转岗等培训。

第三章　保障措施

第十五条　县级以上人民政府应当采取措施，拓宽残疾人就业渠道，开发适合残疾人就业的公益性岗位，保障残疾人就业。

县级以上地方人民政府发展社区服务

事业，应当优先考虑残疾人就业。

第十六条　依法征收的残疾人就业保障金应当纳入财政预算，专项用于残疾人职业培训以及为残疾人提供就业服务和就业援助，任何组织或者个人不得贪污、挪用、截留或者私分。残疾人就业保障金征收、使用、管理的具体办法，由国务院财政部门会同国务院有关部门规定。

财政部门和审计机关应当依法加强对残疾人就业保障金使用情况的监督检查。

第十七条　国家对集中使用残疾人的用人单位依法给予税收优惠，并在生产、经营、技术、资金、物资、场地使用等方面给予扶持。

第十八条　县级以上地方人民政府及其有关部门应当确定适合残疾人生产、经营的产品、项目，优先安排集中使用残疾人的用人单位生产或者经营，并根据集中使用残疾人的用人单位的生产特点确定某些产品由其专产。

政府采购，在同等条件下，应当优先购买集中使用残疾人的用人单位的产品或者服务。

第十九条　国家鼓励扶持残疾人自主择业、自主创业。对残疾人从事个体经营的，应当依法给予税收优惠，有关部门应当在经营场地等方面给予照顾，并按照规定免收管理类、登记类和证照类的行政事业性收费。

国家对自主择业、自主创业的残疾人在一定期限内给予小额信贷等扶持。

第二十条　地方各级人民政府应当多方面筹集资金，组织和扶持农村残疾人从事种植业、养殖业、手工业和其他形式的生产劳动。

有关部门对从事农业生产劳动的农村残疾人，应当在生产服务、技术指导、农用物资供应、农副产品收购和信贷等方面给予帮助。

第四章　就业服务

第二十一条　各级人民政府和有关部门应当为就业困难的残疾人提供有针对性的就业援助服务，鼓励和扶持职业培训机构为残疾人提供职业培训，并组织残疾人定期开展职业技能竞赛。

第二十二条　中国残疾人联合会及其地方组织所属的残疾人就业服务机构应当免费为残疾人就业提供下列服务：

（一）发布残疾人就业信息；

（二）组织开展残疾人职业培训；

（三）为残疾人提供职业心理咨询、职业适应评估、职业康复训练、求职定向指导、职业介绍等服务；

（四）为残疾人自主择业提供必要的帮助；

（五）为用人单位安排残疾人就业提供必要的支持。

国家鼓励其他就业服务机构为残疾人就业提供免费服务。

第二十三条　受劳动保障部门的委托，残疾人就业服务机构可以进行残疾人失业登记、残疾人就业与失业统计；经所在地劳动保障部门批准，残疾人就业服务机构还可以进行残疾人职业技能鉴定。

第二十四条　残疾人职工与用人单位发生争议的，当地法律援助机构应当依法为其提供法律援助，各级残疾人联合会应当给予支持和帮助。

第五章 法律责任

第二十五条 违反本条例规定，有关行政主管部门及其工作人员滥用职权、玩忽职守、徇私舞弊，构成犯罪的，依法追究刑事责任；尚不构成犯罪的，依法给予处分。

第二十六条 违反本条例规定，贪污、挪用、截留、私分残疾人就业保障金，构成犯罪的，依法追究刑事责任；尚不构成犯罪的，对有关责任单位、直接负责的主管人员和其他直接责任人员依法给予处分或者处罚。

第二十七条 违反本条例规定，用人单位未按照规定缴纳残疾人就业保障金的，由财政部门给予警告，责令限期缴纳；逾期仍不缴纳的，除补缴欠缴数额外，还应当自欠缴之日起，按日加收5‰的滞纳金。

第二十八条 违反本条例规定，用人单位弄虚作假，虚报安排残疾人就业人数，骗取集中使用残疾人的用人单位享受的税收优惠待遇的，由税务机关依法处理。

第六章 附 则

第二十九条 本条例所称残疾人就业，是指符合法定就业年龄有就业要求的残疾人从事有报酬的劳动。

第三十条 本条例自2007年5月1日起施行。

典型案例

某市总工会维护残疾职工合法劳动权益专项监督案[①]

2022年4月，某市总工会在劳动法律监督过程中，发现作为残疾人集中安置企业的某公司违反《劳动法》《劳动合同法》等法律规定，未按当地最低工资标准向残疾职工发放工资等问题线索。通过与检察机关协作，运用检察大数据法律监督手段查明全市33家用工企业普遍存在残疾职工最低工资标准不达标、休息休假权被剥夺等违法问题，涉及残疾职工300余人。随后，市检察院向市人社局发送行政公益诉讼诉前检察建议，督促其履行行政监管职责，在全市残疾人集中安置企业开展残疾职工合法权益保障专项整治。在专项整治过程中，市人社局邀请市总工会和市检察院全程同步监督，督促残疾人集中安置企业自查、核查和认真整改，确保全市33家残疾人集中安置企业全部整改到位。

残疾职工是职工队伍的组成部分，依法维护残疾职工合法权益是工会的职责所在。该市总工会依托与检察机关建立的公益诉讼协作配合机制，通过数字化手段开展类案摸排，发挥公益诉讼检察职能，督促相关部门开展专项整治，健全完善长效监管机制，以劳动法律监督机制手段创新

---

① 参见中华全国总工会：全国工会劳动法律监督十大优秀案例之五，2023年3月。

深化残疾职工权益保障，实现了政治效果、法律效果和社会效果有机统一。

人力资源社会保障部、国家发展改革委、交通运输部、应急部、市场监管总局、国家医保局、最高人民法院、全国总工会关于维护新就业形态劳动者劳动保障权益的指导意见

（2021年7月16日 人社部发〔2021〕56号）

各省、自治区、直辖市人民政府、高级人民法院、总工会，新疆生产建设兵团，新疆维吾尔自治区高级人民法院生产建设兵团分院，新疆生产建设兵团总工会：

近年来，平台经济迅速发展，创造了大量就业机会，依托互联网平台就业的网约配送员、网约车驾驶员、货车司机、互联网营销师等新就业形态劳动者数量大幅增加，维护劳动者劳动保障权益面临新情况新问题。为深入贯彻落实党中央、国务院决策部署，支持和规范发展新就业形态，切实维护新就业形态劳动者劳动保障权益，促进平台经济规范健康持续发展，经国务院同意，现提出以下意见：

一、规范用工，明确劳动者权益保障责任

（一）指导和督促企业依法合规用工，积极履行用工责任，稳定劳动者队伍。主动关心关爱劳动者，努力改善劳动条件，拓展职业发展空间，逐步提高劳动者权益保障水平。培育健康向上的企业文化，推动劳动者共享企业发展成果。

（二）符合确立劳动关系情形的，企业应当依法与劳动者订立劳动合同。不完全符合确立劳动关系情形但企业对劳动者进行劳动管理（以下简称不完全符合确立劳动关系情形）的，指导企业与劳动者订立书面协议，合理确定企业与劳动者的权利义务。个人依托平台自主开展经营活动、从事自由职业等，按照民事法律调整双方的权利义务。

（三）平台企业采取劳务派遣等合作用工方式组织劳动者完成平台工作的，应选择具备合法经营资质的企业，并对其保障劳动者权益情况进行监督。平台企业采用劳务派遣方式用工的，依法履行劳务派遣用工单位责任。对采取外包等其他合作用工方式，劳动者权益受到损害的，平台企业依法承担相应责任。

二、健全制度，补齐劳动者权益保障短板

（四）落实公平就业制度，消除就业歧视。企业招用劳动者不得违法设置性别、民族、年龄等歧视性条件，不得以缴纳保证金、押金或者其他名义向劳动者收取财物，不得违法限制劳动者在多平台就业。

（五）健全最低工资和支付保障制度，推动将不完全符合确立劳动关系情形的新就业形态劳动者纳入制度保障范围。督促企业向提供正常劳动的劳动者支付不低于当地最低工资标准的劳动报酬，按时足额支付，不得克扣或者无故拖欠。引导企业建立劳动报酬合理增长机制，逐步提高劳动报酬水平。

（六）完善休息制度，推动行业明确

劳动定员定额标准，科学确定劳动者工作量和劳动强度。督促企业按规定合理确定休息办法，在法定节假日支付高于正常工作时间劳动报酬的合理报酬。

（七）健全并落实劳动安全卫生责任制，严格执行国家劳动安全卫生保护标准。企业要牢固树立安全"红线"意识，不得制定损害劳动者安全健康的考核指标。要严格遵守安全生产相关法律法规，落实全员安全生产责任制，建立健全安全生产规章制度和操作规程，配备必要的劳动安全卫生设施和劳动防护用品，及时对劳动工具的安全和合规状态进行检查，加强安全生产和职业卫生教育培训，重视劳动者身心健康，及时开展心理疏导。强化恶劣天气等特殊情形下的劳动保护，最大限度减少安全生产事故和职业病危害。

（八）完善基本养老保险、医疗保险相关政策，各地要放开灵活就业人员在就业地参加基本养老、基本医疗保险的户籍限制，个别超大型城市难以一步实现的，要结合本地实际，积极创造条件逐步放开。组织未参加职工基本养老、职工基本医疗保险的灵活就业人员，按规定参加城乡居民基本养老、城乡居民基本医疗保险，做到应保尽保。督促企业依法参加社会保险。企业要引导和支持不完全符合确立劳动关系情形的新就业形态劳动者根据自身情况参加相应的社会保险。

（九）强化职业伤害保障，以出行、外卖、即时配送、同城货运等行业的平台企业为重点，组织开展平台灵活就业人员职业伤害保障试点，平台企业应当按规定参加。采取政府主导、信息化引领和社会力量承办相结合的方式，建立健全职业伤害保障管理服务规范和运行机制。鼓励平台企业通过购买人身意外、雇主责任等商业保险，提升平台灵活就业人员保障水平。

（十）督促企业制定修订平台进入退出、订单分配、计件单价、抽成比例、报酬构成及支付、工作时间、奖惩等直接涉及劳动者权益的制度规则和平台算法，充分听取工会或劳动者代表的意见建议，将结果公示并告知劳动者。工会或劳动者代表提出协商要求的，企业应当积极响应，并提供必要的信息和资料。指导企业建立健全劳动者申诉机制，保障劳动者的申诉得到及时回应和客观公正处理。

三、提升效能，优化劳动者权益保障服务

（十一）创新方式方法，积极为各类新就业形态劳动者提供个性化职业介绍、职业指导、创业培训等服务，及时发布职业薪酬和行业人工成本信息等，为企业和劳动者提供便捷化的劳动保障、税收、市场监管等政策咨询服务，便利劳动者求职就业和企业招工用工。

（十二）优化社会保险经办，探索适合新就业形态的社会保险经办服务模式，在参保缴费、权益查询、待遇领取和结算等方面提供更加便捷的服务，做好社会保险关系转移接续工作，提高社会保险经办服务水平，更好保障参保人员公平享受各项社会保险待遇。

（十三）建立适合新就业形态劳动者的职业技能培训模式，保障其平等享有培训的权利。对各类新就业形态劳动者在就业地参加职业技能培训的，优化职业技能培训补贴申领、发放流程，加大培训补贴资金直补企业工作力度，符合条件的按规定给予职业技能培训补贴。健全职业技能等级制度，支持符合条件的企业按规定开展职业技能等级认定。完善职称评审政策，畅通新就业形态劳动者职称申报评价渠道。

（十四）加快城市综合服务网点建设，推动在新就业形态劳动者集中居住区、商业区设置临时休息场所，解决停车、充电、饮水、如厕等难题，为新就业形态劳动者提供工作生活便利。

（十五）保障符合条件的新就业形态劳动者子女在常住地平等接受义务教育的权利。推动公共文体设施向劳动者免费或低收费开放，丰富公共文化产品和服务供给。

四、齐抓共管，完善劳动者权益保障工作机制

（十六）保障新就业形态劳动者权益是稳定就业、改善民生、加强社会治理的重要内容。各地区要加强组织领导，强化责任落实，切实做好新就业形态劳动者权益保障各项工作。人力资源社会保障部、国家发展改革委、交通运输部、应急部、市场监管总局、国家医保局、最高人民法院、全国总工会等部门和单位要认真履行职责，强化工作协同，将保障劳动者权益纳入数字经济协同治理体系，建立平台企业用工情况报告制度，健全劳动者权益保障联合激励惩戒机制，完善相关政策措施和司法解释。

（十七）各级工会组织要加强组织和工作有效覆盖，拓宽维权和服务范围，积极吸纳新就业形态劳动者加入工会。加强对劳动者的思想政治引领，引导劳动者理性合法维权。监督企业履行用工责任，维护好劳动者权益。积极与行业协会、头部企业或企业代表组织开展协商，签订行业集体合同或协议，推动制定行业劳动标准。

（十八）各级法院和劳动争议调解仲裁机构要加强劳动争议办案指导，畅通裁审衔接，根据用工事实认定企业和劳动者的关系，依法依规处理新就业形态劳动者劳动保障权益案件。各类调解组织、法律援助机构及其他专业化社会组织要依法为新就业形态劳动者提供更加便捷、优质高效的纠纷调解、法律咨询、法律援助等服务。

（十九）各级人力资源社会保障行政部门要加大劳动保障监察力度，督促企业落实新就业形态劳动者权益保障责任，加强治理拖欠劳动报酬、违法超时加班等突出问题，依法维护劳动者权益。各级交通运输、应急、市场监管等职能部门和行业主管部门要规范企业经营行为，加大监管力度，及时约谈、警示、查处侵害劳动者权益的企业。

各地区各有关部门要认真落实本意见要求，出台具体实施办法，加强政策宣传，积极引导社会舆论，增强新就业形态劳动者职业荣誉感，努力营造良好环境，确保各项劳动保障权益落到实处。

中华全国总工会关于切实维护新就业形态劳动者劳动保障权益的意见

（2021年 总工发〔2021〕12号）

为深入贯彻落实党的十九大和十九届二中、三中、四中、五中全会精神，贯彻落实习近平总书记关于新就业形态、平台经济的重要讲话和重要指示精神，现就切实维护新就业形态劳动者劳动保障权益工作，提出以下意见。

一、总体要求

（一）重要意义。党中央高度重视维护好新就业形态劳动者劳动保障权益。习近平总书记多次作出明确指示，要求维护好新就业形态劳动者合法权益。新就业形态劳动者在我国经济社会发展中发挥着不可或缺的重要作用，解决好他们在劳动报酬、社会保障、劳动保护、职业培训、组织建设、民主参与和精神文化需求等方面面临的困难和问题，是落实习近平总书记重要指示和党中央决策部署的必然要求，是促进平台经济长期健康发展的必然要求，是工会履行好维权服务基本职责的必然要求。各级工会要充分认识维护新就业形态劳动者劳动保障权益的重要性紧迫性，强化责任担当，积极开拓创新，做实做细各项工作。

（二）指导思想。坚持以习近平新时代中国特色社会主义思想为指导，深入学习贯彻习近平总书记关于工人阶级和工会工作的重要论述，坚持以党建带工建的工作原则，坚持以职工为中心的工作导向，坚持立足大局、顺势而为、审慎稳妥的工作方针，聚焦解决新就业形态劳动者最关心最直接最现实的急难愁盼问题，推动建立健全新就业形态劳动者权益保障机制，不断增强新就业形态劳动者的获得感、幸福感、安全感，最大限度地把新就业形态劳动者吸引过来、组织起来、稳固下来，进一步夯实党长期执政的阶级基础和群众基础。

二、工作举措

（三）强化思想政治引领。切实履行好工会组织的政治责任，坚持不懈用习近平新时代中国特色社会主义思想教育引导新就业形态劳动者，增强他们对中国特色社会主义和社会主义核心价值观的思想认同、情感认同，更加紧密地团结在以习近平同志为核心的党中央周围。深入新就业形态劳动者群体，广泛宣传党的路线方针政策和保障新就业形态劳动者群体权益的政策举措，将党的关怀和温暖及时送达。深入了解新就业形态劳动者群体的思想状况、工作实际、生活需求，引导他们依法理性表达利益诉求。关心关爱新就业形态劳动者，以多样性服务项目实效打动人心、温暖人心、影响人心、凝聚人心，团结引导他们坚定不移听党话、跟党走。

（四）加快推进建会入会。加强对新就业形态劳动者入会问题的研究，加快制定出台相关指导性文件，对建立平台企业工会组织和新就业形态劳动者入会予以引导和规范。强化分类指导，明确时间节点，集中推动重点行业企业特别是头部企业及其下属企业、关联企业依法普遍建立工会组织，积极探索适应货车司机、网约车司机、快递员、外卖配送员等不同职业特点的建会入会方式，通过单独建会、联合建会、行业建会、区域建会等多种方式扩大工会组织覆盖面，最大限度吸引新就业形态劳动者加入工会。保持高度政治责任感和敏锐性，切实维护工人阶级和工会组织的团结统一。

（五）切实维护合法权益。发挥产业工会作用，积极与行业协会、头部企业或企业代表组织就行业计件单价、订单分配、抽成比例、劳动定额、报酬支付办法、进入退出平台规则、工作时间、休息休假、劳动保护、奖惩制度等开展协商，维护新就业形态劳动者的劳动经济权益。督促平台企业在规章制度制定及算法等重大事项确定中严格遵守法律法规要求，通过职工代表大会、劳资恳谈会等民主管理形式听取劳动者意见诉求，保障好劳动者的知情权、参与权、表达权、监督权等民主政治权利。督促平台企业履行社会责任，促进新就业形态劳动者体面劳动、舒心工作、全面发展。加强工会劳动法律监督，配合政府及其有关部门监察执法，针对重大典型违法行为及时发声，真正做到哪里有职工，哪里就应该有工会组织，哪里的职工合法权益受到侵害，哪里的工会就要站出来说话。

（六）推动健全劳动保障法律制度。积极推动和参与制定修改劳动保障法律法规，充分表达新就业形态劳动者意见诉求，使新就业形态劳动者群体各项权益在法律源头上得以保障。配合政府及其有关部门，加快完善工时制度，推进职业伤害保障试点工作。推动司法机关出台相关司法解释和指导案例。

（七）及时提供优质服务。深入开展"尊法守法·携手筑梦"服务农民工公益法律服务行动和劳动用工"法律体检"活动，广泛宣传相关劳动法律法规及政策规定，督促企业合法用工。推动完善社会矛盾纠纷多元预防调处化解综合机制，重点针对职业伤害、工作时间、休息休假、劳动保护等与平台用工密切相关的问题，为新就业形态劳动者提供法律服务。充分利用工会自有资源和社会资源，加强职工之家建设，推进司机之家等服务阵地建设，规范和做好工会户外劳动者服务站点工作，联合开展货车司机职业发展与保障行动、组织和关爱快递员、外卖送餐员行动等。加大普惠服务工作力度，丰富工会服务新就业形态劳动者的内容和方式。针对新就业形态劳动者特点和需求组织各类文体活动，丰富他们的精神文化生活。

（八）提升网上服务水平。加快推进智慧工会建设，紧扣新就业形态劳动者依托互联网平台开展工作的特点，大力推行网上入会方式，创新服务内容和服务模式，让广大新就业形态劳动者全面了解工会、真心向往工会、主动走进工会。构建"互联网+"服务职工体系，完善网上普惠服务、就业服务、技能竞赛、困难帮扶、法律服务等，形成线上线下有机融合、相互支撑的组织体系，为新就业形态劳动者提供更加及时精准的服务。

（九）加强素质能力建设。针对新就业形态劳动者职业特点和需求，开展职业教育培训、岗位技能培训、职业技能竞赛等活动，推动新就业形态劳动者职业素质整体提升。组织开展贴近新就业形态劳动者群体特点的法治宣传教育，提高劳动者维权意识和维权能力。开展心理健康教育，提升新就业形态劳动者适应城市生活、应对困难压力、缓解精神负担的能力。

三、组织保障

（十）加强组织领导。牢固树立大局观念，将新就业形态劳动者劳动权益保障作为当前和今后一段时期各级工会的重点任务，协助党委政府做好工作。各级工会要落实属地责任，成立主要领导任组长，各相关部门和产业工会共同参加的工作领导小组，制定工作方案，明确目标任务、责任分工、时间安排，配强工作力量，加大经费投入，形成一级抓一级、层层抓落实的工作机制。

（十一）深化调查研究。组织干部职工开展赴基层蹲点活动，深入一线蹲点调研，面对面了解新就业形态劳动者权益保障方面存在的突出问题，准确掌握一手资料，有针对性地研究提出对策建议。加强对平台经济领域劳动用工情况及劳动关系发展形势的分析研判，及时发现和积极解决苗头性、倾向性问题，做到早发现、早预警、早处置。

（十二）密切协作配合。积极推动建立工作协调联动机制，形成党委领导、政府支持、各方协同、工会力推、劳动者参与的工作格局。重要情况要第一时间向党委报告、请示。通过与政府联席会议制度及时报告情况、研究问题。充分发挥各级协调劳动关系三方机制作用，及时就新就业形态劳动者权益保障相关重大问题进行沟通协商，推动出台相关制度文件。加强与相关部门、行业协会和头部企业的沟通联系，推动制定相关标准和工作指引，保障劳动者权益。联系和引导劳动关系领域社会组织服务新就业形态劳动者。工会各部门、产业工会要牢固树立"一盘棋"思想，主动担当、密切配合，齐心协力推进工作。

（十三）注重工作实效。坚持问题导向、目标导向，压实责任、细化措施，狠抓落实。在充分摸清情况、掌握困难和问题的基础上谋划解决办法，把新就业形态劳动者满意不满意作为检验工作成效的标准。切实改进工作作风，敢于啃硬骨头，勇于担当、迎难而上，扎实有序推进各项工作。一边推进一边总结，逐步建立健全务实管用的工作机制，形成一批可复制、可推广的典型经验。

（十四）加大宣传力度。充分运用各地主流媒体、工会宣传阵地以及"两微一端"等线上线下宣传手段，面向平台企业和广大新就业形态劳动者开展形式多样的宣传活动，介绍工会的性质、作用和工会维权服务实效。注重培养、选树新就业形态劳动者和平台企业先进典型，及时表彰宣传，发挥示范作用。通过现代媒体平台扩大舆论影响，广泛凝聚共识，推动形成全社会共同关爱和服务新就业形态劳动者群体的良好氛围。

各地工会要根据本意见，结合当地实际研究制定相应的实施办法，认真抓好落实。

典型案例

某省总工会为新就业形态直播企业开展劳动用工"法治体检"案[1]

某文化传媒公司是一家全产业链型企业，因公司规模快速扩张，劳动用工管理方面存在劳动合同不规范等问题，曾出现因公司与主播之间对竞业限制的对象、期限、违约金等约定不明晰，培养孵化的网红主播"出走"，给企业造成经济损失的情况。该省各级工会专门组建以工会干部、公职律师、专业律师为主体的"法治体检组"，梳理企业劳动用工方面可能存

---

[1] 参见中华全国总工会：全国工会劳动法律监督十大优秀案例之十，2023年3月。

在的问题，宣讲劳动用工法律政策，对企业的管理运营合规性进行法律分析，提出整改措施，为某文化传媒公司及其他新业态企业开展深度"法治体检"，妥善化解了企业劳动用工管理方面存在的风险隐患，获得企业和职工好评。

新就业形态劳动者权益保障是近年来工会工作的重点。该省各级工会组建专业化劳动法律监督队伍，通过体检内容"五个一"，即为企业开展一次劳动用工法律风险体检、为企业经营管理人员和职工开展一次法律政策宣讲、为企业提供一次专业法律咨询问答、为企业制定防范和化解法律风险的"法治体检"报告一次、帮助指导企业按"法治体检"报告规范整改一次，以及调研摸底、实地体检、咨询问答、梳理汇总、整改提高等体检形式"五步走"，为新业态企业提供个性化定制服务，开展全方位体检，帮助企业合规管理运营、规范劳动用工、解决纠纷争议，有效维护了新就业形态劳动者合法权益。

劳务派遣暂行规定

（2014年1月24日人力资源和社会保障部令第22号公布 自2014年3月1日起施行）

第一章 总 则

第一条 为规范劳务派遣，维护劳动者的合法权益，促进劳动关系和谐稳定，依据《中华人民共和国劳动合同法》（以下简称劳动合同法）和《中华人民共和国劳动合同法实施条例》（以下简称劳动合同法实施条例）等法律、行政法规，制定本规定。

第二条 劳务派遣单位经营劳务派遣业务，企业（以下称用工单位）使用被派遣劳动者，适用本规定。

依法成立的会计师事务所、律师事务所等合伙组织和基金会以及民办非企业单位等组织使用被派遣劳动者，依照本规定执行。

第二章 用工范围和用工比例

第三条 用工单位只能在临时性、辅助性或者替代性的工作岗位上使用被派遣劳动者。

前款规定的临时性工作岗位是指存续时间不超过6个月的岗位；辅助性工作岗位是指为主营业务岗位提供服务的非主营业务岗位；替代性工作岗位是指用工单位的劳动者因脱产学习、休假等原因无法工作的一定期间内，可以由其他劳动者替代工作的岗位。

用工单位决定使用被派遣劳动者的辅助性岗位，应当经职工代表大会或者全体职工讨论，提出方案和意见，与工会或者职工代表平等协商确定，并在用工单位内公示。

第四条 用工单位应当严格控制劳务派遣用工数量，使用的被派遣劳动者数量不得超过其用工总量的10%。

前款所称用工总量是指用工单位订立劳动合同人数与使用的被派遣劳动者人数之和。

计算劳务派遣用工比例的用工单位是指依照劳动合同法和劳动合同法实施条例可以与劳动者订立劳动合同的用人单位。

第三章 劳动合同、劳务派遣协议的订立和履行

第五条 劳务派遣单位应当依法与被派遣劳动者订立2年以上的固定期限书面劳动合同。

第六条 劳务派遣单位可以依法与被派遣劳动者约定试用期。劳务派遣单位与同一被派遣劳动者只能约定一次试用期。

第七条 劳务派遣协议应当载明下列内容：

（一）派遣的工作岗位名称和岗位性质；

（二）工作地点；

（三）派遣人员数量和派遣期限；

（四）按照同工同酬原则确定的劳动报酬数额和支付方式；

（五）社会保险费的数额和支付方式；

（六）工作时间和休息休假事项；

（七）被派遣劳动者工伤、生育或者患病期间的相关待遇；

（八）劳动安全卫生以及培训事项；

（九）经济补偿等费用；

（十）劳务派遣协议期限；

（十一）劳务派遣服务费的支付方式和标准；

（十二）违反劳务派遣协议的责任；

（十三）法律、法规、规章规定应当纳入劳务派遣协议的其他事项。

第八条 劳务派遣单位应当对被派遣劳动者履行下列义务：

（一）如实告知被派遣劳动者劳动合同法第八条规定的事项、应遵守的规章制度以及劳务派遣协议的内容；

（二）建立培训制度，对被派遣劳动者进行上岗知识、安全教育培训；

（三）按照国家规定和劳务派遣协议约定，依法支付被派遣劳动者的劳动报酬和相关待遇；

（四）按照国家规定和劳务派遣协议约定，依法为被派遣劳动者缴纳社会保险费，并办理社会保险相关手续；

（五）督促用工单位依法为被派遣劳动者提供劳动保护和劳动安全卫生条件；

（六）依法出具解除或者终止劳动合同的证明；

（七）协助处理被派遣劳动者与用工单位的纠纷；

（八）法律、法规和规章规定的其他事项。

第九条 用工单位应当按照劳动合同法第六十二条规定，向被派遣劳动者提供与工作岗位相关的福利待遇，不得歧视被派遣劳动者。

第十条 被派遣劳动者在用工单位因工作遭受事故伤害的，劳务派遣单位应当依法申请工伤认定，用工单位应当协助工伤认定的调查核实工作。劳务派遣单位承担工伤保险责任，但可以与用工单位约定补偿办法。

被派遣劳动者在申请进行职业病诊断、鉴定时，用工单位应当负责处理职业病诊断、鉴定事宜，并如实提供职业病诊断、鉴定所需的劳动者职业史和职业危害接触史、工作场所职业病危害因素检测结果等资料，劳务派遣单位应当提供被派遣

劳动者职业病诊断、鉴定所需的其他材料。

第十一条 劳务派遣单位行政许可有效期未延续或者《劳务派遣经营许可证》被撤销、吊销的，已经与被派遣劳动者依法订立的劳动合同应当履行至期限届满。双方经协商一致，可以解除劳动合同。

第十二条 有下列情形之一的，用工单位可以将被派遣劳动者退回劳务派遣单位：

（一）用工单位有劳动合同法第四十条第三项、第四十一条规定情形的；

（二）用工单位被依法宣告破产、吊销营业执照、责令关闭、撤销、决定提前解散或者经营期限届满不再继续经营的；

（三）劳务派遣协议期满终止的。

被派遣劳动者退回后在无工作期间，劳务派遣单位应当按照不低于所在地人民政府规定的最低工资标准，向其按月支付报酬。

第十三条 被派遣劳动者有劳动合同法第四十二条规定情形的，在派遣期限届满前，用工单位不得依据本规定第十二条第一款第一项规定将被派遣劳动者退回劳务派遣单位；派遣期限届满的，应当延续至相应情形消失时方可退回。

第四章 劳动合同的解除和终止

第十四条 被派遣劳动者提前30日以书面形式通知劳务派遣单位，可以解除劳动合同。被派遣劳动者在试用期内提前3日通知劳务派遣单位，可以解除劳动合同。劳务派遣单位应当将被派遣劳动者通知解除劳动合同的情况及时告知用工单位。

第十五条 被派遣劳动者因本规定第十二条规定被用工单位退回，劳务派遣单位重新派遣时维持或者提高劳动合同约定条件，被派遣劳动者不同意的，劳务派遣单位可以解除劳动合同。

被派遣劳动者因本规定第十二条规定被用工单位退回，劳务派遣单位重新派遣时降低劳动合同约定条件，被派遣劳动者不同意的，劳务派遣单位不得解除劳动合同。但被派遣劳动者提出解除劳动合同的除外。

第十六条 劳务派遣单位被依法宣告破产、吊销营业执照、责令关闭、撤销、决定提前解散或者经营期限届满不再继续经营的，劳动合同终止。用工单位应当与劳务派遣单位协商妥善安置被派遣劳动者。

第十七条 劳务派遣单位因劳动合同法第四十六条或者本规定第十五条、第十六条规定的情形，与被派遣劳动者解除或者终止劳动合同的，应当依法向被派遣劳动者支付经济补偿。

第五章 跨地区劳务派遣的社会保险

第十八条 劳务派遣单位跨地区派遣劳动者的，应当在用工单位所在地为被派遣劳动者参加社会保险，按照用工单位所在地的规定缴纳社会保险费，被派遣劳动者按照国家规定享受社会保险待遇。

第十九条 劳务派遣单位在用工单位所在地设立分支机构的，由分支机构为被派遣劳动者办理参保手续，缴纳社会保险费。

劳务派遣单位未在用工单位所在地设

立分支机构的，由用工单位代劳务派遣单位为被派遣劳动者办理参保手续，缴纳社会保险费。

第六章 法律责任

第二十条 劳务派遣单位、用工单位违反劳动合同法和劳动合同法实施条例有关劳务派遣规定的，按照劳动合同法第九十二条规定执行。

第二十一条 劳务派遣单位违反本规定解除或者终止被派遣劳动者劳动合同的，按照劳动合同法第四十八条、第八十七条规定执行。

第二十二条 用工单位违反本规定第三条第三款规定的，由人力资源社会保障行政部门责令改正，给予警告；给被派遣劳动者造成损害的，依法承担赔偿责任。

第二十三条 劳务派遣单位违反本规定第六条规定的，按照劳动合同法第八十三条规定执行。

第二十四条 用工单位违反本规定退回被派遣劳动者的，按照劳动合同法第九十二条第二款规定执行。

第七章 附 则

第二十五条 外国企业常驻代表机构和外国金融机构驻华代表机构等使用被派遣劳动者的，以及船员用人单位以劳务派遣形式使用国际远洋海员的，不受临时性、辅助性、替代性岗位和劳务派遣用工比例的限制。

第二十六条 用人单位将本单位劳动者派往境外工作或者派往家庭、自然人处提供劳动的，不属于本规定所称劳务派遣。

第二十七条 用人单位以承揽、外包等名义，按劳务派遣用工形式使用劳动者的，按照本规定处理。

第二十八条 用工单位在本规定施行前使用被派遣劳动者数量超过其用工总量10%的，应当制定调整用工方案，于本规定施行之日起2年内降至规定比例。但是，《全国人民代表大会常务委员会关于修改〈中华人民共和国劳动合同法〉的决定》公布前已依法订立的劳动合同和劳务派遣协议期限届满日期在本规定施行之日起2年后的，可以依法继续履行至期限届满。

用工单位应当将制定的调整用工方案报当地人力资源社会保障行政部门备案。

用工单位未将本规定施行前使用的被派遣劳动者数量降至符合规定比例之前，不得新用被派遣劳动者。

第二十九条 本规定自2014年3月1日起施行。

· 第五部分 ·
社会保障

中华人民共和国社会保险法

（2010年10月28日第十一届全国人民代表大会常务委员会第十七次会议通过 根据2018年12月29日第十三届全国人民代表大会常务委员会第七次会议《关于修改〈中华人民共和国社会保险法〉的决定》修正）

目　录

第一章　总　则
第二章　基本养老保险
第三章　基本医疗保险
第四章　工伤保险
第五章　失业保险
第六章　生育保险
第七章　社会保险费征缴
第八章　社会保险基金
第九章　社会保险经办
第十章　社会保险监督
第十一章　法律责任
第十二章　附　则

第一章　总　则

第一条　为了规范社会保险关系，维护公民参加社会保险和享受社会保险待遇的合法权益，使公民共享发展成果，促进社会和谐稳定，根据宪法，制定本法。

第二条　国家建立基本养老保险、基本医疗保险、工伤保险、失业保险、生育保险等社会保险制度，保障公民在年老、疾病、工伤、失业、生育等情况下依法从国家和社会获得物质帮助的权利。

第三条　社会保险制度坚持广覆盖、保基本、多层次、可持续的方针，社会保险水平应当与经济社会发展水平相适应。

第四条　中华人民共和国境内的用人单位和个人依法缴纳社会保险费，有权查询缴费记录、个人权益记录，要求社会保险经办机构提供社会保险咨询等相关服务。

个人依法享受社会保险待遇，有权监督本单位为其缴费情况。

第五条　县级以上人民政府将社会保险事业纳入国民经济和社会发展规划。

国家多渠道筹集社会保险资金。县级以上人民政府对社会保险事业给予必要的经费支持。

国家通过税收优惠政策支持社会保险事业。

第六条　国家对社会保险基金实行严格监管。

国务院和省、自治区、直辖市人民政府建立健全社会保险基金监督管理制度，保障社会保险基金安全、有效运行。

县级以上人民政府采取措施，鼓励和支持社会各方面参与社会保险基金的监督。

第七条　国务院社会保险行政部门负责全国的社会保险管理工作，国务院其他有关部门在各自的职责范围内负责有关的社会保险工作。

县级以上地方人民政府社会保险行政部门负责本行政区域的社会保险管理工作，县级以上地方人民政府其他有关部门在各自的职责范围内负责有关的社会保险工作。

第八条 社会保险经办机构提供社会保险服务，负责社会保险登记、个人权益记录、社会保险待遇支付等工作。

第九条 工会依法维护职工的合法权益，有权参与社会保险重大事项的研究，参加社会保险监督委员会，对与职工社会保险权益有关的事项进行监督。

第二章 基本养老保险

第十条 职工应当参加基本养老保险，由用人单位和职工共同缴纳基本养老保险费。

无雇工的个体工商户、未在用人单位参加基本养老保险的非全日制从业人员以及其他灵活就业人员可以参加基本养老保险，由个人缴纳基本养老保险费。

公务员和参照公务员法管理的工作人员养老保险的办法由国务院规定。

第十一条 基本养老保险实行社会统筹与个人账户相结合。

基本养老保险基金由用人单位和个人缴费以及政府补贴等组成。

第十二条 用人单位应当按照国家规定的本单位职工工资总额的比例缴纳基本养老保险费，记入基本养老保险统筹基金。

职工应当按照国家规定的本人工资的比例缴纳基本养老保险费，记入个人账户。

无雇工的个体工商户、未在用人单位参加基本养老保险的非全日制从业人员以及其他灵活就业人员参加基本养老保险的，应当按照国家规定缴纳基本养老保险费，分别记入基本养老保险统筹基金和个人账户。

第十三条 国有企业、事业单位职工参加基本养老保险前，视同缴费年限期间应当缴纳的基本养老保险费由政府承担。

基本养老保险基金出现支付不足时，政府给予补贴。

第十四条 个人账户不得提前支取，记账利率不得低于银行定期存款利率，免征利息税。个人死亡的，个人账户余额可以继承。

第十五条 基本养老金由统筹养老金和个人账户养老金组成。

基本养老金根据个人累计缴费年限、缴费工资、当地职工平均工资、个人账户金额、城镇人口平均预期寿命等因素确定。

第十六条 参加基本养老保险的个人，达到法定退休年龄时累计缴费满十五年的，按月领取基本养老金。

参加基本养老保险的个人，达到法定退休年龄时累计缴费不足十五年的，可以缴费至满十五年，按月领取基本养老金；也可以转入新型农村社会养老保险或者城镇居民社会养老保险，按照国务院规定享受相应的养老保险待遇。

第十七条 参加基本养老保险的个人，因病或者非因工死亡的，其遗属可以领取丧葬补助金和抚恤金；在未达到法定退休年龄时因病或者非因工致残完全丧失劳动能力的，可以领取病残津贴。所需资金从基本养老保险基金中支付。

第十八条 国家建立基本养老金正常调整机制。根据职工平均工资增长、物价上涨情况，适时提高基本养老保险待遇水平。

第十九条 个人跨统筹地区就业的，其基本养老保险关系随本人转移，缴费年限累计计算。个人达到法定退休年龄时，基本养老金分段计算、统一支付。具体办法由国务院规定。

第二十条 国家建立和完善新型农村社会养老保险制度。

新型农村社会养老保险实行个人缴费、集体补助和政府补贴相结合。

第二十一条 新型农村社会养老保险待遇由基础养老金和个人账户养老金组成。

参加新型农村社会养老保险的农村居民，符合国家规定条件的，按月领取新型农村社会养老保险待遇。

第二十二条 国家建立和完善城镇居民社会养老保险制度。

省、自治区、直辖市人民政府根据实际情况，可以将城镇居民社会养老保险和新型农村社会养老保险合并实施。

第三章 基本医疗保险

第二十三条 职工应当参加职工基本医疗保险，由用人单位和职工按照国家规定共同缴纳基本医疗保险费。

无雇工的个体工商户、未在用人单位参加职工基本医疗保险的非全日制从业人员以及其他灵活就业人员可以参加职工基本医疗保险，由个人按照国家规定缴纳基本医疗保险费。

第二十四条 国家建立和完善新型农村合作医疗制度。

新型农村合作医疗的管理办法，由国务院规定。

第二十五条 国家建立和完善城镇居民基本医疗保险制度。

城镇居民基本医疗保险实行个人缴费和政府补贴相结合。

享受最低生活保障的人、丧失劳动能力的残疾人、低收入家庭六十周岁以上的老年人和未成年人等所需个人缴费部分，由政府给予补贴。

第二十六条 职工基本医疗保险、新型农村合作医疗和城镇居民基本医疗保险的待遇标准按照国家规定执行。

第二十七条 参加职工基本医疗保险的个人，达到法定退休年龄时累计缴费达到国家规定年限的，退休后不再缴纳基本医疗保险费，按照国家规定享受基本医疗保险待遇；未达到国家规定年限的，可以缴费至国家规定年限。

第二十八条 符合基本医疗保险药品目录、诊疗项目、医疗服务设施标准以及急诊、抢救的医疗费用，按照国家规定从基本医疗保险基金中支付。

第二十九条 参保人员医疗费用中应当由基本医疗保险基金支付的部分，由社会保险经办机构与医疗机构、药品经营单位直接结算。

社会保险行政部门和卫生行政部门应当建立异地就医医疗费用结算制度，方便参保人员享受基本医疗保险待遇。

第三十条 下列医疗费用不纳入基本医疗保险基金支付范围：

（一）应当从工伤保险基金中支付的；

（二）应当由第三人负担的；

（三）应当由公共卫生负担的；

（四）在境外就医的。

医疗费用依法应当由第三人负担，第三人不支付或者无法确定第三人的，由基本医疗保险基金先行支付。基本医疗保险基金先行支付后，有权向第三人追偿。

第三十一条 社会保险经办机构根据

管理服务的需要，可以与医疗机构、药品经营单位签订服务协议，规范医疗服务行为。

医疗机构应当为参保人员提供合理、必要的医疗服务。

第三十二条　个人跨统筹地区就业的，其基本医疗保险关系随本人转移，缴费年限累计计算。

第四章　工伤保险

第三十三条　职工应当参加工伤保险，由用人单位缴纳工伤保险费，职工不缴纳工伤保险费。

第三十四条　国家根据不同行业的工伤风险程度确定行业的差别费率，并根据使用工伤保险基金、工伤发生率等情况在每个行业内确定费率档次。行业差别费率和行业内费率档次由国务院社会保险行政部门制定，报国务院批准后公布施行。

社会保险经办机构根据用人单位使用工伤保险基金、工伤发生率和所属行业费率档次等情况，确定用人单位缴费费率。

第三十五条　用人单位应当按照本单位职工工资总额，根据社会保险经办机构确定的费率缴纳工伤保险费。

第三十六条　职工因工作原因受到事故伤害或者患职业病，且经工伤认定的，享受工伤保险待遇；其中，经劳动能力鉴定丧失劳动能力的，享受伤残待遇。

工伤认定和劳动能力鉴定应当简捷、方便。

第三十七条　职工因下列情形之一导致本人在工作中伤亡的，不认定为工伤：

（一）故意犯罪；

（二）醉酒或者吸毒；

（三）自残或者自杀；

（四）法律、行政法规规定的其他情形。

第三十八条　因工伤发生的下列费用，按照国家规定从工伤保险基金中支付：

（一）治疗工伤的医疗费用和康复费用；

（二）住院伙食补助费；

（三）到统筹地区以外就医的交通食宿费；

（四）安装配置伤残辅助器具所需费用；

（五）生活不能自理的，经劳动能力鉴定委员会确认的生活护理费；

（六）一次性伤残补助金和一至四级伤残职工按月领取的伤残津贴；

（七）终止或者解除劳动合同时，应当享受的一次性医疗补助金；

（八）因工死亡的，其遗属领取的丧葬补助金、供养亲属抚恤金和因工死亡补助金；

（九）劳动能力鉴定费。

第三十九条　因工伤发生的下列费用，按照国家规定由用人单位支付：

（一）治疗工伤期间的工资福利；

（二）五级、六级伤残职工按月领取的伤残津贴；

（三）终止或者解除劳动合同时，应当享受的一次性伤残就业补助金。

第四十条　工伤职工符合领取基本养老金条件的，停发伤残津贴，享受基本养老保险待遇。基本养老保险待遇低于伤残津贴的，从工伤保险基金中补足差额。

第四十一条　职工所在用人单位未依

法缴纳工伤保险费，发生工伤事故的，由用人单位支付工伤保险待遇。用人单位不支付的，从工伤保险基金中先行支付。

从工伤保险基金中先行支付的工伤保险待遇应当由用人单位偿还。用人单位不偿还的，社会保险经办机构可以依照本法第六十三条的规定追偿。

第四十二条 由于第三人的原因造成工伤，第三人不支付工伤医疗费用或者无法确定第三人的，由工伤保险基金先行支付。工伤保险基金先行支付后，有权向第三人追偿。

第四十三条 工伤职工有下列情形之一的，停止享受工伤保险待遇：

（一）丧失享受待遇条件的；

（二）拒不接受劳动能力鉴定的；

（三）拒绝治疗的。

第五章 失业保险

第四十四条 职工应当参加失业保险，由用人单位和职工按照国家规定共同缴纳失业保险费。

第四十五条 失业人员符合下列条件的，从失业保险基金中领取失业保险金：

（一）失业前用人单位和本人已经缴纳失业保险费满一年的；

（二）非因本人意愿中断就业的；

（三）已经进行失业登记，并有求职要求的。

第四十六条 失业人员失业前用人单位和本人累计缴费满一年不足五年的，领取失业保险金的期限最长为十二个月；累计缴费满五年不足十年的，领取失业保险金的期限最长为十八个月；累计缴费十年以上的，领取失业保险金的期限最长为二十四个月。重新就业后，再次失业的，缴费时间重新计算，领取失业保险金的期限与前次失业应当领取而尚未领取的失业保险金的期限合并计算，最长不超过二十四个月。

第四十七条 失业保险金的标准，由省、自治区、直辖市人民政府确定，不得低于城市居民最低生活保障标准。

第四十八条 失业人员在领取失业保险金期间，参加职工基本医疗保险，享受基本医疗保险待遇。

失业人员应当缴纳的基本医疗保险费从失业保险基金中支付，个人不缴纳基本医疗保险费。

第四十九条 失业人员在领取失业保险金期间死亡的，参照当地对在职职工死亡的规定，向其遗属发给一次性丧葬补助金和抚恤金。所需资金从失业保险基金中支付。

个人死亡同时符合领取基本养老保险丧葬补助金、工伤保险丧葬补助金和失业保险丧葬补助金条件的，其遗属只能选择领取其中的一项。

第五十条 用人单位应当及时为失业人员出具终止或者解除劳动关系的证明，并将失业人员的名单自终止或者解除劳动关系之日起十五日内告知社会保险经办机构。

失业人员应当持本单位为其出具的终止或者解除劳动关系的证明，及时到指定的公共就业服务机构办理失业登记。

失业人员凭失业登记证明和个人身份证明，到社会保险经办机构办理领取失业保险金的手续。失业保险金领取期限自办理失业登记之日起计算。

第五十一条 失业人员在领取失业保险金期间有下列情形之一的，停止领取失业保险金，并同时停止享受其他失业保险待遇：

（一）重新就业的；

（二）应征服兵役的；

（三）移居境外的；

（四）享受基本养老保险待遇的；

（五）无正当理由，拒不接受当地人民政府指定部门或者机构介绍的适当工作或者提供的培训的。

第五十二条 职工跨统筹地区就业的，其失业保险关系随本人转移，缴费年限累计计算。

第六章 生 育 保 险

第五十三条 职工应当参加生育保险，由用人单位按照国家规定缴纳生育保险费，职工不缴纳生育保险费。

第五十四条 用人单位已经缴纳生育保险费的，其职工享受生育保险待遇；职工未就业配偶按照国家规定享受生育医疗费用待遇。所需资金从生育保险基金中支付。

生育保险待遇包括生育医疗费用和生育津贴。

第五十五条 生育医疗费用包括下列各项：

（一）生育的医疗费用；

（二）计划生育的医疗费用；

（三）法律、法规规定的其他项目费用。

第五十六条 职工有下列情形之一的，可以按照国家规定享受生育津贴：

（一）女职工生育享受产假；

（二）享受计划生育手术休假；

（三）法律、法规规定的其他情形。

生育津贴按照职工所在用人单位上年度职工月平均工资计发。

第七章 社会保险费征缴

第五十七条 用人单位应当自成立之日起三十日内凭营业执照、登记证书或者单位印章，向当地社会保险经办机构申请办理社会保险登记。社会保险经办机构应当自收到申请之日起十五日内予以审核，发给社会保险登记证件。

用人单位的社会保险登记事项发生变更或者用人单位依法终止的，应当自变更或者终止之日起三十日内，到社会保险经办机构办理变更或者注销社会保险登记。

市场监督管理部门、民政部门和机构编制管理机关应当及时向社会保险经办机构通报用人单位的成立、终止情况，公安机关应当及时向社会保险经办机构通报个人的出生、死亡以及户口登记、迁移、注销等情况。

第五十八条 用人单位应当自用工之日起三十日内为其职工向社会保险经办机构申请办理社会保险登记。未办理社会保险登记的，由社会保险经办机构核定其应当缴纳的社会保险费。

自愿参加社会保险的无雇工的个体工商户、未在用人单位参加社会保险的非全日制从业人员以及其他灵活就业人员，应当向社会保险经办机构申请办理社会保险登记。

国家建立全国统一的个人社会保障号码。个人社会保障号码为公民身份证号码。

第五十九条 县级以上人民政府加强社会保险费的征收工作。

社会保险费实行统一征收，实施步骤和具体办法由国务院规定。

第六十条 用人单位应当自行申报、按时足额缴纳社会保险费，非因不可抗力等法定事由不得缓缴、减免。职工应当缴纳的社会保险费由用人单位代扣代缴，用人单位应当按月将缴纳社会保险费的明细情况告知本人。

无雇工的个体工商户、未在用人单位参加社会保险的非全日制从业人员以及其他灵活就业人员，可以直接向社会保险费征收机构缴纳社会保险费。

第六十一条 社会保险费征收机构应当依法按时足额征收社会保险费，并将缴费情况定期告知用人单位和个人。

第六十二条 用人单位未按规定申报应当缴纳的社会保险费数额的，按照该单位上月缴费额的百分之一百一十确定应当缴纳数额；缴费单位补办申报手续后，由社会保险费征收机构按照规定结算。

第六十三条 用人单位未按时足额缴纳社会保险费的，由社会保险费征收机构责令其限期缴纳或者补足。

用人单位逾期仍未缴纳或者补足社会保险费的，社会保险费征收机构可以向银行和其他金融机构查询其存款账户；并可以申请县级以上有关行政部门作出划拨社会保险费的决定，书面通知其开户银行或者其他金融机构划拨社会保险费。用人单位账户余额少于应当缴纳的社会保险费的，社会保险费征收机构可以要求该用人单位提供担保，签订延期缴费协议。

用人单位未足额缴纳社会保险费且未提供担保的，社会保险费征收机构可以申请人民法院扣押、查封、拍卖其价值相当于应当缴纳社会保险费的财产，以拍卖所得抵缴社会保险费。

第八章 社会保险基金

第六十四条 社会保险基金包括基本养老保险基金、基本医疗保险基金、工伤保险基金、失业保险基金和生育保险基金。除基本医疗保险基金与生育保险基金合并建账及核算外，其他各项社会保险基金按照社会保险险种分别建账，分账核算。社会保险基金执行国家统一的会计制度。

社会保险基金专款专用，任何组织和个人不得侵占或者挪用。

基本养老保险基金逐步实行全国统筹，其他社会保险基金逐步实行省级统筹，具体时间、步骤由国务院规定。

第六十五条 社会保险基金通过预算实现收支平衡。

县级以上人民政府在社会保险基金出现支付不足时，给予补贴。

第六十六条 社会保险基金按照统筹层次设立预算。除基本医疗保险基金与生育保险基金预算合并编制外，其他社会保险基金预算按照社会保险项目分别编制。

第六十七条 社会保险基金预算、决算草案的编制、审核和批准，依照法律和国务院规定执行。

第六十八条 社会保险基金存入财政专户，具体管理办法由国务院规定。

第六十九条 社会保险基金在保证安全的前提下，按照国务院规定投资运营实现保值增值。

社会保险基金不得违规投资运营，不得用于平衡其他政府预算，不得用于兴建、改建办公场所和支付人员经费、运行费用、管理费用，或者违反法律、行政法规规定挪作其他用途。

第七十条 社会保险经办机构应当定期向社会公布参加社会保险情况以及社会保险基金的收入、支出、结余和收益情况。

第七十一条 国家设立全国社会保障基金，由中央财政预算拨款以及国务院批准的其他方式筹集的资金构成，用于社会保障支出的补充、调剂。全国社会保障基金由全国社会保障基金管理运营机构负责管理运营，在保证安全的前提下实现保值增值。

全国社会保障基金应当定期向社会公布收支、管理和投资运营的情况。国务院财政部门、社会保险行政部门、审计机关对全国社会保障基金的收支、管理和投资运营情况实施监督。

第九章　社会保险经办

第七十二条 统筹地区设立社会保险经办机构。社会保险经办机构根据工作需要，经所在地的社会保险行政部门和机构编制管理机关批准，可以在本统筹地区设立分支机构和服务网点。

社会保险经办机构的人员经费和经办社会保险发生的基本运行费用、管理费用，由同级财政按照国家规定予以保障。

第七十三条 社会保险经办机构应当建立健全业务、财务、安全和风险管理制度。

社会保险经办机构应当按时足额支付社会保险待遇。

第七十四条 社会保险经办机构通过业务经办、统计、调查获取社会保险工作所需的数据，有关单位和个人应当及时、如实提供。

社会保险经办机构应当及时为用人单位建立档案，完整、准确地记录参加社会保险的人员、缴费等社会保险数据，妥善保管登记、申报的原始凭证和支付结算的会计凭证。

社会保险经办机构应当及时、完整、准确地记录参加社会保险的个人缴费和用人单位为其缴费，以及享受社会保险待遇等个人权益记录，定期将个人权益记录单免费寄送本人。

用人单位和个人可以免费向社会保险经办机构查询、核对其缴费和享受社会保险待遇记录，要求社会保险经办机构提供社会保险咨询等相关服务。

第七十五条 全国社会保险信息系统按照国家统一规划，由县级以上人民政府按照分级负责的原则共同建设。

第十章　社会保险监督

第七十六条 各级人民代表大会常务委员会听取和审议本级人民政府对社会保险基金的收支、管理、投资运营以及监督检查情况的专项工作报告，组织对本法实施情况的执法检查等，依法行使监督职权。

第七十七条 县级以上人民政府社会保险行政部门应当加强对用人单位和个人

遵守社会保险法律、法规情况的监督检查。

社会保险行政部门实施监督检查时，被检查的用人单位和个人应当如实提供与社会保险有关的资料，不得拒绝检查或者谎报、瞒报。

第七十八条　财政部门、审计机关按照各自职责，对社会保险基金的收支、管理和投资运营情况实施监督。

第七十九条　社会保险行政部门对社会保险基金的收支、管理和投资运营情况进行监督检查，发现存在问题的，应当提出整改建议，依法作出处理决定或者向有关行政部门提出处理建议。社会保险基金检查结果应当定期向社会公布。

社会保险行政部门对社会保险基金实施监督检查，有权采取下列措施：

（一）查阅、记录、复制与社会保险基金收支、管理和投资运营相关的资料，对可能被转移、隐匿或者灭失的资料予以封存；

（二）询问与调查事项有关的单位和个人，要求其对与调查事项有关的问题作出说明、提供有关证明材料；

（三）对隐匿、转移、侵占、挪用社会保险基金的行为予以制止并责令改正。

第八十条　统筹地区人民政府成立由用人单位代表、参保人员代表，以及工会代表、专家等组成的社会保险监督委员会，掌握、分析社会保险基金的收支、管理和投资运营情况，对社会保险工作提出咨询意见和建议，实施社会监督。

社会保险经办机构应当定期向社会保险监督委员会汇报社会保险基金的收支、管理和投资运营情况。社会保险监督委员会可以聘请会计师事务所对社会保险基金的收支、管理和投资运营情况进行年度审计和专项审计。审计结果应当向社会公开。

社会保险监督委员会发现社会保险基金收支、管理和投资运营中存在问题的，有权提出改正建议；对社会保险经办机构及其工作人员的违法行为，有权向有关部门提出依法处理建议。

第八十一条　社会保险行政部门和其他有关行政部门、社会保险经办机构、社会保险费征收机构及其工作人员，应当依法为用人单位和个人的信息保密，不得以任何形式泄露。

第八十二条　任何组织或者个人有权对违反社会保险法律、法规的行为进行举报、投诉。

社会保险行政部门、卫生行政部门、社会保险经办机构、社会保险费征收机构和财政部门、审计机关对属于本部门、本机构职责范围的举报、投诉，应当依法处理；对不属于本部门、本机构职责范围的，应当书面通知并移交有权处理的部门、机构处理。有权处理的部门、机构应当及时处理，不得推诿。

第八十三条　用人单位或者个人认为社会保险费征收机构的行为侵害自己合法权益的，可以依法申请行政复议或者提起行政诉讼。

用人单位或者个人对社会保险经办机构不依法办理社会保险登记、核定社会保险费、支付社会保险待遇、办理社会保险转移接续手续或者侵害其他社会保险权益的行为，可以依法申请行政复议或者提起行政诉讼。

个人与所在用人单位发生社会保险争议的，可以依法申请调解、仲裁，提起诉讼。用人单位侵害个人社会保险权益的，个人也可以要求社会保险行政部门或者社会保险费征收机构依法处理。

第十一章 法 律 责 任

第八十四条 用人单位不办理社会保险登记的，由社会保险行政部门责令限期改正；逾期不改正的，对用人单位处应缴社会保险费数额一倍以上三倍以下的罚款，对其直接负责的主管人员和其他直接责任人员处五百元以上三千元以下的罚款。

第八十五条 用人单位拒不出具终止或者解除劳动关系证明的，依照《中华人民共和国劳动合同法》的规定处理。

第八十六条 用人单位未按时足额缴纳社会保险费的，由社会保险费征收机构责令限期缴纳或者补足，并自欠缴之日起，按日加收万分之五的滞纳金；逾期仍不缴纳的，由有关行政部门处欠缴数额一倍以上三倍以下的罚款。

第八十七条 社会保险经办机构以及医疗机构、药品经营单位等社会保险服务机构以欺诈、伪造证明材料或者其他手段骗取社会保险基金支出的，由社会保险行政部门责令退回骗取的社会保险金，处骗取金额二倍以上五倍以下的罚款；属于社会保险服务机构的，解除服务协议；直接负责的主管人员和其他直接责任人员有执业资格的，依法吊销其执业资格。

第八十八条 以欺诈、伪造证明材料或者其他手段骗取社会保险待遇的，由社会保险行政部门责令退回骗取的社会保险金，处骗取金额二倍以上五倍以下的罚款。

第八十九条 社会保险经办机构及其工作人员有下列行为之一的，由社会保险行政部门责令改正；给社会保险基金、用人单位或者个人造成损失的，依法承担赔偿责任；对直接负责的主管人员和其他直接责任人员依法给予处分：

（一）未履行社会保险法定职责的；

（二）未将社会保险基金存入财政专户的；

（三）克扣或者拒不按时支付社会保险待遇的；

（四）丢失或者篡改缴费记录、享受社会保险待遇记录等社会保险数据、个人权益记录的；

（五）有违反社会保险法律、法规的其他行为的。

第九十条 社会保险费征收机构擅自更改社会保险费缴费基数、费率，导致少收或者多收社会保险费的，由有关行政部门责令其追缴应当缴纳的社会保险费或者退还不应当缴纳的社会保险费；对直接负责的主管人员和其他直接责任人员依法给予处分。

第九十一条 违反本法规定，隐匿、转移、侵占、挪用社会保险基金或者违规投资运营的，由社会保险行政部门、财政部门、审计机关责令追回；有违法所得的，没收违法所得；对直接负责的主管人员和其他直接责任人员依法给予处分。

第九十二条 社会保险行政部门和其他有关行政部门、社会保险经办机构、社会保险费征收机构及其工作人员泄露用人单位和个人信息的，对直接负责的主管人员和其他直接责任人员依法给予处分；给用人单位或者个人造成损失的，应当承担赔偿责任。

第九十三条 国家工作人员在社会保险管理、监督工作中滥用职权、玩忽职守、徇私舞弊的,依法给予处分。

第九十四条 违反本法规定,构成犯罪的,依法追究刑事责任。

第十二章 附 则

第九十五条 进城务工的农村居民依照本法规定参加社会保险。

第九十六条 征收农村集体所有的土地,应当足额安排被征地农民的社会保险费,按照国务院规定将被征地农民纳入相应的社会保险制度。

第九十七条 外国人在中国境内就业的,参照本法规定参加社会保险。

第九十八条 本法自 2011 年 7 月 1 日起施行。

典型案例

某企业返聘人员权益保障案[①]

某大型服装智能制造企业有员工约2000人,劳动用工风险一直困扰着企业管理人员。2021年10月,区总工会督促指导企业建立了工会劳动法律监督委员会,制定了企业工会劳动法律监督制度。企业工会劳动法律监督员在日常监督中发现,退休返聘人员张某、李某每天骑摩托车上下班,二人住址距离单位较远,职业伤害风险较大。另据了解,张某曾在 2020 年 12 月因路面湿滑,上班途中骑摩托车摔伤。随后,监督员将了解到的相关情况向企业工会进行了汇报,并建议企业为退休返聘人员购买雇主责任险。经研究,建议最终被采纳,既保障了劳动者合法权益,又降低了企业劳动用工风险,实现了企业和劳动者的双赢。该监督员也因此获得了企业的"金点子"奖励。

工会劳动法律监督过程中,发现企业存在退休返聘人员等无法纳入现行工伤保险制度保障范围的劳动者,可以通过建议企业购买雇主责任险、意外伤害险等商业保险方式,确保劳动者在发生职业伤害后可以获得有效的补偿救助。本案中,该区总工会创新监督理念,打造劳动用工"法治体检"品牌,指导辖区内已经建立工会的单位普遍建立劳动法律监督委员会,加强工会劳动法律监督员队伍建设,通过日常劳动法律监督及时发现企业的"痛点""难点""风险点","对症下药",有力推动了职工合法权益保障和和谐劳动关系构建。

失业保险条例

(1998 年 12 月 26 日国务院第 11 次常务会议通过 1999 年 1 月 22 日中华人民共和国国务院令第 258 号发布 自发布之日起施行)

第一章 总 则

第一条 为了保障失业人员失业期间的基本生活,促进其再就业,制定本条例。

[①] 参见中华全国总工会:全国工会劳动法律监督十大优秀案例之八,2023 年 3 月。

第二条 城镇企业事业单位、城镇企业事业单位职工依照本条例的规定，缴纳失业保险费。

城镇企业事业单位失业人员依照本条例的规定，享受失业保险待遇。

本条所称城镇企业，是指国有企业、城镇集体企业、外商投资企业、城镇私营企业以及其他城镇企业。

第三条 国务院劳动保障行政部门主管全国的失业保险工作。县级以上地方各级人民政府劳动保障行政部门主管本行政区域内的失业保险工作。劳动保障行政部门按照国务院规定设立的经办失业保险业务的社会保险经办机构依照本条例的规定，具体承办失业保险工作。

第四条 失业保险费按照国家有关规定征缴。

第二章 失业保险基金

第五条 失业保险基金由下列各项构成：

（一）城镇企业事业单位、城镇企业事业单位职工缴纳的失业保险费；

（二）失业保险基金的利息；

（三）财政补贴；

（四）依法纳入失业保险基金的其他资金。

第六条 城镇企业事业单位按照本单位工资总额的2%缴纳失业保险费。城镇企业事业单位职工按照本人工资的1%缴纳失业保险费。城镇企业事业单位招用的农民合同制工人本人不缴纳失业保险费。

第七条 失业保险基金在直辖市和设区的市实行全市统筹；其他地区的统筹层次由省、自治区人民政府规定。

第八条 省、自治区可以建立失业保险调剂金。

失业保险调剂金以统筹地区依法应当征收的失业保险费为基数，按照省、自治区人民政府规定的比例筹集。

统筹地区的失业保险基金不敷使用时，由失业保险调剂金调剂、地方财政补贴。

失业保险调剂金的筹集、调剂使用以及地方财政补贴的具体办法，由省、自治区人民政府规定。

第九条 省、自治区、直辖市人民政府根据本行政区域失业人员数量和失业保险基金数额，报经国务院批准，可以适当调整本行政区域失业保险费的费率。

第十条 失业保险基金用于下列支出：

（一）失业保险金；

（二）领取失业保险金期间的医疗补助金；

（三）领取失业保险金期间死亡的失业人员的丧葬补助金和其供养的配偶、直系亲属的抚恤金；

（四）领取失业保险金期间接受职业培训、职业介绍的补贴，补贴的办法和标准由省、自治区、直辖市人民政府规定；

（五）国务院规定或者批准的与失业保险有关的其他费用。

第十一条 失业保险基金必须存入财政部门在国有商业银行开设的社会保障基金财政专户，实行收支两条线管理，由财政部门依法进行监督。

存入银行和按照国家规定购买国债的失业保险基金，分别按照城乡居民同期存款利率和国债利息计息。失业保险基金的利息并入失业保险基金。

失业保险基金专款专用，不得挪作他用，不得用于平衡财政收支。

第十二条　失业保险基金收支的预算、决算，由统筹地区社会保险经办机构编制，经同级劳动保障行政部门复核、同级财政部门审核，报同级人民政府审批。

第十三条　失业保险基金的财务制度和会计制度按照国家有关规定执行。

第三章　失业保险待遇

第十四条　具备下列条件的失业人员，可以领取失业保险金：

（一）按照规定参加失业保险，所在单位和本人已按照规定履行缴费义务满1年的；

（二）非因本人意愿中断就业的；

（三）已办理失业登记，并有求职要求的。

失业人员在领取失业保险金期间，按照规定同时享受其他失业保险待遇。

第十五条　失业人员在领取失业保险金期间有下列情形之一的，停止领取失业保险金，并同时停止享受其他失业保险待遇：

（一）重新就业的；

（二）应征服兵役的；

（三）移居境外的；

（四）享受基本养老保险待遇的；

（五）被判刑收监执行或者被劳动教养的；

（六）无正当理由，拒不接受当地人民政府指定的部门或者机构介绍的工作的；

（七）有法律、行政法规规定的其他情形的。

第十六条　城镇企业事业单位应当及时为失业人员出具终止或者解除劳动关系的证明，告知其按照规定享受失业保险待遇的权利，并将失业人员的名单自终止或者解除劳动关系之日起7日内报社会保险经办机构备案。

城镇企业事业单位职工失业后，应当持本单位为其出具的终止或者解除劳动关系的证明，及时到指定的社会保险经办机构办理失业登记。失业保险金自办理失业登记之日起计算。

失业保险金由社会保险经办机构按月发放。社会保险经办机构为失业人员开具领取失业保险金的单证，失业人员凭单证到指定银行领取失业保险金。

第十七条　失业人员失业前所在单位和本人按照规定累计缴费时间满1年不足5年的，领取失业保险金的期限最长为12个月；累计缴费时间满5年不足10年的，领取失业保险金的期限最长为18个月；累计缴费时间10年以上的，领取失业保险金的期限最长为24个月。重新就业后，再次失业的，缴费时间重新计算，领取失业保险金的期限可以与前次失业应领取而尚未领取的失业保险金的期限合并计算，但是最长不得超过24个月。

第十八条　失业保险金的标准，按照低于当地最低工资标准、高于城市居民最低生活保障标准的水平，由省、自治区、直辖市人民政府确定。

第十九条　失业人员在领取失业保险金期间患病就医的，可以按照规定向社会保险经办机构申请领取医疗补助金。医疗补助金的标准由省、自治区、直辖市人民政府规定。

第二十条 失业人员在领取失业保险金期间死亡的，参照当地对在职职工的规定，对其家属一次性发给丧葬补助金和抚恤金。

第二十一条 单位招用的农民合同制工人连续工作满1年，本单位并已缴纳失业保险费，劳动合同期满未续订或者提前解除劳动合同的，由社会保险经办机构根据其工作时间长短，对其支付一次性生活补助。补助的办法和标准由省、自治区、直辖市人民政府规定。

第二十二条 城镇企业事业单位成建制跨统筹地区转移，失业人员跨统筹地区流动的，失业保险关系随之转迁。

第二十三条 失业人员符合城市居民最低生活保障条件的，按照规定享受城市居民最低生活保障待遇。

第四章 管理和监督

第二十四条 劳动保障行政部门管理失业保险工作，履行下列职责：

（一）贯彻实施失业保险法律、法规；

（二）指导社会保险经办机构的工作；

（三）对失业保险费的征收和失业保险待遇的支付进行监督检查。

第二十五条 社会保险经办机构具体承办失业保险工作，履行下列职责：

（一）负责失业人员的登记、调查、统计；

（二）按照规定负责失业保险基金的管理；

（三）按照规定核定失业保险待遇，开具失业人员在指定银行领取失业保险金和其他补助金的单证；

（四）拨付失业人员职业培训、职业介绍补贴费用；

（五）为失业人员提供免费咨询服务；

（六）国家规定由其履行的其他职责。

第二十六条 财政部门和审计部门依法对失业保险基金的收支、管理情况进行监督。

第二十七条 社会保险经办机构所需经费列入预算，由财政拨付。

第五章 罚 则

第二十八条 不符合享受失业保险待遇条件，骗取失业保险金和其他失业保险待遇的，由社会保险经办机构责令退还；情节严重的，由劳动保障行政部门处骗取金额1倍以上3倍以下的罚款。

第二十九条 社会保险经办机构工作人员违反规定向失业人员开具领取失业保险金或者享受其他失业保险待遇单证，致使失业保险基金损失的，由劳动保障行政部门责令追回；情节严重的，依法给予行政处分。

第三十条 劳动保障行政部门和社会保险经办机构的工作人员滥用职权、徇私舞弊、玩忽职守，造成失业保险基金损失的，由劳动保障行政部门追回损失的失业保险基金；构成犯罪的，依法追究刑事责任；尚不构成犯罪的，依法给予行政处分。

第三十一条 任何单位、个人挪用失业保险基金的，追回挪用的失业保险基金；有违法所得的，没收违法所得，并入失业保险基金；构成犯罪的，依法追究刑事责任；尚不构成犯罪的，对直接负责主管人员和其他直接责任人员依法给予行政处分。

第六章 附 则

第三十二条 省、自治区、直辖市人民政府根据当地实际情况，可以决定本条例适用于本行政区域内的社会团体及其专职人员、民办非企业单位及其职工、有雇工的城镇个体工商户及其雇工。

第三十三条 本条例自发布之日起施行。1993年4月12日国务院发布的《国有企业职工待业保险规定》同时废止。

工伤保险条例

（2003年4月27日中华人民共和国国务院令第375号公布　根据2010年12月20日《国务院关于修改〈工伤保险条例〉的决定》修订）

第一章 总 则

第一条 为了保障因工作遭受事故伤害或者患职业病的职工获得医疗救治和经济补偿，促进工伤预防和职业康复，分散用人单位的工伤风险，制定本条例。

第二条 中华人民共和国境内的企业、事业单位、社会团体、民办非企业单位、基金会、律师事务所、会计师事务所等组织和有雇工的个体工商户（以下称用人单位）应当依照本条例规定参加工伤保险，为本单位全部职工或者雇工（以下称职工）缴纳工伤保险费。

中华人民共和国境内的企业、事业单位、社会团体、民办非企业单位、基金会、律师事务所、会计师事务所等组织的职工和个体工商户的雇工，均有依照本条例的规定享受工伤保险待遇的权利。

第三条 工伤保险费的征缴按照《社会保险费征缴暂行条例》关于基本养老保险费、基本医疗保险费、失业保险费的征缴规定执行。

第四条 用人单位应当将参加工伤保险的有关情况在本单位内公示。

用人单位和职工应当遵守有关安全生产和职业病防治的法律法规，执行安全卫生规程和标准，预防工伤事故发生，避免和减少职业病危害。

职工发生工伤时，用人单位应当采取措施使工伤职工得到及时救治。

第五条 国务院社会保险行政部门负责全国的工伤保险工作。

县级以上地方各级人民政府社会保险行政部门负责本行政区域内的工伤保险工作。

社会保险行政部门按照国务院有关规定设立的社会保险经办机构（以下称经办机构）具体承办工伤保险事务。

第六条 社会保险行政部门等部门制定工伤保险的政策、标准，应当征求工会组织、用人单位代表的意见。

第二章 工伤保险基金

第七条 工伤保险基金由用人单位缴纳的工伤保险费、工伤保险基金的利息和依法纳入工伤保险基金的其他资金构成。

第八条 工伤保险费根据以支定收、

收支平衡的原则，确定费率。

国家根据不同行业的工伤风险程度确定行业的差别费率，并根据工伤保险费使用、工伤发生率等情况在每个行业内确定若干费率档次。行业差别费率及行业内费率档次由国务院社会保险行政部门制定，报国务院批准后公布施行。

统筹地区经办机构根据用人单位工伤保险费使用、工伤发生率等情况，适用所属行业内相应的费率档次确定单位缴费费率。

第九条 国务院社会保险行政部门应当定期了解全国各统筹地区工伤保险基金收支情况，及时提出调整行业差别费率及行业内费率档次的方案，报国务院批准后公布施行。

第十条 用人单位应当按时缴纳工伤保险费。职工个人不缴纳工伤保险费。

用人单位缴纳工伤保险费的数额为本单位职工工资总额乘以单位缴费费率之积。

对难以按照工资总额缴纳工伤保险费的行业，其缴纳工伤保险费的具体方式，由国务院社会保险行政部门规定。

第十一条 工伤保险基金逐步实行省级统筹。

跨地区、生产流动性较大的行业，可以采取相对集中的方式异地参加统筹地区的工伤保险。具体办法由国务院社会保险行政部门会同有关行业的主管部门制定。

第十二条 工伤保险基金存入社会保障基金财政专户，用于本条例规定的工伤保险待遇，劳动能力鉴定，工伤预防的宣传、培训等费用，以及法律、法规规定的用于工伤保险的其他费用的支付。

工伤预防费用的提取比例、使用和管理的具体办法，由国务院社会保险行政部门会同国务院财政、卫生行政、安全生产监督管理等部门规定。

任何单位或者个人不得将工伤保险基金用于投资运营、兴建或者改建办公场所、发放奖金，或者挪作其他用途。

第十三条 工伤保险基金应当留有一定比例的储备金，用于统筹地区重大事故的工伤保险待遇支付；储备金不足支付的，由统筹地区的人民政府垫付。储备金占基金总额的具体比例和储备金的使用办法，由省、自治区、直辖市人民政府规定。

第三章　工 伤 认 定

第十四条 职工有下列情形之一的，应当认定为工伤：

（一）在工作时间和工作场所内，因工作原因受到事故伤害的；

（二）工作时间前后在工作场所内，从事与工作有关的预备性或者收尾性工作受到事故伤害的；

（三）在工作时间和工作场所内，因履行工作职责受到暴力等意外伤害的；

（四）患职业病的；

（五）因工外出期间，由于工作原因受到伤害或者发生事故下落不明的；

（六）在上下班途中，受到非本人主要责任的交通事故或者城市轨道交通、客运轮渡、火车事故伤害的；

（七）法律、行政法规规定应当认定为工伤的其他情形。

第十五条 职工有下列情形之一的，视同工伤：

（一）在工作时间和工作岗位，突发

疾病死亡或者在 48 小时之内经抢救无效死亡的；

（二）在抢险救灾等维护国家利益、公共利益活动中受到伤害的；

（三）职工原在军队服役，因战、因公负伤致残，已取得革命伤残军人证，到用人单位后旧伤复发的。

职工有前款第（一）项、第（二）项情形的，按照本条例的有关规定享受工伤保险待遇；职工有前款第（三）项情形的，按照本条例的有关规定享受除一次性伤残补助金以外的工伤保险待遇。

第十六条　职工符合本条例第十四条、第十五条的规定，但是有下列情形之一的，不得认定为工伤或者视同工伤：

（一）故意犯罪的；

（二）醉酒或者吸毒的；

（三）自残或者自杀的。

第十七条　职工发生事故伤害或者按照职业病防治法规定被诊断、鉴定为职业病，所在单位应当自事故伤害发生之日或者被诊断、鉴定为职业病之日起 30 日内，向统筹地区社会保险行政部门提出工伤认定申请。遇有特殊情况，经报社会保险行政部门同意，申请时限可以适当延长。

用人单位未按前款规定提出工伤认定申请的，工伤职工或者其近亲属、工会组织在事故伤害发生之日或者被诊断、鉴定为职业病之日起 1 年内，可以直接向用人单位所在地统筹地区社会保险行政部门提出工伤认定申请。

按照本条第一款规定应当由省级社会保险行政部门进行工伤认定的事项，根据属地原则由用人单位所在地的设区的市级社会保险行政部门办理。

用人单位未在本条第一款规定的时限内提交工伤认定申请，在此期间发生符合本条例规定的工伤待遇等有关费用由该用人单位负担。

第十八条　提出工伤认定申请应当提交下列材料：

（一）工伤认定申请表；

（二）与用人单位存在劳动关系（包括事实劳动关系）的证明材料；

（三）医疗诊断证明或者职业病诊断证明书（或者职业病诊断鉴定书）。

工伤认定申请表应当包括事故发生的时间、地点、原因以及职工伤害程度等基本情况。

工伤认定申请人提供材料不完整的，社会保险行政部门应当一次性书面告知工伤认定申请人需要补正的全部材料。申请人按照书面告知要求补正材料后，社会保险行政部门应当受理。

第十九条　社会保险行政部门受理工伤认定申请后，根据审核需要可以对事故伤害进行调查核实，用人单位、职工、工会组织、医疗机构以及有关部门应当予以协助。职业病诊断和诊断争议的鉴定，依照职业病防治法的有关规定执行。对依法取得职业病诊断证明书或者职业病诊断鉴定书的，社会保险行政部门不再进行调查核实。

职工或者其近亲属认为是工伤，用人单位不认为是工伤的，由用人单位承担举证责任。

第二十条　社会保险行政部门应当自受理工伤认定申请之日起 60 日内作出工伤认定的决定，并书面通知申请工伤认定的职工或者其近亲属和该职工所在单位。

社会保险行政部门对受理的事实清楚、权利义务明确的工伤认定申请，应当在15日内作出工伤认定的决定。

作出工伤认定决定需要以司法机关或者有关行政主管部门的结论为依据的，在司法机关或者有关行政主管部门尚未作出结论期间，作出工伤认定决定的时限中止。

社会保险行政部门工作人员与工伤认定申请人有利害关系的，应当回避。

第四章　劳动能力鉴定

第二十一条　职工发生工伤，经治疗伤情相对稳定后存在残疾、影响劳动能力的，应当进行劳动能力鉴定。

第二十二条　劳动能力鉴定是指劳动功能障碍程度和生活自理障碍程度的等级鉴定。

劳动功能障碍分为十个伤残等级，最重的为一级，最轻的为十级。

生活自理障碍分为三个等级：生活完全不能自理、生活大部分不能自理和生活部分不能自理。

劳动能力鉴定标准由国务院社会保险行政部门会同国务院卫生行政部门等部门制定。

第二十三条　劳动能力鉴定由用人单位、工伤职工或者其近亲属向设区的市级劳动能力鉴定委员会提出申请，并提供工伤认定决定和职工工伤医疗的有关资料。

第二十四条　省、自治区、直辖市劳动能力鉴定委员会和设区的市级劳动能力鉴定委员会分别由省、自治区、直辖市和设区的市级社会保险行政部门、卫生行政部门、工会组织、经办机构代表以及用人单位代表组成。

劳动能力鉴定委员会建立医疗卫生专家库。列入专家库的医疗卫生专业技术人员应当具备下列条件：

（一）具有医疗卫生高级专业技术职务任职资格；

（二）掌握劳动能力鉴定的相关知识；

（三）具有良好的职业品德。

第二十五条　设区的市级劳动能力鉴定委员会收到劳动能力鉴定申请后，应当从其建立的医疗卫生专家库中随机抽取3名或者5名相关专家组成专家组，由专家组提出鉴定意见。设区的市级劳动能力鉴定委员会根据专家组的鉴定意见作出工伤职工劳动能力鉴定结论；必要时，可以委托具备资格的医疗机构协助进行有关的诊断。

设区的市级劳动能力鉴定委员会应当自收到劳动能力鉴定申请之日起60日内作出劳动能力鉴定结论，必要时，作出劳动能力鉴定结论的期限可以延长30日。劳动能力鉴定结论应当及时送达申请鉴定的单位和个人。

第二十六条　申请鉴定的单位或者个人对设区的市级劳动能力鉴定委员会作出的鉴定结论不服的，可以在收到该鉴定结论之日起15日内向省、自治区、直辖市劳动能力鉴定委员会提出再次鉴定申请。省、自治区、直辖市劳动能力鉴定委员会作出的劳动能力鉴定结论为最终结论。

第二十七条　劳动能力鉴定工作应当客观、公正。劳动能力鉴定委员会组成人员或者参加鉴定的专家与当事人有利害关系的，应当回避。

第二十八条 自劳动能力鉴定结论作出之日起1年后，工伤职工或者其近亲属、所在单位或者经办机构认为伤残情况发生变化的，可以申请劳动能力复查鉴定。

第二十九条 劳动能力鉴定委员会依照本条例第二十六条和第二十八条的规定进行再次鉴定和复查鉴定的期限，依照本条例第二十五条第二款的规定执行。

第五章 工伤保险待遇

第三十条 职工因工作遭受事故伤害或者患职业病进行治疗，享受工伤医疗待遇。

职工治疗工伤应当在签订服务协议的医疗机构就医，情况紧急时可以先到就近的医疗机构急救。

治疗工伤所需费用符合工伤保险诊疗项目目录、工伤保险药品目录、工伤保险住院服务标准的，从工伤保险基金支付。工伤保险诊疗项目目录、工伤保险药品目录、工伤保险住院服务标准，由国务院社会保险行政部门会同国务院卫生行政部门、食品药品监督管理部门等部门规定。

职工住院治疗工伤的伙食补助费，以及经医疗机构出具证明，报经办机构同意，工伤职工到统筹地区以外就医所需的交通、食宿费用从工伤保险基金支付，基金支付的具体标准由统筹地区人民政府规定。

工伤职工治疗非工伤引发的疾病，不享受工伤医疗待遇，按照基本医疗保险办法处理。

工伤职工到签订服务协议的医疗机构进行工伤康复的费用，符合规定的，从工伤保险基金支付。

第三十一条 社会保险行政部门作出认定为工伤的决定后发生行政复议、行政诉讼的，行政复议和行政诉讼期间不停止支付工伤职工治疗工伤的医疗费用。

第三十二条 工伤职工因日常生活或者就业需要，经劳动能力鉴定委员会确认，可以安装假肢、矫形器、假眼、假牙和配置轮椅等辅助器具，所需费用按照国家规定的标准从工伤保险基金支付。

第三十三条 职工因工作遭受事故伤害或者患职业病需要暂停工作接受工伤医疗的，在停工留薪期内，原工资福利待遇不变，由所在单位按月支付。

停工留薪期一般不超过12个月。伤情严重或者情况特殊，经设区的市级劳动能力鉴定委员会确认，可以适当延长，但延长不得超过12个月。工伤职工评定伤残等级后，停发原待遇，按照本章的有关规定享受伤残待遇。工伤职工在停工留薪期满后仍需治疗的，继续享受工伤医疗待遇。

生活不能自理的工伤职工在停工留薪期需要护理的，由所在单位负责。

第三十四条 工伤职工已经评定伤残等级并经劳动能力鉴定委员会确认需要生活护理的，从工伤保险基金按月支付生活护理费。

生活护理费按照生活完全不能自理、生活大部分不能自理或者生活部分不能自理3个不同等级支付，其标准分别为统筹地区上年度职工月平均工资的50%、40%或者30%。

第三十五条 职工因工致残被鉴定为一级至四级伤残的，保留劳动关系，退出工作岗位，享受以下待遇：

（一）从工伤保险基金按伤残等级支付一次性伤残补助金，标准为：一级伤残为27个月的本人工资，二级伤残为25个月的本人工资，三级伤残为23个月的本人工资，四级伤残为21个月的本人工资；

（二）从工伤保险基金按月支付伤残津贴，标准为：一级伤残为本人工资的90%，二级伤残为本人工资的85%，三级伤残为本人工资的80%，四级伤残为本人工资的75%。伤残津贴实际金额低于当地最低工资标准的，由工伤保险基金补足差额；

（三）工伤职工达到退休年龄并办理退休手续后，停发伤残津贴，按照国家有关规定享受基本养老保险待遇。基本养老保险待遇低于伤残津贴的，由工伤保险基金补足差额。

职工因工致残被鉴定为一级至四级伤残的，由用人单位和职工个人以伤残津贴为基数，缴纳基本医疗保险费。

第三十六条 职工因工致残被鉴定为五级、六级伤残的，享受以下待遇：

（一）从工伤保险基金按伤残等级支付一次性伤残补助金，标准为：五级伤残为18个月的本人工资，六级伤残为16个月的本人工资；

（二）保留与用人单位的劳动关系，由用人单位安排适当工作。难以安排工作的，由用人单位按月发给伤残津贴，标准为：五级伤残为本人工资的70%，六级伤残为本人工资的60%，并由用人单位按照规定为其缴纳应缴纳的各项社会保险费。伤残津贴实际金额低于当地最低工资标准的，由用人单位补足差额。

经工伤职工本人提出，该职工可以与用人单位解除或者终止劳动关系，由工伤保险基金支付一次性工伤医疗补助金，由用人单位支付一次性伤残就业补助金。一次性工伤医疗补助金和一次性伤残就业补助金的具体标准由省、自治区、直辖市人民政府规定。

第三十七条 职工因工致残被鉴定为七级至十级伤残的，享受以下待遇：

（一）从工伤保险基金按伤残等级支付一次性伤残补助金，标准为：七级伤残为13个月的本人工资，八级伤残为11个月的本人工资，九级伤残为9个月的本人工资，十级伤残为7个月的本人工资；

（二）劳动、聘用合同期满终止，或者职工本人提出解除劳动、聘用合同的，由工伤保险基金支付一次性工伤医疗补助金，由用人单位支付一次性伤残就业补助金。一次性工伤医疗补助金和一次性伤残就业补助金的具体标准由省、自治区、直辖市人民政府规定。

第三十八条 工伤职工工伤复发，确认需要治疗的，享受本条例第三十条、第三十二条和第三十三条规定的工伤待遇。

第三十九条 职工因工死亡，其近亲属按照下列规定从工伤保险基金领取丧葬补助金、供养亲属抚恤金和一次性工亡补助金：

（一）丧葬补助金为6个月的统筹地区上年度职工月平均工资；

（二）供养亲属抚恤金按照职工本人工资的一定比例发给由因工死亡职工生前提供主要生活来源、无劳动能力的亲属。标准为：配偶每月40%，其他亲属每人每月30%，孤寡老人或者孤儿每人每月在上述标准的基础上增加10%。核定的各供养亲属的抚恤金之和不应高于因工死亡职工生前的工资。供养亲属的具体范围由国务院社会保险行政部门规定；

（三）一次性工亡补助金标准为上一年度全国城镇居民人均可支配收入的20倍。

伤残职工在停工留薪期内因工伤导致死亡的，其近亲属享受本条第一款规定的待遇。

一级至四级伤残职工在停工留薪期满后死亡的，其近亲属可以享受本条第一款第（一）项、第（二）项规定的待遇。

第四十条　伤残津贴、供养亲属抚恤金、生活护理费由统筹地区社会保险行政部门根据职工平均工资和生活费用变化等情况适时调整。调整办法由省、自治区、直辖市人民政府规定。

第四十一条　职工因工外出期间发生事故或者在抢险救灾中下落不明的，从事故发生当月起3个月内照发工资，从第4个月起停发工资，由工伤保险基金向其供养亲属按月支付供养亲属抚恤金。生活有困难的，可以预支一次性工亡补助金的50%。职工被人民法院宣告死亡的，按照本条例第三十九条职工因工死亡的规定处理。

第四十二条　工伤职工有下列情形之一的，停止享受工伤保险待遇：

（一）丧失享受待遇条件的；

（二）拒不接受劳动能力鉴定的；

（三）拒绝治疗的。

第四十三条　用人单位分立、合并、转让的，承继单位应当承担原用人单位的工伤保险责任；原用人单位已经参加工伤保险的，承继单位应当到当地经办机构办理工伤保险变更登记。

用人单位实行承包经营的，工伤保险责任由职工劳动关系所在单位承担。

职工被借调期间受到工伤事故伤害的，由原用人单位承担工伤保险责任，但原用人单位与借调单位可以约定补偿办法。

企业破产的，在破产清算时依法拨付应当由单位支付的工伤保险待遇费用。

第四十四条　职工被派遣出境工作，依据前往国家或者地区的法律应当参加当地工伤保险的，参加当地工伤保险，其国内工伤保险关系中止；不能参加当地工伤保险的，其国内工伤保险关系不中止。

第四十五条　职工再次发生工伤，根据规定应当享受伤残津贴的，按照新认定的伤残等级享受伤残津贴待遇。

第六章　监督管理

第四十六条　经办机构具体承办工伤保险事务，履行下列职责：

（一）根据省、自治区、直辖市人民政府规定，征收工伤保险费；

（二）核查用人单位的工资总额和职工人数，办理工伤保险登记，并负责保存用人单位缴费和职工享受工伤保险待遇情况的记录；

（三）进行工伤保险的调查、统计；

（四）按照规定管理工伤保险基金的支出；

（五）按照规定核定工伤保险待遇；

（六）为工伤职工或者其近亲属免费提供咨询服务。

第四十七条　经办机构与医疗机构、辅助器具配置机构在平等协商的基础上签订服务协议，并公布签订服务协议的医疗机构、辅助器具配置机构的名单。具体办法由国务院社会保险行政部门分别会同国务院卫生行政部门、民政部门等部门制定。

第四十八条　经办机构按照协议和国家有关目录、标准对工伤职工医疗费用、康复费用、辅助器具费用的使用情况进行核查，并按时足额结算费用。

第四十九条　经办机构应当定期公布工伤保险基金的收支情况，及时向社会保险行政部门提出调整费率的建议。

第五十条　社会保险行政部门、经办机构应当定期听取工伤职工、医疗机构、辅助器具配置机构以及社会各界对改进工伤保险工作的意见。

第五十一条　社会保险行政部门依法对工伤保险费的征缴和工伤保险基金的支付情况进行监督检查。

财政部门和审计机关依法对工伤保险基金的收支、管理情况进行监督。

第五十二条　任何组织和个人对有关工伤保险的违法行为，有权举报。社会保险行政部门对举报应当及时调查，按照规定处理，并为举报人保密。

第五十三条　工会组织依法维护工伤职工的合法权益，对用人单位的工伤保险工作实行监督。

第五十四条　职工与用人单位发生工伤待遇方面的争议，按照处理劳动争议的有关规定处理。

第五十五条　有下列情形之一的，有关单位或者个人可以依法申请行政复议，也可以依法向人民法院提起行政诉讼：

（一）申请工伤认定的职工或者其近亲属、该职工所在单位对工伤认定申请不予受理的决定不服的；

（二）申请工伤认定的职工或者其近亲属、该职工所在单位对工伤认定结论不服的；

（三）用人单位对经办机构确定的单位缴费费率不服的；

（四）签订服务协议的医疗机构、辅助器具配置机构认为经办机构未履行有关协议或者规定的；

（五）工伤职工或者其近亲属对经办机构核定的工伤保险待遇有异议的。

第七章　法　律　责　任

第五十六条　单位或者个人违反本条例第十二条规定挪用工伤保险基金，构成犯罪的，依法追究刑事责任；尚不构成犯罪的，依法给予处分或者纪律处分。被挪用的基金由社会保险行政部门追回，并入工伤保险基金；没收的违法所得依法上缴国库。

第五十七条　社会保险行政部门工作人员有下列情形之一的，依法给予处分；情节严重，构成犯罪的，依法追究刑事责任：

（一）无正当理由不受理工伤认定申请，或者弄虚作假将不符合工伤条件的人员认定为工伤职工的；

（二）未妥善保管申请工伤认定的证据材料，致使有关证据灭失的；

（三）收受当事人财物的。

第五十八条　经办机构有下列行为之一的，由社会保险行政部门责令改正，对直接负责的主管人员和其他责任人员依法给予纪律处分；情节严重，构成犯罪的，依法追究刑事责任；造成当事人经济损失的，由经办机构依法承担赔偿责任：

（一）未按规定保存用人单位缴费和职工享受工伤保险待遇情况记录的；

（二）不按规定核定工伤保险待遇的；

（三）收受当事人财物的。

第五十九条 医疗机构、辅助器具配置机构不按服务协议提供服务的，经办机构可以解除服务协议。

经办机构不按时足额结算费用的，由社会保险行政部门责令改正；医疗机构、辅助器具配置机构可以解除服务协议。

第六十条 用人单位、工伤职工或者其近亲属骗取工伤保险待遇，医疗机构、辅助器具配置机构骗取工伤保险基金支出的，由社会保险行政部门责令退还，处骗取金额2倍以上5倍以下的罚款；情节严重，构成犯罪的，依法追究刑事责任。

第六十一条 从事劳动能力鉴定的组织或者个人有下列情形之一的，由社会保险行政部门责令改正，处2000元以上1万元以下的罚款；情节严重，构成犯罪的，依法追究刑事责任：

（一）提供虚假鉴定意见的；

（二）提供虚假诊断证明的；

（三）收受当事人财物的。

第六十二条 用人单位依照本条例规定应当参加工伤保险而未参加的，由社会保险行政部门责令限期参加，补缴应当缴纳的工伤保险费，并自欠缴之日起，按日加收万分之五的滞纳金；逾期仍不缴纳的，处欠缴数额1倍以上3倍以下的罚款。

依照本条例规定应当参加工伤保险而未参加工伤保险的用人单位职工发生工伤的，由该用人单位按照本条例规定的工伤保险待遇项目和标准支付费用。

用人单位参加工伤保险并补缴应当缴纳的工伤保险费、滞纳金后，由工伤保险基金和用人单位依照本条例的规定支付新发生的费用。

第六十三条 用人单位违反本条例第十九条的规定，拒不协助社会保险行政部门对事故进行调查核实的，由社会保险行政部门责令改正，处2000元以上2万元以下的罚款。

第八章 附 则

第六十四条 本条例所称工资总额，是指用人单位直接支付给本单位全部职工的劳动报酬总额。

本条例所称本人工资，是指工伤职工因工作遭受事故伤害或者患职业病前12个月平均月缴费工资。本人工资高于统筹地区职工平均工资300%的，按照统筹地区职工平均工资的300%计算；本人工资低于统筹地区职工平均工资60%的，按照统筹地区职工平均工资的60%计算。

第六十五条 公务员和参照公务员法管理的事业单位、社会团体的工作人员因工作遭受事故伤害或者患职业病的，由所在单位支付费用。具体办法由国务院社会保险行政部门会同国务院财政部门规定。

第六十六条 无营业执照或者未经依法登记、备案的单位以及被依法吊销营业执照或者撤销登记、备案的单位的职工受到事故伤害或者患职业病的，由该单位向伤残职工或者死亡职工的近亲属给予一次性赔偿，赔偿标准不得低于本条例规定的工伤保险待遇；用人单位不得使用童工，用人单位使用童工造成童工伤残、死亡的，由该单位向童工或者童工的近亲属给予一次性赔偿，赔偿标准不得低于本条例规定的工伤保险待遇。具体办法由国务院社会保险行政部门规定。

前款规定的伤残职工或者死亡职工的近亲属就赔偿数额与单位发生争议的，以及前款规定的童工或者童工的近亲属就赔偿数额与单位发生争议的，按照处理劳动争议的有关规定处理。

第六十七条 本条例自2004年1月1日起施行。本条例施行前已受到事故伤害或者患职业病的职工尚未完成工伤认定的，按照本条例的规定执行。

工伤认定办法

（2010年12月31日人力资源和社会保障部令第8号公布 自2011年1月1日起施行）

第一条 为规范工伤认定程序，依法进行工伤认定，维护当事人的合法权益，根据《工伤保险条例》的有关规定，制定本办法。

第二条 社会保险行政部门进行工伤认定按照本办法执行。

第三条 工伤认定应当客观公正、简捷方便，认定程序应当向社会公开。

第四条 职工发生事故伤害或者按照职业病防治法规定被诊断、鉴定为职业病，所在单位应当自事故伤害发生之日或者被诊断、鉴定为职业病之日起30日内，向统筹地区社会保险行政部门提出工伤认定申请。遇有特殊情况，经报社会保险行政部门同意，申请时限可以适当延长。

按照前款规定应当向省级社会保险行政部门提出工伤认定申请的，根据属地原则应当向用人单位所在地设区的市级社会保险行政部门提出。

第五条 用人单位未在规定的时限内提出工伤认定申请的，受伤害职工或者其近亲属、工会组织在事故伤害发生之日或者被诊断、鉴定为职业病之日起1年内，可以直接按照本办法第四条规定提出工伤认定申请。

第六条 提出工伤认定申请应当填写《工伤认定申请表》，并提交下列材料：

（一）劳动、聘用合同文本复印件或者与用人单位存在劳动关系（包括事实劳动关系）、人事关系的其他证明材料；

（二）医疗机构出具的受伤后诊断证明书或者职业病诊断证明书（或者职业病诊断鉴定书）。

第七条 工伤认定申请人提交的申请材料符合要求，属于社会保险行政部门管辖范围且在受理时限内的，社会保险行政部门应当受理。

第八条 社会保险行政部门收到工伤认定申请后，应当在15日内对申请人提交的材料进行审核，材料完整的，作出受理或者不予受理的决定；材料不完整的，应当以书面形式一次性告知申请人需要补正的全部材料。社会保险行政部门收到申请人提交的全部补正材料后，应当在15日内作出受理或者不予受理的决定。

社会保险行政部门决定受理的，应当出具《工伤认定申请受理决定书》；决定不予受理的，应当出具《工伤认定申请不予受理决定书》。

第九条 社会保险行政部门受理工伤认定申请后，可以根据需要对申请人提供的证据进行调查核实。

第十条 社会保险行政部门进行调查核实，应当由两名以上工作人员共同进行，并出示执行公务的证件。

第十一条 社会保险行政部门工作人员在工伤认定中，可以进行以下调查核实工作：

（一）根据工作需要，进入有关单位和事故现场；

（二）依法查阅与工伤认定有关的资料，询问有关人员并作出调查笔录；

（三）记录、录音、录像和复制与工伤认定有关的资料。调查核实工作的证据收集参照行政诉讼证据收集的有关规定执行。

第十二条 社会保险行政部门工作人员进行调查核实时，有关单位和个人应当予以协助。用人单位、工会组织、医疗机构以及有关部门应当负责安排相关人员配合工作，据实提供情况和证明材料。

第十三条 社会保险行政部门在进行工伤认定时，对申请人提供的符合国家有关规定的职业病诊断证明书或者职业病诊断鉴定书，不再进行调查核实。职业病诊断证明书或者职业病诊断鉴定书不符合国家规定的要求和格式的，社会保险行政部门可以要求出具证据部门重新提供。

第十四条 社会保险行政部门受理工伤认定申请后，可以根据工作需要，委托其他统筹地区的社会保险行政部门或者相关部门进行调查核实。

第十五条 社会保险行政部门工作人员进行调查核实时，应当履行下列义务：

（一）保守有关单位商业秘密以及个人隐私；

（二）为提供情况的有关人员保密。

第十六条 社会保险行政部门工作人员与工伤认定申请人有利害关系的，应当回避。

第十七条 职工或者其近亲属认为是工伤，用人单位不认为是工伤的，由该用人单位承担举证责任。用人单位拒不举证的，社会保险行政部门可以根据受伤害职工提供的证据或者调查取得的证据，依法作出工伤认定决定。

第十八条 社会保险行政部门应当自受理工伤认定申请之日起 60 日内作出工伤认定决定，出具《认定工伤决定书》或者《不予认定工伤决定书》。

第十九条 《认定工伤决定书》应当载明下列事项：

（一）用人单位全称；

（二）职工的姓名、性别、年龄、职业、身份证号码；

（三）受伤害部位、事故时间和诊断时间或职业病名称、受伤害经过和核实情况、医疗救治的基本情况和诊断结论；

（四）认定工伤或者视同工伤的依据；

（五）不服认定决定申请行政复议或者提起行政诉讼的部门和时限；

（六）作出认定工伤或者视同工伤决定的时间。

《不予认定工伤决定书》应当载明下列事项：

（一）用人单位全称；

（二）职工的姓名、性别、年龄、职业、身份证号码；

（三）不予认定工伤或者不视同工伤的依据；

（四）不服认定决定申请行政复议或者提起行政诉讼的部门和时限；

（五）作出不予认定工伤或者不视同工伤决定的时间。

《认定工伤决定书》和《不予认定工伤决定书》应当加盖社会保险行政部门工伤认定专用印章。

第二十条　社会保险行政部门受理工伤认定申请后，作出工伤认定决定需要以司法机关或者有关行政主管部门的结论为依据的，在司法机关或者有关行政主管部门尚未作出结论期间，作出工伤认定决定的时限中止，并书面通知申请人。

第二十一条　社会保险行政部门对于事实清楚、权利义务明确的工伤认定申请，应当自受理工伤认定申请之日起15日内作出工伤认定决定。

第二十二条　社会保险行政部门应当自工伤认定决定作出之日起20日内，将《认定工伤决定书》或者《不予认定工伤决定书》送达受伤害职工（或者其近亲属）和用人单位，并抄送社会保险经办机构。

《认定工伤决定书》和《不予认定工伤决定书》的送达参照民事法律有关送达的规定执行。

第二十三条　职工或者其近亲属、用人单位对不予受理决定不服或者对工伤认定决定不服的，可以依法申请行政复议或者提起行政诉讼。

第二十四条　工伤认定结束后，社会保险行政部门应当将工伤认定的有关资料保存50年。

第二十五条　用人单位拒不协助社会保险行政部门对事故伤害进行调查核实的，由社会保险行政部门责令改正，处2000元以上2万元以下的罚款。

第二十六条　本办法中的《工伤认定申请表》、《工伤认定申请受理决定书》、《工伤认定申请不予受理决定书》、《认定工伤决定书》、《不予认定工伤决定书》的样式由国务院社会保险行政部门统一制定。

第二十七条　本办法自2011年1月1日起施行。劳动和社会保障部2003年9月23日颁布的《工伤认定办法》同时废止。

典型案例

某市工会劳动法律监督维护职工工伤权益案[①]

2019年7月，某金属机械加工厂职工李某在作业中右手被机器砸伤致手指骨折。李某请求企业为其申报工伤，但企业以各种理由推脱。因企业未提供相关资料，人社部门无法为李某办理工伤认定。该市总工会接到李某求助后，迅速启动工会劳动法律监督程序，向企业发送《工会劳动法律监督意见书》，为企业负责人释明法律，同时向同级人社部门提出个案监

---

① 参见中华全国总工会：全国工会劳动法律监督十大优秀案例之七，2023年3月。

督建议。在市总工会和人社部门的协作配合下，企业为职工出具了工伤认定手续，职工被认定工伤并获得赔偿。

实践中，一旦企业怠于履行申报工伤及相关义务，职工往往只能通过仲裁或诉讼方式维权。为推动从立法层面解决这一问题，该市总工会在该省企业工会工作条例制定过程中，明确建议增加"职工发生事故伤害或者按照《职业病防治法》规定被诊断、鉴定为职业病，请求工会为其申请工伤认定的，工会应当收集、审查有关证明材料，并向社会保险行政部门申报。对不予受理或不予工伤认定的，社会保险行政部门应当向工会作出书面答复"等有关内容，并最终被采纳。通过工会劳动法律监督发现问题，系统分析问题，进而提出对策，再推动将具有针对性、可行性的对策转化为具有普适性的法律规范，从个案法律监督上升至立法层面的制度设计，从源头上解决一类问题，体现了工会劳动法律监督的重要使命和意义，也是工会组织发挥桥梁纽带作用的具体体现。

因工死亡职工供养亲属范围规定

（2003年9月23日劳动和社会保障部令第18号公布　自2004年1月1日起施行）

第一条　为明确因工死亡职工供养亲属范围，根据《工伤保险条例》第三十七条第一款第二项的授权，制定本规定。

第二条　本规定所称因工死亡职工供养亲属，是指该职工的配偶、子女、父母、祖父母、外祖父母、孙子女、外孙子女、兄弟姐妹。

本规定所称子女，包括婚生子女、非婚生子女、养子女和有抚养关系的继子女，其中，婚生子女、非婚生子女包括遗腹子女；

本规定所称父母，包括生父母、养父母和有抚养关系的继父母；

本规定所称兄弟姐妹，包括同父母的兄弟姐妹、同父异母或者同母异父的兄弟姐妹、养兄弟姐妹、有抚养关系的继兄弟姐妹。

第三条　上条规定的人员，依靠因工死亡职工生前提供主要生活来源，并有下列情形之一的，可按规定申请供养亲属抚恤金：

（一）完全丧失劳动能力的；

（二）工亡职工配偶男年满60周岁、女年满55周岁的；

（三）工亡职工父母男年满60周岁、女年满55周岁的；

（四）工亡职工子女未满18周岁的；

（五）工亡职工父母均已死亡，其祖父、外祖父年满60周岁，祖母、外祖母年满55周岁的；

（六）工亡职工子女已经死亡或完全丧失劳动能力，其孙子女、外孙子女未满18周岁的；

（七）工亡职工父母均已死亡或完全丧失劳动能力，其兄弟姐妹未满18周岁的。

第四条　领取抚恤金人员有下列情形之一的，停止享受抚恤金待遇：

（一）年满18周岁且未完全丧失劳动能力的；

（二）就业或参军的；

（三）工亡职工配偶再婚的；

（四）被他人或组织收养的；

（五）死亡的。

第五条 领取抚恤金的人员，在被判刑收监执行期间，停止享受抚恤金待遇。刑满释放仍符合领取抚恤金资格的，按规定的标准享受抚恤金。

第六条 因工死亡职工供养亲属享受抚恤金待遇的资格，由统筹地区社会保险经办机构核定。

因工死亡职工供养亲属的劳动能力鉴定，由因工死亡职工生前单位所在地设区的市级劳动能力鉴定委员会负责。

第七条 本办法自2004年1月1日起施行。

企业职工生育保险试行办法

（1994年12月14日　劳部发〔1994〕504号）

第一条 为了维护企业女职工的合法权益，保障她们在生育期间得到必要的经济补偿和医疗保健，均衡企业间生育保险费用的负担，根据有关法律、法规的规定，制定本办法。

第二条 本办法适用于城镇企业及其职工。

第三条 生育保险按属地原则组织。生育保险费用实行社会统筹。

第四条 生育保险根据"以支定收，收支基本平衡"的原则筹集资金，由企业按照其工资总额的一定比例向社会保险经办机构缴纳生育保险费，建立生育保险基金。生育保险费的提取比例由当地人民政府根据计划内生育人数和生育津贴、生育医疗费等项费用确定，并可根据费用支出情况适时调整，但最高不得超过工资总额的百分之一。企业缴纳的生育保险费作为期间费用处理，列入企业管理费用。

职工个人不缴纳生育保险费。

第五条 女职工生育按照法律、法规的规定享受产假。产假期间的生育津贴按照本企业上年度职工月平均工资计发，由生育保险基金支付。

第六条 女职工生育的检查费、接生费、手术费、住院费和药费由生育保险基金支付。超出规定的医疗服务费和药费（含自费药品和营养药品的药费）由职工个人负担。

女职工生育出院后，因生育引起疾病的医疗费，由生育保险基金支付；其它疾病的医疗费，按照医疗保险待遇的规定办理。女职工产假期满后，因病需要休息治疗的，按照有关病假待遇和医疗保险待遇规定办理。

第七条 女职工生育或流产后，由本人或所在企业持当地计划生育部门签发的计划生育证明，婴儿出生、死亡或流产证明，到当地社会保险经办机构办理手续，领取生育津贴和报销生育医疗费。

第八条 生育保险基金由劳动部门所属的社会保险经办机构负责收缴、支付和管理。

生育保险基金应存入社会保险经办机构在银行开设的生育保险基金专户。银行应按照城乡居民个人储蓄同期存款利率计息，所得利息转入生育保险基金。

第九条 社会保险经办机构可从生育保险基金中提取管理费，用于本机构经办生育保险工作所需的人员经费、办公费及其它业务经费。管理费标准，各地根据社会保险经办机构人员设置情况，由劳动部门提出，经财政部门核定后，报当地人民政府批准。管理费提取比例最高不得超过生育保险基金的百分之二。

生育保险基金及管理费不征税、费。

第十条 生育保险基金的筹集和使用，实行财务预、决算制度，由社会保险经办机构作出年度报告，并接受同级财政、审计监督。

第十一条 市（县）社会保险监督机构定期监督生育保险基金管理工作。

第十二条 企业必须按期缴纳生育保险费。对逾期不缴纳的，按日加收千分之二的滞纳金。滞纳金转入生育保险基金。滞纳金计入营业外支出，纳税时进行调整。

第十三条 企业虚报、冒领生育津贴或生育医疗费的，社会保险经办机构应追回全部虚报、冒领金额，并由劳动行政部门给予处罚。

企业欠付或拒付职工生育津贴、生育医疗费的，由劳动行政部门责令企业限期支付；对职工造成损害的，企业应承担赔偿责任。

第十四条 劳动行政部门或社会保险经办机构的工作人员滥用职权、玩忽职守、徇私舞弊、贪污、挪用生育保险基金，构成犯罪的，依法追究刑事责任；不构成犯罪的，给予行政处分。

第十五条 省、自治区、直辖市人民政府劳动行政部门可以按照本办法的规定，结合本地区实际情况制定实施办法。

第十六条 本办法自1995年1月1日起试行。

住房公积金管理条例

（1999年4月3日中华人民共和国国务院令第262号发布　根据2002年3月24日《国务院关于修改〈住房公积金管理条例〉的决定》第一次修订　根据2019年3月24日《国务院关于修改部分行政法规的决定》第二次修订）

第一章　总　　则

第一条 为了加强对住房公积金的管理，维护住房公积金所有者的合法权益，促进城镇住房建设，提高城镇居民的居住水平，制定本条例。

第二条 本条例适用于中华人民共和国境内住房公积金的缴存、提取、使用、管理和监督。

本条例所称住房公积金，是指国家机关、国有企业、城镇集体企业、外商投资企业、城镇私营企业及其他城镇企业、事业单位、民办非企业单位、社会团体（以下统称单位）及其在职职工缴存的长期住房储金。

第三条 职工个人缴存的住房公积金和职工所在单位为职工缴存的住房公积金，属于职工个人所有。

第四条 住房公积金的管理实行住房公积金管理委员会决策、住房公积金管理中心运作、银行专户存储、财政监督的原则。

第五条 住房公积金应当用于职工购买、建造、翻建、大修自住住房，任何单位和个人不得挪作他用。

第六条 住房公积金的存、贷利率由中国人民银行提出，经征求国务院建设行政主管部门的意见后，报国务院批准。

第七条 国务院建设行政主管部门会同国务院财政部门、中国人民银行拟定住房公积金政策，并监督执行。

省、自治区人民政府建设行政主管部门会同同级财政部门以及中国人民银行分支机构，负责本行政区域内住房公积金管理法规、政策执行情况的监督。

第二章 机构及其职责

第八条 直辖市和省、自治区人民政府所在地的市以及其他设区的市（地、州、盟），应当设立住房公积金管理委员会，作为住房公积金管理的决策机构。住房公积金管理委员会的成员中，人民政府负责人和建设、财政、人民银行等有关部门负责人以及有关专家占1/3，工会代表和职工代表占1/3，单位代表占1/3。

住房公积金管理委员会主任应当由具有社会公信力的人士担任。

第九条 住房公积金管理委员会在住房公积金管理方面履行下列职责：

（一）依据有关法律、法规和政策，制定和调整住房公积金的具体管理措施，并监督实施；

（二）根据本条例第十八条的规定，拟订住房公积金的具体缴存比例；

（三）确定住房公积金的最高贷款额度；

（四）审批住房公积金归集、使用计划；

（五）审议住房公积金增值收益分配方案；

（六）审批住房公积金归集、使用计划执行情况的报告。

第十条 直辖市和省、自治区人民政府所在地的市以及其他设区的市（地、州、盟）应当按照精简、效能的原则，设立一个住房公积金管理中心，负责住房公积金的管理运作。县（市）不设立住房公积金管理中心。

前款规定的住房公积金管理中心可以在有条件的县（市）设立分支机构。住房公积金管理中心与其分支机构应当实行统一的规章制度，进行统一核算。

住房公积金管理中心是直属城市人民政府的不以营利为目的的独立的事业单位。

第十一条 住房公积金管理中心履行下列职责：

（一）编制、执行住房公积金的归集、使用计划；

（二）负责记载职工住房公积金的缴存、提取、使用等情况；

（三）负责住房公积金的核算；

（四）审批住房公积金的提取、使用；

（五）负责住房公积金的保值和归还；

（六）编制住房公积金归集、使用计划执行情况的报告；

（七）承办住房公积金管理委员会决定的其他事项。

第十二条 住房公积金管理委员会应当按照中国人民银行的有关规定，指定受委托办理住房公积金金融业务的商业银行（以下简称受委托银行）；住房公积金管理中心应当委托受委托银行办理住房公积金贷款、结算等金融业务和住房公积金账户的设立、缴存、归还等手续。

住房公积金管理中心应当与受委托银行签订委托合同。

第三章 缴　　存

第十三条　住房公积金管理中心应当在受委托银行设立住房公积金专户。

单位应当向住房公积金管理中心办理住房公积金缴存登记，并为本单位职工办理住房公积金账户设立手续。每个职工只能有一个住房公积金账户。

住房公积金管理中心应当建立职工住房公积金明细账，记载职工个人住房公积金的缴存、提取等情况。

第十四条　新设立的单位应当自设立之日起30日内向住房公积金管理中心办理住房公积金缴存登记，并自登记之日起20日内，为本单位职工办理住房公积金账户设立手续。

单位合并、分立、撤销、解散或者破产的，应当自发生上述情况之日起30日内由原单位或者清算组织向住房公积金管理中心办理变更登记或者注销登记，并自办妥变更登记或者注销登记之日起20日内，为本单位职工办理住房公积金账户转移或者封存手续。

第十五条　单位录用职工的，应当自录用之日起30日内向住房公积金管理中心办理缴存登记，并办理职工住房公积金账户的设立或者转移手续。

单位与职工终止劳动关系的，单位应当自劳动关系终止之日起30日内向住房公积金管理中心办理变更登记，并办理职工住房公积金账户转移或者封存手续。

第十六条　职工住房公积金的月缴存额为职工本人上一年度月平均工资乘以职工住房公积金缴存比例。

单位为职工缴存的住房公积金的月缴存额为职工本人上一年度月平均工资乘以单位住房公积金缴存比例。

第十七条　新参加工作的职工从参加工作的第二个月开始缴存住房公积金，月缴存额为职工本人当月工资乘以职工住房公积金缴存比例。

单位新调入的职工从调入单位发放工资之日起缴存住房公积金，月缴存额为职工本人当月工资乘以职工住房公积金缴存比例。

第十八条　职工和单位住房公积金的缴存比例均不得低于职工上一年度月平均工资的5%；有条件的城市，可以适当提高缴存比例。具体缴存比例由住房公积金管理委员会拟订，经本级人民政府审核后，报省、自治区、直辖市人民政府批准。

第十九条　职工个人缴存的住房公积金，由所在单位每月从其工资中代扣代缴。

单位应当于每月发放职工工资之日起5日内将单位缴存的和为职工代缴的住房公积金汇缴到住房公积金专户内，由受委托银行计入职工住房公积金账户。

第二十条　单位应当按时、足额缴存住房公积金，不得逾期缴存或者少缴。

对缴存住房公积金确有困难的单位，经本单位职工代表大会或者工会讨论通过，并经住房公积金管理中心审核，报住房公积金管理委员会批准后，可以降低缴存比例或者缓缴；待单位经济效益好转后，再提高缴存比例或者补缴缓缴。

第二十一条 住房公积金自存入职工住房公积金账户之日起按照国家规定的利率计息。

第二十二条 住房公积金管理中心应当为缴存住房公积金的职工发放缴存住房公积金的有效凭证。

第二十三条 单位为职工缴存的住房公积金，按照下列规定列支：

（一）机关在预算中列支；

（二）事业单位由财政部门核定收支后，在预算或者费用中列支；

（三）企业在成本中列支。

第四章　提取和使用

第二十四条 职工有下列情形之一的，可以提取职工住房公积金账户内的存储余额：

（一）购买、建造、翻建、大修自住住房的；

（二）离休、退休的；

（三）完全丧失劳动能力，并与单位终止劳动关系的；

（四）出境定居的；

（五）偿还购房贷款本息的；

（六）房租超出家庭工资收入的规定比例的。

依照前款第（二）、（三）、（四）项规定，提取职工住房公积金的，应当同时注销职工住房公积金账户。

职工死亡或者被宣告死亡的，职工的继承人、受遗赠人可以提取职工住房公积金账户内的存储余额；无继承人也无受遗赠人的，职工住房公积金账户内的存储余额纳入住房公积金的增值收益。

第二十五条 职工提取住房公积金账户内的存储余额的，所在单位应当予以核实，并出具提取证明。

职工应当持提取证明向住房公积金管理中心申请提取住房公积金。住房公积金管理中心应当自受理申请之日起3日内作出准予提取或者不准提取的决定，并通知申请人；准予提取的，由受委托银行办理支付手续。

第二十六条 缴存住房公积金的职工，在购买、建造、翻建、大修自住住房时，可以向住房公积金管理中心申请住房公积金贷款。

住房公积金管理中心应当自受理申请之日起15日内作出准予贷款或者不准贷款的决定，并通知申请人；准予贷款的，由受委托银行办理贷款手续。

住房公积金贷款的风险，由住房公积金管理中心承担。

第二十七条 申请人申请住房公积金贷款的，应当提供担保。

第二十八条 住房公积金管理中心在保证住房公积金提取和贷款的前提下，经住房公积金管理委员会批准，可以将住房公积金用于购买国债。

住房公积金管理中心不得向他人提供担保。

第二十九条 住房公积金的增值收益应当存入住房公积金管理中心在受委托银行开立的住房公积金增值收益专户，用于建立住房公积金贷款风险准备金、住房公积金管理中心的管理费用和建设城市廉租住房的补充资金。

第三十条 住房公积金管理中心的管理费用，由住房公积金管理中心按照规定的标准编制全年预算支出总额，报本级人民政府财政部门批准后，从住房公积金增值收益中上交本级财政，由本级财政拨付。

住房公积金管理中心的管理费用标准，由省、自治区、直辖市人民政府建设行政主管部门会同同级财政部门按照略高于国家规定的事业单位费用标准制定。

第五章 监　　督

第三十一条　地方有关人民政府财政部门应当加强对本行政区域内住房公积金归集、提取和使用情况的监督，并向本级人民政府的住房公积金管理委员会通报。

住房公积金管理中心在编制住房公积金归集、使用计划时，应当征求财政部门的意见。

住房公积金管理委员会在审批住房公积金归集、使用计划和计划执行情况的报告时，必须有财政部门参加。

第三十二条　住房公积金管理中心编制的住房公积金年度预算、决算，应当经财政部门审核后，提交住房公积金管理委员会审议。

住房公积金管理中心应当每年定期向财政部门和住房公积金管理委员会报送财务报告，并将财务报告向社会公布。

第三十三条　住房公积金管理中心应当依法接受审计部门的审计监督。

第三十四条　住房公积金管理中心和职工有权督促单位按时履行下列义务：

（一）住房公积金的缴存登记或者变更、注销登记；

（二）住房公积金账户的设立、转移或者封存；

（三）足额缴存住房公积金。

第三十五条　住房公积金管理中心应当督促受委托银行及时办理委托合同约定的业务。

受委托银行应当按照委托合同的约定，定期向住房公积金管理中心提供有关的业务资料。

第三十六条　职工、单位有权查询本人、本单位住房公积金的缴存、提取情况，住房公积金管理中心、受委托银行不得拒绝。

职工、单位对住房公积金账户内的存储余额有异议的，可以申请受委托银行复核；对复核结果有异议的，可以申请住房公积金管理中心重新复核。受委托银行、住房公积金管理中心应当自收到申请之日起5日内给予书面答复。

职工有权揭发、检举、控告挪用住房公积金的行为。

第六章 罚　　则

第三十七条　违反本条例的规定，单位不办理住房公积金缴存登记或者不为本单位职工办理住房公积金账户设立手续的，由住房公积金管理中心责令限期办理；逾期不办理的，处1万元以上5万元以下的罚款。

第三十八条　违反本条例的规定，单位逾期不缴或者少缴住房公积金的，由住房公积金管理中心责令限期缴存；逾期仍不缴存的，可以申请人民法院强制执行。

第三十九条　住房公积金管理委员会违反本条例规定审批住房公积金使用计划的，由国务院建设行政主管部门会同国务院财政部门或者由省、自治区人民政府建设行政主管部门会同同级财政部门，依据管理职权责令限期改正。

第四十条 住房公积金管理中心违反本条例规定，有下列行为之一的，由国务院建设行政主管部门或者省、自治区人民政府建设行政主管部门依据管理职权，责令限期改正；对负有责任的主管人员和其他直接责任人员，依法给予行政处分：

（一）未按照规定设立住房公积金专户的；

（二）未按照规定审批职工提取、使用住房公积金的；

（三）未按照规定使用住房公积金增值收益的；

（四）委托住房公积金管理委员会指定的银行以外的机构办理住房公积金金融业务的；

（五）未建立职工住房公积金明细账的；

（六）未为缴存住房公积金的职工发放缴存住房公积金的有效凭证的；

（七）未按照规定用住房公积金购买国债的。

第四十一条 违反本条例规定，挪用住房公积金的，由国务院建设行政主管部门或者省、自治区人民政府建设行政主管部门依据管理职权，追回挪用的住房公积金，没收违法所得；对挪用或者批准挪用住房公积金的人民政府负责人和政府有关部门负责人以及住房公积金管理中心负有责任的主管人员和其他直接责任人员，依照刑法关于挪用公款罪或者其他罪的规定，依法追究刑事责任；尚不够刑事处罚的，给予降级或者撤职的行政处分。

第四十二条 住房公积金管理中心违反财政法规的，由财政部门依法给予行政处罚。

第四十三条 违反本条例规定，住房公积金管理中心向他人提供担保的，对直接负责的主管人员和其他直接责任人员依法给予行政处分。

第四十四条 国家机关工作人员在住房公积金监督管理工作中滥用职权、玩忽职守、徇私舞弊，构成犯罪的，依法追究刑事责任；尚不构成犯罪的，依法给予行政处分。

第七章 附 则

第四十五条 住房公积金财务管理和会计核算的办法，由国务院财政部门商国务院建设行政主管部门制定。

第四十六条 本条例施行前尚未办理住房公积金缴存登记和职工住房公积金账户设立手续的单位，应当自本条例施行之日起60日内到住房公积金管理中心办理缴存登记，并到受委托银行办理职工住房公积金账户设立手续。

第四十七条 本条例自发布之日起施行。

企业年金办法

（2017年12月18日人力资源和社会保障部、财政部令第36号公布 自2018年2月1日起施行）

第一章 总 则

第一条 为建立多层次的养老保险制

度，推动企业年金发展，更好地保障职工退休后的生活，根据《中华人民共和国劳动法》、《中华人民共和国劳动合同法》、《中华人民共和国社会保险法》、《中华人民共和国信托法》和国务院有关规定，制定本办法。

第二条 本办法所称企业年金，是指企业及其职工在依法参加基本养老保险的基础上，自主建立的补充养老保险制度。国家鼓励企业建立企业年金。建立企业年金，应当按照本办法执行。

第三条 企业年金所需费用由企业和职工个人共同缴纳。企业年金基金实行完全积累，为每个参加企业年金的职工建立个人账户，按照国家有关规定投资运营。企业年金基金投资运营收益并入企业年金基金。

第四条 企业年金有关税收和财务管理，按照国家有关规定执行。

第五条 企业和职工建立企业年金，应当确定企业年金受托人，由企业代表委托人与受托人签订受托管理合同。受托人可以是符合国家规定的法人受托机构，也可以是企业按照国家有关规定成立的企业年金理事会。

第二章 企业年金方案的订立、变更和终止

第六条 企业和职工建立企业年金，应当依法参加基本养老保险并履行缴费义务，企业具有相应的经济负担能力。

第七条 建立企业年金，企业应当与职工一方通过集体协商确定，并制定企业年金方案。企业年金方案应当提交职工代表大会或者全体职工讨论通过。

第八条 企业年金方案应当包括以下内容：

（一）参加人员；
（二）资金筹集与分配的比例和办法；
（三）账户管理；
（四）权益归属；
（五）基金管理；
（六）待遇计发和支付方式；
（七）方案的变更和终止；
（八）组织管理和监督方式；
（九）双方约定的其他事项。

企业年金方案适用于企业试用期满的职工。

第九条 企业应当将企业年金方案报送所在地县级以上人民政府人力资源社会保障行政部门。

中央所属企业的企业年金方案报送人力资源社会保障部。

跨省企业的企业年金方案报送其总部所在地省级人民政府人力资源社会保障行政部门。

省内跨地区企业的企业年金方案报送其总部所在地设区的市级以上人民政府人力资源社会保障行政部门。

第十条 人力资源社会保障行政部门自收到企业年金方案文本之日起15日内未提出异议的，企业年金方案即行生效。

第十一条 企业与职工一方可以根据本企业情况，按照国家政策规定，经协商一致，变更企业年金方案。变更后的企业年金方案应当经职工代表大会或者全体职工讨论通过，并重新报送人力资源社会保障行政部门。

第十二条 有下列情形之一的，企业

年金方案终止：

（一）企业因依法解散、被依法撤销或者被依法宣告破产等原因，致使企业年金方案无法履行的；

（二）因不可抗力等原因致使企业年金方案无法履行的；

（三）企业年金方案约定的其他终止条件出现的。

第十三条 企业应当在企业年金方案变更或者终止后10日内报告人力资源社会保障行政部门，并通知受托人。企业应当在企业年金方案终止后，按国家有关规定对企业年金基金进行清算，并按照本办法第四章相关规定处理。

第三章 企业年金基金筹集

第十四条 企业年金基金由下列各项组成：

（一）企业缴费；

（二）职工个人缴费；

（三）企业年金基金投资运营收益。

第十五条 企业缴费每年不超过本企业职工工资总额的8%。企业和职工个人缴费合计不超过本企业职工工资总额的12%。具体所需费用，由企业和职工一方协商确定。

职工个人缴费由企业从职工个人工资中代扣代缴。

第十六条 实行企业年金后，企业如遇到经营亏损、重组并购等当期不能继续缴费的情况，经与职工一方协商，可以中止缴费。不能继续缴费的情况消失后，企业和职工恢复缴费，并可以根据本企业实际情况，按照中止缴费时的企业年金方案予以补缴。补缴的年限和金额不得超过实际中止缴费的年限和金额。

第四章 账户管理

第十七条 企业缴费应当按照企业年金方案确定的比例和办法计入职工企业年金个人账户，职工个人缴费计入本人企业年金个人账户。

第十八条 企业应当合理确定本单位当期缴费计入职工企业年金个人账户的最高额与平均额的差距。企业当期缴费计入职工企业年金个人账户的最高额与平均额不得超过5倍。

第十九条 职工企业年金个人账户中个人缴费及其投资收益自始归属于职工个人。

职工企业年金个人账户中企业缴费及其投资收益，企业可以与职工一方约定其自始归属于职工个人，也可以约定随着职工在本企业工作年限的增加逐步归属于职工个人，完全归属于职工个人的期限最长不超过8年。

第二十条 有下列情形之一的，职工企业年金个人账户中企业缴费及其投资收益完全归属于职工个人：

（一）职工达到法定退休年龄、完全丧失劳动能力或者死亡的；

（二）有本办法第十二条规定的企业年金方案终止情形之一的；

（三）非因职工过错企业解除劳动合同的，或者因企业违反法律规定职工解除劳动合同的；

（四）劳动合同期满，由于企业原因不再续订劳动合同的；

（五）企业年金方案约定的其他情形。

第二十一条 企业年金暂时未分配至职工企业年金个人账户的企业缴费及其投资收益，以及职工企业年金个人账户中未归属于职工个人的企业缴费及其投资收益，计入企业年金企业账户。

企业年金企业账户中的企业缴费及其投资收益应当按照企业年金方案确定的比例和办法计入职工企业年金个人账户。

第二十二条 职工变动工作单位时，新就业单位已经建立企业年金或者职业年金的，原企业年金个人账户权益应当随同转入新就业单位企业年金或者职业年金。

职工新就业单位没有建立企业年金或者职业年金的，或者职工升学、参军、失业期间，原企业年金个人账户可以暂时由原管理机构继续管理，也可以由法人受托机构发起的集合计划设置的保留账户暂时管理；原受托人是企业年金理事会的，由企业与职工协商选择法人受托机构管理。

第二十三条 企业年金方案终止后，职工原企业年金个人账户由法人受托机构发起的集合计划设置的保留账户暂时管理；原受托人是企业年金理事会的，由企业与职工一方协商选择法人受托机构管理。

第五章　企业年金待遇

第二十四条 符合下列条件之一的，可以领取企业年金：

（一）职工在达到国家规定的退休年龄或者完全丧失劳动能力时，可以从本人企业年金个人账户中按月、分次或者一次性领取企业年金，也可以将本人企业年金个人账户资金全部或者部分购买商业养老保险产品，依据保险合同领取待遇并享受相应的继承权；

（二）出国（境）定居人员的企业年金个人账户资金，可以根据本人要求一次性支付给本人；

（三）职工或者退休人员死亡后，其企业年金个人账户余额可以继承。

第二十五条 未达到上述企业年金领取条件之一的，不得从企业年金个人账户中提前提取资金。

第六章　管理监督

第二十六条 企业成立企业年金理事会作为受托人的，企业年金理事会应当由企业和职工代表组成，也可以聘请企业以外的专业人员参加，其中职工代表应不少于三分之一。

企业年金理事会除管理本企业的企业年金事务之外，不得从事其他任何形式的营业性活动。

第二十七条 受托人应当委托具有企业年金管理资格的账户管理人、投资管理人和托管人，负责企业年金基金的账户管理、投资运营和托管。

第二十八条 企业年金基金应当与委托人、受托人、账户管理人、投资管理人、托管人和其他为企业年金基金管理提供服务的自然人、法人或者其他组织的自有资产或者其他资产分开管理，不得挪作其他用途。

企业年金基金管理应当执行国家有关规定。

第二十九条 县级以上人民政府人力资源社会保障行政部门负责对本办法的执

行情况进行监督检查。对违反本办法的，由人力资源社会保障行政部门予以警告，责令改正。

第三十条　因订立或者履行企业年金方案发生争议的，按照国家有关集体合同的规定执行。

因履行企业年金基金管理合同发生争议的，当事人可以依法申请仲裁或者提起诉讼。

第七章　附　　则

第三十一条　参加企业职工基本养老保险的其他用人单位及其职工建立补充养老保险的，参照本办法执行。

第三十二条　本办法自 2018 年 2 月 1 日起施行。原劳动和社会保障部 2004 年 1 月 6 日发布的《企业年金试行办法》同时废止。

本办法施行之日已经生效的企业年金方案，与本办法规定不一致的，应当在本办法施行之日起 1 年内变更。

职工互助保障组织监督管理办法

（2020 年 2 月 26 日　总工办发〔2020〕6 号）

为加强职工互助保障组织的监督管理，规范职工互助保障组织的运营行为，根据国家法律法规和《中国工会章程》《中华全国总工会关于加强职工互助保障活动规范和管理的意见》，制定本办法。

第一章　总　　则

第一条　职工互助保障组织是指依托各级工会组织，以互助互济方式为职工提供保障服务的非营利性法人组织。职工互助保障活动是指各级工会职工互助保障组织为维护职工医疗、健康等保障权益而开展的职工互助互济活动。

第二条　职工互助保障组织应当坚持服务职工的公益属性，坚持互助的组织特色，坚持发挥对社会保障的补充作用。遵循依法独立承担责任，成本、风险可控的原则，切实维护职工和会员权益。

第三条　职工互助保障组织开展职工互助保障活动，必须遵守法律、法规及本办法规定，接受本级和上级监管部门（机构）监督。职工互助保障组织不得以职工互助保障活动为由从事营利性活动。

第二章　监督管理体制

第四条　全国总工会制定全国职工互助保障组织管理制度，负责中国职工保险互助会有关审批事宜；全总资产监督管理部和全总组织部、财务部、机关党委、经费审查委员会办公室等部门按照职责分工，共同做好中国职工保险互助会管理工作。

第五条　全总资产监督管理部对全国职工互助保障组织进行资产监督管理和业务指导，行使以下职责：

（一）监督全国职工互助保障组织管理制度实施，沟通协调相关政策。

（二）对中国职工保险互助会开展的

互助保障活动项目实施备案管理。

（三）指导各级工会资产监督管理部门做好互助保障组织资产的日常监督管理工作。

（四）指导全国职工互助保障组织自律工作。

第六条　省级、市级工会负责对本区域内职工互助保障组织的管理，研究拟定本级职工互助保障组织管理制度，对本级或下级职工互助保障组织的成立、变更、撤销进行审批或报备，对本级职工互助保障活动正常开展所需的工作人员、工作经费等予以适当保障；指导和支持中国职工保险互助会所在地办事处工作。

第七条　省级、市级工会资产监督管理机构和职工互助保障组织业务指导部门，负责对本区域内职工互助保障组织资产监督管理和业务管理，监督本级职工互助保障组织管理制度实施，沟通协调相关政策。

第八条　建立健全全国职工互助保障行业自律组织，由中国职工保险互助会承担其职能，行使以下职责：

（一）促进职工互助保障组织间的沟通交流，积极开展教育培训，提升职工互助保障活动从业人员队伍专业能力。

（二）统筹推进职工互助保障活动宣传和品牌建设。

（三）为地方职工互助保障组织提供咨询、服务。地方职工互助保障组织应作为团体会员，加入中国职工保险互助会。

第三章　设立及撤销

第九条　省级、市级工会可以根据本地区经济发展水平和职工保障实际设立职工互助保障组织、开展职工互助保障活动。

第十条　设立职工互助保障组织应当经本级工会批准，在相关部门登记注册并依法取得法人资格。

第十一条　设立职工互助保障组织应当具备以下条件：

（一）合法财产和经费来源。

（二）符合法律法规及本办法规定的活动章程或规则。

（三）健全的组织机构和管理制度。

（四）固定工作场所和必要的业务设施。

（五）具备任职所需专业知识和业务工作经验的管理人员。

第十二条　职工互助保障组织设立时，主办工会应当明确本级职工互助保障组织的业务管理部门（机构），指导职工互助保障组织依法依规开展工作。

第十三条　职工互助保障组织的停办、撤销需经主办工会同意并依据相关法律法规及规定办理，确保资金、资产安全完整，切实维护入会职工权益。

第四章　运　营　规　则

第十四条　职工互助保障活动内容是指具有共同保障需求的职工，依据章程及有关规定自愿成为职工互助保障组织会员，并缴纳会费形成互助基金，由该基金对会员发生约定的事故给付互助金，并开展普惠性会员服务。职工互助保障活动主要面向在职职工。

第十五条　职工互助保障活动项目保

障期限一般控制在三年（含）以内，保障项目设计必须进行科学测算，并经本级和上级工会职工互助保障活动监管部门（机构）备案。

第十六条 职工互助保障组织应当在活动章程或规则中明确会员的权利和义务，维护会员权益、加强对会员的管理和服务。

第十七条 职工互助保障组织应当根据组织性质和业务特点，依照国家相关制度进行会计核算，建立符合职工互助保障活动特色的财务制度，不同保障活动项目单独核算。

第十八条 职工互助保障组织应当运用信息化手段建立符合职工互助保障活动的业务运营流程，建立完整的统计分析制度。

第十九条 职工互助保障组织应当建立健全偿付能力管理、稽核审计、合规管理等内部控制制度。

第二十条 职工互助保障组织应当建立适合职工互助保障组织运营特点的信息披露制度，并定期在适当范围内向全体会员进行信息披露。

第二十一条 职工互助保障组织应当自觉接受工会经审、财务和相关行政部门审计监督和检查，被审计和检查的单位要主动配合，据实提供各种凭单、账册、报表和资料。

第五章 财务管理

第二十二条 职工互助保障组织资金属于全体会员所有，任何组织、个人不得侵占和挪用。

第二十三条 职工互助保障资金应当由具有法人资格的职工互助保障组织集中统一管理。资金管理应遵循合法合规性、安全性、流动性原则，根据资金性质实行资产负债管理和全面风险管理，做好资产保值增值。

第二十四条 职工互助保障组织资金来源：

（一）会员自愿缴纳的职工互助保障活动会费。

（二）社会各界的捐赠。

（三）政府、行政和工会的资助或补助。

（四）在核准业务范围内开展活动和服务的收入。

（五）利息及其他合法收入。

第二十五条 职工互助保障组织的资金主要用于服务会员。支出范围包括：

（一）给付会员的互助金。

（二）开展与会员保障服务和促进事业发展的相关支出，包括救助慰问、健康管理、文体活动、宣传培训、法律服务等。

（三）日常管理、工作人员工资福利和行政办公支出。

第二十六条 职工互助保障组织应当对资金实行全面预算管理，严格控制和规范管理费用支出；职工互助保障组织负责预算编制和执行；主管工会对职工互助保障组织编制的预算进行审核、备案。

第二十七条 职工互助保障组织应当建立健全资金管理制度，完善资金收付转流程管理，规范资金审批权限。

第二十八条 职工互助保障组织资金只能用于银行存款、购买国债等低风险固定收益类产品，不得用于兴建、改建办公场所，不得购买股票、基金、债券、期货、理财等金融产品，不得违规投资运营。

第二十九条　职工互助保障组织应当依法规范资金账户管理，建立健全资金账户管理制度，资金账户的开设、变更、撤销必须依法依规履行相关程序，严格执行收支两条线管理，确保资金安全。

第三十条　职工互助保障组织应当明确资金运用职责，规范资金运用决策程序，大额资金使用必须集体决策并保留记录。

第三十一条　加强财务管理基础，健全岗位责任制，分离不相容岗位，明确各业务环节、岗位的衔接方式及操作标准，定期检查和评估制度执行情况，做到权责分明、相对独立和相互制衡。

第三十二条　职工互助保障组织应当建立健全内部稽核和外部审计制度。每年至少一次对职工互助保障活动资金管理情况进行内部稽核。职工互助保障组织应当聘请专业外部审计机构对职工互助保障资金管理情况进行年度审计。内部稽核和外部审计结果应当向相关机构和本级监管部门报告。

第六章　监督管理

第三十三条　工会资产监督管理机构和职工互助保障组织业务管理部门（机构）对职工互助保障组织的监督管理主要采取现场监督管理与非现场监督管理相结合的方式。应根据检查情况，定期对职工互助保障组织运营状况进行评估。

第三十四条　建立健全监督审计制度，将职工互助保障活动资金管理情况、偿付能力状况等列入重点监督检查范围。

第三十五条　职工互助保障组织应按规定及时报送偿付能力报告、业务统计报告、年度审计报告及其他有关报告、报表文件和资料。各级工会资产监督管理机构和职工互助保障组织业务管理部门（机构）应向上一级工会汇总上报本地区互助保障组织上述报告。

第三十六条　职工互助保障组织违反本办法，造成不良影响的，工会资产监督管理机构和职工互助保障组织业务管理部门（机构）可以采取以下措施：

（一）责令改正。

（二）监管谈话。

（三）将其违规行为记入履职记录。

职工互助保障组织违反国家法律、法规的，依据国家相关法律、法规进行处罚。

第七章　附　　则

第三十七条　本办法适用于省级、市级工会主办的职工互助保障组织。中华全国铁路总工会、中国民航工会全国委员会、中国金融工会全国委员会、新疆生产建设兵团总工会、中央和国家机关工会联合会开展的职工互助保障活动参照本办法执行。

第三十八条　本办法由全总资产监督管理部负责解释。

第三十九条　本办法自印发之日起执行。

中华全国总工会关于加强职工互助保障活动规范和管理的意见

(2018年9月12日 总工发〔2018〕28号)

工会开展的职工互助保障活动是国家多层次社会保障体系的重要组成部分，是工会服务职工的传统特色工作。多年以来，各级工会组织积极开展不同层次、不同形式的职工互助保障活动，坚持公益性、非营利性的方向，在维护职工保障权益、密切工会与职工联系、促进社会和谐稳定等方面发挥了重要作用。为进一步规范管理，促进职工互助保障事业持续健康发展，结合职工互助保障活动的管理现状和发展需求，提出以下意见。

一、坚持正确的发展方向

职工互助保障活动是各级工会职工互助保障组织为维护职工医疗、健康等保障权益而开展的职工互助互济活动。加强规范职工互助保障活动管理，必须坚持以习近平新时代中国特色社会主义思想为指引，深入贯彻落实党的十九大和中央党的群团工作会议精神，围绕保持和增强工会组织和工会工作的政治性、先进性、群众性，坚守服务职工的公益属性，坚持互助的组织特色，坚持发挥补充保障作用，将职工互助保障事业打造成党政放心、职工满意、社会认可的品牌工程。

（一）坚守服务职工的公益属性。开展职工互助保障活动要坚守服务职工的初心，坚持公益性方向，充分了解职工需求，为职工提供低成本、低收费的普惠性保障服务，增强广大职工的获得感和幸福感。坚持公益性、非营利的发展原则，不得以开展职工互助保障活动为由从事商业保险产品宣传、销售及集资、融资活动。

（二）坚持互助的组织特色。职工互助保障活动采取会员制运作模式，遵循大数法则。职工的广泛参与是活动可持续发展的根本保证。各级工会组织要尊重职工互助保障活动规律，大力弘扬互助互济精神，教育倡导职工积极参与、个人缴费，努力实现缴费义务与保障权利的统一。要激发会员的主体意识，引导会员主动参与建设管理，坚持公平、公开、公正的原则，接受会员监督。

（三）坚持发挥补充保障作用。各级工会开展活动要在全民医保的整体框架下，加强与政府基本医疗保险、大病保险和工会帮扶工作的有效衔接，根据本地区经济发展水平、医疗保障状况、职工队伍规模科学开展活动。坚持适度补偿原则，合理设计保障项目，发挥补充保障作用，防止出现保障不足或过度补偿。

二、改革和完善治理体系

以统一监管、分级管理为原则，理顺职工互助保障活动治理体系，明确主办工会的主体责任、各级工会的监管职责，落实职工互助保障组织的运营管理权限，建立职工互助保障活动行业自律组织，提升自我管理能力。

（四）明确主办工会的主体责任。按照稳中求进的原则，在有能力、有条件的地区工会系统开展职工互助保障活动。坚持省级统筹或省级管理、市级统筹，提高抗风险能力。主办工会作为本级职工互助保障活动的主管单位，要科学制定本级活动发展规划，根据职工需求和社会保障状况实际，合理设立活动项目，规范活动内容。要严格准入和退出机制，举办或停办职工互助保障活动、设立或撤销职工互助保障组织须经本级工会审批。要积极争取政府支持，协调社会资源，为开展职工互助保障活动营造环境、创造条件。

（五）明确各级工会的监管职责。全国总工会对各级工会开展的职工互助保障活动实行统一监管，全总资产监督管理部是全国职工互助保障活动的监管和业务指导部门，负责职工互助保障活动的发展规划、政策制定，以及职工互助保障活动的业务备案、运营行为和资金监管；省级总工会资产监督管理部门要认真履行统一监管工会资产的职责，切实做好职工互助保障组织资产监督管理工作。未实行省级统筹的地区，省级总工会也要对辖区市级总工会开办的职工互助保障活动负起监管责任，落实对本级和下级职工互助保障活动的监管职责，对决策行为、活动内容、经营行为、资金使用、风险控制等实施有效监管。坚持一级抓一级，分级落实监管责任，健全监管制度，完善监管方式，提升监管水平。严格对关键岗位、关键人员的配备管理。市级总工会要主动配合上级工会监管部门工作，上下级工会监管部门要建立协同监管机制，加强联络沟通和信息传递，提升监管效率和质量。

（六）落实职工互助保障组织管理运营自主权。逐步推动职工互助保障组织成为权责明确、依法自治、运转高效的法人主体。职工互助保障组织作为本级工会领导下的独立法人，依法依规依章程自主运营，独立承担相应的管理运营责任。要建立健全职工互助保障组织的内部管理机构、管理制度、议事规则和办事程序，促进职工互助保障组织的规范化建设。

（七）建立健全全国职工互助保障行业自律机制。行业自律是对行政监管的有益补充和有力支撑。适时成立面向全国的职工互助保障活动协会，吸纳职工互助保障组织成为会员，履行组织协调、自律监督、交流培训、咨询评估等职能。通过行业内部协作、调节与监督，增强职工互助保障组织自我约束、自我管理、自我监督能力，引导职工互助保障组织规范开展活动，提升整体管理服务水平。

三、规范运营管理体系

加强职工互助保障活动运营管理的规范化、制度化建设，提升风险管理能力，逐步形成科学、规范、专业、高效的职工互助保障活动运营管理体系。

（八）建立管理体系，规范运营行为。制订修订活动章程，明确开展活动的资质，加强产品研发、业务管理、业务流程、财务核算、偿付能力监管等方面的工作，建立健全职工互助保障活动规范化运营管理体系，引导职工互助保障组织合规运营。

（九）建立健全运营管理制度。强化职工互助保障活动顶层制度设计，研究确立职工互助保障组织运营管理制度体系建设标准，指导职工互助保障组织参照标准，结合自身实际建立包括决策计划、组织流程、业务流程、内控风险、财务资金、人力资源、绩效考核等涵盖全部业务领域的配套管理制度，提高制度的可操作性与合规性，严格用制度约束日常经营管理行为。各主办工会要指导职工互助保障组织抓好制度建设，夯实管理基础。

（十）建立风险防控机制。增强风险防控意识，分类、识别、量化和评估职工互助保障活动存在的各类风险，重点掌握在资金、管理、信息安全等方面存在的风险状况，建立风险排查、监测预警、协调联动机制。通过内控、稽核、审计等手段及时查找漏洞，化解风险隐患。提高风险管控的信息化水平，按照管理权限为各级管理者提供相关数据和风险预警信息。建立风险准备金制度，防范发生系统性和区域性给付风险。

（十一）建立信息化管理平台。加强职工互助保障活动信息化管理平台建设，运用互联网技术等手段，推进核心业务、会员管理、财务管理、风险管理等系统建设，实施全面动态管理，加强服务过程监督和服务效果评价。加强网络和信息安全管理，完善会员个人信息保护制度和技术措施。建立信息共建共享机制，充分挖掘数据资源，为分析决策提供依据，提高职工互助保障活动科学化管理水平。

四、强化资金管理使用

各级工会要加强职工互助保障活动资金的安全、规范管理。坚持专款专用，加强预算管理和决策管理，严格执行财务制度，控制好资金管理的各个环节，建立多层次资金监管体系，落实监督职责，确保资金管理使用合法合规。

（十二）严格控制资金使用范围。职工互助保障活动资金属于全体会员所有，主要用于给付会员的互助金，任何组织、个人不得侵占和挪用。职工互助保障活动资金不得用于兴建、改建办公场所。活动资金、结余资金可用于银行存款、购买国债等低风险固定收益类产品，不得购买股票、基金、债券、期货、理财等金融产品，不得违规投资运营，资金增值部分要全部纳入互助资金收入管理。在正常互助金给付外开展的会员活动、帮扶救助等，要建立相应的资金管理制度，严格审批、合理使用，接受会员监督，并在一定范围内向会员公示。规范职工互助保障活动管理费提取工作，严格控制比例，降低费用开支。

（十三）规范资金管理使用。按照集中、统一的原则，提高资金管理统筹层级，避免多头分散管理，控制资金合理结余，提高资金使用效率。要加强财务基础工作，建立健全资金使用管理制度和内控机制，分离不相容岗位，明确各业务环节、岗位的衔接方式及操作标准，健全资金收支管理，坚持收支两条线，减少不必要的资金流转环节。规范账户、账目管理，原则上要设立独立账户，各项保障活动分别建账，分账核算。积极推行全面预算管理，合理编制、有效控制预算，年度预算执行情况要纳入考核体系。严格资金使用决策程序，规范资金使用流程，大额资金使用必须集体决策并保留记录。

（十四）建立多层次资金监管体系。发挥会员监督、工会组织内部和外部共同监督作用。提高职工互助保障活动资金管理透明度，维护会员知情权，接受会员监督。各级工会监管部门要严格履行资金监管职责，依据国家法律法规和全总相关规定，制定职工互助保障活动资金监管办法，督促职工互助保障组织研究制定内部资金管理和风险管理办法,建立职工互助保障资金监督检查机制,对职工互助保障组织进行督查,掌握资金流动状况,对资金风险作出评估。职工互助保障组织要自觉接受工会财务、经审和相关行政部门审计监督。被检查和审计的单位要主动配合,据实提供各种凭单、账册、报表和资料。发现资金管理违规违纪问题必须追究当事人责任,严肃处理,确保资金安全运行。

五、加强组织领导工作

加强职工互助保障活动规范和管理是深入推进工会改革的一项重要内容。规范和管理工作关系到职工互助保障事业的发展、关系到广大职工的切身利益,各级工会要从思想上高度重视,从行动上保持一致,加强党的领导和队伍建设,搞好指导服务,确保规范和管理工作落到实处。

(十五)加强党的领导。职工互助保障活动是传递党和政府对职工关心关爱的一项重要工作,具有很强的政治性。各级工会要坚持党对职工互助保障活动的领导,把加强党的建设与做好职工互助保障工作有机结合起来,推动全面从严治党落到实处。各省级总工会要明确责任分工,切实强化本地区职工互助保障活动的规划管理、监督检查职责,完善落实监管制度,结合区域实际制定具体实施方案。市级总工会要配合省级总工会加强对职工互助保障活动组织的规范和管理,确保各项工作落到实处。要把职工互助保障活动纳入职工保障工作体系,充分发挥权益保障部门等工会职能部门在指导做好职工互助保障活动中的重要作用。

(十六)加强人才队伍建设。建立职工互助保障组织主要负责人员选拔任用制度,明确任职资格,将政治素质高、事业心强、专业本领过硬的干部选派至关键岗位。加大人才培养、选拔、引进、使用、管理工作力度,推进专业化人才队伍建设,为事业发展提供智力支持。建立职工互助保障工作培训体系,注重理论和实操相结合、工会特色和专业特性相融合,通过培训提升队伍整体能力素质。建立健全人员聘用管理、岗位管理和薪酬管理制度,完善干部考核评价和激励机制,优绩优酬,激发队伍整体活力。

(十七)加强廉洁风险防控。织牢织密制度笼子,完善监管制度,突出针对性、指导性和操作性,查找薄弱环节、堵住监管漏洞。加强协同监督,充分发挥纪检组织和工会经审、资产监督管理部门以及相关职能部门作用,促进监督力量互补,增强监督合力。严把选人用人的政治关、廉洁关,加强对职工互助保障活动主要责任人的监督和管理,对互助保障组织负责人任期内、离任时进行审计,确保履职尽责。

全总资产监督管理部根据本意见制定相关配套管理办法,各省级总工会按照本意见加强本省职工互助保障活动规范和管理。中华全国铁路总工会、中国民航工会全国委员会、中国金融工会全国委员会、新疆生产建设兵团工会开展职工互助保障活动参照本意见执行。

中华全国总工会关于进一步做好困难职工解困脱困工作的实施意见

（2016年5月20日 总工发〔2016〕7号）

根据党中央关于加大城市困难职工解困脱困帮扶和保障力度的指示精神，为扎实推进困难职工解困脱困工作，确保困难职工同步迈入小康社会，现结合工会实际提出以下实施意见。

一、指导思想

全面贯彻落实党的十八大和十八届三中、四中、五中全会精神，以邓小平理论、"三个代表"重要思想、科学发展观为指导，深入贯彻习近平总书记系列重要讲话精神特别是关于工人阶级和工会工作的重要论述，紧紧围绕"五位一体"总体布局和"四个全面"战略布局，牢固树立和贯彻五大发展理念，着力践行以人民为中心的发展思想，认真落实中央政治局常委会"加大城市困难职工解困脱困的帮扶和保障力度"要求，把"精准"贯穿困难职工解困脱困工作全过程，明确工作目标、突出工作重点、抓住关键环节，精准聚焦、持续发力，做到底数精准、原因精准、措施精准、解困脱困精准，既要帮助困难职工解决眼前困难，做到无基本生活之忧；又要帮助他们脱困，走上致富之路，确保到2020年困难职工同步迈入小康社会。

二、目标任务

（一）对纳入低保且具有劳动能力、但未实现充分就业的困难职工，着重帮助其实现就业创业，提高家庭收入实现解困脱困。

（二）对因各类因素造成实际收入或生活水平低于低保线、但尚未纳入低保的困难职工，着重推动其纳入社会保障解困。其中，对没有社会保险或没有落实待遇的，推动其纳入社会保险并享受相应待遇；对丧失劳动能力或社会保险金不足以保障基本生活的，推动纳入低保兜底。

（三）对患重特大疾病、遭受自然灾害或意外事故等导致家庭支出突增，造成生活困难的职工，着重推动其纳入医保制度和政府临时救助、灾害救助制度。其中，对因病致困的职工，推动其纳入大病保险和医疗互助保障。

（四）对长期居住在城市、生活遇到特殊困难的农民工，推动其享有均等化公共服务，使其生活条件得到显著改善。

（五）对在供给侧结构性改革特别是化解过剩产能和僵尸企业兼并重组、破产清算、事业单位改革过程中，部分因下岗失业或其他原因造成生活困难的职工，协同政府落实好政策措施，解决好转岗、再就业等安置和社会保障问题。

三、工作措施

（一）科学制定工作规划和措施。

1. 强化精准识别，坚持精准施策。科学制定困难职工标准，准确界定解困脱困对象。按照标准对困难职工档案重新核查，符合标准的保留，不符合的退出。深入调查研究，全面准确掌握困难职工规模、数量、分布等情况。深入分析致困原因，找准解困脱困措施，户策对接，建档立卡，做到一户一档案、一户一计划、一户一措施，因户施策，分类帮扶。

2. 制定困难职工解困脱困工作规划。紧紧围绕到2020年实现困难职工全部解困脱困目标要求，在全面摸清困难职工家庭状况的基础上，结合本地实际，科学制定今后5年的工作规划，统筹规划政策对接、项目安排、成效目标等具体措施，确保目标任务明确、资源配置合理、措施精准到位。

（二）采取"四个一批"措施开展分类帮扶。

1. 针对有劳动能力的困难职工，通过加强技能培训、提供创业援助等方式，以就业创业解困脱困一批。将有劳动能力的困难职工纳入政府主导的积极就业政策，充分运用就业创业扶持政策、化解过剩产能职工安置政策等，帮助困难职工实现就业再就业。更多关注就业特殊困难群体，协助政府确保有就业能力的零就业家庭至少有一人就业。实施"技能培训促就业"计划，发挥各级工会培训阵地作用，帮助有劳动能力的下岗职工掌握技能，实现再就业。实施"创业援助"计划，对有创业意愿并具备条件的困难职工，给予创业培训、创业指导和无息贷款、小额贷款贴息、生产资料支持等多种扶持，帮助他们创业。实施"阳光就业"计划，帮助困难职工家庭高校毕业生就业。

2. 针对因企业欠缴社会保险费或没有落实相关社保待遇的困难职工，将其纳入国家社会保险制度覆盖一批。协同政府做好化解过剩产能、厂办大集体改革、资源枯竭城市转型等过程中的社会保障政策落实工作。困难职工与企业解除劳动关系的，推动政府和企业做好各项社会保险关系接续、转移和待遇的落实。困难职工因企业欠缴社会保险费而不能办理退休的，要督促企业依法补缴社会保险费用。对未参加基本养老保险的困难职工，要推动政府采取有效措施，将其纳入基本养老保险范围。对因无法正常领取失业保险金，或者工伤认定困难、工伤保险待遇落实不到位等原因，造成家庭困难的职工，推动落实待遇；符合低保条件的，帮助其按政策规定纳入低保范围。

3. 针对因病致困的职工，推动将其纳入大病保险和医疗互助保险保障一批。积极推动因病致困职工纳入基本医疗制度保障范围。推动建立职工大病保险制度，提高重大疾病救治水平，推动完善医疗救助制度，推进"费用+病种"的医疗救助模式，逐步提高重特大疾病患者的自负医疗费用救助比例。协调慈善机构给予相关特殊病种免费救治。实施"职工医疗互助"计划，将大病致困职工全部纳入职工医疗互助活动和职工医疗互助保险范围。有条件的地方工会可以出资开展大病专项救助活动。

4. 针对符合低保条件的困难职工，通过社会救助兜底一批。协助政府统筹实施最低生活保障、特困人员供养、受灾人员救助、教育救助、住房救助、就业救助、临时救助等社会救助制度，提高低保标准，强化社会救助托底功能。加大分类施救力度，对生活特别困难的职工予以特别救助，符合低保条件的做到应保尽保。实施"金秋助学"计划，推动困难职工家庭上学子女纳入国家"奖、助、贷、勤、减、免"助学体系，按年度适当补助上学期间所需生活费、路费，确保困难职工子女上得起学，顺利完成学业。

5. 高度关注供给侧结构性改革中职工生产生活遇到的新情况新问题。协同政府妥善解决煤炭、钢铁等产能过剩行业兼并重组、破产清算企业中的职工安置和社会保障问题。组织困难企业职工开展劳动竞赛、岗位创新创效、创建"工人先锋号"等活动，促进企业提高经营水平和盈利能力，引导和支持企业与职工共渡难关。充分发挥工会"大学校"作用，适应供给侧结构性改革对职工素质的要求，依托工会院校、职工技能实训基地，充分运用网络信息技术，推进校企结合、工学结合，加强技能培训。围绕着力推进供给侧结构性改革，针对经济下行压力加大、部分企业效益下滑的情况，依法维护职工劳动就业、收入分配、社会保障、劳动安全卫生等劳动经济权益。引导职工依法理性表达利益诉求，加强对困难职工的思想引领、心理疏导和困难帮扶、法律援助。

（三）整合资源提升解困脱困效益。

1. 创新解困脱困工作方法。在地方党委领导下，把做好困难职工解困脱困工作纳入当地经济社会发展规划和党政考核体系，推动政府出台并用好各项政策以及困难群体专项帮扶政策，对接困难职工需求，形成推进工作合力。以工会改革创新为契机，建立以困难职工需求为导向，互联网"线上""线下"相统一、互为补充的服务职工工作体系。充分发挥280万个基层工会组织、20多万个帮扶中心和站点作用，拓展服务功能，推动政策帮扶、制度保障；探索建设"互联网+"服务职工平台，为广大职工特别是困难职工提供多样化、全方位的普惠性服务。鼓励工会采取与社会资本合作、购买服务等市场运作模式开展工作。大力开展帮扶志愿服务活动。

2. 深入开展"一帮一"结对帮扶工作。各级工会组织要开展"一帮一"结对帮扶困难职工工作，确保每个困难职工家庭都有单位帮扶，都有解困脱困责任人，坚持一帮到底，不达目标不脱钩。各级干部要深入困难职工家中，详细了解家庭状况、致困原因和发展需求，帮助制定针对性、操作性强的帮扶措施，重点帮助有劳动能力的困难职工实现稳定就业，帮助困难职工尽快脱困致富。要帮助困难职工树立自立自强、干事创业的信心，提高自我发展能力。

3. 做实做细为困难职工送温暖工作。进一步健全送温暖机制，强化雪中送炭、纾难解困功能，把有限的资金瞄准最困难的职工。转变送温暖集中在节日发放慰问金方式，对特别需要救助帮扶的困难职工，按月或按季度定期发放生活补贴，实现送温暖经常化、常态化。深入困难企业、困难职工家中，开展日常定期走访，及时发现和研究解决困难企业和困难职工存在的问题，开展定向、专项的帮扶和服务。组织职工开展互助互济活动，吸引企业和社会组织为困难职工提供更多的服务。

四、组织保障

（一）强化组织领导。各级工会要把困难职工解困脱困工作摆上工会工作重要议事日程，主要负责同志要强化责任担当，带头研究谋划、带头部署推进、带头督促检查。结合实际制定具体实施方案，明确目标任务和重点措施，一级抓一级、层层抓落实。制定严格考核考察办法，逐级建立目标责任制，签订责任书，把困难职工解困脱困工作作为考核各级工会工作业绩的重要内容，作为考察工会干部的重要依据。

（二）加大投入。各级工会要加大人力、物力、财力投入，集中优势力量做好困难职工解困脱困工作。加强与当地经济社会发展规划、保障和改善民生政策精准对接，争取财政加大支持力度。全总回拨的工会经费要向困难职工解困脱困工作进一步倾斜。要加强帮扶资金使用和政策执行的监管，严肃查处违纪违规问题，坚决杜绝占用帮扶资金搞政绩工程和形象工程。

（三）做好宣传引导。要充分运用中央主流媒体和工会新闻宣传阵地以及网络、微信、微博、手机等新媒体，加大对困难职工解困脱困工作的宣传力度，大力宣传党中央对困难职工的关心关爱，宣传各级工会的工作进展和成效，把社会各方面参与困难职工解困脱困的积极性调动起来，营造良好的舆论氛围。要加强对困难职工的思想教育，引导他们正确对待遇到的暂时困难，提振信心、凝心聚力，积极支持参与推动改革。

（四）改进工作作风。各级工会要把推进困难职工解困脱困工作与加强干部队伍建设、改进工作作风结合起来，与开展"两学一做"学习教育结合起来，深入困难职工群体，摸实情、出实招，加强分类指导、推动解决问题，让广大职工切实感到工会组织是真正的"职工之家"，工会干部是值得他们信赖的"娘家人"。

各省、自治区、直辖市总工会要按照本实施意见，结合各地实际，抓紧研究制定工作方案和实施细则，报全国总工会备案。全国总工会每年对困难职工解困脱困工作组织实施和目标任务完成情况开展专项督查。

中华全国总工会关于进一步推进工会帮扶工作常态化长效化的指导意见

（2011年9月26日 总工发〔2011〕67号）

为深入贯彻落实中央领导同志重要指示精神，进一步推进工会帮扶工作常态化、长效化，实现创新发展，现提出以下指导意见。

一、推进工会帮扶工作常态化长效化的总体要求。坚持以邓小平理论和"三个代表"重要思想为指导，深入贯彻落实科学发展观，围绕以保障和改善民生为重点的社会建设，认真研究和把握新形势下工会帮扶工作的特点和规律，以帮扶中心为主要载体，以困难职工和农民工为主要对象，努力健全和完善全面覆盖、分级负责、上下联动、区域协作的帮扶工作体系，形成救助、维权、服务三位一体的帮扶工作格局，在保障困难职工基本生活、维护职工合法权益、满足广大职工多元化需求方面取得新的突破，成为国家帮扶制度的重要组成部分，实现工会帮扶工作与国家经济社会发展水平相适应、与职工群众的新期待新要求相一致，在保障和改善民生、加强社会管理和建设、促进社会和谐稳定方面的作用显著增强，为我国经济社会又好又快地发展作出新的更大的贡献。

二、推进工会帮扶工作常态化长效化的主要目标任务。到2013年,县级以上地方工会帮扶中心100%实现规范化建设标准;80%已建工会的乡镇(街道)、社区(村)和规模以上大型企业普遍建立起工会帮扶站(点);所有已建工会的中小企业依托各级工会帮扶站(点)开展好帮扶工作,实现对困难职工帮扶救助的全覆盖、不遗漏。县级以上帮扶中心100%设立法律援助窗口,切实加强依法维权职责,加大劳动争议调处和职工法律援助服务工作力度,劳动争议调解成功率明显提高。积极探索开展多样化帮扶项目,改善职工生产生活条件,加强心理帮扶和人文关怀,为职工群众提供多元化服务。

三、积极参与政府保障和改善民生各项政策的制定并推动贯彻落实。要加强调查研究,全面掌握困难职工底数和变化情况,定期分析困难职工生活状况、困难企业生产经营状况和社会救助政策实施情况,研究制定工会帮扶工作的具体措施。围绕职工群众普遍关心的就业、医疗、子女教育、养老、住房及物价上涨等热点难点问题,及时向党和政府反映职工的利益诉求,积极参与和推动政府制定和完善有关政策措施,协助党委和政府把保障和改善民生的各项政策落到实处。

四、切实保障困难职工家庭基本生活。要积极帮助符合条件的困难职工和农民工纳入政府救助渠道,对政府救助政策暂时覆盖不到的边缘群体和享受政府救助政策后仍有特殊困难的职工家庭,要加大救助力度,根据实际情况适时提高救助标准,保障其基本生活不受影响。继续深入开展送温暖、金秋助学、阳光就业、家政培训等富有工会特色的帮扶活动,拓展助学内容,延伸助学链条,推动实现农民工子女在城镇平等接受义务教育,帮助困难职工家庭子女顺利完成中等和高等教育学业并实现就业。加大就业服务力度,通过技能培训、职业介绍、创业扶持等措施,为困难职工和农民工提供更多就业和发展的机会。积极开展医疗帮扶,鼓励地方工会和企业开展职工医疗互助活动,帮助困难职工家庭解决因病致贫、因病返贫现象。积极推动将困难职工家庭纳入政府保障性住房政策覆盖范围,帮助他们解决住房困难。

五、大力加强工会法律维权援助。要充分运用帮扶中心法律援助窗口,为工会公职律师、劳动争议调解员、劳动法律监督员等工会法律工作者提供法律援助工作平台。积极整合社会资源,聘请法律专家学者、律师等人员,通过购买服务、法律援助志愿者等方式,为劳动权益受到侵害的困难职工和农民工提供法律咨询、代拟法律文书、代理诉讼、参与调解仲裁等,进行法律援助。各级工会帮扶中心和有条件的乡镇、街道及大型企业工会可设立劳动争议调解室,加大劳动争议调处工作力度,及时介入工资拖欠、工伤赔偿等各类劳动争议,建立快速处理劳动纠纷的"绿色通道",努力把劳动关系矛盾化解在基层、解决在萌芽状态。

六、努力为职工会员提供多元化服务。要根据职工的新需求新期待,开展多样化帮扶和服务。工会帮扶中心要普遍开设职工心理咨询窗口和热线电话,开办心理咨询讲座,加强心理疏导和人文关怀,帮助职工特别是青年职工和新生代农民工提高适应社会的能力和自我调适能力。要鼓励和帮助企业不断改善职工的生产生活条件，解决他们的实际困难。积极探索采取多种形式，为职工会员提供家政、婚介、老年护理等生活服务，组织开展知识讲座、交际联谊、文化娱乐等活动，丰富广大职工会员的精神文化生活。

七、进一步健全帮扶工作体系。在加强和完善县级以上工会困难职工帮扶中心建设的基础上，积极推进已建工会的乡镇（街道）、社区（村）和大型企业建立工会帮扶站（点）。县级以下工会帮扶站（点）要直接掌握和及时跟踪困难职工的具体情况，在上级工会帮扶中心指导下，主动对困难职工进行帮扶救助，并把帮扶工作融入新型社区管理和公共服务体系中去。企业工会要及时分析掌握职工的工作、生活状况和思想动态，依托帮扶中心（站、点）做好困难职工帮扶工作，积极开展职工互助互济活动，解决职工生产生活中的实际困难。要建立上级工会帮扶中心和基层工会帮扶站（点）上下联动机制，明确责任分工，做好工作衔接。加强农民工集中输出地和输入地工会的联系协调，建立起集就业援助、法律维权、困难帮扶于一体的跨区域协作帮扶机制。

八、加强帮扶中心载体建设。各省（区、市）总工会要对本地工会帮扶中心建设提出明确标准和要求。县级以上工会帮扶中心要按要求加强规范化建设，做到标识统一、场所便利、功能完备、人员稳定、档案齐全、资金落实，整合工会内部各相关职能部门的力量，把直接服务职工的各项功能统一到帮扶中心，为职工提供一站式快捷便利的综合服务。要通过自办、联办、购买服务等方式，拓展爱心超市、爱心医院、爱心药店、爱心学校、培训基地、职介机构等帮扶平台。要推行帮扶工作首问责任制、限时办结制和服务承诺制，进一步建立和完善各项具体帮扶工作制度，完善困难职工档案管理制度，实现动态化管理。要建立帮扶工作绩效评估考核制度，定期进行考核检查，形成重绩效、硬约束、严考核的评估监督机制。

九、创新帮扶工作方式方法。要不断总结实践经验，探索创新帮扶工作的有效方法和途径。坚持"输血型"帮扶与"造血型"帮扶相结合，着力增强困难职工的"内生力"；坚持物质帮扶和人文关怀相结合，使困难职工得到全面帮助；坚持职工上门求助与工会登门帮扶相结合，在对来访职工做好"窗口式"帮扶的同时，通过开展家庭走访、流动服务等方式主动施助；坚持日常性帮扶与集中帮扶相结合，通过开展"项目制"帮扶等方式，提高帮扶工作绩效；在坚持公益性帮扶的基础上，积极探索市场化运作方式开展多样化职工服务活动；同时，通过结对帮扶、互助互济、冠名帮扶等多种形式，调动社会各方面的积极性，提高工会帮扶工作的社会效果。

十、健全工会帮扶工作领导体制和责任制度。各级地方工会领导机关要把帮扶工作作为一项长期的重点任务，坚持一把手负总责，每年定期对工会帮扶工作进行专题研究，制定明确的工作目标和规划。工会各有关职能部门要明确责任分工，建立沟通协调机制，相互密切配合，加强对帮扶中心的业务指导，形成工作合力。各产业工会要注意了解掌握本产业（行业）职工的特殊困难和问题，加强源头参与，研究制定相应的帮扶措施，指导和推动本产业（行业）的大型企业工会建立帮扶站（点），开展好帮扶工作。上级工会要深入调查研究，加强对下级和基层工会帮扶工作的分类指导，总结推广实践中创造的好经验好做法，不断提高工会帮扶工作的质量和水平。

十一、加强与党委政府的汇报联系和工作协作。各级地方工会要及时主动地向党委汇报当地困难职工的生产生活状况和工会帮扶工作情况，推动政府把工会帮扶工作纳入当地经济社会事业发展规划，纳入各级党政民生工程和社会管理的考核目标。加强工会与政府人社、财政、民政、司法、信访、教育、卫生、住建等部门的联系协调，通力合作，形成工会帮扶工作社会化格局。充分运用劳动关系三方协商机制、工会与政府联席会议制度等，定期就职工最关心、最直接、最现实的利益问题进行沟通协调，推动问题解决。充分发挥新闻媒体作用，为工会帮扶工作营造良好的舆论环境。

十二、建立帮扶资金和工作经费保障机制。各地工会要积极争取同级财政依据上级财政下拨的帮扶资金额度，按照不低于1∶1配套的原则拨付相应的帮扶资金，推动将工会帮扶中心专项资金和工作经费纳入各地政府财政预算，并随经济社会发展水平提高而逐步增加。积极争取公益性捐赠税前列支资格，不断创新劝募方式，争取募集更多社会捐助。加大工会经费投入，每年要从工会经费中安排一定比例资金作为帮扶工作专项资金，列入工会年度经费预算，保证帮扶工作的正常开展。加强帮扶资金的监管和审计工作，完善内控机制，保证资金专款专用，定期将帮扶资金收支情况向社会公开，提高帮扶工作的透明度与公信力。

十三、加强帮扶工作人员队伍建设。各地工会要按照稳定队伍、优化结构、提高素质的要求，选拔和配备政治素质好、业务精、能力强的工会干部到帮扶工作岗位上工作；有计划地安排工会机关干部轮流到帮扶中心轮岗，接待困难职工来访，参与帮扶中心工作；有条件的地方可以把新录用工作人员放到帮扶中心锻炼，增进对职工群众的感情。要关心从事帮扶工作干部的学习、工作和生活，通过定期培训、组织交流、参观考察等多种形式和渠道，为他们创造和提供更多的学习机会，不断提高他们的政治和业务素质。要争取政府通过设立公益性岗位，充实工会帮扶工作队伍的力量。加强帮扶中心志愿者队伍建设，积极挖掘志愿服务资源，吸引法律工作者、心理咨询师等专业人员和大学生志愿者、离退休干部等参与帮扶中心志愿服务活动。从事帮扶工作的同志要坚持深入基层、深入群众，加强学习，提高服务本领，努力成为工会帮扶工作的行家里手。

第六部分
就业促进与职业教育

中华人民共和国就业促进法

（2007年8月30日第十届全国人民代表大会常务委员会第二十九次会议通过 根据2015年4月24日第十二届全国人民代表大会常务委员会第十四次会议《关于修改〈中华人民共和国电力法〉等六部法律的决定》修正）

目　录

第一章　总　　则
第二章　政策支持
第三章　公平就业
第四章　就业服务和管理
第五章　职业教育和培训
第六章　就业援助
第七章　监督检查
第八章　法律责任
第九章　附　　则

第一章　总　　则

第一条　为了促进就业，促进经济发展与扩大就业相协调，促进社会和谐稳定，制定本法。

第二条　国家把扩大就业放在经济社会发展的突出位置，实施积极的就业政策，坚持劳动者自主择业、市场调节就业、政府促进就业的方针，多渠道扩大就业。

第三条　劳动者依法享有平等就业和自主择业的权利。

劳动者就业，不因民族、种族、性别、宗教信仰等不同而受歧视。

第四条　县级以上人民政府把扩大就业作为经济和社会发展的重要目标，纳入国民经济和社会发展规划，并制定促进就业的中长期规划和年度工作计划。

第五条　县级以上人民政府通过发展经济和调整产业结构、规范人力资源市场、完善就业服务、加强职业教育和培训、提供就业援助等措施，创造就业条件，扩大就业。

第六条　国务院建立全国促进就业工作协调机制，研究就业工作中的重大问题，协调推动全国的促进就业工作。国务院劳动行政部门具体负责全国的促进就业工作。

省、自治区、直辖市人民政府根据促进就业工作的需要，建立促进就业工作协调机制，协调解决本行政区域就业工作中的重大问题。

县级以上人民政府有关部门按照各自的职责分工，共同做好促进就业工作。

第七条　国家倡导劳动者树立正确的择业观念，提高就业能力和创业能力；鼓励劳动者自主创业、自谋职业。

各级人民政府和有关部门应当简化程序，提高效率，为劳动者自主创业、自谋职业提供便利。

第八条　用人单位依法享有自主用人的权利。

用人单位应当依照本法以及其他法律、法规的规定，保障劳动者的合法权益。

第九条　工会、共产主义青年团、妇女联合会、残疾人联合会以及其他社会组织，协助人民政府开展促进就业工作，依法维护劳动者的劳动权利。

第十条 各级人民政府和有关部门对在促进就业工作中作出显著成绩的单位和个人,给予表彰和奖励。

第二章 政策支持

第十一条 县级以上人民政府应当把扩大就业作为重要职责,统筹协调产业政策与就业政策。

第十二条 国家鼓励各类企业在法律、法规规定的范围内,通过兴办产业或者拓展经营,增加就业岗位。

国家鼓励发展劳动密集型产业、服务业,扶持中小企业,多渠道、多方式增加就业岗位。

国家鼓励、支持、引导非公有制经济发展,扩大就业,增加就业岗位。

第十三条 国家发展国内外贸易和国际经济合作,拓宽就业渠道。

第十四条 县级以上人民政府在安排政府投资和确定重大建设项目时,应当发挥投资和重大建设项目带动就业的作用,增加就业岗位。

第十五条 国家实行有利于促进就业的财政政策,加大资金投入,改善就业环境,扩大就业。

县级以上人民政府应当根据就业状况和就业工作目标,在财政预算中安排就业专项资金用于促进就业工作。

就业专项资金用于职业介绍、职业培训、公益性岗位、职业技能鉴定、特定就业政策和社会保险等的补贴,小额贷款担保基金和微利项目的小额担保贷款贴息,以及扶持公共就业服务等。就业专项资金的使用管理办法由国务院财政部门和劳动行政部门规定。

第十六条 国家建立健全失业保险制度,依法确保失业人员的基本生活,并促进其实现就业。

第十七条 国家鼓励企业增加就业岗位,扶持失业人员和残疾人就业,对下列企业、人员依法给予税收优惠:

(一)吸纳符合国家规定条件的失业人员达到规定要求的企业;

(二)失业人员创办的中小企业;

(三)安置残疾人员达到规定比例或者集中使用残疾人的企业;

(四)从事个体经营的符合国家规定条件的失业人员;

(五)从事个体经营的残疾人;

(六)国务院规定给予税收优惠的其他企业、人员。

第十八条 对本法第十七条第四项、第五项规定的人员,有关部门应当在经营场地等方面给予照顾,免除行政事业性收费。

第十九条 国家实行有利于促进就业的金融政策,增加中小企业的融资渠道;鼓励金融机构改进金融服务,加大对中小企业的信贷支持,并对自主创业人员在一定期限内给予小额信贷等扶持。

第二十条 国家实行城乡统筹的就业政策,建立健全城乡劳动者平等就业的制度,引导农业富余劳动力有序转移就业。

县级以上地方人民政府推进小城镇建设和加快县域经济发展,引导农业富余劳动力就地就近转移就业;在制定小城镇规划时,将本地区农业富余劳动力转移就业作为重要内容。

县级以上地方人民政府引导农业富余

劳动力有序向城市异地转移就业；劳动力输出地和输入地人民政府应当互相配合，改善农村劳动者进城就业的环境和条件。

第二十一条　国家支持区域经济发展，鼓励区域协作，统筹协调不同地区就业的均衡增长。

国家支持民族地区发展经济，扩大就业。

第二十二条　各级人民政府统筹做好城镇新增劳动力就业、农业富余劳动力转移就业和失业人员就业工作。

第二十三条　各级人民政府采取措施，逐步完善和实施与非全日制用工等灵活就业相适应的劳动和社会保险政策，为灵活就业人员提供帮助和服务。

第二十四条　地方各级人民政府和有关部门应当加强对失业人员从事个体经营的指导，提供政策咨询、就业培训和开业指导等服务。

第三章　公平就业

第二十五条　各级人民政府创造公平就业的环境，消除就业歧视，制定政策并采取措施对就业困难人员给予扶持和援助。

第二十六条　用人单位招用人员、职业中介机构从事职业中介活动，应当向劳动者提供平等的就业机会和公平的就业条件，不得实施就业歧视。

第二十七条　国家保障妇女享有与男子平等的劳动权利。

用人单位招用人员，除国家规定的不适合妇女的工种或者岗位外，不得以性别为由拒绝录用妇女或者提高对妇女的录用标准。

用人单位录用女职工，不得在劳动合同中规定限制女职工结婚、生育的内容。

第二十八条　各民族劳动者享有平等的劳动权利。

用人单位招用人员，应当依法对少数民族劳动者给予适当照顾。

第二十九条　国家保障残疾人的劳动权利。

各级人民政府应当对残疾人就业统筹规划，为残疾人创造就业条件。

用人单位招用人员，不得歧视残疾人。

第三十条　用人单位招用人员，不得以是传染病病原携带者为由拒绝录用。但是，经医学鉴定传染病病原携带者在治愈前或者排除传染嫌疑前，不得从事法律、行政法规和国务院卫生行政部门规定禁止从事的易使传染病扩散的工作。

第三十一条　农村劳动者进城就业享有与城镇劳动者平等的劳动权利，不得对农村劳动者进城就业设置歧视性限制。

第四章　就业服务和管理

第三十二条　县级以上人民政府培育和完善统一开放、竞争有序的人力资源市场，为劳动者就业提供服务。

第三十三条　县级以上人民政府鼓励社会各方面依法开展就业服务活动，加强对公共就业服务和职业中介服务的指导和监督，逐步完善覆盖城乡的就业服务体系。

第三十四条　县级以上人民政府加强人力资源市场信息网络及相关设施建设，建立健全人力资源市场信息服务体系，完善市场信息发布制度。

第三十五条 县级以上人民政府建立健全公共就业服务体系,设立公共就业服务机构,为劳动者免费提供下列服务:

(一)就业政策法规咨询;

(二)职业供求信息、市场工资指导价位信息和职业培训信息发布;

(三)职业指导和职业介绍;

(四)对就业困难人员实施就业援助;

(五)办理就业登记、失业登记等事务;

(六)其他公共就业服务。

公共就业服务机构应当不断提高服务的质量和效率,不得从事经营性活动。

公共就业服务经费纳入同级财政预算。

第三十六条 县级以上地方人民政府对职业中介机构提供公益性就业服务的,按照规定给予补贴。

国家鼓励社会各界为公益性就业服务提供捐赠、资助。

第三十七条 地方各级人民政府和有关部门不得举办或者与他人联合举办经营性的职业中介机构。

地方各级人民政府和有关部门、公共就业服务机构举办的招聘会,不得向劳动者收取费用。

第三十八条 县级以上人民政府和有关部门加强对职业中介机构的管理,鼓励其提高服务质量,发挥其在促进就业中的作用。

第三十九条 从事职业中介活动,应当遵循合法、诚实信用、公平、公开的原则。

用人单位通过职业中介机构招用人员,应当如实向职业中介机构提供岗位需求信息。

禁止任何组织或者个人利用职业中介活动侵害劳动者的合法权益。

第四十条 设立职业中介机构应当具备下列条件:

(一)有明确的章程和管理制度;

(二)有开展业务必备的固定场所、办公设施和一定数额的开办资金;

(三)有一定数量具备相应职业资格的专职工作人员;

(四)法律、法规规定的其他条件。

设立职业中介机构应当在工商行政管理部门办理登记后,向劳动行政部门申请行政许可。

未经依法许可和登记的机构,不得从事职业中介活动。

国家对外商投资职业中介机构和向劳动者提供境外就业服务的职业中介机构另有规定的,依照其规定。

第四十一条 职业中介机构不得有下列行为:

(一)提供虚假就业信息;

(二)为无合法证照的用人单位提供职业中介服务;

(三)伪造、涂改、转让职业中介许可证;

(四)扣押劳动者的居民身份证和其他证件,或者向劳动者收取押金;

(五)其他违反法律、法规规定的行为。

第四十二条 县级以上人民政府建立失业预警制度,对可能出现的较大规模的失业,实施预防、调节和控制。

第四十三条 国家建立劳动力调查统计制度和就业登记、失业登记制度,开展劳动力资源和就业、失业状况调查统计，并公布调查统计结果。

统计部门和劳动行政部门进行劳动力调查统计和就业、失业登记时，用人单位和个人应当如实提供调查统计和登记所需要的情况。

第五章　职业教育和培训

第四十四条　国家依法发展职业教育，鼓励开展职业培训，促进劳动者提高职业技能，增强就业能力和创业能力。

第四十五条　县级以上人民政府根据经济社会发展和市场需求，制定并实施职业能力开发计划。

第四十六条　县级以上人民政府加强统筹协调，鼓励和支持各类职业院校、职业技能培训机构和用人单位依法开展就业前培训、在职培训、再就业培训和创业培训；鼓励劳动者参加各种形式的培训。

第四十七条　县级以上地方人民政府和有关部门根据市场需求和产业发展方向，鼓励、指导企业加强职业教育和培训。

职业院校、职业技能培训机构与企业应当密切联系，实行产教结合，为经济建设服务，培养实用人才和熟练劳动者。

企业应当按照国家有关规定提取职工教育经费，对劳动者进行职业技能培训和继续教育培训。

第四十八条　国家采取措施建立健全劳动预备制度，县级以上地方人民政府对有就业要求的初高中毕业生实行一定期限的职业教育和培训，使其取得相应的职业资格或者掌握一定的职业技能。

第四十九条　地方各级人民政府鼓励和支持开展就业培训，帮助失业人员提高职业技能，增强其就业能力和创业能力。失业人员参加就业培训的，按照有关规定享受政府培训补贴。

第五十条　地方各级人民政府采取有效措施，组织和引导进城就业的农村劳动者参加技能培训，鼓励各类培训机构为进城就业的农村劳动者提供技能培训，增强其就业能力和创业能力。

第五十一条　国家对从事涉及公共安全、人身健康、生命财产安全等特殊工种的劳动者，实行职业资格证书制度，具体办法由国务院规定。

第六章　就业援助

第五十二条　各级人民政府建立健全就业援助制度，采取税费减免、贷款贴息、社会保险补贴、岗位补贴等办法，通过公益性岗位安置等途径，对就业困难人员实行优先扶持和重点帮助。

就业困难人员是指因身体状况、技能水平、家庭因素、失去土地等原因难以实现就业，以及连续失业一定时间仍未能实现就业的人员。就业困难人员的具体范围，由省、自治区、直辖市人民政府根据本行政区域的实际情况规定。

第五十三条　政府投资开发的公益性岗位，应当优先安排符合岗位要求的就业困难人员。被安排在公益性岗位工作的，按照国家规定给予岗位补贴。

第五十四条　地方各级人民政府加强基层就业援助服务工作，对就业困难人员实施重点帮助，提供有针对性的就业服务和公益性岗位援助。

地方各级人民政府鼓励和支持社会各方面为就业困难人员提供技能培训、岗位信息等服务。

第五十五条　各级人民政府采取特别扶助措施，促进残疾人就业。

用人单位应当按照国家规定安排残疾人就业，具体办法由国务院规定。

第五十六条　县级以上地方人民政府采取多种就业形式，拓宽公益性岗位范围，开发就业岗位，确保城市有就业需求的家庭至少有一人实现就业。

法定劳动年龄内的家庭人员均处于失业状况的城市居民家庭，可以向住所地街道、社区公共就业服务机构申请就业援助。街道、社区公共就业服务机构经确认属实的，应当为该家庭中至少一人提供适当的就业岗位。

第五十七条　国家鼓励资源开采型城市和独立工矿区发展与市场需求相适应的产业，引导劳动者转移就业。

对因资源枯竭或者经济结构调整等原因造成就业困难人员集中的地区，上级人民政府应当给予必要的扶持和帮助。

第七章　监督检查

第五十八条　各级人民政府和有关部门应当建立促进就业的目标责任制度。县级以上人民政府按照促进就业目标责任制的要求，对所属的有关部门和下一级人民政府进行考核和监督。

第五十九条　审计机关、财政部门应当依法对就业专项资金的管理和使用情况进行监督检查。

第六十条　劳动行政部门应当对本法实施情况进行监督检查，建立举报制度，受理对违反本法行为的举报，并及时予以核实、处理。

第八章　法律责任

第六十一条　违反本法规定，劳动行政等有关部门及其工作人员滥用职权、玩忽职守、徇私舞弊的，对直接负责的主管人员和其他直接责任人员依法给予处分。

第六十二条　违反本法规定，实施就业歧视的，劳动者可以向人民法院提起诉讼。

第六十三条　违反本法规定，地方各级人民政府和有关部门、公共就业服务机构举办经营性的职业中介机构，从事经营性职业中介活动，向劳动者收取费用的，由上级主管机关责令限期改正，将违法收取的费用退还劳动者，并对直接负责的主管人员和其他直接责任人员依法给予处分。

第六十四条　违反本法规定，未经许可和登记，擅自从事职业中介活动的，由劳动行政部门或者其他主管部门依法予以关闭；有违法所得的，没收违法所得，并处一万元以上五万元以下的罚款。

第六十五条　违反本法规定，职业中介机构提供虚假就业信息，为无合法证照的用人单位提供职业中介服务，伪造、涂改、转让职业中介许可证的，由劳动行政部门或者其他主管部门责令改正；有违法所得的，没收违法所得，并处一万元以上五万元以下的罚款；情节严重的，吊销职业中介许可证。

第六十六条　违反本法规定，职业中介机构扣押劳动者居民身份证等证件的，由劳动行政部门责令限期退还劳动者，并依照有关法律规定给予处罚。

违反本法规定，职业中介机构向劳动者收取押金的，由劳动行政部门责令限期退还劳动者，并以每人五百元以上二千元以下的标准处以罚款。

第六十七条 违反本法规定，企业未按照国家规定提取职工教育经费，或者挪用职工教育经费的，由劳动行政部门责令改正，并依法给予处罚。

第六十八条 违反本法规定，侵害劳动者合法权益，造成财产损失或者其他损害的，依法承担民事责任；构成犯罪的，依法追究刑事责任。

第九章 附 则

第六十九条 本法自2008年1月1日起施行。

中华人民共和国职业教育法

（1996年5月15日第八届全国人民代表大会常务委员会第十九次会议通过 2022年4月20日第十三届全国人民代表大会常务委员会第三十四次会议修订 2022年4月20日中华人民共和国主席令第112号公布 自2022年5月1日起施行）

目 录

第一章 总 则
第二章 职业教育体系
第三章 职业教育的实施
第四章 职业学校和职业培训机构
第五章 职业教育的教师与受教育者
第六章 职业教育的保障
第七章 法律责任
第八章 附 则

第一章 总 则

第一条 为了推动职业教育高质量发展，提高劳动者素质和技术技能水平，促进就业创业，建设教育强国、人力资源强国和技能型社会，推进社会主义现代化建设，根据宪法，制定本法。

第二条 本法所称职业教育，是指为了培养高素质技术技能人才，使受教育者具备从事某种职业或者实现职业发展所需要的职业道德、科学文化与专业知识、技术技能等职业综合素质和行动能力而实施的教育，包括职业学校教育和职业培训。

机关、事业单位对其工作人员实施的专门培训由法律、行政法规另行规定。

第三条 职业教育是与普通教育具有同等重要地位的教育类型，是国民教育体系和人力资源开发的重要组成部分，是培养多样化人才、传承技术技能、促进就业创业的重要途径。

国家大力发展职业教育，推进职业教育改革，提高职业教育质量，增强职业教育适应性，建立健全适应社会主义市场经济和社会发展需要、符合技术技能人才成长规律的职业教育制度体系，为全面建设社会主义现代化国家提供有力人才和技能支撑。

第四条 职业教育必须坚持中国共产党的领导，坚持社会主义办学方向，贯彻国家的教育方针，坚持立德树人、德技并修，坚持产教融合、校企合作，坚持面向市场、促进就业，坚持面向实践、强化能力，坚持面向人人、因材施教。

实施职业教育应当弘扬社会主义核心价值观，对受教育者进行思想政治教育和职业道德教育，培育劳模精神、劳动精神、工匠精神，传授科学文化与专业知识，培养技术技能，进行职业指导，全面提高受教育者的素质。

第五条 公民有依法接受职业教育的权利。

第六条 职业教育实行政府统筹、分级管理、地方为主、行业指导、校企合作、社会参与。

第七条 各级人民政府应当将发展职业教育纳入国民经济和社会发展规划，与促进就业创业和推动发展方式转变、产业结构调整、技术优化升级等整体部署、统筹实施。

第八条 国务院建立职业教育工作协调机制，统筹协调全国职业教育工作。

国务院教育行政部门负责职业教育工作的统筹规划、综合协调、宏观管理。国务院教育行政部门、人力资源社会保障行政部门和其他有关部门在国务院规定的职责范围内，分别负责有关的职业教育工作。

省、自治区、直辖市人民政府应当加强对本行政区域内职业教育工作的领导，明确设区的市、县级人民政府职业教育具体工作职责，统筹协调职业教育发展，组织开展督导评估。

县级以上地方人民政府有关部门应当加强沟通配合，共同推进职业教育工作。

第九条 国家鼓励发展多种层次和形式的职业教育，推进多元办学，支持社会力量广泛、平等参与职业教育。

国家发挥企业的重要办学主体作用，推动企业深度参与职业教育，鼓励企业举办高质量职业教育。

有关行业主管部门、工会和中华职业教育社等群团组织、行业组织、企业、事业单位等应当依法履行实施职业教育的义务，参与、支持或者开展职业教育。

第十条 国家采取措施，大力发展技工教育，全面提高产业工人素质。

国家采取措施，支持举办面向农村的职业教育，组织开展农业技能培训、返乡创业就业培训和职业技能培训，培养高素质乡村振兴人才。

国家采取措施，扶持革命老区、民族地区、边远地区、欠发达地区职业教育的发展。

国家采取措施，组织各类转岗、再就业、失业人员以及特殊人群等接受各种形式的职业教育，扶持残疾人职业教育的发展。

国家保障妇女平等接受职业教育的权利。

第十一条 实施职业教育应当根据经济社会发展需要，结合职业分类、职业标准、职业发展需求，制定教育标准或者培训方案，实行学历证书及其他学业证书、培训证书、职业资格证书和职业技能等级证书制度。

国家实行劳动者在就业前或者上岗前接受必要的职业教育的制度。

第十二条 国家采取措施，提高技术技能人才的社会地位和待遇，弘扬劳动光荣、技能宝贵、创造伟大的时代风尚。

国家对在职业教育工作中做出显著成绩的单位和个人按照有关规定给予表彰、奖励。

每年5月的第二周为职业教育活动周。

第十三条 国家鼓励职业教育领域的对外交流与合作，支持引进境外优质资源发展职业教育，鼓励有条件的职业教育机构赴境外办学，支持开展多种形式的职业教育学习成果互认。

第二章 职业教育体系

第十四条 国家建立健全适应经济社会发展需要，产教深度融合，职业学校教育和职业培训并重，职业教育与普通教育相互融通，不同层次职业教育有效贯通，服务全民终身学习的现代职业教育体系。

国家优化教育结构，科学配置教育资源，在义务教育后的不同阶段因地制宜、统筹推进职业教育与普通教育协调发展。

第十五条 职业学校教育分为中等职业学校教育、高等职业学校教育。

中等职业学校教育由高级中等教育层次的中等职业学校（含技工学校）实施。

高等职业学校教育由专科、本科及以上教育层次的高等职业学校和普通高等学校实施。根据高等职业学校设置制度规定，将符合条件的技师学院纳入高等职业学校序列。

其他学校、教育机构或者符合条件的企业、行业组织按照教育行政部门的统筹规划，可以实施相应层次的职业学校教育或者提供纳入人才培养方案的学分课程。

第十六条 职业培训包括就业前培训、在职培训、再就业培训及其他职业性培训，可以根据实际情况分级分类实施。

职业培训可以由相应的职业培训机构、职业学校实施。

其他学校或者教育机构以及企业、社会组织可以根据办学能力、社会需求，依法开展面向社会的、多种形式的职业培训。

第十七条 国家建立健全各级各类学校教育与职业培训学分、资历以及其他学习成果的认证、积累和转换机制，推进职业教育国家学分银行建设，促进职业教育与普通教育的学习成果融通、互认。

军队职业技能等级纳入国家职业资格认证和职业技能等级评价体系。

第十八条 残疾人职业教育除由残疾人教育机构实施外，各级各类职业学校和职业培训机构及其他教育机构应当按照国家有关规定接纳残疾学生，并加强无障碍环境建设，为残疾学生学习、生活提供必要的帮助和便利。

国家采取措施，支持残疾人教育机构、职业学校、职业培训机构及其他教育机构开展或者联合开展残疾人职业教育。

从事残疾人职业教育的特殊教育教师按照规定享受特殊教育津贴。

第十九条 县级以上人民政府教育行政部门应当鼓励和支持普通中小学、普通高等学校，根据实际需要增加职业教育相关教学内容，进行职业启蒙、职业认知、职业体验，开展职业规划指导、劳动教育，并组织、引导职业学校、职业培训机构、企业和行业组织等提供条件和支持。

第三章 职业教育的实施

第二十条 国务院教育行政部门会同

有关部门根据经济社会发展需要和职业教育特点，组织制定、修订职业教育专业目录，完善职业教育教学等标准，宏观管理指导职业学校教材建设。

第二十一条　县级以上地方人民政府应当举办或者参与举办发挥骨干和示范作用的职业学校、职业培训机构，对社会力量依法举办的职业学校和职业培训机构给予指导和扶持。

国家根据产业布局和行业发展需要，采取措施，大力发展先进制造等产业需要的新兴专业，支持高水平职业学校、专业建设。

国家采取措施，加快培养托育、护理、康养、家政等方面技术技能人才。

第二十二条　县级人民政府可以根据县域经济社会发展的需要，设立职业教育中心学校，开展多种形式的职业教育，实施实用技术培训。

教育行政部门可以委托职业教育中心学校承担教育教学指导、教育质量评价、教师培训等职业教育公共管理和服务工作。

第二十三条　行业主管部门按照行业、产业人才需求加强对职业教育的指导，定期发布人才需求信息。

行业主管部门、工会和中华职业教育社等群团组织、行业组织可以根据需要，参与制定职业教育专业目录和相关职业教育标准，开展人才需求预测、职业生涯发展研究及信息咨询，培育供需匹配的产教融合服务组织，举办或者联合举办职业学校、职业培训机构，组织、协调、指导相关企业、事业单位、社会组织举办职业学校、职业培训机构。

第二十四条　企业应当根据本单位实际，有计划地对本单位的职工和准备招用的人员实施职业教育，并可以设置专职或者兼职实施职业教育的岗位。

企业应当按照国家有关规定实行培训上岗制度。企业招用的从事技术工种的劳动者，上岗前必须进行安全生产教育和技术培训；招用的从事涉及公共安全、人身健康、生命财产安全等特定职业（工种）的劳动者，必须经过培训并依法取得职业资格或者特种作业资格。

企业开展职业教育的情况应当纳入企业社会责任报告。

第二十五条　企业可以利用资本、技术、知识、设施、设备、场地和管理等要素，举办或者联合举办职业学校、职业培训机构。

第二十六条　国家鼓励、指导、支持企业和其他社会力量依法举办职业学校、职业培训机构。

地方各级人民政府采取购买服务，向学生提供助学贷款、奖助学金等措施，对企业和其他社会力量依法举办的职业学校和职业培训机构予以扶持；对其中的非营利性职业学校和职业培训机构还可以采取政府补贴、基金奖励、捐资激励等扶持措施，参照同级同类公办学校生均经费等相关经费标准和支持政策给予适当补助。

第二十七条　对深度参与产教融合、校企合作，在提升技术技能人才培养质量、促进就业中发挥重要主体作用的企业，按照规定给予奖励；对符合条件认定为产教融合型企业的，按照规定给予金融、财政、土地等支持，落实教育费附加、地方教育附加减免及其他税费优惠。

第二十八条　联合举办职业学校、职

业培训机构的，举办者应当签订联合办学协议，约定各方权利义务。

地方各级人民政府及行业主管部门支持社会力量依法参与联合办学，举办多种形式的职业学校、职业培训机构。

行业主管部门、工会等群团组织、行业组织、企业、事业单位等委托学校、职业培训机构实施职业教育的，应当签订委托合同。

第二十九条　县级以上人民政府应当加强职业教育实习实训基地建设，组织行业主管部门、工会等群团组织、行业组织、企业等根据区域或者行业职业教育的需要建设高水平、专业化、开放共享的产教融合实习实训基地，为职业学校、职业培训机构开展实习实训和企业开展培训提供条件和支持。

第三十条　国家推行中国特色学徒制，引导企业按照岗位总量的一定比例设立学徒岗位，鼓励和支持有技术技能人才培养能力的企业特别是产教融合型企业与职业学校、职业培训机构开展合作，对新招用职工、在岗职工和转岗职工进行学徒培训，或者与职业学校联合招收学生，以工学结合的方式进行学徒培养。有关企业可以按照规定享受补贴。

企业与职业学校联合招收学生，以工学结合的方式进行学徒培养的，应当签订学徒培养协议。

第三十一条　国家鼓励行业组织、企业等参与职业教育专业教材开发，将新技术、新工艺、新理念纳入职业学校教材，并可以通过活页式教材等多种方式进行动态更新；支持运用信息技术和其他现代化教学方式，开发职业教育网络课程等学习资源，创新教学方式和学校管理方式，推动职业教育信息化建设与融合应用。

第三十二条　国家通过组织开展职业技能竞赛等活动，为技术技能人才提供展示技能、切磋技艺的平台，持续培养更多高素质技术技能人才、能工巧匠和大国工匠。

第四章　职业学校和职业培训机构

第三十三条　职业学校的设立，应当符合下列基本条件：

（一）有组织机构和章程；

（二）有合格的教师和管理人员；

（三）有与所实施职业教育相适应、符合规定标准和安全要求的教学及实习实训场所、设施、设备以及课程体系、教育教学资源等；

（四）有必备的办学资金和与办学规模相适应的稳定经费来源。

设立中等职业学校，由县级以上地方人民政府或者有关部门按照规定的权限审批；设立实施专科层次教育的高等职业学校，由省、自治区、直辖市人民政府审批，报国务院教育行政部门备案；设立实施本科及以上层次教育的高等职业学校，由国务院教育行政部门审批。

专科层次高等职业学校设置的培养高端技术技能人才的部分专业，符合产教深度融合、办学特色鲜明、培养质量较高等条件的，经国务院教育行政部门审批，可以实施本科层次的职业教育。

第三十四条　职业培训机构的设立，应当符合下列基本条件：

（一）有组织机构和管理制度；

（二）有与培训任务相适应的课程体系、教师或者其他授课人员、管理人员；

（三）有与培训任务相适应、符合安全要求的场所、设施、设备；

（四）有相应的经费。

职业培训机构的设立、变更和终止，按照国家有关规定执行。

第三十五条　公办职业学校实行中国共产党职业学校基层组织领导的校长负责制，中国共产党职业学校基层组织按照中国共产党章程和有关规定，全面领导学校工作，支持校长独立负责地行使职权。民办职业学校依法健全决策机制，强化学校的中国共产党基层组织政治功能，保证其在学校重大事项决策、监督、执行各环节有效发挥作用。

校长全面负责本学校教学、科学研究和其他行政管理工作。校长通过校长办公会或者校务会议行使职权，依法接受监督。

职业学校可以通过咨询、协商等多种形式，听取行业组织、企业、学校毕业生等方面代表的意见，发挥其参与学校建设、支持学校发展的作用。

第三十六条　职业学校应当依法办学，依据章程自主管理。

职业学校在办学中可以开展下列活动：

（一）根据产业需求，依法自主设置专业；

（二）基于职业教育标准制定人才培养方案，依法自主选用或者编写专业课程教材；

（三）根据培养技术技能人才的需要，自主设置学习制度，安排教学过程；

（四）在基本学制基础上，适当调整修业年限，实行弹性学习制度；

（五）依法自主选聘专业课教师。

第三十七条　国家建立符合职业教育特点的考试招生制度。

中等职业学校可以按照国家有关规定，在有关专业实行与高等职业学校教育的贯通招生和培养。

高等职业学校可以按照国家有关规定，采取文化素质与职业技能相结合的考核方式招收学生；对有突出贡献的技术技能人才，经考核合格，可以破格录取。

省级以上人民政府教育行政部门会同同级人民政府有关部门建立职业教育统一招生平台，汇总发布实施职业教育的学校及其专业设置、招生情况等信息，提供查询、报考等服务。

第三十八条　职业学校应当加强校风学风、师德师风建设，营造良好学习环境，保证教育教学质量。

第三十九条　职业学校应当建立健全就业创业促进机制，采取多种形式为学生提供职业规划、职业体验、求职指导等就业创业服务，增强学生就业创业能力。

第四十条　职业学校、职业培训机构实施职业教育应当注重产教融合，实行校企合作。

职业学校、职业培训机构可以通过与行业组织、企业、事业单位等共同举办职业教育机构、组建职业教育集团、开展订单培养等多种形式进行合作。

国家鼓励职业学校在招生就业、人才培养方案制定、师资队伍建设、专业规划、课程设置、教材开发、教学设计、教学实施、质量评价、科学研究、技术服务、科技成果转化以及技术技能创新平台、专业化技术转移机构、实习实训基地建设等方面，与相关行业组织、企业、事业单位等建立合作机制。开展合作的，应当签订协议，明确双方权利义务。

第四十一条　职业学校、职业培训机构开展校企合作、提供社会服务或者以实习实训为目的举办企业、开展经营活动取得的收入用于改善办学条件；收入的一定比例可以用于支付教师、企业专家、外聘人员和受教育者的劳动报酬，也可以作为绩效工资来源，符合国家规定的可以不受绩效工资总量限制。

职业学校、职业培训机构实施前款规定的活动，符合国家有关规定的，享受相关税费优惠政策。

第四十二条　职业学校按照规定的收费标准和办法，收取学费和其他必要费用；符合国家规定条件的，应当予以减免；不得以介绍工作、安排实习实训等名义违法收取费用。

职业培训机构、职业学校面向社会开展培训的，按照国家有关规定收取费用。

第四十三条　职业学校、职业培训机构应当建立健全教育质量评价制度，吸纳行业组织、企业等参与评价，并及时公开相关信息，接受教育督导和社会监督。

县级以上人民政府教育行政部门应当会同有关部门、行业组织建立符合职业教育特点的质量评价体系，组织或者委托行业组织、企业和第三方专业机构，对职业学校的办学质量进行评估，并将评估结果及时公开。

职业教育质量评价应当突出就业导向，把受教育者的职业道德、技术技能水平、就业质量作为重要指标，引导职业学校培养高素质技术技能人才。

有关部门应当按照各自职责，加强对职业学校、职业培训机构的监督管理。

第五章　职业教育的教师与受教育者

第四十四条　国家保障职业教育教师的权利，提高其专业素质与社会地位。

县级以上人民政府及其有关部门应当将职业教育教师的培养培训工作纳入教师队伍建设规划，保证职业教育教师队伍适应职业教育发展的需要。

第四十五条　国家建立健全职业教育教师培养培训体系。

各级人民政府应当采取措施，加强职业教育教师专业化培养培训，鼓励设立专门的职业教育师范院校，支持高等学校设立相关专业，培养职业教育教师；鼓励行业组织、企业共同参与职业教育教师培养培训。

产教融合型企业、规模以上企业应当安排一定比例的岗位，接纳职业学校、职业培训机构教师实践。

第四十六条　国家建立健全符合职业教育特点和发展要求的职业学校教师岗位设置和职务（职称）评聘制度。

职业学校的专业课教师（含实习指导教师）应当具有一定年限的相应工作经历或者实践经验，达到相应的技术技能水平。

具备条件的企业、事业单位经营管理和专业技术人员，以及其他有专业知识或者特殊技能的人员，经教育教学能力培训合格的，可以担任职业学校的专职或者兼职专业课教师；取得教师资格的，可以根据其技术职称聘任为相应的教师职务。取得职业学校专业课教师资格可以视情况降低学历要求。

第四十七条 国家鼓励职业学校聘请技能大师、劳动模范、能工巧匠、非物质文化遗产代表性传承人等高技能人才，通过担任专职或者兼职专业课教师、设立工作室等方式，参与人才培养、技术开发、技能传承等工作。

第四十八条 国家制定职业学校教职工配备基本标准。省、自治区、直辖市应当根据基本标准，制定本地区职业学校教职工配备标准。

县级以上地方人民政府应当根据教职工配备标准、办学规模等，确定公办职业学校教职工人员规模，其中一定比例可以用于支持职业学校面向社会公开招聘专业技术人员、技能人才担任专职或者兼职教师。

第四十九条 职业学校学生应当遵守法律、法规和学生行为规范，养成良好的职业道德、职业精神和行为习惯，努力学习，完成规定的学习任务，按照要求参加实习实训，掌握技术技能。

职业学校学生的合法权益，受法律保护。

第五十条 国家鼓励企业、事业单位安排实习岗位，接纳职业学校和职业培训机构的学生实习。接纳实习的单位应当保障学生在实习期间按照规定享受休息休假、获得劳动安全卫生保护、参加相关保险、接受职业技能指导等权利；对上岗实习的，应当签订实习协议，给予适当的劳动报酬。

职业学校和职业培训机构应当加强对实习实训学生的指导，加强安全生产教育，协商实习单位安排与学生所学专业相匹配的岗位，明确实习实训内容和标准，不得安排学生从事与所学专业无关的实习实训，不得违反相关规定通过人力资源服务机构、劳务派遣单位，或者通过非法从事人力资源服务、劳务派遣业务的单位或个人组织、安排、管理学生实习实训。

第五十一条 接受职业学校教育，达到相应学业要求，经学校考核合格的，取得相应的学业证书；接受职业培训，经职业培训机构或者职业学校考核合格的，取得相应的培训证书；经符合国家规定的专门机构考核合格的，取得相应的职业资格证书或者职业技能等级证书。

学业证书、培训证书、职业资格证书和职业技能等级证书，按照国家有关规定，作为受教育者从业的凭证。

接受职业培训取得的职业技能等级证书、培训证书等学习成果，经职业学校认定，可以转化为相应的学历教育学分；达到相应职业学校学业要求的，可以取得相应的学业证书。

接受高等职业学校教育，学业水平达到国家规定的学位标准的，可以依法申请相应学位。

第五十二条 国家建立对职业学校学生的奖励和资助制度，对特别优秀的学生进行奖励，对经济困难的学生提供资助，并向艰苦、特殊行业等专业学生适当倾斜。国家根据经济社会发展情况适时调整奖励和资助标准。

国家支持企业、事业单位、社会组织及公民个人按照国家有关规定设立职业教育奖学金、助学金，奖励优秀学生，资助经济困难的学生。

职业学校应当按照国家有关规定从事

业收入或者学费收入中提取一定比例资金，用于奖励和资助学生。

省、自治区、直辖市人民政府有关部门应当完善职业学校资助资金管理制度，规范资助资金管理使用。

第五十三条 职业学校学生在升学、就业、职业发展等方面与同层次普通学校学生享有平等机会。

高等职业学校和实施职业教育的普通高等学校应当在招生计划中确定相应比例或者采取单独考试办法，专门招收职业学校毕业生。

各级人民政府应当创造公平就业环境。用人单位不得设置妨碍职业学校毕业生平等就业、公平竞争的报考、录用、聘用条件。机关、事业单位、国有企业在招录、招聘技术技能岗位人员时，应当明确技术技能要求，将技术技能水平作为录用、聘用的重要条件。事业单位公开招聘中有职业技能等级要求的岗位，可以适当降低学历要求。

第六章　职业教育的保障

第五十四条 国家优化教育经费支出结构，使职业教育经费投入与职业教育发展需求相适应，鼓励通过多种渠道依法筹集发展职业教育的资金。

第五十五条 各级人民政府应当按照事权和支出责任相适应的原则，根据职业教育办学规模、培养成本和办学质量等落实职业教育经费，并加强预算绩效管理，提高资金使用效益。

省、自治区、直辖市人民政府应当制定本地区职业学校生均经费标准或者公用经费标准。职业学校举办者应当按照生均经费标准或者公用经费标准按时、足额拨付经费，不断改善办学条件。不得以学费、社会服务收入冲抵生均拨款。

民办职业学校举办者应当参照同层次职业学校生均经费标准，通过多种渠道筹措经费。

财政专项安排、社会捐赠指定用于职业教育的经费，任何组织和个人不得挪用、克扣。

第五十六条 地方各级人民政府安排地方教育附加等方面的经费，应当将其中可用于职业教育的资金统筹使用；发挥失业保险基金作用，支持职工提升职业技能。

第五十七条 各级人民政府加大面向农村的职业教育投入，可以将农村科学技术开发、技术推广的经费适当用于农村职业培训。

第五十八条 企业应当根据国务院规定的标准，按照职工工资总额一定比例提取和使用职工教育经费。职工教育经费可以用于举办职业教育机构、对本单位的职工和准备招用人员进行职业教育等合理用途，其中用于企业一线职工职业教育的经费应当达到国家规定的比例。用人单位安排职工到职业学校或者职业培训机构接受职业教育的，应当在其接受职业教育期间依法支付工资，保障相关待遇。

企业设立具备生产与教学功能的产教融合实习实训基地所发生的费用，可以参照职业学校享受相应的用地、公用事业费等优惠。

第五十九条 国家鼓励金融机构通过提供金融服务支持发展职业教育。

第六十条 国家鼓励企业、事业单

位、社会组织及公民个人对职业教育捐资助学，鼓励境外的组织和个人对职业教育提供资助和捐赠。提供的资助和捐赠，必须用于职业教育。

第六十一条　国家鼓励和支持开展职业教育的科学技术研究、教材和教学资源开发，推进职业教育资源跨区域、跨行业、跨部门共建共享。

国家逐步建立反映职业教育特点和功能的信息统计和管理体系。

县级以上人民政府及其有关部门应当建立健全职业教育服务和保障体系，组织、引导工会等群团组织、行业组织、企业、学校等开展职业教育研究、宣传推广、人才供需对接等活动。

第六十二条　新闻媒体和职业教育有关方面应当积极开展职业教育公益宣传，弘扬技术技能人才成长成才典型事迹，营造人人努力成才、人人皆可成才、人人尽展其才的良好社会氛围。

第七章　法律责任

第六十三条　在职业教育活动中违反《中华人民共和国教育法》、《中华人民共和国劳动法》等有关法律规定的，依照有关法律的规定给予处罚。

第六十四条　企业未依照本法规定对本单位的职工和准备招用的人员实施职业教育、提取和使用职工教育经费的，由有关部门责令改正；拒不改正的，由县级以上人民政府收取其应当承担的职工教育经费，用于职业教育。

第六十五条　职业学校、职业培训机构在职业教育活动中违反本法规定的，由教育行政部门或者其他有关部门责令改正；教育教学质量低下或者管理混乱，造成严重后果的，责令暂停招生、限期整顿；逾期不整顿或者经整顿仍达不到要求的，吊销办学许可证或者责令停止办学。

第六十六条　接纳职业学校和职业培训机构学生实习的单位违反本法规定，侵害学生休息休假、获得劳动安全卫生保护、参加相关保险、接受职业技能指导等权利的，依法承担相应的法律责任。

职业学校、职业培训机构违反本法规定，通过人力资源服务机构、劳务派遣单位或者非法从事人力资源服务、劳务派遣业务的单位或个人组织、安排、管理学生实习实训的，由教育行政部门、人力资源社会保障行政部门或者其他有关部门责令改正，没收违法所得，并处违法所得一倍以上五倍以下的罚款；违法所得不足一万元的，按一万元计算。

对前款规定的人力资源服务机构、劳务派遣单位或者非法从事人力资源服务、劳务派遣业务的单位或个人，由人力资源社会保障行政部门或者其他有关部门责令改正，没收违法所得，并处违法所得一倍以上五倍以下的罚款；违法所得不足一万元的，按一万元计算。

第六十七条　教育行政部门、人力资源社会保障行政部门或者其他有关部门的工作人员违反本法规定，滥用职权、玩忽职守、徇私舞弊的，依法给予处分；构成犯罪的，依法追究刑事责任。

第八章　附　　则

第六十八条　境外的组织和个人在境

内举办职业学校、职业培训机构，适用本法；法律、行政法规另有规定的，从其规定。

第六十九条　本法自2022年5月1日起施行。

就业服务与就业管理规定

（2007年11月5日劳动保障部令第28号公布　根据2014年12月23日《人力资源社会保障部关于修改〈就业服务与就业管理规定〉的决定》第一次修订　根据2015年4月30日《人力资源和社会保障部关于修改部分规章的决定》第二次修订　根据2018年12月14日《人力资源社会保障部关于修改部分规章的决定》第三次修订　根据2022年1月7日《人力资源社会保障部关于修改部分规章的决定》第四次修订）

第一章　总　　则

第一条　为了加强就业服务和就业管理，培育和完善统一开放、竞争有序的人力资源市场，为劳动者就业和用人单位招用人员提供服务，根据就业促进法等法律、行政法规，制定本规定。

第二条　劳动者求职与就业，用人单位招用人员，劳动保障行政部门举办的公共就业服务机构和经劳动保障行政部门审批的职业中介机构从事就业服务活动，适用本规定。

本规定所称用人单位，是指在中华人民共和国境内的企业、个体经济组织、民办非企业单位等组织，以及招用与之建立劳动关系的劳动者的国家机关、事业单位、社会团体。

第三条　县级以上劳动保障行政部门依法开展本行政区域内的就业服务和就业管理工作。

第二章　求职与就业

第四条　劳动者依法享有平等就业的权利。劳动者就业，不因民族、种族、性别、宗教信仰等不同而受歧视。

第五条　农村劳动者进城就业享有与城镇劳动者平等的就业权利，不得对农村劳动者进城就业设置歧视性限制。

第六条　劳动者依法享有自主择业的权利。劳动者年满16周岁，有劳动能力且有就业愿望的，可凭本人身份证件，通过公共就业服务机构、职业中介机构介绍或直接联系用人单位等渠道求职。

第七条　劳动者求职时，应当如实向公共就业服务机构或职业中介机构、用人单位提供个人基本情况以及与应聘岗位直接相关的知识技能、工作经历、就业现状等情况，并出示相关证明。

第八条　劳动者应当树立正确的择业观念，提高就业能力和创业能力。

国家鼓励劳动者在就业前接受必要的职业教育或职业培训，鼓励城镇初高中毕业生在就业前参加劳动预备制培训。

国家鼓励劳动者自主创业、自谋职业。各级劳动保障行政部门应当会同有关部门，简化程序，提高效率，为劳动者自主创业、自谋职业提供便利和相应服务。

第三章 招用人员

第九条 用人单位依法享有自主用人的权利。用人单位招用人员，应当向劳动者提供平等的就业机会和公平的就业条件。

第十条 用人单位可以通过下列途径自主招用人员：

（一）委托公共就业服务机构或职业中介机构；

（二）参加职业招聘洽谈会；

（三）委托报纸、广播、电视、互联网站等大众传播媒介发布招聘信息；

（四）利用本企业场所、企业网站等自有途径发布招聘信息；

（五）其他合法途径。

第十一条 用人单位委托公共就业服务机构或职业中介机构招用人员，或者参加招聘洽谈会时，应当提供招用人员简章，并出示营业执照（副本）或者有关部门批准其设立的文件、经办人的身份证件和受用人单位委托的证明。

招用人员简章应当包括用人单位基本情况、招用人数、工作内容、招录条件、劳动报酬、福利待遇、社会保险等内容，以及法律、法规规定的其他内容。

第十二条 用人单位招用人员时，应当依法如实告知劳动者有关工作内容、工作条件、工作地点、职业危害、安全生产状况、劳动报酬以及劳动者要求了解的其他情况。

用人单位应当根据劳动者的要求，及时向其反馈是否录用的情况。

第十三条 用人单位应当对劳动者的个人资料予以保密。公开劳动者的个人资料信息和使用劳动者的技术、智力成果，须经劳动者本人书面同意。

第十四条 用人单位招用人员不得有下列行为：

（一）提供虚假招聘信息，发布虚假招聘广告；

（二）扣押被录用人员的居民身份证和其他证件；

（三）以担保或者其他名义向劳动者收取财物；

（四）招用未满16周岁的未成年人以及国家法律、行政法规规定不得招用的其他人员；

（五）招用无合法身份证件的人员；

（六）以招用人员为名牟取不正当利益或进行其他违法活动。

第十五条 用人单位不得以诋毁其他用人单位信誉、商业贿赂等不正当手段招聘人员。

第十六条 用人单位在招用人员时，除国家规定的不适合妇女从事的工种或者岗位外，不得以性别为由拒绝录用妇女或者提高对妇女的录用标准。

用人单位录用女职工，不得在劳动合同中规定限制女职工结婚、生育的内容。

第十七条 用人单位招用人员，应当依法对少数民族劳动者给予适当照顾。

第十八条 用人单位招用人员，不得歧视残疾人。

第十九条 用人单位招用人员，不得以是传染病病原携带者为由拒绝录用。但是，经医学鉴定传染病病原携带者在治愈前或者排除传染嫌疑前，不得从事法律、行政法规和国务院卫生行政部门规定禁止从事的易使传染病扩散的工作。

用人单位招用人员，除国家法律、行政法规和国务院卫生行政部门规定禁止乙肝病原携带者从事的工作外，不得强行将乙肝病毒血清学指标作为体检标准。

第二十条　用人单位发布的招用人员简章或招聘广告，不得包含歧视性内容。

第二十一条　用人单位招用从事涉及公共安全、人身健康、生命财产安全等特殊工种的劳动者，应当依法招用持相应工种职业资格证书的人员；招用未持相应工种职业资格证书人员的，须组织其在上岗前参加专门培训，使其取得职业资格证书后方可上岗。

第二十二条　用人单位招用台港澳人员后，应当按有关规定到当地劳动保障行政部门备案，并为其办理《台港澳人员就业证》。

第二十三条　用人单位招用外国人，应当在外国人入境前，按有关规定到当地劳动保障行政部门为其申请就业许可，经批准并获得《中华人民共和国外国人就业许可证书》后方可招用。

用人单位招用外国人的岗位必须是有特殊技能要求、国内暂无适当人选的岗位，并且不违反国家有关规定。

第四章　公共就业服务

第二十四条　县级以上劳动保障行政部门统筹管理本行政区域内的公共就业服务工作，根据政府制定的发展计划，建立健全覆盖城乡的公共就业服务体系。

公共就业服务机构根据政府确定的就业工作目标任务，制定就业服务计划，推动落实就业扶持政策，组织实施就业服务项目，为劳动者和用人单位提供就业服务，开展人力资源市场调查分析，并受劳动保障行政部门委托经办促进就业的相关事务。

第二十五条　公共就业服务机构应当免费为劳动者提供以下服务：

（一）就业政策法规咨询；

（二）职业供求信息、市场工资指导价位信息和职业培训信息发布；

（三）职业指导和职业介绍；

（四）对就业困难人员实施就业援助；

（五）办理就业登记、失业登记等事务；

（六）其他公共就业服务。

第二十六条　公共就业服务机构应当积极拓展服务功能，根据用人单位需求提供以下服务：

（一）招聘用人指导服务；

（二）代理招聘服务；

（三）跨地区人员招聘服务；

（四）企业人力资源管理咨询等专业性服务；

（五）劳动保障事务代理服务；

（六）为满足用人单位需求开发的其他就业服务项目。

第二十七条　公共就业服务机构应当加强职业指导工作，配备专（兼）职职业指导工作人员，向劳动者和用人单位提供职业指导服务。

公共就业服务机构应当为职业指导工作提供相应的设施和条件，推动职业指导工作的开展，加强对职业指导工作的宣传。

第二十八条　职业指导工作包括以下内容：

（一）向劳动者和用人单位提供国家有关劳动保障的法律法规和政策、人力资源市场状况咨询；

（二）帮助劳动者了解职业状况，掌握求职方法，确定择业方向，增强择业能力；

（三）向劳动者提出培训建议，为其提供职业培训相关信息；

（四）开展对劳动者个人职业素质和特点的测试，并对其职业能力进行评价；

（五）对妇女、残疾人、少数民族人员及退出现役的军人等就业群体提供专门的职业指导服务；

（六）对大中专学校、职业院校、技工学校学生的职业指导工作提供咨询和服务；

（七）对准备从事个体劳动或开办私营企业的劳动者提供创业咨询服务；

（八）为用人单位提供选择招聘方法、确定用人条件和标准等方面的招聘用人指导；

（九）为职业培训机构确立培训方向和专业设置等提供咨询参考。

第二十九条 公共就业服务机构在劳动保障行政部门的指导下，组织实施劳动力资源调查和就业、失业状况统计工作。

第三十条 公共就业服务机构应当针对特定就业群体的不同需求，制定并组织实施专项计划。

公共就业服务机构应当根据服务对象的特点，在一定时期内为不同类型的劳动者、就业困难对象或用人单位集中组织活动，开展专项服务。

公共就业服务机构受劳动保障行政部门委托，可以组织开展促进就业的专项工作。

第三十一条 县级以上公共就业服务机构建立综合性服务场所，集中为劳动者和用人单位提供一站式就业服务，并承担劳动保障行政部门安排的其他工作。

街道、乡镇、社区公共就业服务机构建立基层服务窗口，开展以就业援助为重点的公共就业服务，实施劳动力资源调查统计，并承担上级劳动保障行政部门安排的其他就业服务工作。

公共就业服务机构使用全国统一标识。

第三十二条 公共就业服务机构应当不断提高服务的质量和效率。

公共就业服务机构应当加强内部管理，完善服务功能，统一服务流程，按照国家制定的服务规范和标准，为劳动者和用人单位提供优质高效的就业服务。

公共就业服务机构应当加强工作人员的政策、业务和服务技能培训，组织职业指导人员、职业信息分析人员、劳动保障协理员等专业人员参加相应职业资格培训。

公共就业服务机构应当公开服务制度，主动接受社会监督。

第三十三条 县级以上劳动保障行政部门和公共就业服务机构应当按照劳动保障信息化建设的统一规划、标准和规范，建立完善人力资源市场信息网络及相关设施。

公共就业服务机构应当逐步实行信息化管理与服务，在城市内实现就业服务、失业保险、就业培训信息共享和公共就业服务全程信息化管理，并逐步实现与劳动工资信息、社会保险信息的互联互通和信息共享。

第三十四条 公共就业服务机构应当

建立健全人力资源市场信息服务体系，完善职业供求信息、市场工资指导价位信息、职业培训信息、人力资源市场分析信息的发布制度，为劳动者求职择业、用人单位招用人员以及培训机构开展培训提供支持。

第三十五条　县级以上劳动保障行政部门应当按照信息化建设统一要求，逐步实现全国人力资源市场信息联网。其中，城市应当按照劳动保障数据中心建设的要求，实现网络和数据资源的集中和共享；省、自治区应当建立人力资源市场信息网省级监测中心，对辖区内人力资源市场信息进行监测；劳动保障部设立人力资源市场信息网全国监测中心，对全国人力资源市场信息进行监测和分析。

第三十六条　县级以上劳动保障行政部门应当对公共就业服务机构加强管理，定期对其完成各项任务情况进行绩效考核。

第三十七条　公共就业服务经费纳入同级财政预算。各级劳动保障行政部门和公共就业服务机构应当根据财政预算编制的规定，依法编制公共就业服务年度预算，报经同级财政部门审批后执行。

公共就业服务机构可以按照就业专项资金管理相关规定，依法申请公共就业服务专项扶持经费。

公共就业服务机构接受社会各界提供的捐赠和资助，按照国家有关法律法规管理和使用。

公共就业服务机构为用人单位提供的服务，应当规范管理，严格控制服务收费。确需收费的，具体项目由省级劳动保障行政部门会同相关部门规定。

第三十八条　公共就业服务机构不得从事经营性活动。

公共就业服务机构举办的招聘会，不得向劳动者收取费用。

第三十九条　各级残疾人联合会所属的残疾人就业服务机构是公共就业服务机构的组成部分，负责为残疾劳动者提供相关就业服务，并经劳动保障行政部门委托，承担残疾劳动者的就业登记、失业登记工作。

第五章　就业援助

第四十条　公共就业服务机构应当制定专门的就业援助计划，对就业援助对象实施优先扶持和重点帮助。

本规定所称就业援助对象包括就业困难人员和零就业家庭。就业困难对象是指因身体状况、技能水平、家庭因素、失去土地等原因难以实现就业，以及连续失业一定时间仍未能实现就业的人员。零就业家庭是指法定劳动年龄内的家庭人员均处于失业状况的城市居民家庭。

对援助对象的认定办法，由省级劳动保障行政部门依据当地人民政府规定的就业援助对象范围制定。

第四十一条　就业困难人员和零就业家庭可以向所在地街道、社区公共就业服务机构申请就业援助。经街道、社区公共就业服务机构确认属实的，纳入就业援助范围。

第四十二条　公共就业服务机构应当建立就业困难人员帮扶制度，通过落实各项就业扶持政策、提供就业岗位信息、组织技能培训等有针对性的就业服务和公益性岗位援助，对就业困难人员实施优先扶持和重点帮助。

在公益性岗位上安置的就业困难人员，按照国家规定给予岗位补贴。

第四十三条 公共就业服务机构应当建立零就业家庭即时岗位援助制度，通过拓宽公益性岗位范围，开发各类就业岗位等措施，及时向零就业家庭中的失业人员提供适当的就业岗位，确保零就业家庭至少有一人实现就业。

第四十四条 街道、社区公共就业服务机构应当对辖区内就业援助对象进行登记，建立专门台账，实行就业援助对象动态管理和援助责任制度，提供及时、有效的就业援助。

第六章 职业中介服务

第四十五条 县级以上劳动保障行政部门应当加强对职业中介机构的管理，鼓励其提高服务质量，发挥其在促进就业中的作用。

本规定所称职业中介机构，是指由法人、其他组织和公民个人举办，为用人单位招用人员和劳动者求职提供中介服务以及其他相关服务的经营性组织。

政府部门不得举办或者与他人联合举办经营性的职业中介机构。

第四十六条 从事职业中介活动，应当遵循合法、诚实信用、公平、公开的原则。

禁止任何组织或者个人利用职业中介活动侵害劳动者和用人单位的合法权益。

第四十七条 职业中介实行行政许可制度。设立职业中介机构或其他机构开展职业中介活动，须经劳动保障行政部门批准，并获得职业中介许可证。

未经依法许可和登记的机构，不得从事职业中介活动。

职业中介许可证由劳动和社会保障部统一印制并免费发放。

第四十八条 设立职业中介机构应当具备下列条件：

（一）有明确的机构章程和管理制度；

（二）有开展业务必备的固定场所、办公设施和一定数额的开办资金；

（三）有一定数量具备相应职业资格的专职工作人员；

（四）法律、法规规定的其他条件。

第四十九条 设立职业中介机构，应当向当地县级以上劳动保障行政部门提出申请，提交下列文件：

（一）设立申请书；

（二）机构章程和管理制度草案；

（三）场所使用权证明；

（四）拟任负责人的基本情况、身份证明；

（五）具备相应职业资格的专职工作人员的相关证明；

（六）工商营业执照（副本）；

（七）法律、法规规定的其他文件。

第五十条 劳动保障行政部门接到设立职业中介机构的申请后，应当自受理申请之日起20日内审理完毕。对符合条件的，应当予以批准；不予批准的，应当说明理由。

劳动保障行政部门对经批准设立的职业中介机构实行年度审验。

职业中介机构的具体设立条件、审批和年度审验程序，由省级劳动保障行政部门统一规定。

第五十一条 职业中介机构变更名

称、住所、法定代表人等或者终止的，应当按照设立许可程序办理变更或者注销登记手续。

设立分支机构的，应当在征得原审批机关的书面同意后，由拟设立分支机构所在地县级以上劳动保障行政部门审批。

第五十二条 职业中介机构可以从事下列业务：

（一）为劳动者介绍用人单位；

（二）为用人单位和居民家庭推荐劳动者；

（三）开展职业指导、人力资源管理咨询服务；

（四）收集和发布职业供求信息；

（五）根据国家有关规定从事互联网职业信息服务；

（六）组织职业招聘洽谈会；

（七）经劳动保障行政部门核准的其他服务项目。

第五十三条 职业中介机构应当在服务场所明示营业执照、职业中介许可证、服务项目、收费标准、监督机关名称和监督电话等，并接受劳动保障行政部门及其他有关部门的监督检查。

第五十四条 职业中介机构应当建立服务台账，记录服务对象、服务过程、服务结果和收费情况等，并接受劳动保障行政部门的监督检查。

第五十五条 职业中介机构提供职业中介服务不成功的，应当退还向劳动者收取的中介服务费。

第五十六条 职业中介机构租用场地举办大规模职业招聘洽谈会，应当制定相应的组织实施办法和安全保卫工作方案，并向批准其设立的机关报告。

职业中介机构应当对入场招聘用人单位的主体资格真实性和招用人员简章真实性进行核实。

第五十七条 职业中介机构为特定对象提供公益性就业服务的，可以按照规定给予补贴。可以给予补贴的公益性就业服务的范围、对象、服务效果和补贴办法，由省级劳动保障行政部门会同有关部门制定。

第五十八条 禁止职业中介机构有下列行为：

（一）提供虚假就业信息；

（二）发布的就业信息中包含歧视性内容；

（三）伪造、涂改、转让职业中介许可证；

（四）为无合法证照的用人单位提供职业中介服务；

（五）介绍未满16周岁的未成年人就业；

（六）为无合法身份证件的劳动者提供职业中介服务；

（七）介绍劳动者从事法律、法规禁止从事的职业；

（八）扣押劳动者的居民身份证和其他证件，或者向劳动者收取押金；

（九）以暴力、胁迫、欺诈等方式进行职业中介活动；

（十）超出核准的业务范围经营；

（十一）其他违反法律、法规规定的行为。

第五十九条 县级以上劳动保障行政部门应当依法对经审批设立的职业中介机构开展职业中介活动进行监督指导，定期组织对其服务信用和服务质量进行评估，并将评估结果向社会公布。

县级以上劳动保障行政部门应当指导职业中介机构开展工作人员培训，提高服务质量。

县级以上劳动保障行政部门对在诚信服务、优质服务和公益性服务等方面表现突出的职业中介机构和个人，报经同级人民政府批准后，给予表彰和奖励。

第六十条 设立外商投资职业中介机构以及职业中介机构从事境外就业中介服务的，按照有关规定执行。

第七章 就业与失业管理

第六十一条 劳动保障行政部门应当建立健全就业登记制度和失业登记制度，完善就业管理和失业管理。

公共就业服务机构负责就业登记与失业登记工作，建立专门台账，及时、准确地记录劳动者就业与失业变动情况，并做好相应统计工作。

就业登记和失业登记在各省、自治区、直辖市范围内实行统一的就业失业登记证（以下简称登记证），向劳动者免费发放，并注明可享受的相应扶持政策。

就业登记、失业登记的具体程序和登记证的样式，由省级劳动保障行政部门规定。

第六十二条 劳动者被用人单位招用的，由用人单位为劳动者办理就业登记。用人单位招用劳动者和与劳动者终止或者解除劳动关系，应当到当地公共就业服务机构备案，为劳动者办理就业登记手续。用人单位招用人员后，应当于录用之日起30日内办理登记手续；用人单位与职工终止或者解除劳动关系后，应当于15日内办理登记手续。

劳动者从事个体经营或灵活就业的，由本人在街道、乡镇公共就业服务机构办理就业登记。

就业登记的内容主要包括劳动者个人信息、就业类型、就业时间、就业单位以及订立、终止或者解除劳动合同情况等。就业登记的具体内容和所需材料由省级劳动保障行政部门规定。

公共就业服务机构应当对用人单位办理就业登记及相关手续设立专门服务窗口，简化程序，方便用人单位办理。

第六十三条 在法定劳动年龄内，有劳动能力，有就业要求，处于无业状态的城镇常住人员，可以到常住地的公共就业服务机构进行失业登记。

第六十四条 劳动者进行失业登记时，须持本人身份证件；有单位就业经历的，还须持与原单位终止、解除劳动关系或者解聘的证明。

登记失业人员凭登记证享受公共就业服务和就业扶持政策；其中符合条件的，按规定申领失业保险金。

登记失业人员应当定期向公共就业服务机构报告就业失业状况，积极求职，参加公共就业服务机构安排的就业培训。

第六十五条 失业登记的范围包括下列失业人员：

（一）年满16周岁，从各类学校毕业、肄业的；

（二）从企业、机关、事业单位等各类用人单位失业的；

（三）个体工商户业主或私营企业业主停业、破产停止经营的；

（四）承包土地被征用，符合当地规定条件的；

（五）军人退出现役且未纳入国家统一安置的；

（六）刑满释放、假释、监外执行的；

（七）各地确定的其他失业人员。

第六十六条　登记失业人员出现下列情形之一的，由公共就业服务机构注销其失业登记：

（一）被用人单位录用的；

（二）从事个体经营或创办企业，并领取工商营业执照的；

（三）已从事有稳定收入的劳动，并且月收入不低于当地最低工资标准的；

（四）已享受基本养老保险待遇的；

（五）完全丧失劳动能力的；

（六）入学、服兵役、移居境外的；

（七）被判刑收监执行的；

（八）终止就业要求或拒绝接受公共就业服务的；

（九）连续6个月未与公共就业服务机构联系的；

（十）已进行就业登记的其他人员或各地规定的其他情形。

第八章　罚　　则

第六十七条　用人单位违反本规定第十四条第（二）、（三）项规定的，按照劳动合同法第八十四条的规定予以处罚；用人单位违反第十四条第（四）项规定的，按照国家禁止使用童工和其他有关法律、法规的规定予以处罚。用人单位违反第十四条第（一）、（五）、（六）项规定的，由劳动保障行政部门责令改正，并可处以一千元以下的罚款；对当事人造成损害的，应当承担赔偿责任。

第六十八条　用人单位违反本规定第十九条第二款规定，在国家法律、行政法规和国务院卫生行政部门规定禁止乙肝病原携带者从事的工作岗位以外招用人员时，将乙肝病毒血清学指标作为体检标准的，由劳动保障行政部门责令改正，并可处以一千元以下的罚款；对当事人造成损害的，应当承担赔偿责任。

第六十九条　违反本规定第三十八条规定，公共就业服务机构从事经营性职业中介活动向劳动者收取费用的，由劳动保障行政部门责令限期改正，将违法收取的费用退还劳动者，并对直接负责的主管人员和其他直接责任人员依法给予处分。

第七十条　违反本规定第四十七条规定，未经许可和登记，擅自从事职业中介活动的，由劳动保障行政部门或者其他主管部门按照就业促进法第六十四条规定予以处罚。

第七十一条　职业中介机构违反本规定第五十三条规定，未明示职业中介许可证、监督电话的，由劳动保障行政部门责令改正，并可处以一千元以下的罚款；未明示收费标准的，提请价格主管部门依据国家有关规定处罚；未明示营业执照的，提请工商行政管理部门依据国家有关规定处罚。

第七十二条　职业中介机构违反本规定第五十四条规定，未建立服务台账，或虽建立服务台账但未记录服务对象、服务过程、服务结果和收费情况的，由劳动保障行政部门责令改正，并可处以一千元以下的罚款。

第七十三条 职业中介机构违反本规定第五十五条规定，在职业中介服务不成功后未向劳动者退还所收取的中介服务费的，由劳动保障行政部门责令改正，并可处以一千元以下的罚款。

第七十四条 职业中介机构违反本规定第五十八条第（一）、（三）、（四）、（八）项规定的，按照就业促进法第六十五条、第六十六条规定予以处罚。违反本规定第五十八条第（五）项规定的，按照国家禁止使用童工的规定予以处罚。违反本规定第五十八条其他各项规定的，由劳动保障行政部门责令改正，没有违法所得的，可处以一万元以下的罚款；有违法所得的，可处以不超过违法所得三倍的罚款，但最高不得超过三万元；情节严重的，提请工商部门依法吊销营业执照；对当事人造成损害的，应当承担赔偿责任。

第七十五条 用人单位违反本规定第六十二条规定，未及时为劳动者办理就业登记手续的，由劳动保障行政部门责令改正。

第九章 附　　则

第七十六条 本规定自 2008 年 1 月 1 日起施行。劳动部 1994 年 10 月 27 日颁布的《职业指导办法》、劳动和社会保障部 2000 年 12 月 8 日颁布的《劳动力市场管理规定》同时废止。

国务院关于印发"十四五"就业促进规划的通知

（2021 年 8 月 23 日　国发〔2021〕14 号）

现将《"十四五"就业促进规划》印发给你们，请认真贯彻执行。

"十四五"就业促进规划

就业是最大的民生，也是经济发展最基本的支撑。"十四五"时期，实现更加充分更高质量就业，是推动高质量发展、全面建设社会主义现代化国家的内在要求，是践行以人民为中心发展思想、扎实推进共同富裕的重要基础。本规划依据《中华人民共和国国民经济和社会发展第十四个五年规划和 2035 年远景目标纲要》编制，提出了"十四五"时期促进就业的指导思想、基本原则、主要目标、重点任务和保障措施，是推动就业高质量发展的工作指引。

一、发展环境

"十三五"期间，面对错综复杂的国际形势、艰巨繁重的国内改革发展稳定任务特别是新冠肺炎疫情的严重冲击，党中央、国务院始终坚持以人民为中心，将就业摆在经济社会发展优先位置，创新实施就业优先政策，推动就业工作取得积极进展。全国城镇新增就业 6564 万人，城镇调查失业率均值控制在 5.2%，劳动年龄人口平均受教育年限从 10.2 年提高到 10.8 年，技能劳动者总量由 1.3 亿人增至

2亿人，就业形势总体稳定，就业结构持续优化，就业质量不断提升。

"十四五"时期是我国全面建成小康社会、实现第一个百年奋斗目标之后，乘势而上开启全面建设社会主义现代化国家新征程、向第二个百年奋斗目标进军的第一个五年。当前和今后一段时期，我国发展仍然处于重要战略机遇期，党中央、国务院高度重视就业问题，实施就业优先战略，为实现更加充分更高质量就业提供了根本保证；我国已转向高质量发展阶段，以国内大循环为主体、国内国际双循环相互促进的新发展格局加快构建，经济稳中向好、长期向好，为就业长期稳定创造了良好条件；新一轮科技革命和产业变革深入发展，新兴就业创业机会日益增多；新型城镇化、乡村振兴孕育巨大发展潜力，新的就业增长点不断涌现；劳动力市场协同性增强，劳动力整体受教育程度上升，社会性流动更加顺畅，为促进就业夯实了人力资源支撑。

但也要看到，"十四五"时期就业领域也出现了许多新变化新趋势。人口结构与经济结构深度调整，劳动力供求两侧均出现较大变化，产业转型升级、技术进步对劳动者技能素质提出了更高要求，人才培养培训不适应市场需求的现象进一步加剧，"就业难"与"招工难"并存，结构性就业矛盾更加突出，将成为就业领域主要矛盾。城镇就业压力依然较大，促进高校毕业生等重点群体就业任务艰巨，在工业化、城镇化进程中，还有大量农村富余劳动力需要转移就业，规模性失业风险不容忽视。同时，就业歧视仍然存在，灵活就业人员和新就业形态劳动者权益保障亟

待加强；人工智能等智能化技术加速应用，就业替代效应持续显现；国际环境日趋复杂，不稳定性不确定性明显增加，对就业的潜在冲击需警惕防范。总之，就业形势仍较严峻。必须深刻认识就业领域主要矛盾的变化，深入分析面临的挑战和风险，坚持问题导向，采取务实举措，抓住机遇，调动各种积极因素，不断开创就业工作新局面，努力实现更加充分更高质量就业。

二、总体要求

（一）指导思想。

以习近平新时代中国特色社会主义思想为指导，深入贯彻党的十九大和十九届二中、三中、四中、五中全会精神，统筹推进"五位一体"总体布局，协调推进"四个全面"战略布局，坚持稳中求进工作总基调，立足新发展阶段，完整、准确、全面贯彻新发展理念，构建新发展格局，统筹发展和安全，以实现更加充分更高质量就业为主要目标，深入实施就业优先战略，健全有利于更加充分更高质量就业的促进机制，完善政策体系、强化培训服务、注重权益保障，千方百计扩大就业容量，努力提升就业质量，着力缓解结构性就业矛盾，切实防范和有效化解规模性失业风险，不断增进民生福祉，推动全体人民共同富裕迈出坚实步伐。

（二）基本原则。

——坚持就业导向、政策协同。继续把就业摆在经济社会发展和宏观政策优先位置，作为保障和改善民生头等大事，把稳定和扩大就业作为宏观调控的优先目标和经济运行合理区间的下限，根据就业形势变化，及时调整宏观政策取向、聚力支

持就业。

——坚持扩容提质、优化结构。兼顾容量、质量与结构，抓住主要矛盾，在多措并举创造更多高质量就业岗位的同时，更加重视日益凸显的结构性就业矛盾，聚焦劳动者技能素质提升，突出抓好技术技能人才培养培训，推动形成劳动力市场更高水平的供需动态平衡。

——坚持市场主导、政府调控。推动有效市场和有为政府更好结合，既要坚持市场化社会化就业方向，加快破除制约就业的体制机制障碍，充分发挥市场配置劳动力资源的决定性作用，又要强化政府责任，优化整合各类资源，为促进就业提供强有力政策支持和基础性服务保障。

——坚持聚焦重点、守住底线。紧盯就业领域关键环节和突出问题，瞄准重点地区、重点行业和重点群体，制定更加精准有效的举措，因地因企因人强化分类帮扶援助，切实兜牢民生底线。

(三) 主要目标。

到2025年，要实现以下目标：

——就业形势总体平稳。城镇新增就业5500万人以上，努力实现更大规模，城镇调查失业率控制在5.5%以内，重点群体就业保持稳定。城乡、区域就业机会差距逐步缩小，劳动力市场供求基本平衡。

——就业质量稳步提升。劳动报酬提高与劳动生产率提高基本同步，覆盖城乡劳动者的社会保障体系更加健全，劳动权益保障进一步加强，劳动关系和谐稳定，更多劳动者实现体面劳动。

——结构性就业矛盾有效缓解。人力资源质量大幅提升，更加匹配产业转型升级和高质量发展的需要。全国高技能人才总量稳步扩大，劳动年龄人口平均受教育年限达到11.3年，新增劳动力受过高等教育比例达到55%。

——创业带动就业动能持续释放。创业引领作用更加凸显，对高质量就业的带动能力不断增强。创业环境更加优化，政策服务体系更加完备，创业机会更多、渠道更广，更多人可以通过创业实现人生价值。

——风险应对能力显著增强。就业领域风险监测预警和应对处置机制不断健全，失业人员保障范围有效扩大、保障水平进一步提高，困难群体得到及时帮扶，就业安全保障更加有力。

专栏1："十四五"时期就业主要指标				
指标名称	2020年	2025年	年均/累计	属性
城镇新增就业（万人）	1186	——	>〔5500〕	预期性
城镇调查失业率（%）	5.2	——	<5.5	预期性
城市就业占比（%）	61.6	>65	——	预期性
脱贫人口务工规模（万人）	3243	——	>3000	预期性
全员劳动生产率增长（%）	2.5	——	高于GDP增长	预期性

续表

劳动报酬占比（%）	52.1*	——	稳步提高	预期性
开展补贴性职业技能培训（万人次）	2700	——	〔7500〕	预期性
基本养老保险参保率（%）	91	95	——	预期性
劳动年龄人口平均受教育年限（年）	10.8	11.3	——	约束性
新增劳动力受过高等教育比例（%）	53.5%	55	——	预期性

注：①〔〕内为5年累计数。②带*号的为2019年数据。③劳动报酬占比是指劳动报酬占GDP的比重。

三、坚持经济发展就业导向，不断扩大就业容量

落实就业优先战略，强化就业优先政策，推动形成高质量发展与就业扩容提质互促共进的良性循环。

（四）全面增强就业吸纳能力。

强化就业优先导向的宏观调控。将就业优先政策置于宏观政策层面并持续强化，完善调控手段，充实政策工具箱，强化财政、货币、投资、消费、产业、区域等政策支持就业的导向，实现与就业政策协同联动。深入实施扩大内需战略，持续促进消费、增加有效投资拉动就业，通过保市场主体保就业。健全就业影响评估机制，制定实施宏观政策时要充分考虑对就业的影响，提升重大政策规划、重大工程项目、重大生产力布局对就业的促进作用。健全就业目标责任考核机制，建立更加充分更高质量就业考核评价体系，探索开展高质量就业地区试点工作。

促进制造业高质量就业。实施制造业降本减负行动，引导金融机构扩大制造业中长期融资，提升制造业盈利能力，提高从业人员收入水平，增强制造业就业吸引力，缓解制造业"招工难"问题。推进制造业高质量发展和职业技能培训深度融合，促进制造业产业链、创新链与培训链有效衔接。支持吸纳就业能力强的劳动密集型行业发展。注重发展技能密集型产业，推动传统制造业转型升级赋能、延伸产业链条，开发更多制造业领域技能型就业岗位。立足我国产业规模优势、配套优势和部分领域先发优势，发展服务型制造新模式，做大做强新兴产业链，推动先进制造业集群发展，打造更多制造业就业增长点。

扩大服务业就业。聚焦产业转型升级和消费升级需要，构建优质高效、结构优化、竞争力强的服务产业新体系，为劳动者就业提供更大空间和更多选择。进一步放宽服务业市场准入，深入推进服务业扩大开放，促进服务业数字化转型、线上线下双向发展，推动现代服务业同先进制造业、现代农业深度融合，支持生产性服务业和服务外包创新发展，加快生活服务业高品质和多样化升级，鼓励商贸流通和消费服务业态与模式创新，引导夜间经济、便民生活圈等健康发展，稳定开发社区超市、便利店、社区服务和社会工作服务岗位，充分释放服务业就业容量大的优势。

拓展农业就业空间。深化农业供给侧结构性改革，加强现代农业产业园和农业现代化示范区建设，打造农业全产业链，提升农业价值链，吸纳带动更多就业。实施农民合作社规范提升行动、家庭农场培育计划和高素质农民培育计划，推动小农户与现代农业发展有机衔接，扶持一批农业产业化龙头企业牵头、家庭农场和农民合作社跟进、广大小农户参与的农业产业化联合体，实现抱团发展，促进农民就业增收。

支持中小微企业和个体工商户持续稳定发展增加就业。完善促进中小微企业和个体工商户发展和用工的制度环境和政策体系，构建常态化援企稳岗帮扶机制，持续减轻中小微企业和个体工商户负担，激发中小微企业和个体工商户活力，增强就业岗位创造能力。优化中小微企业发展生态，取消各类不合理限制和壁垒。支持劳动者创办投资小、见效快、易转型、风险小的小规模经济实体。加大对中小微企业和个体工商户融资支持力度，加强普惠金融服务。

（五）培育接续有力的就业新动能。

促进数字经济领域就业创业。加快发展数字经济，推动数字经济和实体经济深度融合，催生更多新产业新业态新商业模式，培育多元化多层次就业需求。健全数字规则，强化数据有序共享和信息安全保护，加快推动数字产业化，打造具有国际竞争力、就业容量大的数字产业集群。深入实施"上云用数赋智"行动，推进传统线下业态数字化转型赋能，创造更多数字经济领域就业机会。促进平台经济等新产业新业态新商业模式规范健康发展，带动更多劳动者依托平台就业创业。

支持多渠道灵活就业和新就业形态发展。破除各种不合理限制，建立促进多渠道灵活就业机制，支持和规范发展新就业形态。鼓励传统行业跨界融合、业态创新，增加灵活就业和新就业形态就业机会。加快落实《关于维护新就业形态劳动者劳动保障权益的指导意见》，建立完善适应灵活就业和新就业形态的劳动权益保障制度，引导支持灵活就业人员和新就业形态劳动者参加社会保险，提高灵活就业人员和新就业形态劳动者社会保障水平。规范平台企业用工，明确平台企业劳动保护责任。健全职业分类动态调整机制，持续开发新职业，发布新职业标准。

专栏2：实施灵活就业人员和新就业形态劳动者支持保障计划

1. 完善灵活就业人员就业服务制度。以个人经营、非全日制、新就业形态等灵活方式就业的劳动者，可在常住地公共就业服务机构办理就业登记，按规定享受各项政策和服务。建立灵活就业岗位信息发布渠道。

2. 实施新就业形态劳动者技能提升项目。创新适合新就业形态劳动者的培训形式和内容，搭建数字资源线上培训服务平台，支持其根据自身实践和需求参加个性化培训。

3. 健全灵活就业人员社会保障制度。完善灵活就业人员参加基本养老、基本医疗保险相关政策，放开灵活就业人员在就业地参加基本养老、基本医疗保险的户籍限制。推进职业伤害保障试点，探索用工企业购买商业保险、保险公司适当让利的机制，鼓励用工企业以商业保险方式为灵活就业人员和新就业形态劳动者提供多层次保障。

（六）提高区域就业承载力。

推动区域就业协调发展。支持东部地区发挥创新要素集聚优势，率先实现产业升级，开拓高质量就业新领域，培育高质量就业增长极。加快完善中西部和东北地区基础设施，提升产业集聚区公共服务效能，引导产业向中西部和东北地区有序梯度转移，推动就业机会向中西部和东北地区扩散。支持中西部和东北地区根据国家战略导向和发展重点，对接先进生产要素和创新资源，发展特色优势产业，改造提升传统产业，积极布局新兴产业，厚植就业创业沃土。

实施特殊类型地区就业促进行动。健全巩固拓展脱贫攻坚成果长效机制，统筹各类政策资源，强化后续扶持，以脱贫地区为重点，支持欠发达地区因地制宜发展吸纳就业效果好的富民产业。支持革命老区、边境地区等发展本地特色产业，推进资源型地区加快培育发展接续替代产业，完善就地就近就业配套设施，做好边民、少数民族劳动者和失地农民、下岗矿工、停产企业员工等困难群体就业帮扶。对高失业率地区开展专项就业援助，针对性开发和推荐就业岗位，促进失业人员再就业。

壮大县乡村促就业内生动力。深入推进新型城镇化和乡村振兴战略有效衔接，推动县乡村联动发展，促进产镇融合、产村一体，打造"一县一业"、"一乡一特"、"一村一品"经济圈，做好产业和就业帮扶。推进以县城为重要载体的城镇化建设，补短板强弱项，增强综合服务能力，促进绿色低碳发展，吸引各类生产要素向县城流动聚集，做大做强县域经济，扩大县城就业需求。支持乡镇提升服务功能，增加生产生活要素供给，为发展产业、带动就业创造良好条件，把乡镇建设成拉动农村劳动力就业的区域中心。完善农村一二三产业融合发展体系，丰富乡村经济业态，促进乡村产业多模式融合、多类型示范，打造乡村产业链供应链，加快乡村产业振兴步伐，培育乡村就业增长极。

专栏3：提高区域就业承载力重点任务

1. 夯实中西部和东北地区就业基础。鼓励中西部和东北地区与东部沿海地区通过共建跨区域产业合作园区、发展飞地经济等多种方式搭建承接产业转移平台，增强承接产业转移能力，创造更多本地就业岗位。支持中西部和东北地区立足基础优势，加快培育产业链长、带动就业能力强的支柱产业，协同推进产业转型升级和促进就业。

2. 扩大特殊类型地区就业容量。以工代赈项目重点向脱贫地区倾斜。支持革命老区、边境地区培育一批特色产业集群、优势资源基地，推出一批乡村旅游重点村、镇精品线路，为当地居民提供更多就业机会。支持资源枯竭型城市加强接续替代产业平台建设，培育接续替代产业集群，带动当地职工转岗就业。深入实施采煤沉陷区综合治理和独立工矿区改造提升工程，推进老工业基地制造业竞争优势重构，改善生产发展和居民就业条件。

3. 健全县乡村产业提升和就业促进机制。引导劳动密集型产业、县域特色产业在县城集聚发展，在农业产业强镇、商贸集镇、物流节点布局劳动密集型加工业，鼓励大型商贸企业在乡镇布点，增强就业支撑。保障乡村产业发展用地，做强现代种养业，做精乡村特色产

续表

业，提升农产品加工流通业，优化乡村休闲旅游业，培育发展乡村新型服务业和信息产业，持续带动农民就业创业。

4. 加强人才扶持。支持中西部和东北地区、特殊类型地区和县乡村基层积极吸引人才流入，加大力度推进职业技术教育和职业技能培训，为产业发展提供技术工人、管理人员和创业人才。

四、强化创业带动作用，放大就业倍增效应

深入实施创新驱动发展战略，营造有利于创新创业创造的良好发展环境，持续推进双创，更大激发市场活力和社会创造力，促进创业带动就业。

（七）不断优化创业环境。

深化创业领域"放管服"改革。全面实行《优化营商环境条例》和政府权责清单制度，分类推进行政审批制度改革，打造市场化法治化国际化营商环境。实施全国统一的市场准入负面清单制度，健全清单动态调整机制，定期评估、排查、清理各类显性和隐性壁垒，最大限度解除对创业的束缚。提升企业开办标准化规范化便利化水平，建立便利、高效、有序的市场主体退出制度。实行以公平为原则的产权保护制度。

加强创业政策支持。加大对初创实体的支持力度，进一步降低创业成本，提升初创企业持续发展能力。落实创业担保贷款及贴息政策，提高贷款便利度和政策获得感。拓展创业企业直接融资渠道，健全投资生态链，更好发挥创业投资引导基金和私募股权基金作用，加大初创期、种子期投入。提升创业板服务成长型创业企业功能，支持符合条件的企业发行企业债券。

实现创业资源开放共享。强化大企业在市场拓展、产业链协调、带动中小企业创业方面的作用，实施大中小企业融通创新专项行动，鼓励大企业向中小企业开放资源、场景、应用、需求，打造基于产业链供应链的创新创业生态。推动国家科研平台、科技报告、科研数据、科研仪器设施、高校实验室进一步向企业、社会组织和个人开放，创造更多创业机会。促进国家级新区、国家自主创新示范区开放企业（项目）资源，建立项目对接机制，吸纳人才创业。

（八）鼓励引导各类群体投身创业。

激发劳动者创业的积极性主动性。实施农村创业创新带头人培育行动，壮大新一代乡村企业家队伍。实施大学生创业支持计划、留学人员回国创业启动支持计划。鼓励引导有创业意愿和创业能力的农民工、大学生、退役军人等人员返乡入乡创业。建立科研人员入乡兼职兼薪和离岗创业制度，完善科研人员职务发明成果权益分享机制。激发和保护企业家精神，倡导敬业、精益、专注、宽容失败的创新创业文化。

全方位培养引进用好创业人才。大力发展高校创新创业教育，培育一批创业拔尖人才。面向有创业意愿和培训需求的城乡各类劳动者开展创业培训。实施更加积极更加开放更加有效的人才政策，加大创

业人才引进力度，为外籍高层次人才来华创业提供便利。健全以创新能力、质量、实效、贡献为导向的创新创业人才评价体系，加强创新创业激励和保障。

（九）全面升级创业服务。

打造全生态、专业化、多层次的创业服务体系。加快完善创业服务网络。加强服务队伍建设，为创业者提供政策咨询、项目推介、开业指导等服务。推广创业导师制，推行科技特派员制度，支持科技领军企业、高技能人才、专业技术人才等到基层开展创业服务。实施创业带动就业示范行动，组织各类创业大赛和创业推进活动，办好全国双创活动周，开展创业型城市示范创建，营造浓厚的创业氛围。

建设特色化、功能化、高质量的创业平台载体。构建众创空间、孵化器、加速器、产业园相互接续的创业平台支持链条。创新创业孵化载体建设模式，支持大企业与地方政府、高校共建，提高利用率。实施全国创业孵化示范基地改造提升工程，强化服务质量管理，提升孵化服务功能，新认定一批国家级创业孵化示范基地。优化双创示范基地建设布局，充分发挥双创示范基地示范带动作用。鼓励地方开辟退役军人创业专区和退役军人就业创业园地，依托各类产业园区建设一批返乡入乡创业园，加强大学生创业园等孵化载体建设。支持地方进一步加快建设留学人员创业园，持续推动省部共建。

专栏4：返乡入乡创业园建设
1. 整合建设一批返乡入乡创业园。以县级地区为单位，对现有开发区、产业园区、产业集聚区、创业载体等各类园区平台整合拓展、优化布局，打造功能完备、环境优良的返乡入乡创业园。改造提升返乡入乡创业园配套设施，提高智能化、服务化水平。
2. 培育返乡入乡创业产业集群。依托返乡入乡创业园，探索适合当地的返乡入乡创业发展路径和模式，通过承接产业转移、资源嫁接输入地市场、一二三产业融合发展等方式，培育具有区域特色、大中小企业协同联动、上下游产业全链条一体发展的返乡入乡创业产业集群。
3. 强化资金支持。允许将符合条件的返乡入乡创业园建设项目纳入地方政府专项债券支持范围。统筹利用现有资金渠道，有条件的地方可按规定因地制宜安排资金，支持返乡入乡创业园建设。鼓励金融机构在风险可控、商业可持续的前提下，创新金融产品和业务模式，支持返乡入乡创业园建设和返乡入乡创业企业发展。

五、完善重点群体就业支持体系，增强就业保障能力

聚焦高校毕业生等重点群体，坚持市场化社会化就业与政府帮扶相结合，促进多渠道就业创业。

（十）持续做好高校毕业生就业工作。拓宽高校毕业生市场化社会化就业渠道。结合国家重大战略布局、现代产业体系建设、中小企业创新发展，创造更多有利于发挥高校毕业生专长和智力优势的知识技术型就业岗位。健全激励保障机制，畅通成长发展通道，引导高校毕业生到中西部、东北、艰苦边远地区和城乡基层就业。围绕乡村振兴战略，服务乡村建设行动和基层治理,扩大基层教育、医疗卫生、社区服务、农业技术等领域就业空间。为有意愿、有能力的高校毕业生创新创业提供资金、场地和技术等多层次支持。

强化高校毕业生就业服务。健全校内校外资源协同共享的高校毕业生就业服务体系,完善多元化服务机制,将留学回国毕业生及时纳入公共就业人才服务范围。加强职业生涯教育和就业创业指导,加大就业实习见习实践组织力度,开展大规模、高质量高校毕业生职业技能培训,提高高校毕业生就业能力。实施常态化高校毕业生就业信息服务,精准组织线上线下就业服务活动,举办行业性、区域性、专业性专场招聘,加强户籍地、求职地、学籍地政策服务协同,提高供需匹配效率。对离校未就业高校毕业生开展实名制帮扶,健全困难高校毕业生就业援助机制。强化择业就业观念引导,推动高校毕业生积极理性就业。开展"最美基层高校毕业生"学习宣传活动。

专栏5:实施高校毕业生就业创业促进计划

1. 岗位拓展行动。实施高校毕业生中小微企业就业支持计划,指导国有企业健全公开、竞争、择优的市场化招聘制度。实施好"三支一扶"计划、农村教师特岗计划、大学生志愿服务西部计划等高校毕业生基层服务项目。开发一批社区服务、科研助理、社会组织就业岗位。支持大学生参军入伍,提高高校毕业生新兵补充比例。

2. 就业能力提升行动。开展就业育人主题教育活动,积极搭建校企对接平台,广泛组织大学生实习锻炼。实施就业见习计划,建设一批国家级高校毕业生就业见习示范单位。针对高校毕业生,重点加强新兴产业、智能制造、现代服务业等领域岗位培训。

3. 精准服务行动。持续开展大中城市联合招聘、"24365校园网络招聘"、"千校万岗"、中小微企业专场招聘、中央企业面向西藏青海新疆毕业生专场招聘等系列活动。组建专业化就业创业导师队伍,推出线上直播课,为高校毕业生提供职业规划、职业体验、求职指导等服务。举办全国大学生职业规划大赛。

(十一)高度重视城镇青年就业。

为城镇青年创造多样化就业机会。聚焦城镇青年(主要包括未继续升学初高中毕业生、城镇失业青年、转岗青年职工等,下同),完善就业支持体系。在推动先进制造业、现代服务业和劳动密集型产业发展中,开发更多适合城镇青年的就业岗位,带动更多城镇青年到新产业新业态新商业模式领域就业创业。对接产业优化布局、区域协调发展和重点行业企业人才需求,完善人力资源需求发布、要素配置、协同发展机制,支持城镇青年到人才紧缺领域就业。

增强城镇青年职业发展能力。发挥就业创业服务机构、产业企业园区、青年之家、青年活动中心等各类平台作用,支持城镇青年参加职业指导、职业体验、创业实践、志愿服务等活动。探索组织青年职业训练营、就业训练工场。打造适合城镇青年特点的就业服务模式,畅通信息服务渠道,提高择业精准度。

强化城镇青年就业帮扶。实施青年就业启航计划,对城镇长期失业青年开展实践引导、分类指导和跟踪帮扶,促进其进入市场就业创业。将劳动精神、奋斗精神融入指导和实践，引导城镇青年自强自立。为城镇困难失业青年提供就业援助。

（十二）加强退役军人就业保障。

改革完善退役军人安置制度。科学制定安置计划，改进岗位安置办法，推进落实安置政策，压实属地安置责任，规范接收安置程序，提高安置质量。优化安置方式，探索市场化安置改革，实现多渠道、多元化安置。推广"直通车"式安置，健全"阳光安置"工作机制。鼓励到艰苦边远地区和城乡基层安置。加强各种安置方式统筹协调，强化政策制度衔接。

支持退役军人自主就业。将退役军人按规定纳入现有就业服务、教育培训等政策覆盖范围。探索推开"先入校回炉、再就业创业"的模式，鼓励符合条件的退役军人报考高职学校，落实招收、培养、管理等方面的扶持政策。适时调整退役军人就业岗位目录。协调各方资源，加强行业企业合作，拓展就业供给领域，挖掘更多适合退役军人的就业岗位，促进退役军人到民营企业就业。实施"兵支书"协同培养工程，推动退役军人在乡村就业。设立退役军人就业实名台账，强化退役军人服务中心（站）就业服务功能，及时提供针对性服务。

（十三）推进农村劳动力转移就业。

稳定和扩大农村劳动力外出就业规模。广泛开展区域间劳务协作，健全劳务输入集中区域与劳务输出省份对接协调机制，加强劳动力跨区域精准对接，发展劳务组织和经纪人，有序组织输出地农村劳动力外出务工。培育一批有地域特色、行业特征、技能特点，带动农村劳动力就业效果好的劳务品牌。实施农民工素质提升工程，推进新生代农民工职业技能提升计划。创建一批农村劳动力转移就业示范县。

专栏6：实施劳务品牌促就业计划

1. 劳务品牌发现培育计划。广泛开展摸底调查，发现一批有一定知名度、从业人员规模大、未固定品牌名称的劳务产品，引导形成劳务品牌。深入挖潜细分行业工种的用工需求，打造一批中高端技能型、高品质服务型、文化型、民生保障型劳务品牌。

2. 劳务品牌发展提升计划。加强劳务品牌技能带头人培养，多形式开展劳务品牌从业人员就业推荐活动，加强用工信息对接。健全劳务品牌质量诚信评价体系。

3. 劳务品牌壮大升级计划。依托返乡入乡创业园、创业孵化基地、农村创新创业孵化实训基地等创业载体，支持有条件的地方建设劳务品牌特色创业孵化基地。发挥特色资源、传统技艺和地域文化等优势，培育劳务品牌龙头企业。推动上下游产业链协同发展，打造产业集聚、定位鲜明、配套完善、功能完备的劳务品牌特色产业园。

4. 做好劳务品牌宣传推广。定期开展劳务品牌征集，组织劳务品牌竞赛，选树具有广泛影响力的劳务品牌项目，推出劳务品牌创立人、传承人、领军人以及形象代言人等典型人物。开展劳务品牌展示交流活动，举办劳务品牌专业论坛。

促进农村劳动力就地就近就业。依托县域经济、乡村产业发展，为农村劳动力创造更多就地就近就业岗位。重大投资项目、各类基础设施建设积极吸纳更多当地

农村劳动力参与。加大以工代赈实施力度,在农业农村基础设施建设领域积极推广以工代赈方式,广泛组织当地农村劳动力,优先吸纳农村低收入人口参与工程建设以及建成后的维修养护,并及时足额发放以工代赈劳务报酬。

加快农业转移人口市民化。放开放宽除个别超大城市外的落户限制,试行以经常居住地登记户口制度。推动地方逐步探索制定城乡双向流动的户口迁移政策,确保外地和本地农业转移人口进城落户标准一视同仁,推动在城镇稳定就业生活、具有落户意愿的农业转移人口便捷落户。完善财政转移支付与农业转移人口市民化挂钩相关政策。调整城镇建设用地年度指标分配依据,建立同吸纳农业转移人口落户数量和提供保障性住房规模挂钩机制。依法保障进城落户农民农村土地承包权、宅基地使用权、集体收益分配权,健全农户"三权"市场化退出机制和配套政策。提高基本公共服务均等化水平,推动农业转移人口全面融入城市。

(十四)统筹其他重点群体就业。

稳定脱贫人口就业。健全脱贫人口、农村低收入人口就业帮扶长效机制,保持脱贫人口就业领域的扶持政策、资金支持、帮扶力量总体稳定。健全有组织劳务输出工作机制,将脱贫人口作为优先保障对象,稳定外出务工规模。支持脱贫地区大力发展当地优势特色产业,继续发挥就业帮扶车间、社区工厂、卫星工厂等就业载体作用,为脱贫人口创造就地就近就业机会。聚焦国家乡村振兴重点帮扶县、易地扶贫搬迁安置区,积极引进适合当地群众就业需求的劳动密集型、生态友好型企业(项目),增加本地就业岗位,组织专项就业服务活动实施集中帮扶。

专栏7:实施易地扶贫搬迁群众就业帮扶巩固提升行动

1. 建设一批就业服务站。在万人以上大型安置区,建设就业服务站或专门服务窗口,掌握搬迁群众就业需求、意愿和技能等情况,做到动态精准帮扶。推广"就业帮扶直通车"系统,积极开展线上就业推荐服务,为搬迁群众提供更多岗位选择。开展培训进安置区活动,集中组织技能培训,提升搬迁群众就业能力。

2. 就近就业支持计划。支持安置区充分利用特色资源,对接外部市场,大力发展配套产业,有条件的大型安置区新建、改(扩)建、提升一批配套产业园,吸纳搬迁群众就业。加大安置区以工代赈实施力度。

3. 有组织劳务输出计划。将搬迁群众作为重点输出对象,为有集中外出务工需求的提供便利出行服务。充分发挥东西部协作、对口支援和省域内市际、县际协作等机制作用,拓宽搬迁群众外出就业渠道。

4. 创业支持计划。鼓励安置区内的产业园对搬迁群众创办的企业给予优惠政策。支持有条件的安置区加强创业孵化载体建设,根据入驻实体数量、孵化效果和带动就业成效给予一定奖补。鼓励金融机构针对搬迁群众创业,开发适合的金融产品。

持续开展困难群体就业援助。完善就业困难人员认定办法,建立动态调整机制,对零就业家庭人员、残疾人等困难群体,提供"一人一档"、"一人一策"精

细化服务，扩大公益性岗位安置，加强对就业帮扶效果的跟踪与评估，确保零就业家庭动态清零。落实残疾人按比例就业制度。开展就业援助月等各类帮扶活动。及时将符合条件的就业困难人员纳入最低生活保障、临时救助范围，落实乡镇（街道）临时救助备用金制度。

促进其他群体就业。实施积极应对人口老龄化国家战略，强化大龄劳动者就业帮扶和权益保护，制定完善保障措施，及时提供就业创业服务、技能培训等支持，促进人力资源充分利用。持续做好产业结构调整、长江流域生态环境保护修复工作中的人员转岗再就业。

六、提升劳动者技能素质，缓解结构性就业矛盾

把技术技能人才培养培训放在更加突出的位置，着力改善劳动力要素质量，建设一支符合高质量发展要求、适应现代化经济体系、具备较高职业技能和道德素质、结构比较合理的劳动者队伍。

（十五）大规模多层次开展职业技能培训。

完善职业技能培训政策体系。面向市场需求加强职业技能培训，健全终身职业技能培训制度，制定"十四五"职业技能培训规划，深入实施职业技能提升行动。稳步扩大培训规模，重点加强高校毕业生和城镇青年、退役军人、农村转移就业劳动者、脱贫人口、失业人员、个体工商户、就业困难人员（含残疾人）等技能培训，支持企业开展职工在岗培训，突出高技能人才培训、急需紧缺人才培训、转岗转业培训、储备技能培训、通用职业素质培训，积极发展养老、托育、家政等生活服务业从业人员技能培训，广泛开展新业态新商业模式从业人员技能培训，确保"十四五"期间开展补贴性职业技能培训7500万人次左右。强化安全生产技能培训，提高劳动者安全生产素质。完善职业技能竞赛体系，推动职业技能竞赛科学化、规范化、专业化发展。

实现培训供给多元化。构建以公共实训基地、职业院校（含技工院校）、职业技能培训机构和行业企业为主的多元培训载体。推动培训市场全面开放，采取优化审批服务、探索实行告知承诺等方式，激发培训主体积极性，有效增加培训供给。充分发挥企业职业技能培训的主体作用和职业院校培训资源优势，政府补贴的职业技能培训项目全部向具备资质的职业院校开放。新建一批公共实训基地，并优化功能布局、提高开放性，完善企业利用公共实训基地开展实训有关制度。实施职业技能培训共建共享行动，健全职业技能培训共建共享机制，开展县域职业技能培训共建共享试点。

专栏8：实施国家乡村振兴重点帮扶地区职业技能提升工程

1. 建设一批技工院校。支持生源数量较充足、具备发展技工教育条件的县级地区，通过新建、改（扩）建等方式，建设一批技工院校和职业培训机构。加大东西部协作、对口支援工作力度，对西藏技师学院和南疆四地州技工院校予以倾斜支持。

续表

> 2. 建设一批高技能人才培训基地。落实高技能人才培训基地建设支持政策，分层分级建设一批高技能人才培训基地。
> 3. 建设一批技能大师工作室。根据地区产业发展需要，分层分级建立一批技能大师工作室，发挥带徒传技、技能攻关、技艺传承、技能推广等带动作用。
> 4. 举办乡村振兴职业技能大赛。引导支持国家乡村振兴重点帮扶县，结合当地特色产业发展状况，举办具有地方特色的职业技能竞赛。

切实提升职业技能培训质量。引导培训资源向市场急需、企业生产必需等领域集中，动态调整政府补贴性培训项目目录。采取政府按规定补贴培训、企业自主培训、市场化培训等多样化的培训方式，广泛开展订单式、套餐制培训，探索"互联网+职业技能培训"。统筹各级各类职业技能培训资金，加强集约化管理和使用，健全分层分类的培训补贴标准体系，畅通培训补贴直达企业和培训者渠道。健全职业技能培训监督评价考核机制。探索建立个人培训账户，形成劳动者职业技能培训电子档案，实现与就业、社会保障等信息联通共享。

提高劳动者职业素养。大力弘扬劳模精神、劳动精神、工匠精神，营造劳动光荣的社会风尚和精益求精的敬业风气。鼓励劳动者通过诚实辛勤劳动、创新创业创造过上幸福美好生活。加强职业道德教育，引导劳动者树立正确的人生观价值观就业观，培养敬业精神和工作责任意识。推进新型产业工人队伍建设，提高产业工人综合素质。

（十六）构建系统完备的技术技能人才培养体系。

推动职业技术教育提质培优。突出职业技术教育类型特色，深入推进改革创新，优化结构与布局。完善职业技术教育国家标准，推行"学历证书+职业技能等级证书"制度，实施现代职业技术教育质量提升计划，建设一批高水平职业技术院校和专业。健全职普融通机制，稳步发展职业本科教育，实现职业技术教育与普通教育学习成果双向互通互认、纵向流动。支持和规范社会力量兴办高质量职业技术教育，增强职业技术教育适应性。大力发展技工教育，建设一批优质技工院校和专业。探索中国特色学徒制，深化产教融合、校企合作。

提高人才培养质量。强化人才培养就业导向，健全人才培养与产业发展联动预警机制，增强人才培养前瞻性。深化教育教学改革，实施教育提质扩容工程，着力培养创新型、应用型、技能型人才。优化高校学科专业布局，推进专业升级和数字化改造，及时减少、撤销不适应市场需求的专业。加快重点领域急需紧缺人才培养，实施专业技术人才知识更新工程。加强重点专业学科建设，研究制订国家重点支持学科专业清单，大力发展新兴专业。加大数字人才培育力度，适应人工智能等技术发展需要，建立多层次、多类型的数字人才培养机制。

完善终身学习体系。建设学习型社

会，构建服务全民终身学习的教育体系。推动高水平大学开放教育资源，完善注册学习和弹性学习制度。健全终身教育学习成果转换与认证制度，推进"学分银行"试点，探索学分积累转换制度。促进继续教育高质量发展，建立统一的高等学历继续教育制度，畅通在职人员继续教育与终身学习通道。规范发展非学历继续教育。积极发展在线教育，完善线上、线下课程学分认定和转换机制。创新发展城乡社区教育。

深化技能人才管理制度改革。实施"技能中国行动"，完善技能人才培养、使用、评价、激励机制。推进职业资格制度改革，压减准入类职业资格数量。完善职业技能等级制度，建立职业技能等级认定与相关系列职称评审贯通机制。推行社会化职业技能等级认定，鼓励企业在国家职业技能等级框架范围内增加技能岗位等级层次。加快构建国家资历框架，畅通管理人才、专业技术人才及技能人才的职业发展通道。

七、推进人力资源市场体系建设，健全公共就业服务体系

持续加强统一规范的人力资源市场体系建设，着力打造覆盖全民、贯穿全程、辐射全域、便捷高效的全方位公共就业服务体系，提升劳动力市场供需匹配效率。

（十七）建设高标准人力资源市场体系。

加快人力资源服务业高质量发展。推动人力资源服务与实体经济融合发展，引导人力资源服务机构围绕产业基础高级化、产业链现代化提供精准专业服务。鼓励人力资源服务业管理创新、技术创新、服务创新和产品创新，大力发展人力资源管理咨询、高级人才寻访、人才测评等高技术、高附加值业态。实施人力资源服务业领军人才培养计划。开展"互联网+人力资源服务"行动。深化人力资源服务领域对外开放，探索建设国家人力资源服务出口基地。

专栏9：实施人力资源服务业高质量发展行动
1. 人力资源服务业骨干企业培育计划。重点培育一批有核心产品、成长性好、具有国际竞争力的综合性人力资源服务企业，加快发展有市场、有特色、有潜力的专业化人力资源服务骨干企业，推动人力资源服务业细化专业分工，向价值链高端延伸。 2. 人力资源服务产业园建设计划。建设一批国家级人力资源服务产业园，开展产业园建设评估工作。鼓励有条件的地区根据本地经济发展和产业转型需要，培育建设一批有特色、有活力、有效益的地方人力资源服务产业园。 3. "一带一路"人力资源服务行动。稳步推进人力资源服务业开放发展，支持人力资源服务企业在共建"一带一路"国家设立分支机构，积极开拓国际市场，构建全球服务网络。加快发展人力资源服务贸易，培育建设一批国家人力资源服务出口基地。 4. 人力资源服务行业促就业行动。持续开展人力资源服务机构联合招聘、重点行业企业用工、重点群体就业、促进灵活就业、劳务协作等服务。

提高人力资源市场规范化水平。深化人力资源市场"放管服"改革,规范实施人力资源服务许可,持续优化人力资源市场环境。加强人力资源市场管理信息化、人力资源服务标准化和人力资源市场信用体系建设,完善人力资源服务机构信用评价标准和制度。组织开展诚信服务活动,选树一批诚信人力资源服务典型。

(十八)健全全方位公共就业服务体系。

完善公共就业服务制度。健全户籍地、常住地、参保地、就业地公共就业服务供给机制,推进就业创业政策咨询、就业失业登记、职业介绍等服务覆盖全体城乡劳动者。支持各类市场主体在注册地、经营地、用工地免费享受劳动用工咨询、招聘信息发布等服务。推动公共就业服务向农村延伸,实现城乡公共就业服务便利共享。持续改善革命老区、边境地区等公共就业服务水平和质量,缩小区域间差距。

加强公共就业服务机构设置。完善街道(乡镇)、社区(村)服务平台,构建覆盖城乡的公共就业服务网络。合理配置公共就业服务机构人员,加强职业指导、职业信息分析、创业指导等专业化、职业化队伍建设。组织动员各类人民团体、群众团体参与提供公共就业服务,支持社会组织提供公益性就业服务。

增强公共就业服务能力。健全公共就业服务标准体系,完善设施设备配置、人员配置等指导性标准,统一公共就业服务视觉识别系统,统一核心业务流程和规范。加快公共就业服务智慧化升级,推动公共就业服务向移动终端、自助平台延伸,打造集政策解读、业务办理等于一体的人工智能服务模式,逐步实现服务事项"一网通办"。推进流动人员人事档案信息化建设。建立综合评价指标体系,开展公共就业服务需求分析、社会满意度调查和第三方评估。创建一批公共就业创业服务示范城市,开展充分就业社区建设。

专栏10:实施提升就业服务质量工程

1. 劳动力市场、人才市场、零工市场建设计划。支持用工密集的中心城市、劳动力密集的欠发达地区建设一批劳动力市场。结合国家重大区域发展战略和地区产业结构,建设一批专业性人才市场。支持零工需求较多地区建设一批零工市场。

2. 就业服务基层基础能力提升计划。在人口密集的村和社区设置就业服务站,健全"15分钟就业服务圈"。支持有条件的高等学校、职业学校(含技工院校)开设就业服务相关学科专业,对公共就业服务人员进行专项培训。组建就业专家服务团,开展服务下乡、巡回指导等活动,引导专业力量下沉。

3. 建立全国统一的公共就业创业服务平台。依托就业监测系统、中国公共招聘网、"就业在线"平台等,建立全国统一的服务平台,实现全国各类就业创业信息的共享和联网发布。推进就业补助资金网上申报、网上审核、联网核查。

4. 健全重点企业用工常态化服务机制。根据各地经济发展实际,确定一批带动就业能力强、用工规模大的重点企业,建立公共就业服务联系制度,设立就业服务专员,实施定点服务,通过专场招聘、劳务协作等多渠道帮助解决用工问题。

5. 开展专项招聘服务系列行动。持续开展春风行动、春潮行动、民营企业招聘月、百日千万网络招聘等招聘活动,创新活动方式,丰富活动内容,促进供需匹配。

八、优化劳动者就业环境，提升劳动者收入和权益保障水平

提高劳动者工作待遇，加强劳动者权益保障，提升劳动者获得感和满意度，让广大劳动者实现体面劳动、全面发展。

（十九）改善劳动者就业条件。

合理增加劳动报酬。坚持按劳分配为主体、多种分配方式并存，提高劳动报酬在初次分配中的比重。健全工资决定、合理增长和支付保障机制，增加劳动者特别是一线劳动者劳动报酬，实现劳动报酬与劳动生产率基本同步提高。完善工资指导线、企业薪酬调查和信息发布制度，健全最低工资标准调整机制，实施企业薪酬指引计划。积极推行工资集体协商制度。健全劳动、知识、技术、管理等生产要素由市场评价贡献、决定报酬的机制。改革完善体现岗位绩效和分级分类管理的事业单位薪酬制度。深化国有企业工资分配制度改革，建立完善国有企业市场化薪酬分配机制。

营造良好劳动环境。实施工伤预防五年行动计划。建立企业全员安全生产责任制度，压实企业安全生产主体责任。深入开展安全生产专项整治三年行动，持续加强矿山、冶金、化工等重点行业领域尘毒危害专项治理，坚决遏制重特大事故发生。严格执行安全生产法，加强对高危行业建设项目的监管。推动简单重复的工作环节和"危繁脏重"的工作岗位尽快实现自动化智能化，加快重大安全风险领域"机器换人"。

加强劳动者社会保障。健全多层次社会保障体系，持续推进全民参保计划，提高劳动者参保率。加大城镇职工基本养老保险扩面力度，大力发展企业年金、职业年金，规范发展第三支柱养老保险。推进失业保险、工伤保险向职业劳动者广覆盖，实现省级统筹。完善全国统一的社会保险公共服务平台，优化社会保险关系转移接续。

（二十）促进平等就业。

畅通劳动力和人才社会性流动渠道。深化劳动力要素市场化配置改革，同步推进户籍制度、用人制度、档案服务改革，加快破除妨碍劳动力和人才市场化配置和自由流动的障碍，搭建横向流动桥梁、纵向发展阶梯，形成合理、公正、畅通、有序的社会性流动格局。拓展基层人员发展空间，加大对基层一线人员奖励激励力度。

努力消除就业歧视。建立劳动者平等参与市场竞争的就业机制，营造公平的市场环境，逐步消除民族、种族、性别、户籍、身份、残疾、宗教信仰等各类影响平等就业的不合理限制或就业歧视，增强劳动力市场包容性。保障妇女在就业创业、职业发展、技能培训、劳动报酬、职业健康与安全等方面的权益，为因生育中断就业的女性提供再就业培训公共服务。将生育友好作为用人单位承担社会责任的重要方面，鼓励用人单位制定有利于职工平衡工作和家庭关系的措施，依法协商确定有利于照顾婴幼儿的灵活休假和弹性工作方式。建立投诉处理机制和联合约谈机制，及时纠正含有歧视内容和不合理限制的招聘行为。健全司法救济机制，依法受理涉及就业歧视的相关起诉，设置平等就业权纠纷案由。

（二十一）维护劳动者合法权益。

扎实做好劳动权益保障。开展清理整

顿人力资源市场秩序专项行动，依法查处招聘过程中的虚假、欺诈现象，强化劳务派遣用工监管。健全劳动合同制度，鼓励企业与劳动者签订长期或无固定期限劳动合同。加强对劳动密集型企业、中小微企业劳动用工指导。督促企业依法落实工时制度，保障劳动者休息休假权益。完善欠薪治理长效机制，持续推进根治拖欠农民工工资工作。推进智慧劳动保障监察系统建设，强化大数据分析能力和监控预警功能，提高执法效能。

构建和谐劳动关系。健全政府、工会、企业代表组织共同参与的协商协调机制。推动企业建立多种形式的民主参与、民主监督、民主决策新机制，提升企业与劳动者沟通协商的制度化程度。完善以职工代表大会为基本形式的企业民主管理制度，引导中小企业依法成立工会组织，在中小企业集中的地方推动建立区域性、行业性职工代表大会。推进集体协商制度建设，巩固提高集体协商覆盖面和实效性。

深入实施劳动关系"和谐同行"能力提升三年行动计划，推进构建中国特色和谐劳动关系改革创新。开展和谐劳动关系创建活动。加强劳动关系形势分析和风险监测预警。创新劳动人事争议调解仲裁机制，强化调解仲裁队伍建设，推进"互联网＋调解仲裁"。

九、妥善应对潜在影响，防范化解规模性失业风险

加强风险监测预警和应对处置，及时制定完善应对重大公共安全、卫生等事件的稳就业预案，切实做好失业保障。

（二十二）健全监测预警机制。

完善就业失业统计监测调查体系。加快构建系统完备、立体化的就业失业监测网络，实现劳动力市场、企业用工主体和劳动者个体全覆盖，全面反映就业增长、失业水平、市场供求状况。完善就业统计指标体系和调查统计方法，探索进行就业质量、就业稳定性等方面的分析。推进大数据在就业统计监测领域的应用。

专栏11：实施就业失业统计监测调查能力提升计划

1. 升级全国劳动力资源信息库。健全跨地区、跨部门数据共享和业务协同机制，将全国劳动力资源信息采集入库，加强与社会保险、劳动关系、国家人口信息之间的数据比对联动，实现信息动态更新。

2. 构建广覆盖的监测网络。加强移动通信、网络招聘、工业用电、企业征信等大数据应用，健全就业大数据监测系统。选取一批有代表性的城市，建立定点下沉、信息直报的监测点联络制度，跟踪监测经济运行、就业失业、工资收入、劳动力流动等变化趋势。

3. 健全失业动态监测机制。优化监测企业样本结构，细分企业规模、性质等，按月分析岗位变化情况，研判企业减员风险。

4. 完善劳动力调查制度。扩大劳动力调查样本规模，按月做好分省份调查失业率统计工作，加强劳动力调查数据的分析研究。

5. 建立就业岗位调查制度。开展就业岗位调查试点，细分区域、行业等，按月调查各类用工主体岗位空缺和用工需求，逐步建成就业岗位调查制度。

增强风险预警预判能力。健全就业形势科学研判机制，建立"政府+高校+企业"的就业联合实验室，组建专业分析团队，开展就业重大问题研究，提升形势感知、分析研判和科学决策水平。完善企业规模裁员减员及突发事件报告制度，加强风险评估，适时发布失业预警信息。推动县级以上政府进一步完善失业风险预警制度。

（二十三）全面强化风险应对处置。

健全风险应对处置机制。制定分级政策储备和风险应对预案制度。加强规模性失业风险应急处置，有条件的地方可设立就业风险储备金。允许困难企业在与职工协商一致基础上，采取依法调整工作时间安排、薪酬等方式，稳定工作岗位。指导企业依法依规裁员。

完善失业保障体系。稳步推进失业保险扩围，进一步畅通申领渠道，提高政策受益率。用好用活失业保险促进企业稳岗、支持参保职工技能提升等政策，提高失业保险基金使用效率，充分发挥保生活基本功能作用，有效发挥防失业、促就业功能作用。畅通失业人员求助渠道，建立失业人员常态化帮扶机制，实现失业登记、职业指导、职业介绍、职业培训、生活保障联动。

积极应对人工智能等智能化技术应用对就业的影响。建立人工智能等智能化技术应用对就业影响的跟踪研判和协同应对机制，避免其就业替代效应短期内集中释放。构建不同行业、不同业态间的转岗机制，加快劳动者知识和技能更新速度，广泛开展人工智能等智能化技术应用适应性、储备性培训，提升人工智能等智能化

技术通用技能，充分放大其就业创造效应。

十、实施更加有力的保障措施，确保规划任务落实落地

（二十四）加强党的领导。

深入学习贯彻习近平新时代中国特色社会主义思想，增强"四个意识"、坚定"四个自信"、做到"两个维护"，把党的领导贯彻到促进就业工作的各领域、各方面、各环节，确保党中央、国务院关于促进就业的各项决策部署落到实处。规划实施中的重大事项和重大调整报党中央、国务院审定。

（二十五）强化资金保障。

对规划确定的重点任务，按照中央与地方财政事权和支出责任划分原则，落实各级政府的投入责任。按规定统筹各类就业资金，提高使用效率。健全就业领域投融资机制，进一步拓宽资金渠道，引导带动金融资本和社会资本在返乡入乡创业、技能培训、职业技术教育、就业服务等方面发挥更大作用。

（二十六）提升政策效果。

实施就业政策快办帮办行动，及时公布政策清单和网上办理渠道，依托大数据比对主动识别政策对象，精准推送信息，扩大政策知晓度。完善政策宣传机制，开展政策推介解读，努力提高政策落实率。加强对就业政策实施效果的跟踪调查评估。

（二十七）鼓励探索创新。

对规划确定的重大举措和创新政策，支持有条件的地方先行先试。推动就业领域相关法律法规修订。鼓励各地各有关部门和单位围绕规划重点任务，创新思路和形式，积极探索多种务实有效的实施方式

和有用、管用的落实措施，着力形成一批可复制可推广的经验做法和制度性成果。

（二十八）认真组织实施。

充分发挥国务院就业工作领导小组作用，推动各有关部门和单位履职尽责。创新规划组织实施方式，针对重大任务，专题专项推进。加强对规划实施情况及效果的评估，推进以评估为依据的政策改进，及时总结推广政策实施中的好经验好做法。强化监督检查，层层压实责任，抓好任务落实。

国务院关于加强职业培训促进就业的意见

（2010年10月20日　国发〔2010〕36号）

改革开放以来，我国职业培训工作取得了显著成效，职业培训体系初步建立，政策措施逐步完善，培训规模不断扩大，劳动者职业素质和就业能力得到不断提高，对促进就业和经济社会发展发挥了重要作用。与此同时，职业培训工作仍不适应社会经济发展、产业结构调整和劳动者素质提高的需要，职业培训的制度需要进一步健全、工作力度需要进一步加大、针对性和有效性需要进一步增强。为认真落实《国家中长期人才发展规划纲要（2010—2020年）》、《国家中长期教育改革和发展规划纲要（2010—2020年）》要求，全面提高劳动者职业技能水平，加快技能人才队伍建设，现就加强职业培训促进就业提出如下意见：

一、充分认识加强职业培训的重要性和紧迫性

（一）加强职业培训是促进就业和经济发展的重大举措。职业培训是提高劳动者技能水平和就业创业能力的主要途径。大力加强职业培训工作，建立健全面向全体劳动者的职业培训制度，是实施扩大就业的发展战略，解决就业总量矛盾和结构性矛盾，促进就业和稳定就业的根本措施；是贯彻落实人才强国战略，加快技能人才队伍建设，建设人力资源强国的重要任务；是加快经济发展方式转变，促进产业结构调整，提高企业自主创新能力和核心竞争力的必然要求；也是推进城乡统筹发展，加快工业化和城镇化进程的有效手段。

（二）明确职业培训工作的指导思想和目标任务。职业培训工作的指导思想是：深入贯彻落实科学发展观，以服务就业和经济发展为宗旨，坚持城乡统筹、就业导向、技能为本、终身培训的原则，建立覆盖对象广泛、培训形式多样、管理运作规范、保障措施健全的职业培训工作新机制，健全面向全体劳动者的职业培训制度，加快培养数以亿计的高素质技能劳动者。

当前和今后一个时期，职业培训工作的主要任务是：适应扩大就业规模、提高就业质量和增强企业竞争力的需要，完善制度、创新机制、加大投入，大规模开展就业技能培训、岗位技能提升培训和创业培训，切实提高职业培训的针对性和有效性，努力实现"培训一人、就业一人"和"就业一人、培训一人"的目标，为促进就业和经济社会发展提供强有力的技能人

才支持。"十二五"期间,力争使新进入人力资源市场的劳动者都有机会接受相应的职业培训,使企业技能岗位的职工得到至少一次技能提升培训,使每个有培训愿望的创业者都参加一次创业培训,使高技能人才培训满足产业结构优化升级和企业发展需求。

二、大力开展各种形式的职业培训

(三)健全职业培训制度。适应城乡全体劳动者就业需要和职业生涯发展要求,健全职业培训制度。要统筹利用各类职业培训资源,建立以职业院校、企业和各类职业培训机构为载体的职业培训体系,大力开展就业技能培训、岗位技能提升培训和创业培训,贯通技能劳动者从初级工、中级工、高级工到技师、高级技师的成长通道。

(四)大力开展就业技能培训。要面向城乡各类有就业要求和培训愿望的劳动者开展多种形式就业技能培训。坚持以就业为导向,强化实际操作技能训练和职业素质培养,使他们达到上岗要求或掌握初级以上职业技能,着力提高培训后的就业率。对农村转移就业劳动者和城镇登记失业人员,要重点开展初级技能培训,使其掌握就业的一技之长;对城乡未继续升学的应届初高中毕业生等新成长劳动力,鼓励其参加1-2个学期的劳动预备制培训,提升技能水平和就业能力;对企业新录用的人员,要结合就业岗位的实际要求,通过师傅带徒弟、集中培训等形式开展岗前培训;对退役士兵要积极开展免费职业技能培训;对职业院校学生要强化职业技能和从业素质培养,使他们掌握中级以上职业技能。鼓励高等院校大力开展职业技能和就业能力培训,加强就业创业教育和就业指导服务,促进高校毕业生就业。

(五)切实加强岗位技能提升培训。适应企业产业升级和技术进步的要求,进一步健全企业职工培训制度,充分发挥企业在职业培训工作中的重要作用。鼓励企业通过多种方式广泛开展在岗职工技能提升培训和高技能人才培训。要结合技术进步和产业升级对职工技能水平的要求,通过在岗培训、脱产培训、业务研修、技能竞赛等多种形式,加快提升企业在岗职工的技能水平。鼓励企业通过建立技能大师工作室和技师研修制度、自办培训机构或与职业院校联合办学等方式,结合企业技术创新、技术改造和技术项目引进,大力培养高技能人才。鼓励有条件的企业积极承担社会培训任务,为参加职业培训人员提供实训实习条件。

(六)积极推进创业培训。依托有资质的教育培训机构,针对创业者特点和创业不同阶段的需求,开展多种形式的创业培训。要扩大创业培训范围,鼓励有创业要求和培训愿望、具备一定创业条件的城乡各类劳动者以及处于创业初期的创业者参加创业培训。要通过规范培训标准、提高师资水平、完善培训模式,不断提高创业培训质量;要结合当地产业发展和创业项目,根据不同培训对象特点,重点开展创业意识教育、创业项目指导和企业经营管理培训,通过案例剖析、考察观摩、企业家现身说法等方式,提高受培训者的创业能力。要强化创业培训与小额担保贷款、税费减免等扶持政策及创业咨询、创业孵化等服务手段的衔接,健全政策扶持、创业培训、创业服务相结合的工作体系，提高创业成功率。

三、切实提高职业培训质量

（七）大力推行就业导向的培训模式。根据就业需要和职业技能标准要求，深化职业培训模式改革，大力推行与就业紧密联系的培训模式，增强培训针对性和有效性。在强化职业技能训练的同时，要加强职业道德、法律意识等职业素质的培养，提高劳动者的技能水平和综合职业素养。全面实行校企合作，改革培训课程，创新培训方法，引导职业院校、企业和职业培训机构大力开展订单式培训、定向培训、定岗培训。面向有就业要求和培训愿望城乡劳动者的初级技能培训和岗前培训，应根据就业市场需求和企业岗位实际要求，开展订单式培训或定岗培训；面向城乡未继续升学的应届初高中毕业生等新成长劳动力的劳动预备制培训，应结合产业发展对后备技能人才需求，开展定向培训。

（八）加强职业技能考核评价和竞赛选拔。各地要切实加强职业技能鉴定工作，按统一要求建立健全技能人才培养评价标准，充分发挥职业技能鉴定在职业培训中的引导作用。各级职业技能鉴定机构要按照国家职业技能鉴定有关规定和要求，为劳动者提供及时、方便、快捷的职业技能鉴定服务。完善企业技能人才评价制度，指导企业结合国家职业标准和企业岗位要求，开展企业内职业技能评价工作。在职业院校中积极推行学历证书与职业资格证书"双证书"制度。充分发挥技能竞赛在技能人才培养中的积极作用，选择技术含量高、通用性广、从业人员多、社会影响大的职业广泛开展多层次的职业技能竞赛，为发现和选拔高技能人才创造条件。

（九）强化职业培训基础能力建设。依托现有各类职业培训机构及培训设施，加大职业培训资源整合力度，加强职业培训体系建设，提高职业培训机构的培训能力。在产业集中度高的区域性中心城市，提升改造一批以高级技能培训为主的职业技能实训基地；在地级城市，提升改造一批以中、高级技能培训为主的职业技能实训基地；在经济较发达的县市，提升改造一批以初、中级技能培训为主的职业技能实训基地，面向社会提供示范性技能训练和鉴定服务。完善职业分类制度，加快国家职业技能标准和鉴定题库的开发与更新，为职业培训和鉴定提供技术支持。加强职业培训师资队伍建设，依托有条件的大中型企业和职业院校，开展师资培训，加快培养既能讲授专业知识又能传授操作技能的教师队伍。实行专兼职教师制度，建立和完善职业培训教师在职培训和到企业实践制度。根据职业培训规律和特点，加强职业培训特别是高技能人才培训的课程体系、培训计划大纲以及培训教材的开发。

（十）切实加强就业服务工作。加强覆盖城乡的公共就业服务体系建设，为各类劳动者提供完善的职业培训政策信息咨询、职业指导和职业介绍等服务，定期公布人力资源市场供求信息，引导各类劳动者根据市场需求，选择适合自身需要的职业培训。基层劳动就业和社会保障公共服务平台要了解、掌握培训需求，收集、发布培训信息，积极动员组织辖区内各类劳动者参加职业培训和职业技能鉴定，及时提供就业信息和就业指导，协助落实相关就业扶持政策，促进其实现就业。

（十一）鼓励社会力量开展职业培训工作。各地要根据国家有关法律法规规定，明确民办职业培训机构的师资、设备、场地等基本条件，鼓励和引导社会力量开展职业培训，在师资培养、技能鉴定、就业信息服务、政府购买培训成果等方面与其他职业培训机构同等对待。同时，要依法加强对各类民办职业培训机构招生、收费、培训等环节的指导与监管，进一步提高民办职业培训机构办学质量，推动民办职业培训健康发展。

（十二）完善政府购买培训成果机制。各地要建立培训项目管理制度，完善政府购买培训成果机制，按照"条件公开、自愿申请、择优认定、社会公示"的原则，制定承担政府补贴培训任务的培训机构的基本条件、认定程序和管理办法，组织专家进行严格评审，对符合条件的向社会公示。要严格执行开班申请、过程检查、结业审核三项制度。鼓励地方探索第三方监督机制，委托有资质的社会中介组织对培训机构的培训质量及资金使用情况进行评估。

四、加大职业培训资金支持力度

（十三）完善职业培训补贴政策。城乡有就业要求和培训愿望的劳动者参加就业技能培训或创业培训，培训合格并通过技能鉴定取得初级以上职业资格证书（未颁布国家职业技能标准的职业应取得专项职业能力证书或培训合格证书），根据其获得职业资格证书或就业情况，按规定给予培训费补贴；企业新录用的符合职业培训补贴条件的劳动者，由企业依托所属培训机构或政府认定培训机构开展岗前培训

的，按规定给予企业一定的培训费补贴。对通过初次职业技能鉴定并取得职业资格证书或专项职业能力证书的，按规定给予一次性职业技能鉴定补贴。对城乡未继续升学的应届初高中毕业生参加劳动预备制培训，按规定给予培训费补贴的同时，对其中农村学员和城市家庭经济困难学员给予一定生活费补贴。

（十四）加大职业培训资金投入。各级政府对用于职业培训的各项补贴资金要加大整合力度，具备条件的地区，统一纳入就业专项资金，统筹使用，提高效益。各级财政要加大投入，调整就业专项资金支出结构，逐步提高职业培训支出比重。有条件的地区要安排经费，对职业培训教材开发、师资培训、职业技能竞赛、评选表彰等基础工作给予支持。由失业保险基金支付的各项培训补贴按相关规定执行。

（十五）落实企业职工教育经费。企业要按规定足额提取并合理使用企业职工教育经费，职工教育经费的60%以上应用于一线职工的教育和培训，企业职工在岗技能提升培训和高技能人才培训所需费用从职工教育经费列支。企业应将职工教育经费的提取与使用情况列为厂务公开的内容，定期或不定期进行公开，接受职工代表的质询和全体职工的监督。对自身没有能力开展职工培训，以及未开展高技能人才培训的企业，县级以上地方人民政府可依法对其职工教育经费实行统筹，人力资源社会保障部门会同有关部门统一组织培训服务。

（十六）加强职业培训资金监管。各地人力资源社会保障部门要会同财政部门加强对职业培训补贴资金的管理，明确资

金用途、申领拨付程序和监管措施。2012年底前,各省(区、市)地级以上城市要依托公共就业服务信息系统建立统一的职业培训信息管理平台,对承担培训任务的培训机构进行动态管理,对参训人员实行实名制管理,不断提高地区之间信息共享程度。要根据当地产业发展规划、就业状况以及企业用人需要,合理确定并向社会公布政府补贴培训的职业(工种),每人每年只能享受一次职业培训补贴。要按照同一地区、同一工种补贴标准统一的原则,根据难易程度、时间长短和培训成本,以职业资格培训期限为基础,科学合理地确定培训补贴标准。根据培训对象特点和培训组织形式,在现有补贴培训机构方式的基础上,积极推进直补个人、直补企业等职业培训补贴方式,有条件的地区可以探索发放培训券(卡)的方式。要采取切实措施,对补贴对象审核、资金拨付等重点环节实行公开透明的办法,定期向全社会公开资金使用情况,审计部门依法加强对职业培训补贴资金的审计,防止骗取、挪用、以权谋私等问题的发生,确保资金安全,审计结果依法向社会公告。监察部门对重大违纪违规问题的责任人进行责任追究,涉及违法的移交司法机关处理。

五、加强组织领导

(十七)完善工作机制。地方各级人民政府、各有关部门要进一步提高对职业培训工作重要性的认识,进一步增强责任感和紧迫感,从全局和战略的高度,切实加强职业培训工作。要把职业培训工作作为促进就业工作的一项重要内容,列入重要议事日程,定期研究解决工作中存在的问题。要建立在政府统一领导下,人力资源社会保障部门统筹协调,发展改革、教育、科技、财政、住房城乡建设、农业等部门各司其职、密切配合,工会、共青团、妇联等人民团体广泛参与的工作机制,共同推动职业培训工作健康协调可持续发展。

(十八)科学制定培训规划。各地要根据促进就业和稳定就业的要求,在综合考虑当地劳动者职业培训实际需求、社会培训资源和能力的基础上,制定中长期职业培训规划和年度实施计划,并纳入本地区经济社会和人才发展总体规划。各地人力资源社会保障部门要结合本地区产业结构调整和发展状况、企业用工情况,对劳动力资源供求和培训需求信息等进行统计分析,并定期向社会发布。充分发挥行业主管部门和行业组织在职业培训工作中的作用,做好本行业技能人才需求预测,指导本行业企业完善职工培训制度,落实职业培训政策措施。

(十九)加大宣传表彰力度。进一步完善高技能人才评选表彰制度,并对在职业培训工作中作出突出贡献的机构和个人给予表彰。充分运用新闻媒体,广泛开展主题宣传活动,大力宣传各级党委、政府关于加强职业培训工作的方针政策,宣传技能成才和成功创业的典型事迹,宣传优秀职业院校和职业培训机构在职业培训方面的特色做法和显著成效,营造尊重劳动、崇尚技能、鼓励创造的良好氛围。

教育部、国家经贸委、劳动和社会保障部关于进一步发挥行业、企业在职业教育和培训中作用的意见

（2002年12月2日 教职成〔2002〕15号）

各省、自治区、直辖市人民政府，新疆生产建设兵团：

为贯彻落实《国务院关于大力推进职业教育改革与发展的决定》（国发〔2002〕16号）精神，依靠企业、充分发挥行业作用发展职业教育和培训，进一步提高企业职工队伍素质，优化职工队伍结构，增强企业竞争能力，经国务院同意，现提出如下意见：

一、要充分依靠行业、企业发展职业教育和培训。行业、企业是我国职业教育多元办学格局的重要力量。改革开放以来，行业、企业举办的职业教育和培训取得了很大成绩，培养了大批从事经营管理人员、专业技术人员和生产服务一线的技术、技能劳动者，为我国的经济建设和社会发展做出了重要贡献。新形势下，行业、企业要把加强职业教育和职工培训工作作为提高企业竞争力的重要措施，切实抓好人力资源开发工作，全面提高职工队伍整体素质，适应经济结构调整的需要，适应提高产品质量的需要，适应职工转岗和再就业的需要。为此，各级政府要充分依靠企业、发挥行业作用，逐步形成政府统筹、行业指导、市场调节、企业自主开展职业教育和培训的运行机制。

二、要充分发挥行业主管部门的作用。各级行业主管部门要制定行业职业教育和培训发展规划，对本行业职业教育和培训工作进行协调和业务指导，支持和依靠行业组织、企业广泛开展职业教育和培训。具有直接管理学校职能的国务院行业主管部门，要按照国家有关规定，继续办好职业学校和培训机构。要抓好地方难于举办的本行业特殊专业人才的教育和培训工作。

省、市（地）两级行业主管部门要在地方政府的统筹下，制定并实施本行业职业教育和培训规划，继续办好现有职业学校，并逐步扩大职业学校和职工培训规模，切实保障人财物等办学条件，推进教育资源的优化配置，不断提高教育质量和办学效益。

三、大力发挥行业组织的作用。根据政府主管部门的授权或委托，行业组织可以承担以下主要工作：开展行业人力资源预测，制定行业职业教育和培训发展规划；提供职业教育和培训市场的中介服务，沟通行业内职业教育和培训的信息；参与行业内职业教育和培训资源的优化配置；组织和协助对行业职业教育和培训的检查评估工作；组织和指导行业职业教育和培训的教学改革、相关专业的教材建设和教师培训工作；指导特殊专业和艰苦行业的定向招生、毕业生就业工作；提出行业特有工种职业技能鉴定规划和鉴定机构设置布局的建议；参与制定行业职业标准，指导本行业特有工种的职业技能鉴定工作；参与行业职业教育和培训的制度建设；也可以单独或联合举办职业学校和培训机构。

全国性行业组织要在行业主管部门的指导下,做好涉及本行业职业教育和培训的有关工作,并对地方行业组织进行协调和业务指导。行业组织在开展行业职业教育和培训的重要活动时,要征得行业主管部门的批准,并及时汇报有关工作的进展情况。

四、充分依靠企业开展职业教育和培训。企业具有依法举办职业教育和培训的重要责任。要从企业的实际需要出发,建立企业职业教育和培训制度,制定职业教育和职工培训规划,加强培训基地建设,开展岗位培训和继续教育,形成职工在岗和轮岗培训的制度,进一步强化企业的自主培训功能。"十五"期间,力争全国年培训城镇职工达到5000万人次,企业职工年培训率平均达到40%左右,使我国职工队伍的整体素质有明显提高。

要高度重视技术工人特别是高级技工的培训。采取有效措施,加强职业教育和培训,开展职业技能竞赛和岗位练兵等,采取学校培养、岗位培训、师傅带徒弟等灵活多样的培训形式,培养大批技术精湛、技能高超的技师、高级技师和复合型技术工人。要注重职业道德教育,开展涉及职工和社会公共健康、安全生产等方面的知识和技能培训。

要进一步加强企业职工转岗培训和再就业培训。利用企业自有培训基地或与社会培训机构合作,根据本企业的实际需要、劳动力市场和用工单位的需求,组织开展"订单式培训"、"个性化培训"等多层次、多形式的培训,增强培训的针对性、实用性和有效性,使转岗和下岗人员掌握新的技能,尽快适应新岗位的要求。

要积极开展创业培训,促进下岗职工自主创业。

要鼓励更多的企业根据实际需要,单独、联合或参与举办职业学校或职业培训机构。地方支柱行业和有条件的大型企业,可在整合现有教育资源的基础上,单独或与高等学校联合举办职业技术学院,培养行业和企业需要的实用人才。中小企业应依托地方的职业学校、职业培训机构培养、培训在职职工和后备职工。企业要充分发挥现有职业学校和培训机构的作用,在满足自身需求的前提下,积极面向社会开展职业教育和培训,使企业的教育资源成为社会、社区教育培训资源的有机组成部分。

加强企校合作是依靠企业发展职业教育和培训的重要途径。企业要积极为职业学校和培训机构提供实习场所和设备,接受职业学校教师进行专业实践和考察。企业要支持工程技术人员、管理人员和有特殊技能的人员到职业学校和培训机构担任专、兼职教师。职业学校和培训机构要主动适应企业需求,充分利用企业的生产设施、信息资源、专业人员等优势,积极调整专业设置、教学内容和培养目标,加强实践教学,提高办学质量。鼓励和支持企业和学校发挥各自优势,联合建立研究开发机构和实验中心。规模较大的各类所有制企业,应与职业学校或职业培训机构建立对口联系,其负责人可成为对口联系学校的咨询委员会或理事会成员。

五、实施技术工种就业准入制度。企业招聘职工必须从取得相应的职业学校学历证书、职业培训合格证书的人员中优先录用。企业招用从事国家规定实行就业准入控制职业的人员,必须取得相应学历证书或职业培训合格证书并获得相应职业资格证书。对于目前已经在岗但没有取得相应资格的员工,特别是从事技术复杂、要求高、操作规程严格,直接关系到产品的质量和消费者健康以及安全生产行业和工种的员工,要创造条件组织他们参加相应的职业技能培训,使其掌握应有的知识和技能,取得相应的职业资格证书。对于经培训仍不能达到要求的,应调离现岗位。从事个体工商经营的人员,也必须接受职业教育和在职培训。

在企业中实行根据职业资格和技术技能的等级确定就业岗位,根据技术技能水平和实际贡献,确定相应的工资和待遇的办法,推动企业实行培训、考核、使用、待遇相统一的政策。要制定和落实高技能人才津贴,充分发挥熟练技术工人和技师、高级技师的作用,营造有利于技术技能人才成长的良好环境。

六、行业组织和企业要加强师资队伍建设。要积极开展以骨干教师为重点的全员培训,提高教师的教育教学能力和相关专业学历层次。要按照有关规定和行业、企业需求,配备职业学校和职工教育的专职教职工,选派企业工程技术人员、管理人员和技师、高级技师担任兼职教师,建立专兼职相结合的教师队伍。要采取积极措施,努力提高行业、企业教育培训工作者的综合素质。

七、各类企业要按《中华人民共和国职业教育法》的规定承担实施职业教育和职工培训的费用。一般企业要按照职工工资总额的1.5%足额提取职工教育培训经费。从业人员技术素质要求高、培训任务重、经济效益较好的企业,可按2.5%提取,列入成本开支。要保证经费专项用于职工特别是一线职工的教育和培训,严禁挪作他用。企业技术改造和项目引进,应按规定比例安排职工培训经费。对不按《中华人民共和国职业教育法》的规定实施职工职业教育和培训,并经责令改正而拒不改正的企业,县级以上地方各级人民政府可以收取其应当承担的职业教育经费,用于本地区的职业教育和培训。企业举办的职业学校、培训机构,要积极创造条件,多渠道筹措教育经费,增强自主发展能力。

八、要进一步落实行业、企业的办学自主权。行业、企业在国家法律和法规许可范围内,结合生产实际和发展需要,可以自主选择单独、联合、委托等办学方式,自主确定集团化、合作制、公有民办、民办等办学模式,自主推进学校内部管理和教育教学改革,自主决定学校的发展规模,自主决定学校的专业设置、教学重点和教学内容。

有关部门开展教育评估和表彰奖励工作时,要同等对待行业、企业举办的职业教育与培训。对企业举办的职业学校的办学设施、办学规模等考核条件可适当放宽。对改制为公办民助、民办的企业职业学校,应享受民办学校的优惠政策。

九、各级政府要加强对行业、企业举办职业教育和培训的领导和统筹,将其纳入地方教育、经济和社会发展的总体规划,要把行业组织领导、企业经营管理者组织开展职业教育和职工培训的工作实绩,作为任期业绩考核的重要指标之一。要创造良好的政策环境,提供必要的保障条件，推动行业组织、企业加强职业教育和培训的制度建设，形成检查评估、表彰奖励等激励约束机制，促进行业、企业职业教育和培训工作的持续稳定发展。

政府主管部门对农林牧渔业、制造业、建筑业、采掘业等从业人员多且经费比较困难的行业组织举办的职业教育和培训，特别是对艰苦行业、艰苦岗位的职业教育和培训，提供必要的政策支持和保障条件。

政府有关部门要加快职能转变，将应当或适宜由行业组织承担的工作，通过授权、委托等方式交给行业组织承担。政府主管部门授权或委托行业组织承担的职业教育培训工作或活动，应给予相应的资金支持。行业主管部门在对行业职业教育和培训的规划、立项、撤并等重大事项做出决策时，应征求行业组织的意见。

典型案例

某市职工专项技能大赛[①]

某市总工会于2022年5月-9月开展了职工专项技能竞赛。本次系列竞赛分为安全生产技能竞赛、先进制造业班组长技能竞赛、通用数字技能竞赛，共计三场竞赛。三场赛事累计吸引47463名选手报名参赛，超1790家企事业单位职工参与，涵盖装备制造、电子信息、人工智能、能源化工、耐材建材、建筑业、食品业、服务业等行业领域。结合线上、线下两种竞赛模式创新办赛，选手在赛事平台参与线上学习、答题闯关、PK对战、专家直播培训等竞技形式强化技能知识，通过线上理论考试检验学习成果。3场赛事发布的课程涵盖安全生产、班组长、数字技能的相关知识。共计70余门线上课程；24场专家直播培训课程；近6000道练习题目；选手线上学习课程累计超20万小时。赛事采取线上、线下相结合的形式，突破了传统线下赛事时空限制，各个环节提高了效率，扩大赛事传播范围的同时提高了影响力。

本次大赛深化该市产业工人队伍建设改革，运用互联网、大数据、云计算、人工智能等手段，推进劳动技能竞赛方式方法的转型升级，引导广大职工从一般意义上的信息技术运用向运用数字技术智慧化平台学习技能知识转变，从而推动"网聚职工正能量，争当中国好网民"活动的开展。有效推动了工会工作与互联网运用的融合发展，提高了工会的服务效率和服务范围，搭建了工会与职工的零距离沟通渠道，提高了工会组织在职工中的吸引力、凝聚力，进而增强了工会活力。大赛建立完善了产业工人学习、教育体系，激励广大职工通过岗位练兵、技术比武、技能竞赛普遍提升技术技能水平，扩大技术、技能人才队伍规模，培养更多高素质技能人才、能工巧匠、大国工匠。

---

① 参见2022年互联网+工会维权服务优秀案例，载中工网，https://www.workercn.cn/c/2023-04-25/7815927.shtml，最后访问时间2023年11月16日。

全国模范职工之家、全国模范职工小家、全国优秀工会工作者评选表彰管理办法

（2020 年 8 月 10 日）

第一章 总 则

第一条 为规范全国模范职工之家、全国模范职工小家、全国优秀工会工作者评选表彰工作，发挥先进典型的示范引领作用，根据《中华人民共和国工会法》《中国工会章程》及中华全国总工会关于加强职工之家建设的有关规定，结合工会工作实际，制定本办法。

第二条 全国模范职工之家、全国模范职工小家、全国优秀工会工作者，是中华全国总工会设立的分别授予先进基层工会，基层工会下属先进工会或工会小组，基层工会优秀专兼职干部、专职社会化工会工作者和各级工会领导机关处级以下优秀工会干部的荣誉称号。

对积极参加基层工会活动的会员，可命名为全国优秀工会积极分子；对关心支持工会工作的厅局级以下党政领导干部、基层工会所在单位党政负责人，可命名为全国优秀工会之友。

第三条 评选表彰工作的指导思想是：深入贯彻落实习近平新时代中国特色社会主义思想，贯彻落实习近平总书记关于工人阶级和工会工作的重要论述特别是加强基层工会建设"三个着力"重要指示精神，增强基层工会政治性、先进性、群众性，激发基层工会活力，发挥基层工会作用，切实把工会建设成为职工群众信赖的"职工之家"，把工会干部培养成为职工群众信赖的"娘家人"。

第四条 评选表彰工作的原则是：

（一）坚持面向基层一线。评选对象突出工会基层组织、基层干部和一线职工，畅通基层工会和广大会员的参与渠道，着力夯实工会基层基础；

（二）坚持公开公平公正。保障评选表彰工作规范有序，保护调动会员积极性，确保表彰对象得到广大会员普遍认可，突出评选表彰的权威性；

（三）坚持会员主体地位。实行上级工会考察和职工群众评议相结合，充分尊重广大会员的知情权、参与权、表达权、监督权，真正让会员当主角；

（四）坚持高标准严要求。严格评选条件，做到优中选优，确保表彰对象的先进性，充分体现和发挥先进典型的引领性示范性；

（五）坚持动态监督管理。实行动态评估、跟踪监管，形成完备的闭环管理机制，做到能进能出，破除"一评终身制"，确保评选表彰的质量。

第二章 评选表彰范围和基本条件

第五条 全国模范职工之家从我国境内企业、事业单位、机关、社会团体和其他社会组织单独或联合建立的基层工会，乡镇（街道）、开发区（工业园区）、村（社区）工会，县级以下区域（行业）工会联合会中评选。

全国模范职工小家从基层工会下属的子公司（分公司）、分厂、车间（科室）、班组工会或工会小组中评选。

全国优秀工会工作者从基层工会专兼职干部、专职社会化工会工作者、各级工会领导机关处级以下干部中评选。

全国优秀工会积极分子从不脱离生产、工作岗位，热心从事工会工作的基层工会骨干会员和兼职工会干部中命名，一线职工数量不低于百分之六十，女性占适当比例。

全国优秀工会之友从给予工会工作关心支持的厅局级以下党政领导干部及企业、事业单位、社会团体（除工会外）和其他社会组织党政负责人中命名。

先进集体和个人，一般不重复评选表彰或命名。

第六条　全国模范职工之家一般从省级模范职工之家中产生，其基本条件是：

（一）认真贯彻习近平新时代中国特色社会主义思想，执行党的路线方针政策，遵守国家法律法规，践行社会主义核心价值观，加强职工思想政治引领，团结带领职工建功新时代；

（二）工会组织机构单独设立，工会委员会、经费审查委员会及女职工委员会等领导机构健全，工会劳动保护委员会、劳动法律监督委员会等工作机构完善，具备条件的工会依法取得社会团体法人资格，近三年职工（含农民工、劳务派遣工）入会率均在百分之九十以上；

（三）依法独立设立工会经费账户，及时足额拨缴工会经费，自主管理，规范使用；

（四）工会会员代表大会、民主选举、会务公开、会员评议职工之家等制度落实到位；

（五）有效落实以职工代表大会为基本形式的民主管理制度，依法实行厂务公开，开展集体协商签订集体合同，健全劳动争议调解组织，有效化解劳动纠纷，劳动关系和谐稳定；

（六）热忱服务职工群众，工会工作获得职工高度认可，近三年工会会员代表大会评议职工之家满意率均在百分之九十以上。

第七条　全国模范职工小家一般从省级模范职工小家中产生，其基本条件是：

（一）认真贯彻习近平新时代中国特色社会主义思想，执行党的路线方针政策，遵守国家法律法规，践行社会主义核心价值观，工会工作充满活力；

（二）子公司（分公司）、分厂、车间（科室）、班组工会或工会小组建设好，依法选举工会主席或小组长，具备条件的工会依法取得社会团体法人资格，近三年职工（含农民工、劳务派遣工）入会率均在百分之九十以上；

（三）子公司（分公司）、分厂、车间（科室）、班组民主管理好，依法实行厂务公开、会务公开，开展集体协商；

（四）子公司（分公司）、分厂、车间（科室）、班组完成生产、工作任务好，组织职工开展技术创新、劳动技能竞赛，团结带领职工建功立业；

（五）职工小家阵地建设好，活动场所和服务设施齐全，服务活动丰富，近三年工会会员代表大会评议职工之家满意率均在百分之九十以上。

第八条　全国优秀工会工作者一般从

省级优秀工会工作者中产生，其基本条件是：

（一）认真学习贯彻习近平新时代中国特色社会主义思想，坚定走中国特色社会主义工会发展道路，以实际行动践行社会主义核心价值观；

（二）坚持原则，模范执行工会会员代表大会、民主选举、会务公开、会员评议职工之家等制度，积极推动落实以职工代表大会为基本形式的民主管理制度，推进厂务公开和集体协商，所在单位劳动关系和谐稳定；

（三）尽职尽责，热忱服务职工群众，切实维护职工合法权益，团结带领职工创新创效、建功立业，推动培育高素质职工队伍，受到职工广泛信赖；

（四）遵纪守法，廉洁自律，作风民主，密切联系职工群众，自觉接受批评监督，基层工会主席、副主席近三年的工会会员代表大会测评等次均为满意。

第九条 在优中选优的基础上，对工作成绩优异、贡献突出的全国模范职工之家、全国优秀工会工作者，分别授予全国模范职工之家红旗单位、全国优秀工会工作者标兵荣誉称号。

第十条 全国优秀工会积极分子的基本条件是：

（一）认真学习贯彻习近平新时代中国特色社会主义思想，坚定走中国特色社会主义工会发展道路，积极为党的工运事业做贡献；

（二）热爱集体，团结协作，爱岗敬业，甘于奉献，圆满完成生产、工作任务，发挥模范带头作用；

（三）积极参加工会活动，热忱服务职工群众，积极参与落实工会会员代表大会、民主选举、会务公开、会员评议职工之家等制度，推动落实以职工代表大会为基本形式的民主管理制度；

（四）遵纪守法，廉洁自律，密切联系职工群众，自觉接受批评监督。

第十一条 全国优秀工会之友的基本条件是：

（一）认真学习贯彻习近平新时代中国特色社会主义思想，拥护中国特色社会主义工会发展道路，尊重劳动，尊重职工主体地位，模范贯彻落实党的全心全意依靠工人阶级的根本方针；

（二）坚持以人民为中心的发展思想，重视提高职工队伍素质，积极解决职工群众困难，受到职工群众信赖；

（三）遵守《工会法》和劳动法律法规，重视支持所辖区域（行业）或本单位工会工作，把更多的资源手段赋予工会组织，积极落实协调劳动关系制度机制，支持工会依法自主管理、规范使用工会经费，为工会工作创造良好条件；

（四）廉洁自律，作风民主，密切联系职工群众，自觉接受批评监督。

第十二条 单位有下列情形之一的，该单位工会不得申报推荐为全国模范职工之家、全国模范职工小家：

（一）存在未全员签订劳动合同、拖欠职工工资、不按规定缴纳职工社会保险费等违反劳动法律法规行为的；

（二）近一年内发生过一般安全生产责任事故、三年内发生过重大安全生产责任事故，职业病危害严重，能源消耗超标、环境污染严重，存在重大安全隐患拒不整改的；

（三）劳动争议案件多发，近三年内因违反法律法规引发职工群体性事件的；

（四）近三年内未依法及时足额拨缴工会经费的；

（五）民主管理、集体协商、劳动争议调解等制度机制不落实的；

（六）有违法违纪行为受到处罚并在影响期之内，或正在被执法执纪部门调查处理的。

第十三条 基层工会有下列情形之一的，工会干部不得申报推荐为全国优秀工会工作者：

（一）工会组织和工作机构被随意撤销、合并或归属到党政部门的；

（二）工会不依法按期换届选举，具备条件而不依法进行工会法人资格登记的；

（三）不依法独立设立工会经费账户，或工会经费使用管理出现严重问题的；

（四）不推动落实职工代表大会、厂务公开制度，不进行集体协商签订集体合同的。

第三章 评选表彰周期和基本程序

第十四条 全国模范职工之家、全国模范职工小家、全国优秀工会工作者评选表彰每五年开展两次。一般在工会全国代表大会届中开展一次，在工会全国代表大会换届之年开展一次。在换届之年评选表彰中，可同时命名全国优秀工会积极分子、全国优秀工会之友。

评选表彰工作在中华全国总工会书记处领导下进行，中华全国总工会基层工作部负责具体实施。各省（区、市）总工会、各全国产业工会、中央和国家机关工会联合会负责推荐。新疆生产建设兵团总工会通过新疆维吾尔自治区总工会推荐。

第十五条 在评选表彰年度，中华全国总工会发布评选表彰通知，就评选表彰的项目、对象、条件、程序、名额分配、组织实施等作出具体要求，部署评选表彰工作。

第十六条 基层工会按推荐评选条件申报全国模范职工之家、全国模范职工小家、全国优秀工会工作者，推荐全国优秀工会积极分子、全国优秀工会之友。申报推荐集体和个人的，应通过基层工会会员大会或会员代表大会征求会员群众意见。本单位有党组织和纪检组织的，应征求党组织和纪检组织意见。推荐名单和事迹应在本单位进行不少于五个工作日的公示。

被推荐人选是党员领导干部或公职人员的，基层工会应按照干部管理权限，征求纪检监察机关和组织人事部门意见。

地市级以下地方工会、各产业工会在充分听取各方面意见的基础上，对申报推荐集体和个人进行审查通过后，逐级上报。

第十七条 各省（区、市）总工会、各全国产业工会、中央和国家机关工会联合会按照推荐评选条件进行审核把关。推荐集体和个人名单应经领导班子集体研究确定，并在省（区、市）工会报刊或网络媒体上进行不少于五个工作日的公示。公示后符合条件的，向中华全国总工会推荐。

第十八条 各省（区、市）总工会推荐的集体和个人中，来自非公有制单位的一般不少于推荐总数的二分之一。

第十九条 中华全国总工会基层工作部对各省（区、市）总工会、各全国产业工会、中央和国家机关工会联合会推荐材料进行审核。

对伪造材料或未按照推荐评选条件和规定程序推荐的集体和个人，经查实后撤销其评选资格，取消相应名额，不得递补或重报。

对符合条件的集体和个人，作为向中华全国总工会书记处提出拟表彰和命名的建议名单。

第二十条 拟表彰和命名的建议名单，经中华全国总工会书记处审议通过后，在《工人日报》或中工网上进行不少于五个工作日的公示，接受公众监督。

根据公示结果，最终确定表彰和命名名单。

第二十一条 对受表彰和命名的先进集体、先进个人，由中华全国总工会印发表彰决定，颁发证书、奖牌。

第四章 监督管理服务

第二十二条 各级工会对受表彰和命名的先进集体、先进个人实行动态监督管理服务。做好以下日常工作：

（一）完善评选管理机制，建立监督管理制度，制定和协调落实有关激励政策，指导督促提高工会工作水平；

（二）加强基础工作，建立健全管理档案，跟踪先进集体和个人所在单位的工会建设、劳动关系等情况，重大情况及时报告；

（三）宣传先进集体和个人的先进事迹，总结推广他们的典型经验，充分发挥其示范导向作用；

（四）根据推荐评选条件和实际工作要求，上级工会应加强对获得荣誉的集体和个人的复查，复查不合格的，按程序撤销荣誉称号、取消命名；

（五）关心全国优秀工会工作者、全国模范职工之家和职工小家工会主席、全国优秀工会积极分子、全国优秀工会之友的思想、工作和生活，帮助他们解决生产生活等困难，依法维护他们的合法权益；

（六）接受群众举报，调查核实有关情况，提出处理意见。

第二十三条 有下列情形之一的，可撤销全国模范职工之家、全国模范职工小家荣誉称号，收回证书和奖牌：

（一）弄虚作假，骗取荣誉的；

（二）工会组织和工作机构被随意撤销、合并或归属到党政部门的；

（三）工会不依法按期换届选举，不依法进行工会法人资格变更登记的；

（四）工会经费不依法足额拨缴或使用管理出现严重问题的；

（五）不推动落实职工代表大会、厂务公开制度，不进行集体协商签订集体合同的；

（六）所在单位发生重大安全生产责任事故或严重职业危害，工会未依法履行职责的；

（七）所在单位发生群体性事件，造成恶劣影响的；

（八）所在单位拖欠职工工资，不按规定缴纳职工养老、医疗、工伤、失业、生育等社会保险费，工会未依法履行职责的；

（九）工会会员代表大会评议职工之家不满意率连续两年超过百分之五十的；

（十）其他需要撤销的情形。

第二十四条　有下列情形之一的,可撤销全国优秀工会工作者荣誉称号,取消全国优秀工会积极分子、全国优秀工会之友命名,收回证书和奖牌:

(一)弄虚作假,骗取荣誉的;

(二)工作严重过失,经批评教育仍不改正的;

(三)存在道德败坏、腐化堕落等不良行为,造成恶劣社会影响的;

(四)受到党内严重警告以上处分,或受到记大过以上政务处分的;

(五)被依法追究刑事责任的;

(六)其他需要撤销、取消的情形。

第二十五条　基层工会主席、副主席除适用第二十四条规定情形外,另有下列情形之一的,可撤销全国优秀工会工作者荣誉称号,收回证书和奖牌:

(一)不履行职责或履行职责不到位,工会会员代表大会测评等次连续两年为不满意,或被依法罢免的;

(二)工会不依法按期换届选举,不依法进行工会法人资格变更登记的;

(三)工会经费不依法足额拨缴或使用管理出现严重问题的;

(四)不推动落实职工代表大会、厂务公开制度,不进行集体协商签订集体合同的;

(五)工会会员代表大会评议职工之家不满意率连续两年超过百分之五十的。

第二十六条　撤销全国模范职工之家、全国模范职工小家、全国优秀工会工作者荣誉称号,取消全国优秀工会积极分子、全国优秀工会之友命名,一般由原推荐单位逐级申请,经所在省(区、市)总工会、全国产业工会、中央和国家机关工会联合会同意后,向中华全国总工会基层工作部提出书面报告。

对核查属实的,向中华全国总工会书记处提出书面请示,经审核批准后,撤销荣誉称号、取消命名,收回证书和奖牌。

对查实具有本办法第二十三条、第二十四条、第二十五条规定情形的集体和个人,中华全国总工会书记处也可直接决定撤销荣誉称号、取消命名,收回证书和奖牌,并书面通报推荐单位。

第二十七条　受表彰的基层工会所在单位破产、终止或撤销的,上一级工会应及时收回证书和奖牌,并逐级上报。

第二十八条　县级以上地方工会、各产业工会可对受表彰的先进集体进行工作经费补助,不对受表彰和命名的先进个人进行物质奖励或设置待遇。

基层工会可对其下属工会中受表彰的先进集体进行一定的工作经费补助。经会员代表大会审议通过后,基层工会也可对受表彰和命名的先进个人进行一定的物质奖励。

工作经费补助、物质奖励应符合工会经费支出有关规定。

第五章　附　　则

第二十九条　各省(区、市)总工会、各全国产业工会可参照本办法制定本地区、本产业评选表彰实施办法,但不得与本办法相抵触。

第三十条　本办法由中华全国总工会负责解释。

第三十一条　本办法自发布之日起施行。

中华全国总工会、民政部、人力资源社会保障部关于加强工会社会工作专业人才队伍建设的指导意见

（2016年12月5日）

各省、自治区、直辖市总工会、民政厅（局）、人力资源社会保障厅（局）：

为深入贯彻中央党的群团工作会议精神和中共中央《关于深化人才发展体制机制改革的意见》精神，贯彻落实中央组织部、民政部、全国总工会等18个部门和组织《关于加强社会工作专业人才队伍建设的意见》，落实工会系统改革创新的要求，更好地联系服务职工、维护职工合法权益，满足职工群众多样化的社会服务需求，为构建和谐劳动关系提供有力的人才支撑，现就加强工会社会工作专业人才队伍建设提出以下意见。

一、加强工会社会工作专业人才队伍建设的重大意义

工会社会工作专业人才是指具有一定的社会工作专业理念、知识和技能，面向广大职工提供工会组建、权益维护、争议调处、困难帮扶、教育引导、人文关怀、职业发展等方面社会服务的专门人员，是国家社会工作专业人才队伍的重要组成部分。

随着社会主义市场经济的深入发展，我国职工队伍总量不断扩大，企业组织形式、职工队伍结构和劳动关系等方面都发生了深刻变化。广大职工对工会普惠服务、维护合法权益、实现体面劳动和全面发展等社会服务的需求日益增长，工会社会工作任务日益繁重。近年来，各级工会探索选聘了社会化工会工作者、专职集体协商指导员等多种形式的工会社会工作人员，在面向职工的社会服务中发挥了重要作用。但总的看，工会社会工作人员队伍仍存在数量短缺、专业性不足、服务能力不强、流动性较大等问题，难以适应新形势新任务的要求。建设一支高素质的工会社会工作专业人才队伍，对于推动工会工作改革创新、提高服务职工群众的能力水平、构建和谐劳动关系具有重要的作用。要进一步增强责任感和紧迫感，加强调查研究，采取有效措施，切实加强工会社会工作专业人才队伍建设。

二、加强工会社会工作专业人才队伍建设的指导思想、工作原则和工作目标

（一）指导思想。全面贯彻党的十八大和十八届三中、四中、五中、六中全会精神，深入贯彻习近平总书记系列重要讲话精神，贯彻落实中央党的群团工作会议精神，接长工作手臂，拓展服务链条，建设一支高素质的工会社会工作专业人才队伍，发挥社会工作专业优势，有效满足职工发展需要，促进劳动关系和谐稳定，团结动员广大职工为实现"两个一百年"奋斗目标、实现中华民族伟大复兴的中国梦而努力奋斗。

（二）工作原则。

1. 坚持党管人才。建立党委领导、政府支持、工会运作、社会参与的工作格局，将工会社会工作专业人才队伍建设纳入国家社会工作专业人才队伍体系，确保

工会社会工作专业人才队伍建设的正确政治方向。

2. 坚持立足基层。按照社会化运作、契约化管理、专业化培训、职业化发展的要求，推动工会社会工作专业人才在基层合理配置，引导职工社会服务资源向基层倾斜。把满足职工社会服务需求作为工会社会工作专业人才队伍建设的出发点和落脚点，用职工满意度检验工作成效。

3. 坚持突出重点。整合、优化、提升、发展现有的工会工作者队伍，培育工会社会工作骨干人才。着力解决岗位开发设置、人才评价激励和教育培训等方面的问题，优先开发服务职工急需的专业人才。

4. 坚持分类推进。根据各地企业、职工队伍和劳动关系情况、职工服务类社会组织发展状况、工会人才队伍建设和保障现状，因地制宜、分类有序地推进工会社会工作专业人才队伍建设。

（三）工作目标。建立健全工会社会工作专业人才队伍建设管理机制，推进工会社会工作专业人才队伍规范化建设。建立完善工会社会工作专业人才信息库，实现工会社会工作专业人才管理服务信息化、规范化。充分发挥现有工会企事业单位服务职工的社会工作职能。引导发展一批职工服务类社会组织，培育孵化一批工会作为业务主管单位并积极吸纳社会工作专业人才的职工服务类社会组织。建立一支政治合格、结构合理、作风过硬、心系职工、素质优良的工会社会工作专业人才队伍，到2020年力争达到20万人。

三、明确工会社会工作专业人才队伍的人员构成和工作内容

（一）人员构成。工会社会工作专业人才包括具备工会社会工作专业素质能力的工会机关、工会企事业单位人员，工会通过购买岗位和购买服务等方式使用的具备工会社会工作专业素质能力的人员。以购买方式使用的人员原则上由市、县工会统筹配置。

1. 工会直接聘用人员。工会通过公开招聘人员等方式聘用的社会工作专业人才。

2. 工会购买服务人员。工会（含基层工会）面向具有专业资质的社会组织（包括工会培育孵化的职工服务类社会组织）购买职工社会服务，由社会组织聘用并向工会提供服务的社会工作专业人才。

（二）工作内容。工会社会工作专业人才要有机融合工会工作与社会工作两者的专业理念方法，发挥工会工作和社会工作的两种专业优势，做好服务职工工作，更好地协调劳动关系，满足职工和企业发展需要。

1. 帮助指导职工依法组织和参加工会，维护职工队伍和工会组织团结统一；帮助指导职工签订劳动合同、开展集体协商、参与企事业单位民主管理，维护职工的劳动经济权益和民主权利。

2. 向职工普及劳动法律知识和政策法规，为职工提供法律援助，接受职工委托参与劳动争议案件的协商和调解，代理劳动仲裁和诉讼。

3. 促进企事业单位不断改善劳动条件，加强劳动保护，支持和帮助职工预防和治疗职业病，维护职工劳动安全、休息休假和职业健康权益以及女职工的特殊劳动保护权益；协调推进职工后勤保障服务，提高职工生活保障水平。

4. 了解困难职工及其家庭基本生活情况，开展困难帮扶工作，促进困难职工解困脱困；协助政府部门为职工特别是下岗、失业人员提供职业介绍、转岗安置、社会保障、创业扶持、职业培训等服务，帮助职工规划职业发展等。

5. 掌握职工思想动态，反映职工诉求，开展人文关怀和心理疏导，提高职工心理适应能力，结合实际做好释疑解惑、化解矛盾等工作。

6. 运用信息化手段，开展"互联网+"工会普惠性服务。

7. 提供新市民培训，提高农民工融入城镇能力，满足职工特别是农民工需求的其他社会服务。

四、加强工会社会工作专业人才队伍的岗位开发设置和机构建设

（一）开发和设置工会社会工作岗位的工作要求。工会面向职工提供社会服务的岗位，可明确为工会社会工作专业岗位。工会要通过增设、调整岗位等方式，开发设置工会社会工作专业岗位，纳入专业技术岗位管理范围，明确工会社会工作岗位的专业性及其职责任务，建立相应的工会社会工作岗位等级体系，拓宽工会社会工作专业人才的职业发展空间。实行工会社会工作专业技术岗位聘用与社会工作者职业水平评价制度相衔接，规范工会社会工作岗位聘用。

（二）开发和设置工会社会工作岗位的具体范围。工会要根据工作需要，特别是工作范围内的企业和职工的数量、结构和集聚状态以及劳动关系状况等，积极吸纳工会社会工作专业人才。主要在以下组织和机构开发设置岗位、配备使用人才。

1. 街道（乡镇）、开发区（工业园区）工会。职工2000人以下的，可配备1名工会社会工作专业人才；职工2000人以上的，每3000人可配备1名工会社会工作专业人才。加大力度开发设置工会社会工作岗位、配备使用工会社会工作专业人才。

2. 城乡社区工会、区域（行业）性基层工会联合会、企事业单位工会。推动工会社会工作专业人才配备向基层延伸，企业和职工较多的城乡社区工会、区域（行业）性基层工会联合会，规模较大的企事业单位工会，要创造条件开发设置工会社会工作岗位、配备使用工会社会工作专业人才。

3. 职工帮扶（服务）中心（站点）、职工法律援助机构、12351职工服务热线以及其他工会企事业单位等工会服务职工工作机构。加大配备使用工会社会工作专业人才力度，提高此类人才所占比例，可将工会社会工作专业岗位作为主体专业技术岗位。

4. 其他职工服务类社会组织。引导其积极开发设置工会社会工作岗位、配备使用工会社会工作专业人才，提高此类人才所占比例，确保人才专业能力素质适应工作要求。

（三）加强职工服务类社会组织建设。认真贯彻落实中共中央办公厅《关于加强社会组织党的建设工作的意见（试行）》和中共中央办公厅、国务院办公厅《关于改革社会组织管理制度促进社会组织健康有序发展的意见》精神，加强职工服务类社会组织党的建设，充分发挥党组织在社会组织中的政治核心作用。加强对职工服务类社会组织的政治引领、示范带动和联系服务，积极培育孵化工会直接领导的职工服务类社会组织，有效发挥工会社会工作专业人才作用。依法推动各类社会组织建立单独的工会委员会或组建联合基层工会，扩大工会工作有效覆盖。民政部门要加强对职工服务类社会组织的管理监督和指导服务，提高其服务能力。符合条件的职工服务类社会组织，按照国家有关规定享受相关税收优惠政策。将职工服务类社会组织纳入有关表彰奖励推荐范围。

五、加大工会社会工作专业人才保障激励和培养评价力度

（一）建立工会社会工作专业人才薪酬保障机制。工会要会同民政部门、人力资源社会保障部门，根据经济社会发展总体情况和其他社会工作者队伍薪酬水平，制定并适时调整工会社会工作专业人才薪酬指导标准。属于机关、事业单位正式工作人员的工会社会工作专业人才，按国家有关规定执行相应的工资收入分配制度；签订劳动合同的工会社会工作专业人才，由用人单位综合职业水平等级、学历、资历、业绩、岗位等指标并参考相应岗位等级专业技术人员合理确定薪酬标准和增长机制，同时按照国家有关规定办理社会保险和公积金。购买职工社会服务，要按照不低于薪酬标准编制、核定成本预算，确保购买服务经费足额支付人员薪酬。

（二）建立工会社会工作专业人才评价激励制度。工会要会同民政部门、人力资源社会保障部门将工会社会工作专业人才纳入全国社会工作专业人才评价体系。鼓励工会工作专业人才参加全国社会工作者职业水平考试，将取得国家社会工作者水平评价类职业资格证书的工会社会工作专业人才纳入专业技术人员管理范围，实行国家社会工作者水平评价类职业资格与相应系列专业技术职务评聘相衔接，通过考试取得国家社会工作者职业资格证书人员，可根据工作需要，聘用（任）相应级别专业技术职务。工会可根据需要进行工会社会工作实务能力考核，将工会社会工作实务能力作为工会社会工作专业人才聘用的重要参考。工会要根据工会社会工作岗位职责规范和考核评估标准，定期对工会社会工作专业人才履行职责、学习进修、职业发展等情况进行考核评估，考核结果作为工会社会工作专业人才是否提升岗位等级、提高待遇、续聘合同的主要依据。各级工会招录时，具有工会社会工作经历的，在同等条件下优先录用。鼓励各级工会机关依法依规吸纳以劳动合同形式聘用的工会社会工作专业人才担任（兼任）有关职务，参加企业职工社会保险，按规定缴纳社会保险费、享受社会保险待遇。通过双向挂职、短期工作、项目合作等多种形式，鼓励引导工会社会工作专业人才向急需紧缺地区和行业流动。拓展工会社会工作专业人才参政议政渠道，对政治坚定、业绩突出、职工认可的优秀工会社会工作专业人才，按照国家有关规定予以表彰奖励。

（三）构建工会社会工作专业人才培养体系。工会要推动所属高等院校设置工会社会工作专业课程，加强工会社会工作实训，扩大工会社会工作教育规模。加大工会社会工作在工会机关干部、事业单位人员和聘用人员教育培训中的比重。民政部门要加强对工会社会工作专业人才培训的支持力度。依托国家社会工作专业人才培训基地、大专院校等，对工会社会工作专业人才开展培训。加强继续教育，定期对取得社会工作职业水平证书的工会工作者开展专业培训。建立完善在职培训机制，有计划、分层次地对实际从事职工社会服务的在职人员进行培训。加强工会积极分子和服务职工志愿者队伍建设，建立与工会社会工作者的服务协同机制，充分发挥工会社会工作者的专业优势，调动广大工会积极分子和服务职工志愿者规范有序参与工会社会工作服务，壮大工会社会工作服务力量。积极吸纳符合条件的工会积极分子和职工服务志愿者进入工会社会工作专业岗位。

六、加强工会社会工作专业人才队伍建设的工作要求

（一）形成工作合力。按照党委组织部门牵头抓总、工会组织统筹实施、民政部门和人力资源社会保障等有关部门支持配合、社会力量广泛参与职工社会服务的要求，合力推进工会社会工作专业人才队伍建设，解决经费保障、岗位开发设置、人才评价和教育培训等瓶颈问题，使这支人才队伍成为团结职工、巩固阵地、化解矛盾、凝聚人心的重要力量。工会组织、民政部门和人力资源社会保障部门要在党委组织部门宏观指导下抓好工会社会工作专业人才队伍建设综合协调工作。工会组织要科学开发设置社会工作岗位，合理编制、认真实施录用（聘用）计划，强化日常管理和激励机制建设。对现有的工会工作者，按照专业化、职业化要求实施人员整合、素质提升。暂不具备独立开发、管理人才资源条件的地方工会，可以与党政部门共建社会工作专业人才队伍，共同开展工作。民政部门要切实履行好推进社会工作专业人才队伍建设的有关职能，着重在工会社会工作专业人才激励保障、能力评价、教育培训及职工服务类社会组织建设和政府购买职工社会服务等方面加大支持力度。人力资源社会保障部门要做好社会工作专业岗位开发设置及配套措施的实施与保障。

（二）加大资金投入。争取支持，建立健全工会经费和社会资金等共同参与的多元化投入机制，建立可靠的职工社会服务和工会社会工作专业人才队伍建设经费保障机制。各级工会要切实加大投入，将工会经费更多地向基层倾斜，向职工社会服务和工会社会工作专业人才队伍建设倾斜。坚持和完善各级地方工会分级负担聘用工会社会工作专业人才薪酬制度。

（三）强化宣传引导。深入开展工会社会工作专业人才理论和实践研究，探索工会社会工作专业人才资源开发与配置规律。及时总结提炼、交流推广各地、各相关部门加强工会社会工作专业人才队伍建设的经验和举措，探索完善符合我国国情和发展需要的工会社会工作专业人才队伍建设思路和模式。注重运用各类媒体特别是新媒体，积极宣传加强工会社会工作专业人才队伍建设的方针政策，培育树立先进典型，形成发展职工社会服务、加强工会社会工作专业人才队伍建设的良好社会氛围，不断提高工会社会工作专业人才的社会认同度，发展具有中国特色的工会社会工作专业人才队伍和工会社会工作事业。

典型案例

某市推动企业平稳实施改革调整案[①]

2021年8月，某企业因经营需要进行架构调整，拟裁减部分职工。街道总工会了解这一情况后立刻组织力量上门开展工会劳动法律监督。由于该企业裁员人数达企业职工总数的25%，街道总工会会同区总工会劳动关系工作指导员以及专业的律师团队，上门就企业职工安置方案提出建议、给予指导。该企业根据建议及时调整方案，并加强与职工的民主协商，最终确保企业改革调整平稳实施。

地方总工会充分发挥工会劳动法律监督作用，筑牢劳动关系"防火墙"，把劳动关系矛盾风险隐患化解在基层、消除在萌芽状态，生动展现了工会劳动法律监督在化解劳动关系矛盾、推动构建和谐劳动关系、维护地区稳定中的重要作用。一是织密工作网络，形成排查全面、预警及时的网格化管理模式。加强预警排查，通过摸排区域企业关停并转等苗头性问题，及时发现矛盾隐患，加强预警预防，采取有效措施。二是加强队伍建设，打造敢于担当、专业过硬的劳动法律监督员队伍。充分发挥劳动关系工作指导员的作用，吸纳具有丰富经验的工会干部、人事干部等加入指导员队伍，充实监督员的专业力量。三是整合各方资源，实现规范用工、维护稳定的劳动法律监督工作成效。劳动关系工作指导员、楼宇工会社会工作者、律师等协同配合，在监督过程中从不同层面发挥了重要作用，实现了"稳定劳动关系、维护职工权益、助力企业发展"的有机统一。

关于全面推行中国特色企业新型学徒制 加强技能人才培养的指导意见

（2021年6月8日 人社部发〔2021〕39号）

为贯彻落实党的十九届五中全会精神，加强新时代技能人才培养，现就全面推行中国特色企业新型学徒制提出以下指导意见。

一、指导思想

以习近平新时代中国特色社会主义思想为指导，全面贯彻党的十九大和十九届二中、三中、四中、五中全会精神，深入贯彻落实《新时期产业工人队伍建设改革方案》，以高质量发展为引领，以深化企业改革、加大技能人才培养为宗旨，以满足培育壮大发展新动能、促进产业转型升级和提高企业竞争力为根本，以产教融合、校企合作为重要手段，持续实施职业技能提升行动，面向企业全面推行新型学徒制培训，创新中国特色技能人才培养模式，进一步扩大技能人才培养规模，为实现高质量发展提供有力的人才和技能支撑。

[①] 参见中华全国总工会：全国工会劳动法律监督十大优秀案例之三，2023年3月。

二、基本原则

——坚持需求导向。坚持以满足高质量发展、适应产业变革、技术变革、组织变革和企业技术创新需求为目标，瞄准企业人力资源价值提升需求，面向企业技能岗位员工开展企业新型学徒制培训，满足人岗匹配和技能人才队伍梯次发展需要。

——坚持终身培训。进一步健全终身职业技能培训制度，支持企业职工在职业生涯发展的不同阶段通过多种方式，灵活接受职业技能培训，不断提高职工岗位技能，畅通技能人才职业发展通道。

——坚持校企政联动。在充分发挥企业培训主体作用和院校教育培训优势的基础上，各地人力资源社会保障部门要加强组织管理和协调服务，有序高效开展企业新型学徒制培养工作。

——坚持以用为本。充分利用企业新型学徒制培养成果，积极为企业新型学徒提升技能、干事创业提供机会和条件。鼓励企业新型学徒参与技术革新、技术攻关，在技能岗位发挥关键作用。

三、目标任务

按照政府引导、企业为主、院校参与的原则，在企业全面推行新型学徒制培训，进一步发挥各类企业主体作用，通过企校合作、工学交替方式，组织企业技能岗位新入职、转岗员工参加企业新型学徒制培训，力争使企业技能岗位新入职员工都有机会接受高质量岗前职业技能培训；力争使企业技能岗位转岗员工都有机会接受转岗转业就业储备性技能培训，达到"转岗即能顶岗"。以企业新型学徒制培训为引领，促进企业技能人才培养，不断提升企业技术创新能力和企业竞争力。

四、主要内容

（一）培养对象和培养模式。以至少签订1年以上劳动合同的技能岗位新招用和转岗等人员为主要培养对象，企业可结合生产实际自主确定培养对象。发挥企业培养主体作用，培养和评价"双结合"，企业实训基地和院校培训基地"双基地"，企业导师和院校导师"双导师"培养模式，大型企业可依托本企业培训中心等采取"师带徒"的方式，开展企业新型学徒制培养工作。

（二）培养目标和主要方式。学徒培养目标以符合企业岗位需求的中级工、高级工及技师、高级技师为主。培养期限为1-2年，特殊情况可延长到3年。各类企业特别是规模以上企业可结合实际需求和学徒职业发展、技能提升意愿，采用举办培训班、集训班等形式，采取弹性学制和学分制等管理手段，按照"一班一方案"开展学徒培训。中小微企业培训人员较少的情况，可由地方工商联及所属商会，会同当地人力资源社会保障部门根据培训职业，统一协调和集中多个中小微企业人员开展培训。

（三）培养内容。根据产业转型升级和高质量发展要求，紧扣制造强国、质量强国、数字中国建设之急需和企业未来技能需求，依据国家职业技能标准和行业、企业培训评价规范开展相应职业（工种）培训，积极应用"互联网+"、职业培训包等培训模式。加大企业生产岗位技能、数字技能、绿色技能、安全生产技能和职业道德、职业素养、工匠精神、质量意识、法律常识、创业创新、健康卫生等方面培训力度。

（四）培养主体职责。企业新型学徒培养的主要职责由所在企业承担。企业应与学徒签订培养协议，明确培训目标、培训内容与期限、质量考核标准等内容。同一批次同类职业（工种）可签订集体培养协议。企业委托培训机构承担学徒的部分培训任务，应与培训机构签订合作协议，明确培训的方式、内容、期限、费用、双方责任等具体内容，保证学徒在企业工作的同时，能够到培训机构参加系统的、有针对性的专业知识学习和相关技能训练。

五、激励机制

（一）完善经费补贴政策。对开展学徒培训的企业按规定给予职业培训补贴，补贴资金从职业技能提升行动专账资金或就业补助资金列支。补贴标准由各市（地）以上人力资源社会保障部门会同财政部门确定，学徒每人每年的补贴标准原则上5000元以上，补贴期限按照实际培训期限（不超过备案期限）计算，可结合经济发展、培训成本、物价指数等情况定期调整。企业在开展学徒培训前将有关材料报所在地人力资源社会保障部门备案，备案材料应包括培训计划、学徒名册、劳动合同复印件及其他相关材料（具体清单由所在地人力资源社会保障部门自行制定），经审核后列入学徒培训计划，并按规定向企业预支补贴资金。培训任务完成后，应向所在地人力资源社会保障部门及时提交职业资格证书（或职业技能等级证书、培训合格证书、毕业证书）编号或证书复印件、培训视频材料、培训机构出具的行政事业性收费票据（或税务发票）等符合财务管理规定的凭证，由相关部门按照符合补贴申领条件的人员数量，及时拨付其余补贴资金。企业可按照学徒社保缴纳地或就业所在地申领职业培训补贴。

（二）健全企业保障机制。学徒在学习培训期间，企业应当按照劳动合同法的规定支付工资，且工资不得低于企业所在地最低工资标准。企业按照与培训机构签订的合作协议约定，向培训机构支付学徒培训费用，所需资金从企业职工教育经费列支；符合有关政策规定的，由政府提供职业培训和职业技能鉴定补贴。承担带徒任务的企业导师享受导师带徒津贴，津贴标准由企业确定，津贴由企业承担。企业对学徒开展在岗培训、业务研修等企业内部发生的费用，符合有关政策规定的，可从企业职工教育经费中列支。

（三）建立奖励激励机制。充分发挥中华技能大奖获得者、全国技术能手、劳动模范、大国工匠等技能人才传帮带优势，充分利用技能大师（专家）工作室、劳模和工匠人才创新工作室等技能人才培养阵地，鼓励"名师带高徒""师徒结对子"，激发师徒主动性和积极性。鼓励企业建立学徒奖学金、师带徒津贴（授课费、课时费），制定职业技术技能等级认定优惠政策，畅通企业间流通渠道。

六、保障措施

（一）加强组织领导。各级人力资源社会保障部门、财政部门、国资监管部门、工会以及工商联要进一步提高认识，增强责任感和紧迫感，把全面推行企业新型学徒制培训作为实施职业技能提升行动、加强高技能人才培养的重要内容，认真组织实施。要建立密切配合、协同推进的工作机制，加强组织领导，全面推动实施。国资监管部门、工商联要以重点行业、重要领域和规模以上企业为着力点，大力推行企业新型学徒制培训。

（二）协调推动实施。企业按属地管理原则纳入当地工作范畴，享受当地政策。各级人力资源社会保障部门要建立与企业的联系制度，做好工作指导。要主动对接属地中央企业，做好资金、政策的落实以及服务保障工作。要加大工作力度，加强工作力量，做好对各类企业特别是中小微企业新型学徒培训的管理服务工作。各企业要加强组织实施，建立人事（劳资）部门牵头，生产、安全、财务、工会等有关部门密切配合、协同推进的工作机制，制定工作方案，认真规划、扎实组织、全面推动。各技工院校要积极参加企业新型学徒培养工作，并将其作为校企合作的重要内容。

（三）加强考核评价。鼓励企业职工人人持证，推动企业全面自主开展技能人才评价，并将参加新型学徒制培训的人员纳入其中。指导企业将学徒技能评价融入日常企业生产活动过程中，灵活运用过程化考核、模块化考核和业绩评审、直接认定等多种方式，对学徒进行职业技能等级认定，加大学徒高级工、技师、高级技师评价工作。加大社会培训评价机构和行业组织的征集遴选力度，注重发挥工商联所属商会作用，大力推行社会化职业技能等级认定。

（四）加强宣传动员。广泛动员企业、院校、培训机构和职工积极参与学徒制培训，扩大企业新型学徒制影响力和覆盖面。强化典型示范，突出导向作用，大力宣传推行企业新型学徒制的典型经验和良好成效，努力营造全社会关心尊重技能人才、重视支持企业职工培训工作的良好社会氛围。

·第七部分·
劳动争议多元化解

第二部分

약리작용 및 그 사례

中华人民共和国
劳动争议调解仲裁法

（2007年12月29日第十届全国人民代表大会常务委员会第三十一次会议通过　2007年12月29日中华人民共和国主席令第80号公布　自2008年5月1日起施行）

目　录

第一章　总　则
第二章　调　解
第三章　仲　裁
　第一节　一般规定
　第二节　申请和受理
　第三节　开庭和裁决
第四章　附　则

第一章　总　则

第一条　为了公正及时解决劳动争议，保护当事人合法权益，促进劳动关系和谐稳定，制定本法。

第二条　中华人民共和国境内的用人单位与劳动者发生的下列劳动争议，适用本法：

（一）因确认劳动关系发生的争议；

（二）因订立、履行、变更、解除和终止劳动合同发生的争议；

（三）因除名、辞退和辞职、离职发生的争议；

（四）因工作时间、休息休假、社会保险、福利、培训以及劳动保护发生的争议；

（五）因劳动报酬、工伤医疗费、经济补偿或者赔偿金等发生的争议；

（六）法律、法规规定的其他劳动争议。

第三条　解决劳动争议，应当根据事实，遵循合法、公正、及时、着重调解的原则，依法保护当事人的合法权益。

第四条　发生劳动争议，劳动者可以与用人单位协商，也可以请工会或者第三方共同与用人单位协商，达成和解协议。

第五条　发生劳动争议，当事人不愿协商、协商不成或者达成和解协议后不履行的，可以向调解组织申请调解；不愿调解、调解不成或者达成调解协议后不履行的，可以向劳动争议仲裁委员会申请仲裁；对仲裁裁决不服的，除本法另有规定的外，可以向人民法院提起诉讼。

第六条　发生劳动争议，当事人对自己提出的主张，有责任提供证据。与争议事项有关的证据属于用人单位掌握管理的，用人单位应当提供；用人单位不提供的，应当承担不利后果。

第七条　发生劳动争议的劳动者一方在十人以上，并有共同请求的，可以推举代表参加调解、仲裁或者诉讼活动。

第八条　县级以上人民政府劳动行政部门会同工会和企业方面代表建立协调劳动关系三方机制，共同研究解决劳动争议的重大问题。

第九条　用人单位违反国家规定，拖欠或者未足额支付劳动报酬，或者拖欠工伤医疗费、经济补偿或者赔偿金的，劳动者可以向劳动行政部门投诉，劳动行政部门应当依法处理。

第二章 调　　解

第十条　发生劳动争议，当事人可以到下列调解组织申请调解：

（一）企业劳动争议调解委员会；

（二）依法设立的基层人民调解组织；

（三）在乡镇、街道设立的具有劳动争议调解职能的组织。

企业劳动争议调解委员会由职工代表和企业代表组成。职工代表由工会成员担任或者由全体职工推举产生，企业代表由企业负责人指定。企业劳动争议调解委员会主任由工会成员或者双方推举的人员担任。

第十一条　劳动争议调解组织的调解员应当由公道正派、联系群众、热心调解工作，并具有一定法律知识、政策水平和文化水平的成年公民担任。

第十二条　当事人申请劳动争议调解可以书面申请，也可以口头申请。口头申请的，调解组织应当当场记录申请人基本情况、申请调解的争议事项、理由和时间。

第十三条　调解劳动争议，应当充分听取双方当事人对事实和理由的陈述，耐心疏导，帮助其达成协议。

第十四条　经调解达成协议的，应当制作调解协议书。

调解协议书由双方当事人签名或者盖章，经调解员签名并加盖调解组织印章后生效，对双方当事人具有约束力，当事人应当履行。

自劳动争议调解组织收到调解申请之日起十五日内未达成调解协议的，当事人可以依法申请仲裁。

第十五条　达成调解协议后，一方当事人在协议约定期限内不履行调解协议的，另一方当事人可以依法申请仲裁。

第十六条　因支付拖欠劳动报酬、工伤医疗费、经济补偿或者赔偿金事项达成调解协议，用人单位在协议约定期限内不履行的，劳动者可以持调解协议书依法向人民法院申请支付令。人民法院应当依法发出支付令。

第三章 仲　　裁

第一节　一般规定

第十七条　劳动争议仲裁委员会按照统筹规划、合理布局和适应实际需要的原则设立。省、自治区人民政府可以决定在市、县设立；直辖市人民政府可以决定在区、县设立。直辖市、设区的市也可以设立一个或者若干个劳动争议仲裁委员会。劳动争议仲裁委员会不按行政区划层层设立。

第十八条　国务院劳动行政部门依照本法有关规定制定仲裁规则。省、自治区、直辖市人民政府劳动行政部门对本行政区域的劳动争议仲裁工作进行指导。

第十九条　劳动争议仲裁委员会由劳动行政部门代表、工会代表和企业方面代表组成。劳动争议仲裁委员会组成人员应当是单数。

劳动争议仲裁委员会依法履行下列职责：

（一）聘任、解聘专职或者兼职仲裁员；

（二）受理劳动争议案件；

（三）讨论重大或者疑难的劳动争议案件；

（四）对仲裁活动进行监督。

劳动争议仲裁委员会下设办事机构，负责办理劳动争议仲裁委员会的日常工作。

第二十条　劳动争议仲裁委员会应当设仲裁员名册。

仲裁员应当公道正派并符合下列条件之一：

（一）曾任审判员的；

（二）从事法律研究、教学工作并具有中级以上职称的；

（三）具有法律知识、从事人力资源管理或者工会等专业工作满五年的；

（四）律师执业满三年的。

第二十一条　劳动争议仲裁委员会负责管辖本区域内发生的劳动争议。

劳动争议由劳动合同履行地或者用人单位所在地的劳动争议仲裁委员会管辖。双方当事人分别向劳动合同履行地和用人单位所在地的劳动争议仲裁委员会申请仲裁的，由劳动合同履行地的劳动争议仲裁委员会管辖。

第二十二条　发生劳动争议的劳动者和用人单位为劳动争议仲裁案件的双方当事人。

劳务派遣单位或者用工单位与劳动者发生劳动争议的，劳务派遣单位和用工单位为共同当事人。

第二十三条　与劳动争议案件的处理结果有利害关系的第三人，可以申请参加仲裁活动或者由劳动争议仲裁委员会通知其参加仲裁活动。

第二十四条　当事人可以委托代理人参加仲裁活动。委托他人参加仲裁活动，应当向劳动争议仲裁委员会提交有委托人签名或者盖章的委托书，委托书应当载明委托事项和权限。

第二十五条　丧失或者部分丧失民事行为能力的劳动者，由其法定代理人代为参加仲裁活动；无法定代理人的，由劳动争议仲裁委员会为其指定代理人。劳动者死亡的，由其近亲属或者代理人参加仲裁活动。

第二十六条　劳动争议仲裁公开进行，但当事人协议不公开进行或者涉及国家秘密、商业秘密和个人隐私的除外。

第二节　申请和受理

第二十七条　劳动争议申请仲裁的时效期间为一年。仲裁时效期间从当事人知道或者应当知道其权利被侵害之日起计算。

前款规定的仲裁时效，因当事人一方向对方当事人主张权利，或者向有关部门请求权利救济，或者对方当事人同意履行义务而中断。从中断时起，仲裁时效期间重新计算。

因不可抗力或者有其他正当理由，当事人不能在本条第一款规定的仲裁时效期间申请仲裁的，仲裁时效中止。从中止时效的原因消除之日起，仲裁时效期间继续计算。

劳动关系存续期间因拖欠劳动报酬发生争议的，劳动者申请仲裁不受本条第一款规定的仲裁时效期间的限制；但是，劳动关系终止的，应当自劳动关系终止之日起一年内提出。

第二十八条　申请人申请仲裁应当提交书面仲裁申请，并按照被申请人人数提交副本。

仲裁申请书应当载明下列事项：

（一）劳动者的姓名、性别、年龄、职业、工作单位和住所，用人单位的名称、住所和法定代表人或者主要负责人的姓名、职务；

（二）仲裁请求和所根据的事实、理由；

（三）证据和证据来源、证人姓名和住所。

书写仲裁申请确有困难的，可以口头申请，由劳动争议仲裁委员会记入笔录，并告知对方当事人。

第二十九条 劳动争议仲裁委员会收到仲裁申请之日起五日内，认为符合受理条件的，应当受理，并通知申请人；认为不符合受理条件的，应当书面通知申请人不予受理，并说明理由。对劳动争议仲裁委员会不予受理或者逾期未作出决定的，申请人可以就该劳动争议事项向人民法院提起诉讼。

第三十条 劳动争议仲裁委员会受理仲裁申请后，应当在五日内将仲裁申请书副本送达被申请人。

被申请人收到仲裁申请书副本后，应当在十日内向劳动争议仲裁委员会提交答辩书。劳动争议仲裁委员会收到答辩书后，应当在五日内将答辩书副本送达申请人。被申请人未提交答辩书的，不影响仲裁程序的进行。

第三节 开庭和裁决

第三十一条 劳动争议仲裁委员会裁决劳动争议案件实行仲裁庭制。仲裁庭由三名仲裁员组成，设首席仲裁员。简单劳动争议案件可以由一名仲裁员独任仲裁。

第三十二条 劳动争议仲裁委员会应当在受理仲裁申请之日起五日内将仲裁庭的组成情况书面通知当事人。

第三十三条 仲裁员有下列情形之一，应当回避，当事人也有权以口头或者书面方式提出回避申请：

（一）是本案当事人或者当事人、代理人的近亲属的；

（二）与本案有利害关系的；

（三）与本案当事人、代理人有其他关系，可能影响公正裁决的；

（四）私自会见当事人、代理人，或者接受当事人、代理人的请客送礼的。

劳动争议仲裁委员会对回避申请应当及时作出决定，并以口头或者书面方式通知当事人。

第三十四条 仲裁员有本法第三十三条第四项规定情形，或者有索贿受贿、徇私舞弊、枉法裁决行为的，应当依法承担法律责任。劳动争议仲裁委员会应当将其解聘。

第三十五条 仲裁庭应当在开庭五日前，将开庭日期、地点书面通知双方当事人。当事人有正当理由的，可以在开庭三日前请求延期开庭。是否延期，由劳动争议仲裁委员会决定。

第三十六条 申请人收到书面通知，无正当理由拒不到庭或者未经仲裁庭同意中途退庭的，可以视为撤回仲裁申请。

被申请人收到书面通知，无正当理由拒不到庭或者未经仲裁庭同意中途退庭的，可以缺席裁决。

第三十七条 仲裁庭对专门性问题认为需要鉴定的，可以交由当事人约定的鉴定机构鉴定；当事人没有约定或者无法达成约定的，由仲裁庭指定的鉴定机构鉴定。

根据当事人的请求或者仲裁庭的要求，鉴定机构应当派鉴定人参加开庭。当事人经仲裁庭许可，可以向鉴定人提问。

第三十八条 当事人在仲裁过程中有权进行质证和辩论。质证和辩论终结时，首席仲裁员或者独任仲裁员应当征询当事人的最后意见。

第三十九条 当事人提供的证据经查证属实的，仲裁庭应当将其作为认定事实的根据。

劳动者无法提供由用人单位掌握管理的与仲裁请求有关的证据，仲裁庭可以要求用人单位在指定期限内提供。用人单位在指定期限内不提供的，应当承担不利后果。

第四十条 仲裁庭应当将开庭情况记入笔录。当事人和其他仲裁参加人认为对自己陈述的记录有遗漏或者差错的，有权申请补正。如果不予补正，应当记录该申请。

笔录由仲裁员、记录人员、当事人和其他仲裁参加人签名或者盖章。

第四十一条 当事人申请劳动争议仲裁后，可以自行和解。达成和解协议的，可以撤回仲裁申请。

第四十二条 仲裁庭在作出裁决前，应当先行调解。

调解达成协议的，仲裁庭应当制作调解书。

调解书应当写明仲裁请求和当事人协议的结果。调解书由仲裁员签名，加盖劳动争议仲裁委员会印章，送达双方当事人。调解书经双方当事人签收后，发生法律效力。

调解不成或者调解书送达前，一方当事人反悔的，仲裁庭应当及时作出裁决。

第四十三条 仲裁庭裁决劳动争议案件，应当自劳动争议仲裁委员会受理仲裁申请之日起四十五日内结束。案情复杂需要延期的，经劳动争议仲裁委员会主任批准，可以延期并书面通知当事人，但是延长期限不得超过十五日。逾期未作出仲裁裁决的，当事人可以就该劳动争议事项向人民法院提起诉讼。

仲裁庭裁决劳动争议案件时，其中一部分事实已经清楚，可以就该部分先行裁决。

第四十四条 仲裁庭对追索劳动报酬、工伤医疗费、经济补偿或者赔偿金的案件，根据当事人的申请，可以裁决先予执行，移送人民法院执行。

仲裁庭裁决先予执行的，应当符合下列条件：

（一）当事人之间权利义务关系明确；

（二）不先予执行将严重影响申请人的生活。

劳动者申请先予执行的，可以不提供担保。

第四十五条 裁决应当按照多数仲裁员的意见作出，少数仲裁员的不同意见应当记入笔录。仲裁庭不能形成多数意见时，裁决应当按照首席仲裁员的意见作出。

第四十六条 裁决书应当载明仲裁请求、争议事实、裁决理由、裁决结果和裁决日期。裁决书由仲裁员签名，加盖劳动争议仲裁委员会印章。对裁决持不同意见的仲裁员，可以签名，也可以不签名。

第四十七条 下列劳动争议，除本法

另有规定的外，仲裁裁决为终局裁决，裁决书自作出之日起发生法律效力：

（一）追索劳动报酬、工伤医疗费、经济补偿或者赔偿金，不超过当地月最低工资标准十二个月金额的争议；

（二）因执行国家的劳动标准在工作时间、休息休假、社会保险等方面发生的争议。

第四十八条 劳动者对本法第四十七条规定的仲裁裁决不服的，可以自收到仲裁裁决书之日起十五日内向人民法院提起诉讼。

第四十九条 用人单位有证据证明本法第四十七条规定的仲裁裁决有下列情形之一，可以自收到仲裁裁决书之日起三十日内向劳动争议仲裁委员会所在地的中级人民法院申请撤销裁决：

（一）适用法律、法规确有错误的；

（二）劳动争议仲裁委员会无管辖权的；

（三）违反法定程序的；

（四）裁决所根据的证据是伪造的；

（五）对方当事人隐瞒了足以影响公正裁决的证据的；

（六）仲裁员在仲裁该案时有索贿受贿、徇私舞弊、枉法裁决行为的。

人民法院经组成合议庭审查核实裁决有前款规定情形之一的，应当裁定撤销。

仲裁裁决被人民法院裁定撤销的，当事人可以自收到裁定书之日起十五日内就该劳动争议事项向人民法院提起诉讼。

第五十条 当事人对本法第四十七条规定以外的其他劳动争议案件的仲裁裁决不服的，可以自收到仲裁裁决书之日起十五日内向人民法院提起诉讼；期满不起诉的，裁决书发生法律效力。

第五十一条 当事人对发生法律效力的调解书、裁决书，应当依照规定的期限履行。一方当事人逾期不履行的，另一方当事人可以依照民事诉讼法的有关规定向人民法院申请执行。受理申请的人民法院应当依法执行。

第四章 附 则

第五十二条 事业单位实行聘用制的工作人员与本单位发生劳动争议的，依照本法执行；法律、行政法规或者国务院另有规定的，依照其规定。

第五十三条 劳动争议仲裁不收费。劳动争议仲裁委员会的经费由财政予以保障。

第五十四条 本法自2008年5月1日起施行。

劳动人事争议仲裁组织规则

（2017年5月8日人力资源和社会保障部令第34号公布 自2017年7月1日起施行）

第一章 总 则

第一条 为公正及时处理劳动人事争议（以下简称争议），根据《中华人民共和国劳动争议调解仲裁法》（以下简称调解仲裁法）和《中华人民共和国公务员法》、《事业单位人事管理条例》、《中国人民解放军文职人员条例》等有关法律、法规，制定本规则。

第二条　劳动人事争议仲裁委员会（以下简称仲裁委员会）由人民政府依法设立，专门处理争议案件。

第三条　人力资源社会保障行政部门负责指导本行政区域的争议调解仲裁工作，组织协调处理跨地区、有影响的重大争议，负责仲裁员的管理、培训等工作。

第二章　仲裁委员会及其办事机构

第四条　仲裁委员会按照统筹规划、合理布局和适应实际需要的原则设立，由省、自治区、直辖市人民政府依法决定。

第五条　仲裁委员会由干部主管部门代表、人力资源社会保障等相关行政部门代表、军队文职人员工作管理部门代表、工会代表和用人单位方面代表等组成。

仲裁委员会组成人员应当是单数。

第六条　仲裁委员会设主任一名，副主任和委员若干名。

仲裁委员会主任由政府负责人或者人力资源社会保障行政部门主要负责人担任。

第七条　仲裁委员会依法履行下列职责：

（一）聘任、解聘专职或者兼职仲裁员；

（二）受理争议案件；

（三）讨论重大或者疑难的争议案件；

（四）监督本仲裁委员会的仲裁活动；

（五）制定本仲裁委员会的工作规则；

（六）其他依法应当履行的职责。

第八条　仲裁委员会应当每年至少召开两次全体会议，研究本仲裁委员会职责履行情况和重要工作事项。

仲裁委员会主任或者三分之一以上的仲裁委员会组成人员提议召开仲裁委员会议的，应当召开。

仲裁委员会的决定实行少数服从多数原则。

第九条　仲裁委员会下设实体化的办事机构，具体承担争议调解仲裁等日常工作。办事机构称为劳动人事争议仲裁院（以下简称仲裁院），设在人力资源社会保障行政部门。

仲裁院对仲裁委员会负责并报告工作。

第十条　仲裁委员会的经费依法由财政予以保障。仲裁经费包括人员经费、公用经费、仲裁专项经费等。

仲裁院可以通过政府购买服务等方式聘用记录人员、安保人员等办案辅助人员。

第十一条　仲裁委员会组成单位可以派兼职仲裁员常驻仲裁院，参与争议调解仲裁活动。

第三章　仲　裁　庭

第十二条　仲裁委员会处理争议案件实行仲裁庭制度，实行一案一庭制。

仲裁委员会可以根据案件处理实际需要设立派驻仲裁庭、巡回仲裁庭、流动仲裁庭，就近就地处理争议案件。

第十三条　处理下列争议案件应当由三名仲裁员组成仲裁庭，设首席仲裁员：

（一）十人以上并有共同请求的争议案件；

（二）履行集体合同发生的争议案件；

（三）有重大影响或者疑难复杂的争

议案件；

（四）仲裁委员会认为应当由三名仲裁员组庭处理的其他争议案件。

简单争议案件可以由一名仲裁员独任仲裁。

第十四条 记录人员负责案件庭审记录等相关工作。

记录人员不得由本庭仲裁员兼任。

第十五条 仲裁庭组成不符合规定的，仲裁委员会应当予以撤销并重新组庭。

第十六条 仲裁委员会应当有专门的仲裁场所。仲裁场所应当悬挂仲裁徽章，张贴仲裁庭纪律及注意事项等，并配备仲裁庭专业设备、档案储存设备、安全监控设备和安检设施等。

第十七条 仲裁工作人员在仲裁活动中应当统一着装，佩戴仲裁徽章。

第四章 仲 裁 员

第十八条 仲裁员是由仲裁委员会聘任、依法调解和仲裁争议案件的专业工作人员。

仲裁员分为专职仲裁员和兼职仲裁员。专职仲裁员和兼职仲裁员在调解仲裁活动中享有同等权利，履行同等义务。

兼职仲裁员进行仲裁活动，所在单位应当予以支持。

第十九条 仲裁委员会应当依法聘任一定数量的专职仲裁员，也可以根据办案工作需要，依法从干部主管部门、人力资源社会保障行政部门、军队文职人员工作管理部门、工会、企业组织等相关机构的人员以及专家学者、律师中聘任兼职仲裁员。

第二十条 仲裁员享有以下权利：

（一）履行职责应当具有的职权和工作条件；

（二）处理争议案件不受干涉；

（三）人身、财产安全受到保护；

（四）参加聘前培训和在职培训；

（五）法律、法规规定的其他权利。

第二十一条 仲裁员应当履行以下义务：

（一）依法处理争议案件；

（二）维护国家利益和公共利益，保护当事人合法权益；

（三）严格执行廉政规定，恪守职业道德；

（四）自觉接受监督；

（五）法律、法规规定的其他义务。

第二十二条 仲裁委员会聘任仲裁员时，应当从符合调解仲裁法第二十条规定的仲裁员条件的人员中选聘。

仲裁委员会应当根据工作需要，合理配备专职仲裁员和办案辅助人员。专职仲裁员数量不得少于三名，办案辅助人员不得少于一名。

第二十三条 仲裁委员会应当设仲裁员名册，并予以公告。

省、自治区、直辖市人力资源社会保障行政部门应当将本行政区域内仲裁委员会聘任的仲裁员名单报送人力资源社会保障部备案。

第二十四条 仲裁员聘期一般为五年。仲裁委员会负责仲裁员考核，考核结果作为解聘和续聘仲裁员的依据。

第二十五条 仲裁委员会应当制定仲裁员工作绩效考核标准，重点考核办案质量和效率、工作作风、遵纪守法情况等。

考核结果分为优秀、合格、不合格。

第二十六条　仲裁员有下列情形之一的，仲裁委员会应当予以解聘：

（一）聘期届满不再续聘的；

（二）在聘期内因工作岗位变动或者其他原因不再履行仲裁员职责的；

（三）年度考核不合格的；

（四）因违纪、违法犯罪不能继续履行仲裁员职责的；

（五）其他应当解聘的情形。

第二十七条　人力资源社会保障行政部门负责对拟聘任的仲裁员进行聘前培训。

拟聘为省、自治区、直辖市仲裁委员会仲裁员及副省级市仲裁委员会仲裁员的，参加人力资源社会保障部组织的聘前培训；拟聘为地（市）、县（区）仲裁委员会仲裁员的，参加省、自治区、直辖市人力资源社会保障行政部门组织的仲裁员聘前培训。

第二十八条　人力资源社会保障行政部门负责每年对本行政区域内的仲裁员进行政治思想、职业道德、业务能力和作风建设培训。

仲裁员每年脱产培训的时间累计不少于四十学时。

第二十九条　仲裁委员会应当加强仲裁员作风建设，培育和弘扬具有行业特色的仲裁文化。

第三十条　人力资源社会保障部负责组织制定仲裁员培训大纲，开发培训教材，建立师资库和考试题库。

第三十一条　建立仲裁员职业保障机制，拓展仲裁员职业发展空间。

第五章　仲裁监督

第三十二条　仲裁委员会应当建立仲裁监督制度，对申请受理、办案程序、处理结果、仲裁工作人员行为等进行监督。

第三十三条　仲裁员不得有下列行为：

（一）徇私枉法，偏袒一方当事人；

（二）滥用职权，侵犯当事人合法权益；

（三）利用职权为自己或者他人谋取私利；

（四）隐瞒证据或者伪造证据；

（五）私自会见当事人及其代理人，接受当事人及其代理人的请客送礼；

（六）故意拖延办案、玩忽职守；

（七）泄露案件涉及的国家秘密、商业秘密和个人隐私或者擅自透露案件处理情况；

（八）在受聘期间担任所在仲裁委员会受理案件的代理人；

（九）其他违法违纪的行为。

第三十四条　仲裁员有本规则第三十三条规定情形的，仲裁委员会视情节轻重，给予批评教育、解聘等处理；被解聘的，五年内不得再次被聘为仲裁员。仲裁员所在单位根据国家有关规定对其给予处分；构成犯罪的，依法追究刑事责任。

第三十五条　记录人员等办案辅助人员应当认真履行职责，严守工作纪律，不得有玩忽职守、偏袒一方当事人、泄露案件涉及的国家秘密、商业秘密和个人隐私或者擅自透露案件处理情况等行为。

办案辅助人员违反前款规定的，应当按照有关法律法规和本规则第三十四条的规定处理。

第六章　附　则

第三十六条　被聘任为仲裁员的，由人力资源社会保障部统一免费发放仲裁员证和仲裁徽章。

第三十七条　仲裁委员会对被解聘、辞职以及其他原因不再聘任的仲裁员，应当及时收回仲裁员证和仲裁徽章，并予以公告。

第三十八条　本规则自 2017 年 7 月 1 日起施行。2010 年 1 月 20 日人力资源社会保障部公布的《劳动人事争议仲裁组织规则》（人力资源和社会保障部令第 5 号）同时废止。

劳动人事争议仲裁办案规则

（2017 年 5 月 8 日人力资源和社会保障部令第 33 号公布　自 2017 年 7 月 1 日起施行）

第一章　总　则

第一条　为公正及时处理劳动人事争议（以下简称争议），规范仲裁办案程序，根据《中华人民共和国劳动争议调解仲裁法》（以下简称调解仲裁法）以及《中华人民共和国公务员法》（以下简称公务员法）、《事业单位人事管理条例》、《中国人民解放军文职人员条例》和有关法律、法规、国务院有关规定，制定本规则。

第二条　本规则适用下列争议的仲裁：

（一）企业、个体经济组织、民办非企业单位等组织与劳动者之间，以及机关、事业单位、社会团体与其建立劳动关系的劳动者之间，因确认劳动关系，订立、履行、变更、解除和终止劳动合同，工作时间、休息休假、社会保险、福利、培训以及劳动保护，劳动报酬、工伤医疗费、经济补偿或者赔偿金等发生的争议；

（二）实施公务员法的机关与聘任制公务员之间、参照公务员法管理的机关（单位）与聘任工作人员之间因履行聘任合同发生的争议；

（三）事业单位与其建立人事关系的工作人员之间因终止人事关系以及履行聘用合同发生的争议；

（四）社会团体与其建立人事关系的工作人员之间因终止人事关系以及履行聘用合同发生的争议；

（五）军队文职人员用人单位与聘用制文职人员之间因履行聘用合同发生的争议；

（六）法律、法规规定由劳动人事争议仲裁委员会（以下简称仲裁委员会）处理的其他争议。

第三条　仲裁委员会处理争议案件，应当遵循合法、公正的原则，先行调解，及时裁决。

第四条　仲裁委员会下设实体化的办事机构，称为劳动人事争议仲裁院（以下简称仲裁院）。

第五条　劳动者一方在十人以上并有共同请求的争议，或者因履行集体合同发生的劳动争议，仲裁委员会应当优先立案，优先审理。

第二章 一般规定

第六条 发生争议的用人单位未办理营业执照、被吊销营业执照、营业执照到期继续经营、被责令关闭、被撤销以及用人单位解散、歇业，不能承担相关责任的，应当将用人单位和其出资人、开办单位或者主管部门作为共同当事人。

第七条 劳动者与个人承包经营者发生争议，依法向仲裁委员会申请仲裁的，应当将发包的组织和个人承包经营者作为共同当事人。

第八条 劳动合同履行地为劳动者实际工作场所地，用人单位所在地为用人单位注册、登记地或者主要办事机构所在地。用人单位未经注册、登记的，其出资人、开办单位或者主管部门所在地为用人单位所在地。

双方当事人分别向劳动合同履行地和用人单位所在地的仲裁委员会申请仲裁的，由劳动合同履行地的仲裁委员会管辖。有多个劳动合同履行地的，由最先受理的仲裁委员会管辖。劳动合同履行地不明确的，由用人单位所在地的仲裁委员会管辖。

案件受理后，劳动合同履行地或者用人单位所在地发生变化的，不改变争议仲裁的管辖。

第九条 仲裁委员会发现已受理案件不属于其管辖范围的，应当移送至有管辖权的仲裁委员会，并书面通知当事人。

对上述移送案件，受移送的仲裁委员会应当依法受理。受移送的仲裁委员会认为移送的案件按照规定不属于其管辖，或者仲裁委员会之间因管辖争议协商不成的，应当报请共同的上一级仲裁委员会主管部门指定管辖。

第十条 当事人提出管辖异议的，应当在答辩期满前书面提出。仲裁委员会应当审查当事人提出的管辖异议，异议成立的，将案件移送至有管辖权的仲裁委员会并书面通知当事人；异议不成立的，应当书面决定驳回。

当事人逾期提出的，不影响仲裁程序的进行。

第十一条 当事人申请回避，应当在案件开庭审理前提出，并说明理由。回避事由在案件开庭审理后知晓的，也可以在庭审辩论终结前提出。

当事人在庭审辩论终结后提出回避申请的，不影响仲裁程序的进行。

仲裁委员会应当在回避申请提出的三日内，以口头或者书面形式作出决定。以口头形式作出的，应当记入笔录。

第十二条 仲裁员、记录人员是否回避，由仲裁委员会主任或者其委托的仲裁院负责人决定。仲裁委员会主任担任案件仲裁员是否回避，由仲裁委员会决定。

在回避决定作出前，被申请回避的人员应当暂停参与该案处理，但因案件需要采取紧急措施的除外。

第十三条 当事人对自己提出的主张有责任提供证据。与争议事项有关的证据属于用人单位掌握管理的，用人单位应当提供；用人单位不提供的，应当承担不利后果。

第十四条 法律没有具体规定、按照本规则第十三条规定无法确定举证责任承担的，仲裁庭可以根据公平原则和诚实信用原则，综合当事人举证能力等因素确定举证责任的承担。

第十五条　承担举证责任的当事人应当在仲裁委员会指定的期限内提供有关证据。当事人在该期限内提供证据确有困难的，可以向仲裁委员会申请延长期限，仲裁委员会根据当事人的申请适当延长。当事人逾期提供证据的，仲裁委员会应当责令其说明理由；拒不说明理由或者理由不成立的，仲裁委员会可以根据不同情形不予采纳该证据，或者采纳该证据但予以训诫。

第十六条　当事人因客观原因不能自行收集的证据，仲裁委员会可以根据当事人的申请，参照民事诉讼有关规定予以收集；仲裁委员会认为有必要的，也可以决定参照民事诉讼有关规定予以收集。

第十七条　仲裁委员会依法调查取证时，有关单位和个人应当协助配合。

仲裁委员会调查取证时，不得少于两人，并应当向被调查对象出示工作证件和仲裁委员会出具的介绍信。

第十八条　争议处理中涉及证据形式、证据提交、证据交换、证据质证、证据认定等事项，本规则未规定的，可以参照民事诉讼证据规则的有关规定执行。

第十九条　仲裁期间包括法定期间和仲裁委员会指定期间。

仲裁期间的计算，本规则未规定的，仲裁委员会可以参照民事诉讼关于期间计算的有关规定执行。

第二十条　仲裁委员会送达仲裁文书必须有送达回证，由受送达人在送达回证上记明收到日期，并签名或者盖章。受送达人在送达回证上的签收日期为送达日期。

因企业停业等原因导致无法送达且劳动者一方在十人以上的，或者受送达人拒绝签收仲裁文书的，通过在受送达人住所留置、张贴仲裁文书，并采用拍照、录像等方式记录的，自留置、张贴之日起经过三日即视为送达，不受本条第一款的限制。

仲裁文书的送达方式，本规则未规定的，仲裁委员会可以参照民事诉讼关于送达方式的有关规定执行。

第二十一条　案件处理终结后，仲裁委员会应当将处理过程中形成的全部材料立卷归档。

第二十二条　仲裁案卷分正卷和副卷装订。

正卷包括：仲裁申请书、受理（不予受理）通知书、答辩书、当事人及其他仲裁参加人的身份证明材料、授权委托书、调查证据、勘验笔录、当事人提供的证据材料、委托鉴定材料、开庭通知、庭审笔录、延期通知书、撤回仲裁申请书、调解书、裁决书、决定书、案件移送函、送达回证等。

副卷包括：立案审批表、延期审理审批表、中止审理审批表、调查提纲、阅卷笔录、会议笔录、评议记录、结案审批表等。

第二十三条　仲裁委员会应当建立案卷查阅制度。对案卷正卷材料，应当允许当事人及其代理人依法查阅、复制。

第二十四条　仲裁裁决结案的案卷，保存期不少于十年；仲裁调解和其他方式结案的案卷，保存期不少于五年；国家另有规定的，从其规定。

保存期满后的案卷，应当按照国家有关档案管理的规定处理。

第二十五条　在仲裁活动中涉及国家秘密或者军事秘密的，按照国家或者军队有关保密规定执行。

当事人协议不公开或者涉及商业秘密和个人隐私的，经相关当事人书面申请，仲裁委员会应当不公开审理。

第三章　仲裁程序

第一节　申请和受理

第二十六条　本规则第二条第（一）、（三）、（四）、（五）项规定的争议，申请仲裁的时效期间为一年。仲裁时效期间从当事人知道或者应当知道其权利被侵害之日起计算。

本规则第二条第（二）项规定的争议，申请仲裁的时效期间适用公务员法有关规定。

劳动人事关系存续期间因拖欠劳动报酬发生争议的，劳动者申请仲裁不受本条第一款规定的仲裁时效期间的限制；但是，劳动人事关系终止的，应当自劳动人事关系终止之日起一年内提出。

第二十七条　在申请仲裁的时效期间内，有下列情形之一的，仲裁时效中断：

（一）一方当事人通过协商、申请调解等方式向对方当事人主张权利的；

（二）一方当事人通过向有关部门投诉，向仲裁委员会申请仲裁，向人民法院起诉或者申请支付令等方式请求权利救济的；

（三）对方当事人同意履行义务的。

从中断时起，仲裁时效期间重新计算。

第二十八条　因不可抗力，或者有无民事行为能力或者限制民事行为能力劳动者的法定代理人未确定等其他正当理由，当事人不能在规定的仲裁时效期间申请仲裁的，仲裁时效中止。从中止时效的原因消除之日起，仲裁时效期间继续计算。

第二十九条　申请人申请仲裁应当提交书面仲裁申请，并按照被申请人人数提交副本。

仲裁申请书应当载明下列事项：

（一）劳动者的姓名、性别、出生日期、身份证件号码、住所、通讯地址和联系电话，用人单位的名称、住所、通讯地址、联系电话和法定代表人或者主要负责人的姓名、职务；

（二）仲裁请求和所根据的事实、理由；

（三）证据和证据来源，证人姓名和住所。

书写仲裁申请确有困难的，可以口头申请，由仲裁委员会记入笔录，经申请人签名、盖章或者捺印确认。

对于仲裁申请书不规范或者材料不齐备的，仲裁委员会应当当场或者在五日内一次性告知申请人需要补正的全部材料。

仲裁委员会收取当事人提交的材料应当出具收件回执。

第三十条　仲裁委员会对符合下列条件的仲裁申请应当予以受理，并在收到仲裁申请之日起五日内向申请人出具受理通知书：

（一）属于本规则第二条规定的争议范围；

（二）有明确的仲裁请求和事实理由；

（三）申请人是与本案有直接利害关系的自然人、法人或者其他组织，有明确的被申请人；

（四）属于本仲裁委员会管辖范围。

第三十一条　对不符合本规则第三十条第（一）、（二）、（三）项规定之一的仲裁申请，仲裁委员会不予受理，并在收到仲裁申请之日起五日内向申请人出具不予受理通知书；对不符合本规则第三十条第（四）项规定的仲裁申请，仲裁委员会应当在收到仲裁申请之日起五日内，向申请人作出书面说明并告知申请人向有管辖权的仲裁委员会申请仲裁。

对仲裁委员会逾期未作出决定或者决定不予受理的，申请人可以就该争议事项向人民法院提起诉讼。

第三十二条　仲裁委员会受理案件后，发现不应当受理的，除本规则第九条规定外，应当撤销案件，并自决定撤销案件后五日内，以决定书的形式通知当事人。

第三十三条　仲裁委员会受理仲裁申请后，应当在五日内将仲裁申请书副本送达被申请人。

被申请人收到仲裁申请书副本后，应当在十日内向仲裁委员会提交答辩书。仲裁委员会收到答辩书后，应当在五日内将答辩书副本送达申请人。被申请人逾期未提交答辩书的，不影响仲裁程序的进行。

第三十四条　符合下列情形之一，申请人基于同一事实、理由和仲裁请求又申请仲裁的，仲裁委员会不予受理：

（一）仲裁委员会已经依法出具不予受理通知书的；

（二）案件已在仲裁、诉讼过程中或者调解书、裁决书、判决书已经发生法律效力的。

第三十五条　仲裁处理结果作出前，申请人可以自行撤回仲裁申请。申请人再次申请仲裁的，仲裁委员会应当受理。

第三十六条　被申请人可以在答辩期间提出反申请，仲裁委员会应当自收到被申请人反申请之日起五日内决定是否受理并通知被申请人。

决定受理的，仲裁委员会可以将反申请和申请合并处理。

反申请应当另行申请仲裁的，仲裁委员会应当书面告知被申请人另行申请仲裁；反申请不属于本规则规定应当受理的，仲裁委员会应当向被申请人出具不予受理通知书。

被申请人答辩期满后对申请人提出反申请的，应当另行申请仲裁。

第二节　开庭和裁决

第三十七条　仲裁委员会应当在受理仲裁申请之日起五日内组成仲裁庭并将仲裁庭的组成情况书面通知当事人。

第三十八条　仲裁庭应当在开庭五日前，将开庭日期、地点书面通知双方当事人。当事人有正当理由的，可以在开庭三日前请求延期开庭。是否延期，由仲裁委员会根据实际情况决定。

第三十九条　申请人收到书面开庭通知，无正当理由拒不到庭或者未经仲裁庭同意中途退庭的，可以按撤回仲裁申请处理；申请人重新申请仲裁的，仲裁委员会不予受理。被申请人收到书面开庭通知，无正当理由拒不到庭或者未经仲裁庭同意中途退庭的，仲裁庭可以继续开庭审理，并缺席裁决。

第四十条　当事人申请鉴定的，鉴定费由申请鉴定方先行垫付，案件处理终结后，由鉴定结果对其不利方负担。鉴定结果不明确的，由申请鉴定方负担。

第四十一条　开庭审理前，记录人员应当查明当事人和其他仲裁参与人是否到庭，宣布仲裁庭纪律。

开庭审理时，由仲裁员宣布开庭、案由和仲裁员、记录人员名单，核对当事人，告知当事人有关的权利义务，询问当事人是否提出回避申请。

开庭审理中，仲裁员应当听取申请人的陈述和被申请人的答辩，主持庭审调查、质证和辩论、征询当事人最后意见，并进行调解。

第四十二条　仲裁庭应当将开庭情况记入笔录。当事人或者其他仲裁参与人认为对自己陈述的记录有遗漏或者差错的，有权当庭申请补正。仲裁庭认为申请无理由或者无必要的，可以不予补正，但是应当记录该申请。

仲裁员、记录人员、当事人和其他仲裁参与人应当在庭审笔录上签名或者盖章。当事人或者其他仲裁参与人拒绝在庭审笔录上签名或者盖章的，仲裁庭应当记明情况附卷。

第四十三条　仲裁参与人和其他人应当遵守仲裁庭纪律，不得有下列行为：

（一）未经准许进行录音、录像、摄影；

（二）未经准许以移动通信等方式现场传播庭审活动；

（三）其他扰乱仲裁庭秩序、妨害审理活动进行的行为。

仲裁参与人或者其他人有前款规定情形之一的，仲裁庭可以训诫、责令退出仲裁庭，也可以暂扣进行录音、录像、摄影、传播庭审活动的器材，并责令其删除有关内容。拒不删除的，可以采取必要手段强制删除，并将上述事实记入庭审笔录。

第四十四条　申请人在举证期限届满前可以提出增加或者变更仲裁请求；仲裁庭对申请人增加或者变更的仲裁请求审查后认为应当受理的，应当通知被申请人并给予答辩期，被申请人明确表示放弃答辩期的除外。

申请人在举证期限届满后提出增加或者变更仲裁请求的，应当另行申请仲裁。

第四十五条　仲裁庭裁决案件，应当自仲裁委员会受理仲裁申请之日起四十五日内结束。案情复杂需要延期的，经仲裁委员会主任或者其委托的仲裁院负责人书面批准，可以延期并书面通知当事人，但延长期限不得超过十五日。

第四十六条　有下列情形的，仲裁期限按照下列规定计算：

（一）仲裁庭追加当事人或者第三人的，仲裁期限从决定追加之日起重新计算；

（二）申请人需要补正材料的，仲裁委员会收到仲裁申请的时间从材料补正之日起重新计算；

（三）增加、变更仲裁请求的，仲裁期限从受理增加、变更仲裁请求之日起重新计算；

（四）仲裁申请和反申请合并处理的，仲裁期限从受理反申请之日起重新计算；

（五）案件移送管辖的，仲裁期限从接受移送之日起重新计算；

（六）中止审理期间、公告送达期间

不计入仲裁期限内；

（七）法律、法规规定应当另行计算的其他情形。

第四十七条 有下列情形之一的，经仲裁委员会主任或者其委托的仲裁院负责人批准，可以中止案件审理，并书面通知当事人：

（一）劳动者一方当事人死亡，需要等待继承人表明是否参加仲裁的；

（二）劳动者一方当事人丧失民事行为能力，尚未确定法定代理人参加仲裁的；

（三）用人单位终止，尚未确定权利义务承继者的；

（四）一方当事人因不可抗拒的事由，不能参加仲裁的；

（五）案件审理需要以其他案件的审理结果为依据，且其他案件尚未审结的；

（六）案件处理需要等待工伤认定、伤残等级鉴定以及其他鉴定结论的；

（七）其他应当中止仲裁审理的情形。

中止审理的情形消除后，仲裁庭应当恢复审理。

第四十八条 当事人因仲裁庭逾期未作出仲裁裁决而向人民法院提起诉讼并立案受理的，仲裁委员会应当决定该案件终止审理；当事人未就该争议事项向人民法院提起诉讼的，仲裁委员会应当继续处理。

第四十九条 仲裁庭裁决案件时，其中一部分事实已经清楚的，可以就该部分先行裁决。当事人对先行裁决不服的，可以按照调解仲裁法有关规定处理。

第五十条 仲裁庭裁决案件时，申请人根据调解仲裁法第四十七条第（一）项规定，追索劳动报酬、工伤医疗费、经济补偿或者赔偿金，如果仲裁裁决涉及数项，对单项裁决数额不超过当地月最低工资标准十二个月金额的事项，应当适用终局裁决。

前款经济补偿包括《中华人民共和国劳动合同法》（以下简称劳动合同法）规定的竞业限制期限内给予的经济补偿、解除或者终止劳动合同的经济补偿等；赔偿金包括劳动合同法规定的未签订书面劳动合同第二倍工资、违法约定试用期的赔偿金、违法解除或者终止劳动合同的赔偿金等。

根据调解仲裁法第四十七条第（二）项的规定，因执行国家的劳动标准在工作时间、休息休假、社会保险等方面发生的争议，应当适用终局裁决。

仲裁庭裁决案件时，裁决内容同时涉及终局裁决和非终局裁决的，应当分别制作裁决书，并告知当事人相应的救济权利。

第五十一条 仲裁庭对追索劳动报酬、工伤医疗费、经济补偿或者赔偿金的案件，根据当事人的申请，可以裁决先予执行，移送人民法院执行。

仲裁庭裁决先予执行的，应当符合下列条件：

（一）当事人之间权利义务关系明确；

（二）不先予执行将严重影响申请人的生活。

劳动者申请先予执行的，可以不提供担保。

第五十二条 裁决应当按照多数仲裁员的意见作出，少数仲裁员的不同意见应当记入笔录。仲裁庭不能形成多数意见时，裁决应当按照首席仲裁员的意见作出。

第五十三条 裁决书应当载明仲裁请

求、争议事实、裁决理由、裁决结果、当事人权利和裁决日期。裁决书由仲裁员签名，加盖仲裁委员会印章。对裁决持不同意见的仲裁员，可以签名，也可以不签名。

第五十四条 对裁决书中的文字、计算错误或者仲裁庭已经裁决但在裁决书中遗漏的事项，仲裁庭应当及时制作决定书予以补正并送达当事人。

第五十五条 当事人对裁决不服向人民法院提起诉讼的，按照调解仲裁法有关规定处理。

第三节　简易处理

第五十六条 争议案件符合下列情形之一的，可以简易处理：

（一）事实清楚、权利义务关系明确、争议不大的；

（二）标的额不超过本省、自治区、直辖市上年度职工年平均工资的；

（三）双方当事人同意简易处理的。

仲裁委员会决定简易处理的，可以指定一名仲裁员独任仲裁，并应当告知当事人。

第五十七条 争议案件有下列情形之一的，不得简易处理：

（一）涉及国家利益、社会公共利益的；

（二）有重大社会影响的；

（三）被申请人下落不明的；

（四）仲裁委员会认为不宜简易处理的。

第五十八条 简易处理的案件，经与被申请人协商同意，仲裁庭可以缩短或者取消答辩期。

第五十九条 简易处理的案件，仲裁庭可以用电话、短信、传真、电子邮件等简便方式送达仲裁文书，但送达调解书、裁决书除外。

以简便方式送达的开庭通知，未经当事人确认或者没有其他证据证明当事人已经收到的，仲裁庭不得按撤回仲裁申请处理或者缺席裁决。

第六十条 简易处理的案件，仲裁庭可以根据案件情况确定举证期限、开庭日期、审理程序、文书制作等事项，但应当保障当事人陈述意见的权利。

第六十一条 仲裁庭在审理过程中，发现案件不宜简易处理的，应当在仲裁期限届满前决定转为按照一般程序处理，并告知当事人。

案件转为按照一般程序处理的，仲裁期限自仲裁委员会受理仲裁申请之日起计算，双方当事人已经确认的事实，可以不再进行举证、质证。

第四节　集体劳动人事争议处理

第六十二条 处理劳动者一方在十人以上并有共同请求的争议案件，或者因履行集体合同发生的劳动争议案件，适用本节规定。

符合本规则第五十六条第一款规定情形之一的集体劳动人事争议案件，可以简易处理，不受本节规定的限制。

第六十三条 发生劳动者一方在十人以上并有共同请求的争议的，劳动者可以推举三至五名代表参加仲裁活动。代表人参加仲裁的行为对其所代表的当事人发生效力，但代表人变更、放弃仲裁请求或者承认对方当事人的仲裁请求，进行和解，必须经被代表的当事人同意。

因履行集体合同发生的劳动争议，经协商解决不成的，工会可以依法申请仲裁；尚未建立工会的，由上级工会指导劳动者推举产生的代表依法申请仲裁。

第六十四条 仲裁委员会应当自收到当事人集体劳动人事争议仲裁申请之日起五日内作出受理或者不予受理的决定。决定受理的，应当自受理之日起五日内将仲裁庭组成人员、答辩期限、举证期限、开庭日期和地点等事项一次性通知当事人。

第六十五条 仲裁委员会处理集体劳动人事争议案件，应当由三名仲裁员组成仲裁庭，设首席仲裁员。

仲裁委员会处理因履行集体合同发生的劳动争议，应当按照三方原则组成仲裁庭处理。

第六十六条 仲裁庭处理集体劳动人事争议，开庭前应当引导当事人自行协商，或者先行调解。

仲裁庭处理集体劳动人事争议案件，可以邀请法律工作者、律师、专家学者等第三方共同参与调解。

协商或者调解未能达成协议的，仲裁庭应当及时裁决。

第六十七条 仲裁庭开庭场所可以设在发生争议的用人单位或者其他便于及时处理争议的地点。

第四章 调解程序

第一节 仲裁调解

第六十八条 仲裁委员会处理争议案件，应当坚持调解优先，引导当事人通过协商、调解方式解决争议，给予必要的法律释明以及风险提示。

第六十九条 对未经调解、当事人直接申请仲裁的争议，仲裁委员会可以向当事人发出调解建议书，引导其到调解组织进行调解。当事人同意先行调解的，应当暂缓受理；当事人不同意先行调解的，应当依法受理。

第七十条 开庭之前，经双方当事人同意，仲裁庭可以委托调解组织或者其他具有调解能力的组织、个人进行调解。

自当事人同意之日起十日内未达成调解协议的，应当开庭审理。

第七十一条 仲裁庭审理争议案件时，应当进行调解。必要时可以邀请有关单位、组织或者个人参与调解。

第七十二条 仲裁调解达成协议的，仲裁庭应当制作调解书。

调解书应当写明仲裁请求和当事人协议的结果。调解书由仲裁员签名，加盖仲裁委员会印章，送达双方当事人。调解书经双方当事人签收后，发生法律效力。

调解不成或者调解书送达前，一方当事人反悔的，仲裁庭应当及时作出裁决。

第七十三条 当事人就部分仲裁请求达成调解协议的，仲裁庭可以就该部分先行出具调解书。

第二节 调解协议的仲裁审查

第七十四条 经调解组织调解达成调解协议的，双方当事人可以自调解协议生效之日起十五日内，共同向有管辖权的仲裁委员会提出仲裁审查申请。

当事人申请审查调解协议，应当向仲裁委员会提交仲裁审查申请书、调解协议和身份证明、资格证明以及其他与调解协议相关的证明材料，并提供双方当事人的送达地址、电话号码等联系方式。

第七十五条 仲裁委员会收到当事人仲裁审查申请，应当及时决定是否受理。决定受理的，应当出具受理通知书。

有下列情形之一的，仲裁委员会不予受理：

（一）不属于仲裁委员会受理争议范围的；

（二）不属于本仲裁委员会管辖的；

（三）超出规定的仲裁审查申请期间的；

（四）确认劳动关系的；

（五）调解协议已经人民法院司法确认的。

第七十六条 仲裁委员会审查调解协议，应当自受理仲裁审查申请之日起五日内结束。因特殊情况需要延期的，经仲裁委员会主任或者其委托的仲裁院负责人批准，可以延长五日。

调解书送达前，一方或者双方当事人撤回仲裁审查申请的，仲裁委员会应当准许。

第七十七条 仲裁委员会受理仲裁审查申请后，应当指定仲裁员对调解协议进行审查。

仲裁委员会经审查认为调解协议的形式和内容合法有效的，应当制作调解书。调解书的内容应当与调解协议的内容相一致。调解书经双方当事人签收后，发生法律效力。

第七十八条 调解协议具有下列情形之一的，仲裁委员会不予制作调解书：

（一）违反法律、行政法规强制性规定的；

（二）损害国家利益、社会公共利益或者公民、法人、其他组织合法权益的；

（三）当事人提供证据材料有弄虚作假嫌疑的；

（四）违反自愿原则的；

（五）内容不明确的；

（六）其他不能制作调解书的情形。

仲裁委员会决定不予制作调解书的，应当书面通知当事人。

第七十九条 当事人撤回仲裁审查申请或者仲裁委员会决定不予制作调解书的，应当终止仲裁审查。

第五章 附　　则

第八十条 本规则规定的"三日"、"五日"、"十日"指工作日，"十五日"、"四十五日"指自然日。

第八十一条 本规则自2017年7月1日起施行。2009年1月1日人力资源社会保障部公布的《劳动人事争议仲裁办案规则》（人力资源和社会保障部令第2号）同时废止。

中华人民共和国法律援助法

（2021年8月20日第十三届全国人民代表大会常务委员会第三十次会议通过　2021年8月20日中华人民共和国主席令第93号公布　自2022年1月1日起施行）

目　　录

第一章　总　　则

第二章　机构和人员

第三章　形式和范围

第四章　程序和实施
第五章　保障和监督
第六章　法律责任
第七章　附　　则

第一章　总　　则

第一条　为了规范和促进法律援助工作，保障公民和有关当事人的合法权益，保障法律正确实施，维护社会公平正义，制定本法。

第二条　本法所称法律援助，是国家建立的为经济困难公民和符合法定条件的其他当事人无偿提供法律咨询、代理、刑事辩护等法律服务的制度，是公共法律服务体系的组成部分。

第三条　法律援助工作坚持中国共产党领导，坚持以人民为中心，尊重和保障人权，遵循公开、公平、公正的原则，实行国家保障与社会参与相结合。

第四条　县级以上人民政府应当将法律援助工作纳入国民经济和社会发展规划、基本公共服务体系，保障法律援助事业与经济社会协调发展。

县级以上人民政府应当健全法律援助保障体系，将法律援助相关经费列入本级政府预算，建立动态调整机制，保障法律援助工作需要，促进法律援助均衡发展。

第五条　国务院司法行政部门指导、监督全国的法律援助工作。县级以上地方人民政府司法行政部门指导、监督本行政区域的法律援助工作。

县级以上人民政府其他有关部门依照各自职责，为法律援助工作提供支持和保障。

第六条　人民法院、人民检察院、公安机关应当在各自职责范围内保障当事人依法获得法律援助，为法律援助人员开展工作提供便利。

第七条　律师协会应当指导和支持律师事务所、律师参与法律援助工作。

第八条　国家鼓励和支持群团组织、事业单位、社会组织在司法行政部门指导下，依法提供法律援助。

第九条　国家鼓励和支持企业事业单位、社会组织和个人等社会力量，依法通过捐赠等方式为法律援助事业提供支持；对符合条件的，给予税收优惠。

第十条　司法行政部门应当开展经常性的法律援助宣传教育，普及法律援助知识。

新闻媒体应当积极开展法律援助公益宣传，并加强舆论监督。

第十一条　国家对在法律援助工作中做出突出贡献的组织和个人，按照有关规定给予表彰、奖励。

第二章　机构和人员

第十二条　县级以上人民政府司法行政部门应当设立法律援助机构。法律援助机构负责组织实施法律援助工作，受理、审查法律援助申请，指派律师、基层法律服务工作者、法律援助志愿者等法律援助人员提供法律援助，支付法律援助补贴。

第十三条　法律援助机构根据工作需要，可以安排本机构具有律师资格或者法律职业资格的工作人员提供法律援助；可以设置法律援助工作站或者联络点，就近受理法律援助申请。

第十四条 法律援助机构可以在人民法院、人民检察院和看守所等场所派驻值班律师，依法为没有辩护人的犯罪嫌疑人、被告人提供法律援助。

第十五条 司法行政部门可以通过政府采购等方式，择优选择律师事务所等法律服务机构为受援人提供法律援助。

第十六条 律师事务所、基层法律服务所、律师、基层法律服务工作者负有依法提供法律援助的义务。

律师事务所、基层法律服务所应当支持和保障本所律师、基层法律服务工作者履行法律援助义务。

第十七条 国家鼓励和规范法律援助志愿服务；支持符合条件的个人作为法律援助志愿者，依法提供法律援助。

高等院校、科研机构可以组织从事法学教育、研究工作的人员和法学专业学生作为法律援助志愿者，在司法行政部门指导下，为当事人提供法律咨询、代拟法律文书等法律援助。

法律援助志愿者具体管理办法由国务院有关部门规定。

第十八条 国家建立健全法律服务资源依法跨区域流动机制，鼓励和支持律师事务所、律师、法律援助志愿者等在法律服务资源相对短缺地区提供法律援助。

第十九条 法律援助人员应当依法履行职责，及时为受援人提供符合标准的法律援助服务，维护受援人的合法权益。

第二十条 法律援助人员应当恪守职业道德和执业纪律，不得向受援人收取任何财物。

第二十一条 法律援助机构、法律援助人员对提供法律援助过程中知悉的国家秘密、商业秘密和个人隐私应当予以保密。

第三章 形式和范围

第二十二条 法律援助机构可以组织法律援助人员依法提供下列形式的法律援助服务：

（一）法律咨询；
（二）代拟法律文书；
（三）刑事辩护与代理；
（四）民事案件、行政案件、国家赔偿案件的诉讼代理及非诉讼代理；
（五）值班律师法律帮助；
（六）劳动争议调解与仲裁代理；
（七）法律、法规、规章规定的其他形式。

第二十三条 法律援助机构应当通过服务窗口、电话、网络等多种方式提供法律咨询服务；提示当事人享有依法申请法律援助的权利，并告知申请法律援助的条件和程序。

第二十四条 刑事案件的犯罪嫌疑人、被告人因经济困难或者其他原因没有委托辩护人的，本人及其近亲属可以向法律援助机构申请法律援助。

第二十五条 刑事案件的犯罪嫌疑人、被告人属于下列人员之一，没有委托辩护人的，人民法院、人民检察院、公安机关应当通知法律援助机构指派律师担任辩护人：

（一）未成年人；
（二）视力、听力、言语残疾人；
（三）不能完全辨认自己行为的成年人；

（四）可能被判处无期徒刑、死刑的人；

（五）申请法律援助的死刑复核案件被告人；

（六）缺席审判案件的被告人；

（七）法律法规规定的其他人员。

其他适用普通程序审理的刑事案件，被告人没有委托辩护人的，人民法院可以通知法律援助机构指派律师担任辩护人。

第二十六条　对可能被判处无期徒刑、死刑的人，以及死刑复核案件的被告人，法律援助机构收到人民法院、人民检察院、公安机关通知后，应当指派具有三年以上相关执业经历的律师担任辩护人。

第二十七条　人民法院、人民检察院、公安机关通知法律援助机构指派律师担任辩护人时，不得限制或者损害犯罪嫌疑人、被告人委托辩护人的权利。

第二十八条　强制医疗案件的被申请人或者被告人没有委托诉讼代理人的，人民法院应当通知法律援助机构指派律师为其提供法律援助。

第二十九条　刑事公诉案件的被害人及其法定代理人或者近亲属，刑事自诉案件的自诉人及其法定代理人，刑事附带民事诉讼案件的原告人及其法定代理人，因经济困难没有委托诉讼代理人的，可以向法律援助机构申请法律援助。

第三十条　值班律师应当依法为没有辩护人的犯罪嫌疑人、被告人提供法律咨询、程序选择建议、申请变更强制措施、对案件处理提出意见等法律帮助。

第三十一条　下列事项的当事人，因经济困难没有委托代理人的，可以向法律援助机构申请法律援助：

（一）依法请求国家赔偿；

（二）请求给予社会保险待遇或者社会救助；

（三）请求发给抚恤金；

（四）请求给付赡养费、抚养费、扶养费；

（五）请求确认劳动关系或者支付劳动报酬；

（六）请求认定公民无民事行为能力或者限制民事行为能力；

（七）请求工伤事故、交通事故、食品药品安全事故、医疗事故人身损害赔偿；

（八）请求环境污染、生态破坏损害赔偿；

（九）法律、法规、规章规定的其他情形。

第三十二条　有下列情形之一，当事人申请法律援助的，不受经济困难条件的限制：

（一）英雄烈士近亲属为维护英雄烈士的人格权益；

（二）因见义勇为行为主张相关民事权益；

（三）再审改判无罪请求国家赔偿；

（四）遭受虐待、遗弃或者家庭暴力的受害人主张相关权益；

（五）法律、法规、规章规定的其他情形。

第三十三条　当事人不服司法机关生效裁判或者决定提出申诉或者申请再审，人民法院决定、裁定再审或者人民检察院提出抗诉，因经济困难没有委托辩护人或者诉讼代理人的，本人及其近亲属可以向法律援助机构申请法律援助。

第三十四条　经济困难的标准，由

省、自治区、直辖市人民政府根据本行政区域经济发展状况和法律援助工作需要确定，并实行动态调整。

第四章　程序和实施

第三十五条　人民法院、人民检察院、公安机关和有关部门在办理案件或者相关事务中，应当及时告知有关当事人有权依法申请法律援助。

第三十六条　人民法院、人民检察院、公安机关办理刑事案件，发现有本法第二十五条第一款、第二十八条规定情形的，应当在三日内通知法律援助机构指派律师。法律援助机构收到通知后，应当在三日内指派律师并通知人民法院、人民检察院、公安机关。

第三十七条　人民法院、人民检察院、公安机关应当保障值班律师依法提供法律帮助，告知没有辩护人的犯罪嫌疑人、被告人有权约见值班律师，并依法为值班律师了解案件有关情况、阅卷、会见等提供便利。

第三十八条　对诉讼事项的法律援助，由申请人向办案机关所在地的法律援助机构提出申请；对非诉讼事项的法律援助，由申请人向争议处理机关所在地或者事由发生地的法律援助机构提出申请。

第三十九条　被羁押的犯罪嫌疑人、被告人、服刑人员，以及强制隔离戒毒人员等提出法律援助申请的，办案机关、监管场所应当在二十四小时内将申请转交法律援助机构。

犯罪嫌疑人、被告人通过值班律师提出代理、刑事辩护等法律援助申请的，值班律师应当在二十四小时内将申请转交法律援助机构。

第四十条　无民事行为能力人或者限制民事行为能力人需要法律援助的，可以由其法定代理人代为提出申请。法定代理人侵犯无民事行为能力人、限制民事行为能力人合法权益的，其他法定代理人或者近亲属可以代为提出法律援助申请。

被羁押的犯罪嫌疑人、被告人、服刑人员，以及强制隔离戒毒人员，可以由其法定代理人或者近亲属代为提出法律援助申请。

第四十一条　因经济困难申请法律援助的，申请人应当如实说明经济困难状况。

法律援助机构核查申请人的经济困难状况，可以通过信息共享查询，或者由申请人进行个人诚信承诺。

法律援助机构开展核查工作，有关部门、单位、村民委员会、居民委员会和个人应当予以配合。

第四十二条　法律援助申请人有材料证明属于下列人员之一的，免予核查经济困难状况：

（一）无固定生活来源的未成年人、老年人、残疾人等特定群体；

（二）社会救助、司法救助或者优抚对象；

（三）申请支付劳动报酬或者请求工伤事故人身损害赔偿的进城务工人员；

（四）法律、法规、规章规定的其他人员。

第四十三条　法律援助机构应当自收到法律援助申请之日起七日内进行审查，作出是否给予法律援助的决定。决定给予法律援助的，应当自作出决定之日起三日内指派法律援助人员为受援人提供法律援助；决定不给予法律援助的，应当书面告知申请人，并说明理由。

申请人提交的申请材料不齐全的，法律援助机构应当一次性告知申请人需要补充的材料或者要求申请人作出说明。申请人未按要求补充材料或者作出说明的，视为撤回申请。

第四十四条　法律援助机构收到法律援助申请后，发现有下列情形之一的，可以决定先行提供法律援助：

（一）距法定时效或者期限届满不足七日，需要及时提起诉讼或者申请仲裁、行政复议；

（二）需要立即申请财产保全、证据保全或者先予执行；

（三）法律、法规、规章规定的其他情形。

法律援助机构先行提供法律援助的，受援人应当及时补办有关手续，补充有关材料。

第四十五条　法律援助机构为老年人、残疾人提供法律援助服务的，应当根据实际情况提供无障碍设施设备和服务。

法律法规对向特定群体提供法律援助有其他特别规定的，依照其规定。

第四十六条　法律援助人员接受指派后，无正当理由不得拒绝、拖延或者终止提供法律援助服务。

法律援助人员应当按照规定向受援人通报法律援助事项办理情况，不得损害受援人合法权益。

第四十七条　受援人应当向法律援助人员如实陈述与法律援助事项有关的情况，及时提供证据材料，协助、配合办理法律援助事项。

第四十八条　有下列情形之一的，法律援助机构应当作出终止法律援助的决定：

（一）受援人以欺骗或者其他不正当手段获得法律援助；

（二）受援人故意隐瞒与案件有关的重要事实或者提供虚假证据；

（三）受援人利用法律援助从事违法活动；

（四）受援人的经济状况发生变化，不再符合法律援助条件；

（五）案件终止审理或者已经被撤销；

（六）受援人自行委托律师或者其他代理人；

（七）受援人有正当理由要求终止法律援助；

（八）法律法规规定的其他情形。

法律援助人员发现有前款规定情形的，应当及时向法律援助机构报告。

第四十九条　申请人、受援人对法律援助机构不予法律援助、终止法律援助的决定有异议的，可以向设立该法律援助机构的司法行政部门提出。

司法行政部门应当自收到异议之日起五日内进行审查，作出维持法律援助机构决定或者责令法律援助机构改正的决定。

申请人、受援人对司法行政部门维持法律援助机构决定不服的，可以依法申请行政复议或者提起行政诉讼。

第五十条　法律援助事项办理结束后，法律援助人员应当及时向法律援助机构报告，提交有关法律文书的副本或者复印件、办理情况报告等材料。

第五章 保障和监督

第五十一条 国家加强法律援助信息化建设，促进司法行政部门与司法机关及其他有关部门实现信息共享和工作协同。

第五十二条 法律援助机构应当依照有关规定及时向法律援助人员支付法律援助补贴。

法律援助补贴的标准，由省、自治区、直辖市人民政府司法行政部门会同同级财政部门，根据当地经济发展水平和法律援助的服务类型、承办成本、基本劳务费用等确定，并实行动态调整。

法律援助补贴免征增值税和个人所得税。

第五十三条 人民法院应当根据情况对受援人缓收、减收或者免收诉讼费用；对法律援助人员复制相关材料等费用予以免收或者减收。

公证机构、司法鉴定机构应当对受援人减收或者免收公证费、鉴定费。

第五十四条 县级以上人民政府司法行政部门应当有计划地对法律援助人员进行培训，提高法律援助人员的专业素质和服务能力。

第五十五条 受援人有权向法律援助机构、法律援助人员了解法律援助事项办理情况；法律援助机构、法律援助人员未依法履行职责的，受援人可以向司法行政部门投诉，并可以请求法律援助机构更换法律援助人员。

第五十六条 司法行政部门应当建立法律援助工作投诉查处制度；接到投诉后，应当依照有关规定受理和调查处理，并及时向投诉人告知处理结果。

第五十七条 司法行政部门应当加强对法律援助服务的监督，制定法律援助服务质量标准，通过第三方评估等方式定期进行质量考核。

第五十八条 司法行政部门、法律援助机构应当建立法律援助信息公开制度，定期向社会公布法律援助资金使用、案件办理、质量考核结果等情况，接受社会监督。

第五十九条 法律援助机构应当综合运用庭审旁听、案卷检查、征询司法机关意见和回访受援人等措施，督促法律援助人员提升服务质量。

第六十条 律师协会应当将律师事务所、律师履行法律援助义务的情况纳入年度考核内容，对拒不履行或者怠于履行法律援助义务的律师事务所、律师，依照有关规定进行惩戒。

第六章 法律责任

第六十一条 法律援助机构及其工作人员有下列情形之一的，由设立该法律援助机构的司法行政部门责令限期改正；有违法所得的，责令退还或者没收违法所得；对直接负责的主管人员和其他直接责任人员，依法给予处分：

（一）拒绝为符合法律援助条件的人员提供法律援助，或者故意为不符合法律援助条件的人员提供法律援助；

（二）指派不符合本法规定的人员提供法律援助；

（三）收取受援人财物；

（四）从事有偿法律服务；

（五）侵占、私分、挪用法律援助经费；

（六）泄露法律援助过程中知悉的国家秘密、商业秘密和个人隐私；

（七）法律法规规定的其他情形。

第六十二条　律师事务所、基层法律服务所有下列情形之一的，由司法行政部门依法给予处罚：

（一）无正当理由拒绝接受法律援助机构指派；

（二）接受指派后，不及时安排本所律师、基层法律服务工作者办理法律援助事项或者拒绝为本所律师、基层法律服务工作者办理法律援助事项提供支持和保障；

（三）纵容或者放任本所律师、基层法律服务工作者怠于履行法律援助义务或者擅自终止提供法律援助；

（四）法律法规规定的其他情形。

第六十三条　律师、基层法律服务工作者有下列情形之一的，由司法行政部门依法给予处罚：

（一）无正当理由拒绝履行法律援助义务或者怠于履行法律援助义务；

（二）擅自终止提供法律援助；

（三）收取受援人财物；

（四）泄露法律援助过程中知悉的国家秘密、商业秘密和个人隐私；

（五）法律法规规定的其他情形。

第六十四条　受援人以欺骗或者其他不正当手段获得法律援助的，由司法行政部门责令其支付已实施法律援助的费用，并处三千元以下罚款。

第六十五条　违反本法规定，冒用法律援助名义提供法律服务并谋取利益的，由司法行政部门责令改正，没收违法所得，并处违法所得一倍以上三倍以下罚款。

第六十六条　国家机关及其工作人员在法律援助工作中滥用职权、玩忽职守、徇私舞弊的，对直接负责的主管人员和其他直接责任人员，依法给予处分。

第六十七条　违反本法规定，构成犯罪的，依法追究刑事责任。

第七章　附　　则

第六十八条　工会、共产主义青年团、妇女联合会、残疾人联合会等群团组织开展法律援助工作，参照适用本法的相关规定。

第六十九条　对外国人和无国籍人提供法律援助，我国法律有规定的，适用法律规定；我国法律没有规定的，可以根据我国缔结或者参加的国际条约，或者按照互惠原则，参照适用本法的相关规定。

第七十条　对军人军属提供法律援助的具体办法，由国务院和中央军事委员会有关部门制定。

第七十一条　本法自2022年1月1日起施行。

企业劳动争议协商调解规定

（2011年11月30日人力资源和社会保障部令第17号公布　自2012年1月1日起施行）

第一章　总　　则

第一条　为规范企业劳动争议协商、调解行为，促进劳动关系和谐稳定，根据

《中华人民共和国劳动争议调解仲裁法》，制定本规定。

第二条 企业劳动争议协商、调解，适用本规定。

第三条 企业应当依法执行职工大会、职工代表大会、厂务公开等民主管理制度，建立集体协商、集体合同制度，维护劳动关系和谐稳定。

第四条 企业应当建立劳资双方沟通对话机制，畅通劳动者利益诉求表达渠道。

劳动者认为企业在履行劳动合同、集体合同，执行劳动保障法律、法规和企业劳动规章制度等方面存在问题的，可以向企业劳动争议调解委员会（以下简称调解委员会）提出。调解委员会应当及时核实情况，协调企业进行整改或者向劳动者做出说明。

劳动者也可以通过调解委员会向企业提出其他合理诉求。调解委员会应当及时向企业转达，并向劳动者反馈情况。

第五条 企业应当加强对劳动者的人文关怀，关心劳动者的诉求，关注劳动者的心理健康，引导劳动者理性维权，预防劳动争议发生。

第六条 协商、调解劳动争议，应当根据事实和有关法律法规的规定，遵循平等、自愿、合法、公正、及时的原则。

第七条 人力资源和社会保障行政部门应当指导企业开展劳动争议预防调解工作，具体履行下列职责：

（一）指导企业遵守劳动保障法律、法规和政策；

（二）督促企业建立劳动争议预防预警机制；

（三）协调工会、企业代表组织建立企业重大集体性劳动争议应急调解协调机制，共同推动企业劳动争议预防调解工作；

（四）检查辖区内调解委员会的组织建设、制度建设和队伍建设情况。

第二章 协　　商

第八条 发生劳动争议，一方当事人可以通过与另一方当事人约见、面谈等方式协商解决。

第九条 劳动者可以要求所在企业工会参与或者协助其与企业进行协商。工会也可以主动参与劳动争议的协商处理，维护劳动者合法权益。

劳动者可以委托其他组织或者个人作为其代表进行协商。

第十条 一方当事人提出协商要求后，另一方当事人应当积极做出口头或者书面回应。5日内不做出回应的，视为不愿协商。

协商的期限由当事人书面约定，在约定的期限内没有达成一致的，视为协商不成。当事人可以书面约定延长期限。

第十一条 协商达成一致，应当签订书面和解协议。和解协议对双方当事人具有约束力，当事人应当履行。

经仲裁庭审查，和解协议程序和内容合法有效的，仲裁庭可以将其作为证据使用。但是，当事人为达成和解的目的作出妥协所涉及的对争议事实的认可，不得在其后的仲裁中作为对其不利的证据。

第十二条 发生劳动争议，当事人不愿协商、协商不成或者达成和解协议后，一方当事人在约定的期限内不履行和解协议的，可以依法向调解委员会或者乡镇、街道劳动就业社会保障服务所（中心）等其他依法设立的调解组织申请调解，也可以依法向劳动人事争议仲裁委员会（以下简称仲裁委员会）申请仲裁。

第三章 调 解

第十三条 大中型企业应当依法设立调解委员会，并配备专职或者兼职工作人员。

有分公司、分店、分厂的企业，可以根据需要在分支机构设立调解委员会。总部调解委员会指导分支机构调解委员会开展劳动争议预防调解工作。

调解委员会可以根据需要在车间、工段、班组设立调解小组。

第十四条 小微型企业可以设立调解委员会，也可以由劳动者和企业共同推举人员，开展调解工作。

第十五条 调解委员会由劳动者代表和企业代表组成，人数由双方协商确定，双方人数应当对等。劳动者代表由工会委员会成员担任或者由全体劳动者推举产生，企业代表由企业负责人指定。调解委员会主任由工会委员会成员或者双方推举的人员担任。

第十六条 调解委员会履行下列职责：

（一）宣传劳动保障法律、法规和政策；

（二）对本企业发生的劳动争议进行调解；

（三）监督和解协议、调解协议的履行；

（四）聘任、解聘和管理调解员；

（五）参与协调履行劳动合同、集体合同、执行企业劳动规章制度等方面出现的问题；

（六）参与研究涉及劳动者切身利益的重大方案；

（七）协助企业建立劳动争议预防预警机制。

第十七条 调解员履行下列职责：

（一）关注本企业劳动关系状况，及时向调解委员会报告；

（二）接受调解委员会指派，调解劳动争议案件；

（三）监督和解协议、调解协议的履行；

（四）完成调解委员会交办的其他工作。

第十八条 调解员应当公道正派、联系群众、热心调解工作，具有一定劳动保障法律政策知识和沟通协调能力。调解员由调解委员会聘任的本企业工作人员担任，调解委员会成员均为调解员。

第十九条 调解员的聘期至少为1年，可以续聘。调解员不能履行调解职责时，调解委员会应当及时调整。

第二十条 调解员依法履行调解职责，需要占用生产或者工作时间的，企业应当予以支持，并按照正常出勤对待。

第二十一条 发生劳动争议，当事人可以口头或者书面形式向调解委员会提出调解申请。

申请内容应当包括申请人基本情况、调解请求、事实与理由。

口头申请的，调解委员会应当当场记录。

第二十二条 调解委员会接到调解申

请后，对属于劳动争议受理范围且双方当事人同意调解的，应当在3个工作日内受理。对不属于劳动争议受理范围或者一方当事人不同意调解的，应当做好记录，并书面通知申请人。

第二十三条　发生劳动争议，当事人没有提出调解申请，调解委员会可以在征得双方当事人同意后主动调解。

第二十四条　调解委员会调解劳动争议一般不公开进行。但是，双方当事人要求公开调解的除外。

第二十五条　调解委员会根据案件情况指定调解员或者调解小组进行调解，在征得当事人同意后，也可以邀请有关单位和个人协助调解。

调解员应当全面听取双方当事人的陈述，采取灵活多样的方式方法，开展耐心、细致的说服疏导工作，帮助当事人自愿达成调解协议。

第二十六条　经调解达成调解协议的，由调解委员会制作调解协议书。调解协议书应当写明双方当事人基本情况、调解请求事项、调解的结果和协议履行期限、履行方式等。

调解协议书由双方当事人签名或者盖章，经调解员签名并加盖调解委员会印章后生效。

调解协议书一式三份，双方当事人和调解委员会各执一份。

第二十七条　生效的调解协议对双方当事人具有约束力，当事人应当履行。

双方当事人可以自调解协议生效之日起15日内共同向仲裁委员会提出仲裁审查申请。仲裁委员会受理后，应当对调解协议进行审查，并根据《劳动人事争议仲裁办案规则》第五十四条规定，对程序和内容合法有效的调解协议，出具调解书。

第二十八条　双方当事人未按前条规定提出仲裁审查申请，一方当事人在约定的期限内不履行调解协议的，另一方当事人可以依法申请仲裁。

仲裁委员会受理仲裁申请后，应当对调解协议进行审查，调解协议合法有效且不损害公共利益或者第三人合法利益的，在没有新证据出现的情况下，仲裁委员会可以依据调解协议作出仲裁裁决。

第二十九条　调解委员会调解劳动争议，应当自受理调解申请之日起15日内结束。但是，双方当事人同意延期的可以延长。

在前款规定期限内未达成调解协议的，视为调解不成。

第三十条　当事人不愿调解、调解不成或者达成调解协议后，一方当事人在约定的期限内不履行调解协议的，调解委员会应当做好记录，由双方当事人签名或者盖章，并书面告知当事人可以向仲裁委员会申请仲裁。

第三十一条　有下列情形之一的，按照《劳动人事争议仲裁办案规则》第十条的规定属于仲裁时效中断，从中断时起，仲裁时效期间重新计算：

（一）一方当事人提出协商要求后，另一方当事人不同意协商或者在5日内不做出回应的；

（二）在约定的协商期限内，一方或者双方当事人不同意继续协商的；

（三）在约定的协商期限内未达成一致的；

（四）达成和解协议后，一方或者双

方当事人在约定的期限内不履行和解协议的；

（五）一方当事人提出调解申请后，另一方当事人不同意调解的；

（六）调解委员会受理调解申请后，在第二十九条规定的期限内一方或者双方当事人不同意调解的；

（七）在第二十九条规定的期限内未达成调解协议的；

（八）达成调解协议后，一方当事人在约定期限内不履行调解协议的。

第三十二条 调解委员会应当建立健全调解登记、调解记录、督促履行、档案管理、业务培训、统计报告、工作考评等制度。

第三十三条 企业应当支持调解委员会开展调解工作，提供办公场所，保障工作经费。

第三十四条 企业未按照本规定成立调解委员会，劳动争议或者群体性事件频发，影响劳动关系和谐，造成重大社会影响，由县级以上人力资源和社会保障行政部门予以通报；违反法律法规规定的，依法予以处理。

第三十五条 调解员在调解过程中存在严重失职或者违法违纪行为，侵害当事人合法权益的，调解委员会应当予以解聘。

第四章 附 则

第三十六条 民办非企业单位、社会团体开展劳动争议协商、调解工作参照本规定执行。

第三十七条 本规定自2012年1月1日起施行。

典型案例

某公司职工聚集表达诉求案[①]

2021年6月，某区总工会收到某公司职工来电反映，称该公司自2021年3月开始安排100余名职工停工，原定于6月1日复工，但职工按时返岗要求复工时却遭到公司拒绝，导致多名职工聚集公司门口表达诉求。区总工会当即启动劳动法律监督程序，派出维权专员同区人社局劳动保障监察员等组成监督工作小组，及时处置纠纷。监督工作小组通过了解职工诉求、听取企业回应等方式了解事实后，对公司安排部分职工停工休假的合法性问题提出监督建议，认为依据该省工资支付条例，公司若不能提供充分证据证明订单不足导致停工的事实，将承担由此带来的法律后果。同时，要求公司在实施停工措施前充分听取工会和职工意见，若需暂缓复工，应履行必要的通知义务。后经多次沟通协调，截至2021年12月底，约10名员工继续留在公司上班，10名员工申请劳动仲裁，其余职工与公司协商一致解除劳动合同。此后再未发生职工聚集表达诉求的情况。

近年来，受全球经济下行、国际贸易摩擦及疫情影响，一些企业面临订单锐减、开工不足等问题，部分企业停工停产、安排职工休息休假，导致职工收入大

---

① 参见中华全国总工会：全国工会劳动法律监督十大优秀案例之九，2023年3月。

幅减少，容易引发劳动纠纷，劳动关系面临不少挑战。本案中，区总工会及时启动监督程序，提出精准监督建议，提醒企业依法行使自主经营权，最大限度保障了职工合法权益，同时统筹处理好维护职工合法权益与推动企业发展的关系，有效促进劳动关系和谐稳定、健康发展。

人力资源社会保障部、中华全国总工会、中国企业联合会/中国企业家协会、中华全国工商业联合会关于推进新时代和谐劳动关系创建活动的意见

（2023年1月3日　人社部发〔2023〕2号）

各省、自治区、直辖市及新疆生产建设兵团人力资源社会保障厅（局），总工会，企业联合会/企业家协会，工商联：

近年来，各地认真贯彻落实中共中央、国务院关于构建和谐劳动关系的决策部署，扎实推进和谐劳动关系创建活动，在保障职工各项权益、完善协商协调机制、推动企业与职工共商共建共享等方面取得了积极成效，为促进经济高质量发展和社会和谐稳定发挥了重要作用。为进一步构建中国特色和谐劳动关系，现就推进新时代和谐劳动关系创建活动（以下简称创建活动）提出如下意见。

一、指导思想

以习近平新时代中国特色社会主义思想为指导，深入贯彻党的二十大精神，完整、准确、全面贯彻新发展理念，加快构建新发展格局，着力推动高质量发展，全面落实党中央、国务院关于构建和谐劳动关系的重要决策部署，以促进企业发展、维护职工权益为目标，坚持稳中求进工作总基调，在更大范围、更广层次、更多内容上不断丰富和发展和谐劳动关系创建实践，实现企业和职工协商共事、机制共建、效益共创、利益共享，打造企业与职工的利益共同体、事业共同体、命运共同体，使广大职工建功立业新时代的团结力量充分涌流，使各类企业尊重劳动、造福职工的崇德向善行为蔚然成风，让推动企业高质量发展的和谐动力竞相迸发，为构建中国特色和谐劳动关系奠定坚实基础。

二、基本原则

（一）坚持党的全面领导。发挥党总揽全局、协调各方的领导核心作用，健全党委领导的政府、工会、企业三方共同参与的协商协调机制，强化共同奋斗的政治引领，把党的领导落实到创建活动的全过程、各方面、各环节，始终保持正确方向，形成共同构建中国特色和谐劳动关系的强大力量。

（二）坚持增进民生福祉。以满足人民日益增长的美好生活需要为根本目的，在企业发展的基础上，着力解决好职工急难愁盼问题，不断提高职工权益保障水平，切实增强广大职工的获得感、幸福感、安全感，促进人的全面发展，扎实推进共同富裕。

（三）坚持法治规范保障。增强企业和职工法治观念，推动企业依法规范用工，职工依法维护权益，提高劳动关系治

理法治化水平，更好发挥法治固根本、稳预期、利长远的保障作用，在法治轨道上深入推进创建活动。

（四）坚持文化凝心聚力。以社会主义核心价值观为引领，培育企业关心关爱职工、职工爱岗爱企的和谐文化理念，讲仁爱，尚和合，厚植人文关怀，弘扬劳动精神，倡导团结奋进，不断巩固劳动关系双方协商共事、合作共赢、发展共享的共同思想基础。

（五）坚持创新稳健并重。坚持因地制宜、因势利导，科学把握创建工作的时度效，突出重点，分类施策，典型引路，循序渐进。增强问题意识，紧盯创建任务，不断推动实践创新、理论创新、制度创新。

三、目标任务

在全国各类企业持续推进新时代和谐劳动关系创建活动，推动企业贯彻落实劳动保障法律法规、完善劳动关系协商协调机制、健全劳动者权益保障制度、促进和谐文化建设。力争到2027年底各类企业及企业聚集区域普遍开展创建活动，实现创建内容更加丰富、创建标准更加规范、创建评价更加科学、创建激励措施更加完善，创建企业基本达到创建标准，和谐劳动关系理念得到广泛认同，规范有序、公正合理、互利共赢、和谐稳定的劳动关系进一步形成。

四、明确创建内容

（一）企业创建的重点内容。建立健全企业党组织，充分发挥党组织在和谐劳动关系创建活动中把关定向、团结凝聚各方力量的作用。全面落实劳动合同、集体合同制度，加强企业民主管理，依法保障职工劳动报酬、休息休假、劳动安全卫生、社会保险、职业技能培训等基本权益。建立职工工资集体协商和正常增长机制，加强劳动保护，改善劳动条件。建立企业劳动争议调解委员会，强化劳动争议预防，促进劳动争议协商和解。加强人文关怀，培育企业关心关爱职工、职工爱岗爱企的企业文化。

（二）工业园区、街道（乡镇）创建的重点内容。健全工业园区、街道（乡镇）党委领导的构建和谐劳动关系工作机制，加强对创建活动的组织领导，推动辖区内企业普遍开展和谐劳动关系创建活动。建立健全劳动关系协调机制、矛盾调处机制、权益保障机制，加强劳动保障法律宣传、用工指导服务，搭建劳动关系双方沟通协调平台，及时预防化解劳动关系矛盾。布局劳动关系基层公共服务站点，为企业和劳动者提供一站式、智慧化、标准化劳动关系公共服务。

五、规范创建标准

根据本地企业的类型、分布、职工人数和劳动关系状况以及工业园区、乡镇（街道）工作基础等，分类培育，分步推进。

（一）企业创建标准

——企业党组织健全，在创建活动中，组织职工、宣传职工、凝聚职工、服务职工的职能作用发挥充分，党员先锋模范作用有效发挥。

——企业工会组织健全、运行顺畅，针对工资等职工关心的问题定期开展集体协商并签订集体合同，协商程序规范、效果良好，职工工资增长与企业效益、劳动生产率增长相适应。

——以职工（代表）大会制度为基本

形式的企业民主管理制度健全，定期召开职工（代表）大会，按规定将涉及职工切身利益的规章制度和重大事项经过职工（代表）大会审议通过，完善厂务公开制度，公司制企业依法设立职工董事、职工监事。

——企业劳动争议调解委员会机构健全、制度完善，建立劳动争议预防预警机制，及时调处劳动争议和影响劳动关系和谐稳定的苗头性、倾向性问题，促进劳动争议协商和解。

——职工培训制度健全，制定培训计划，采取岗前培训、学徒培训、脱产培训、技术比武、技能竞赛等方式，大幅提升职工技能水平。职工教育经费足额到位，经费60%以上用于企业一线职工的教育和培训。

——重视企业文化建设，努力培育与中华优秀传统文化相契合富有企业特色的企业精神和健康向上的企业文化，践行社会主义核心价值观，切实承担报效家园、服务社会、造福职工的责任。

——加强对职工的人文关怀，不断改善职工的生产和生活条件，支持和帮助职工平衡工作和家庭责任，保障生育女职工享有平等的就业机会、职业发展机会和待遇。注重职工的精神需求和心理健康，建立职工健康服务体系，塑造职工幸福生活环境，提高职工生活品质。

——职工爱岗敬业、遵守纪律、诚实守信，对企业的责任感、认同感和归属感较强，能够正确对待社会利益关系调整，以理性合法形式表达利益诉求，维护自身权益。

——职工满意度较高。职工对劳动报酬、社保缴纳、休息休假、工作环境、技能培训、劳动条件、协商民主、人文关怀等指标综合评价满意度高。

（二）工业园区、乡镇（街道）创建标准

——工业园区、乡镇（街道）党委领导的构建和谐劳动关系工作机制健全，将创建活动纳入当地党委、政府重要议事日程，制定出台推进创建活动的实施方案，完善政府、工会、企业代表组织共同参与的劳动关系协商协调机制。

——辖区内企业用工管理普遍合法合规，基本达到创建标准。

——辖区内企业普遍建立以工资集体协商为重点的集体合同制度，对不具备单独开展条件的小微企业，通过签订区域性、行业性集体合同实现覆盖。

——依法建立工会组织、企业代表组织以及劳动争议调解组织，健全劳动关系矛盾纠纷排查预防和联动化解机制，对辖区内带有普遍性、倾向性的劳动关系问题开展协商，预防和调处劳动争议。建立健全突发性、集体性劳动争议应急调解协调机制和重大劳动争议信息报告制度，及时化解矛盾和纠纷。

——成立厂务公开协调领导机构，辖区内企业普遍建立以职工代表大会为基本形式的企业民主管理制度，对不具备单独建立条件的小微企业，通过区域性（行业）职代会实现覆盖。

——辖区内防范和处置重大安全生产、重大职业危害事故以及重大劳动关系群体性、突发性事件的机制健全有效。

——根据辖区内企业规模，合理布局劳动关系基层公共服务站点，达到服务标识统一、服务场所固定、服务设施齐全、服务内容完备，配备一定数量的劳动关系协调员，经常性地对辖区内企业创建活动进行督促指导服务，定期组织培训、交流、观摩等活动，通过线上线下多种方式提升服务效能，形成地域、行业特色鲜明的公共服务品牌。

六、健全创建评价机制

（一）开展评审评估。科学设置创建标准指标体系，引导企业、工业园区、乡镇（街道）对照创建标准开展自我评价，由当地协调劳动关系三方对其是否达标进行评估。健全创建示范单位评审评估制度，在坚持协调劳动关系三方定期集中评审的基础上，探索引入社会第三方机构开展日常综合评估，形成协调劳动关系三方评审为主、社会评估为补充的和谐劳动关系评审评估机制和规范统一的综合评价体系，提高评审评估的客观权威性、科学合理性和社会公信力。

（二）定期命名授牌。国家协调劳动关系三方会议每三年开展一届全国和谐劳动关系创建活动，采取先创建后认定的方式，对创建活动中表现突出的企业、工业园区命名"全国和谐劳动关系创建示范企业、工业园区"，颁发铭牌，并向社会公布名单，系统总结好的经验和做法，发挥先进典型示范引领作用，并采取措施予以推广。

（三）实施动态管理。建立创建单位定点联系培育机制，加强日常跟踪服务和监督管理，督促创建达标单位在持续巩固已有成效的基础上，不断提升创建水平。健全创建示范单位的动态退出机制，由省级协调劳动关系三方采取抽查、普查等方式，充分利用劳动保障监察和劳动争议调解仲裁案件以及群体访、群体性事件、集体停工事件等信息，加大动态精准核查力度，定期对已命名的示范单位进行核查。对存在不签劳动合同、未依法缴纳社会保险费、超时加班、拖欠工资等构成重大劳动保障违法行为的，以及引发较大影响的劳动关系群体性事件、极端恶性事件、重大安全生产事故和职业危害事故、负面网络舆情的全国和谐劳动关系创建示范单位，由省级协调劳动关系三方报国家协调劳动关系三方审议同意后，取消命名，收回铭牌，并在本省（自治区、直辖市）内向社会公布。国家协调劳动关系三方定期组织对全国和谐劳动关系创建示范单位交叉互检，对各省级协调劳动关系三方未及时核查处置的，予以通报。

七、完善创建激励措施

（一）定期表彰奖励。国家协调劳动关系三方会议每五年开展一届"全国和谐劳动关系创建工作先进集体、先进个人"表彰，对组织实施全国和谐劳动关系创建示范活动表现突出的工作机构、社会组织、企业、工业园区和乡镇（街道）及其相关工作人员授予"全国和谐劳动关系创建工作先进集体、先进个人"称号，颁发荣誉证书、奖章和奖牌，并向社会公布名单，激励社会各方积极参与。

（二）提供精准服务。对符合条件的企业，优化人社公共服务方式和手段，开展一对一用工"诊断"，提供定制化企业薪酬数据服务，开通人社公共服务经办快速通道，优化各项补贴申领和办理流程，及时落实职业培训补贴、失业保险稳岗返还、社会保险补贴等政策。

（三）适当减少检查频次。对达到创

建标准且符合守法诚信等级要求的企业,适当减少劳动保障监察和社会保险稽核日常巡视检查频次;劳动争议调解仲裁机构主动上门开展政策调研指导,对办理劳动争议案件开辟绿色通道。

(四)作为评选表彰重要参考因素。将达到创建标准的企业作为推荐和评选全国五一劳动奖状、全国厂务公开民主管理先进单位和示范单位、信用企业、全国企业优秀文化成果、全国就业与社会保障先进民营企业、全国关爱员工优秀民营企业家等荣誉的重要参考因素。

八、工作要求

(一)强化组织领导。和谐劳动关系创建活动是构建和谐劳动关系的重要载体。各级协调劳动关系三方要充分认识深入推进新时代和谐劳动关系创建活动的重大意义,切实增强责任感和使命感,把创建活动作为新时代构建中国特色和谐劳动关系的一项重要任务,摆在突出位置,采取有力措施,增强创建实效。要在党委、政府的统一领导下,健全组织领导机制,推动形成党委领导、政府负责、社会协同、企业和职工参与、法治保障的工作格局。要积极争取党委、政府重视支持,将创建活动纳入当地经济社会发展总体规划和政府目标责任考核体系,确保专项经费投入,定期公布创建单位。

(二)强化责任传导。各级协调劳动关系三方要建立创建活动工作目标责任制,将创建活动任务分解到各部门、各环节,明确责任主体、重点任务、时间进度、保障措施,确保创建活动落地落实落细。要结合本地实际,针对不同规模、不同行业企业特点,进一步规范创建标准、丰富创建内容、改进创建评价、完善激励措施。探索开展创建和谐劳动关系行业,拓宽创建范围。全国行业系统可根据本行业实际,深入开展行业和谐劳动关系创建活动。

(三)强化服务指导。各级协调劳动关系三方要结合各自职能,发挥三方机制优势,形成工作合力,加强对创建活动的部署、组织、调度,推动创建活动深入开展。人力资源社会保障部门要牵头做好创建活动的组织、协调、调研、督导和服务工作,完善创建活动的申报、备案、资料建档、评价评审、动态调整等日常管理台账,定期通报创建活动信息。工会组织要加强工会组织建设,加大对职工群众的思想政治引领,健全联系广泛、服务职工的工作体系,为职工提供法律援助、政策咨询、协商培训、职业道德教育等服务,监督企业落实劳动保障法律法规,引导职工以理性合法形式表达利益诉求、解决利益矛盾、维护自身权益,团结和凝聚广大职工建功立业新时代。企业代表组织要加强基层企业代表组织建设,充分发挥企业代表组织对企业经营者的团结、服务、引导、教育作用,根据企业特点提供"诊断式"、全流程、多样化、多层次的服务指导,教育引导广大企业经营者主动承担社会责任。

(四)强化检查督导。各级协调劳动关系三方要采取系统检查与联合检查相结合、自我检查与上级抽查相结合、综合检查和专项检查相结合的方法,重点对创建活动部署、创建活动进度、创建活动举措、创建活动成效等进行检查督导,及时研究解决创建活动中遇到的新情况新问题，推动创建活动走稳走深走实。国家协调劳动关系三方每年对各地创建活动情况进行联合督导。

（五）强化宣传引导。各级协调劳动关系三方要加强与主流媒体、新媒体的协同配合，将创建活动与宣传工作一体谋划、一体推进，通过设立宣传月、开设宣传专栏、组织业务技能竞赛、举办巡回演讲、开展主题征文和摄影作品征集、拍摄专题片、培育教育实践基地等方式，全景式、立体化、多角度、持续性展现创建活动的生动实践和昂扬气派，用心用情用力打造创建活动特色品牌，提高全社会对创建活动的认知度、参与度和美誉度。要大力宣传创建活动涌现出来的先进典型和先进事迹，发挥榜样示范作用，扩大创建活动的传播力、引导力和影响力，营造共商共建共享和谐劳动关系的良好社会氛围。

人力资源社会保障部、中央政法委、最高人民法院、工业和信息化部、司法部、财政部、中华全国总工会、中华全国工商业联合会、中国企业联合会/中国企业家协会关于进一步加强劳动人事争议协商调解工作的意见

（2022年10月13日　人社部发〔2022〕71号）

各省、自治区、直辖市人力资源社会保障厅（局）、党委政法委、高级人民法院、中小企业主管部门、司法厅（局）、财政厅（局）、总工会、工商联、企业联合会/企业家协会，新疆生产建设兵团人力资源社会保障局、党委政法委、新疆维吾尔自治区高级人民法院生产建设兵团分院、工业和信息化局、司法局、财政局、总工会、工商联、企业联合会/企业家协会：

劳动人事争议协商调解是社会矛盾纠纷多元预防调处化解综合机制的重要组成部分。通过协商调解等方式柔性化解劳动人事争议，对于防范化解劳动关系风险、维护劳动者合法权益、构建和谐劳动关系、维护社会稳定具有重要意义。为深入贯彻党的二十大精神，落实党中央、国务院关于"防范化解重大风险""坚持把非诉讼纠纷解决机制挺在前面"的重要决策部署，进一步强化劳动人事争议源头治理，现就加强劳动人事争议协商调解工作，提出如下意见：

一、总体要求

（一）指导思想。以习近平新时代中国特色社会主义思想为指导，深入贯彻习近平法治思想，坚持系统观念、目标导向和问题导向，着力强化风险防控，加强源头治理，健全多元处理机制，提升协商调解能力，促进中国特色和谐劳动关系高质量发展。

（二）基本原则

1. 坚持人民至上，把为民服务理念贯穿协商调解工作全过程，拓展服务领域，优化服务方式，提升服务能力，打造协商调解服务优质品牌。

2. 坚持源头治理，充分发挥协商调解的前端性、基础性作用，做到关口前移、重心下沉，最大限度地把劳动人事争议解

决在基层和萌芽状态。

3. 坚持创新发展,尊重基层首创精神,积极探索新理念、新机制、新举措,促进各类调解联动融合,推动社会协同共治,形成体现中国特色、符合劳动人事争议多元处理规律、满足时代需求的协商调解工作格局。

4. 坚持灵活高效,充分发挥协商调解柔性高效、灵活便捷的优势,运用法治思维和法治方式,推动案结事了人和,促进劳动关系和谐与社会稳定。

(三)目标任务。从2022年10月开始,持续加强协商调解制度机制和能力建设,力争用5年左右时间,基本实现组织机构进一步健全、队伍建设进一步强化、制度建设进一步完善、基础保障进一步夯实,党委领导、政府负责、人力资源社会保障部门牵头和有关部门参与、司法保障、科技支撑的劳动人事争议多元处理机制更加健全,部门联动质效明显提升,协商调解解决的劳动人事争议案件数量在案件总量中的比重显著提高,劳动人事争议诉讼案件稳步下降至合理区间,协商调解工作的规范化、标准化、专业化、智能化水平显著提高。

二、加强源头治理

(四)强化劳动人事争议预防指导。充分发挥用人单位基层党组织在劳动关系治理、协商调解工作中的重要作用,以党建引领劳动关系和谐发展。完善民主管理制度,保障劳动者对用人单位重大决策和重大事项的知情权、参与权、表达权、监督权。推行典型案例发布、工会劳动法律监督提示函和意见书、调解建议书、仲裁建议书、司法建议书、信用承诺书等制

度,引导用人单位依法合规用工、劳动者依法理性表达诉求。发挥中小企业服务机构作用,通过培训、咨询等服务,推动中小企业完善劳动管理制度、加强劳动人事争议预防,具备相应资质的服务机构可开展劳动关系事务托管服务。把用人单位建立劳动人事争议调解组织、开展协商调解工作情况作为和谐劳动关系创建等评选表彰示范创建的重要考虑因素。发挥律师、法律顾问职能作用,推进依法治企,强化劳动用工领域合规管理,减少劳动人事争议。

(五)健全劳动人事争议风险监测预警机制。建立健全劳动人事争议风险监测机制,通过税费缴纳、社保欠费、案件受理、投诉举报、信访处理、社会舆情等反映劳动关系运行的重要指标变化情况,准确研判劳动人事争议态势。完善重大劳动人事争议风险预警机制,聚焦重要时间节点,突出农民工和劳务派遣、新就业形态劳动者等重点群体,围绕确认劳动关系、追索劳动报酬、工作时间、解除和终止劳动合同等主要劳动人事争议类型,强化监测预警,建立风险台账,制定应对预案。

(六)加强劳动人事争议隐患排查化解工作。建立重点区域、重点行业、重点企业联系点制度,以工业园区和互联网、建筑施工、劳动密集型加工制造行业以及受客观经济情况发生重大变化、突发事件等影响导致生产经营困难的企业为重点,全面开展排查,及时发现苗头性、倾向性问题,妥善化解因欠薪、不规范用工等引发的风险隐患。加强劳动人事争议隐患协同治理,完善调解仲裁机构与劳动关系、

劳动保障监察机构以及工会劳动法律监督组织信息共享、协调联动，共同加强劳动用工指导，履行好"抓前端、治未病"的预防功能。

三、强化协商和解

（七）指导建立内部劳动人事争议协商机制。培育用人单位和劳动者的劳动人事争议协商意识，推动用人单位以设立负责人接待日、召开劳资恳谈会、开通热线电话或者电子邮箱、设立意见箱、组建网络通讯群组等方式，建立健全沟通对话机制，畅通劳动者诉求表达渠道。指导用人单位完善内部申诉、协商回应制度，优化劳动人事争议协商流程，认真研究制定解决方案，及时回应劳动者协商诉求。

（八）协助开展劳动人事争议协商。工会组织统筹劳动法律监督委员会和集体协商指导员、法律援助志愿者队伍等资源力量，推动健全劳动者申诉渠道和争议协商平台，帮助劳动者与用人单位开展劳动人事争议协商，做好咨询解答、释法说理、劝解疏导、促成和解等工作。各级地方工会可设立劳动人事争议协商室，做好劳动人事争议协商工作。企业代表组织指导企业加强协商能力建设，完善企业内部劳动争议协商程序。鼓励、支持社会力量开展劳动人事争议协商咨询、代理服务工作。

（九）强化和解协议履行和效力。劳动者与用人单位就劳动人事争议协商达成一致的，工会组织要主动引导签订和解协议，并推动和解协议履行。劳动者或者用人单位未按期履行和解协议的，工会组织要主动做好引导申请调解等工作。经劳动人事争议仲裁委员会审查，和解协议程序和内容合法有效的，可在仲裁办案中作为证据使用；但劳动者或者用人单位为达成和解目的作出的妥协认可的事实，不得在后续的仲裁、诉讼中作为对其不利的根据，但法律另有规定或者劳动者、用人单位均同意的除外。

四、做实多元调解

（十）推进基层劳动人事争议调解组织建设。人力资源社会保障部门会同司法行政、工会、企业代表组织和企事业单位、社会团体，推动用人单位加大调解组织建设力度。推动大中型企业普遍建立劳动争议调解委员会，建立健全以乡镇（街道）、工会、行业商（协）会、区域性等调解组织为支撑、调解员（信息员）为落点的小微型企业劳动争议协商调解机制。推动事业单位、社会团体加强调解组织建设，规范劳动人事管理和用工行为。

（十一）建设市、县级劳动人事争议仲裁院调解中心和工会法律服务工作站。推动在有条件的市、县级劳动人事争议仲裁院（以下简称仲裁院）内设劳动人事争议调解中心（以下简称调解中心），通过配备工作人员或者购买服务等方式提供劳动人事争议调解服务。调解中心负责办理仲裁院、人民法院委派委托调解的案件，协助人力资源社会保障部门指导辖区内的乡镇（街道）、工会、行业商（协）会、区域性等调解组织做好工作。探索推进工会组织在劳动人事争议案件较多、劳动者诉求反映集中的仲裁院、人民法院设立工会法律服务工作站，具备条件的地方工会可安排专人入驻开展争议协商、调解和法律服务工作，建立常态化调解与仲裁、诉讼对接机制。

（十二）加强调解工作规范化建设。人力资源社会保障部门会同司法行政、工会、企业代表组织等部门，落实调解组织和调解员名册制度，指导各类劳动人事争议调解组织建立健全调解受理登记、调解办理、告知引导、回访反馈、档案管理、统计报告等制度，提升调解工作规范化水平。加大督促调解协议履行力度，加强对当事人履约能力评估，达成调解协议后向当事人发放履行告知书。总结、推广调解组织在实践中形成的成熟经验和特色做法，发挥典型引领作用。

（十三）发挥各类调解组织特色优势。企业劳动争议调解委员会发挥熟悉内部运营规则和劳动者情况的优势，引导当事人优先通过调解方式解决劳动争议。人民调解组织发挥扎根基层、贴近群众、熟悉社情民意的优势，加大劳动人事争议调处工作力度。乡镇（街道）劳动人事争议调解组织发挥专业性优势，积极推进标准化、规范化、智能化建设，帮助辖区内用人单位做好劳动人事争议预防化解工作。行业性、区域性劳动人事争议调解组织发挥具有行业影响力、区域带动力的优势，帮助企业培养调解人员、开展调解工作。商（协）会调解组织发挥贴近企业的优势，积极化解劳动争议、协同社会治理。人力资源社会保障部门、司法行政部门、工会、企业代表组织引导和规范有意向的社会组织及律师、专家学者等社会力量，积极有序参与调解工作，进一步增加调解服务供给。

五、健全联动工作体系

（十四）健全劳动人事争议调解与人民调解、行政调解、司法调解联动工作体系。人力资源社会保障部门在党委政法委的统筹协调下，加强与司法行政、法院、工会、企业代表组织等部门的工作沟通，形成矛盾联调、力量联动、信息联通的工作格局，建立健全重大劳动人事争议应急联合调处机制。有条件的地区，可建立"一窗式"劳动人事争议受理和流转办理机制，通过联通各类网上调解平台、设立实体化联调中心等方式，强化各类调解资源整合。可根据实际情况建立调解员、专家库共享机制，灵活调配人员，提高案件办理专业性。

（十五）参与社会矛盾纠纷调处中心建设。各相关部门主动融入地方党委、政府主导的社会矛盾纠纷多元预防调处化解综合机制，发挥职能优势，向社会矛盾纠纷调处中心派驻调解仲裁工作人员，办理劳动人事争议案件、参与联动化解、提供业务支持，做好人员、经费、场所、设备等保障工作。

（十六）强化调解与仲裁、诉讼衔接。完善调解与仲裁的衔接，建立仲裁员分片联系调解组织制度。双方当事人经调解达成一致的，调解组织引导双方提起仲裁审查申请或者司法确认申请，及时巩固调解成果。仲裁机构通过建议调解、委托调解等方式，积极引导未经调解的当事人到调解组织先行调解。加强调解与诉讼的衔接，对追索劳动报酬、经济补偿等适宜调解的纠纷，先行通过诉前调解等非诉讼方式解决。推进劳动人事争议"总对总"在线诉调对接，开展全流程在线委派委托调解、音视频调解、申请调解协议司法确认等工作。建立省级劳动人事争议调解专家库，并将符合条件的调解组织和人员纳入特邀调解名册，参与调解化解重大疑难复杂劳动人事争议。依法落实支付令制度。

六、提升服务能力

（十七）加强调解员队伍建设。通过政府购买服务等方式提升劳动人事争议协商调解能力。扩大兼职调解员来源渠道，广泛吸纳法学专家、仲裁员、律师、劳动关系协调员（师）、退休法官、退休检察官等专业力量参与调解。加强对调解员的培训指导，开发国家职业技能标准，切实提高调解员职业道德、增强服务意识，提升办案能力。

（十八）加强智慧协商调解建设。推动信息化技术与协商调解深度融合，建立部门间数据信息互通共享机制，整合运用各类大数据开展劳动人事争议情况分析研判。完善网络平台和手机APP、微信小程序、微信公众号等平台的调解功能，推进"网上办""掌上办"，实现协商调解向智能化不断迈进。

（十九）保障工作经费。人力资源社会保障部门将协商调解纳入政府购买服务指导性目录。地方财政部门结合当地实际和财力可能，合理安排经费，对协商调解工作经费给予必要的支持和保障，加强硬件保障，为调解组织提供必要的办公办案设施设备。

（二十）落实工作责任。构建和谐劳动关系，是增强党的执政基础、巩固党的执政地位的必然要求，是加强和创新社会治理、保障和改善民生的重要内容，是促进经济高质量发展、社会和谐稳定的重要基础。各地要把做好协商调解工作作为构建和谐劳动关系的一项重要任务，切实增强责任感、使命感、紧迫感，积极争取党委、政府支持，将这项工作纳入当地经济社会发展总体规划和政府目标责任考核体系，推动工作扎实有效开展。各级党委政法委要将劳动人事争议多元处理机制建设工作纳入平安建设考核，推动相关部门细化考评标准，完善督导检查、考评推动等工作。人力资源社会保障部门要发挥在劳动人事争议多元处理中的牵头作用，会同有关部门统筹推进调解组织、制度和队伍建设，完善调解成效考核评价机制。人民法院要发挥司法引领、推动和保障作用，加强调解与诉讼有机衔接。司法行政部门要指导调解组织积极开展劳动人事争议调解工作，加强对调解员的劳动法律政策知识培训，鼓励、引导律师参与法律援助和社会化调解。财政部门要保障协商调解工作经费，督促有关部门加强资金管理，发挥资金使用效益。中小企业主管部门要进一步健全服务体系，指导中小企业服务机构帮助企业依法合规用工，降低用工风险，构建和谐劳动关系。工会要积极参与劳动人事争议多元化解，引导劳动者依法理性表达利益诉求，帮助劳动者协商化解劳动人事争议，依法为劳动者提供法律服务，切实维护劳动者合法权益，竭诚服务劳动者。工商联、企业联合会等要发挥代表作用，引导和支持企业守法诚信经营、履行社会责任，建立健全内部劳动人事争议解决机制。

各省级人力资源社会保障部门要会同有关部门，按照本意见精神，制定切实可行的实施方案，明确任务、明确措施、明确责任、明确要求，定期对本意见落实情况进行督促检查，及时向人力资源社会保障部报送工作进展情况。

办理法律援助案件程序规定

(2012年4月9日司法部令第124号公布 2023年7月11日司法部令第148号修订)

第一章 总 则

第一条 为了规范办理法律援助案件程序，保证法律援助质量，根据《中华人民共和国法律援助法》《法律援助条例》等有关法律、行政法规的规定，制定本规定。

第二条 法律援助机构组织办理法律援助案件，律师事务所、基层法律服务所和法律援助人员承办法律援助案件，适用本规定。

本规定所称法律援助人员，是指接受法律援助机构的指派或者安排，依法为经济困难公民和符合法定条件的其他当事人提供法律援助服务的律师、基层法律服务工作者、法律援助志愿者以及法律援助机构中具有律师资格或者法律职业资格的工作人员等。

第三条 办理法律援助案件应当坚持中国共产党领导，坚持以人民为中心，尊重和保障人权，遵循公开、公平、公正的原则。

第四条 法律援助机构应当建立健全工作机制，加强信息化建设，为公民获得法律援助提供便利。

法律援助机构为老年人、残疾人提供法律援助服务的，应当根据实际情况提供无障碍设施设备和服务。

第五条 法律援助人员应当依照法律、法规及本规定，遵守有关法律服务业务规程，及时为受援人提供符合标准的法律援助服务，维护受援人的合法权益。

第六条 法律援助人员应当恪守职业道德和执业纪律，自觉接受监督，不得向受援人收取任何财物。

第七条 法律援助机构、法律援助人员对提供法律援助过程中知悉的国家秘密、商业秘密和个人隐私应当予以保密。

第二章 申请与受理

第八条 法律援助机构应当向社会公布办公地址、联系方式等信息，在接待场所和司法行政机关政府网站公示并及时更新法律援助条件、程序、申请材料目录和申请示范文本等。

第九条 法律援助机构组织法律援助人员，依照有关规定和服务规范要求提供法律咨询、代拟法律文书、值班律师法律帮助。法律援助人员在提供法律咨询、代拟法律文书、值班律师法律帮助过程中，对可能符合代理或者刑事辩护法律援助条件的，应当告知其可以依法提出申请。

第十条 对诉讼事项的法律援助，由申请人向办案机关所在地的法律援助机构提出申请；对非诉讼事项的法律援助，由申请人向争议处理机关所在地或者事由发生地的法律援助机构提出申请。

申请人就同一事项向两个以上有管辖权的法律援助机构提出申请的，由最先收到申请的法律援助机构受理。

第十一条 因经济困难申请代理、刑

事辩护法律援助的，申请人应当如实提交下列材料：

（一）法律援助申请表；

（二）居民身份证或者其他有效身份证明，代为申请的还应当提交有代理权的证明；

（三）经济困难状况说明表，如有能够说明经济状况的证件或者证明材料，可以一并提供；

（四）与所申请法律援助事项有关的其他材料。

填写法律援助申请表、经济困难状况说明表确有困难的，由法律援助机构工作人员或者转交申请的机关、单位工作人员代为填写，申请人确认无误后签名或者按指印。

符合《中华人民共和国法律援助法》第三十二条规定情形的当事人申请代理、刑事辩护法律援助的，应当提交第一款第一项、第二项、第四项规定的材料。

第十二条 被羁押的犯罪嫌疑人、被告人、服刑人员以及强制隔离戒毒人员等提出法律援助申请的，可以通过办案机关或者监管场所转交申请。办案机关、监管场所应当在二十四小时内将申请材料转交法律援助机构。

犯罪嫌疑人、被告人通过值班律师提出代理、刑事辩护等法律援助申请的，值班律师应当在二十四小时内将申请材料转交法律援助机构。

第十三条 法律援助机构对申请人提出的法律援助申请，应当根据下列情况分别作出处理：

（一）申请人提交的申请材料符合规定的，应当予以受理，并向申请人出具收到申请材料的书面凭证，载明收到申请材料的名称、数量、日期等；

（二）申请人提交的申请材料不齐全，应当一次性告知申请人需要补充的全部内容，或者要求申请人作出必要的说明。申请人未按要求补充材料或者作出说明的，视为撤回申请；

（三）申请事项不属于本法律援助机构受理范围的，应当告知申请人向有管辖权的法律援助机构申请或者向有关部门申请处理。

第三章 审 查

第十四条 法律援助机构应当对法律援助申请进行审查，确定是否具备下列条件：

（一）申请人系公民或者符合法定条件的其他当事人；

（二）申请事项属于法律援助范围；

（三）符合经济困难标准或者其他法定条件。

第十五条 法律援助机构核查申请人的经济困难状况，可以通过信息共享查询，或者由申请人进行个人诚信承诺。

法律援助机构开展核查工作，可以依法向有关部门、单位、村民委员会、居民委员会或者个人核实有关情况。

第十六条 受理申请的法律援助机构需要异地核查有关情况的，可以向核查事项所在地的法律援助机构请求协作。

法律援助机构请求协作的，应当向被请求的法律援助机构发出协作函件，说明基本情况、需要核查的事项、办理时限等。被请求的法律援助机构应当予以协作。因客观原因无法协作的，应当及时向请求协作的法律援助机构书面说明理由。

第十七条 法律援助机构应当自收到法律援助申请之日起七日内进行审查，作出是否给予法律援助的决定。

申请人补充材料、作出说明所需的时间，法律援助机构请求异地法律援助机构协作核查的时间，不计入审查期限。

第十八条 法律援助机构经审查，对于有下列情形之一的，应当认定申请人经济困难：

（一）申请人及与其共同生活的家庭成员符合受理的法律援助机构所在省、自治区、直辖市人民政府规定的经济困难标准的；

（二）申请事项的对方当事人是与申请人共同生活的家庭成员，申请人符合受理的法律援助机构所在省、自治区、直辖市人民政府规定的经济困难标准的；

（三）符合《中华人民共和国法律援助法》第四十二条规定，申请人所提交材料真实有效的。

第十九条 法律援助机构经审查，对符合法律援助条件的，应当决定给予法律援助，并制作给予法律援助决定书；对不符合法律援助条件的，应当决定不予法律援助，并制作不予法律援助决定书。

不予法律援助决定书应当载明不予法律援助的理由及申请人提出异议的途径和方式。

第二十条 给予法律援助决定书或者不予法律援助决定书应当发送申请人；属于《中华人民共和国法律援助法》第三十九条规定情形的，法律援助机构还应当同时函告有关办案机关、监管场所。

第二十一条 法律援助机构依据《中华人民共和国法律援助法》第四十四条规定先行提供法律援助的，受援人应当在法律援助机构要求的时限内，补办有关手续，补充有关材料。

第二十二条 申请人对法律援助机构不予法律援助的决定有异议的，应当自收到决定之日起十五日内向设立该法律援助机构的司法行政机关提出。

第二十三条 司法行政机关应当自收到异议之日起五日内进行审查，认为申请人符合法律援助条件的，应当以书面形式责令法律援助机构对该申请人提供法律援助，同时书面告知申请人；认为申请人不符合法律援助条件的，应当作出维持法律援助机构不予法律援助的决定，书面告知申请人并说明理由。

申请人对司法行政机关维持法律援助机构决定不服的，可以依法申请行政复议或者提起行政诉讼。

第四章 指 派

第二十四条 法律援助机构应当自作出给予法律援助决定之日起三日内依法指派律师事务所、基层法律服务所安排本所律师或者基层法律服务工作者，或者安排本机构具有律师资格或者法律职业资格的工作人员承办法律援助案件。

对于通知辩护或者通知代理的刑事法律援助案件，法律援助机构收到人民法院、人民检察院、公安机关要求指派律师的通知后，应当在三日内指派律师承办法律援助案件，并通知人民法院、人民检察院、公安机关。

第二十五条　法律援助机构应当根据本机构、律师事务所、基层法律服务所的人员数量、专业特长、执业经验等因素，合理指派承办机构或者安排法律援助机构工作人员承办案件。

律师事务所、基层法律服务所收到指派后，应当及时安排本所律师、基层法律服务工作者承办法律援助案件。

第二十六条　对可能被判处无期徒刑、死刑的人，以及死刑复核案件的被告人，法律援助机构收到人民法院、人民检察院、公安机关通知后，应当指派具有三年以上刑事辩护经历的律师担任辩护人。

对于未成年人刑事案件，法律援助机构收到人民法院、人民检察院、公安机关通知后，应当指派熟悉未成年人身心特点的律师担任辩护人。

第二十七条　法律援助人员所属单位应当自安排或者收到指派之日起五日内与受援人或者其法定代理人、近亲属签订委托协议和授权委托书，但因受援人原因或者其他客观原因无法按时签订的除外。

第二十八条　法律援助机构已指派律师为犯罪嫌疑人、被告人提供辩护，犯罪嫌疑人、被告人的监护人或者近亲属又代为委托辩护人，犯罪嫌疑人、被告人决定接受委托辩护的，律师应当及时向法律援助机构报告。法律援助机构按照有关规定进行处理。

第五章　承　　办

第二十九条　律师承办刑事辩护法律援助案件，应当依法及时会见犯罪嫌疑人、被告人，了解案件情况并制作笔录。笔录应当经犯罪嫌疑人、被告人确认无误后签名或者按指印。犯罪嫌疑人、被告人无阅读能力的，律师应当向犯罪嫌疑人、被告人宣读笔录，并在笔录上载明。

对于通知辩护的案件，律师应当在首次会见犯罪嫌疑人、被告人时，询问是否同意为其辩护，并记录在案。犯罪嫌疑人、被告人不同意的，律师应当书面告知人民法院、人民检察院、公安机关和法律援助机构。

第三十条　法律援助人员承办刑事代理、民事、行政等法律援助案件，应当约见受援人或者其法定代理人、近亲属，了解案件情况并制作笔录，但因受援人原因无法按时约见的除外。

法律援助人员首次约见受援人或者其法定代理人、近亲属时，应当告知下列事项：

（一）法律援助人员的代理职责；

（二）发现受援人可能符合司法救助条件的，告知其申请方式和途径；

（三）本案主要诉讼风险及法律后果；

（四）受援人在诉讼中的权利和义务。

第三十一条　法律援助人员承办案件，可以根据需要依法向有关单位或者个人调查与承办案件有关的情况，收集与承办案件有关的材料，并可以根据需要请求法律援助机构出具必要的证明文件或者与有关机关、单位进行协调。

法律援助人员认为需要异地调查情况、收集材料的，可以向作出指派或者安排的法律援助机构报告。法律援助机构可以按照本规定第十六条向调查事项所在地的法律援助机构请求协作。

第三十二条　法律援助人员可以帮助受援人通过和解、调解及其他非诉讼方式解决纠纷，依法最大限度维护受援人合法权益。

法律援助人员代理受援人以和解或者调解方式解决纠纷的，应当征得受援人同意。

第三十三条　对处于侦查、审查起诉阶段的刑事辩护法律援助案件，承办律师应当积极履行辩护职责，在办案期限内依法完成会见、阅卷，并根据案情提出辩护意见。

第三十四条　对于开庭审理的案件，法律援助人员应当做好开庭前准备；庭审中充分发表意见、举证、质证；庭审结束后，应当向人民法院或者劳动人事争议仲裁机构提交书面法律意见。

对于不开庭审理的案件，法律援助人员应当在会见或者约见受援人、查阅案卷材料、了解案件主要事实后，及时向人民法院提交书面法律意见。

第三十五条　法律援助人员应当向受援人通报案件办理情况，答复受援人询问，并制作通报情况记录。

第三十六条　法律援助人员应当按照法律援助机构要求报告案件承办情况。

法律援助案件有下列情形之一的，法律援助人员应当向法律援助机构报告：

（一）主要证据认定、适用法律等方面存在重大疑义的；

（二）涉及群体性事件的；

（三）有重大社会影响的；

（四）其他复杂、疑难情形。

第三十七条　受援人有证据证明法律援助人员未依法履行职责的，可以请求法律援助机构更换法律援助人员。

法律援助机构应当自受援人申请更换之日起五日内决定是否更换。决定更换的，应当另行指派或者安排人员承办。对犯罪嫌疑人、被告人具有应当通知辩护情形，人民法院、人民检察院、公安机关决定为其另行通知辩护的，法律援助机构应当另行指派或者安排人员承办。法律援助机构应当及时将变更情况通知办案机关。

更换法律援助人员的，原法律援助人员所属单位应当与受援人解除或者变更委托协议和授权委托书，原法律援助人员应当与更换后的法律援助人员办理案件材料移交手续。

第三十八条　法律援助人员在承办案件过程中，发现与本案存在利害关系或者因客观原因无法继续承办案件的，应当向法律援助机构报告。法律援助机构认为需要更换法律援助人员的，按照本规定第三十七条办理。

第三十九条　存在《中华人民共和国法律援助法》第四十八条规定情形，法律援助机构决定终止法律援助的，应当制作终止法律援助决定书，并于三日内，发送受援人、通知法律援助人员所属单位并函告办案机关。

受援人对法律援助机构终止法律援助的决定有异议的，按照本规定第二十二条、第二十三条办理。

第四十条　法律援助案件办理结束后，法律援助人员应当及时向法律援助机构报告，并自结案之日起三十日内向法律援助机构提交结案归档材料。

刑事诉讼案件侦查阶段应以承办律师

收到起诉意见书或撤销案件的相关法律文书之日为结案日；审查起诉阶段应以承办律师收到起诉书或不起诉决定书之日为结案日；审判阶段以承办律师收到判决书、裁定书、调解书之日为结案日。其他诉讼案件以法律援助人员收到判决书、裁定书、调解书之日为结案日。劳动争议仲裁案件或者行政复议案件以法律援助人员收到仲裁裁决书、行政复议决定书之日为结案日。其他非诉讼法律事务以受援人与对方当事人达成和解、调解协议之日为结案日。无相关文书的，以义务人开始履行义务之日为结案日。法律援助机构终止法律援助的，以法律援助人员所属单位收到终止法律援助决定书之日为结案日。

第四十一条　法律援助机构应当自收到法律援助人员提交的结案归档材料之日起三十日内进行审查。对于结案归档材料齐全规范的，应当及时向法律援助人员支付法律援助补贴。

第四十二条　法律援助机构应当对法律援助案件申请、审查、指派等材料以及法律援助人员提交的结案归档材料进行整理，一案一卷，统一归档管理。

第六章　附　　则

第四十三条　法律援助机构、律师事务所、基层法律服务所和法律援助人员从事法律援助活动违反本规定的，依照《中华人民共和国法律援助法》《中华人民共和国律师法》《法律援助条例》《律师和律师事务所违法行为处罚办法》等法律、法规和规章的规定追究法律责任。

第四十四条　本规定中期间开始之日，不算在期间以内。期间的最后一日是节假日的，以节假日后的第一日为期满日期。

第四十五条　法律援助文书格式由司法部统一规定。

第四十六条　本规定自2023年9月1日起施行。司法部2012年4月9日公布的《办理法律援助案件程序规定》（司法部令第124号）同时废止。

人力资源社会保障部、司法部、财政部关于进一步加强劳动人事争议调解仲裁法律援助工作的意见

（2020年6月22日　人社部发〔2020〕52号）

各省、自治区、直辖市及新疆生产建设兵团人力资源社会保障厅（局）、司法厅（局）、财政厅（局）：

加强劳动人事争议调解仲裁法律援助工作（以下简称调解仲裁法律援助工作），保障符合条件的劳动者特别是贫困农民工及时获得法律援助服务，对于维护劳动者合法权益、确保法律正确实施、促进社会公平正义具有重要意义。近年来，一些地方主动采取措施加强调解仲裁法律援助工作，取得了良好效果。但与人民群众日益增长的法律援助需求相比，调解仲裁法律援助工作还存在协作机制有待健全、保障机制不够完善等问题。为认真落实中央关于全面推进依法治国的重大战略部署，统

筹推进疫情防控与经济社会发展，加快处理各类涉疫情劳动人事争议，进一步满足人民群众特别是贫困劳动者对调解仲裁法律援助工作的需要，根据中央关于完善法律援助制度的有关精神和《法律援助条例》相关规定，现就进一步加强调解仲裁法律援助工作提出如下意见。

一、建立健全调解仲裁法律援助协作机制。人力资源社会保障行政部门、劳动人事争议仲裁院（以下简称仲裁院）和司法行政机关、法律援助机构要建立完善调解仲裁法律援助协作工作机制，切实加强调解仲裁法律援助工作。人力资源社会保障行政部门和仲裁院要充分发挥处理劳动人事争议的专业优势，司法行政机关和法律援助机构要加强法律援助业务指导，提升规范化服务水平。仲裁院可以引导当事人通过拨打"12348"公共法律服务热线或登录法律服务网等方式进行法律咨询，帮助符合法律援助条件的农民工和困难职工申请法律援助；法律援助机构要在仲裁院公示法律援助机构办公地址、法律援助申请材料和工作流程等信息。有条件的地方，司法行政机关可以根据工作需要在当地仲裁院设立法律援助工作站，或在当地公共法律服务中心设立调解仲裁法律援助窗口。人力资源社会保障部门要为设立在当地仲裁院的法律援助工作站提供工作场所，配备办公设备、服务设施等。财政部门要完善调解仲裁法律援助经费保障机制，省级财政要提供经费支持，市、县级财政要将法律援助经费纳入同级财政预算，根据地方财力和办案量合理安排经费，适当提高法律援助补贴标准并及时支付。

二、扩大调解仲裁法律援助范围。在法律援助对象上，司法行政机关要综合考虑当地法律援助资源供给状况、困难群众法律援助需求等因素，推动法律援助逐步覆盖低收入劳动者，重点做好农民工、工伤职工和孕期、产期、哺乳期（以下简称"三期"）女职工的调解仲裁法律援助工作。在法律援助事项上，司法行政机关要在《法律援助条例》规定的请求支付劳动报酬、给予社会保险待遇等事项基础上，推动有条件的地方将经济补偿、赔偿金等涉及劳动保障事项纳入法律援助补充事项范围。在仲裁院设立法律援助工作站的，工作站可以配合仲裁院开展法律知识宣讲、以案释法等活动，引导劳动者依法维权。

三、规范调解仲裁法律援助程序。加强调解仲裁法律援助工作标准化规范化建设，建立健全调解仲裁法律援助工作机制。在仲裁院设立法律援助工作站的，对来访咨询，工作站接待人员应当登记受援人基本信息和联系方式，全面了解案件事实和受援人法律诉求，对咨询事项符合法律援助条件的，应当告知其申请法律援助的条件和程序，指导其申请法律援助；对咨询事项不属于法律援助的，应当为受援人提出法律建议；对咨询事项不属于法律问题或者与法律援助无关的，告知受援人应咨询的部门或渠道。

四、健全便民服务机制。简化审查程序，对建档立卡贫困劳动者和申请支付劳动报酬、工伤赔偿的农民工，免予经济困难审查。开辟法律援助"绿色通道"，对农民工、工伤职工、"三期"女职工等重点服务对象申请法律援助的，加快办理进度，有条件的当日受理、当日转交。对情况紧急的集体劳动争议案件，可以先行提供法律援助，事后补交申请材料、补办相关手续。

五、加强组织领导。各地要将开展调解仲裁法律援助工作作为完善劳动人事争议多元处理机制的重要工作来抓，将其纳入当地为民办实事清单。人力资源社会保障部门与司法行政部门要加强沟通协调和工作对接，形成工作合力。要建立健全联席会议、工作信息通报机制，定期交流工作情况，总结推广经验做法，共同研究解决工作中遇到的问题。要加强监督管理，对调解仲裁法律援助工作站履行职责、服务质量、工作绩效、规范化建设等加强指导监管。鼓励和支持社会力量通过多种方式依法有序参与调解仲裁法律援助工作。

典型案例

黄某等25人追索劳动报酬案①

2021年10月下旬，黄某等25人到区职工法律服务一体化基地，反映被拖欠劳动报酬共约96万元。接到投诉后，区总工会劳动法律监督员和法援律师立即深入企业开展调查。查证属实后，区总工会劳动法律监督委员会向企业发出《工会劳动法律监督提示函》，并指派工会法援律师组织调解。在多次调解无果后，区总工会协助职工向当地劳动人事争议仲裁委员会申请劳动仲裁。同时，区总工会充分发挥"园区枫桥"机制优势，就地组织仲裁员、人民调解员等多部门人员，在基地再次对当事人进行裁前调解，经不懈努力和持续跟进，25名职工最终拿到了被拖欠的全部工资。

坚持和发展新时代"枫桥经验"，是推进基层社会治理现代化，促进社会和谐稳定的重要途径。工会会同法院、人社、司法等单位建立职工法律服务阵地，形成"园区枫桥"机制，是新时代"枫桥经验"在劳动关系领域的生动实践，是维护职工合法权益、竭诚服务职工群众，推动构建和谐劳动关系的积极探索和有益经验。该区总工会探索多元化解劳资矛盾一体化维权模式，联合区综治办、民生保障局和法院，集中设置"两室两庭一站"，即职工法律援助室、职工劳资纠纷调解室、劳动仲裁庭、劳动法庭和台籍职工法律服务工作站，建设职工法律服务一体化基地，为职工维权提供法律咨询、调解、仲裁、诉讼"一站式"服务，促进了园区劳动关系和谐，得到企业、职工的广泛欢迎和好评。

工会法律援助办法

（2008年8月11日 总工发〔2008〕52号）

第一章 总 则

第一条 为履行维护职工合法权益基本职责，规范工会法律援助工作，发展和

---

① 参见中华全国总工会：全国工会劳动法律监督十大优秀案例之六，2023年3月。

谐劳动关系，根据《中华人民共和国工会法》、《中华人民共和国劳动法》、《法律援助条例》和《中国工会章程》，制定本办法。

第二条 工会建立法律援助制度，为合法权益受到侵害的职工、工会工作者和工会组织提供无偿法律服务。

工会法律援助是政府法律援助的必要补充。

第三条 工会建立法律援助异地协作制度，省际、城际间工会组织及其法律援助机构可以互相委托，协助办理相关法律援助事项。

第四条 全国总工会法律工作部指导、协调全国工会法律援助工作。县级以上地方工会法律工作部门指导、协调本地区工会法律援助工作。

工会法律援助工作接受司法行政机关的业务指导。

第五条 对在工会法律援助工作中作出突出贡献的工会法律援助组织和人员，县级以上总工会和产业工会应在工会系统内部或会同司法行政等部门予以表彰、奖励。

第二章 机构和人员

第六条 县级以上地方工会和具备条件的地方产业工会设立法律援助机构，在同级工会领导下开展工作。

地方工会可以与司法行政部门协作成立工会（职工）法律援助工作站，也可以与律师事务所等机构合作，签订职工法律援助服务协议。工会设立法律援助机构应当符合有关法律、法规的规定。

第七条 工会法律援助机构可以单独设立也可以与困难职工帮扶中心合署办公，法律援助机构负责人及相关管理人员由同级工会委派或者聘任。

法律援助工作人员可以从下列人员中聘请：

（一）工会公职律师、专兼职劳动争议调解员、劳动保障法律监督员等工会法律工作者。

（二）法律专家、学者、律师等社会法律工作者。

第三章 范围和条件

第八条 工会法律援助的范围：

（一）劳动争议案件；

（二）因劳动权益涉及的职工人身权、民主权、财产权受到侵犯的案件；

（三）工会工作者因履行职责合法权益受到侵犯的案件；

（四）工会组织合法权益受到侵犯的案件；

（五）工会认为需要提供法律援助的其他事项。

第九条 工会法律援助的形式：

（一）普及法律知识；

（二）提供法律咨询；

（三）代写法律文书；

（四）参与协商、调解；

（五）仲裁、诉讼代理；

（六）其他法律援助形式。

第十条 职工符合下列条件之一的，可以向工会法律援助机构申请委托代理法律援助：

（一）为保障自身合法权益需要工会

法律援助，且本人及其家庭经济状况符合当地工会提供法律援助的经济困难标准。

（二）未达到工会提供法律援助的经济困难标准，但有证据证明本人合法权益被严重侵害，需要工会提供法律援助的。

农民工因请求支付劳动报酬或者工伤赔偿申请法律援助的，不受本办法规定的经济困难条件的限制。

第四章 申请和承办

第十一条 职工申请法律援助应当向劳动合同履行地或者用人单位所在地的工会法律援助机构提出。

工会工作者和工会组织申请工会法律援助应当向侵权行为地或者用人单位所在地的工会法律援助机构提出。

第十二条 职工申请工会法律援助机构代理劳动争议仲裁、诉讼等法律服务，应当以书面形式提出，并提交下列材料：

（一）身份证、工作证或者有关身份证明；

（二）所在单位工会或者地方工会（含乡镇、街道、开发区等工会）出具的申请人经济困难状况的证明；

（三）与法律援助事项相关的材料；

（四）工会法律援助机构认为需要提供的其他材料。

提交书面申请确有困难的，可以口头申请。工会法律援助机构应当当场记录申请人基本情况、申请事项、理由和时间，并经本人签字。

第十三条 工会工作者、工会组织申请工会法律援助机构参与协商、调解、代理仲裁、诉讼等法律服务，应当以书面形式提出，并分别提交下列材料：

（一）工会工作者所在单位工会或者工会组织所在地方工会出具的情况证明或说明；

（二）与法律援助事项相关的材料；

（三）工会法律援助机构认为需要提供的其他材料。

第十四条 工会法律援助机构自收到申请之日起7日内按规定的条件进行审查。对符合条件的，由工会法律援助机构负责人签署意见，作出同意提供法律援助的书面决定，指派法律援助承办人员，并通知申请人。

对申请人提交的证件、证明材料不齐全的，应当要求申请人作出必要的补充或者说明，申请人未按要求作出补充或者说明的，视为撤销申请。

对不符合条件的，作出不予提供法律援助的决定，以口头或者书面形式通知申请人。

第十五条 工会法律援助机构对法律咨询、代写法律文书等法律服务事项，应当即时办理；复杂疑难的可以预约择时办理。

第十六条 法律援助承办人员接受工会法律援助机构的管理和监督，依法承办法律援助机构指定的援助事项，维护受援人合法权益。

第十七条 法律援助承办人员在援助事项结案后，应当向工会法律援助机构提交结案报告。

第十八条 法律援助事项结案后，工会法律援助机构应当按规定向承办人员支付法律援助办案补贴。补贴标准由县级以上地方工会根据本地实际情况确定。

第十九条　法律援助承办人员接受指派后，无正当理由不得拒绝、延迟或者中止、终止办理指定事项。

第二十条　法律援助承办人员未按规定程序批准，不得以工会法律援助机构名义承办案件。

第二十一条　法律援助承办人员应当遵守职业道德和执业纪律，不得收取受援人任何财物。

第五章　资金来源和管理

第二十二条　工会法律援助工作经费主要用于工会法律援助机构的办公、办案经费。县级以上地方工会应当将工会法律援助工作经费列入本级工会经费预算，并依据国家和工会财务制度的有关规定，制定相应管理办法。

第二十三条　对困难职工的法律援助补助资金，从工会困难职工帮扶中心专项资金中列支，管理和使用应当遵守《困难职工帮扶中心专项资金管理办法》的有关规定。

第二十四条　工会法律援助工作经费、对困难职工法律援助的补助资金，接受上级和本级工会财务、经审、法律、保障部门的监督检查。

第六章　附　　则

第二十五条　各省、自治区、直辖市总工会可以根据本办法，结合本地实际，制定具体规定。

铁路、金融、民航、新疆生产建设兵团工会可以参照本办法执行。

第二十六条　本办法由全国总工会负责解释。

第二十七条　本办法自发布之日起执行。

典型案例

打造指尖上的法律服务平台 助推工会维权服务高质量发展[1]

某工会在微信公众号上打造"5+N"法律维权服务云平台，将工会普法、监督、调解、援助、信访五项法律维权工作在手机端呈现，实现工会智慧法务功能更强大，职工自我维权渠道更畅通，企业获取工会服务更便利。

一、做优"云普法"，打造工会普法宣传云平台。打造"维权我来讲""职工维权大讲堂""以案说法""答疑汇总"等栏目，满足不同层面职工的学法需求。

二、探索"云监督"，打造工会法律监督云平台。企业扫码即可线上对自身的规章制度、执行《劳动合同法》等情况进行"法律体检"，并由专家出具"体检报告"，规范企业劳动用工管理行为。

三、创新"云调解"，打造工会劳动争议调解云平台。劳动争议的企业和职工方扫码即可进入线上劳动争议调解室，进

---

[1] 参见2022年互联网+工会维权服务优秀案例，载中工网，https：//www.workercn.cn/c/2023-04-24/7814232.shtml，最后访问时间2023年11月16日。

行云端争议调解，让劳动纠纷实现指尖申请、云端化解的调解处理新模式。

四、丰富"云援助"，打造工会法律援助云平台。优化"律师一点通"，让职工随时随地可以得到律师专业解答；发挥市镇两级职工法律援助律师团作用，做精"城区一刻钟，农村半小时"职工法律援助线下服务。

五、畅通"云信箱"，打造职工诉求表达云平台。开通"云信箱"，接受广大职工的云端信访，在线回应职工需求，解答职工疑惑。

随着互联网技术应用的日益发展，现实生活中职工和企业对于网上获取法律服务的需求越来越强烈。该云平台的建成，是工会工作数字化、智能化的创新尝试，也是创新维权服务方式方法、创新维权服务体系建设的有益尝试，探索出为职工提供便捷快速优质法律维权服务的新路径，同时也让工会法律工作更加聚焦企业和职工的服务需求和服务效能，进一步体现了工会"维权全覆盖、服务零距离"的服务宗旨。本案例中的"5+N"法律维权服务云平台，突出维权服务"主轴线"，不断深化指尖上的法律服务平台建设，让广大职工享受到"全天候、零距离、有温度"的指尖"法律维权服务"，增强职工群众的体验感、获得感、幸福感。

第八部分

经费和资产监督

工会预算管理办法

（2019年12月31日 总工办发〔2019〕26号）

第一章 总 则

第一条 为了规范各级工会收支行为，强化预算约束，加强对预算的管理和监督，建立全面规范透明、标准科学、约束有力的预算制度，保障工运事业的健康发展和工会职能的有效发挥，根据《中华人民共和国工会法》《中华人民共和国预算法》等法律法规，制定本办法。

第二条 工会预算是各级工会组织及所属事业单位按照一定程序核定的年度收支计划。

第三条 预算、决算的编制、审查、批准、监督，以及预算的执行和调整，依照本办法规定执行。

第四条 工会系统实行一级工会一级预算，预算管理实行下管一级的原则。

工会预算一般分为五级，即：全国总工会、省级工会、市级工会、县级工会和基层工会。省级工会可根据乡镇（街道）工会、开发区（工业园区）工会发展的实际，确定省级以下工会的预算管理级次，并报全国总工会备案。

经全国总工会批准，中华全国铁路总工会、中国民航工会全国委员会、中国金融工会全国委员会依法独立管理经费，根据各自管理体制，确定所属下级工会的预算管理级次，并报全国总工会备案。

第五条 全国工会预算由全国总工会总预算和省级工会总预算组成。

全国总工会总预算由全国总工会本级预算和与全国总工会建立经费拨缴关系的企业工会汇总预算组成。

省级工会总预算由省（自治区、直辖市）总工会、中央和国家机关工会联合会、中华全国铁路总工会、中国民航工会全国委员会、中国金融工会全国委员会本级预算和汇总的下一级工会总预算组成。下一级工会只有本级预算的，下一级工会总预算即指下一级工会的本级预算。

本级预算是指各级工会本级次范围内所有收支预算，包括本级所属单位的单位预算和本级工会的转移支付预算。

单位预算是指本级工会机关、所属事业单位的预算。

转移支付预算是指本级工会对下级工会的补助预算。

第六条 拨缴的工会经费实行分成制。

第七条 工会预算应当遵循统筹兼顾、勤俭节约、量力而行、讲求绩效和收支平衡的原则。

第八条 各级工会的预算收入和预算支出实行收付实现制，特定事项按照相关规定实行权责发生制。

第九条 预算年度自公历1月1日起，至12月31日止。

第十条 预算收入和预算支出以人民币元为计算单位。

第二章 预算管理职权

第十一条 各级工会、各预算单位财务管理部门是预算归口管理的职能部门。

第十二条　全国总工会财务管理部门的职权：

（一）具体负责汇总编制全国工会预算；

（二）具体负责编制全国总工会本级预（决）算草案，报全总领导同志签批后，经中华全国总工会经费审查委员会审查，提交全总党组会议审议；

（三）具体负责编制全国总工会本级预算调整方案，经中华全国总工会经费审查委员会履行审查程序后，提交全总党组会议审议；

（四）批复全国总工会本级预算单位预（决）算，对省级工会的预（决）算和预算调整方案实行备案管理；

（五）提出全国总工会本级预算预备费动用方案，提交全总党组会议审议；

（六）具体负责汇总编制全国工会决算；

（七）定期向中华全国总工会经费审查委员会或其常委会报告全国总工会本级预算执行情况。

第十三条　省级工会的职权：

（一）汇总编制省级工会总预算，报全国总工会备案；

（二）编制省级工会本级预（决）算草案，经必要程序审查、审议通过后报全国总工会备案；

（三）编制省级工会本级预算调整方案，经必要程序审查、审议通过后报全国总工会备案；

（四）批复省级工会本级预算单位的预（决）算，对下一级工会的本级预（决）算和预算调整方案实行审批或备案管理；

（五）决定本级预备费的动用；

（六）汇总本级及以下各级工会决算，报全国总工会。

第十四条　市级工会的职权：

（一）汇总编制市级工会总预算，报省级工会备案；

（二）编制市级工会本级预（决）算草案，经必要程序审查、审议通过后报省级工会审批或备案；

（三）编制市级工会本级预算调整方案，经必要程序审查、审议通过后报省级工会审批或备案；

（四）审批市级工会本级预算单位的预（决）算，对县级工会的本级预（决）算和预算调整方案实行审批或备案管理；

（五）决定本级预备费的动用；

（六）汇总本级及以下各级工会决算，报省级工会。

第十五条　县级工会的职权：

（一）汇总编制县级工会总预算，报市级工会备案；

（二）编制县级工会本级预（决）算草案，经必要程序审查、审议通过后报市级工会审批或备案；

（三）编制县级工会本级预算调整方案，经必要程序审查、审议通过后报市级工会审批或备案；

（四）审批县级工会本级预算单位的预（决）算，对下一级工会的本级预（决）算和预算调整方案实行审批或备案管理；

（五）决定本级预备费的动用；

（六）汇总本级及以下各级工会决算，报市级工会。

第十六条　乡镇（街道）工会、开发

区（工业园区）工会预算管理职权由省级工会确定。

第十七条　基层工会的职责：

（一）负责编制本级工会预（决）算草案和预算调整方案，经本级经费审查委员会审查后，由本级工会委员会审批，报上级工会备案；

（二）组织本级预算的执行；

（三）定期向本级工会经费审查委员会报告本级工会预算执行情况；

（四）批复本级所属预算单位的预（决）算；

（五）编制本级工会决算，报上级工会。

第三章　预算收支范围

第十八条　预算由预算收入和预算支出组成。工会及所属预算单位的全部收入和支出都应当纳入预算。

第十九条　县级以上工会预算收入包括：拨缴经费收入、上级补助收入、政府补助收入、附属单位上缴收入、投资收益、其他收入。

基层工会预算收入包括：会费收入、拨缴经费收入、上级补助收入、行政补助收入、附属单位上缴收入、投资收益、其他收入。

第二十条　工会所属事业单位预算收入包括：财政拨款收入、事业收入、上级补助收入、附属单位上缴收入、经营收入、债务收入、非同级财政拨款收入、投资收益、其他收入。

第二十一条　县级以上工会预算支出包括：职工活动组织支出、职工服务支出、维权支出、业务支出、行政支出、资本性支出、补助下级支出、对附属单位的支出、其他支出。

基层工会预算支出包括：职工活动支出、职工服务支出、维权支出、业务支出、资本性支出、对附属单位的支出、其他支出。

第二十二条　工会所属事业单位的预算支出包括：行政支出、事业支出、经营支出、上缴上级支出、对附属单位补助支出、投资支出、债务还本支出、其他支出。

第四章　预算编制与审批

第二十三条　根据国家财政预算管理要求和工会预算管理实际，全国总工会及时印发下一年度预算草案编制的通知。省、市、县级工会应根据全国总工会预算编制的有关要求，结合实际情况进行部署，编制本级预算，汇总下一级工会总预算，按规定时限报上一级工会。

第二十四条　各级工会、各预算单位应当围绕党和国家工作大局，紧扣工会中心工作，参照国务院财政部门制定的政府收支分类科目、预算支出标准和预算绩效管理的规定，根据跨年度预算平衡的原则，参考上一年预算执行情况、存量资产情况和有关支出绩效评价结果，编制预算草案。

前款所称政府收支分类科目，收入分为类、款、项、目；支出按其功能分类分为类、款、项，按其经济性质分类为类、款。

第二十五条　各级工会、各预算单位应当按照本办法规定的收支范围，依法、真实、完整、合理地编制年度收支预算。

第二十六条 根据《中华人民共和国工会法》等法律法规的规定，各级工会办公场所和工会活动设施等物质条件应由各级人民政府和单位行政提供。各级工会应积极争取同级政府或行政支持，将政府或行政补助纳入预算管理。在政府或行政补助不足的情况下，可以动用经费弥补不足，上级工会也可根据情况给予适当补助。

第二十七条 县级以上工会可根据所属事业单位分类情况，结合同级财政保障程度，对所属事业单位实行定额补助或定项补助。

第二十八条 各级工会支出预算的编制，应当贯彻勤俭节约的原则，优化经费支出结构，保障日常运行经费，从严控制"三公"经费和一般行政性支出，重点支持维护职工权益、为职工服务和工会活动等工会中心工作。

第二十九条 支出预算的编制按基本支出、项目支出进行分类。基本支出是预算单位为保障其正常运转、完成日常工作任务而编制的年度基本支出计划，按其性质分为人员经费和日常公用经费。基本支出之外为完成特定任务和事业发展目标所发生的支出为项目支出。

第三十条 县级以上工会的基本支出预算，应参照同级政府有关部门的有关规定、制度、费用标准以及核定的人员编制编列，当年未执行完毕的基本支出预算可在下年继续使用。

基层工会在单位行政不能足额保障的情况下，可根据需要从严编制基本支出预算。

第三十一条 各级工会上一年度未全部执行或未执行、下年需按原用途继续使用的项目资金，作为项目结转资金，纳入下一年度预算管理，用于结转项目的支出。

第三十二条 各级工会当年预算收入不足以安排当年预算支出的，可以动用以前年度结余资金弥补不足。各级工会一般不得对外举债，县级以上工会由于特殊原因确需向金融机构申请借款的，必须经过党组会议集体研究决定。

结转结余资金使用管理办法由全国总工会另行制定。

第三十三条 上级工会对下级工会的转移支付分为一般性转移支付和专项转移支付。

一般性转移支付是上级工会给下级工会未指定用途的补助，应当根据全国总工会的有关规定，结合下级工会的财力状况和工作需要编制。

专项转移支付是上级工会给下级工会用于专项工作的补助，应当根据工作需要，分项目编制。

县级以上工会应当将对下级工会的转移支付预计数提前下达下级工会。各级工会应当将上级工会提前下达的转移支付预计数编入本级预算。

第三十四条 县级以上工会应根据实际情况建立本级预算项目库。

第三十五条 县级以上工会应根据基本建设类项目立项批复确定的资金渠道编制年度支出预算。

第三十六条 各级工会、各预算单位编制预算时，应根据政府采购和工会资金采购的相关规定，编制年度采购预算。

第三十七条 县级以上工会可以按照本级预算支出额的百分之一至百分之三设

置预备费，用于当年预算执行中因处理突发事件、政策性增支及其他难以预见的开支。

第三十八条　县级以上工会可以设置预算稳定调节基金，用于弥补以后年度预算资金的不足。

第三十九条　省级（含）以下总工会预算必须由党组集体审议决定，同级经费审查委员会履行相应审查职责，其他审查、审议的必要程序由各级工会确定。

第四十条　上一级工会认为下一级工会预算与法律法规、上级工会预算编制要求不符的，有权提出修订意见，下级工会应予调整。

第四十一条　各级工会本级预算经批准后，应当在二十日内批复所属预算单位。

第五章　预算执行与调整

第四十二条　各级工会预算由本级工会组织执行，具体工作由财务管理部门负责。

各级工会所属预算单位是本单位预算执行的主体，对本单位预算执行结果负责。

第四十三条　各级工会应按照年度预算积极组织收入。按照规定的比例及时、足额拨缴工会经费，不得截留、挪用。

第四十四条　预算批准前，上一年结转的项目支出和必要的基本支出可以提前使用。送温暖支出、突发事件支出和本级工会已确定年度重点工作支出等需提前使用的，必须经集体研究决定。预算批准后，按照批准的预算执行。

第四十五条　各级工会应根据年度支出预算和用款计划拨款。未经批准，不得办理超预算、超计划的拨款。

第四十六条　县级以上工会必须根据国家法律法规和全国总工会的相关规定，及时、足额拨付预算资金，加强对预算支出的管理和监督。各预算单位的支出必须按照预算执行，不得擅自扩大支出范围，提高开支标准，不得擅自改变预算资金用途，不得虚假列支。

第四十七条　当年预算执行中，县级以上工会因处理突发事件、政策性增支及其他难以预见的开支，需要增加预算支出的，可以由本级工会财务管理部门提出预备费的动用方案，报本级工会集体研究决定。

第四十八条　各级工会预算一经批准，原则上不作调整。

下列事项应当进行预算调整：

（一）需要增加或减少预算总支出的；

（二）动用预备费仍不足以安排支出的；

（三）需要调减预算安排的重点支出数额的；

（四）动用预算稳定调节基金的。

预算调整的程序按照预算编制的审批程序执行。

在预算执行中，各级工会因上级工会和同级财政增加不需要本级工会提供配套资金的补助而引起的预算收支变化，不属于预算调整。

第四十九条　各级工会、各预算单位的预算支出应当按照预算科目执行，严格控制不同预算科目、预算级次或项目间的预算资金调剂。确需调剂使用的，按照有关规定办理。

第五十条　县级以上工会在预算执行

中有超收收入的，只能用于补充预算稳定调节基金。县级以上工会在预算年度中出现短收，应通过减少支出、调入预算稳定调节基金来解决。以上变化情况应在决算说明中进行反映。

第五十一条　县级以上工会和具备条件的基层工会应全面实施预算绩效管理。

第六章　决　算

第五十二条　各级工会应在每一预算年度终了后，按照全国总工会的有关规定编制本级工会收支决算草案和汇总下一级工会收支决算。

第五十三条　编制决算草案，必须符合法律法规和相关制度规定，做到收支真实、数据准确、内容完整、报送及时。

第五十四条　全国总工会和省、市、县级工会决算编制的职权按照本办法有关规定执行。

基层工会决算草案经本级经费审查委员会审查后，由本级工会委员会审批，并报上级工会备案。

第五十五条　各级工会所属预算单位的决算草案，应在规定的期限内报本级财务管理部门审核汇总。本级财务管理部门审核决算草案发现有不符合法律法规和工会规定的，有权责令其纠正。

第五十六条　各级工会应当将经批准的本级决算及下一级工会的决算汇总，在规定时间内报上一级工会备案。

第五十七条　上一级工会认为下一级工会决算与法律法规、上级工会决算编制要求不符的，有权提出修订意见，下级工会应予调整。

第五十八条　各级工会本级决算批准后，应当在十五个工作日内批复所属预算单位。

第七章　监督及法律责任

第五十九条　各级工会财务管理部门按照相关规定，对本级所属单位及下一级工会预（决）算进行财务监督。

第六十条　各级工会的预（决）算接受同级工会经费审查委员会的审查审计监督。预算执行情况同时接受上一级工会经费审查委员会的审计监督。

第六十一条　各级工会预算执行情况、决算依法接受政府审计部门的审计监督。

第六十二条　各级工会、各预算单位有下列行为之一的，责令改正，对负有直接责任的主管人员和其他直接责任人员追究行政责任。

（一）未按本办法规定编报本级预（决）算草案、预算调整方案和批复预（决）算的；

（二）虚列收入和支出的；

（三）截留、挪用、拖欠拨缴经费收入的；

（四）未经批准改变预算支出用途的。

第六十三条　各级工会、各预算单位及其工作人员存在下列行为之一的，责令改正，追回骗取、使用的资金，有违法所得的没收违法所得，对单位给予警告或者通报批评；对负有直接责任的主管人员和其他直接责任人员依法给予处分：

（一）虚报、冒领预算资金的；

（二）违反规定扩大开支范围、提高

开支标准的。

第六十四条　县级以上工会预（决）算应在工会内部公开，经单位批准可向社会公开。

基层工会预（决）算应向全体工会会员公开。

涉密事项的预（决）算不得公开。

第八章　附　　则

第六十五条　本办法由全国总工会财务部负责解释。

第六十六条　省级工会应根据本办法，结合本地区本产业的实际，制定具体实施细则，并报全国总工会财务部备案。

第六十七条　本办法自2020年6月1日施行。2009年8月14日颁发的《工会预算管理办法》同时废止。

工会会计制度

（2021年4月14日　财会〔2021〕7号）

第一章　总　　则

第一条　为了规范工会会计行为，保证会计信息质量，根据《中华人民共和国会计法》（以下简称会计法）、《中华人民共和国工会法》（以下简称工会法）等法律法规，制定本制度。

第二条　本制度适用于各级工会，包括基层工会及县级以上（含县级，下同）工会。工会所属事业单位、工会所属企业及挂靠工会管理的社会团体，不适用本制度。

第三条　工会会计是核算、反映、监督工会预算执行和经济活动的专业会计。工会依法建立独立的会计核算管理体系，与工会预算管理体制相适应。

第四条　工会应当对其自身发生的经济业务或者事项进行会计处理和报告。

第五条　工会会计处理应当以工会的持续运行为前提。

第六条　工会会计处理应当划分会计期间，分期结算账目和编制会计报表。

会计期间至少分为年度和月度。会计年度、月度等会计期间的起讫日期采用公历日期。

第七条　工会会计处理应当以货币计量，以人民币作为记账本位币。

第八条　工会会计处理一般采用收付实现制，部分经济业务或者事项应当按照本制度的规定采用权责发生制。

第九条　工会会计要素包括：资产、负债、净资产、收入和支出。其平衡公式为：资产＝负债＋净资产。

第十条　工会会计处理应当采用借贷记账法记账。

第十一条　工会会计记录的文字应当使用中文。在民族自治地方，会计记录可以同时使用当地通用的一种民族文字。

第十二条　县级以上工会应当设置会计机构，配备专职会计人员。基层工会应当根据会计业务的需要设置会计机构或者在有关机构中设置会计人员并指定会计主管人员；不具备设置条件的，应当委托经批准设立从事代理记账业务的中介机构代理记账。

第十三条　各级工会的法定代表人应

当对本级工会的会计工作以及会计资料的真实性、完整性负责。

第十四条 各级工会应当建立健全内部控制制度，并确保内部控制有效施行。县级以上工会应当组织指导和检查下级工会会计工作，负责制定有关实施细则；组织工会会计人员培训，不断提高政策、业务水平。

第十五条 工会应当重视并不断推进会计信息化的应用。工会开展会计信息化工作，应当符合财政部制定的相关会计信息化工作规范和标准，确保利用现代信息技术手段进行会计处理及生成的会计信息符合会计法和本制度的规定。

第二章 一般原则

第十六条 工会提供的会计信息应当符合工会管理工作的要求，满足会计信息使用者的需要，满足本级工会加强财务管理的需要。

第十七条 工会应当以实际发生的经济业务或者事项为依据进行会计处理，如实反映工会财务状况和收支情况等信息，保证会计信息真实可靠、内容完整。

第十八条 工会提供的会计信息应当清晰明了，便于理解和使用。

第十九条 工会会计处理应当采用规定的会计政策，前后各期一致，不得随意变更，以确保会计信息口径一致，相互可比。

第二十条 工会会计处理应当遵循重要性原则。对于重要的经济业务或者事项，应当单独反映。

第二十一条 工会应当对已经发生的经济业务或者事项及时进行会计处理和报告，不得提前或者延后。

第二十二条 工会应当对指定用途的资金按规定的用途专款专用，并单独反映。

第二十三条 工会在发生会计政策变更、会计估计变更和会计差错更正时，除本制度另有规定外，一般采用未来适用法进行会计处理。

会计政策，是指工会在会计核算时所遵循的特定原则、基础以及所采用的具体会计处理方法。会计估计，是指工会对结果不确定的经济业务或者事项以最近可利用的信息为基础所作的判断，如固定资产、无形资产的预计使用年限等。会计差错，是指工会在会计核算时，在确认、计量、记录、报告等方面出现的错误，通常包括计算或记录错误、应用会计政策错误、疏忽或曲解事实产生的错误、财务舞弊等。未来适用法，是指将变更后的会计政策应用于变更当期及以后各期发生的经济业务或者事项，或者在会计估计变更当期和未来期间确认会计估计变更的影响的方法。

第三章 资 产

第二十四条 资产是工会过去的经济业务或者事项形成的，由工会控制的，预期能够产生服务潜力或者带来经济利益流入的经济资源。

服务潜力是指工会利用资产提供公共产品和服务以履行工会职能的潜在能力。

经济利益流入表现为现金及现金等价物的流入，或者现金及现金等价物流出的减少。

工会的资产包括流动资产、在建工

程、固定资产、无形资产、投资和长期待摊费用等。

第二十五条　工会对符合本制度第二十四条规定的资产定义的经济资源，在同时满足以下条件时，应当确认为资产：

（一）与该经济资源相关的服务潜力很可能实现或者经济利益很可能流入工会；

（二）该经济资源的成本或者价值能够可靠地计量。

符合资产定义并确认的资产项目，应当列入资产负债表。

第二十六条　工会的资产按照国家有关规定依法确认为国有资产的，应当作为国有资产登记入账；依法确认为工会资产的，应当作为工会资产登记入账。

第二十七条　工会的资产在取得时应当按照实际成本计量。除国家另有规定外，工会不得自行调整其账面价值。

对于工会接受捐赠的现金资产，应当按照实际收到的金额入账。对于工会接受捐赠、无偿调入的非现金资产，其成本按照有关凭据注明的金额加上相关税费、运输费等确定；没有相关凭据、但按照规定经过资产评估的，其成本按照评估价值加上相关税费、运输费等确定；没有相关凭据、也未经过评估的，其成本比照同类或类似资产的价格加上相关税费、运输费等确定。如无法采用上述方法确定资产成本的，按照名义金额（人民币1元）入账，相关税费、运输费等计入当期支出。

工会盘盈的资产，其成本比照本条第二款确定。

第一节　流动资产

第二十八条　流动资产是指预计在一年内（含一年）变现或者耗用的资产。主要包括货币资金、应收款项和库存物品等。

第二十九条　货币资金包括库存现金、银行存款等。

货币资金应当按照实际发生额入账。工会应当设置库存现金和银行存款日记账，按照业务发生顺序逐日逐笔登记。库存现金应当做到日清月结，其账面余额应当与库存数相符；银行存款的账面余额应当与银行对账单定期核对，如有不符，应当编制银行存款余额调节表调节相符。

工会发生外币业务的，应当按照业务发生当日的即期汇率，将外币金额折算为人民币金额记账，并登记外币金额和汇率。期末，各种外币账户的期末余额，应当按照期末的即期汇率折算为人民币，作为外币账户期末人民币余额。调整后的各种外币账户人民币余额与原账面余额的差额，作为汇兑损益计入当期支出。

第三十条　应收款项包括应收上级经费、应收下级经费和其他应收款等。

应收上级经费是本级工会应收未收的上级工会应拨付（或转拨）的工会拨缴经费和补助。

应收下级经费是县级以上工会应收未收的下级工会应上缴的工会拨缴经费。

其他应收款是工会除应收上下级经费以外的其他应收及暂付款项。

应收款项应当按照实际发生额入账。年末，工会应当分析各项应收款项的可回收性，对于确实不能收回的应收款项应报经批准认定后及时予以核销。

第三十一条　库存物品指工会取得的将在日常活动中耗用的材料、物品及达不到固定资产标准的工具、器具等。

库存物品在取得时应当按照其实际成本入账。工会购入、有偿调入的库存物品以实际支付的价款记账。工会接受捐赠、无偿调入的库存物品按照本制度第二十七条规定所确定的成本入账。

库存物品在发出（领用或出售等）时，工会应当根据实际情况在先进先出法、加权平均法、个别计价法中选择一种方法确定发出库存物品的实际成本。库存物品发出方法一经选定，不得随意变更。

工会应当定期对库存物品进行清查盘点，每年至少全面盘点一次。对于盘盈、盘亏或报废、毁损的库存物品，应当及时查明原因，报经批准认定后及时进行会计处理。

工会盘盈的库存物品应当按照确定的成本入账，报经批准后相应增加资产基金；盘亏的库存物品，应当冲减其账面余额，报经批准后相应减少资产基金。对于报废、毁损的库存物品，工会应当冲减其账面余额，报经批准后相应减少资产基金，清理中取得的变价收入扣除清理费用后的净收入（或损失）计入当期收入（或支出），按规定应当上缴财政的计入其他应付款。

第二节 固定资产

第三十二条 固定资产是指工会使用年限超过1年（不含1年），单位价值在规定标准以上，并在使用过程中基本保持原有物质形态的资产，一般包括：房屋及构筑物；专用设备；通用设备；文物和陈列品；图书、档案；家具、用具、装具及动植物。

通用设备单位价值在1000元以上，专用设备单位价值在1500元以上的，应当确认为固定资产。单位价值虽未达到规定标准，但是使用时间超过1年（不含1年）的大批同类物资，应当按照固定资产进行核算和管理。

第三十三条 固定资产在取得时应当按照其实际成本入账。

工会购入、有偿调入的固定资产，其成本包括实际支付的买价、运输费、保险费、安装费、装卸费及相关税费等。

工会自行建造的固定资产，其成本包括该项资产至交付使用前所发生的全部必要支出。

工会接受捐赠、无偿调入的固定资产，按照本制度第二十七条规定所确定的成本入账。

工会在原有固定资产基础上进行改建、扩建、大型修缮后的固定资产，其成本按照原固定资产账面价值加上改建、扩建、大型修缮发生的支出，再扣除固定资产被替换部分的账面价值后的金额确定。

已交付使用但尚未办理竣工决算手续的固定资产，工会应当按照估计价值入账，待办理竣工决算后再按照实际成本调整原来的暂估价值。

第三十四条 在建工程是工会已经发生必要支出，但尚未交付使用的建设项目工程。工会作为建设单位的基本建设项目应当按照本制度规定统一进行会计核算。

工会对在建工程应当按照实际发生的支出确定其工程成本，并单独核算。在建工程的工程成本应当根据以下具体情况分别确定：

（一）对于自营工程，按照直接材料、直接人工、直接机械施工费等确定其成本；

（二）对于出包工程，按照应支付的工程价款等确定其成本；

（三）对于设备安装工程，按照所安装设备的价值、工程安装费用、工程试运转等所发生的支出等确定其成本。

建设项目完工交付使用时，工会应当将在建工程成本转入固定资产等进行核算。

第三十五条 工会应当对固定资产计提折旧，但文物和陈列品，动植物，图书、档案，单独计价入账的土地和以名义金额计量的固定资产除外。

工会应当根据相关规定以及固定资产的性质和使用情况，合理确定固定资产的使用年限。固定资产的使用年限一经确定，不得随意变更。

工会一般应当采用年限平均法或者工作量法计提固定资产折旧，计提折旧时不考虑预计净残值。在确定固定资产折旧方法时，应当考虑与固定资产相关的服务潜力或经济利益的预期实现方式。固定资产的折旧方法一经确定，不得随意变更。

工会应当按月对固定资产计提折旧。当月增加的固定资产，当月计提折旧；当月减少的固定资产，当月不再计提折旧。固定资产提足折旧后，无论是否继续使用，均不再计提折旧；提前报废的固定资产，也不再补提折旧。

固定资产因改建、扩建或大型修缮等原因而延长其使用年限的，工会应当按照重新确定的固定资产成本以及重新确定的折旧年限计算折旧额。

工会应当对暂估入账的固定资产计提折旧，实际成本确定后不需调整原已计提的折旧额。

第三十六条 工会处置（出售）固定资产时，应当冲减其账面价值并相应减少资产基金，处置中取得的变价收入扣除处置费用后的净收入（或损失）计入当期收入（或支出），按规定应当上缴财政的计入其他应付款。

第三十七条 工会应当定期对固定资产进行清查盘点，每年至少全面盘点一次。对于盘盈、盘亏或报废、毁损的固定资产，工会应当及时查明原因，报经批准认定后及时进行会计处理。

工会盘盈的固定资产，应当按照确定的成本入账，报经批准后相应增加资产基金；盘亏的固定资产，应当冲减其账面余额，报经批准后相应减少资产基金。对于报废、毁损的固定资产，工会应当冲减其账面余额，报经批准后相应减少资产基金，清理中取得的变价收入扣除清理费用后的净收入（或损失）计入当期收入（或支出），按规定应当上缴财政的计入其他应付款。

第三节 无形资产

第三十八条 无形资产是指工会控制的没有实物形态的可辨认非货币性资产，包括专利权、商标权、著作权、土地使用权、非专利技术等。工会购入的不构成相关硬件不可缺少组成部分的应用软件，应当确认为无形资产。

第三十九条 无形资产在取得时应当按照其实际成本入账。

工会外购的无形资产，其成本包括购买价款、相关税费以及可归属于该项资产达到预定用途前所发生的其他支出。工会委托软件公司开发的软件，视同外购无形资产确定其成本。

工会接受捐赠、无偿调入的无形资产，按照本制度第二十七条规定所确定的成本入账。

对于非大批量购入、单价小于1000元的无形资产，工会可以于购买的当期将其成本直接计入支出。

第四十条 工会应当按月对无形资产进行摊销，使用年限不确定的、以名义金额计量的无形资产除外。

工会应当按照以下原则确定无形资产的摊销年限：法律规定了有效年限的，按照法律规定的有效年限作为摊销年限；法律没有规定有效年限的，按照相关合同中的受益年限作为摊销年限；上述两种方法无法确定有效年限的，应当根据无形资产为工会带来服务潜力或者经济利益的实际情况，预计其使用年限。

工会应当采用年限平均法或工作量法对无形资产进行摊销，应摊销金额为其成本，不考虑预计净残值。

工会应当按月进行摊销。当月增加的无形资产，当月进行摊销；当月减少的无形资产，当月不再进行摊销。无形资产提足摊销后，无论是否继续使用，均不再进行摊销；核销的无形资产，也不再补提摊销。

因发生后续支出而增加无形资产成本的，对于使用年限有限的无形资产，工会应当按照重新确定的无形资产成本以及重新确定的摊销年限计算摊销额。

第四十一条 工会处置（出售）无形资产时，应当冲减其账面价值并相应减少资产基金，处置中取得的变价收入扣除处置费用后的净收入（或损失）计入当期收入（或支出），按规定应当上缴财政的计入其他应付款。

第四十二条 工会应当定期对无形资产进行清查盘点，每年至少全面盘点一次。工会在资产清查盘点过程中发现的无形资产盘盈、盘亏等，参照本制度固定资产相关规定进行处理。

第四节 其他资产

第四十三条 投资是指工会按照国家有关法律、行政法规和工会的相关规定，以货币资金、实物资产等方式向其他单位的投资。投资按其流动性分为短期投资和长期投资；按其性质分为股权投资和债权投资。

投资在取得时应当按照其实际成本入账。工会以货币资金方式对外投资的，以实际支付的款项（包括购买价款以及税金、手续费等相关税费）作为投资成本记账。工会以实物资产和无形资产方式对外投资的，以评估确认或合同、协议确定的价值记账。

对于投资期内取得的利息、利润、红利等各项投资收益，工会应当计入当期投资收益。

工会处置（出售）投资时，实际取得价款与投资账面余额的差额，应当计入当期投资收益。

对于因被投资单位破产、被撤销、注销、吊销营业执照或者被政府责令关闭等情况造成难以收回的未处置不良投资，工会应当在报经批准后及时核销。

第四十四条 长期待摊费用是工会已经支出，但应由本期和以后各期负担的分摊期限在1年以上（不含1年）的各项支出，如对以经营租赁方式租入的固定资产发生的改良支出等。

长期待摊费用应当在对应资产的受益年限内平均摊销。如果某项长期待摊费用已经不能使工会受益，应当将其摊余金额一次性转销。

第四章 负 债

第四十五条 负债是指工会过去的经济业务或者事项形成的，预期会导致经济资源流出的现时义务。

现时义务是指工会在现行条件下已承担的义务。未来发生的经济业务或者事项形成的义务不属于现时义务，不应当确认为负债。

工会的负债包括应付职工薪酬、应付款项等。

第四十六条 工会对于符合本制度第四十五条规定的现时义务，在同时满足以下条件时，应当确认为负债：

（一）履行该义务很可能导致含有服务潜力或者经济利益的经济资源流出工会；

（二）该义务的金额能够可靠计量。

符合负债定义并确认的负债项目，应当列入资产负债表。

第四十七条 应付职工薪酬是工会按照国家有关规定应付给本单位职工及为职工支付的各种薪酬，包括基本工资、国家统一规定的津贴补贴、规范津贴补贴（绩效工资）、改革性补贴、社会保险费（如职工基本养老保险费、职业年金、基本医疗保险费等）和住房公积金等。

第四十八条 应付款项包括应付上级经费、应付下级经费和其他应付款。

应付上级经费指本级工会按规定应上缴上级工会的工会拨缴经费。

应付下级经费指本级工会应付下级工会的各项补助以及应转拨下级工会的工会拨缴经费。

其他应付款指除应付上下级经费之外的其他应付及暂存款项，包括工会按规定收取的下级工会筹建单位交来的建会筹备金等。

第四十九条 工会的各项负债应当按照实际发生额入账。

第五章 净资产

第五十条 净资产是指工会的资产减去负债后的余额，包括资产基金、专用基金、工会资金结转、工会资金结余、财政拨款结转、财政拨款结余和预算稳定调节基金。

第五十一条 资产基金指工会库存物品、固定资产、在建工程、无形资产、投资和长期待摊费用等非货币性资产在净资产中占用的金额。

资产基金应当在取得库存物品、固定资产、在建工程、无形资产、投资及发生长期待摊费用时确认。资产基金应当按照实际发生额入账。

第五十二条 专用基金指县级以上工会按规定依法提取和使用的有专门用途的基金。

工会提取专用基金时，应当按照实际提取金额计入当期支出；使用专用基金时，应当按照实际支出金额冲减专用基金余额；专用基金未使用的余额，可以滚存下一年度使用。

第五十三条 工会资金结转是指工会预算安排项目的支出年终尚未执行完毕或者因故未执行，且下年需要按原用途继续使用的工会资金。

工会资金结余是指工会年度预算执行终了，预算收入实际完成数扣除预算支出和工会结转资金后剩余的工会资金。

第五十四条 财政拨款结转是指县级以上工会预算安排项目的支出年终尚未执行完毕或者因故未执行，且下年需要按原用途继续使用的财政拨款资金。

财政拨款结余是指县级以上工会年度预算执行终了，预算收入实际完成数扣除预算支出和财政拨款结转资金后剩余的财政拨款资金。

第五十五条 预算稳定调节基金是县级以上工会为平衡年度预算按规定设置的储备性资金。

第六章 收 入

第五十六条 收入是指工会根据工会法以及有关政策规定开展业务活动所取得的非偿还性资金。收入按照来源分为会费收入、拨缴经费收入、上级补助收入、政府补助收入、行政补助收入、附属单位上缴收入、投资收益和其他收入。

会费收入指工会会员依照规定向基层工会缴纳的会费。

拨缴经费收入指基层单位行政拨缴、下级工会按规定上缴及上级工会按规定转拨的工会拨缴经费中归属于本级工会的经费。

上级补助收入指本级工会收到的上级工会补助的款项，包括一般性转移支付补助和专项转移支付补助。

政府补助收入指各级人民政府按照工会法和国家有关规定给予县级以上工会的补助款项。

行政补助收入指基层工会取得的所在单位行政方面按照工会法和国家有关规定给予工会的补助款项。

附属单位上缴收入指工会所属的企事业单位按规定上缴的收入。

投资收益指工会对外投资发生的损益。

其他收入指工会除会费收入、拨缴经费收入、上级补助收入、政府补助收入、行政补助收入、附属单位上缴收入和投资收益之外的各项收入。

第五十七条 工会各项收入应当按照实际发生额入账。

第七章 支 出

第五十八条 支出是指工会为开展各项工作和活动所发生的各项资金耗费和损失。支出按照功能分为职工活动支出、职工活动组织支出、职工服务支出、维权支出、业务支出、行政支出、资本性支出、补助下级支出、对附属单位的支出和其他支出。

职工活动支出指基层工会开展职工教育活动、文体活动、宣传活动、劳模疗休养活动、会员活动等发生的支出。

职工活动组织支出指县级以上工会组织开展职工教育活动、文体活动、宣传活动和劳模疗休养活动等发生的支出。

职工服务支出指工会开展职工劳动和技能竞赛活动、职工创新活动、建家活动、职工书屋、职工互助保障、心理咨询等工作发生的支出。

维权支出指工会用于维护职工权益的支出，包括劳动关系协调、劳动保护、法律援助、困难职工帮扶、送温暖和其他维权支出。

业务支出指工会培训工会干部、加强自身建设及开展业务工作发生的各项支出。

行政支出指县级以上工会为行政管理、后勤保障等发生的各项日常支出。

资本性支出指工会从事建设工程、设备工具购置、大型修缮和信息网络购建等而发生的实际支出。

补助下级支出指县级以上工会为解决下级工会经费不足或根据有关规定给予下级工会的各类补助款项。

对附属单位的支出指工会按规定对所属企事业单位的补助。

其他支出指工会除职工活动支出、职工活动组织支出、职工服务支出、维权支出、业务支出、行政支出、资本性支出、补助下级支出和对附属单位的支出以外的各项支出。

第五十九条 工会各项支出应当按照实际发生额入账。

第八章 财 务 报 表

第六十条 工会财务报表是反映各级工会财务状况、业务活动和预算执行结果的书面文件。工会财务报表是各级工会领导、上级工会及其他财务报表使用者了解情况、掌握政策、指导工作的重要资料。

第六十一条 工会财务报表包括会计报表和附注。会计报表分为主表和附表，主表包括资产负债表和收入支出表，附表包括财政拨款收入支出表、国有资产情况表和成本费用表。

资产负债表，是反映工会某一会计期末全部资产、负债和净资产情况的报表。

收入支出表，是反映工会某一会计期间全部收入、支出及结转结余情况的报表。

财政拨款收入支出表，是反映县级以上工会某一会计期间从同级政府财政部门取得的财政拨款收入、支出及结转结余情况的报表。

国有资产情况表，是反映县级以上工会某一会计期间持有的国有资产情况的报表。

成本费用表，是反映县级以上工会某一会计期间成本费用情况的报表。

附注是对在资产负债表、收入支出表等报表中列示项目所作的进一步说明，以及未能在这些报表中列示项目的说明。

第六十二条 工会财务报表分为年度财务报表和中期财务报表。以短于一个完整的会计年度的期间（如半年度、季度和月度）编制的财务报表称为中期财务报表。年度财务报表是以整个会计年度为基础编制的财务报表。

第六十三条 工会要负责对所属单位财务报表和下级工会报送的年度财务报表进行审核、核批和汇总工作，定期向本级工会领导和上级工会报告本级工会预算执行情况。

第六十四条 工会财务报表要根据登记完整、核对无误的账簿记录和其他有关资料编制，做到数字准确、内容完整、报送及时。工会财务报表应当由各级工会的法定代表人和主管会计工作的负责人、会计机构负责人（会计主管人员）签名并盖章。

第九章 附 则

第六十五条 工会填制会计凭证、登记会计账簿、管理会计档案等，应当按照《会计基础工作规范》、《会计档案管理办法》等规定执行。

第六十六条 本制度从 2022 年 1 月 1 日起实施。2009 年 5 月 31 日财政部印发的《工会会计制度》（财会〔2009〕7 号）同时废止。

附录 1：工会会计科目和财务报表（略）

附录 2：工会固定资产折旧年限表（略）

基层工会经费收支管理办法

（2017 年 12 月 15 日 总工办发〔2017〕32 号）

第一章 总 则

第一条 为加强基层工会收支管理，规范基层工会经费使用，根据《中华人民共和国工会法》和《中国工会章程》《工会会计制度》《工会预算管理办法》的有关规定，结合中华全国总工会（以下简称"全国总工会"）贯彻落实中央有关规定的相关要求，制定本办法。

第二条 本办法适用于企业、事业单位、机关和其他经济社会组织单独或联合建立的基层工会委员会。

第三条 基层工会经费收支管理应遵循以下原则：

（一）遵纪守法原则。基层工会应依据《中华人民共和国工会法》的有关规定，依法组织各项收入，严格遵守国家法律法规，严格执行全国总工会有关制度规定，严肃财经纪律，严格工会经费使用，加强工会经费收支管理。

（二）经费独立原则。基层工会应依据全国总工会关于工会法人登记管理的有关规定取得工会法人资格，依法享有民事权利、承担民事义务，并根据财政部、中国人民银行的有关规定，设立工会经费银行账户，实行工会经费独立核算。

（三）预算管理原则。基层工会应按照《工会预算管理办法》的要求，将单位各项收支全部纳入预算管理。基层工会经费年度收支预算（含调整预算）需经同级工会委员会和工会经费审查委员会审查同意，并报上级主管工会批准。

（四）服务职工原则。基层工会应坚持工会经费正确的使用方向，优化工会经费支出结构，严格控制一般性支出，将更多的工会经费用于为职工服务和开展工会活动，维护职工的合法权益，增强工会组织服务职工的能力。

（五）勤俭节约原则。基层工会应按照党中央、国务院关于厉行勤俭节约反对奢侈浪费的有关规定，严格控制工会经费开支范围和开支标准，经费使用要精打细算，少花钱多办事，节约开支，提高工会经费使用效益。

（六）民主管理原则。基层工会应依

靠会员管好用好工会经费。年度工会经费收支情况应定期向会员大会或会员代表大会报告，建立经费收支信息公开制度，主动接受会员监督。同时，接受上级工会监督，依法接受国家审计监督。

第二章 工会经费收入

第四条 基层工会经费收入范围包括：

（一）会费收入。会费收入是指工会会员依照全国总工会规定按本人工资收入的5‰向所在基层工会缴纳的会费。

（二）拨缴经费收入。拨缴经费收入是指建立工会组织的单位按全部职工工资总额2%依法向工会拨缴的经费中的留成部分。

（三）上级工会补助收入。上级工会补助收入是指基层工会收到的上级工会拨付的各类补助款项。

（四）行政补助收入。行政补助收入是指基层工会所在单位依法对工会组织给予的各项经费补助。

（五）事业收入。事业收入是指基层工会独立核算的所属事业单位上缴的收入和非独立核算的附属事业单位的各项事业收入。

（六）投资收益。投资收益是指基层工会依据相关规定对外投资取得的收益。

（七）其他收入。其他收入是指基层工会取得的资产盘盈、固定资产处置净收入、接受捐赠收入和利息收入等。

第五条 基层工会应加强对各项经费收入的管理。要按照会员工资收入和规定的比例，按时收取全部会员应交的会费。要严格按照国家统计局公布的职工工资总额口径和所在省级工会规定的分成比例，及时足额拨缴工会经费；实行财政划拨或委托税务代收部分工会经费的基层工会，应加强与本单位党政部门的沟通，依法足额落实基层工会按照省级工会确定的留成比例应当留成的经费。要统筹安排行政补助收入，按照预算确定的用途开支，不得将与工会无关的经费以行政补助名义纳入账户管理。

第三章 工会经费支出

第六条 基层工会经费主要用于为职工服务和开展工会活动。

第七条 基层工会经费支出范围包括：职工活动支出、维权支出、业务支出、资本性支出、事业支出和其他支出。

第八条 职工活动支出是指基层工会组织开展职工教育、文体、宣传等活动所发生的支出和工会组织的职工集体福利支出。包括：

（一）职工教育支出。用于基层工会举办政治、法律、科技、业务等专题培训和职工技能培训所需的教材资料、教学用品、场地租金等方面的支出，用于支付职工教育活动聘请授课人员的酬金，用于基层工会组织的职工素质提升补助和职工教育培训优秀学员的奖励。对优秀学员的奖励应以精神鼓励为主、物质激励为辅。授课人员酬金标准参照国家有关规定执行。

（二）文体活动支出。用于基层工会开展或参加上级工会组织的职工业余文体活动所需器材、服装、用品等购置、租赁与维修方面的支出以及活动场地、交通工具的租金支出等，用于文体活动优胜者的奖励支出，用于文体活动中必要的伙食补助费。

文体活动奖励应以精神鼓励为主、物质激励为辅。奖励范围不得超过参与人数的三分之二；不设置奖项的，可为参加人员发放少量纪念品。

文体活动中开支的伙食补助费，不得超过当地差旅费中的伙食补助标准。

基层工会可以用会员会费组织会员观看电影、文艺演出和体育比赛等，开展春游秋游，为会员购买当地公园年票。会费不足部分可以用工会经费弥补，弥补部分不超过基层工会当年会费收入的三倍。

基层工会组织会员春游秋游应当日往返，不得到有关部门明令禁止的风景名胜区开展春游秋游活动。

（三）宣传活动支出。用于基层工会开展重点工作、重大主题和重大节日宣传活动所需的材料消耗、场地租金、购买服务等方面的支出，用于培育和践行社会主义核心价值观，弘扬劳模精神和工匠精神等经常性宣传活动方面的支出，用于基层工会开展或参加上级工会举办的知识竞赛、宣讲、演讲比赛、展览等宣传活动支出。

（四）职工集体福利支出。用于基层工会逢年过节和会员生日、婚丧嫁娶、退休离岗的慰问支出等。

基层工会逢年过节可以向全体会员发放节日慰问品。逢年过节的年节是指国家规定的法定节日（即：新年、春节、清明节、劳动节、端午节、中秋节和国庆节）和经自治区以上人民政府批准设立的少数民族节日。节日慰问品原则上为符合中国传统节日习惯的用品和职工群众必需的生活用品等，基层工会可结合实际采取便捷灵活的发放方式。

工会会员生日慰问可以发放生日蛋糕等实物慰问品，也可以发放指定蛋糕店的蛋糕券。

工会会员结婚生育时，可以给予一定金额的慰问品。工会会员生病住院、工会会员或其直系亲属去世时，可以给予一定金额的慰问金。

工会会员退休离岗，可以发放一定金额的纪念品。

（五）其他活动支出。用于工会组织开展的劳动模范和先进职工疗休养补贴等其他活动支出。

第九条 维权支出是指基层工会用于维护职工权益的支出。包括：劳动关系协调费、劳动保护费、法律援助费、困难职工帮扶费、送温暖费和其他维权支出。

（一）劳动关系协调费。用于推进创建劳动关系和谐企业活动、加强劳动争议调解和队伍建设、开展劳动合同咨询活动、集体合同示范文本印制与推广等方面的支出。

（二）劳动保护费。用于基层工会开展群众性安全生产和职业病防治活动、加强群监员队伍建设、开展职工心理健康维护等促进安全健康生产、保护职工生命安全为宗旨开展职工劳动保护发生的支出等。

（三）法律援助费。用于基层工会向职工群众开展法治宣传、提供法律咨询、法律服务等发生的支出。

（四）困难职工帮扶费。用于基层工会对困难职工提供资金和物质帮助等发生的支出。

工会会员本人及家庭因大病、意外事

故、子女就学等原因致困时，基层工会可给予一定金额的慰问。

（五）送温暖费。用于基层工会开展春送岗位、夏送清凉、金秋助学和冬送温暖等活动发生的支出。

（六）其他维权支出。用于基层工会补助职工和会员参加互助互济保障活动等其他方面的维权支出。

第十条　业务支出是指基层工会培训工会干部、加强自身建设以及开展业务工作发生的各项支出。包括：

（一）培训费。用于基层工会开展工会干部和积极分子培训发生的支出。开支范围和标准以有关部门制定的培训费管理办法为准。

（二）会议费。用于基层工会会员大会或会员代表大会、委员会、常委会、经费审查委员会以及其他专业工作会议的各项支出。开支范围和标准以有关部门制定的会议费管理办法为准。

（三）专项业务费。用于基层工会开展基层工会组织建设、建家活动、劳模和工匠人才创新工作室、职工创新工作室等创建活动发生的支出，用于基层工会开办的图书馆、阅览室和职工书屋等职工文体活动阵地所发生的支出，用于基层工会开展专题调研所发生的支出，用于基层工会开展女职工工作性支出，用于基层工会开展外事活动方面的支出，用于基层工会组织开展合理化建议、技术革新、发明创造、岗位练兵、技术比武、技术培训等劳动和技能竞赛活动支出及其奖励支出。

（四）其他业务支出。用于基层工会发放兼职工会干部和专职社会化工会工作者补贴，用于经上级批准评选表彰的优秀工会干部和积极分子的奖励支出，用于基层工会必要的办公费、差旅费，用于基层工会支付代理记账、中介机构审计等购买服务方面的支出。

基层工会兼职工会干部和专职社会化工会工作者发放补贴的管理办法由省级工会制定。

第十一条　资本性支出是指基层工会从事工会建设工程、设备工具购置、大型修缮和信息网络购建而发生的支出。

第十二条　事业支出是指基层工会对独立核算的附属事业单位的补助和非独立核算的附属事业单位的各项支出。

第十三条　其他支出是指基层工会除上述支出以外的其他各项支出。包括：资产盘亏、固定资产处置净损失、捐赠、赞助等。

第十四条　根据《中华人民共和国工会法》的有关规定，基层工会专职工作人员的工资、奖励、补贴由所在单位承担，基层工会办公和开展活动必要的设施和活动场所等物质条件由所在单位提供。所在单位保障不足且基层工会经费预算足以保证的前提下，可以用工会经费适当弥补。

第四章　财务管理

第十五条　基层工会主席对基层工会会计工作和会计资料的真实性、完整性负责。

第十六条　基层工会应根据国家和全国总工会的有关政策规定以及上级工会的要求，制定年度工会工作计划，依法、真实、完整、合理地编制工会经费年度预算，依法履行必要程序后报上级工会批准。严禁无预算、超预算使用工会经费。年度预算原则上一年调整一次，调整预算的编制审批程序与预算编制审批程序一致。

第十七条　基层工会应根据批准的年度预算，积极组织各项收入，合理安排各项支出，并严格按照《工会会计制度》的要求，科学设立和登记会计账簿，准确办理经费收支核算，定期向工会委员会和经费审查委员会报告预算执行情况。基层工会经费年度财务决算需报上级工会审批。

第十八条　基层工会应加强财务管理制度建设，健全完善财务报销、资产管理、资金使用等内部管理制度。基层工会应依法组织工会经费收入，严格控制工会经费支出，各项收支实行工会委员会集体领导下的主席负责制，重大收支须集体研究决定。

第十九条　基层工会应根据自身实际科学设置会计机构、合理配备会计人员，真实、完整、准确、及时反映工会经费收支情况和财务管理状况。具备条件的基层工会，应当设置会计机构或在有关机构中设置专职会计人员；不具备条件的，由设立工会财务结算中心的乡镇（街道）、开发区（工业园区）工会实行集中核算，分户管理，或者委托本单位财务部门或经批准设立从事会计代理记账业务的中介机构或聘请兼职会计人员代理记账。

第五章　监督检查

第二十条　全国总工会负责对全国工会系统工会经费的收入、支出和使用管理情况进行监督检查。按照"统一领导、分级管理"的管理体制，省以下各级工会应加强对本级和下一级工会经费收支与使用管理情况的监督检查，下一级工会应定期向本级工会委员会和上一级工会报告财务监督检查情况。

第二十一条　基层工会应加强对本单位工会经费使用情况的内部会计监督和工会预算执行情况的审查审计监督，依法接受并主动配合国家审计监督。内部会计监督主要对原始凭证的真实性合法性、会计账簿与财务报告的准确性及时性、财产物资的安全性完整性进行监督，以维护财经纪律的严肃性。审查审计监督主要对单位财务收支情况和预算执行情况进行审查监督。

第二十二条　基层工会应严格执行以下规定：

（一）不准使用工会经费请客送礼。

（二）不准违反工会经费使用规定，滥发奖金、津贴、补贴。

（三）不准使用工会经费从事高消费性娱乐和健身活动。

（四）不准单位行政利用工会账户，违规设立"小金库"。

（五）不准将工会账户并入单位行政账户，使工会经费开支失去控制。

（六）不准截留、挪用工会经费。

（七）不准用工会经费参与非法集资活动，或为非法集资活动提供经济担保。

（八）不准用工会经费报销与工会活动无关的费用。

第二十三条　各级工会对监督检查中发现违反基层工会经费收支管理办法的问题，要及时纠正。违规问题情节较轻的，要限期整改；涉及违纪的，由纪检监察部门依照有关规定，追究直接责任人和相关领导责任；构成犯罪的，依法移交司法机关处理。

第六章 附 则

第二十四条 各省级工会应根据本办法的规定，结合本地区、本产业和本系统工作实际，制定具体实施细则，细化支出范围，明确开支标准，确定审批权限，规范活动开展。各省级工会制定的实施细则须报全国总工会备案。基层工会制定的相关办法须报上级工会备案。

第二十五条 本办法自印发之日起执行。《中华全国总工会办公厅关于加强基层工会经费收支管理的通知》（总工办发〔2014〕23号）和《全总财务部关于〈关于加强基层工会经费收支管理的通知〉的补充通知》（工财发〔2014〕69号）同时废止。

第二十六条 基层工会预算编制审批管理办法由全国总工会另行制定。

第二十七条 本办法由全国总工会负责解释。

中华全国总工会办公厅关于进一步规范全民健身等相关工会经费使用管理的通知

（2022年6月29日 总工办发〔2022〕12号）

各省、自治区、直辖市总工会，中华全国铁路总工会、中国民航工会、中国金融工会，中央和国家机关工会联合会：

为贯彻落实党中央、国务院有关决策部署，充分彰显各级工会组织在服务经济社会发展大局中的担当作为，切实规范职责履行中工会经费的使用管理，现就进一步规范相关工会经费使用管理的有关事项通知如下：

一、广泛参与，充分发挥各级工会在全民健身运动中的积极作用

1. 开展职工文体活动是工会组织丰富职工文化生活、直接服务职工群众的重要手段，职工健身活动是职工文体活动的一项重要内容。各级工会要提高政治站位，把增强职工开展全民健身运动的参与度作为贯彻落实中共中央、国务院《关于构建更高水平的全民健身公共服务体系的意见》的重要任务来抓，不断提高职工群众身体素质和健康水平。

2. 县级以上工会应主动向地方党委汇报，争取地方政府支持，加强工人文化宫等职工服务阵地建设，并根据地方全民健身公共服务体系建设发展规划，充分利用工人体育场（馆）、工人文化宫等职工服务阵地，组织开展区域性、行业性职工健身等职工文体活动。

自身没有服务阵地的县级以上工会，可以通过购买服务的方式，组织开展包括健身活动在内的区域性、行业性职工文体活动。要将职工文体活动纳入本级购买服务目录，所需经费纳入本级经费年度收支预算，规范购买服务程序，加强经费使用管理。

3. 基层工会要加强与所在单位行政部门沟通协调，积极争取专项资金为职工配备健身设施、健身器材，组织职工参与职工健身活动。

基层工会自身健身设施设备不能满足职工会员需求的,每年可以按照一定标准为职工会员购买健身服务,所需经费纳入基层工会年度收支预算。基层工会年度文体活动支出预算不能全部用于购买健身服务支出。购买健身服务的项目、标准由基层工会制定具体办法予以明确,经基层工会委员会或工会代表大会批准后执行。

二、齐心协力,推动巩固拓展脱贫攻坚成果同乡村振兴战略有效衔接

4. 各级工会要根据当地党委、政府的部署安排,立足工会自身实际,按照国家发展改革委等30个部门《关于继续大力实施消费帮扶巩固拓展脱贫攻坚成果的指导意见》(发改振兴〔2021〕640号)的任务分工,落实具体措施。

5. 各级工会要加强职工思想政治引领,大力宣传国家脱贫攻坚取得的伟大成就和实施乡村振兴战略的重大意义,引导干部职工培养健康、绿色的消费习惯,自发消费脱贫地区产品和旅游服务,持续实施消费帮扶,巩固拓展脱贫攻坚成果。

6. 各级工会要把消费帮扶作为定点帮扶的重要内容。县级以上工会机关的内部食堂,以及各级工会组织的内部商超及所属宾馆、酒店等企事业单位根据实际需要,在同等条件下可优先采购脱贫地区产品,有条件的可签订直供直销和长期供货合同。各级工会可按照同级财政部门或单位行政的有关规定,预留一定比例的食堂食材采购份额,用以采购脱贫地区农副产品。

7. 县级以上工会采取"积分换购"等方式组织线上学习、培训时,换购产品可适当扩大脱贫地区产品和服务消费份额。符合《全国总工会关于进一步加强和规范劳模疗休养工作的意见》(总工办发〔2019〕21号)中要求的休息、疗养、康复治疗等相关标准的脱贫地区接待单位,可作为职工(劳模)疗休养接待场所。

8. 基层工会按照规定组织节日慰问、生日慰问或其他相关工会活动时,同等条件下可优先采购脱贫地区产品作为慰问品。

三、积极配合,为服务业领域困难行业恢复发展贡献工会力量

9. 各级工会要积极配合政府有关部门贯彻落实《关于促进服务业领域困难行业恢复发展的若干政策》(发改财金〔2022〕271号),加大小微企业工会经费支持政策的执行力度,确保包括服务业领域小微企业在内的小微企业工会经费全额返还,促进服务业领域困难企业健康发展。

10. 县级以上工会开展职工疗休养等工会活动涉及方案制定、组织协调等确需购买外部服务的,可根据采购管理的有关规定,履行必要的采购程序,选取旅行社承接,明确服务内容、服务标准,合理确定预付款比例,并按合同约定及时向旅行社支付费用。

由旅行社承接劳模疗休养活动的,应严格按照《全国总工会关于进一步加强和规范劳模疗休养工作的意见》(总工办发〔2019〕21号)的有关规定执行。

11. 基层工会按照规定组织的职工春秋游,确需购买外部服务的,可根据采购管理的有关规定,履行必要的采购程序,选择旅行社承接。

12. 各级工会组织的会展活动,确需购买外部服务的,可根据采购管理的有关规定,履行必要的采购程序,选择会展服务类企事业单位承接。

四、强化监管，确保相关工会活动经费安全、规范、有效使用

13. 各级工会组织要始终坚持党政所需、职工所盼、工会所能的工作原则，立足自身实际，统筹资源手段，为构建更高水平的全民健身公共服务体系、促进服务业领域困难行业恢复发展、推动实现巩固拓展脱贫攻坚成果同乡村振兴有效衔接，作出工会组织应有的贡献。

14. 各级工会要切实加强相关工作具体实施中的经费管理使用，完善管理制度，规范操作流程，严肃财经纪律，强化监督检查，严禁将购买旅行社服务异化为公款旅游，严禁将购买健身服务、消费帮扶变相为滥发津贴、补贴，严禁以商业预付卡方式提供相关服务。各级工会经审部门要加强审查审计监督，确保相关经费安全有效使用。

15. 各省级工会可根据实际工作需要，补充完善本地区、本行业、本系统《县级以上工会经费支出管理暂行办法》和《基层工会经费收支管理办法》的实施办法或实施细则，进一步增强制度执行的针对性、实效性。

工会送温暖资金使用管理办法（试行）

（2018年12月21日　总工发〔2018〕39号）

第一章　总　　则

第一条　为加强工会联系广泛、服务职工功能，把党和政府的关心关怀与工会组织的温暖送到广大职工心坎上，进一步开展好工会送温暖活动，提高资金使用效益，实现送温暖常态化、经常化、日常化，依据财政部和全国总工会有关制度文件，制定本办法。

第二条　送温暖资金是各级工会认真履行维护职工合法权益、竭诚服务职工群众的基本职责，筹集社会各方面资源，对职工开展帮扶困难、走访慰问的资金。

第三条　送温暖资金坚持资金使用规范、精准、高效、安全原则，支出方向既体现物质帮扶、脱贫解困，又体现人文关怀、心灵引导。

第四条　加强送温暖资金与困难职工帮扶资金在对象、标准、管理等方面有效衔接，形成层次清晰、各有侧重的梯度帮扶格局。困难职工帮扶资金重点保障深度困难职工家庭生活、帮助建档困难职工家庭解困脱困；送温暖资金突出对职工走访慰问，体现工会组织对职工的关心关爱。

第二章　资金的来源、使用对象及标准

第五条　送温暖资金的主要来源是：

1. 各级财政拨款。是指各级财政拨付工会使用的用于送温暖活动的专项资金。

2. 上级工会经费补助。是指上级工会用工会经费安排给下级工会用于送温暖活动的专项资金。

3. 本级工会经费列支。是指各级工会在本级工会经费预算中安排的用于送温暖活动的专项资金。

4. 社会捐助资金。是指各级工会向社

会募集的用于送温暖活动的资金。

5. 行政拨付。是指基层工会所在单位用行政经费、福利费等通过工会开展送温暖活动的资金。

6. 其他合法来源。

第六条 送温暖资金的使用对象：

1. 因非个人意愿下岗失业、家庭收入水平明显偏低、子女教育费用负担过重等原因造成家庭生活困难的职工。

2. 本人或家庭成员因患大病、遭受各类灾害或突发意外等情况造成生活困难的职工。

3. 关停并转等困难企业中，因停发、减发工资而导致生活相对困难的职工。

4. 工伤与职业病致残的职工和因公牺牲职工的家属；因重大疾病手术、住院的职工。

5. 长期在高（低）温、高空、有毒有害等环境中和苦脏累险艰苦行业岗位上工作的一线职工。

6. 重大灾害期间坚守抗灾一线的职工；春节期间坚守在生产一线和交通运输、电力、环卫以及直接面向群众服务的基层岗位干部职工；因组织需要长期异地工作或者服从组织需要赴外地、基层工作的派驻挂职干部职工；在重大项目和重大工程中做出突出贡献的职工；生产一线涌现出来的先进模范人物。

第七条 各级工会在对建档困难职工做好常态化帮扶、帮助其解困脱困的基础上，在职工发生困难时或重要时间节点对以上职工走访慰问。各级工会要根据实际情况确定走访慰问重点职工群体，并适当考虑关心关爱生活困难的离休、退休的会员。要结合当地居民生活水平和物价指数等因素，科学合理制定慰问标准。

第八条 走访慰问职工要坚持实名制发放，实名制表应包括慰问对象的工作单位、基本情况、联系方式、身份证号、慰问金额、经办人签字等有关信息。资金使用情况须录入工会帮扶工作管理系统送温暖管理模块备查。

第三章 资金的管理

第九条 送温暖资金按照本办法规定管理使用，其中财政专项帮扶资金使用于两节期间慰问困难职工的，应同时遵照帮扶资金管理相关规定执行。

第十条 工会权益保障部门会同财务部门提出资金的分配和使用方案，经同级工会领导集体研究通过后实施。

第十一条 送温暖资金纳入各级工会预算、决算统一管理。各级工会年度预算安排时以常态化送温暖为原则，切实保证经费投入。各级工会要拓宽资金筹集渠道，积极争取政府财政支持，探索与慈善组织合作方式，撬动更多的社会资源参与送温暖活动。

第十二条 送温暖资金按照《工会会计制度》设置会计科目、进行会计核算，严格执行资金审批和财务支付制度。

第十三条 送温暖资金实行绩效管理，省级工会应当运用好绩效评价结果，并将其作为改进送温暖工作和安排以后年度预算的重要依据。

第四章 监督检查

第十四条 各级工会权益保障、财

务、经审部门要加大对资金使用管理情况的监督检查，及时发现和纠正存在的问题。经审部门要将送温暖资金纳入年度审计范围。接受政府有关部门审计、检查，接受职工群众和社会的监督。

第十五条 任何单位或个人不得使用送温暖资金购买明令禁止的物品，不得发放津补贴、奖金、福利，不得用于与规定用途无关的其他事项。不得截留、挪用、冒领，不得优亲厚友、人情帮扶。

第十六条 各级工会对监督检查中发现违反有关规定的问题，要及时处理。违规问题情节较轻的，要限期整改；涉及违纪的，由纪检监察部门依照有关规定，追究直接责任人和相关领导责任；构成犯罪的，依法移交司法机关处理。

第五章 附 则

第十七条 各省级工会应根据本办法的规定，结合本地区、本产业和本系统工作实际，制定具体实施细则，细化支出范围，明确开支标准，确定审批权限，规范活动开展。各省级工会制定的实施细则须报全国总工会备案。省以下各级工会制定的实施细则须报上一级工会备案。

第十八条 本办法自下发之日起执行，《中华全国总工会送温暖工程资金管理使用办法》（总工发〔2006〕54号）同时废止。

第十九条 本办法由全国总工会权益保障部、财务部负责解释。

中华人民共和国
企业国有资产法

（2008年10月28日第十一届全国人民代表大会常务委员会第五次会议通过 2008年10月28日中华人民共和国主席令第5号公布 自2009年5月1日起施行）

目 录

第一章 总 则
第二章 履行出资人职责的机构
第三章 国家出资企业
第四章 国家出资企业管理者的选择与考核
第五章 关系国有资产出资人权益的重大事项
　第一节 一般规定
　第二节 企业改制
　第三节 与关联方的交易
　第四节 资产评估
　第五节 国有资产转让
第六章 国有资本经营预算
第七章 国有资产监督
第八章 法律责任
第九章 附 则

第一章 总 则

第一条 为了维护国家基本经济制度，巩固和发展国有经济，加强对国有资产的保护，发挥国有经济在国民经济中的主导作用，促进社会主义市场经济发展，制定本法。

第二条 本法所称企业国有资产（以下称国有资产），是指国家对企业各种形式的出资所形成的权益。

第三条 国有资产属于国家所有即全民所有。国务院代表国家行使国有资产所有权。

第四条 国务院和地方人民政府依照法律、行政法规的规定，分别代表国家对国家出资企业履行出资人职责，享有出资人权益。

国务院确定的关系国民经济命脉和国家安全的大型国家出资企业，重要基础设施和重要自然资源等领域的国家出资企业，由国务院代表国家履行出资人职责。其他的国家出资企业，由地方人民政府代表国家履行出资人职责。

第五条 本法所称国家出资企业，是指国家出资的国有独资企业、国有独资公司，以及国有资本控股公司、国有资本参股公司。

第六条 国务院和地方人民政府应当按照政企分开、社会公共管理职能与国有资产出资人职能分开、不干预企业依法自主经营的原则，依法履行出资人职责。

第七条 国家采取措施，推动国有资本向关系国民经济命脉和国家安全的重要行业和关键领域集中，优化国有经济布局和结构，推进国有企业的改革和发展，提高国有经济的整体素质，增强国有经济的控制力、影响力。

第八条 国家建立健全与社会主义市场经济发展要求相适应的国有资产管理与监督体制，建立健全国有资产保值增值考核和责任追究制度，落实国有资产保值增值责任。

第九条 国家建立健全国有资产基础管理制度。具体办法按照国务院的规定制定。

第十条 国有资产受法律保护，任何单位和个人不得侵害。

第二章 履行出资人职责的机构

第十一条 国务院国有资产监督管理机构和地方人民政府按照国务院的规定设立的国有资产监督管理机构，根据本级人民政府的授权，代表本级人民政府对国家出资企业履行出资人职责。

国务院和地方人民政府根据需要，可以授权其他部门、机构代表本级人民政府对国家出资企业履行出资人职责。

代表本级人民政府履行出资人职责的机构、部门，以下统称履行出资人职责的机构。

第十二条 履行出资人职责的机构代表本级人民政府对国家出资企业依法享有资产收益、参与重大决策和选择管理者等出资人权利。

履行出资人职责的机构依照法律、行政法规的规定，制定或者参与制定国家出资企业的章程。

履行出资人职责的机构对法律、行政法规和本级人民政府规定须经本级人民政府批准的履行出资人职责的重大事项，应当报请本级人民政府批准。

第十三条 履行出资人职责的机构委派的股东代表参加国有资本控股公司、国有资本参股公司召开的股东会会议、股东大会会议，应当按照委派机构的指示提出提案、发表意见、行使表决权，并将其履行职责的情况和结果及时报告委派机构。

第十四条　履行出资人职责的机构应当依照法律、行政法规以及企业章程履行出资人职责，保障出资人权益，防止国有资产损失。

履行出资人职责的机构应当维护企业作为市场主体依法享有的权利，除依法履行出资人职责外，不得干预企业经营活动。

第十五条　履行出资人职责的机构对本级人民政府负责，向本级人民政府报告履行出资人职责的情况，接受本级人民政府的监督和考核，对国有资产的保值增值负责。

履行出资人职责的机构应当按照国家有关规定，定期向本级人民政府报告有关国有资产总量、结构、变动、收益等汇总分析的情况。

第三章　国家出资企业

第十六条　国家出资企业对其动产、不动产和其他财产依照法律、行政法规以及企业章程享有占有、使用、收益和处分的权利。

国家出资企业依法享有的经营自主权和其他合法权益受法律保护。

第十七条　国家出资企业从事经营活动，应当遵守法律、行政法规，加强经营管理，提高经济效益，接受人民政府及其有关部门、机构依法实施的管理和监督，接受社会公众的监督，承担社会责任，对出资人负责。

国家出资企业应当依法建立和完善法人治理结构，建立健全内部监督管理和风险控制制度。

第十八条　国家出资企业应当依照法律、行政法规和国务院财政部门的规定，建立健全财务、会计制度，设置会计账簿，进行会计核算，依照法律、行政法规以及企业章程的规定向出资人提供真实、完整的财务、会计信息。

国家出资企业应当依照法律、行政法规以及企业章程的规定，向出资人分配利润。

第十九条　国有独资公司、国有资本控股公司和国有资本参股公司依照《中华人民共和国公司法》的规定设立监事会。国有独资企业由履行出资人职责的机构按照国务院的规定委派监事组成监事会。

国家出资企业的监事会依照法律、行政法规以及企业章程的规定，对董事、高级管理人员执行职务的行为进行监督，对企业财务进行监督检查。

第二十条　国家出资企业依照法律规定，通过职工代表大会或者其他形式，实行民主管理。

第二十一条　国家出资企业对其所出资企业依法享有资产收益、参与重大决策和选择管理者等出资人权利。

国家出资企业对其所出资企业，应当依照法律、行政法规的规定，通过制定或者参与制定所出资企业的章程，建立权责明确、有效制衡的企业内部监督管理和风险控制制度，维护其出资人权益。

第四章　国家出资企业管理者的选择与考核

第二十二条　履行出资人职责的机构

依照法律、行政法规以及企业章程的规定，任免或者建议任免国家出资企业的下列人员：

（一）任免国有独资企业的经理、副经理、财务负责人和其他高级管理人员；

（二）任免国有独资公司的董事长、副董事长、董事、监事会主席和监事；

（三）向国有资本控股公司、国有资本参股公司的股东会、股东大会提出董事、监事人选。

国家出资企业中应当由职工代表出任的董事、监事，依照有关法律、行政法规的规定由职工民主选举产生。

第二十三条　履行出资人职责的机构任命或者建议任命的董事、监事、高级管理人员，应当具备下列条件：

（一）有良好的品行；

（二）有符合职位要求的专业知识和工作能力；

（三）有能够正常履行职责的身体条件；

（四）法律、行政法规规定的其他条件。

董事、监事、高级管理人员在任职期间出现不符合前款规定情形或者出现《中华人民共和国公司法》规定的不得担任公司董事、监事、高级管理人员情形的，履行出资人职责的机构应当依法予以免职或者提出免职建议。

第二十四条　履行出资人职责的机构对拟任命或者建议任命的董事、监事、高级管理人员的人选，应当按照规定的条件和程序进行考察。考察合格的，按照规定的权限和程序任命或者建议任命。

第二十五条　未经履行出资人职责的机构同意，国有独资企业、国有独资公司的董事、高级管理人员不得在其他企业兼职。未经股东会、股东大会同意，国有资本控股公司、国有资本参股公司的董事、高级管理人员不得在经营同类业务的其他企业兼职。

未经履行出资人职责的机构同意，国有独资公司的董事长不得兼任经理。未经股东会、股东大会同意，国有资本控股公司的董事长不得兼任经理。

董事、高级管理人员不得兼任监事。

第二十六条　国家出资企业的董事、监事、高级管理人员，应当遵守法律、行政法规以及企业章程，对企业负有忠实义务和勤勉义务，不得利用职权收受贿赂或者取得其他非法收入和不当利益，不得侵占、挪用企业资产，不得超越职权或者违反程序决定企业重大事项，不得有其他侵害国有资产出资人权益的行为。

第二十七条　国家建立国家出资企业管理者经营业绩考核制度。履行出资人职责的机构应当对其任命的企业管理者进行年度和任期考核，并依据考核结果决定对企业管理者的奖惩。

履行出资人职责的机构应当按照国家有关规定，确定其任命的国家出资企业管理者的薪酬标准。

第二十八条　国有独资企业、国有独资公司和国有资本控股公司的主要负责人，应当接受依法进行的任期经济责任审计。

第二十九条　本法第二十二条第一款第一项、第二项规定的企业管理者，国务院和地方人民政府规定由本级人民政府任免的，依照其规定。履行出资人职责的机构依照本章规定对上述企业管理者进行考核、奖惩并确定其薪酬标准。

第五章 关系国有资产出资人权益的重大事项

第一节 一般规定

第三十条 国家出资企业合并、分立、改制、上市，增加或者减少注册资本，发行债券，进行重大投资，为他人提供大额担保，转让重大财产，进行大额捐赠，分配利润，以及解散、申请破产等重大事项，应当遵守法律、行政法规以及企业章程的规定，不得损害出资人和债权人的权益。

第三十一条 国有独资企业、国有独资公司合并、分立，增加或者减少注册资本，发行债券，分配利润，以及解散、申请破产，由履行出资人职责的机构决定。

第三十二条 国有独资企业、国有独资公司有本法第三十条所列事项的，除依照本法第三十一条和有关法律、行政法规以及企业章程的规定，由履行出资人职责的机构决定的以外，国有独资企业由企业负责人集体讨论决定，国有独资公司由董事会决定。

第三十三条 国有资本控股公司、国有资本参股公司有本法第三十条所列事项的，依照法律、行政法规以及公司章程的规定，由公司股东会、股东大会或者董事会决定。由股东会、股东大会决定的，履行出资人职责的机构委派的股东代表应当依照本法第十三条的规定行使权利。

第三十四条 重要的国有独资企业、国有独资公司、国有资本控股公司的合并、分立、解散、申请破产以及法律、行政法规和本级人民政府规定应当由履行出资人职责的机构报经本级人民政府批准的重大事项，履行出资人职责的机构在作出决定或者向其委派参加国有资本控股公司股东会会议、股东大会会议的股东代表作出指示前，应当报请本级人民政府批准。

本法所称的重要的国有独资企业、国有独资公司和国有资本控股公司，按照国务院的规定确定。

第三十五条 国家出资企业发行债券、投资等事项，有关法律、行政法规规定应当报经人民政府或者人民政府有关部门、机构批准、核准或者备案的，依照其规定。

第三十六条 国家出资企业投资应当符合国家产业政策，并按照国家规定进行可行性研究；与他人交易应当公平、有偿，取得合理对价。

第三十七条 国家出资企业的合并、分立、改制、解散、申请破产等重大事项，应当听取企业工会的意见，并通过职工代表大会或者其他形式听取职工的意见和建议。

第三十八条 国有独资企业、国有独资公司、国有资本控股公司对其所出资企业的重大事项参照本章规定履行出资人职责。具体办法由国务院规定。

第二节 企业改制

第三十九条 本法所称企业改制是指：

（一）国有独资企业改为国有独资公司；

（二）国有独资企业、国有独资公司

改为国有资本控股公司或者非国有控股公司；

（三）国有资本控股公司改为非国有资本控股公司。

第四十条 企业改制应当依照法定程序，由履行出资人职责的机构决定或者由公司股东会、股东大会决定。

重要的国有独资企业、国有独资公司、国有资本控股公司的改制，履行出资人职责的机构在作出决定或者向其委派参加国有资本控股公司股东会会议、股东大会会议的股东代表作出指示前，应当将改制方案报请本级人民政府批准。

第四十一条 企业改制应当制定改制方案，载明改制后的企业组织形式、企业资产和债权债务处理方案、股权变动方案、改制的操作程序、资产评估和财务审计等中介机构的选聘等事项。

企业改制涉及重新安置企业职工的，还应当制定职工安置方案，并经职工代表大会或者职工大会审议通过。

第四十二条 企业改制应当按照规定进行清产核资、财务审计、资产评估，准确界定和核实资产，客观、公正地确定资产的价值。

企业改制涉及以企业的实物、知识产权、土地使用权等非货币财产折算为国有资本出资或者股份的，应当按照规定对折价财产进行评估，以评估确认价格作为确定国有资本出资额或者股份数额的依据。不得将财产低价折股或者有其他损害出资人权益的行为。

第三节 与关联方的交易

第四十三条 国家出资企业的关联方不得利用与国家出资企业之间的交易，谋取不当利益，损害国家出资企业利益。

本法所称关联方，是指本企业的董事、监事、高级管理人员及其近亲属，以及这些人员所有或者实际控制的企业。

第四十四条 国有独资企业、国有独资公司、国有资本控股公司不得无偿向关联方提供资金、商品、服务或者其他资产，不得以不公平的价格与关联方进行交易。

第四十五条 未经履行出资人职责的机构同意，国有独资企业、国有独资公司不得有下列行为：

（一）与关联方订立财产转让、借款的协议；

（二）为关联方提供担保；

（三）与关联方共同出资设立企业，或者向董事、监事、高级管理人员或者其近亲属所有或者实际控制的企业投资。

第四十六条 国有资本控股公司、国有资本参股公司与关联方的交易，依照《中华人民共和国公司法》和有关行政法规以及公司章程的规定，由公司股东会、股东大会或者董事会决定。由公司股东会、股东大会决定的，履行出资人职责的机构委派的股东代表，应当依照本法第十三条的规定行使权利。

公司董事会对公司与关联方的交易作出决议时，该交易涉及的董事不得行使表决权，也不得代理其他董事行使表决权。

第四节 资产评估

第四十七条 国有独资企业、国有独资公司和国有资本控股公司合并、分立、改制，转让重大财产，以非货币财产对外投资，清算或者有法律、行政法规以及企业章程规定应当进行资产评估的其他情形的，应当按照规定对有关资产进行评估。

第四十八条　国有独资企业、国有独资公司和国有资本控股公司应当委托依法设立的符合条件的资产评估机构进行资产评估；涉及应当报经履行出资人职责的机构决定的事项的，应当将委托资产评估机构的情况向履行出资人职责的机构报告。

第四十九条　国有独资企业、国有独资公司、国有资本控股公司及其董事、监事、高级管理人员应当向资产评估机构如实提供有关情况和资料，不得与资产评估机构串通评估作价。

第五十条　资产评估机构及其工作人员受托评估有关资产，应当遵守法律、行政法规以及评估执业准则，独立、客观、公正地对受托评估的资产进行评估。资产评估机构应当对其出具的评估报告负责。

第五节　国有资产转让

第五十一条　本法所称国有资产转让，是指依法将国家对企业的出资所形成的权益转移给其他单位或者个人的行为；按照国家规定无偿划转国有资产的除外。

第五十二条　国有资产转让应当有利于国有经济布局和结构的战略性调整，防止国有资产损失，不得损害交易各方的合法权益。

第五十三条　国有资产转让由履行出资人职责的机构决定。履行出资人职责的机构决定转让全部国有资产的，或者转让部分国有资产致使国家对该企业不再具有控股地位的，应当报请本级人民政府批准。

第五十四条　国有资产转让应当遵循等价有偿和公开、公平、公正的原则。

除按照国家规定可以直接协议转让的以外，国有资产转让应当在依法设立的产权交易场所公开进行。转让方应当如实披露有关信息，征集受让方；征集产生的受让方为两个以上的，转让应当采用公开竞价的交易方式。

转让上市交易的股份依照《中华人民共和国证券法》的规定进行。

第五十五条　国有资产转让应当以依法评估的、经履行出资人职责的机构认可或者由履行出资人职责的机构报经本级人民政府核准的价格为依据，合理确定最低转让价格。

第五十六条　法律、行政法规或者国务院国有资产监督管理机构规定可以向本企业的董事、监事、高级管理人员或者其近亲属，或者这些人员所有或者实际控制的企业转让的国有资产，在转让时，上述人员或者企业参与受让的，应当与其他受让参与者平等竞买；转让方应当按照国家有关规定，如实披露有关信息；相关的董事、监事和高级管理人员不得参与转让方案的制定和组织实施的各项工作。

第五十七条　国有资产向境外投资者转让的，应当遵守国家有关规定，不得危害国家安全和社会公共利益。

第六章　国有资本经营预算

第五十八条　国家建立健全国有资本经营预算制度，对取得的国有资本收入及其支出实行预算管理。

第五十九条　国家取得的下列国有资

本收入，以及下列收入的支出，应当编制国有资本经营预算：

（一）从国家出资企业分得的利润；

（二）国有资产转让收入；

（三）从国家出资企业取得的清算收入；

（四）其他国有资本收入。

第六十条 国有资本经营预算按年度单独编制，纳入本级人民政府预算，报本级人民代表大会批准。

国有资本经营预算支出按照当年预算收入规模安排，不列赤字。

第六十一条 国务院和有关地方人民政府财政部门负责国有资本经营预算草案的编制工作，履行出资人职责的机构向财政部门提出由其履行出资人职责的国有资本经营预算建议草案。

第六十二条 国有资本经营预算管理的具体办法和实施步骤，由国务院规定，报全国人民代表大会常务委员会备案。

第七章 国有资产监督

第六十三条 各级人民代表大会常务委员会通过听取和审议本级人民政府履行出资人职责的情况和国有资产监督管理情况的专项工作报告，组织对本法实施情况的执法检查等，依法行使监督职权。

第六十四条 国务院和地方人民政府应当对其授权履行出资人职责的机构履行职责的情况进行监督。

第六十五条 国务院和地方人民政府审计机关依照《中华人民共和国审计法》的规定，对国有资本经营预算的执行情况和属于审计监督对象的国家出资企业进行审计监督。

第六十六条 国务院和地方人民政府应当依法向社会公布国有资产状况和国有资产监督管理工作情况，接受社会公众的监督。

任何单位和个人有权对造成国有资产损失的行为进行检举和控告。

第六十七条 履行出资人职责的机构根据需要，可以委托会计师事务所对国有独资企业、国有独资公司的年度财务会计报告进行审计，或者通过国有资本控股公司的股东会、股东大会决议，由国有资本控股公司聘请会计师事务所对公司的年度财务会计报告进行审计，维护出资人权益。

第八章 法律责任

第六十八条 履行出资人职责的机构有下列行为之一的，对其直接负责的主管人员和其他直接责任人员依法给予处分：

（一）不按照法定的任职条件，任命或者建议任命国家出资企业管理者的；

（二）侵占、截留、挪用国家出资企业的资金或者应当上缴的国有资本收入的；

（三）违反法定的权限、程序，决定国家出资企业重大事项，造成国有资产损失的；

（四）有其他不依法履行出资人职责的行为，造成国有资产损失的。

第六十九条 履行出资人职责的机构的工作人员玩忽职守、滥用职权、徇私舞弊，尚不构成犯罪的，依法给予处分。

第七十条 履行出资人职责的机构委派的股东代表未按照委派机构的指示履行

职责，造成国有资产损失的，依法承担赔偿责任；属于国家工作人员的，并依法给予处分。

第七十一条 国家出资企业的董事、监事、高级管理人员有下列行为之一，造成国有资产损失的，依法承担赔偿责任；属于国家工作人员的，并依法给予处分：

（一）利用职权收受贿赂或者取得其他非法收入和不当利益的；

（二）侵占、挪用企业资产的；

（三）在企业改制、财产转让等过程中，违反法律、行政法规和公平交易规则，将企业财产低价转让、低价折股的；

（四）违反本法规定与本企业进行交易的；

（五）不如实向资产评估机构、会计师事务所提供有关情况和资料，或者与资产评估机构、会计师事务所串通出具虚假资产评估报告、审计报告的；

（六）违反法律、行政法规和企业章程规定的决策程序，决定企业重大事项的；

（七）有其他违反法律、行政法规和企业章程执行职务行为的。

国家出资企业的董事、监事、高级管理人员因前款所列行为取得的收入，依法予以追缴或者归国家出资企业所有。

履行出资人职责的机构任命或者建议任命的董事、监事、高级管理人员有本条第一款所列行为之一，造成国有资产重大损失的，由履行出资人职责的机构依法予以免职或者提出免职建议。

第七十二条 在涉及关联方交易、国有资产转让等交易活动中，当事人恶意串通，损害国有资产权益的，该交易行为无效。

第七十三条 国有独资企业、国有独资公司、国有资本控股公司的董事、监事、高级管理人员违反本法规定，造成国有资产重大损失，被免职的，自免职之日起五年内不得担任国有独资企业、国有独资公司、国有资本控股公司的董事、监事、高级管理人员；造成国有资产特别重大损失，或者因贪污、贿赂、侵占财产、挪用财产或者破坏社会主义市场经济秩序被判处刑罚的，终身不得担任国有独资企业、国有独资公司、国有资本控股公司的董事、监事、高级管理人员。

第七十四条 接受委托对国家出资企业进行资产评估、财务审计的资产评估机构、会计师事务所违反法律、行政法规的规定和执业准则，出具虚假的资产评估报告或者审计报告的，依照有关法律、行政法规的规定追究法律责任。

第七十五条 违反本法规定，构成犯罪的，依法追究刑事责任。

第九章 附　　则

第七十六条 金融企业国有资产的管理与监督，法律、行政法规另有规定的，依照其规定。

第七十七条 本法自2009年5月1日起施行。

企业国有资产监督管理暂行条例

（2003年5月27日中华人民共和国国务院令第378号公布 根据2011年1月8日《国务院关于废止和修改部分行政法规的决定》第一次修订 根据2019年3月2日《国务院关于修改部分行政法规的决定》第二次修订）

第一章 总 则

第一条 为建立适应社会主义市场经济需要的国有资产监督管理体制，进一步搞好国有企业，推动国有经济布局和结构的战略性调整，发展和壮大国有经济，实现国有资产保值增值，制定本条例。

第二条 国有及国有控股企业、国有参股企业中的国有资产的监督管理，适用本条例。

金融机构中的国有资产的监督管理，不适用本条例。

第三条 本条例所称企业国有资产，是指国家对企业各种形式的投资和投资所形成的权益，以及依法认定为国家所有的其他权益。

第四条 企业国有资产属于国家所有。国家实行由国务院和地方人民政府分别代表国家履行出资人职责，享有所有者权益，权利、义务和责任相统一，管资产和管人、管事相结合的国有资产管理体制。

第五条 国务院代表国家对关系国民经济命脉和国家安全的大型国有及国有控股、国有参股企业，重要基础设施和重要自然资源等领域的国有及国有控股、国有参股企业，履行出资人职责。国务院履行出资人职责的企业，由国务院确定、公布。

省、自治区、直辖市人民政府和设区的市、自治州级人民政府分别代表国家对由国务院履行出资人职责以外的国有及国有控股、国有参股企业，履行出资人职责。其中，省、自治区、直辖市人民政府履行出资人职责的国有及国有控股、国有参股企业，由省、自治区、直辖市人民政府确定、公布，并报国务院国有资产监督管理机构备案；其他由设区的市、自治州级人民政府履行出资人职责的国有及国有控股、国有参股企业，由设区的市、自治州级人民政府确定、公布，并报省、自治区、直辖市人民政府国有资产监督管理机构备案。

国务院，省、自治区、直辖市人民政府，设区的市、自治州级人民政府履行出资人职责的企业，以下统称所出资企业。

第六条 国务院，省、自治区、直辖市人民政府，设区的市、自治州级人民政府，分别设立国有资产监督管理机构。国有资产监督管理机构根据授权，依法履行出资人职责，依法对企业国有资产进行监督管理。

企业国有资产较少的设区的市、自治州，经省、自治区、直辖市人民政府批准，可以不单独设立国有资产监督管理机构。

第七条 各级人民政府应当严格执行国有资产管理法律、法规，坚持政府的社会公共管理职能与国有资产出资人职能分开，坚持政企分开，实行所有权与经营权分离。

国有资产监督管理机构不行使政府的社会公共管理职能，政府其他机构、部门不履行企业国有资产出资人职责。

第八条 国有资产监督管理机构应当依照本条例和其他有关法律、行政法规的规定，建立健全内部监督制度，严格执行法律、行政法规。

第九条 发生战争、严重自然灾害或者其他重大、紧急情况时，国家可以依法统一调用、处置企业国有资产。

第十条 所出资企业及其投资设立的企业，享有有关法律、行政法规规定的企业经营自主权。

国有资产监督管理机构应当支持企业依法自主经营，除履行出资人职责以外，不得干预企业的生产经营活动。

第十一条 所出资企业应当努力提高经济效益，对其经营管理的企业国有资产承担保值增值责任。

所出资企业应当接受国有资产监督管理机构依法实施的监督管理，不得损害企业国有资产所有者和其他出资人的合法权益。

第二章 国有资产监督管理机构

第十二条 国务院国有资产监督管理机构是代表国务院履行出资人职责、负责监督管理企业国有资产的直属特设机构。

省、自治区、直辖市人民政府国有资产监督管理机构，设区的市、自治州级人民政府国有资产监督管理机构是代表本级政府履行出资人职责、负责监督管理企业国有资产的直属特设机构。

上级政府国有资产监督管理机构依法对下级政府的国有资产监督管理工作进行指导和监督。

第十三条 国有资产监督管理机构的主要职责是：

（一）依照《中华人民共和国公司法》等法律、法规，对所出资企业履行出资人职责，维护所有者权益；

（二）指导推进国有及国有控股企业的改革和重组；

（三）依照规定向所出资企业委派监事；

（四）依照法定程序对所出资企业的企业负责人进行任免、考核，并根据考核结果对其进行奖惩；

（五）通过统计、稽核等方式对企业国有资产的保值增值情况进行监管；

（六）履行出资人的其他职责和承办本级政府交办的其他事项。

国务院国有资产监督管理机构除前款规定职责外，可以制定企业国有资产监督管理的规章、制度。

第十四条 国有资产监督管理机构的主要义务是：

（一）推进国有资产合理流动和优化配置，推动国有经济布局和结构的调整；

（二）保持和提高关系国民经济命脉和国家安全领域国有经济的控制力和竞争力，提高国有经济的整体素质；

（三）探索有效的企业国有资产经营体制和方式，加强企业国有资产监督管理工作，促进企业国有资产保值增值，防止企业国有资产流失；

（四）指导和促进国有及国有控股企业建立现代企业制度，完善法人治理结构，推进管理现代化；

（五）尊重、维护国有及国有控股企业经营自主权，依法维护企业合法权益，促进企业依法经营管理，增强企业竞争力；

（六）指导和协调解决国有及国有控股企业改革与发展中的困难和问题。

第十五条 国有资产监督管理机构应当向本级政府报告企业国有资产监督管理工作、国有资产保值增值状况和其他重大事项。

第三章 企业负责人管理

第十六条 国有资产监督管理机构应当建立健全适应现代企业制度要求的企业负责人的选用机制和激励约束机制。

第十七条 国有资产监督管理机构依照有关规定，任免或者建议任免所出资企业的企业负责人：

（一）任免国有独资企业的总经理、副总经理、总会计师及其他企业负责人；

（二）任免国有独资公司的董事长、副董事长、董事，并向其提出总经理、副总经理、总会计师等的任免建议；

（三）依照公司章程，提出向国有控股的公司派出的董事、监事人选，推荐国有控股的公司的董事长、副董事长和监事会主席人选，并向其提出总经理、副总经理、总会计师人选的建议；

（四）依照公司章程，提出向国有参股的公司派出的董事、监事人选。

国务院，省、自治区、直辖市人民政府，设区的市、自治州级人民政府，对所出资企业的企业负责人的任免另有规定的，按照有关规定执行。

第十八条 国有资产监督管理机构应当建立企业负责人经营业绩考核制度，与其任命的企业负责人签订业绩合同，根据业绩合同对企业负责人进行年度考核和任期考核。

第十九条 国有资产监督管理机构应当依照有关规定，确定所出资企业中的国有独资企业、国有独资公司的企业负责人的薪酬；依据考核结果，决定其向所出资企业派出的企业负责人的奖惩。

第四章 企业重大事项管理

第二十条 国有资产监督管理机构负责指导国有及国有控股企业建立现代企业制度，审核批准其所出资企业中的国有独资企业、国有独资公司的重组、股份制改造方案和所出资企业中的国有独资公司的章程。

第二十一条 国有资产监督管理机构依照法定程序决定其所出资企业中的国有独资企业、国有独资公司的分立、合并、破产、解散、增减资本、发行公司债券等重大事项。其中，重要的国有独资企业、国有独资公司分立、合并、破产、解散的，应当由国有资产监督管理机构审核后，报本级人民政府批准。

国有资产监督管理机构依照法定程序审核、决定国防科技工业领域其所出资企业中的国有独资企业、国有独资公司的有关重大事项时，按照国家有关法律、规定执行。

第二十二条 国有资产监督管理机构依照公司法的规定，派出股东代表、董事，参加国有控股的公司、国有参股的公司的股东会、董事会。

国有控股的公司、国有参股的公司的股东会、董事会决定公司的分立、合并、破产、解散、增减资本、发行公司债券、任免企业负责人等重大事项时，国有资产监督管理机构派出的股东代表、董事，应当按照国有资产监督管理机构的指示发表意见、行使表决权。

国有资产监督管理机构派出的股东代表、董事，应当将其履行职责的有关情况及时向国有资产监督管理机构报告。

第二十三条 国有资产监督管理机构决定其所出资企业的国有股权转让。其中，转让全部国有股权或者转让部分国有股权致使国家不再拥有控股地位的，报本级人民政府批准。

第二十四条 所出资企业投资设立的重要子企业的重大事项，需由所出资企业报国有资产监督管理机构批准的，管理办法由国务院国有资产监督管理机构另行制定，报国务院批准。

第二十五条 国有资产监督管理机构依照国家有关规定组织协调所出资企业中的国有独资企业、国有独资公司的兼并破产工作，并配合有关部门做好企业下岗职工安置等工作。

第二十六条 国有资产监督管理机构依照国家有关规定拟订所出资企业收入分配制度改革的指导意见，调控所出资企业工资分配的总体水平。

第二十七条 国有资产监督管理机构可以对所出资企业中具备条件的国有独资企业、国有独资公司进行国有资产授权经营。

被授权的国有独资企业、国有独资公司对其全资、控股、参股企业中国家投资形成的国有资产依法进行经营、管理和监督。

第二十八条 被授权的国有独资企业、国有独资公司应当建立和完善规范的现代企业制度，并承担企业国有资产的保值增值责任。

第五章　企业国有资产管理

第二十九条 国有资产监督管理机构依照国家有关规定，负责企业国有资产的产权界定、产权登记、资产评估监管、清产核资、资产统计、综合评价等基础管理工作。

国有资产监督管理机构协调其所出资企业之间的企业国有资产产权纠纷。

第三十条 国有资产监督管理机构应当建立企业国有资产产权交易监督管理制度，加强企业国有资产产权交易的监督管理，促进企业国有资产的合理流动，防止企业国有资产流失。

第三十一条 国有资产监督管理机构对其所出资企业的企业国有资产收益依法履行出资人职责；对其所出资企业的重大投融资规划、发展战略和规划，依照国家发展规划和产业政策履行出资人职责。

第三十二条 所出资企业中的国有独资企业、国有独资公司的重大资产处置，需由国有资产监督管理机构批准的，依照有关规定执行。

第六章　企业国有资产监督

第三十三条 国有资产监督管理机构

依法对所出资企业财务进行监督，建立和完善国有资产保值增值指标体系，维护国有资产出资人的权益。

第三十四条　国有及国有控股企业应当加强内部监督和风险控制，依照国家有关规定建立健全财务、审计、企业法律顾问和职工民主监督等制度。

第三十五条　所出资企业中的国有独资企业、国有独资公司应当按照规定定期向国有资产监督管理机构报告财务状况、生产经营状况和国有资产保值增值状况。

第七章　法律责任

第三十六条　国有资产监督管理机构不按规定任免或者建议任免所出资企业的企业负责人，或者违法干预所出资企业的生产经营活动，侵犯其合法权益，造成企业国有资产损失或者其他严重后果的，对直接负责的主管人员和其他直接责任人员依法给予行政处分；构成犯罪的，依法追究刑事责任。

第三十七条　所出资企业中的国有独资企业、国有独资公司未按照规定向国有资产监督管理机构报告财务状况、生产经营状况和国有资产保值增值状况的，予以警告；情节严重的，对直接负责的主管人员和其他直接责任人员依法给予纪律处分。

第三十八条　国有及国有控股企业的企业负责人滥用职权、玩忽职守，造成企业国有资产损失的，应负赔偿责任，并对其依法给予纪律处分；构成犯罪的，依法追究刑事责任。

第三十九条　对企业国有资产损失负有责任受到撤职以上纪律处分的国有及国有控股企业的企业负责人，5年内不得担任任何国有及国有控股企业的企业负责人；造成企业国有资产重大损失或者被判处刑罚的，终身不得担任任何国有及国有控股企业的企业负责人。

第八章　附　　则

第四十条　国有及国有控股企业、国有参股企业的组织形式、组织机构、权利和义务等，依照《中华人民共和国公司法》等法律、行政法规和本条例的规定执行。

第四十一条　国有及国有控股企业、国有参股企业中中国共产党基层组织建设、社会主义精神文明建设和党风廉政建设，依照《中国共产党章程》和有关规定执行。

国有及国有控股企业、国有参股企业中工会组织依照《中华人民共和国工会法》和《中国工会章程》的有关规定执行。

第四十二条　国务院国有资产监督管理机构，省、自治区、直辖市人民政府可以依据本条例制定实施办法。

第四十三条　本条例施行前制定的有关企业国有资产监督管理的行政法规与本条例不一致的，依照本条例的规定执行。

第四十四条　政企尚未分开的单位，应当按照国务院的规定，加快改革，实现政企分开。政企分开后的企业，由国有资产监督管理机构依法履行出资人职责，依法对企业国有资产进行监督管理。

第四十五条　本条例自公布之日起施行。

地方国有资产监管工作指导监督办法

（2011年3月31日国务院国有资产监督管理委员会令第25号公布　自2011年5月1日起施行）

第一章　总　　则

第一条　为加强对地方国有资产监管工作的指导和监督，保障地方国有资产监管工作规范有序进行，根据《中华人民共和国企业国有资产法》、《企业国有资产监督管理暂行条例》等法律、行政法规，制定本办法。

第二条　国务院国有资产监督管理机构指导监督地方国有资产监管工作，省（自治区、直辖市）和市（地）级政府国有资产监督管理机构指导监督本地区国有资产监管工作，适用本办法。

第三条　本办法所称指导监督，是指上级国有资产监督管理机构依照法律法规规定，对下级政府国有资产监管工作实施的依法规范、引导推进、沟通交流、督促检查等相关活动。

第四条　指导监督工作应当遵循下列原则：

（一）坚持国有资产属于国家所有原则，落实国有资产监管责任，保障国有资产监管政策法规的贯彻实施。

（二）坚持中央和地方政府分别代表国家履行出资人职责原则，各级国有资产监督管理机构作为本级政府的直属特设机构，应当根据授权，按照法定职责和程序开展指导监督工作。上级国有资产监督管理机构应当尊重和维护下级国有资产监督管理机构的出资人权利，不得代替或者干预下级国有资产监督管理机构履行出资人职责，不得干预企业经营自主权。

（三）坚持政企分开、政府的社会公共管理职能与国有资产出资人职能分开的原则，完善经营性国有资产管理和国有企业监管体制机制，鼓励地方积极探索国有资产监管和运营的有效途径和方式。

（四）坚持依法合规原则，加强分类指导，突出监督重点，增强地方国有资产监管工作的规范性和有效性。

第五条　国务院国有资产监督管理机构依照法律和行政法规规定，起草国有资产监督管理的法律法规草案，制定有关规章、制度，指导规范各级地方国有资产监管工作。

各级地方国有资产监督管理机构可以根据本地区实际，依照国有资产监管法律法规、规章和规范性文件规定，制定实施办法，指导规范本地区国有资产监管工作。

第六条　国有资产监管工作中的具体事项实行逐级指导监督。国务院国有资产监督管理机构应当加强对省级政府国有资产监督管理机构的具体业务指导监督；省级政府国有资产监督管理机构应当加强对市（地）级政府国有资产监督管理机构的具体业务指导监督；市（地）级政府国有资产监督管理机构应当加强对县级政府国有资产监管工作的具体业务指导监督。

市（地）级、县级政府尚未单独设立国有资产监督管理机构的，上一级国有资产监督管理机构应当建立与下级政府承担国有资产监管职责的部门、机构的指导监督工作联系制度。

第七条 上级国有资产监督管理机构制定国有资产监管规章、制度，开展指导监督工作，应当充分征求下级国有资产监督管理机构的意见和建议，加强与下级国有资产监督管理机构的沟通交流。

第二章 指导监督工作机制

第八条 各级国有资产监督管理机构应当根据指导监督职责，明确指导监督的分工领导和工作机制，加强指导监督工作的统筹协调，及时研究和汇总本地区指导监督工作中的重大事项和综合情况。

第九条 各级国有资产监督管理机构之间应当加强纵向沟通协调，健全完善上下联动、规范有序、全面覆盖的指导监督工作体系，加强指导监督工作制度建设，建立健全日常信息沟通交流平台。

第三章 指导监督工作事项

第十条 上级国有资产监督管理机构依法对下列地方国有资产监管工作进行指导和规范：

（一）国有资产管理体制和制度改革完善；

（二）国有资产监督管理机构履行出资人职责；

（三）国有企业改革发展；

（四）国有经济布局和结构调整；

（五）国有资产基础管理；

（六）其他需要指导规范的事项。

第十一条 上级国有资产监督管理机构应当加强与下级政府的沟通协调，依照《企业国有资产监督管理暂行条例》有关规定，对下级国有资产监督管理机构的机构设置、职责定位、监管范围以及制度建设等情况进行调研指导。

第十二条 上级国有资产监督管理机构应当指导下级国有资产监督管理机构依法规范履行出资人职责，建立健全业绩考核、财务预决算管理和财务审计、资本收益和预算管理、经济责任审计、监事会监督、参与重大决策、企业领导人员管理、薪酬分配、重要子企业监管等工作制度，加强国有资产监管。

第十三条 上级国有资产监督管理机构应当指导下级国有资产监督管理机构深化国有企业改革，加快公司制股份制改革和改制上市步伐，完善公司法人治理结构，建立规范的董事会；指导下级国有资产监督管理机构推动企业建立健全财务、审计、企业法律顾问和职工民主监督制度；指导下级国有资产监督管理机构规范国有资产经营公司运作；指导下级国有资产监督管理机构推动国有企业加快转变经济发展方式，加强自主创新和资源整合。

第十四条 上级国有资产监督管理机构应当指导下级国有资产监督管理机构积极探索地方国有经济发挥主导作用的领域和方式，推进国有资本向重要行业和关键领域集中；推动不同地区、不同层级国有资产监督管理机构监管企业按照市场化原则进行合并与重组。

第十五条 上级国有资产监督管理机构应当指导下级国有资产监督管理机构依法开展产权登记、资产评估、产权转让管理、国有股权管理、清产核资、资产统计、绩效评价、经济运行动态监测等基础管理工作。

第十六条 上级国有资产监督管理机构应当指导下级国有资产监督管理机构在地方党委领导下加强国有企业党建、群工、宣传以及反腐倡廉建设、信访维稳等工作。

第十七条 上级国有资产监督管理机构依法对地方国有资产监管工作中的下列事项实施监督检查或者督促调查处理：

（一）在企业国有产权转让、国有企业改制、上市公司国有股份转让等活动中有违法违规行为，造成重大国有资产损失或者重大社会影响的；

（二）违反企业国有资产评估、产权登记有关规定，造成重大国有资产损失或者重大社会影响的；

（三）违反企业国有资产统计有关规定，玩忽职守，提供或者指使他人提供虚假数据或信息，造成严重后果的；

（四）法律法规规定，党中央、国务院指示和上级政府要求监督的其他事项。

第四章 指导监督工作方式

第十八条 各级国有资产监督管理机构应当高度重视国有资产监管制度建设，建立健全法规体系，及时明确和规范地方国有资产监管工作遇到的问题。上级国有资产监督管理机构制定的国有资产监管规范性文件，应当及时印发或者抄送下级国有资产监督管理机构。

第十九条 各级国有资产监督管理机构应当加强对地方国有资产监管工作的调研指导，定期组织下级国有资产监督管理机构召开工作会议，加强业务交流和培训，互相学习、促进，及时总结推广国有资产监管和国有企业改革发展的典型经验。

第二十条 各级国有资产监督管理机构应当围绕中心工作，针对地方国有资产监管工作中的突出问题，确定年度指导监督工作重点，制定印发相关工作计划。下级国有资产监督管理机构制定的指导监督工作计划应当抄报上级国有资产监督管理机构。

第二十一条 国务院国有资产监督管理机构和省级政府国有资产监督管理机构建立国有资产监管立法备案制度，保障全国国有资产监管制度的统一。

下级国有资产监督管理机构制定的规范性文件，应当自发布之日起 30 日内抄送上级国有资产监督管理机构备案。其存在与国有资产监管法律、行政法规、规章和规范性文件相抵触情形的，上级国有资产监督管理机构应当及时提出意见，督促下级国有资产监督管理机构按程序予以修正。

第二十二条 国务院国有资产监督管理机构和省级政府国有资产监督管理机构建立国有资产监管法规、政策实施督查制度，对地方贯彻实施国有资产监管法规、政策情况，开展调研指导和监督检查。

上级国有资产监督管理机构发现下级政府国有资产监管工作中存在与国有资产监管法律、行政法规和中央方针政策不符情形的，应当依法提出纠正意见和建议。

第二十三条 各级国有资产监督管理机构建立国有资产监管重大事项报告制度。下级国有资产监督管理机构应当就下列重大事项及时向上级国有资产监督管理机构报告：

（一）地方国有资产监督管理机构的机构设置、职责定位、监管范围发生重大变动的；

（二）本地区国有资产总量、结构、变动等情况以及所出资企业汇总月度及年度财务情况；

（三）地方国有资产监管工作和国有企业改革发展中的其他重大事项。

第二十四条　各级国有资产监督管理机构开展监督检查，应当严格依照法定职责和法定程序进行。对本办法第十七条规定的监督事项，上级国有资产监督管理机构可以采取约谈、书面督办、专项检查、派出督察组等方式，督促纠正违法违规行为。下级国有资产监督管理机构应当及时向上级国有资产监督管理机构报告有关事项处理情况。

对存在违法违规行为的责任单位、个人，上级国有资产监督管理机构可以视情节轻重，在系统内予以通报批评或者向下级政府提出处理建议；对超出国有资产监督管理机构职责范围的违法违规事项，应当依法移送有关机构处理。

第五章　附　　则

第二十五条　地方国有资产监督管理机构可以依照本办法，制定本地区指导监督地方国资工作实施办法。

第二十六条　本办法自2011年5月1日起施行。原《地方国有资产监管工作指导监督暂行办法》（国务院国资委令第15号）同时废止。

中华全国总工会关于工会企事业单位资产监督管理的暂行规定

（2007年9月28日　总工发〔2007〕34号）

第一章　总　　则

第一条　为加强工会企事业单位资产监督管理，实现工会资产保值增值，防止工会资产流失，依据《物权法》、《工会法》和《中国工会章程》，制定本规定。

第二条　本规定适用于各级地方工会、产业工会和基层工会所属登记注册的企业、事业单位以及职工互助、合作组织（以下简称工会企事业单位）中的工会资产的监督管理。

第三条　本规定所称工会资产，是指工会企事业单位依法占有和使用的资产，包括各级地方工会、产业工会、基层工会对工会企事业单位各种形式的投资、拨款所形成的资产和权益，政府拨付使用的不动产、专项补助资金以及社会各界对工会企事业单位捐赠形成的资产和权益。

第四条　工会资产是工会组织发展壮大的重要条件，是工会开展活动的物质基础。工会资产的使用应坚持为改革开放和发展社会生产力服务、为职工群众服务、为工运事业服务的原则。

第五条　工会资产是属于工会所有的社团财产，其不动产和动产受法律保护。中华全国总工会（以下简称全总）对各级地方工会、产业工会和基层工会（以下简称各级工会）的资产拥有终极所有权。

第六条　工会资产按照"工会统一所有，分级监督管理，单位占有使用"的原则，建立权利、义务和责任相统一的监督管理体制。

第七条　各级工会要严格执行国家有关法律、法规，对本级工会及其领导下的各级工会资产的安全完整和保值增值负责，采取有效措施，管好、用好、经营好工会资产，防止资产流失。

第二章　工会资产监督管理机构

第八条　全总设立全总工会资产监督管理委员会，负责研究指导全国工会企事业资产监督管理工作。

全总资产监督管理部是全总工会资产监督管理机构，承担全总工会资产监督管理委员会日常工作，负责对全国工会企事业资产进行监督管理，对全总本级企事业单位履行出资人职责，审批、审核各级工会和全总本级企事业单位重大的资产使用、经营和处置事项。

各级工会应加强工会资产监督管理机构的建设，设立或明确工会资产监督管理的责任部门，代表本级工会对所辖各级工会企事业资产进行监督管理，并在上级工会和本级工会授权范围内，对本级工会企事业单位履行出资人职责。

上级工会资产监督管理机构按照规定对下级工会资产监督管理机构的工作进行指导。

第九条　工会资产监督管理机构的主要职责是：

1. 贯彻执行国家有关政策法规，研究制定监管范围内的工会资产监督管理的有关规定及其实施办法并组织实施。

2. 组织清产核资、产权登记、资产评估、资产统计、资产处置等工会资产的基础管理和产权管理工作。

3. 按权限审批、审核工会资产产权及土地使用权转让置换，资产重组、招商引资、合资合作、资产抵押、承包经营、托管租赁、关闭清算等资产使用、经营和处置事项。

4. 审批、审核本级工会企事业单位的发展规划、经营方针、年度预算与决算方案，重大投资改造、资产处置等事项。

5. 对本级工会企事业单位资产的运营进行监督。建立和完善本级工会企事业单位工会资产保值增值指标体系，实施资产经营管理目标责任制，对资产收益进行考核，会同有关部门编制再投入预算建议计划。

6. 对本级工会企事业单位负责人的经营业绩进行考核与评价，提出相应的考核意见。对于文化宫、职工学校、工人报刊等文化事业单位的考核，应吸收业务指导部门参与，进行综合评价。

7. 指导和推进工会企事业单位优化产业结构，深化改革、加强管理和建立现代经营管理制度。协调工会企事业发展中的有关政策，总结推广经验，组织人员培训。

第十条　工会资产监督管理机构支持工会企事业单位依法自主经营。工会企事业单位接受工会资产监督管理机构的监督管理，努力提高社会效益和经济效益，对其经营和管理的工会资产承担保值增值的责任，不得损害所有者权益。

第十一条　工会资产监督管理机构可以对本级工会企事业单位中资产规模较大、法人治理结构完善、内部管理制度健全、经营状况良好的独资企业或实行企业化管理的事业单位实行授权经营。被授权的工会企业单位对其投资的全资、控股、参股企业中的工会资产应当承担经营管理和产权监督管理的责任。

第三章　工会资产的管理

第十二条　全总根据全国工会资产监督管理工作的需要，制订全国工会企事业单位资产监督管理的规章制度。各级工会应当认真执行全总的有关规章制度，并结合实际情况，制定各自相应的规章制度和实施办法。省级工会有关规定须报全总资产监督管理部备案。

第十三条　各级工会资产监督管理机构要在同级工会组织领导下，按照全总有关资产监督管理的规定，做好本地区和本级工会企事业单位资产的清产核资、产权界定、资产评估、资产统计、综合评价等基础管理工作，定期分析并向本级工会报告企事业单位工会资产状况。

第十四条　各级工会资产监督管理机构要按照本级工会和上级工会资产监督管理机构的要求，组织协调、监督检查工会企事业单位进行不动产产权登记，依法取得房屋所有权证和土地使用权证，并按照物权法的规定，进行不动产物权登记。

全总对各级工会依法占有和使用的房屋和土地资产进行工会资产产权登记，核发《中华全国总工会工会资产产权登记证》。

第十五条　工会资产监督管理机构应当建立健全对本级企事业单位及其负责人的资产经营管理业绩考核制度和激励约束机制，与企事业单位负责人签订年度和任期资产经营目标责任书，依据责任书对经营目标完成情况进行考核并提出考核意见。

第十六条　工会企事业单位在进行改制、重组、分立、合并、破产、解散，以非货币资产对外投资、招商引资，或进行资产转让、拍卖和置换时，必须委托具有相应资质的评估机构，对工会资产、相关资产以及合作方的资信情况进行评估，并由同级工会或上级工会资产监督管理机构对评估报告进行审核确认。

工会企事业单位在收购非工会资产、接受工会系统以外单位以实物形式偿还债务、与工会系统以外单位或自然人共同组建公司制企业时，应当对相关非工会资产（包括有形资产和无形资产）进行评估。

第十七条　工会资产监督管理机构应当规范和完善工会资产产权交易监督管理工作。逐步创造条件，使工会资产产权交易依法采取公开招标的方式，通过批准设立的产权交易机构公开进行。

第十八条　工会资产监督管理机构要根据工会资产监督管理工作的需要，组织好工会资产监督管理干部的培训工作，提高资产监督管理干部队伍素质和工作水平。

第四章　工会资产的监督

第十九条　上级工会资产监督管理机构应当对下级工会资产管理机构贯彻落实

工会资产监督管理规章制度的情况进行检查，及时督查纠正工会资产监督管理和运营中的违规违纪行为。

第二十条　工会资产监督管理机构应对本级工会企事业单位的财务和资产情况进行检查和监督，可以根据需要，向本级工会独资企业和实行企业化管理的事业单位派出总会计师或财务总监。工会企事业单位应当按照规定，定期向本级工会资产监督管理机构报告财务和资产状况。

第二十一条　工会资产监督管理机构应定期向本级工会经费审查委员会报告资产监督管理工作和所监督管理的工会资产状况。

第二十二条　工会企事业单位应当接受同级工会经费审查委员会办公室的审计，并依照有关规定，建立健全企事业单位内部财务、审计和职工民主监督等制度。

第五章　企事业单位重大事项管理

第二十三条　全总对地方总工会、全国产业工会重大的资产使用、经营和处置事项实行审批制。地方总工会、全国产业工会须报全总审批的主要有两项：1. 所属企事业单位将占有和使用的土地与工会系统以外单位进行使用权转让（包括无偿划转）、开发利用及置换的全部事项；2. 所属企事业单位与工会系统以外单位进行资产重组、招商引资、合资合作、承包经营、租赁经营、委托经营等，涉及资产金额在1000万元以上或合作期限10年以上（含10年）的事项（涉及房屋及土地使用权的金额为评估金额）。

凡报送全总审批的事项，由省级工会、全国产业工会审核同意后上报全总资产监督管理部。全总资产监督管理部按照全总书记处授予的权限进行审批，或审核后上报全总书记处批准。

第二十四条　在第二十三条规定的全总审批权限之外的各级工会企事业单位资产的使用、经营以及处置的权限及其规定，由各省级工会、全国产业工会依照本规定制定，并报全总资产监督管理部备案。

各级地方产业工会、基层工会属于第二十三条的事项，由省级工会审批。

第二十五条　各级工会及其资产监督管理机构要对本级企事业单位的下列重大事项实行审批管理。

（一）工会独资企业章程；

（二）企事业单位重大投融资计划、资产重组、股份制改造方案；

（三）企事业单位经营预算与决算方案、工资分配方案；

（四）企事业单位工会资产产权、土地使用权转让（包括无偿划转）、土地资源开发利用及置换事项；招商引资、合资合作、资产抵押、承包经营、托管租赁等事项；

（五）企事业单位的分立、合并、破产、解散；

（六）本级工会规定的其他重大事项。

上述事项中，凡属于第二十三条规定范围内资产使用、经营和处置的重大事项，逐级经地方总工会审核同意后，上报全总审批；其他事项涉及的本级工会与其资产监督管理机构的审批、审核权限的划分，由本级工会依据上级工会的有关规定确定。

第六章 行 政 责 任

第二十六条 各级工会资产监督管理机构不认真履行工会资产监督管理职责，不维护工会资产安全和工会利益，造成工会资产损失或者其他严重后果的，对直接负责的主管人员和其他直接责任人员给予纪律处分，追究其行政责任。

第二十七条 工会企事业单位未按规定向同级工会资产监督管理机构报告财务状况、经营状况和资产保值增值状况的，予以批评并责令改正。

第二十八条 工会企事业单位负责人决策失误、违规经营、滥用职权、玩忽职守，造成工会资产重大损失的，应给予纪律处分，追究其行政责任。

第二十九条 下级工会未按规定向上级工会报批资产使用、经营和处置事项，工会企事业单位未按规定向本级工会资产监督管理机构报批重大事项，要予以通报批评。由此造成工会资产损失或者其他严重后果的，应对有关责任人员给予纪律处分，追究其行政责任。

第七章 附 则

第三十条 本规定由全总资产监督管理部负责解释。

第三十一条 本规定自公布之日起施行。

第三十二条 全总及其有关部门在本规定施行前制定的工会企事业单位资产监督管理的规章制度，与本规定不一致的，依照本规定执行。

图书在版编目（CIP）数据

工会常用法律法规、相关规定及典型案例指引／中国法制出版社编．—北京：中国法制出版社，2023.11
ISBN 978-7-5216-3931-5

Ⅰ．①工… Ⅱ．①中… Ⅲ．①工会法-汇编-中国 Ⅳ．①D922.569

中国国家版本馆 CIP 数据核字（2023）第 199720 号

责任编辑：马春芳　　　　　　　　　　　　　　封面设计：杨泽江

工会常用法律法规、相关规定及典型案例指引
GONGHUI CHANGYONG FALÜ FAGUI、XIANGGUAN GUIDING JI DIANXING ANLI ZHIYIN

编者／中国法制出版社
经销／新华书店
印刷／三河市紫恒印装有限公司
开本／787 毫米×1092 毫米　16 开　　　　　　印张／34　字数／585 千
版次／2023 年 11 月第 1 版　　　　　　　　　2023 年 11 月第 1 次印刷

中国法制出版社出版
书号 ISBN 978-7-5216-3931-5　　　　　　　　定价：95.00 元

北京市西城区西便门西里甲 16 号西便门办公区
邮政编码：100053　　　　　　　　　　　　　传真：010-63141600
网址：http：//www.zgfzs.com　　　　　　　编辑部电话：010-63141822
市场营销部电话：010-63141612　　　　　　　印务部电话：010-63141606

（如有印装质量问题，请与本社印务部联系。）